奇思妙想
彰显数学魅力

 方志平 编著

中山大学出版社

·广州·

图书在版编目（CIP）数据

奇思妙想彰显数学魅力/方志平编著．—广州：中山大学出版社，2023.4

ISBN 978-7-306-07751-6

I.①奇…　II.①方…　III.①中学数学课—高中—教学参考资料　IV.①G634.603

中国国家版本馆 CIP 数据核字（2023）第 040724 号

出 版 人：**王天琪**

策划编辑：李　文

责任编辑：李　文

封面设计：曾　婷

责任校对：姜星宇

责任技编：靳晓虹

出版发行：中山大学出版社

电　　话：编辑部 020－84110776，84113349，84111997，84110779，84110283

　　　　　发行部 020－84111998，84111981，84111160

地　　址：广州市新港西路 135 号

邮　　编：510275　传　　真：020－84036565

网　　址：http：//www.zsup.com.cn　E-mail：zdcbs@mail.sysu.edu.cn

印 刷 者：佛山市浩文彩色印刷有限公司

规　　格：787mm×1092mm　1/16　30 印张　632 千字

版次印次：2023 年 4 月第 1 版　2024 年 4 月第 2 次印刷

定　　价：85.00 元

作者简介

  方志平，广东省惠州市第一中学正高级教师，广东省特级教师，全国高中数学联赛优秀教练员，中国奥林匹克数学竞赛一级教练员，惠州市市管拔尖人才，惠州市首席教师，惠州市优秀班主任，惠州市优秀教研工作者，惠州市第五届未成年人思想道德建设先进工作者，惠州学院数学专业兼职教授．长期担任重点班数学教学工作，向清华大学、北京大学输送了大批优秀学生，培养多名学生获全国高中数学联赛省赛区一、二等奖，主持和参与多项省级课题并结题，在国家公开发行的专业学术刊物上发表文章约130篇．

内容简介

　　本书共分11章，由100篇高中数学解题类文章组成，内容囊括了高中数学基本知识点．本书选题精妙，解析详尽，总结方法，探究规律，拓展思维，特别注重题例与新高考紧密结合，章节知识内容之间有一定的系统性．解析之后还附有评注，评注部分的点睛之笔，揭开了数学解题的"神秘面纱"，起到拨云见日、开阔视野的作用．读者阅后不但能知其然，更能知其所以然，起到解一题带一片的效果！

　　本书适合高中生课外阅读，同时也可供高中数学老师教学参考之用．

序

数学是人类最美丽的思维之花：她有探幽发微、提要钩玄之美，她有图形变换的奇妙之美，她有逻辑缜密的精巧之美……她的美常常令每个遨游在数学王国中的人拍案叫绝、流连忘返！

通过阅读惠州一中方志平老师撰写的《奇思妙想彰显数学魅力》一书，我看到了一位躬耕于数学基础教育领域 30 多年的探索者，孜孜以求地发现数学美、追寻数学美、记录数学美的足迹。书中的每一篇文章都是一束火花，闪烁着编者智慧的光芒，也激发对数学充满好奇的学生的极大兴趣！

学生进入高中阶段，逻辑思维和抽象思维能力逐渐成熟，内心都渴望学好数学，想进入数学王国里自由翱翔，尽情领略数学之美妙。但在实际学习中，很多学生由于方法不得当，技巧没掌握，不善于总结和反思，导致自己在数学入门和学习过程中走了很多不必要的弯路，以致迷失了方向，进而对自身学习数学的能力产生怀疑，对学好数学的信心产生动摇，更谈不上体验数学之美、领悟数学之妙、享受数学之乐，实在令人惋惜。

《奇思妙想彰显数学魅力》一书精选的 100 篇文章，或对学生进行思维上的引领，让学生摆脱机械练习、盲目低效学习的痛苦；或对学生进行学法上的指导，让学生读后有茅塞顿开之感；或对学生进行兴趣和信心的激发，让学生读后柳暗花明，重拾学习数学的信心。

学生读完这本书，有了信心和兴趣的引领，就会对数学好之、乐之，就会在数学学习和解题的过程中达到行云流水、举重若轻的境界。这正是方老师撰写这本书的价值所在。

武汉市教育科学研究院

2023 年 4 月

前　言

亲爱的同学们，当你在课堂上对那些数学公式、定理推导和证明过程难以了然于心时，当你被一道又一道数学难题困住无解时，当你对着数学这片茫茫无边的学海望洋兴叹时……你一定渴望能有一把为你打开思维之门的金钥匙！很幸运，你手上捧着的这本《奇思妙想彰显数学魅力》，正是这样一把金钥匙.

作为一名从教30多年且长期担任省级重点中学、高三重点班数学教学工作的老教师，我始终认为：重视数学概念学习，养成良好的解题习惯尤为重要；学知识固然重要，但是学会方法，学会思考，回归数学内容的本质，形成会学的能力更为宝贵. "工欲善其事，必先利其器"，方法和能力就是提高数学学习效率的"器". 掌握了这个"器"，我们就能学会转化与变通，而转化与变通恰恰是一切方法技巧的本质和内核. 掌握了这个"器"，我们就能避免在题海战术中低效重复地学习，就能运用数学思维来理解和分析问题，在数学学习和解题中像庖丁解牛那样游刃有余.

本书从笔者发表的100多篇有关高中数学解题的文章中整理而成，文章是笔者多年教学实践的总结. 书中所选题型均经过反复斟酌，具有典型性、代表性、穿透性和新颖性；解题思维用到正向思维、逆向思维、定向思维和发散思维. 本书不仅可以使聪明好学的学生获得解题技巧，还可以使那些一时还没有"开窍"的学生，在阅读本书时，不知不觉地对数学产生浓厚的兴趣. 本书又能使读者产生"登高望远"的感觉，且有"源远流长"的体会.

笔者为编写此书虽已倾心尽力，但囿于水平，难免挂一漏万，在此恳请读者不吝批评指正，我的邮箱如下.

作者邮箱：852162a89@163.com

方志平

2023 年 4 月于惠州

目　　录

第 1 章　函数与导数

知识点导语

函数是一种特殊的映射，非空数集 A 中任意一个元素通过对应法则 f，在数集 B 中都有唯一的元素与之对应，则非空数集 A 叫作函数 $f(x)$ 的定义域，A 中元素所对应的象的集合叫做函数的值域.

函数概念的本质是映射，这里的动态过程和变换机制，都可以转化为解题技巧. 当然，任何解题技巧都必须通过自己实践、体会、总结才能掌握. 就同游泳一样，不下水是永远也学不会的，经常下水的人，就能够学会游泳，从此岸胜利地到达彼岸.

函数不仅是高中阶段学习的主要内容，而且是长久起作用的一个基本数学观点，其重要性体现在各个方面，如有关函数的研究，方程、不等式问题可以在函数的观点下统一起来.

对于求极值、求切线、讨论函数的单调性以及有关不等式的证明等问题，用导数的方法来处理是一种创新思维的做法. 导数是解决数学问题强有力的工具，用导数的知识研究函数的性质是现行数学高考的要求.

导数既是研究函数性质与图像的有力工具，又是对学生进行理性思维训练的良好素材. 对导数的深入研究，不仅可以锤炼学生的思维，同时也为学生健全了多方位的知识体系，符合高考命题改革的方向，并为学生踏入高校进一步学习奠定了基础.

1.1 函数奇偶性的奇思与妙用

函数奇偶性是函数的一个基本性质，在中学数学学习中起到举足轻重的作用，应用十分广泛，是高考命题的热点之一，我们若能熟练掌握并灵活运用这一性质，对于解决一些相关试题将具有独特的功效.

1. 利用奇偶性巧求函数值

例 1 已知函数 $f(x) = \dfrac{(x+1)^2 + \sin x}{x^2 + 1} + \dfrac{\sqrt{9-x^2}}{|x-3|-3} + 2x + 1$，$f(m) = \sqrt{2}$，求 $f(-m)$ 的值.

解：先求函数的定义域. $\begin{cases} 9 - x^2 \geqslant 0, \\ |x-3| - 3 \neq 0 \end{cases} \Leftrightarrow \begin{cases} |x| \leqslant 3, \\ x \neq 0 \text{ 且 } x \neq 6 \end{cases}$，$\therefore$ 原函数的

定义域是 $x \in [-3, 0) \bigcup (0, 3]$，$\therefore f(x) = 1 + \dfrac{2x + \sin x}{x^2 + 1} + \dfrac{\sqrt{9-x^2}}{(3-x)-3} + 2x + 1$

$= \dfrac{2x + \sin x}{x^2 + 1} - \dfrac{\sqrt{9-x^2}}{x} + 2x + 2.$

设 $g(x) = \dfrac{2x + \sin x}{x^2 + 1} - \dfrac{\sqrt{9-x^2}}{x} + 2x, x \in [-3, 0) \bigcup (0, 3]$，则

$g(-x) = \dfrac{-2x - \sin x}{(-x)^2 + 1} - \dfrac{\sqrt{9-(-x)^2}}{-x} - 2x = -\dfrac{2x + \sin x}{x^2 + 1} + \dfrac{\sqrt{9-x^2}}{x} - 2x,$

$= -\left[\dfrac{2x + \sin x}{x^2 + 1} - \dfrac{\sqrt{9-x^2}}{x} + 2x \right] = -g(x),$

$\therefore g(x)$ 是奇函数. 又 $f(x) = g(x) + 2$，$f(m) = \sqrt{2}$，

$\therefore \begin{cases} g(m) + 2 = \sqrt{2}, \\ g(-m) + 2 = f(-m) \end{cases} \Rightarrow f(-m) = 4 - \sqrt{2}.$

评注：求解有关函数的问题首先要考虑函数的定义域，本题中的绝对值起迷惑作用，在求出定义域后，就自然去掉了. 观察发现化简后的函数 $f(x)$，实质上是一个奇函数加常数 2 的形式，构造奇函数 $g(x) = \dfrac{2x + \sin x}{x^2 + 1} - \dfrac{\sqrt{9-x^2}}{x} + 2x (x \in [-3, 0) \bigcup (0, 3])$，问题则迎刃而解.

2. 利用奇偶性巧解方程

例2 解方程: $(4x-3)^3 + x^3 + 10x - 6 = 0$.

解: 经观察发现可将原方程变形为 $(4x-3)^3 + 2(4x-3) = -(x^3+2x)$.

设 $f(x) = x^3 + 2x$, 显然 $f(x)$ 是奇函数. 又 $f'(x) = 3x^2 + 2 > 0$, 故 $f(x)$ 在 $\mathbf{R}$ 上是增函数, $\therefore (4x-3)^3 + 2(4x-3) = -(x^3+2x) \Leftrightarrow f(4x-3) = -f(x) = f(-x)$.

由函数 $f(x)$ 的单调性得, $4x - 3 = -x$, $\therefore x = \dfrac{3}{5}$.

故原方程的解是 $x = \dfrac{3}{5}$.

评注: 本题若使用常规解法将会比较烦琐, 若能仔细观察方程结构形式上的特点, 恰当变形, 构造函数 $f(x) = x^3 + 2x$, 灵活应用函数的奇偶性、单调性进行求解, 可避免冗长的运算, 大大降低难度.

3. 利用奇偶性巧比大小

例3 当 $x \in \mathbf{R}$ 且 $x \neq 0$ 时, 比较代数式 $\dfrac{x}{2}$ 与 $\dfrac{x}{1-a^x}$($a > 0$ 且 $a \neq 1$)的大小.

解: 先作差 $\dfrac{x}{2} - \dfrac{x}{1-a^x} = \dfrac{x(1-a^x-2)}{2(1-a^x)} = \dfrac{x}{2} \cdot \dfrac{a^x+1}{a^x-1}$.

设 $f(x) = \dfrac{x}{2} \cdot \dfrac{a^x+1}{a^x-1}$, $x \in \mathbf{R}$ 且 $x \neq 0$, 则 $f(-x) = \dfrac{-x}{2} \cdot \dfrac{a^{-x}+1}{a^{-x}-1} = -\dfrac{x}{2} \cdot \dfrac{1+a^x}{1-a^x} = \dfrac{x}{2} \cdot \dfrac{a^x+1}{a^x-1} = f(x)$, $\therefore f(x)$ 是 $(-\infty, 0) \bigcup (0, +\infty)$ 上的偶函数.

(1)当 $a > 1$ 时.

若 $x > 0$, $a^x > a^0$, 即 $a^x > 1$, 此时 $f(x) = \dfrac{x}{2} \cdot \dfrac{a^x+1}{a^x-1} > 0$, 由于偶函数图像关于 y 轴对称, $\therefore$ 当 $x < 0$ 时, 也有 $f(x) > 0$, $\therefore \dfrac{x}{2} > \dfrac{x}{1-a^x}$($a > 1$).

(2)当 $0 < a < 1$ 时.

若 $x > 0$, $a^x < a^0$, 即 $a^x < 1$, 此时 $f(x) = \dfrac{x}{2} \cdot \dfrac{a^x+1}{a^x-1} < 0$, 由于偶函数图像关于 y 轴对称, $\therefore$ 当 $x < 0$ 时, 也有 $f(x) < 0$, $\therefore \dfrac{x}{2} < \dfrac{x}{1-a^x}$($0 < a < 1$).

综上所述, 当 $a > 1$ 时, $\dfrac{x}{2} > \dfrac{x}{1-a^x}$, $x \in \mathbf{R}$ 且 $x \neq 0$;

当 $0 < a < 1$ 时，$\dfrac{x}{2} < \dfrac{x}{1-a^x}$，$x \in \mathbf{R}$ 且 $x \neq 0$.

评注：本题为大小比较，首先想到的是比较法中的作差法，考虑 $\dfrac{x}{2} \cdot \dfrac{a^x+1}{a^x-1}$ 的结构特点，构造函数 $f(x) = \dfrac{x}{2} \cdot \dfrac{a^x+1}{a^x-1}$，$a > 0$ 且 $a \neq 1$，$x \in \mathbf{R}$ 且 $x \neq 0$，并证明这个函数的奇偶性，利用偶函数的图像关于 y 轴的对称性，使问题得到顺利解决.

4. 利用奇偶性巧证命题

例 4 已知 $f(x)$ 是定义在 $\mathbf{R}$ 上的函数，且函数 $f(x+1)$ 为偶函数，函数 $f(x+2)$ 为奇函数. 证明：$f(1) + f(2) + f(3) + \cdots + f(2023) = 0$.

证明：$\because f(x+1)$ 为偶函数，$\therefore f(-x+1) = f(x+1)$，则 $f(x)$ 的图像的对称轴是直线 $x = 1$.

又 $f(x+2)$ 为奇函数，$\therefore f(-x+2) = -f(x+2)$，即 $f(-x+2) + f(x+2) = 0$，故 $f(x)$ 的图像的对称中心是 $(2,0)$. 相邻的对称轴与对称中心相差 $\dfrac{1}{4}$ 个周期，设函数 $f(x)$ 的周期为 T，不妨取 $\dfrac{T}{4} = 2 - 1 \Rightarrow T = 4$.

$\because f(x+2)$ 是定义在 $\mathbf{R}$ 上的奇函数，$\therefore f(0+2) = 0$，即 $f(2) = 0$，在 $f(-x+1) = f(x+1)$ 中令 $x = 1$，$f(2) = f(0)$，于是 $f(0) = f(2) = f(4) = 0$，$f(1) + f(3) = 0$，$\therefore f(1) + f(2) + f(3) + f(4) = 0$，$f(1) + f(2) + f(3) + \cdots + f(2023) = f(1) + f(2) + f(3) = 0$.

故 $f(1) + f(2) + f(3) + \cdots + f(2023) = 0$.

评注：本题条件与结论的关系中，暗示需要根据函数的奇偶性，寻找函数的周期. 我们知道，若 $f(x+a)$ 是偶函数，则 $f(x+a) = f(-x+a)$，于是得 $f(x)$ 的图像的对称轴是直线 $x = a$；若 $f(x+a)$ 是奇函数，则 $f(-x+a) + f(x+a) = 0$，于是得 $f(x)$ 的图像的对称中心是 $(a,0)$. 类比正弦函数可知相邻的对称轴与对称中心相差 $\dfrac{1}{4}$ 个周期，问题则迎刃而解.

函数奇偶性是函数的重要特征之一，它充分体现了变量间的辩证统一关系，从"数"与"形"上揭示了函数的对称性. 对于函数的奇偶性，我们在解题过程中如果应用得好，则能化难为易，化繁为简，起到事半功倍的神奇效果，同时还能唤醒学生对数学的学习兴趣.

1.2 浅谈抽象函数的求解策略

抽象函数由于其外在形式高度抽象与内在性质隐而不露的特征，能较好地考查学生的抽象思维能力、逻辑推理能力，从而成为数学高考命题的热点素材．本文拟探寻在数学解题中，如何将抽象化与具体化相结合，来降低函数抽象性带给我们的认知障碍，以期寻找求解抽象函数问题的基本方法．

1. 利用函数的单调性求解

例 1 设 $f(x)$ 是 $(0,+\infty)$ 上的单调函数，且对任意 $x \in (0,+\infty)$ 都有 $f(f(x)-\log_2 x)=6$．若 x_0 是方程 $f(x)-f'(x)=4$ 的一个解，且 $x_0 \in (a-1, a)$，$a \in \mathbf{N}^*$，则 a 的值为（　　）．

A. 1　　　　　　　　B. 2　　　　　　　　C. 3　　　　　　　　D. 4

解：设 $f(x)-\log_2 x=c$，由 $f(x)$ 的单调性和 $f(f(x)-\log_2 x)=6$ 知，存在唯一的实数 c，使 $f(c)=6$，又在 $f(x)-\log_2 x=c$ 中，令 $x=c$，于是有 $f(c)-\log_2 c=c$，$\therefore \log_2 c=6-c$，得 $c=4$，$\therefore f(x)=\log_2 x+4$．

由 $f(x)-f'(x)=\log_2 x+4-\dfrac{1}{x\ln 2}=4$，得 $\log_2 x_0=\dfrac{1}{x_0 \ln 2}=\dfrac{\log_2 e}{x_0}$，

即 $x_0 \log_2 x_0=\log_2 e$，$\therefore x_0^{x_0}=e$，于是 $1<x_0<2$，$\therefore a=2$．故选 B.

评注：利用 $f(x)$ 的单调性，结合 $f(f(x)-\log_2 x)=6$ 可知，必存在一个常数 c，使 $f(x)-\log_2 x=c$，这是求解本题的一个切入点．

2. 运用函数的奇偶性求解

例 2 已知 $f(x)$ 是 $\mathbf{R}$ 上的偶函数，$g(x)$ 是 $\mathbf{R}$ 上的奇函数，且 $g(x)=f(x-1)$，若 $f(2)=4$，则 $f(2024)$ 的值为（　　）

A. 4　　　　　　　　B. 0　　　　　　　　C. -4　　　　　　　　D. ± 4

解：$\because g(x)=f(x-1)$ ①，$\therefore g(-x)=f(-x-1)$，即 $-g(x)=f(x+1)$ ②.
由①＋②得 $f(x+1)+f(x-1)=0$ ③.
由③可知 $f(x+3)+f(x+1)=0$ ④.
由④－③得 $f(x+3)=f(x-1)$，于是有 $f(x+4)=f(x)$．
$\therefore f(x)$ 的周期是 4. 从而 $f(2024)=f(4\times 506+0)=f(0)$，在③中令 $x=1$，则 $f(2)+f(0)=0$，$\therefore f(0)=-f(2)=-4$. 故选 C.

评注：本题是求 $f(2024)$ 的值，暗示要么寻找函数 $f(x)$ 的解析式，要么寻找函数 $f(x)$ 的周期，题设条件中没有发现能求出函数解析式的信息，于是借助函数的奇偶性，设法寻找函数 $f(x)$ 的周期．题中 $g(x)$ 只是起桥梁作用，于是在 $g(x) = f(x-1)$ 中，x 用 $-x$ 代替，①与②消去 $g(x)$，从而得出关于 $f(x)$ 的一个递推关系式，函数的周期不难求出，问题顺利得到解决．

3. 巧用函数的周期性求解

例 3　已知函数 $f(x)$ 满足 $f(1) = \dfrac{1}{4}$，$4f(x)f(y) = f(x+y) + f(x-y)$，$x$，$y \in \mathbf{R}$，则 $f(2019) = ($　　$)$.

A. $\dfrac{1}{2}$　　　　B. $-\dfrac{1}{2}$　　　　C. $\dfrac{1}{4}$　　　　D. $-\dfrac{1}{4}$

解：取 $x = n$，$y = 1$，有 $f(n) = f(n+1) + f(n-1)$，同理，$f(n+1) = f(n+2) + f(n)$．联立得 $f(n+2) = -f(n-1)$，于是有 $f(n+3) = -f(n)$，即 $f(n+6) = f(n)$，故函数 $f(x)$ 的周期为 6.

取 $x = 1$，$y = 0$，得 $f(0) = \dfrac{1}{2}$；

取 $x = 1$，$y = 1$，有 $4f^2(1) = f(2) + f(0)$，求得 $f(2) = -\dfrac{1}{4}$；

取 $x = 2$，$y = 1$，有 $4f(1)f(2) = f(3) + f(1)$，求得 $f(3) = -\dfrac{1}{2}$.

故 $f(2019) = f(336 \times 6 + 3) = f(3) = -\dfrac{1}{2}$.

评注：本题是求 $f(2019)$ 的值，暗示可能是要先求函数 $f(x)$ 的解析式，也可能是要先求函数 $f(x)$ 的周期．又题设条件给出的是关于抽象函数的问题，于是考虑求 $f(x)$ 的周期．令 $x = n$，$y = 1$ 得递推关系式 $f(n) = f(n+1) + f(n-1)$，从而有 $f(n+1) = f(n+2) + f(n)$，易得函数 $f(x)$ 的周期，问题迎刃而解．

4. 妙用函数的对称性求解

例 4　已知函数 $f(x) = x^3 + \sin x(x \in \mathbf{R})$，函数 $g(x)$ 满足 $g(x) + g(2-x) = 0(x \in \mathbf{R})$，若函数 $h(x) = f(x-1) - g(x)$ 恰有 2019 个零点，则所有这些零点之和为 _____．

解：显然函数 $f(x) = x^3 + \sin x(x \in \mathbf{R})$ 为奇函数，故函数 $f(x)$ 的图像关于原点对称，从而 $f(x-1)$ 的图像关于点 $(1,0)$ 对称，函数 $g(x)$ 满足 $g(x) +$

$g(2-x)=0$，可知 $g(x)$ 的图像也关于点 $(1,0)$ 对称，由此函数 $h(x)=f(x-1)-g(x)$ 的图像也关于点 $(1,0)$ 对称，故这 2019 个零点关于点 $(1,0)$ 对称. $\because h(1)=f(0)-g(1)=0$，$\therefore x=1$ 是函数 $h(x)$ 的一个零点，其余 2018 个零点首尾依次结合，两两关于点 $(1,0)$ 对称，和为 2018. 故所有这些零点之和为 2019.

评注：由 $f(x-1)$ 和 $g(x)$ 的图像均是关于点 $(1,0)$ 成中心对称，得函数 $h(x)$ 的图像是一个中心对称图形. 又观察易知函数 $h(x)$ 有一个特殊零点 $x=1$，看清了这一点，解题就轻而易举了.

5. 并用函数的多重性求解

例 5 设 $f(x)$ 是定义在整数集上的函数，满足 $f(1)=1,f(2)=0$，且对任意的 x、y 都有 $f(x+y)=f(x)f(1-y)+f(1-x)f(y)$，则 $f(2015)=$
_____.

解：令 $x=y=0$ 得 $f(0)=2f(0)f(1)$，又 $f(1)=1$，则 $f(0)=0$.

令 $y=1$ 得 $f(x+1)=f(x)f(0)+f(1-x)f(1)=f(1-x)$，故函数 $f(x)$ 的图像关于直线 $x=1$ 对称. 又令 $y=-x$，得 $f(0)=f(x)f(1+x)+f(1-x)f(-x)$，$\therefore f(-x)=-f(x)$，即 $f(x)$ 为奇函数，又由 $f(x+1)=f(1-x)$ 得 $f(x+1)=-f(x-1)$，即 $f(x+2)=-f(x)$，$\therefore f(x+4)=f(x)$，则函数 $f(x)$ 的周期为 4，且 $f(3)=-f(1)=-1$.

故 $f(2015)=f(3)=-1$.

评注：条件给出了 $f(1)$ 的值，于是联想令 $y=1$，运算时又产生了 $f(0)$，故先令 $x=y=0$，寻求 $f(0)$ 的值，经赋值运算得到 $f(x)$ 是奇函数且周期为 4，从而轻松解决问题.

6. 借用函数的模型求解

例 6 已知函数 $f(x)$ 满足 $f(m+n)=f(m)f(n),f(1)=3$，则 $\dfrac{f^2(1)+f(2)}{f(1)}$ $+\dfrac{f^2(2)+f(4)}{f(3)}+\dfrac{f^2(3)+f(6)}{f(5)}+\dfrac{f^2(4)+f(8)}{f(7)}=$ _____.

解：$\because$ 符合 $f(m+n)=f(m)f(n),f(1)=3$ 的函数原型为指数函数 $f(x)=3^x$，$\therefore \dfrac{f^2(1)+f(2)}{f(1)}+\dfrac{f^2(2)+f(4)}{f(3)}+\dfrac{f^2(3)+f(6)}{f(5)}+\dfrac{f^2(4)+f(8)}{f(7)}=\dfrac{3^2+3^2}{3}$ $+\dfrac{3^4+3^4}{3^3}+\dfrac{3^6+3^6}{3^5}+\dfrac{3^8+3^8}{3^7}=24.$

评注：由于本题是填空题，可用特殊法求解．$f(m+n)=f(m)f(n)$，我们联想到指数函数，又 $f(1)=3$，不难想到 $f(x)=3^x$ 符合题设条件．一般地，由 $f(m+n)=f(m)f(n)$ 可联想到 $f(x)=a^x(a>0$ 且 $a\neq1)$；由 $f(mn)=f(m)+f(n)$ 或 $f\left(\dfrac{m}{n}\right)=f(m)-f(n)$ 可联想到 $f(x)=\log_a x(a>0$ 且 $a\neq1)$；由 $f(m+n)=f(m)+f(n)$ 或 $f(m-n)=f(m)-f(n)$ 可联想到 $f(x)=kx(k\neq0)$；由 $f(m)f(n)=f(mn)$ 可联想到 $f(x)=x^a$；等等．学生觉得本题难入手，主要是没有以函数模型为载体的求解意识．

7. 活用赋值法求解

例7 已知函数 $f(x)$ 满足对任意实数 x、y 都有 $f(x+y)=f(x)+f(y)+6xy$ 成立，且 $f(-1)\cdot f(1)\geqslant9$，则 $f\left(\dfrac{2}{3}\right)=$ _____．

解：在 $f(x+y)=f(x)+f(y)+6xy$ 中，令 $x=y=0$，得 $f(0)=f(0)+f(0)+0$，$\therefore f(0)=0$．

令 $x=-1,y=1$，得 $f(0)=f(-1)+f(1)-6$，$\therefore f(1)+f(-1)=6$．

又 $f(-1)\cdot f(1)\geqslant9$，$\therefore[6-f(1)]\cdot f(1)\geqslant9$，即 $[f(1)]^2-6f(1)+9\leqslant0\Leftrightarrow[f(1)-3]^2\leqslant0$，$\therefore f(1)=3$．

又 $f\left(\dfrac{2}{3}\right)=f\left(\dfrac{1}{3}+\dfrac{1}{3}\right)=f\left(\dfrac{1}{3}\right)+f\left(\dfrac{1}{3}\right)+6\times\dfrac{1}{3}\times\dfrac{1}{3}=2f\left(\dfrac{1}{3}\right)+\dfrac{2}{3}$，

$f(1)=f\left(\dfrac{1}{3}+\dfrac{2}{3}\right)=f\left(\dfrac{1}{3}\right)+f\left(\dfrac{2}{3}\right)+6\times\dfrac{1}{3}\times\dfrac{2}{3}$

$=f\left(\dfrac{1}{3}\right)+2f\left(\dfrac{1}{3}\right)+\dfrac{2}{3}+6\times\dfrac{1}{3}\times\dfrac{2}{3}=3f\left(\dfrac{1}{3}\right)+2=3$，

故 $f\left(\dfrac{1}{3}\right)=\dfrac{1}{3}$，$f\left(\dfrac{2}{3}\right)=2f\left(\dfrac{1}{3}\right)+\dfrac{2}{3}=2\times\dfrac{1}{3}+\dfrac{2}{3}=\dfrac{4}{3}$．

评注：条件中有 $f(-1)\cdot f(1)$，不难想到令 $x=-1,y=1$，可是运算中又产生了 $f(0)$，于是又联想令 $x=y=0$，求得 $f(1)=3$，条件式 $f(x+y)=f(x)+f(y)+6xy$ 中 x、y 具有对称性，故在求 $f\left(\dfrac{2}{3}\right)$ 时，自然想到 $f\left(\dfrac{2}{3}\right)=f\left(\dfrac{1}{3}+\dfrac{1}{3}\right)$，可是 $f\left(\dfrac{1}{3}\right)$ 又未知，借用 $f(1)=f\left(\dfrac{1}{3}+\dfrac{2}{3}\right)$，进而找到解决问题的突破口．

8. 引用构造函数求解

例8 定义在 $\left(0,\dfrac{\pi}{2}\right)$ 上的函数 $f(x)$，$f'(x)$ 是它的导函数，且恒有 $f(x)<$

$f'(x) \cdot \tan x$ 成立，则（　　）

　A.$\sqrt{3}f\left(\dfrac{\pi}{4}\right)>\sqrt{2}f\left(\dfrac{\pi}{3}\right)$　　　　　　　B. $f(1)<2f\left(\dfrac{\pi}{6}\right)\sin 1$

　C.$\sqrt{2}f\left(\dfrac{\pi}{6}\right)>f\left(\dfrac{\pi}{4}\right)$　　　　　　　D.$\sqrt{3}f\left(\dfrac{\pi}{6}\right)<f\left(\dfrac{\pi}{3}\right)$

解：$\because f(x)<f'(x)\cdot\tan x$，$\therefore f(x)<f'(x)\cdot\dfrac{\sin x}{\cos x}$，又 $x\in\left(0,\dfrac{\pi}{2}\right)$，

$\therefore \cos x>0$，$\therefore f'(x)\sin x-f(x)\cos x>0$. 构造 $F(x)=\dfrac{f(x)}{\sin x}$，则 $f'(x)=$

$\dfrac{f'(x)\sin x-f(x)\cos x}{\sin^2 x}>0$，$\therefore F(x)$ 为 $\left(0,\dfrac{\pi}{2}\right)$ 上的增函数，又$\because \dfrac{\pi}{6}<\dfrac{\pi}{3}$，

$\therefore F\left(\dfrac{\pi}{6}\right)<F\left(\dfrac{\pi}{3}\right)$，即 $\dfrac{f\left(\frac{\pi}{6}\right)}{\sin\frac{\pi}{6}}<\dfrac{f\left(\frac{\pi}{3}\right)}{\sin\frac{\pi}{3}}$，$\sqrt{3}f\left(\dfrac{\pi}{6}\right)<f\left(\dfrac{\pi}{3}\right)$. 故选 D.

评注：由 $f(x)<f'(x)\cdot\tan x$ 容易想到"切化弦"，于是整理得 $f'(x)\sin x-f(x)\cos x>0$. 由此逆向思考，联想构造函数 $F(x)=\dfrac{f(x)}{\sin x}$ 是求解的一个关键点，再利用函数的单调性，问题顺利得到解决.

9. 采用递推关系求解

例 9　已知定义在 **R** 上的函数 $f(x)$ 满足 $f(1)=\dfrac{10}{3}$，且对任意实数 x、y，恒有 $f(x)f(y)=f(x+y)+f(x-y)$，若数列 $\{a_n\}$ 满足 $a_n=3f(n)-f(n-1)$，$n\in\mathbf{N}^*$，求数列 $\{a_n\}$ 的通项公式.

解：在 $f(x)f(y)=f(x+y)+f(x-y)$ 中，令 $x=1,y=0$，得 $f(1)f(0)=2f(1)$，又 $f(1)=\dfrac{10}{3}$，$\therefore f(0)=2$.

再令 $x=n,y=1$，得 $f(n)f(1)=f(n+1)+f(n-1)$，$\therefore f(n+1)=\dfrac{10}{3}f(n)-f(n-1)$，于是有 $a_{n+1}=3f(n+1)-f(n)=9f(n)-3f(n-1)=3[3f(n)-f(n-1)]=3a_n$.

又 $a_1=3f(1)-f(0)=8$，$\therefore a_n=8\times 3^{n-1}$.

评注：本题解决的是有关数列问题，在 $f(x)f(y)=f(x+y)+f(x-y)$ 中，自然想到令 $x=n,y=1$，从而得到递推关系式 $f(n)f(1)=f(n+1)+f(n-1)$，于是问题的瓶颈得到突破.

　　在求解抽象函数问题时，我们要善于观察题目的结构特征，充分利用题目提供的信息，抓住关键点，找准切入点，分析问题与条件的关系，就可以拨开迷雾．本文给出的几种方法，仅仅是高中数学解题中求解抽象函数问题方法的一小部分，以求抛砖引玉．

1.3 求解与抽象函数相关的函数解析式

抽象函数是指没有给出函数的具体解析式，但给出函数满足一部分性质或运算法则的函数. 求解与抽象函数相关的函数解析式，是在求函数解析式这个问题的外表"笼罩"一层抽象函数的面纱，由于这类问题本身的抽象性及其性质的隐蔽性，多数学生在解此类问题时感到束手无策. 但是，这类问题对于培养学生的创新意识，有着十分重要的作用. 本文将结合具体例子，介绍求解与抽象函数相关的函数解析式的几种类型，以期帮助同学们拓展视野，掌握解答此类问题的方法和技巧，提高抽象思维能力.

1. 利用函数的周期性

例 1 已知函数 $f(x)$ 定义在 $\mathbf{R}$ 上，满足 $f(2+x)=f(2-x)$, $f(6+x)=f(6-x)$, 且当 $2\leqslant x\leqslant 6$ 时，$f(x)=2-\dfrac{1}{2}x$. 求函数 $f(x)$ 的解析式.

解：$\because f(8+x)=f(6+(2+x))=f(6-(2+x))=f(4-x)=f(2-(x-2))=f(2+(x-2))=f(x)$ 对 $\forall x\in\mathbf{R}$ 均成立，$\therefore f(x)$ 是以 8 为周期的周期函数.

当 $x\in[2,6]$ 时，$f(x)=2-\dfrac{1}{2}x$;

当 $x\in[-2,2]$ 时，$4-x\in[2,6]$, $f(4-x)=f(2-(x-2))=f(2+(x-2))=f(x)$.

又 $f(4-x)=2-\dfrac{1}{2}(4-x)=\dfrac{1}{2}x$, $\therefore f(x)=\dfrac{1}{2}x$, $x\in[-2,2]$.

故函数 $f(x)$ 在 $\mathbf{R}$ 上的解析式为

$$f(x)=\begin{cases}\dfrac{1}{2}(x-8k), & x\in[-2+8k,2+8k), \\[2mm] 2-\dfrac{1}{2}(x-8k), & x\in[2+8k,6+8k]\end{cases}(k\in\mathbf{Z}).$$

评注：由于本题条件只给出了半个周期的函数解析式，所以要根据题设条件求出另半个周期的函数解析式，最后根据 $f(x)$ 的周期性，求得函数 $f(x)$ 在 $\mathbf{R}$ 上的解析式.

2. 利用函数的奇偶性

例 2 已知 $g(x)=x(2-x)(0\leqslant x<1)$, $g(1)=0$, 函数 $y=f(x)$ 是 $\mathbf{R}$ 上

以 2 为周期的奇函数，当 $x \in [0,1]$ 时，$f(x) = g(x)$，求 $y = f(x)$ 在 $[-2,2]$ 上的解析式.

解：$\because$ 当 $x \in [0,1]$ 时，$f(x) = g(x)$，$\therefore f(x) = \begin{cases} x(2-x), 0 \leqslant x < 1, \\ 0, x = 1. \end{cases}$

设 $x \in [-1,0]$，则 $-x \in [0,1]$，$f(-x) = g(-x)$，又 $y = f(x)$ 是 **R** 上的奇函数，$\therefore f(x) = -g(-x)$，$\therefore f(x) = \begin{cases} x(2+x), -1 < x \leqslant 0, \\ 0, x = -1. \end{cases}$

当 $x \in (1,2]$ 时，$x - 2 \in (-1,0]$，又 $f(x)$ 的周期为 2，$\therefore f(x) = f(x-2) = x(x-2)$；

当 $x \in [-2,-1)$ 时，$-x \in (1,2]$，$\therefore f(-x) = -x(-x-2)$，又函数 $y = f(x)$ 是 **R** 上的奇函数，即 $f(-x) = -f(x)$，$\therefore f(x) = -x(x+2)$.

故 $f(x) = \begin{cases} -x(x+2), -2 \leqslant x < -1, \\ 0, x = \pm 1, \\ x(x+2), -1 < x \leqslant 0, \\ x(2-x), 0 < x < 1, \\ x(x-2), 1 < x \leqslant 2. \end{cases}$

评注：本题要充分利用 $f(x)$ 的奇函数性质和它在区间 $[0,1]$ 上的解析式，可求 $f(x)$ 在区间 $[-1,0]$ 上的解析式，由于区间 $[1,2]$ 与 $[-1,0]$ 恰好相差一个周期，根据函数的周期性可求得 $f(x)$ 在区间 $[1,2]$ 上的解析式，然后再利用 $f(x)$ 的奇偶性和它在区间 $[1,2]$ 上的解析式，可求得 $f(x)$ 在区间 $[-2,-1]$ 上的解析式.

3. 利用图像的对称性

例 3　已知函数 $y = f(x)$ 的定义域为 **R**，并且满足 $f(2+x) = f(2-x)$.

(1)证明：函数 $y = f(x)$ 的图像关于直线 $x = 2$ 对称.

(2)若 $y = f(x)$ 又是偶函数，且 $x \in [0,2]$ 时，$f(x) = 2x - 1$，求 $x \in [-4,0]$ 时函数 $f(x)$ 的解析式.

(1)证明：设 $P(x_0, y_0)$ 是函数 $y = f(x)$ 图像上的任意一点，则 $y_0 = f(x_0)$，点 $P(x_0, y_0)$ 关于直线 $x = 2$ 的对称点 P' 的坐标为 $(4-x_0, y_0)$. $\because f(4-x_0) = f(2+(2-x_0)) = f(2-(2-x_0)) = f(x_0) = y_0$，$\therefore P'$ 也在函数 $y = f(x)$ 的图像上，$\therefore$ 函数 $y = f(x)$ 的图像关于直线 $x = 2$ 对称.

(2)解：设 $x \in [-2,0]$，则 $-x \in [0,2]$，又 $y = f(x)$ 是偶函数，得 $f(x) = f(-x) = -2x - 1$，$\therefore f(x) = -2x - 1$，$x \in [-2,0]$.

设 $x \in [-4,-2]$，则 $x + 4 \in [0,2]$，$f(x+4) = 2(x+4) - 1 = 2x + 7$，又

$f(x)$ 的图像关于直线 $x=2$ 对称，$\therefore f(x+4)=f(-x)$，再由 $f(x)$ 为偶函数，得 $f(-x)=f(x)$，故 $f(x)=f(-x)=f(x+4)=2x+7$，即 $f(x)=2x+7$，$x\in[-4,-2]$.

故 $f(x)=\begin{cases}2x+7,x\in[-4,-2],\\-2x-1,x\in(-2,0).\end{cases}$

评注：对于本题的第(2)小题，$f(x)$ 是偶函数，又知 $f(x)$ 在区间 $[0,2]$ 上的解析式，易求 $[-2,0]$ 上解析式，这时还少了 $x\in[-4,-2]$ 上的解析式，又 $x+4\in[0,2]$，从而求得 $f(x+4)$ 的解析式，借助函数图像的对称性，有 $f(-x)=f(x+4)$，然后利用 $f(x)$ 的偶函数性质，即有 $f(x)=f(-x)=f(x+4)$，最终求得 $f(x)$ 在 $[-4,0]$ 上的解析式.

4. 利用函数的递推式

例 4　已知函数 $f(x)$ 对任意实数 x 均有 $f(x)=kf(x+2)$，其中常数 $k\neq0$，且 $f(x)$ 在区间 $[0,2]$ 上有解析式 $f(x)=x(x-2)$. 求函数 $f(x)$ 在 $[-3,3]$ 上的解析式.

解：当 $x\in[-3,-2]$ 时，$x+4\in[1,2]$，则 $f(x+4)=(x+4)(x+2)$.

又 $f(x+2)=\dfrac{1}{k}f(x)$，$\therefore f(x+4)=\dfrac{1}{k}f(x+2)=\dfrac{1}{k^2}f(x)$，$\therefore f(x)=k^2f(x+4)=k^2(x+4)(x+2)$.

当 $x\in[-2,0]$ 时，$x+2\in[0,2]$，$f(x+2)=x(x+2)$，又 $f(x+2)=\dfrac{1}{k}f(x)$，$\therefore f(x)=kf(x+2)=kx(x+2)$.

当 $x\in[2,3]$ 时，$x-2\in[0,1]$，$f(x-2)=(x-2)(x-4)$，又 $f(x-2)=kf(x)$，$\therefore f(x)=\dfrac{1}{k}f(x-2)=\dfrac{1}{k}(x-2)(x-4)$.

故 $f(x)=\begin{cases}k^2(x+2)(x+4),-3\leqslant x<-2,\\kx(x+2),-2\leqslant x<0,\\x(x-2),0\leqslant x<2,\\\dfrac{1}{k}(x-2)(x-4),2\leqslant x\leqslant3.\end{cases}$

评注：本题关键是要利用好函数递推式 $f(x)=kf(x+2)$（$k\neq0$），如此即可变形为 $f(x+2)=\dfrac{1}{k}f(x)$，$f(x)=\dfrac{1}{k}f(x-2)$，$f(x+4)=\dfrac{1}{k}f(x+2)=\dfrac{1}{k^2}f(x)$. 若 $x\in[-3,-2]$，则 $x+4\in[1,2]$；若 $x\in[-2,0]$，则 $x+2\in[0,2]$；若 $x\in[2,3]$，则 $x-2\in[0,1]$. 由 $[0,2]$ 上有解析式 $f(x)=x(x-2)$

和以上变形的函数递推式，就可求得 $f(x)$ 在 $[-3,3]$ 上的解析式.

总之，抽象函数密切联系函数的周期性、奇偶性、对称性等诸多性质，加上本身的抽象性、多变性，故与抽象函数相关的一些问题变得更加扑朔迷离. 我们要挖掘隐含条件，灵活运用上述解题策略，牢固掌握函数的基本性质，做到触类旁通，同时注意认真归纳总结，相信"笼罩"在问题外表的抽象函数这个"神秘"的面纱定会揭开，与抽象函数相关的函数解析式问题定会得到解决.

1.4 构造新函数 巧用单调性

函数单调性是函数的一个重要性质，是历年高考重点考查的内容之一，在中学数学教学中起到举足轻重的作用．在数学各分支形形色色的问题中，有些问题看起来好像与单调性无关，但只要我们注意观察，通过类比、联想、抽象、概括等手段，构造出某些函数关系，在此基础上恰当地运用函数的单调性，就能使原问题顺利获解．以下例谈构造函数，巧用单调性解题，期待能让同学们从中有所收益．

1. 利用单调性巧变不等式

例 1 已知 $\dfrac{1}{x+1}+\dfrac{1}{x+2}+\cdots+\dfrac{1}{2x}\geqslant\dfrac{1}{12}\log_a(a-1)+\dfrac{2}{3}$ 对于大于 1 的正整数 x 恒成立，试求实数 a 的取值范围．

解： 构造函数 $f(x)=\dfrac{1}{x+1}+\dfrac{1}{x+2}+\cdots+\dfrac{1}{2x}(x>1$ 且 $x\in\mathbf{N}^*)$．

$\because f(x+1)-f(x)=\dfrac{1}{2x+1}+\dfrac{1}{2x+2}-\dfrac{1}{x+1}=\dfrac{1}{2x+1}-\dfrac{1}{2x+2}>0$，$\therefore$ 函数 $f(x)$ 是增函数．

$\because$ 对于大于 1 的正整数 x 恒有 $f(x)\geqslant\dfrac{1}{12}\log_a(a-1)+\dfrac{2}{3}$ 成立，$\therefore[f(x)]_{\min}$
$\geqslant\dfrac{1}{12}\log_a(a-1)+\dfrac{2}{3}$，又 $[f(x)]_{\min}=f(2)=\dfrac{7}{12}$，$\therefore\dfrac{7}{12}\geqslant\dfrac{1}{12}\log_a(a-1)+\dfrac{2}{3}$，即
$\log_a(a-1)\leqslant-1$，又 $a>1$，$\therefore y=\log_ax$ 是增函数．

于是有 $\log_a(a-1)\leqslant-1=\log_a\dfrac{1}{a}$，$\therefore a-1\leqslant\dfrac{1}{a}$，解得 $1<a\leqslant\dfrac{1+\sqrt{5}}{2}$．

评注： 条件中不等式对于大于 1 的正整数 x 是恒成立的，暗示着不等式左边取最小最时也成立，为了寻找左边的最小值，联想到构造函数，且需要判断这个函数的单调性，由于 x 取大于 1 的正整数，利用 $f(x+1)$ 与 $f(x)$ 作差判断单调性更为简洁，另外要注意 $a-1>0$ 的隐藏性．

2. 利用单调性巧解不等式

例 2 已知 $\sin^3\theta-\cos^3\theta>2\cos\left(\theta+\dfrac{\pi}{4}\right),\theta\in[-\pi,\pi]$，则 θ 的取值范围是

_____.

解：$\sin^3\theta-\cos^3\theta>2\cos\left(\theta+\dfrac{\pi}{4}\right)$，得 $\sin^3\theta-\cos^3\theta>\sqrt{2}\cos\theta-\sqrt{2}\sin\theta$，即 $\sin^3\theta+\sqrt{2}\sin\theta>\cos^3\theta+\sqrt{2}\cos\theta$.

构造函数 $f(x)=x^3+\sqrt{2}x$，则 $f(\sin\theta)>f(\cos\theta)$.

$\because f(x)$ 是 **R** 上的增函数，$\therefore \sin\theta>\cos\theta$，又 $\theta\in[-\pi,\pi]$，$\therefore \theta\in\left[-\pi,-\dfrac{3}{4}\pi\right)\cup\left(\dfrac{\pi}{4},\pi\right]$.

评注：对于本题中的不等式，如果从正面去直接探求，会一筹莫展，若改变一下思维的角度，避开正面强攻，将原不等式右边的"和角"化为"单角"，变形整理为 $\sin^3\theta+\sqrt{2}\sin\theta>\cos^3\theta+\sqrt{2}\cos\theta$，从问题的另一面进行逆向思考，巧妙构造函数 $f(x)=x^3+\sqrt{2}x$，则给我们带来"柳暗花明又一村"之感.

例 3　不等式 $x^2+\ln x>x$ 的解集为_____.

解：设 $f(x)=x^2+\ln x-x(x>0)$，$f'(x)=2x+\dfrac{1}{x}-1=\dfrac{2x^2-x+1}{x}=\dfrac{\left(x-\dfrac{1}{2}\right)^2+x^2+\dfrac{3}{4}}{x}>0(x>0)$，$\therefore f(x)$ 在 $(0,+\infty)$ 上递增.

又 $f(1)=0$，$x^2+\ln x>x\Leftrightarrow f(x)>0\Leftrightarrow f(x)>f(1)$，$\therefore x>1$.

故不等式 $x^2+\ln x>x$ 的解集为 $(1,+\infty)$.

评注：本题属于超越不等式，一般不能直接求得解集，构造函数 $f(x)=x^2+\ln x-x(x>0)$，利用单调性能使问题迎刃而解.

例 4　定义在 **R** 上的函数 $f(x)$ 满足 $f(1)=2$，且对任意的 $x\in$ **R**，都有 $f'(x)<\dfrac{1}{2}$，则不等式 $f(\log_2 x)>\dfrac{\log_2 x+3}{2}$ 的解集为_____.

解：$\because f'(x)<\dfrac{1}{2}$，$\therefore 2f'(x)-1<0$. 设 $g(x)=2f(x)-x$，$\therefore g'(x)=2f'(x)-1<0$，$\therefore g(x)$ 在 **R** 上是递减的.

又 $g(1)=2f(1)-1=3$，由 $f(\log_2 x)>\dfrac{\log_2 x+3}{2}$ 得 $2f(\log_2 x)-\log_2 x>3$，$\therefore g(\log_2 x)>g(1)\Leftrightarrow\log_2 x<1$，$\therefore 0<x<2$.

故不等式 $f(\log_2 x)>\dfrac{\log_2 x+3}{2}$ 的解集为 $(0,2)$.

评注：本题着重考查逆向思维，构造新函数 $g(x)=2f(x)-x$，结合变形后的不等式的特点得到 $g(\log_2 x)>g(1)$，再用单调性脱去抽象函数 $g(x)$ 符号，使问题顺利得到解决.

3. 利用单调性巧证不等式

例5 实数 a、b 满足 $3^a+13^b=17^a$，$5^a+7^b=11^b$，证明：$a<b$.

证明：假设 $a\geqslant b$，则 $13^a\geqslant 13^b$，$5^a\geqslant 5^b$，由 $3^a+13^b=17^a$，得 $3^a+13^a\geqslant 17^a$，

$\therefore \left(\dfrac{3}{17}\right)^a+\left(\dfrac{13}{17}\right)^a\geqslant 1$.

设 $f(x)=\left(\dfrac{3}{17}\right)^x+\left(\dfrac{13}{17}\right)^x$，显然函数 $f(x)$ 在 **R** 上是递减的.

$\because f(1)=\dfrac{3}{17}+\dfrac{13}{17}=\dfrac{16}{17}<1$，且 $f(a)\geqslant 1>f(1)$，$\therefore a<1$.

由 $5^a+7^b=11^b$ 得 $5^b+7^b\leqslant 11^b$，$\therefore \left(\dfrac{5}{11}\right)^b+\left(\dfrac{7}{11}\right)^b\leqslant 1$. 设 $g(x)=\left(\dfrac{5}{11}\right)^x+\left(\dfrac{7}{11}\right)^x$，

显然函数 $g(x)$ 在 **R** 上是递减的. 又 $g(1)=\dfrac{5}{11}+\dfrac{7}{11}=\dfrac{12}{11}>1$，且 $g(b)\leqslant 1<g(1)$，

$\therefore b>1$.

于是有 $a<1<b$，这与假设 $a\geqslant b$ 矛盾，故假设错误. $\therefore a<b$.

评注：本题看起来好像与单调性无关，难于入手，此时可考虑"正难则反"的思想，借用反证法，将条件恰当变形，构造单调函数，推导出与假设相矛盾的结果，从而使得命题获证.

4. 利用单调性巧比大小

例6 已知 $a=\dfrac{1}{10}\mathrm{e}^{\frac{1}{10}}$，$b=\dfrac{1}{9}$，请比较 a,b 的大小.

解：设 $f(x)=\ln(1+x)-x(x>-1)$，则 $f'(x)=\dfrac{1}{1+x}-1=-\dfrac{x}{1+x}$.

当 $x\in(-1,0)$ 时，$f'(x)>0$；当 $x\in(0,+\infty)$ 时，$f'(x)<0$.

故函数 $f(x)=\ln(1+x)-x$，在 $(-1,0)$ 上单调递增，在 $(0,+\infty)$ 上单调递减.

$f\left(-\dfrac{1}{10}\right)<f(0)=0$，即 $\ln\dfrac{9}{10}+\dfrac{1}{10}<0$，于是 $\dfrac{9}{10}<\mathrm{e}^{-\frac{1}{10}}$，$\therefore \dfrac{1}{10}\mathrm{e}^{\frac{1}{10}}<\dfrac{1}{9}$，

$\therefore a<b$.

评注：本题函数的构造是难点. 可采用逆向思考：不妨假设 $\dfrac{1}{10}\mathrm{e}^{\frac{1}{10}}<\dfrac{1}{9}$，于是有 $\dfrac{9}{10}<\mathrm{e}^{-\frac{1}{10}}$，从而有 $\ln\dfrac{9}{10}+\dfrac{1}{10}<0$，故 $\ln\left(1-\dfrac{1}{10}\right)+\dfrac{1}{10}<0$，构造函数 $f(x)=\ln(1+x)-x(x>-1)$. 如果假设 $\dfrac{1}{10}\mathrm{e}^{\frac{1}{10}}>\dfrac{1}{9}$，寻找构造函数的过程是一样的.

5. 利用单调性巧求数值

例 7 若实数 x, y 满足方程组 $\begin{cases} (x-1)^{2015} + (x-1)^{2013} + 2014x = 4028, \\ (y-1)^{2015} + (y-1)^{2013} + 2014y = 0, \end{cases}$ 则

$x + y = $ _____ .

解：由条件得 $\begin{cases} (x-1)^{2015} + (x-1)^{2013} + 2014(x-1) = 2014, \\ (y-1)^{2015} + (y-1)^{2013} + 2014(y-1) = -2014. \end{cases}$

设 $f(t) = t^{2015} + t^{2013} + 2014t$，显然，当 $t \in (-\infty, +\infty)$ 时，函数 $f(t)$ 是递增的，且为奇函数.

又 $\begin{cases} f(x-1) = 2014, \\ f(y-1) = -2014, \end{cases}$ 即 $f(x-1) = -f(y-1) = f(1-y)$，$\therefore x-1 = 1-y \Rightarrow x+y = 2$.

评注：本题需要用整体视角看问题，以整体实施变换，构造新函数 $f(t) = t^{2015} + t^{2013} + 2014t$，借用其单调性、奇偶性是解决本题的关键.

6. 利用单调性巧解方程

例 8 解方程 $\log_{12}(\sqrt{x} + \sqrt[4]{x}) = \frac{1}{2}\log_9 x$.

解：设 $t = \frac{1}{2}\log_9 x$，则 $x = 9^{2t}$，代入原方程得 $\log_{12}(9^t + 3^t) = t$，即 $12^t = 9^t + 3^t$，方程两边同时除以 12^t，得到 $\left(\frac{3}{4}\right)^t + \left(\frac{1}{4}\right)^t = 1$. 构造函数 $f(t) = \left(\frac{3}{4}\right)^t + \left(\frac{1}{4}\right)^t$，显然，$f(t)$ 在 $(-\infty, +\infty)$ 上是单调递减的.

当 $t > 1$ 时，$f(t) < f(1) = 1$；当 $t < 1$ 时，$f(t) > f(1) = 1$. 可见当 $t \in (-\infty, 1) \cup (1, +\infty)$ 时，$f(t) \neq 1$. 当 $t = 1$ 时，$f(1) = 1$，$\therefore t = 1$ 是方程 $\left(\frac{3}{4}\right)^t + \left(\frac{1}{4}\right)^t = 1$ 的唯一实根. 此时 $x = 9^{2t} = 81$，经检验，原方程的解是 $x = 81$.

评注：本题是一个关于 x 的对数方程，由于等式两边的底不同，而真数中含有两个根式的和，如果直接通过用对数换底来解此方程，难度较大，于是将等号右边整体替换为 t，即 $t = \frac{1}{2}\log_9 x$，换元后方程变得更简单，这时再将对数式化为指数形式，经变形，构造函数，利用函数的单调性，方程顺利获解.

构造函数、借助单调性解题时，要深入审题，注意知识间的沟通与联系，

尤其是横向联系，要从不同的角度、不同的方向、多层次去审视问题，充分发掘题设中可类比、联想的因素，寻求问题转化的切入点，从而促进思维迁移，这也是用函数思想解题的更高层次的体现.

1.5　构造函数　巧妙解题

所谓"构造函数法",是指运用函数的概念和性质,构造出辅助函数来解题的方法,构造函数的中心思想就是转化,即把复杂的问题通过构造函数转化为简单的问题,从而起到化难为易、化繁为简的效果.

例 1 已知 $f(x,y)=x^3+y^3+x^2y+xy^2-3(x^2+y^2+xy)+3(x+y)$,且 $x,y\geqslant\dfrac{1}{2}$,求 $f(x,y)$ 的最小值.

解:设 $x\neq y$,两边同时乘 $x-y$,得 $(x-y)f(x,y)=(x^4-y^4)-3(x^3-y^3)+3(x^2-y^2)$.

令 $g(x)=x^4-3x^3+3x^2$,则 $f(x,y)=\dfrac{g(x)-g(y)}{x-y}$ 为 $g(x)$ 图像上两点连线的斜率.

当 $x=y$ 时,$f(x,y)=4x^3-9x^2+6x$,故只需求 $g(x)$ 在 $x\geqslant\dfrac{1}{2}$ 上的导函数 $h(x)=4x^3-9x^2+6x$ 的最小值.

$h'(x)=12x^2-18x+6=6(2x-1)(x-1)\left(x\geqslant\dfrac{1}{2}\right)$,当 $x\in\left(\dfrac{1}{2},1\right)$ 时,$h'(x)<0$,$h(x)$ 递减;当 $x\in(1,+\infty)$ 时,$h'(x)>0$,$h(x)$ 递增.

于是 $[h(x)]_{\min}=h(1)=1$,故 $[f(x,y)]_{\min}=1$.

评注:观察条件发现,$x^3+y^3+x^2y+xy^2$,x^2+y^2+xy,$x+y$ 分别是 x^4-y^4,x^3-y^3,x^2-y^2 中的因式,于是联想到条件等式两边同乘 $x-y(x\neq y)$,再构造函数 $g(x)=x^4-3x^3+3x^2$,从而找到解决问题的突破口.

例 2 设 $x+\sin x\cos x-1=0$,$2\cos y-2y+\pi+4=0$,则 $\sin(2x-y)$ 的值是 _____.

解:由 $x+\sin x\cos x-1=0$,得 $2x+\sin 2x=2$ ①.

由 $2\cos y-2y+\pi+4=0$,得 $\dfrac{\pi}{2}-y+\sin\left(\dfrac{\pi}{2}-y\right)=-2$ ②.

设 $f(x)=x+\sin x$,$f'(x)=1-\cos x\geqslant 0$,故 $f(x)$ 在 **R** 上单调递增且为奇函数.

由①与②得,$f(2x)=2$,$f\left(\dfrac{\pi}{2}-y\right)=-2$,$\therefore f(2x)=f\left(y-\dfrac{\pi}{2}\right)$,即 $2x=y-\dfrac{\pi}{2}$,

$\therefore 2x-y=-\dfrac{\pi}{2}$，故 $\sin(2x-y)=-1$.

评注：本题难点是条件中两等式的恰当变形，在等式 $x+\sin x\cos x-1=0$ 中，自然想到用二倍角公式得 $2x+\sin 2x=2$，而另一个等式中的余弦也要变为正弦，于是变为 $\dfrac{\pi}{2}-y+\sin\left(\dfrac{\pi}{2}-y\right)=-2$，再构造函数 $f(x)=x+\sin x$，问题的瓶颈得到了突破.

例 3　若定义在 **R** 上的函数 $f(x)$ 满足 $f'(x)-2f(x)-4>0$，$f(0)=-1$，则不等式 $f(x)>e^{2x}-2$ 的解集为 _____.

解：由 $f'(x)-2f(x)-4>0$，结合观察所解不等式的结构形式，可联想构造函数 $g(x)=e^{-2x}[f(x)+2]$，又 $f(0)=-1$，则 $g(0)=1$.

由 $g'(x)=e^{-2x}[f'(x)-2f(x)-4]>0$，可知 $g(x)$ 在 $(-\infty,+\infty)$ 内单调递增，从而有 $x>0\Leftrightarrow g(x)>g(0)=1$，即 $x>0\Leftrightarrow e^{-2x}[f(x)+2]>1$. 于是 $x>0\Leftrightarrow f(x)>e^{2x}-2$.

故不等式 $f(x)>e^{2x}-2$ 的解集为 $(0,+\infty)$.

评注：从本题条件看，函数 $f(x)$ 的解析式是求不了的，$f'(x)-2f(x)-4>0$ 暗示逆向思维，构造函数 $g(x)=e^{-2x}[f(x)+2]$，从而将已知条件与所需求解的不等式联系起来.

例 4　已知 $x,y\in\left[-\dfrac{\pi}{4},\dfrac{\pi}{4}\right]$，$a\in\mathbf{R}$，且 $\begin{cases}x^3+\sin x-2a=0,\\4y^3+\sin y\cos y+a=0,\end{cases}$ 求 $\cos(x+2y)$ 的值.

解：由 $4y^3+\sin y\cos y+a=0$ 两边同时乘 2，得 $8y^3+2\sin y\cos y+2a=0$，即 $(2y)^3+\sin 2y+2a=0$. 依条件构造函数 $f(t)=t^3+\sin t$，$t\in\left[-\dfrac{\pi}{4},\dfrac{\pi}{4}\right]$，$f'(t)=3t^2+\cos t\geqslant 0$，$\therefore f(t)$ 在 $\left[-\dfrac{\pi}{4},\dfrac{\pi}{4}\right]$ 上单调递增. 由已知条件得 $\begin{cases}f(x)-2a=0,\\f(2y)+2a=0.\end{cases}$ 两式相加可得 $f(x)+f(2y)=0$，又 $f(t)$ 是奇函数，$\therefore f(x)=f(-2y)$，从而有 $x=-2y$，$\therefore\cos(x+2y)=1$.

评注：条件第二个等式中 $\sin y\cos y$ 可化为 $\dfrac{1}{2}\sin 2y$，这样与第一个等式更和谐一点，于是在第二个等式两边同时乘 2，比较两式结构特征，构造函数 $f(t)=t^3+\sin t$，$t\in\left[-\dfrac{\pi}{4},\dfrac{\pi}{4}\right]$，问题则迎刃而解.

例 5　在以下四个数中，最大的数是(　　).

A. $\ln\sqrt{2}$　　　B. $\dfrac{1}{e}$　　　C. $\dfrac{\ln\pi}{\pi}$　　　D. $\dfrac{\sqrt{10}\ln 10}{20}$

解：观察四个选项，于是联想构造函数 $f(x) = \dfrac{\ln x}{x}(x>0)$，则四个选项分别是 $f(2), f(e), f(\pi), f(\sqrt{10})$.

$f'(x) = \dfrac{1-\ln x}{x^2}(x>0)$，当 $x \in (0,e)$ 时，$f'(x)>0$，$f(x)$ 递增；当 $x \in (e,+\infty)$ 时，$f'(x)<0$，$f(x)$ 递减. 故 $f(x)$ 在 $(0,+\infty)$ 上的最大值为 $f(e)$.

故选 B.

评注：本题需要学生充分调动知识储备，展开联想. 将选项变形从而观察出所要构造的函数 $f(x) = \dfrac{\ln x}{x}(x>0)$，借用函数的单调性，问题易获解.

总之，构造函数解决数学问题的关键，在于按照题设条件，正确选择构造方法. 这种构造方法之所以具有较强的灵活性和创造性，是因为在解题过程中，往往很难找到条件与结论之间的逻辑通道. 通过构造函数解决数学问题，可以提高学生的观察能力、联想能力、类比能力，由于构造本身就有"创造"的成分，因此可以起到提高学生创新能力的作用.

1.6 例谈构造函数巧解有关方程问题

对于一般的方程问题，我们通常采用常规方法进行求解，而对于一些特殊的代数方程、超越方程，用常规方法求解往往难以奏效. 由于函数与方程有着密切的关系，若能针对方程的特点，巧妙构造函数，利用函数性质解题，往往可以化难为易，避繁就简，达到事半功倍的"神奇"效果！

例 1 设 x,y 为实数，且满足 $(x-1)^3+2023(x-1)=-1$，$(y-1)^3+2023(y-1)=1$，则 $x+y=$ _____.

解：由条件得 $(x-1)^3+2023(x-1)=(1-y)^3+2023(1-y)$.

令 $f(t)=t^3+2023t,t\in(-\infty,+\infty)$. 显然，函数 $f(t)$ 是单调递增的，且 $f(x-1)=f(1-y)$，$\therefore x-1=1-y$，即 $x+y=2$.

评注：本题巧妙地将两个等式转化为一个等式，恰当构造函数，利用函数的单调性使问题获得解决. 此法独辟蹊径，角度新颖！

例 2 方程 $\log_5(3^x+4^x)=\log_4(5^x-3^x)$ 的解集为 _____.

解：令 $y=\log_5(3^x+4^x)=\log_4(5^x-3^x)$，则 $\begin{cases}5^y=3^x+4^x,\\4^y=5^x-3^x,\end{cases}\Rightarrow 5^y+4^y=5^x+4^x$.

设 $f(t)=5^t+4^t$，则函数 $f(t)$ 在 **R** 上单调递增，又 $f(y)=f(x)$，$\therefore y=x$，$\therefore 5^x=3^x+4^x$，即有 $\left(\dfrac{3}{5}\right)^x+\left(\dfrac{4}{5}\right)^x=1$. 又设 $g(x)=\left(\dfrac{3}{5}\right)^x+\left(\dfrac{4}{5}\right)^x$，函数 $g(x)$ 在 **R** 上单调递减，且 $g(2)=1$，$\therefore g(x)=g(2)$，$\therefore x=2$. 经检验，$x=2$ 是原方程的解，故原方程的解集为 $\{2\}$.

评注：本题是含有指数和对数的方程，而且方程两边对数的底数不等，设 $y=\log_5(3^x+4^x)=\log_4(5^x-3^x)$，再将对数转化为指数问题，巧妙构造函数，借助函数的单调性使问题迎刃而解.

例 3 解方程 $\ln(\sqrt{x^2+1}-x)+\ln(\sqrt{4x^2+1}-2x)+3x=0$.

解：原方程变形为 $\ln(\sqrt{x^2+1}-x)+x+\ln(\sqrt{4x^2+1}-2x)+2x=0$，即 $\ln(\sqrt{4x^2+1}-2x)+2x=-\left[\ln(\sqrt{x^2+1}-x)+x\right]$.

令 $f(x)=\ln(\sqrt{x^2+1}-x)+x$，则 $f(2x)=\ln(\sqrt{(2x)^2+1}-2x)+2x$.

于是 $f(2x)=-f(x)$，易证 $f(-x)+f(x)=0(x\in\mathbf{R})$，$\therefore$ 函数 $f(x)$ 是奇函数.

又 $f'(x) = \left[\ln(\sqrt{x^2+1}-x)+x\right]' = \dfrac{\dfrac{2x}{2\sqrt{x^2+1}}-1}{\sqrt{x^2+1}-x}+1 = 1-\dfrac{1}{\sqrt{x^2+1}} \geqslant 0,$

$\therefore f(x)$ 在 **R** 上是单调增函数，由 $f(2x)=-f(x)=f(-x)$ 得 $2x=-x$，即 $x=0$，经检验，$x=0$ 是原方程的解.

评注：本题的解题思路是建立在敏锐洞察式子特征的基础上，通过合理调配，构造函数，将方程问题转化为函数问题，借助函数的奇偶性和单调性达到化难为易、化繁为简的目的.

例4 解方程 $2^{x^2-2x}+3^{x^2-2x}+x^2-2x-2=0$.

解：令 $x^2-2x=t$，则原方程化为 $2^t+3^t+t-2=0$. 构造函数 $f(t)=2^t+3^t+t$，则 $f(t)=2$，又 $f(0)=2$，$\therefore f(t)=f(0)$，显然 $f(t)$ 在 **R** 上是增函数，$\therefore t=0$，即 $x^2-2x=0$，求得原方程的解是 $x_1=0$，$x_2=2$.

评注：由于本题中" x^2-2x "在方程中多次出现，故考虑用换元法. $2^t+3^t+t-2=0$ 是一个超越方程，不是常规的指数方程，因而再考虑构造函数 $f(t)=2^t+3^t+t$，灵活利用函数的单调性，把方程问题转化为函数问题，再把函数值相等问题转化为自变量相等问题，最后达到把超越方程转化为一般的代数方程，使方程获得求解.

例5 已知实数 x,y 满足 $(3x+y)^{2023}+x^{2023}+4x+y=0$，求 $4x+y$ 的值.

解：方程 $(3x+y)^{2023}+x^{2023}+4x+y=0$，可变为 $(3x+y)^{2023}+(3x+y)=(-x)^{2023}+(-x)$.

构造函数 $f(t)=t^{2023}+t$，其在 **R** 上是单调递增的，又 $f(3x+y)=f(-x) \Rightarrow 3x+y=-x$，$\therefore 4x+y=0$.

评注：这是一个高次方程，最高次数为2023，无法用常规方法求解，分析方程的结构特征，尝试构造函数，结合函数的单调性，把函数值相等转化为自变量相等，即 $3x+y=-x$，从而使问题顺利获得解决！

函数与方程是两个有着密切联系的数学概念，它们之间相互渗透，很多方程的问题需要用函数的知识和方法解决，而很多函数的问题也需要用方程的方法"支援"，函数与方程之间的辩证关系，形成了函数方程的思想.

1.7 利用逆向思维构造函数或方程巧妙解题

逆向思维是从异于常规思维的角度来看待、分析和解决相关问题，它是与正向思维相反的一种创造性的思维方法. 有些数学问题利用逆向思维解答，通过构造函数或方程，通常会有出其不意的效果. 构造法解题的数学思想对于启迪学生思维，培养学生的创新和探索精神，拓宽学生视野大有裨益！

1. 逆向思维，构造函数

例 1 已知正实数 x,y 满足 $(2x+\sqrt{4x^2+1})(\sqrt{y^2+4}-2)\geqslant y$，则 $x+y$ 的最小值是 _____.

解：$\because x,y>0$，$\therefore$ 由 $(2x+\sqrt{4x^2+1})(\sqrt{y^2+4}-2)\geqslant y$ 得 $2x+\sqrt{4x^2+1}$

$\geqslant \dfrac{y}{\sqrt{y^2+4}-2}$，即 $2x+\sqrt{4x^2+1}\geqslant \dfrac{\sqrt{y^2+4}+2}{y}$，亦即 $2x+\sqrt{4x^2+1}\geqslant \dfrac{2}{y}+$

$\sqrt{4\left(\dfrac{1}{y}\right)^2+1}$.

令 $f(x)=2x+\sqrt{4x^2+1}$，则有 $f(x)\geqslant f\left(\dfrac{1}{y}\right)$.

又函数 $f(x)$ 在 $(0,+\infty)$ 上单调递增，故 $x\geqslant \dfrac{1}{y}\Rightarrow xy\geqslant 1$，于是 $x+y\geqslant$

$2\sqrt{xy}\geqslant 2$，当且仅当 $x=y=1$ 时取等号，即 $(x+y)_{\min}=2$.

评注：根据本题条件式的结构特征，将变量 x,y 分离在不等号的两侧，依不等号左边 x 的结构形式，将其右边 y 化为同样的形式，经逆向思考，不难联想构造函数 $f(x)=2x+\sqrt{4x^2+1}$，给问题的解决带来了转机.

例 2 已知 $(\sin\alpha,\sin\beta)$ 是函数 $f(x)=\sqrt[3]{x^3+t^3}$ 和 $g(x)=3tx^2+(3t^2+1)x+t$ 的图像的公共点，求证：$|t|\leqslant 1$.

证明：$\because (\sin\alpha,\sin\beta)$ 是函数 $f(x)=\sqrt[3]{x^3+t^3}$ 和 $g(x)=3tx^2+(3t^2+1)x+t$ 的图像的公共点，$\therefore \sin\beta=\sqrt[3]{\sin^3\alpha+t^3}$，即 $\sin^3\beta=\sin^3\alpha+t^3$ ①，$\sin\beta=3t\sin^2\alpha+(3t^2+1)\sin\alpha+t$ ②.

①+②得 $\sin^3\beta+\sin\beta=(\sin\alpha+t)^3+\sin\alpha+t$.

令 $f(x)=x^3+x$，则 $f(\sin\beta)=f(\sin\alpha+t)$. $\because$ 函数 $f(x)=x^3+x$ 是 **R** 上的单调函数，$\therefore \sin\beta=\sin\alpha+t$ ③.

将③代入②得，$3t\sin^2\alpha+3t^2\sin\alpha=0$，故 $t=0$ 或 $t=-\sin\alpha$ 或 $\sin\alpha=0$，即 $t=0$ 或 $t=-\sin\alpha$ 或 $t=\sin\beta$. 因此，$|t|\leqslant1$.

评注：依题设条件不难得到①②两式，结合两式的结构特征，将其相加，再把 $\sin\alpha,\sin\beta$ 分离在等号两侧，并整理得 $\sin^3\beta+\sin\beta=(\sin\alpha+t)^3+\sin\alpha+t$，逆向分析，构造函数 $f(x)=x^3+x$. 问题则迎刃而解.

例 3 设 $x+\sin x\cos x-1=0$，$2\cos y-2y+\pi+4=0$，则 $\sin(2x-y)$ 的值是_____.

解：由 $x+\sin x\cos x-1=0$ 得 $2x+\sin2x=2$ ①.

由 $2\cos y-2y+\pi+4=0$，得 $\dfrac{\pi}{2}-y+\sin\left(\dfrac{\pi}{2}-y\right)=-2$ ②.

设 $f(x)=x+\sin x$，则 $f'(x)=1+\cos x\geqslant0$，故 $f(x)$ 在 **R** 上单调递增且为奇函数. 由①②得 $f(2x)=2$，$f\left(\dfrac{\pi}{2}-y\right)=-2$，$\therefore f(2x)=f\left(y-\dfrac{\pi}{2}\right)$，于是有 $2x=y-\dfrac{\pi}{2}$，即 $2x-y=-\dfrac{\pi}{2}$，$\therefore\sin(2x-y)=-1$.

评注：将 $x+\sin x\cos x-1=0$ 化为 $2x+\sin2x=2$ 的形式，主要是将含有两个三角函数的形式，化为只含一个三角函数的形式，依①不难联想到将 $2\cos y-2y+\pi+4=0$ 化为②，结合①与②的特点，利用逆向思维构造函数 $f(x)=x+\sin x$，是求解本题的一个突破点.

2. 逆向思维，构造方程

例 4 已知 a,b,c 是实数，而且 $a+b+c=0,abc=1$，证明：a,b,c 中至少有一个大于 $\dfrac{3}{2}$.

证明：构造一个以实数 a,b 为根的一元二次方程 $x^2-(a+b)x+ab=0$，$\because a+b=-c,ab=\dfrac{1}{c}$，$\therefore x^2+cx+\dfrac{1}{c}=0$，于是有 $\Delta\geqslant0$，即 $\Delta=c^2-\dfrac{4}{c}\geqslant0$.

又由 $a+b+c=0,abc=1$ 可知，a,b,c 中至少有一个大于 0，不妨假设 $c>0$，则有 $c^3\geqslant4$，即 $c\geqslant\sqrt[3]{4}=\sqrt[3]{\dfrac{32}{8}}>\sqrt[3]{\dfrac{27}{8}}=\dfrac{3}{2}$. 故 a,b,c 中至少有一个大于 $\dfrac{3}{2}$.

评注：观察本题条件，我们发现 a,b,c 具有对称性，不妨将其中一个（如 c）视为常数，用它表示余下两个，即 $a+b=-c,ab=\dfrac{1}{c}$，这时我们自然联想到韦达定理，于是构造出一元二次方程来辅助解题.

例 5 已知实数 $a、b、c$ 均不等于 0，且 $a+b+c=m,a^2+b^2+c^2=\dfrac{m^2}{2}$. 求

$$\frac{a\,(m-2a)^2+b\,(m-2b)^2+c\,(m-2c)^2}{abc}$$ 的值.

解：设 a、b、c 是方程 $(x-a)(x-b)(x-c)=0$，即 $x^3-(a+b+c)x^2+(ab+bc+ca)x-abc=0$ ①的三个实根.

∵ $a+b+c=m,a^2+b^2+c^2=\dfrac{m^2}{2}$，∴ $ab+bc+ca=\dfrac{1}{2}\big[(a+b+c)^2-(a^2+b^2+c^2)\big]=\dfrac{m^2}{4}$.

由①得 $x^3-mx^2+\dfrac{m^2}{4}x-abc=0$，即 $abc=\dfrac{1}{4}x\,(m-2x)^2$，于是有 $abc=\dfrac{1}{4}a\,(m-2a)^2$，$abc=\dfrac{1}{4}b\,(m-2b)^2$，$abc=\dfrac{1}{4}c\,(m-2c)^2$，即 $a\,(m-2a)^2=b\,(m-2b)^2=c\,(m-2c)^2=4abc$.

故 $\dfrac{a\,(m-2a)^2+b\,(m-2b)^2+c\,(m-2c)^2}{abc}=12$.

评注：逆向思维其实就是从客观事物中发现事物的本质，从事物和相关事物中找到关联和规律，从而得出相关条件和结论之间的关系. 本题所求式子中的分母含有 abc 的乘积项，以 a、b、c 为根逆向分析，构造方程 $(x-a)(x-b)(x-c)=0$，从中能得出 abc 与 m 的关系式，这为求解本题创造了条件.

例6　方程组 $\begin{cases}a+b+c+d=-2,\\ab+ac+ad+bc+bd+cd=-3,\\bcd+acd+abd+abc=4,\\abcd=3\end{cases}$ 的一个实数解为 $a=$____，$b=$____，$c=$____，$d=$____.

解：依条件以 a、b、c、d 为根构造方程 $(x-a)(x-b)(x-c)(x-d)=0$，即 $x^4+2x^3-3x^2-4x+3=0$，将此方程变形得 $(x^2+x+1)^2-6(x^2+x+1)+8=0$，于是 $x^2+x+1=2$ 或 $x^2+x+1=4$.

故方程组的四个实数解为 $\dfrac{-1+\sqrt5}{2},\dfrac{-1-\sqrt5}{2},\dfrac{-1+\sqrt{13}}{2},\dfrac{-1-\sqrt{13}}{2}$ 的任一排列.

评注：从本题条件逆向思考，反向分析，容易联想到以 a、b、c、d 为根构造出方程 $(x-a)(x-b)(x-c)(x-d)=0$，这是求解本题的一个切入点.

例7　若实数 m,n,l 满足 $m-n=8,mn+l^2+16=0$. 求 m,n,l 的值.

解：由已知条件得 $m+(-n)=8,m\cdot(-n)=l^2+16$，故 m 与 $-n$ 是一元二次方程 $x^2-8x+(l^2+16)=0$ 的两个实数根. 由 $\Delta=(-8)^2-4(l^2+16)=-4l^2\geqslant0$ 得 $l=0$，因此 $\Delta=0$，方程变为 $x^2-8x+16=0$，其两根相等，即 $m=-n$

$= 4$.

故求得 $m = 4, n = -4, l = 0$.

评注：观察题设条件，m 与 $-n$ 可凑成和与积的形式，利用逆向思维，巧妙构造出以 $m, -n$ 为实根的一元二次方程，再借用判别式 $\Delta \geqslant 0$，从而豁然开朗！

综上所述，通过观察题目的结构特征，挖掘题干条件，利用逆向思维，构造函数或方程求解一些数学问题，体现了数学中函数与方程、转化与化归的思想. 这些方法、思想具有较强的灵活性和创新性，它能有效地培养学生的逻辑推理、数学抽象、数学运算、直观想象等数学核心素养.

1.8 求解函数导数题几个常用的切入点

导数是高中数学的重点知识，同时也是解决高中数学许多问题的有效工具，可是导数的知识结构相当复杂，而且这部分知识的题型变幻莫测，对于很多学生来说，掌握导数的解题策略是相当困难的．基于此，本文根据学生学习导数的困惑，剖析破解导数"解题窘境"的几个切入点，供大家参考．

1. 猜想零点

例 1 设 l 为曲线 $C: y = \dfrac{\ln x}{x}$ 在点 $(1, 0)$ 处的切线．

(1)求 l 的方程．

(2)证明：除切点 $(1, 0)$ 之外，曲线 C 在直线 l 的下方．

(1)解：设 $f(x) = \dfrac{\ln x}{x}$，则 $f'(x) = \dfrac{1 - \ln x}{x^2}$，$\therefore f'(1) = 1$，$\therefore l$ 的方程为 $y = x - 1$．

(2)证明：令 $g(x) = x - 1 - f(x)$，则除切点之外，曲线 C 在直线 l 的下方，等价于 $g(x) > 0 (\forall x > 0, x \neq 1)$．$g(x)$ 满足 $g(1) = 0$，且 $g'(x) = 1 - f'(x)$ $= \dfrac{x^2 - 1 + \ln x}{x^2}$．

令 $g'(x) = 0$，即 $\dfrac{x^2 - 1 + \ln x}{x^2} = 0$，观察并猜想出 $g'(x)$ 的零点是 $x = 1$．

当 $0 < x < 1$ 时，$x^2 - 1 < 0$，$\ln x < 0$，$\therefore g'(x) < 0$，故 $g(x)$ 单调递减；
当 $x > 1$ 时，$x^2 - 1 > 0$，$\ln x > 0$，$\therefore g'(x) > 0$，故 $g(x)$ 单调递增．
因此，$g(x) > g(1) = 0 (x > 0, x \neq 1)$．
故除切点之外，曲线 C 在直线 l 的下方．

评注：上述解法告诉我们令 $g'(x) = 0$，即 $x^2 - 1 + \ln x = 0$．当导数零点不可求时，首先可以猜想导函数的零点 $x = 1$，在猜得导函数的一个零点之后，再考虑导函数的单调性，目的是确定导函数的零点个数，进而寻找原函数的极值或最值．

2. 虚设零点

例 2 已知函数 $f(x) = \ln x$，$h(x) = ax (a \in \mathbf{R})$．

（1）函数 $f(x)$ 的图像与 $h(x)$ 的图像无公共点，求实数 a 的取值范围.

（2）是否存在实数 m，使得对任意 $x \in \left(\dfrac{1}{2}, +\infty\right)$，都有函数 $y = f(x) + \dfrac{m}{x}$ 的图像在 $g(x) = \dfrac{e^x}{x}$ 的图像的下方？若存在，请求出整数 m 的最大值；若不存在，请说理由.

（参考数据：$\ln 2 = 0.6931$，$\ln 3 = 1.0986$，$\sqrt{e} = 1.6487$，$\sqrt[3]{e} = 1.3956$）.

解：（1）函数 $f(x)$ 的图像与 $h(x)$ 的图像无公共点，等价于方程 $\dfrac{\ln x}{x} = a$ 在 $(0, +\infty)$ 无解.

令 $t(x) = \dfrac{\ln x}{x}$，则 $t'(x) = \dfrac{1 - \ln x}{x^2}$，令 $t'(x) = 0$，得 $x = e$.

x	$(0, e)$	e	$(e, +\infty)$
$t'(x)$	$+$	0	$-$
$t(x)$	增	极大值	减

$\because x = e$ 是极大值点，且是唯一的极值点，$\therefore$ 这时的极大值也是最大值，$\therefore t_{\max} = t(e) = \dfrac{1}{e}$.

故要使方程 $\dfrac{\ln x}{x} = a$ 在 $(0, +\infty)$ 无解，当且仅当 $a > \dfrac{1}{e}$，即实数 a 的取值范围为 $\left(\dfrac{1}{e}, +\infty\right)$.

（2）假设存在实数 m 满足题意，则不等式 $\ln x + \dfrac{m}{x} < \dfrac{e^x}{x}$ 对 $x \in \left(\dfrac{1}{2}, +\infty\right)$ 恒成立，即 $m < e^x - x\ln x$ 对 $x \in \left(\dfrac{1}{2}, +\infty\right)$ 恒成立.

令 $r(x) = e^x - x\ln x$，则 $r'(x) = e^x - \ln x - 1$.

令 $\varphi(x) = e^x - \ln x - 1$，则 $\varphi'(x) = e^x - \dfrac{1}{x}$.

$\because \varphi'(x)$ 在 $\left(\dfrac{1}{2}, +\infty\right)$ 上单调递增，$\varphi'\left(\dfrac{1}{2}\right) = e^{\frac{1}{2}} - 2 < 0$，$\varphi'(1) = e - 1 > 0$，且 $\varphi'(x)$ 的图像在 $\left(\dfrac{1}{2}, 1\right)$ 上连续，

$\therefore$ 存在 $x_0 \in \left(\dfrac{1}{2}, 1\right)$，使 $\varphi'(x_0) = 0$，即 $e^{x_0} = \dfrac{1}{x_0}$，则 $x_0 = -\ln x_0$，

$\therefore$ 当 $x \in \left(\dfrac{1}{2}, x_0\right)$ 时，$\varphi(x)$ 单调递减；当 $x \in (x_0, +\infty)$ 时，$\varphi(x)$ 单调递增.

故 $\varphi(x)$ 取到最小值 $\varphi(x_0) = e^{x_0} - \ln x_0 - 1 = x_0 + \dfrac{1}{x_0} - 1 \geqslant 2\sqrt{x_0 \cdot \dfrac{1}{x_0}} - 1 = 1 > 0$.

因此，$r'(x) > 0$，即 $r(x)$ 在区间 $\left(\dfrac{1}{2}, +\infty\right)$ 内单调递增.

$\because m \leqslant r\left(\dfrac{1}{2}\right) = e^{\frac{1}{2}} - \dfrac{1}{2}\ln\dfrac{1}{2} = e^{\frac{1}{2}} + \dfrac{1}{2}\ln 2 = 1.99525$，

$\therefore$ 存在实数 m 满足题意，且最大整数 m 的值为 1.

评注：上述证明中，令 $\varphi'(x) = e^x - \dfrac{1}{x} = 0$，发现导函数 $\varphi'(x)$ 的零点无法求出也无法猜到，我们是应用零点定理确定其零点存在的前提下虚设零点 x_0，再借助该虚设零点 x_0 分析 $\varphi(x)$ 的单调性，进而求解其最值. 特别提醒：尽管 x_0 是虚设的，但虚设的零点也是零点，因此关系式 $e^{x_0} = \dfrac{1}{x_0}$，$x_0 = -\ln x_0$ 至关重要.

3. 多次求导

例 3　已知函数 $f(x) = \dfrac{e^x + \ln x}{x}$，试判断 $f(x)$ 在 $(0, +\infty)$ 上的单调性，并加以证明.（提示：$e^{\frac{3}{4}} > \dfrac{16}{9}$，$e^{\frac{2}{3}} < \dfrac{9}{4}$）

解：对函数 $f(x) = \dfrac{e^x + \ln x}{x}$ $(x > 0)$ 求导，得 $f'(x) = \dfrac{e^x(x-1) + 1 - \ln x}{x^2}$ ①.

设 $g(x) = e^x(x-1) + 1 - \ln x$，则 $g'(x) = x\left(e^x - \dfrac{1}{x^2}\right)$.

设 $g'(m) = 0$，则 $e^m - \dfrac{1}{m^2} = 0$，$\therefore m = -2\ln m$. $\because e^{\frac{3}{4}} > \dfrac{16}{9}$，$e^{\frac{2}{3}} < \dfrac{9}{4}$，$\therefore g'\left(\dfrac{3}{4}\right) > 0$，$g'\left(\dfrac{2}{3}\right) < 0$，又 $y = e^x - \dfrac{1}{x^2}$ 在 $x \in (0, +\infty)$ 上递增，$\therefore \dfrac{2}{3} < m < \dfrac{3}{4}$.

$g(m) = e^m(m-1) + 1 - \ln m = \dfrac{1}{m^2}(m-1) + 1 + \dfrac{m}{2} = \dfrac{m^3 + 2m^2 + 2m - 2}{2m^2}$ ②.

令 $\varphi(m) = m^3 + 2m^2 + 2m - 2$ $\left(\dfrac{2}{3} < m < \dfrac{3}{4}\right)$，则 $\varphi'(m) = 3m^2 + 4m + 2 > 0$ 恒成立，$\therefore$ 函数 $\varphi(m)$ 递增，$\therefore \varphi(m) > \varphi\left(\dfrac{2}{3}\right) = \dfrac{4}{27} > 0$. 由②知 $g(m) > 0$，又 $g(x) \geqslant [g(x)]_{\min} = g(m)$，故 $g(x) > 0$，再由①知 $f'(x) > 0$，

故 $f(x)$ 在 $(0, +\infty)$ 上递增.

评注：上述求解中，函数 $f'(x)$ 的零点无法求出，故设 $g(x) = e^x(x-1) +$

$1 - \ln x$，然后求导，可是 $g'(x)$ 的零点仍然求不出，依题设括号中的提示，联想虚设零点 m，函数 $g(m)$ 的零点情况也不明确，于是又令 $\varphi(m) = m^3 + 2m^2 + 2m - 2$，再次求导. 这就告诉我们，当求导后，导函数的值正负难以判别时，如果函数求导后形式变得越来越简单，我们可以尝试多次求导. 这里要说明，多次求导不同于求多阶导数，它通常是将导函数中正负未定的式子令立为一个新函数，并对其进行求导，以了解其正负.

4. 构造函数

例4　已知函数 $f(x) = \dfrac{\ln x + k}{e^x}$（$k$ 为常数，e 是自然数对数的底数），曲线 $y = f(x)$ 在点 $(1, f(1))$ 处的切线与 x 轴平行.

(1)求 k 的值.

(2)设 $g(x) = (x^2 + x)f'(x)$，其中 $f'(x)$ 为 $f(x)$ 的导函数，证明：对任意 $x > 0$，$g(x) < 1 + e^{-2}$.

(1)解：由 $f(x) = \dfrac{\ln x + k}{e^x}$，得 $f'(x) = \dfrac{1 - kx - x\ln x}{xe^x}$，$x \in (0, +\infty)$. 由于曲线 $y = f(x)$ 在点 $(1, f(1))$ 处的切线与 x 轴平行，所以 $f'(1) = 0$，由 $f'(x)$ 的表达式可得 $k = 1$.

(2)证明：$g(x) = (x^2 + x)f'(x) = (x^2 + x)\dfrac{1 - x - x\ln x}{xe^x} = \dfrac{x+1}{e^x}(1 - x - x\ln x)$.

设 $h(x) = 1 - x - x\ln x (x > 0)$，则 $h'(x) = -\ln x - 2$.

令 $h'(x) = 0$，得 $x = e^{-2}$. $\because$ 当 $x \in (0, e^{-2})$ 时 $h'(x) > 0$，$h(x)$ 递增，当 $x \in (e^{-2}, +\infty)$ 时 $h'(x) < 0$，$h(x)$ 递减，$\therefore [h(x)]_{\max} = h(e^{-2}) = 1 + e^{-2}$，$\therefore 1 - x - x\ln x \leqslant 1 + e^{-2}$ ①.

再令 $\varphi(x) = \dfrac{1+x}{e^x} (x > 0)$，$\varphi'(x) = -\dfrac{x}{e^x} < 0$，$\therefore \varphi(x)$ 在 $(0, +\infty)$ 上递减，$\varphi(x) < \varphi(0) = 1$，$\therefore \dfrac{1+x}{e^x} < 1$ ②.

由①和②知，$g(x) = \dfrac{1+x}{e^x}(1 - x - x\ln x) \leqslant \dfrac{1+x}{e^x}(1 + e^{-2}) < 1 + e^{-2}$.

评注：对于第(2)问，$g(x) = (x^2 + x)\dfrac{1 - x - x\ln x}{xe^x} = \dfrac{x+1}{e^x}(1 - x - x\ln x)$.

直接求导寻找 $g'(x)$ 的零点显然很复杂，且运算不下去，于是构造两个函数 $h(x) = 1 - x - x\ln x (x > 0)$ 和 $\varphi(x) = \dfrac{1+x}{e^x} (x > 0)$，再求导，结合单调性，分

开寻找 $h(x)$ 和 $\varphi(x)$ 的最大值或上限，问题顺利得到解决.

5. 肯定＋否定

例 5 已知函数 $f(x)=\ln(1+x)-\dfrac{x(1+\lambda x)}{1+x}$. 当 $x \geqslant 0$ 时，$f(x) \leqslant 0$，求 λ 的最小值.

解： 由已知得 $f(0)=0$，当 $\lambda \neq 0$，$f'(x)=\dfrac{(1-2\lambda)x-\lambda x^2}{(1+x)^2}=\dfrac{-\lambda x\left(x-\dfrac{1-2\lambda}{\lambda}\right)}{(1+x)^2}$，$f'(0)=0$.

若 $\lambda \geqslant \dfrac{1}{2}$，则当 $x>0$ 时，$f'(x)<0$，$\therefore$ 当 $x>0$ 时，$f(x)<f(0)=0$，符合题意；

若 $0<\lambda<\dfrac{1}{2}$，则当 $0<x<\dfrac{1-2\lambda}{\lambda}$ 时，$f'(x)>0$，$\therefore$ $f(x)>f(0)=0$，不合题意；

若 $\lambda=0$，$f'(x)=\dfrac{x}{(1+x)^2}$，当 $x>0$ 时，$f'(x)>0$，$\therefore$ $f(x)>f(0)=0$，不合题意；

若 $\lambda<0$，则当 $x>0$ 时，$f'(x)>0$，$\therefore$ 当 $x>0$ 时，$f(x)>f(0)=0$，不合题意.

综上，当 $\lambda \geqslant \dfrac{1}{2}$ 时满足题意，故 λ 的最小值是 $\dfrac{1}{2}$.

评注： 条件"当 $x \geqslant 0$ 时，有 $f(x) \leqslant f(0)=0$"暗示着 $f(x)$ 在 $[0,+\infty)$ 递减，即寻找 $f'(x) \leqslant 0$ 时 λ 的最小值.

6. 数形结合

例 6 已知函数 $f(x)=x\ln x-\dfrac{a}{2}x^2-x+a$ 在定义域内有两个不同的极值点，求实数 a 的取值范围.

解： 由题意知，函数 $f(x)$ 的定义域为 $(0,+\infty)$，对 $f(x)$ 求导得 $f'(x)=\ln x-ax$. 函数 $f(x)$ 在定义域内有两个不同的极值点，则方程 $f'(x)=0$ 在 $(0,+\infty)$ 上有两个不同的实根，即方程 $\ln x=ax$ 有两个不同的实根.

方法一： 转化为函数 $g(x)=\ln x$ 与函数 $y=ax$ 的图像在 $(0,+\infty)$ 上有两个不同的交点. 设过原点且切于函数 $g(x)=\ln x$ 图像的直线斜率为 k，切点

$A(x_0, \ln x_0)$，于是 $k = g'(x_0) = \dfrac{1}{x_0}$．又 $k = \dfrac{\ln x_0}{x_0}$，$\therefore \dfrac{1}{x_0} = \dfrac{\ln x_0}{x_0}$，解得 $x_0 = \mathrm{e}$，$\therefore k = \dfrac{1}{\mathrm{e}}$（图 1.1），由数形结合可知，$0 < a < \dfrac{1}{\mathrm{e}}$．

方法二：方程 $\ln x = ax$ 变形为 $\dfrac{\ln x}{x} = a$，转化为函数 $h(x) = \dfrac{\ln x}{x}$ 与函数 $y = a$ 的图像在 $(0, +\infty)$ 上有两个不同的交点．又 $h'(x) = \dfrac{1 - \ln x}{x^2}$，当 $0 < x < \mathrm{e}$ 时 $g'(x) > 0$，当 $x > \mathrm{e}$ 时 $h'(x) < 0$，$\therefore h(x)$ 在 $(0, \mathrm{e})$ 上单调递增，在 $(\mathrm{e}, +\infty)$ 上单调递减，$\therefore h(x)$ 的极大值为 $h(\mathrm{e}) = \dfrac{1}{\mathrm{e}}$．当 $x \to 0^+$ 时，$h(x) \to -\infty$；当 $x \to +\infty$ 时，$h(x) \to 0^+$．由数形结合可知，要想函数 $h(x) = \dfrac{\ln x}{x}$ 与函数 $y = a$ 的图像在 $(0, +\infty)$ 有两个不同的交点，只需 $0 < a < \dfrac{1}{\mathrm{e}}$．

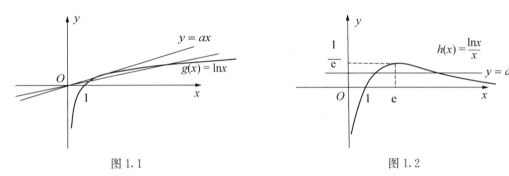

图 1.1　　　　　　　　　　　　　　图 1.2

评注：本题若想通过对实数 a 的讨论，寻找方程 $\ln x = ax$ 解的情况，显然十分困难．依方程 $\ln x = ax$，不难联想到构造辅助函数 $g(x) = \ln x$ 与 $y = ax$；或将方程变形为 $\dfrac{\ln x}{x} = a$ 后，再构造辅助函数 $h(x) = \dfrac{\ln x}{x}$ 与 $y = a$，与题设形成解题链条，通过研究两支函数图像的交点个数，可巧妙地解决方程根的个数问题．可见利用数形结合的思想求解，避免了分类讨论，从而大大缩短了解题长度，起到了化抽象为直观的效果．

7. 放缩变形

例7　已知函数 $f(x) = x\ln x + ax + b$ 在 $(1, f(1))$ 处的切线方程为 $2x - 2y - 1 = 0$．

(1) 求函数 $f(x)$ 的最小值．

(2) 求证：$\mathrm{e}^x + \ln x > \cos x + \dfrac{\sin x - 1}{x}$．

(1)解：∵切线 $2x-2y-1=0$ 的斜率是 1，∴$f'(x)=1+\ln x+a,f'(1)=$ $1+a=1$，得 $a=0$. 又 $(1,f(1))$ 是切点，∴$2-2f(1)-1=0$，即 $f(1)=\dfrac{1}{2}$，

∴$f(1)=a+b=\dfrac{1}{2}$，得 $b=\dfrac{1}{2}$，∴$f(x)=x\ln x+\dfrac{1}{2},f'(x)=1+\ln x$.

令 $f'(x)=0$ 得 $x=\dfrac{1}{e}$.

当 $x\in\left(0,\dfrac{1}{e}\right)$ 时，$f'(x)<0,f(x)$ 单调递减；当 $x\in\left(\dfrac{1}{e},+\infty\right)$ 时，$f'(x)$ $>0,f(x)$ 单调递增. ∵$f(x)$ 在 $(0,+\infty)$ 上只有一个极值点，且是极小值点，

∴$[f(x)]_{\min}=f\left(\dfrac{1}{e}\right)=\dfrac{1}{2}-\dfrac{1}{e}$.

(2)证明：令 $g(x)=x-\sin x(x>0)$，则 $g'(x)=1-\cos x\geqslant 0$，∴$g(x)$ 在 $(0,+\infty)$ 上递增，∴$g(x)>g(0)=0$，∴当 $x>0$ 时，$x>\sin x$.

令 $h(x)=e^x-x-1(x>0)$，则 $h'(x)=e^x-1>0$，∴$h(x)$ 在 $(0,+\infty)$ 上递增，∴$h(x)>h(0)=0$，∴当 $x>0$ 时，$e^x>x+1$.

当 $x>0$ 时，由 $-1\leqslant\cos x\leqslant 1,x>\sin x$，即 $0<\dfrac{\sin x}{x}<1,e^x>x+1$ 得 $e^x+\ln x>x+1+\ln x,\cos x+\dfrac{\sin x-1}{x}<1+1-\dfrac{1}{x}=2-\dfrac{1}{x}$.

要使原不等式成立，只需证 $x+1+\ln x>2-\dfrac{1}{x}$，即证 $x^2-x+1+x\ln x>$ 0. 由 (1) 可得 $f(x)=x\ln x+\dfrac{1}{2}\geqslant[f(x)]_{\min}=\dfrac{1}{2}-\dfrac{1}{e}$.

故 $x\ln x\geqslant-\dfrac{1}{e}$，且 $x^2-x+1=\left(x-\dfrac{1}{2}\right)^2+\dfrac{3}{4}\geqslant\dfrac{3}{4}$.

于是有 $x^2-x+1+x\ln x>\dfrac{3}{4}-\dfrac{1}{e}=\dfrac{3e-4}{4e}>0$，故原不等式成立.

评注：由于本题待求证的不等式 $e^x+\ln x>\cos x+\dfrac{\sin x-1}{x}$ 涉及五个函数，这里采用放缩变形可减少函数的数目，是求证本题的必然选择. 当 $x>0$ 时，与本题相关的常见函数不等式 $e^x>x+1,\ln x\leqslant x-1,x>\sin x,-1\leqslant\cos x\leqslant 1$ 是值得我们关注的对象.

8. 巧妙换元

例 8　已知函数 $f(x)=x(1+\ln x)$，若斜率为 k 的直线与曲线 $y=f'(x)$ 交于 $M(x_1,y_1),N(x_2,y_2)$ 两点，其中 $x_1<x_2$，求证：$x_1<\dfrac{1}{k}<x_2$.

证明：$\because f'(x) = (x + x\ln x)' = \ln x + 2$，$\therefore k = \dfrac{f'(x_2) - f'(x_1)}{x_2 - x_1} = \dfrac{\ln x_2 - \ln x_1}{x_2 - x_1}$.

要证明 $x_1 < \dfrac{1}{k} < x_2$，即证 $x_1 < \dfrac{x_2 - x_1}{\ln x_2 - \ln x_1} < x_2$ 等价于 $1 < \dfrac{\frac{x_2}{x_1} - 1}{\ln \frac{x_2}{x_1}} < \dfrac{x_2}{x_1}$.

令 $t = \dfrac{x_2}{x_1}$，由已知得 $0 < x_1 < x_2$，$\therefore t > 1$. 故只需证 $1 < \dfrac{t-1}{\ln t} < t$. 由 $t > 1$ 知 $\ln t > 0$，等价于 $\ln t < t - 1 < t\ln t\,(t > 1)$.

设 $g(t) = t - 1 - \ln t\,(t > 1)$，则 $g'(t) = 1 - \dfrac{1}{t} > 0$，$\therefore g(t)$ 在 $(1, +\infty)$ 上递增，当 $t > 1$ 时，$g(t) = t - 1 - \ln t > g(1) = 0$，$\therefore t - 1 > \ln t$.

设 $h(t) = t\ln t - (t-1)\,(t > 1)$，则 $h'(t) = \ln t > 0$，$\therefore h(t)$ 在 $(1, +\infty)$ 上递增，当 $t > 1$ 时，$h(t) = t\ln t - (t-1) > h(1) = 0$，即 $t\ln t > t - 1$.

综上，$\ln t < t - 1 < t\ln t\,(t > 1)$ 成立. 故 $x_1 < \dfrac{1}{k} < x_2$.

评注：本题通过局部分析法，欲证 $x_1 < \dfrac{1}{k} < x_2$，只需证 $x_1 < \dfrac{x_2 - x_1}{\ln x_2 - \ln x_1} < x_2$. 分母两项简化为一项 $\ln \dfrac{x_2}{x_1}$，启发我们将 x_1, x_2 转化为商的形式，可视为一个整体，于是采用换元法，将分散的条件联系起来，减少变量的数目，把较复杂的问题化为简单问题. 另外，换元时一定要注意新元的约束条件.

灵活地运用导数解题的几个切入点，能够开拓思路，降低高中数学中导数的学习难度，提高解题的效率与准确率，激发学生的学习潜能，同时也减轻了导数内容的学习负担.

1.9 利用导数证明不等式

中学数学在引入"导数"之后，面对新的知识背景与格局，函数的单调性、函数的极值(或最值)，以及在某种条件下恒成立的不等式三大问题之间有着相互依存、相互贯通又相互转化的辩证关系，这三者也是高考备考与高考命题的主要热点之一，本文对此作初浅的探索，供同学们学习参考.

1. 利用导数证明函数不等式

例 1　证明不等式：$x-\dfrac{x^2}{2}<\ln(1+x)<x-\dfrac{x^2}{2(1+x)}$，$x\in(0,+\infty)$.

分析：欲证原不等式，只需证 $f(x)=\ln(1+x)-(x-\dfrac{x^2}{2})>0$，$x\in(0,+\infty)$ 且 $g(x)=x-\dfrac{x^2}{2(1+x)}-\ln(1+x)>0$，$x\in(0,+\infty)$.

证明：设 $f(x)=\ln(1+x)-(x-\dfrac{x^2}{2})$，$x\in(0,+\infty)$，$f(0)=0$，$f'(x)=\dfrac{1}{1+x}-1+x=\dfrac{x^2}{x+1}>0$.

故 $y=f(x)$ 在 $(0,+\infty)$ 上单调递增，$x\in(0,+\infty)$，$f(x)>f(0)=0$ 恒成立，即 $\ln(1+x)>x-\dfrac{x^2}{2}$.

设 $g(x)=x-\dfrac{x^2}{2(1+x)}-\ln(1+x)$，$x\in(0,+\infty)$，$g(0)=0$，则 $g'(x)=1-\dfrac{4x^2+4x-2x^2}{4(1+x)^2}-\dfrac{1}{1+x}=\dfrac{x^2}{2(1+x)^2}>0$.

故 $g(x)$ 在 $(0,+\infty)$ 上单调递增，$g(x)=x-\dfrac{x^2}{2(1+x)}-\ln(1+x)>g(0)=0$ 恒成立，即 $\ln(1+x)<x-\dfrac{x^2}{2(1+x)}$，得 $x-\dfrac{x^2}{2}<\ln(1+x)<x-\dfrac{x^2}{2(1+x)}$，$x\in(0,+\infty)$.

评注：这里将函数不等式的证明转化为求函数的单调性问题，展示了在导数背景之下单调性与不等式更为密切的联系.

例 2　证明：对一切 $x\in(0,+\infty)$，$x\ln x>\dfrac{x}{\mathrm{e}^x}-\dfrac{2}{\mathrm{e}}$，$x\in(0,+\infty)$.

分析：本题若构造函数 $f(x)=x\ln x-\dfrac{x}{e^x}+\dfrac{2}{e}$，$x\in(0,+\infty)$，导函数较复杂，难寻函数单调性和最值，这样证明此不等式有难度，于是试探构造两个函数 $f(x)=x\ln x(x>0)$ 和 $\varphi(x)=\dfrac{x}{e^x}-\dfrac{2}{e}(x>0)$，利用导数求得 $[f(x)]_{\min}$ 和 $[\varphi(x)]_{\max}$，再比较其大小.

证明：设 $f(x)=x\ln x(x>0)$，$f'(x)=\ln x+1$.

当 $x\in\left(0,\dfrac{1}{e}\right)$ 时，$f'(x)<0$，$f(x)$ 单调递减；

当 $x\in\left(\dfrac{1}{e},+\infty\right)$ 时，$f'(x)>0$，$f(x)$ 单调递增.

故 $[f(x)]_{\min}=f\left(\dfrac{1}{e}\right)=-\dfrac{1}{e}$.

设 $\varphi(x)=\dfrac{x}{e^x}-\dfrac{2}{e}(x>0)$，则 $\varphi'(x)=\dfrac{1-x}{e^x}$，易得 $[\varphi(x)]_{\max}=\varphi(1)=-\dfrac{1}{e}$.

综上，$f(x)\geqslant[f(x)]_{\min}=-\dfrac{1}{e}=[\varphi(x)]_{\max}\geqslant\varphi(x)$. ∵ $[f(x)]_{\min}$ 与 $[\varphi(x)]_{\max}$ 在不同的 x 处取得，∴ $f(x)>\varphi(x)$，即对一切 $x\in(0,+\infty)$，$x\ln x>\dfrac{x}{e^x}-\dfrac{2}{e}$ 都成立. 评注：本题若使用像例1作差的方法，很难证明此不等式，于是在不等式左右两边分别构造函数 $f(x)=x\ln x(x>0)$ 和 $\varphi(x)=\dfrac{x}{e^x}-\dfrac{2}{e}(x>0)$，利用 $f(x)\geqslant[f(x)]_{\min}\geqslant[\varphi(x)]_{\max}\geqslant\varphi(x)$（注意等号取得的条件），证明出此不等式.

2. 利用导数证明三角不等式

例3 求证：当 $0<\alpha<\beta<\pi$ 时，$\dfrac{\sin\alpha}{\sin\beta}>\dfrac{\alpha}{\beta}$.

分析：欲证 $\dfrac{\sin\alpha}{\sin\beta}>\dfrac{\alpha}{\beta}$（$0<\alpha<\beta<\pi$），只需证 $\dfrac{\sin\alpha}{\alpha}>\dfrac{\sin\beta}{\beta}$（$0<\alpha<\beta<\pi$）.

证明：设 $f(x)=\dfrac{\sin x}{x}$，$x\in(0,\pi)$，则 $f'(x)=\dfrac{x\cos x-\sin x}{x^2}$，$g(x)=x\cos x-\sin x$，$g'(x)=\cos x-x\sin x-\cos x=-x\sin x$. ∵ $x\in(0,\pi)$，∴ $g'(x)<0$，∴ $g(x)$ 是减函数. ∴ $g(x)<g(0)=0$，即 $x\cos x-\sin x<0\Rightarrow f'(x)<0$，∴ $f(x)=\dfrac{\sin x}{x}$ 在 $x\in(0,\pi)$ 上是减函数. 又 $0<\alpha<\beta<\pi$，∴ $\dfrac{\sin\alpha}{\alpha}>\dfrac{\sin\beta}{\beta}\Rightarrow\dfrac{\sin\alpha}{\sin\beta}>\dfrac{\alpha}{\beta}$.

评注：把不等式变形后构造函数，然后用导数证明该函数的单调性，达到证明不等式的目的. 值得注意的是, 为了证 $f'(x) < 0$, 需引入 $g(x) = x\cos x - \sin x$, 再通过证 $g'(x) = -x\sin x < 0$, 利用 $g(x)$ 是单调递减函数证 $g(x) < 0$, 从而证得 $f'(x) < 0$. 这是利用导数证明不等式的常用方法.

3. 利用导数证明数列不等式

例 4　试证明：对 $\forall n \in \mathbf{N}^*$, 不等式 $\ln\left(\dfrac{1+n}{n}\right)^{\mathrm{e}} < \dfrac{1+n}{n}$ 恒成立.

分析：视 $\dfrac{n+1}{n}$ 为 $x(x > 1)$, 即证 $\ln x < \dfrac{x}{\mathrm{e}}$.

证明：构造函数 $f(x) = \ln x - \dfrac{x}{\mathrm{e}}$, $x \in (1, +\infty)$.

令 $f'(x) = \dfrac{1}{x} - \dfrac{1}{\mathrm{e}} = \dfrac{\mathrm{e} - x}{\mathrm{e}x} = 0$, 得 $x = \mathrm{e}$.

$\because$ 当 $1 < x < \mathrm{e}$ 时 $f'(x) > 0$, 当 $x > \mathrm{e}$ 时 $f'(x) < 0$, $\therefore$ 函数 $f(x)$ 在 $(1, \mathrm{e})$ 上单调递增, 函数 $f(x)$ 在 $(\mathrm{e}, +\infty)$ 上单调递减, $\therefore$ 极值唯一.

当 $x = \mathrm{e}$ 时, 函数 $f(x)$ 有最大值 $[f(x)]_{\max} = f(\mathrm{e}) = 0$.

对 $\forall x \in (1, +\infty)$, 恒有 $f(x) \leqslant [f(x)]_{\max} = f(\mathrm{e}) = 0$, $\therefore \ln x - \dfrac{x}{\mathrm{e}} \leqslant 0$, 即 $\ln x \leqslant \dfrac{x}{\mathrm{e}}$.

$\because \dfrac{1+n}{n} > 1$ 且 $\dfrac{1+n}{n} \neq \mathrm{e}$, 取 $x = \dfrac{1+n}{n}$, $n \in \mathbf{N}^*$, $\therefore \ln\dfrac{1+n}{n} < \dfrac{1}{\mathrm{e}} \cdot \dfrac{1+n}{n} \Rightarrow \ln\left(\dfrac{1+n}{n}\right)^{\mathrm{e}} < \dfrac{1+n}{n}$.

故对 $\forall n \in \mathbf{N}^*$, 不等式 $\ln\left(\dfrac{1+n}{n}\right)^{\mathrm{e}} < \dfrac{1+n}{n}$ 恒成立.

评注：利用导数证明数列不等式, 可先将数列不等式转化为函数不等式, 利用导数证明这个函数不等式, 然后再将函数不等式转化为数列不等式, 从而达到证明数列不等式的目的.

4. 利用导数证明涉及零点的不等式

例 5　已知函数 $f(x) = x\ln x + x^2 - ax + 2(a \in \mathbf{R})$ 有两个不同的零点 x_1, x_2.
(1)求实数 a 的取值范围.
(2)求证：$x_1 + x_2 > 2$.
(3)求证：$x_1 x_2 > 1$.
分析：本题实质上是关于极值点的偏移问题, (2)$x_1 + x_2 > 2 \Leftrightarrow x_2 > 2 - x_1$；

$(3) x_1 x_2 > 1 \Leftrightarrow x_1 > \dfrac{1}{x_2}$.

(1)解：令 $f(x) = 0$，则 $a = \ln x + x + \dfrac{2}{x}$. 设 $g(x) = \ln x + x + \dfrac{2}{x}(x > 0)$，则 $g'(x) = \dfrac{(x-1)(x+2)}{x^2}$，$\therefore g(x)$ 在 $(0,1)$ 内为减函数，在 $(1, +\infty)$ 内为增函数，在 $x = 1$ 处取得极小值 $g(1) = 3$. 当 $x \to 0$ 时，$g(x) \to +\infty$；当 $x \to +\infty$ 时，$g(x) \to +\infty$. $\therefore$ 函数 $f(x)$ 有两个零点，即直线 $y = a$ 与函数 $g(x)$ 图像有两个交点，$\therefore a > 3$.

(2)证明：不妨设 $x_1 < x_2$，则由(1)可知，$x_1 \in (0,1), x_2 \in (1, +\infty), 2 - x_1 \in (1, +\infty)$，且 $g(x)$ 在 $(0,1)$ 内单调递减，在 $(1, +\infty)$ 内单调递增，从而问题转化为证明 $g(x_2) > g(2 - x_1)(0 < x_1 < 1)$. 又 $g(x_1) = g(x_2) = a$，从而问题转化为证明 $g(x_1) > g(2 - x_1)$. 构造函数 $h(x) = g(x) - g(2 - x)(0 < x < 1)$，则

$$h'(x) = g'(x) - g'(2-x)(2-x)' = g'(x) + g'(2-x)$$
$$= \dfrac{(x-1)(x+2)}{x^2} + \dfrac{(1-x)(4-x)}{(2-x)^2} = \dfrac{2(x-1)^2(x^2 - 2x - 4)}{x^2(2-x)^2}.$$

当 $0 < x < 1$ 时，$h'(x) < 0, h(x)$ 在 $(0,1)$ 内单调递减，$\therefore h(x) > h(1) = g(1) - g(1) = 0$，即 $g(x) > g(2-x)$，$\therefore g(x_1) > g(2 - x_1)$，即 $g(x_1) = g(x_2) > g(2 - x_1)$，又 $g(x)$ 在 $(1, +\infty)$ 内单调递增，$\therefore x_2 > 2 - x_1$，即 $x_1 + x_2 > 2$.

(3)证明：构造函数 $k(x) = g(x) - g\left(\dfrac{1}{x}\right) = 2\ln x - x + \dfrac{1}{x}$，则 $k'(x) = -\left(\dfrac{1}{x} - 1\right)^2$.

$\because$ 当 $x > 1$ 时，$k'(x) < 0$，$\therefore k(x)$ 在 $(1, +\infty)$ 内单调递减，有 $k(x) < k(1) = 0$，即 $g(x) < g\left(\dfrac{1}{x}\right)$. 不妨设 $x_1 < x_2$，由(1)可知 $0 < x_1 < 1 < x_2$，则 $g(x_1) = g(x_2) < g\left(\dfrac{1}{x_2}\right)$，$\because g(x)$ 在 $(0,1)$ 内单调递减，$\therefore x_1 > \dfrac{1}{x_2}$，即 $x_1 x_2 > 1$.

评注：本题是利用导数证明涉及零点的不等式，其实是解决极值点的偏移问题，$f(x)$ 有两个不同的零点 x_1, x_2，等价转化为 $a = \ln x_1 + x_1 + \dfrac{2}{x_1} = \ln x_2 + x_2 + \dfrac{2}{x_2}$，关于第(2)问，充分利用 $g(x_1) = g(x_2)$，再将 x_2 与 $2 - x_1$ 放在同一个单调区间 $(1, +\infty)$ 中去，借用 $g(x)$ 在 $(1, +\infty)$ 上的递增性，问题得到解决. 由于第(3)问要证明 $x_1 x_2 > 1$，即证 $x_1 > \dfrac{1}{x_2}$，因而构造函数 $k(x) = g(x) - g\left(\dfrac{1}{x}\right)$.

利用导数证明不等式，关键是把不等式变形后构造恰当的函数，然后用导

数判断该函数的单调性或求出最值，另外应特别注意区间端点是否取得到，有时需要变主元构造函数以达到证明不等式的目的. 这种解题方法也是转化与化归思想在中学数学中的重要体现.

1.10　利用切线的几何意义　巧解多元的最值问题

对于一类多变量的最值问题，若其有明显的几何背景，特别是求线性形式的多变量的最值问题，我们借用隐函数求导法，巧用切线的几何意义，可顺利解决这类问题．本文列举几道高考试题，期型给同学们以启发．

例1　设 x,y 为实数，若 $4x^2+y^2+xy=1$，则 $2x+y$ 的最大值是_____．

解：设 $t=2x+y$，直线 $y=-2x+t$ 与曲线 $4x^2+y^2+xy=1$ 相切的切点坐标为 (x_0,y_0)，在等式 $4x^2+y^2+xy=1$ 两边对 x 求导得 $8x+2y\cdot y'+y+xy'=0$，将切点坐标 (x_0,y_0) 及斜率 $y'=-2$ 代入，得 $8x_0-4y_0+y_0-2x_0=0$，即 $y_0=2x_0$．再将 (x_0,y_0) 代入曲线方程 $4x^2+y^2+xy=1$，得 $4x_0^2+y_0^2+x_0y_0=$

1，联立 $\begin{cases} y_0=2x_0, \\ 4x_0^2+y_0^2+x_0y_0=1, \end{cases}$ 解得 $\begin{cases} x_0=\dfrac{\sqrt{10}}{10}, \\ y_0=\dfrac{\sqrt{10}}{5} \end{cases}$ 或 $\begin{cases} x_0=-\dfrac{\sqrt{10}}{10}, \\ y_0=-\dfrac{\sqrt{10}}{5}. \end{cases}$ 当 $x_0=\dfrac{\sqrt{10}}{10}$，

$y_0=\dfrac{\sqrt{10}}{5}$ 时，$2x+y$ 取最大值 $\dfrac{2\sqrt{10}}{5}$．

评注：本题解答中，令 $t=2x+y$，将求二元函数的最大值问题转化为求直线 $y=-2x+t$ 截距的最大值问题，显然直线与曲线相切时截距取最值．难点是如何求曲线在切点处的导数值，这里涉及隐函数求导法，特别注意 y 是 x 的函数．

例2　若 $a,b,c>0$ 且 $a(a+b+c)+bc=4-2\sqrt{3}$，则 $2a+b+c$ 的最小值为（　　）．

A. $\sqrt{3}-1$　　　B. $\sqrt{3}+1$　　　C. $2\sqrt{3}+2$　　　D. $2\sqrt{3}-2$

解：设 $a=x,b=y$，则 $x(x+y+c)+cy=4-2\sqrt{3}$，令 $2x+y+c=t$，设直线 $y=-2x-c+t$ 与曲线 $x(x+y+c)+cy=4-2\sqrt{3}$ 相切，切点坐标 (x_0,y_0)（$x_0>0,y_0>0$），在等式 $x(x+y+c)+cy=4-2\sqrt{3}$ 两边对 x 求导得 $x+y+c+x(1+y')+cy'=0$，将切点坐标 (x_0,y_0) 及斜率 $y'=-2$ 代入得 $y_0=c$，再将 (x_0,y_0) 代入曲线方程 $x(x+y+c)+cy=4-2\sqrt{3}$ 得 $x_0^2+2cx_0+c^2=(\sqrt{3}-1)^2$．$\because x_0>0,c>0,\therefore x_0+c=\sqrt{3}-1\Rightarrow x_0=\sqrt{3}-1-c,\therefore 2x+y+c\geqslant 2x_0+y_0+c=2(\sqrt{3}-1-c)+c+c=2\sqrt{3}-2,\therefore 2a+b+c$ 的最小值为 $2\sqrt{3}-2$．故选 D.

评注：本题求 $2a+b+c$ 的最小值，就是求 $t(2x+y+c=t)$ 的最小值．当直线 $y=-2x-c+t$ 与曲线 $x(x+y+c)+cy=4-2\sqrt{3}$ 相切，即 $x=x_0, y=y_0$ 时，直线的截距 $t-c$ 取最小，这时 t 也取最小，因而有 $2x+y+c \geqslant 2x_0+y_0+c$．

例 3 对于 $c>0$，当非零实数 a,b 满足 $4a^2-2ab+4b^2-c=0$ 且使 $|2a+b|$ 最大时，$\dfrac{3}{a}-\dfrac{4}{b}+\dfrac{5}{c}$ 的最小值为 _____．

解：设 $a=x, b=y$，则 $4x^2-2xy+4y^2=c$，令 $t=2x+y$，设直线 $y=-2x+t$ 与曲线 $4x^2-2xy+4y^2=c$ 相切的切点坐标为 (x_0, y_0)，在等式 $4x^2-2xy+4y^2=c$ 两边对 x 求导得 $8x-2y-2x \cdot y'+8y \cdot y'=0$，即 $4x-y-x \cdot y'+4y \cdot y'=0$，将切点坐标 (x_0, y_0) 及斜率 $y'=-2$ 代入得 $x_0=\dfrac{3}{2}y_0$．再将 (x_0, y_0) 代入曲线方程 $4x^2-2xy+4y^2=c$ 得 $4x_0^2-2x_0y_0+4y_0^2=c$．

联立 $\begin{cases} x_0=\dfrac{3}{2}y_0, \\ 4x_0^2-2x_0y_0+4y_0^2=c, \end{cases}$ 求得 $c=10y_0^2$．

故 $\dfrac{3}{a}-\dfrac{4}{b}+\dfrac{5}{c}=\dfrac{3}{x_0}-\dfrac{4}{y_0}+\dfrac{5}{c}=\dfrac{2}{y_0}-\dfrac{4}{y_0}+\dfrac{5}{10y_0^2}=\dfrac{1}{2y_0^2}-\dfrac{2}{y_0}=\dfrac{1}{2}\left(\dfrac{1}{y_0}-2\right)^2-2 \geqslant -2$，当且仅当 $y_0=\dfrac{1}{2}$ 时，等号成立．

故 $\dfrac{3}{a}-\dfrac{4}{b}+\dfrac{5}{c}$ 的最小值为 -2．

评注：当直线 $y=-2x+t$ 与曲线 $4x^2-2xy+4y^2=c$ 相切时，截距 t 取最值，即 $|t|$ 取最大值，也就是 $|2x+y|=|2a+b|$ 取最大值时，$a=x_0, b=y_0$，求 $\dfrac{3}{a}-\dfrac{4}{b}+\dfrac{5}{c}$ 的最小值，即求 $\dfrac{3}{x_0}-\dfrac{4}{y_0}+\dfrac{5}{c}$ 的最小值．

本文中的几例高考试题也有其他多种解法，巧用切线的几何意义解题，体现了数学中的等价转化思想，在很多情况下，数形转化在处理数学问题时具备难以替代的优越性．解题实践告诉我们，对于多元最值问题，如果数形转化应用得当，往往能够化难为易，化繁为简，起到事半功倍的神奇效果！

1.11　导数解题中的若干"陷阱问题"

导数在高中数学的学习当中十分重要，导数也为函数问题的求解带来了新的视角，但由于学生对导数一些概念理解不清，解题错误的现象屡见不鲜．在平时的学习中，我们要注意研究易错的知识点并加强对易错问题的反思，尤其是要对"形似质异"的导数问题多加甄别．本文对几例导数中的"陷阱问题"加以剖析，旨在唤起大家的注意．

1. 导数在解决有关函数极值问题上的陷阱

例 1　已知函数 $f(x) = \sin\left(\omega x + \dfrac{\pi}{4}\right)(\omega > 0)$，若 $f(x)$ 在区间 $[0, 2\pi]$ 上恰有 3 个极值点，则 ω 的取值范围是_____．

错解：对函数 $f(x) = \sin\left(\omega x + \dfrac{\pi}{4}\right)(\omega > 0)$ 求导得 $f'(x) = \omega\cos\left(\omega x + \dfrac{\pi}{4}\right)$．

令 $f'(x) = 0$，得 $\omega x + \dfrac{\pi}{4} = k\pi + \dfrac{\pi}{2}(k \in \mathbf{Z})$，即 $x = \dfrac{\pi}{\omega}\left(k + \dfrac{1}{4}\right)(k \in \mathbf{Z})$．

故函数 $f(x)$ 的极值点是 $x = \dfrac{\pi}{\omega}\left(k + \dfrac{1}{4}\right)(k \in \mathbf{Z})$，又 $f(x)$ 在区间 $[0, 2\pi]$ 上恰有 3 个极值点，则这三个极值点只能在 $k = 0, 1, 2$ 时取得．

于是 $\dfrac{\pi}{\omega}\left(2 + \dfrac{1}{4}\right) \leqslant 2\pi < \dfrac{\pi}{\omega}\left(3 + \dfrac{1}{4}\right)$，求得 $\dfrac{9}{8} \leqslant \omega < \dfrac{13}{8}$．

陷阱：由函数极值的定义可知，函数的极值点不能落在区间的端点处．

于是有 $\dfrac{\pi}{\omega}\left(2 + \dfrac{1}{4}\right) < 2\pi \leqslant \dfrac{\pi}{\omega}\left(3 + \dfrac{1}{4}\right)$，求得 $\dfrac{9}{8} < \omega \leqslant \dfrac{13}{8}$．

正确答案：$\dfrac{9}{8} < \omega \leqslant \dfrac{13}{8}$．

评注：函数极值、极值点的定义为，如果函数 $f(x)$ 在点 $x = x_0$ 的一个邻域 $(x_0 - \delta, x_0 + \delta)$ 内有定义，对任意的 $x \in (x_0 - \delta, x_0) \bigcup (x_0, x_0 + \delta)$，总有 $f(x) < f(x_0)$，则称 $f(x_0)$ 为函数 $f(x)$ 的极大值，x_0 称为函数 $f(x)$ 的极大值点；如果函数 $f(x)$ 在点 $x = x_0$ 的一个邻域 $(x_0 - \delta, x_0 + \delta)$ 内有定义，对任意的 $x \in (x_0 - \delta, x_0) \bigcup (x_0, x_0 + \delta)$，总有 $f(x) > f(x_0)$，则称 $f(x_0)$ 为函数 $f(x)$ 的极小值，x_0 称为函数 $f(x)$ 的极小值点．可见函数的极值 $f(x_0)$ 是与 x_0 "附近"左、右两边函数值进行比较而得．所以极值点只能落在区间的内部，不能落在区间的

端点处.

例 2　函数 $f(x)=(x^2-1)^3+2$ 的极值点是(　　).

A. $x=1$　　　　　B. $x=0$　　　　　C. $x=-1$　　　　　D. $x=-1,0$ 或 1

错解：对函数 $f(x)=x^6-3x^4+3x^2+1$ 求导，得 $f'(x)=6x^5-12x^3+6x$.

令 $f'(x)=0$，解得极值点为 $x_1=-1,x_2=0,x_3=1$. 故选 D.

陷阱：$f'(x)=6x^5-12x^3+6x=6x(x+1)^2(x-1)^2$.

当 $x<-1$ 时，$f'(x)<0$；当 $-1<x<0$ 时，$f'(x)<0$；当 $0<x<1$ 时，$f'(x)>0$；当 $x>1$ 时，$f'(x)>0$.

故函数 $f(x)$ 在区间 $(-\infty,0)$ 上单调递减，在区间 $(0,+\infty)$ 上单调递增，则 $x=0$ 为函数 $f(x)$ 极小值点，$x=-1$ 和 $x=1$ 都不是极值点.

正确答案：选 B.

评注：使导数值为 0 的点不一定是极值点. 如函数 $y=x^3$，在 $x=0$ 处导数值为 0，但 $x=0$ 并不是该函数的极值点. 是否为极值点，需要根据极值点的定义进行判别.

例 3　求函数 $f(x)=\sqrt[3]{(x^2-2x)^2}$ 的极值.

错解：对函数 $f(x)=\sqrt[3]{(x^2-2x)^2}$ 求导得 $f'(x)=\dfrac{4}{3}\cdot\dfrac{x-1}{\sqrt[3]{x(x-2)}}$. 令 $f'(x)=0$，解得 $x=1$，当 $x\in(0,1)$ 时，$f'(x)>0$，函数 $f(x)$ 递增；当 $x\in(1,2)$ 时，$f'(x)<0$，函数 $f(x)$ 递减. 故函数 $f(x)$ 在 $x=1$ 时取极大值，极大值为 $f(1)=1$，没有极小值.

陷阱：函数 $f(x)$ 在定义域内不可导的点为 $x_1=0,x_2=2$.

当 x 变化时，$f'(x)$ 的变化情况见下表.

x	$(-\infty,0)$	0	$(0,1)$	1	$(1,2)$	2	$(2,+\infty)$
$f'(x)$	$-$	不存在	$+$	0	$-$	不存在	$+$

故 $x_1=0,x_2=2$ 是函数 $f(x)$ 的两个极小值点，函数 $f(x)$ 的极小值为 $f(0)=f(2)=0$.

正确答案：函数 $f(x)$ 的极大值为 1，极小值为 0.

评注：对任意函数来说，极值可能在定义域内导数为 0 处取得，也可能在函数不可导处取得.

例 4　函数 $f(x)=x^3+ax^2+bx+a^2$ 在 $x=1$ 时有极值为 10，那么 $a+b$ 的值为(　　).

A. -7　　　　　B. 0　　　　　C. -7 或 0　　　　　D. 以上都不对

错解：对函数 $f(x)=x^3+ax^2+bx+a^2$ 求导得 $f'(x)=3x^2+2ax+b$，

45

$$\begin{cases} f(1)=10, \\ f'(1)=0, \end{cases}$$ 得 $$\begin{cases} 1+a+b+a^2=10, \\ 3+2a+b=0, \end{cases}$$ 即 $$\begin{cases} a=4, \\ b=-11 \end{cases}$$ 或 $$\begin{cases} a=-3, \\ b=3. \end{cases}$$

于是 $a+b=-7$ 或 $a+b=0$. 故选 C.

陷阱：当 $$\begin{cases} a=4, \\ b=-11 \end{cases}$$ 时，$f'(x)=3x^2+8x-11=(3x+11)(x-1)$. 当 $x\in\left(-\dfrac{11}{3},1\right)$ 时，$f'(x)<0,f(x)$ 递减；当 $x\in(1,+\infty)$ 时，$f'(x)>0,f(x)$ 递增. 故当 $x=1$ 时，有极小值 $f(1)=10$，符合题意.

当 $$\begin{cases} a=-3, \\ b=3 \end{cases}$$ 时，$f'(x)=3(x-1)^2\geqslant0$，故函数 $f(x)$ 在 $(-\infty,+\infty)$ 上单调递增，没有极值. 因此 $a=-3,b=3$ 不合题意，舍去.

综上，$a+b=-7$.

正确答案：选 A.

评注：对于可导函数，其极值点处导数值一定为 0，但导数值为 0 的点未必是极值点.

2. 导数在解决有关函数单调性问题上的陷阱

例 5　已知函数 $f(x)=x^3-mx^2+2m^2-5(m<0)$ 的单调递减区间是 $(-9,0)$，求实数 m 取值的集合.

错解 1：对函数 $f(x)=x^3-mx^2+2m^2-5(m<0)$ 求导得 $f'(x)=3x^2-2mx$. 数形结合可知，$$\begin{cases} f'(-9)\leqslant0, \\ f'(0)\leqslant0, \end{cases}$$ 解得 $m\leqslant-\dfrac{27}{2}$. 故实数 m 取值的集合是 $\left\{m\left|m\leqslant-\dfrac{27}{2}\right.\right\}$.

错解 2：由已知得，对 $\forall x\in(-9,0),f'(x)=3x^2-2mx\leqslant0$ 恒成立，即对 $\forall x\in(-9,0),m\leqslant\dfrac{3x}{2}$ 恒成立，$\therefore m\leqslant-\dfrac{27}{2}$，即实数 m 取值的集合是 $\left\{m\left|m\leqslant-\dfrac{27}{2}\right.\right\}$.

陷阱：由 $f'(x)<0$，即 $3x^2-2mx<0(m<0)$，得 $\dfrac{2m}{3}<x<0$，故函数 $f(x)$ 的单调递减区间为 $\left(\dfrac{2m}{3},0\right)$，依题意，函数 $f(x)$ 的单调递减区间是 $(-9,0)$，得 $\dfrac{2m}{3}=-9$，即 $m=-\dfrac{27}{2}$. 故实数 m 取值的集合是 $\left\{-\dfrac{27}{2}\right\}$.

正确答案：$\left\{-\dfrac{27}{2}\right\}$.

评注：“函数 $f(x)$ 在区间 (a,b) 单调递减”与“函数 $f(x)$ 单调递减区间是 (a,b)”，是两个不同的概念. 前者中的区间 (a,b) 不一定是函数的单调递减区间，但一定是单调递减区间的子区间；后者是指函数“在且仅在”区间 (a,b) 上单调递减.

例 6　若函数 $f(x) = \dfrac{ax+1}{x+2}$（a 为常数）在 $(-2,2)$ 内为增函数，求实数 a 的取值范围.

错解：$f'(x) = \dfrac{2a-1}{(x+2)^2} \geqslant 0$，在 $x \in (-2,2)$ 上恒成立，$\therefore a \geqslant \dfrac{1}{2}$.

陷阱：当 $a = \dfrac{1}{2}$ 时，$f'(x) = 0$ 恒成立，故函数 $f(x)$ 没有单调性.

正确答案：$a > \dfrac{1}{2}$.

评注：对于 (a,b) 内可导函数，$f'(x) \geqslant 0$ 是函数 $f(x)$ 单调递增的必要不充分条件，而 $f'(x) > 0$ 是函数 $f(x)$ 单调递增的充分不必要条件.

3. 导数在解决有关函数图像切线问题上的陷阱

例 7　已知两曲线 $C_1 : y = x^2$ 与 $C_2 : y = -(x-2)^2$，若直线 l 与 C_1、C_2 都相切，求直线 l 的方程.

错解：直线 l 的斜率为 $k = y' = 2x$ 且 $k = y' = -2x+4$，由斜率相等可得 $2x = -2x+4$，解得 $x = 1$，于是 $k = 2$，$\therefore$ 直线 l 与 C_1 的切点是 $(1,1)$，与 C_2 的切点是 $(1,-1)$，由点斜式方程得切线方程为 $2x-y-1=0$ 和 $2x-y-3=0$.

陷阱：设直线 l 与 C_1 的切点是 $P(x_1, x_1^2)$，与 C_2 的切点是 $Q(x_2, -(x_2-2)^2)$，切线在切点处的斜率分别是 $k_1 = 2x_1$，$k_2 = -2x_2+4$，则 $k_{PQ} = \dfrac{-(x_2-2)^2 - x_1^2}{x_2 - x_1}$. 由

$$k_1 = k_2 = k_{PQ} \text{ 得 } \begin{cases} 2x_1 = -2x_2 + 4, \\ 2x_1 = \dfrac{-(x_2-2)^2 - x_1^2}{x_2 - x_1}, \end{cases} \text{ 解得 } \begin{cases} x_1 = 0, \\ x_2 = 2, \\ k_{PQ} = 0 \end{cases} \text{ 或 } \begin{cases} x_1 = 2, \\ x_2 = 0, \\ k_{PQ} = 4. \end{cases}$$

因此，直线 l 的方程为 $y = 0$ 或 $4x - y - 4 = 0$.

正确答案：直线 l 的方程为 $y = 0$ 或 $4x - y - 4 = 0$.

评注：直线 l 是曲线 C_1、C_2 的公切线，切线是同一条，但切点不一定是同一个，因此，如果建立斜率相等的方程 $2x = -2x+4$，就等于承认切点是相同的了，这显然是不严谨的.

例 8　求函数 $y = \sqrt[3]{x^2}$ 的图像在点 $(0,0)$ 处的切线方程.

错解：对函数 $y = \sqrt[3]{x^2}$ 求导得 $y' = \dfrac{2}{3} x^{-\frac{1}{3}}$，显然函数在 $x = 0$ 处的导数值不

存在,∴曲线在点 (0,0) 处没有切线.

陷阱:函数在 $x=0$ 处的导数值不存在,说明该函数的图像在点 (0,0) 处的切线的斜率不存在,即切线的倾斜角为 $\dfrac{\pi}{2}$,于是有切线就是 y 轴.

正确答案:函数 $y=\sqrt[3]{x^2}$ 的图像在点 (0,0) 处的切线方程为 $x=0$.

评注:一些学生误认为斜率不存在,切线就不存在.其实,若函数在某点处可导,则其图像在该点处必有切线;若函数图像在某点处有切线,则函数在该点处不一定可导.

例9 求曲线 $f(x)=3x-x^3$ 过点 $A(2,-2)$ 的切线方程.

错解:∵点 A 在曲线 $f(x)=3x-x^3$ 上,对 $f(x)$ 求导得 $f'(x)=3-3x^2$,∴ $f'(2)=3-3\times2^2=-9$,故所求切线方程为 $y+2=-9(x-2)$,即 $9x+y-16=0$.

陷阱:题目求的是过点 A 的切线,点 A 未必是切点.

设切点为 $P(x_0,f(x_0))$.∵ $f'(x)=3-3x^2$,∴曲线在点 P 处的切线方程为 $y-f(x_0)=(3-3x_0^2)(x-x_0)$,又∵切线过点 $A(2,-2)$,∴ $-2-(3x_0-x_0^3)=(3-3x_0^2)(2-x_0)$,整理得 $x_0^3-3x_0^2+4=0$,即 $(x_0+1)(x_0-2)^2=0$,解得 $x_0=-1$ 或 $x_0=2$.

∴当 $x_0=-1$ 时,$f'(-1)=0$,$P(-1,-2)$,切线方程为 $y=-2$;

当 $x_0=2$ 时,$f'(2)=-9$,$P(2,-2)$,切线方程为 $9x+y-16=0$.

正确答案:所求切线方程为 $y=-2$ 或 $9x+y-16=0$.

评注:曲线"在某点处的切线"是指过该点且以该点为切点的切线,从而该点也必须是曲线上的点;"过某点的切线"则不一定以此点为切点,该点也不一定在曲线上,因此所求切线可能不止一条.

通过对上述易错点的诊断我们不难发现,审题不清、概念模糊或受思维定式的影响,常常会使学生落入题目设计的"陷阱"中去,这也提醒我们,在解决与导数有关的问题时,要重视对基本概念和题意的理解.

第 2 章　不　等　式

知识点导语

　　函数、方程、不等式是相互联系的，利用不等式求函数的最值是不等式应用的一个主要方面，尤其是含有多个变量的最值问题，利用不等式求解是一种常用且有效的方法.

　　不等式的证明没有固定的模式，方法也是因题而异，灵活多变，技巧性强；一个不等式的证明也不一定只有一种方法，但基本思想总是一样的，即把原来的不等式朝着目标逐渐变换成明显成立的不等式. 不等式的证明常用的方法有比较法、分析法、综合法、数学归纳法及反证法. 技巧方面有放缩法、换元法、构造法、函数法等.

　　相等是相对的，不等才是绝对的，世界上的事物极大多数是以不等的形式出现在我们的周围，我们随时要比较大小. 不等式在数学中的位置如同诗歌在文学中的地位，都追求自由与多样性. 有人说：帝国是诗的敌人，因为：帝国追求控制，诗追求独立；帝国追求奴役，诗追求自由；帝国追求坟墓的整齐，诗追求生命的参差.

　　不等式亦是如此！

2.1 创造条件巧用基本不等式

基本不等式是高中数学的一个难点，一些复杂的最值问题或不等式证明问题，可通过适当的技巧处理，创造性地使用基本不等式. 巧妙地运用基本不等式常能使一些问题得到漂亮的解决，且产生意想不到的效果. 基本不等式也是历年来高考中必不可少的内容. 下面通过几例说明基本不等式在高中数学解题中的奇思与妙用.

1. 巧解与根式有关的问题

例 1 设非负实数 a、b、c 满足 $ab+bc+ca=a+b+c>0$，则 $\sqrt{ab}+\sqrt{bc}+\sqrt{ca}$ 的最小值为（　　）.

A. 2 　　　　　　B. 3 　　　　　　C. $\sqrt{3}$ 　　　　　　D. $2\sqrt{2}$

解：不妨设 $a\geqslant b\geqslant c$，由均值不等式得

$$(a+b+c)(\sqrt{ab}+\sqrt{bc}+\sqrt{ca})=(a+b)\sqrt{ab}+(b+c)\sqrt{bc}+(c+a)\sqrt{ca}$$
$$+(c\sqrt{ab}+a\sqrt{bc}+b\sqrt{ca})\geqslant(a+b)\sqrt{ab}+(b+c)\sqrt{bc}+(c+a)\sqrt{ca}$$
$$\geqslant 2\sqrt{ab}\cdot\sqrt{ab}+2\sqrt{bc}\cdot\sqrt{bc}+2\sqrt{ca}\cdot\sqrt{ca}=2(ab+bc+ca).$$

又 $ab+bc+ca=a+b+c>0$，$\therefore\sqrt{ab}+\sqrt{bc}+\sqrt{ca}\geqslant 2$，当且仅当 $c=0$ 且 $a=b$ 时，等号成立.

由 $c=0,a=b,ab+bc+ca=a+b+c$，得 $a=b=2,c=0$.

故当 a、b、c 中有两个为 2，一个为 0 时，$\sqrt{ab}+\sqrt{bc}+\sqrt{ca}$ 取得最小值 2.
故选 A.

评注：由于 $ab+bc+ca=a+b+c>0$，先将 $\sqrt{ab}+\sqrt{bc}+\sqrt{ca}$ 乘上 $a+b+c$，经适当组合、放缩，并用均值不等式，产生因式 $ab+bc+ca$，问题很快得到解决. 其构思巧妙，解法新颖，独辟蹊径！

例 2 设 $a=\sqrt{3x+1}+\sqrt{3y+1}+\sqrt{3z+1}$，其中 $x+y+z=1,x,y,z\geqslant 0$，则 $[a]=$ ＿＿＿＿＿＿＿＿＿＿．

解：$\because a^2=(3x+1)+(3y+1)+(3z+1)+2\sqrt{(3x+1)(3y+1)}$
$+2\sqrt{(3y+1)(3z+1)}+2\sqrt{(3z+1)(3x+1)}\leqslant 3[(3x+1)+(3y+1)$
$+(3z+1)]=18,\therefore a\leqslant\sqrt{18}<5.$

又 $\because x,y,z\in[0,1]$，$\therefore x\geqslant x^2,y\geqslant y^2,z\geqslant z^2$，$\therefore a\geqslant\sqrt{x^2+2x+1}+\sqrt{y^2+2y+1}+\sqrt{z^2+2z+1}=(x+1)+(y+1)+(z+1)=4$，$\therefore 4\leqslant a<5$，故 $[a]=4$.

评注：本题先将 a 平方，再用均值不等式将根式化为整式，充分利用条件 $x+y+z=1$，得出 a 的上限. 条件中隐含着 $x,y,z\in[0,1]$，即有 $x\geqslant x^2,y\geqslant y^2$，$z\geqslant z^2$，通过放缩变形，得出 a 的下限，问题顺利得到解决.

2. 巧解与整式有关的问题

例3 已知实数 x_1、x_2、x_3 满足 $x_1^2+x_2^2+x_3^2+x_1x_2+x_2x_3=2$，则 $|x_2|$ 的最大值是_____.

解：由 $x_1^2+x_2^2+x_3^2+x_1x_2+x_2x_3=2$ 得 $2x_1^2+2x_2^2+2x_3^2+2x_1x_2+2x_2x_3=4$，即 $x_1^2+(x_1+x_2)^2+(x_2+x_3)^2+x_3^2=4$.

由 $a^2+b^2\geqslant\dfrac{(a+b)^2}{2}$ 得 $4=x_1^2+(x_1+x_2)^2+(x_2+x_3)^2+x_3^2=[(-x_1)^2+(x_1+x_2)^2]+[(x_2+x_3)^2+(-x_3)^2]\geqslant\dfrac{x_2^2}{2}+\dfrac{x_2^2}{2}$，$\therefore x_2^2\leqslant 4$，即 $|x_2|\leqslant 2$，当 $x_1=x_3=-1,x_2=2$ 时，取等号.

故 $|x_2|$ 的最大值是 2.

评注：由于本题是求 $|x_2|$ 的最大值，所以在运用基本不等式的变形公式时，巧妙变形、放缩，消去 x_1,x_3 并保留 x_2，从而使问题获解.

例4 已知 $a^2+b^2+c^2=1$，则 $ab+bc+ca$ 的取值范围是_____.

解：$\because ab+bc+ca\leqslant\dfrac{a^2+b^2}{2}+\dfrac{b^2+c^2}{2}+\dfrac{c^2+a^2}{2}=a^2+b^2+c^2=1$，$|a(b+c)|\leqslant\dfrac{a^2+(b+c)^2}{2}\Leftrightarrow-\dfrac{a^2+(b+c)^2}{2}\leqslant a(b+c)\leqslant\dfrac{a^2+(b+c)^2}{2}$，当且仅当 $a=b+c$ 时右边等号成立，当且仅当 $a=-(b+c)$ 时左边等号成立，$\therefore ab+bc+ca=a(b+c)+bc\geqslant-\dfrac{a^2+(b+c)^2}{2}+bc=-\dfrac{a^2+b^2+c^2}{2}=-\dfrac{1}{2}$.

当且仅当 $a+b+c=0$ 且 $a^2+b^2+c^2=1$ 时，取等号.

故 $ab+bc+ca\in\left[-\dfrac{1}{2},1\right]$.

评注：在运用基本不等式解题时，我们常常会遇到题中某些式子不便于套用公式，或者不便于利用题设条件的情况. 此时，基本不等式等号成立的条件具有潜在的运用功能. 以基本不等式的取等条件为出发点，通过恰当凑配、组合，常常能使问题得到有效的解决.

例 5 实数 x、y、z 满足 $x^2+y^2+z^2=1$，则 $xy+yz$ 的最大值为_____．

解：$\because 1=x^2+y^2+z^2=\left(x^2+\dfrac{1}{2}y^2\right)+\left(\dfrac{1}{2}y^2+z^2\right)\geqslant 2\sqrt{\dfrac{1}{2}x^2y^2}+2\sqrt{\dfrac{1}{2}y^2z^2}$

$=\sqrt{2}(|xy|+|yz|)\geqslant\sqrt{2}|xy+yz|$，$\therefore xy+yz\leqslant\dfrac{\sqrt{2}}{2}$．

当 $x=\dfrac{1}{2}$，$y=\dfrac{\sqrt{2}}{2}$，$z=\dfrac{1}{2}$ 或 $x=-\dfrac{1}{2}$，$y=-\dfrac{\sqrt{2}}{2}$，$z=-\dfrac{1}{2}$ 时，取等号．

故 $xy+yz$ 的最大值为 $\dfrac{\sqrt{2}}{2}$．

评注：依条件与结论的结构形式，不难想到将 y^2 等份拆分，利用基本不等式，问题迎刃而解．

3．巧解与分式有关的问题

例 6 若 x,y,z 均为正实数，且 $x^2+y^2+z^2=1$，则 $S=\dfrac{(z+1)^2}{2xyz}$ 的最小值为_____．

解：$\because 2xy\leqslant x^2+y^2=1-z^2$，又 $x,y,z>0$，$\therefore S=\dfrac{(z+1)^2}{2xyz}\geqslant\dfrac{(z+1)^2}{z(1-z^2)}$

$=\dfrac{z+1}{(1-z)z}=\dfrac{z+1}{[2-(z+1)][(z+1)-1]}=\dfrac{1}{3-\left[(z+1)+\dfrac{2}{z+1}\right]}\geqslant\dfrac{1}{3-2\sqrt{2}}$

$=3+2\sqrt{2}$．

当且仅当 $z=\sqrt{2}-1,x=y=\sqrt{\sqrt{2}-1}$ 时上式等号成立，$S_{\min}=3+2\sqrt{2}$．

评注：求 $S=\dfrac{(z+1)^2}{2xyz}$ 的最小值，就是将 $\dfrac{(z+1)^2}{2xyz}$ 缩小，即分母放大，利用基本不等式 $2xy\leqslant x^2+y^2=1-z^2$，再代换，同时也达到消元的目的，为本题的解决创造条件．

例 7 设 $a+b=1,b>0,a\neq 0$，则 $\dfrac{1}{|a|}+\dfrac{2|a|}{b}$ 的最小值为_____．

解：$\dfrac{1}{|a|}+\dfrac{2|a|}{b}=\dfrac{a+b}{|a|}+\dfrac{2|a|}{b}=\dfrac{a}{|a|}+\left(\dfrac{b}{|a|}+\dfrac{2|a|}{b}\right)\geqslant\dfrac{a}{|a|}+2\sqrt{\dfrac{b}{|a|}\cdot\dfrac{2|a|}{b}}$

$=\dfrac{a}{|a|}+2\sqrt{2}$，等号成立的条件是 $\dfrac{b}{|a|}=\dfrac{2|a|}{b}$，即 $b^2=2a^2$．

当 $a>0$ 时，$\dfrac{1}{|a|}+\dfrac{2|a|}{b}\geqslant\dfrac{a}{|a|}+2\sqrt{2}=2\sqrt{2}+1$，当且仅当 $\begin{cases}a+b=1(b>0),\\ b=\sqrt{2}a,\end{cases}$

即 $a=\sqrt{2}-1,b=\sqrt{2}a=2-\sqrt{2}$ 时，$\dfrac{1}{|a|}+\dfrac{2|a|}{b}$ 取最小值，为 $2\sqrt{2}+1$．

当 $a<0$ 时，$\dfrac{1}{|a|}+\dfrac{2|a|}{b}\geqslant\dfrac{a}{|a|}+2\sqrt{2}=2\sqrt{2}-1$，当且仅当 $\begin{cases}a+b=1(b>0),\\b=-\sqrt{2}a,\end{cases}$

即 $a=-(\sqrt{2}+1),b=-\sqrt{2}a=2+\sqrt{2}$ 时，$\dfrac{1}{|a|}+\dfrac{2|a|}{b}$ 取最小值，为 $2\sqrt{2}-1$.

评注：本题中的 a 是正负不定的，不能直接运用基本不等式，必须分类讨论.

利用基本不等式求最值，要把握三个条件，即"一正——各项都是正数；二定——和或积为定值；三相等——等号能取得"，这三个条件缺一不可. 有些题目虽然不具备直接用基本不等式求最值的条件，但可创造条件，即通过凑项、拆项、变系数等方法使之能运用基本不等式.

2.2 例谈不等式恒成立、能成立、恰成立问题

不等式恒成立、能成立、恰成立问题是不等式中一个主要知识点，也是高考的热点之一，这类问题涉及的知识面广，综合性强，同时数学语言抽象，如何从题目中提取可借用的知识模块往往令人捉摸不定，难以寻觅，是同学们学习的一个难点．本文通过实例，从不同角度探索不等式恒成立、能成立、恰成立问题的常规解法．

1. 不等式恒成立问题

1) 转换求函数的最值

(1) 若不等式 $f(x) > A$ 在区间 D 上恒成立，则等价于在区间 D 上 $[f(x)]_{\min} > A$，或 $f(x)$ 的下界大于 A；

(2) 若不等式 $f(x) < B$ 在区间 D 上恒成立，则等价于在区间 D 上 $[f(x)]_{\max} < B$，或 $f(x)$ 的上界小于 B．

例 1 已知两数 $f(x) = 8x^2 + 16x - k$，$g(x) = 2x^3 + 5x^2 + 4x$，其中 k 为实数．对任意 $x_1, x_2 \in [-3, 3]$，$f(x_1) \leqslant f(x_2)$ 恒成立，求 k 的取值范围．

分析：对任意 $x_1, x_2 \in [-3, 3]$，$f(x_1) \leqslant f(x_2)$ 两边变量是不同的，故只需 $[f(x)]_{\max} \leqslant [g(x)]_{\min}$（$x \in [-3, 3]$）．

解：对任意 $x_1, x_2 \in [-3, 3]$，$f(x_1) \leqslant f(x_2)$ 恒成立，不等式的左右两端函数的自变量不同，x_1, x_2 的取值在 $[-3, 3]$ 上具有任意性，因而使原不等式恒成立的充要条件是 $[f(x)]_{\max} \leqslant [g(x)]_{\min}$（$x \in [-3, 3]$）．由 $g'(x) = 6x^2 + 10x + 4 = 0$ 得 $x = -\dfrac{2}{3}$ 或 -1，易得 $[g(x)]_{\min} = g(-3) = -21$．又 $f(x) = 8x^2 + 16x - k$，$x \in [-3, 3]$，故 $[f(x)]_{\max} = f(3) = 120 - k$．令 $120 - k \leqslant -21$，得 $k \geqslant 141$．

评注：本题把不等式中恒成立问题转化为求函数最值问题，利用这种方法，可以顺利解决一些含参数不等式问题，还可以用来证明一些不等式．

2) 主参换位

例 2 若对一切 $|p| \leqslant 2$，不等式 $(\log_2 x)^2 + p\log_2 x + 1 > 2\log_2 x + p$ 恒成立，求实数 x 的取值范围．

分析：此题若把它看成关于 $\log_2 x$ 的二次函数，由于 p, x 都要变，函数的最

小值很难求出，思路受阻. 若视 p 为主元，视 x 为参数，把不等式右边变为 0，左边变成关于 p 的一次函数，则给解题带来转机.

解：原不等式变形为 $p(\log_2 x-1)+(\log_2 x)^2-2\log_2 x+1>0$.

现在考虑 p 的一次函数 $f(p)=p(\log_2 x-1)+(\log_2 x)^2-2\log_2 x+1$.

∵ $f(p)>0$ 在 $p\in[-2,2]$ 上恒成立，

∴ $\begin{cases} f(-2)=-2(\log_2 x-1)+(\log_2 x)^2-2\log_2 x+1>0, \\ f(2)=2(\log_2 x-1)+(\log_2 x)^2-2\log_2 x+1>0, \end{cases}$

解得 $x>8$ 或 $0<x<\dfrac{1}{2}$.

故 x 的取值范围为 $\left(0,\dfrac{1}{2}\right)\cup(8,+\infty)$.

评注：某些含参数不等式恒成立问题，在分离参数会遇到讨论的麻烦或者即使能容易分离出参数与变量，但函数的最值难以求出时，可考虑变换思维角度. 即把变元与参数换个位置，再结合其他知识，往往会取得意想不到的"神奇"效果！

3）分离参数

(1) 将参数与变量分离，即化为 $g(\lambda)\geqslant f(x)$ 或 $g(\lambda)\leqslant f(x)$ 恒成立的形式；
(2) 求 $f(x)$ 在 $x\in D$ 上的最大值或最小值；
(3) 解不等式 $g(\lambda)\geqslant[f(x)]_{\max}$ 或 $g(\lambda)\leqslant[f(x)]_{\min}$，得 λ 的取值范围.

适用题型：参数与变量能分离，以及函数的最值易求出.

例 3　设 $f(x)=\lg\dfrac{1+2^x+\cdots+(n-1)^x+n^x a}{n}$，其中 a 是实数，n 是任意给定的自然数且 $n\geqslant 2$，当 $x\in(-\infty,1]$ 时，$f(x)$ 有意义，求 a 的取值范围.

分析：分母 n 是正数，要使 $f(x)$ 当 $x\in(-\infty,1]$ 有意义，分子 $(1+2^x+\cdots+(n-1)^x+n^x a)$ 就必须也是正数，即 $1+2^x+\cdots+(n-1)^x+n^x a>0\Leftrightarrow a>-\left[\left(\dfrac{1}{n}\right)^x+\left(\dfrac{2}{n}\right)^x+\cdots+\left(1-\dfrac{1}{n}\right)^x\right]$.

只需求右边 $-\left[\left(\dfrac{1}{n}\right)^x+\left(\dfrac{2}{n}\right)^x+\cdots+\left(1-\dfrac{1}{n}\right)^x\right]$ 的最大值即可.

解：由当 $x\in(-\infty,1]$ 时 $f(x)$ 有意义得

$1+2^x+\cdots+(n-1)^x+n^x a>0\Leftrightarrow a>-\left[\left(\dfrac{1}{n}\right)^x+\left(\dfrac{2}{n}\right)^x+\cdots+\left(1-\dfrac{1}{n}\right)^x\right]$.

设 $g(x)=-\left[\left(\dfrac{1}{n}\right)^x+\left(\dfrac{2}{n}\right)^x+\cdots+\left(1-\dfrac{1}{n}\right)^x\right]$，由指数函数单调性知，$g(x)$ 在 $(-\infty,1]$ 上递增，函数 $g(x)$ 的最大值是 $g(1)=-\left[\left(\dfrac{1}{n}\right)+\left(\dfrac{2}{n}\right)+\cdots+\right.$

$\left(\dfrac{n-1}{n}\right)\Big] = \dfrac{1}{2}(1-n)$, 故 $a > \dfrac{1}{2}(1-n)$.

评注：根据本题的特征，采用了分离参数法解决问题. 所谓分离参数法，也就是将参数与未知量分离于表达式的两边，然后根据未知量的取值范围情况决定参数的范围. 这种方法可避免分类讨论的麻烦，使问题得到简单明快的解决.

4）数形结合

例 4 当 $x \in (1,2)$ 时，不等式 $(x-1)^2 - \log_a x < 0$ 恒成立，求 a 的取值范围.

分析：$(x-1)^2 - \log_a x < 0 \Leftrightarrow (x-1)^2 < \log_a x$，若将 $(x-1)^2 < \log_a x$ 不等号两边分别设成两个函数，则左边为二次函数，右边为对数函数，故可以采用数形结合，借助图像位置关系求解 a 的取值范围.

解：设 $C_1 : f(x) = (x-1)^2$，$C_2 : g(x) = \log_a x$，则 C_1 的图像如图 2.1 所示. 要使对一切 $x \in (1,2)$，$f(x) < g(x)$ 恒成立，即 C_1 的图像一定要在 C_2 的图像的下方，显然 $a > 1$，并且必须也只需 $g(2) > f(2)$，故 $\begin{cases} \log_a 2 > 1, \\ a > 1, \end{cases}$ $\therefore 1 < a < 2$.

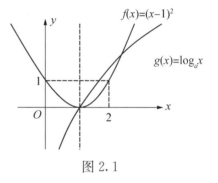

图 2.1

评注：某些含参数不等式恒成立问题，既不能分离参数求解，又不能转化为某个变量的一次或二次函数时，可采用数形结合法. 由数思形，以形辅数，数形结合往往能迅速而简洁地找到解题途径. 本题函数模型较明显，函数图像较容易作出，故可以考虑数形结合解决问题.

2. 不等式能成立问题

（1）若在区间 D 上存在实数 x 使不等式 $f(x) > A$ 成立，则等价于在区间 D 上 $[f(x)]_{\max} > A$；

（2）若在区间 D 上存在实数 x 使不等式 $f(x) < B$ 成立，则等价于在区间 D 上 $[f(x)]_{\min} < B$.

例 5 已知函数 $f(x) = \ln x - \dfrac{1}{2}ax^2 - 2x$（$a \neq 0$）存在单调递减区间，求 a 的取值范围.

分析：若 $f(x)$ 递减，则 $\exists x$，使 $f'(x) < 0$ 成立，从而把本题转化为不等式

能成立问题.

解：$f(x) = \ln x - \dfrac{1}{2}ax^2 - 2x$，$x > 0$，则 $f'(x) = \dfrac{1}{x} - ax - 2 = -\dfrac{ax^2 + 2x - 1}{x}$.

∵ 函数 $f(x)$ 存在单调递减区间，∴ $f'(x) < 0$ 有解. 由题设可知，$f(x)$ 的定义域是 $(0, +\infty)$，而 $f'(x) < 0$ 在 $(0, +\infty)$ 上有解，就等价于 $f'(x) < 0$ 在区间 $(0, +\infty)$ 能成立，即 $a > \dfrac{1}{x^2} - \dfrac{2}{x}$ $(x > 0)$ 能成立. 设 $u(x) = \dfrac{1}{x^2} - \dfrac{2}{x}$ $(x > 0)$，等价于 $a > [u(x)]_{\min}$. 由 $u(x) = \dfrac{1}{x^2} - \dfrac{2}{x} = \left(\dfrac{1}{x} - 1\right)^2 - 1$ 得 $[u(x)]_{\min} = -1$. 于是 $a > -1$，由题设 $a \neq 0$，故 a 的取值范围是 $(-1, 0) \bigcup (0, +\infty)$.

评注：本题是关于不等式能成立的问题，即存在一个 x，使 $f(x) < a$ 能成立，只需满足 $[f(x)]_{\min} < a$ 即可. 另外，本题要特别注意 $x > 0$ 这个隐含条件.

3. 不等式恰成立问题

(1)若在区间 D 上不等式 $f(x) > A$ 恰成立，则等价于不等式 $f(x) > A$ 的解集是区间 D；

(2)若在区间 D 上不等式 $f(x) < B$ 恰成立，则等价于不等式 $f(x) < B$ 的解集是区间 D.

例 6　已知 $f(x) = \dfrac{x^2 + 2x + a}{x}$，当且仅当 $x \in [1, +\infty)$ 时，$f(x)$ 的值域是 $[0, +\infty)$，试求实数 a 的值.

分析：当且仅当 $x \in [1, +\infty)$ 时，$f(x)$ 的值域是 $[0, +\infty)$，等价于不等式 $f(x) \geqslant 0$ 的解集是 $[1, +\infty)$，这是不等式恰成立问题.

解：这是一个恰成立问题，相当于 $f(x) = \dfrac{x^2 + 2x + a}{x} \geqslant 0$ 的解集是 $x \in [1, +\infty)$.

当 $a \geqslant 0$ 时，由于 $x \geqslant 1$ 时，$f(x) = \dfrac{x^2 + 2x + a}{x} = x + \dfrac{a}{x} + 2 \geqslant 3$，与其值域是 $[0, +\infty)$ 矛盾；

当 $a < 0$ 时，$f(x) = \dfrac{x^2 + 2x + a}{x} = x + \dfrac{a}{x} + 2$，是 $[1, +\infty)$ 上的增函数，故 $f(x)$ 的最小值为 $f(1)$. 令 $f(1) = 0$，即 $1 + a + 2 = 0 \Rightarrow a = -3$.

评注：本题的解题关键是把函数问题合理转化为不等式恰成立问题.

不等式中的恒成立、能成立、恰成立问题形式多样，方法灵活多变，技巧性较强. 这就要求我们要以变应变，在解题过程中，要根据具体的题设条件，认真观察题目中不等式的结构特征，从不同的角度、不同的方向加以分析探讨，从而选择适当方法快速而准确地解题. 当然，除了以上的方法还有许多其他方法，值得一提的是，各种方法之间并不是彼此孤立的. 因此，系统地掌握上述分析问题、解决问题的方法，无疑会对学生今后的学习有很大的帮助！

2.3　妙用构造法　巧证不等式

在不等式的证明中，有些不等式，如果从正面直接求证，有时会很麻烦，甚至一筹莫展，但是如果转换思维角度，从不等式的结构和特点入手，巧妙构造与之相关的数学模型，将问题转化，常可得到简洁、清晰的解法，让人有耳目一新的感觉. 另外，构造法是一种富有创造性的解题方法，它很好地体现了数学中发现、类比、化归的思想，也渗透着猜想、试验、探索等重要的数学方法，它能培养学生的创新能力，激发学生对数学的学习兴趣，是我们必须掌握的一种解题方法和技巧. 下面举例阐述用构造法证明一些不等式的奇思与妙想.

1. 构造函数证明不等式

例 1　若 $\alpha,\beta \in \left[-\dfrac{\pi}{2},\dfrac{\pi}{2}\right]$，且 $\alpha\sin\alpha - \beta\sin\beta > 0$，证明：$\alpha^2 > \beta^2$.

证明：设 $f(x) = x\sin x$，$x \in \left[-\dfrac{\pi}{2},\dfrac{\pi}{2}\right]$，则 $f'(x) = \sin x + x\cos x$. 当 $x \in \left[0,\dfrac{\pi}{2}\right]$ 时，$f'(x) \geqslant 0$，$\therefore f(x)$ 递增. $\because \alpha\sin\alpha > \beta\sin\beta$，即 $f(\alpha) > f(\beta)$. 又 $f(x)$ 是 $\left[-\dfrac{\pi}{2},\dfrac{\pi}{2}\right]$ 上的偶函数，$\therefore f(|\alpha|) > f(|\beta|) \Rightarrow |\alpha| > |\beta|$.

故 $\alpha^2 > \beta^2$.

评注：条件 $\alpha\sin\alpha - \beta\sin\beta > 0$，可变形为 $\alpha\sin\alpha > \beta\sin\beta$. 于是联想到函数的单调性. 根据本题的结构特点构造函数 $f(x) = x\sin x, x \in \left[-\dfrac{\pi}{2},\dfrac{\pi}{2}\right]$，将问题放置于一个动态的环境中去考察、去处理，借用函数的单调性、奇偶性，使原问题获解.

2. 构造方程证明不等式

例 2　已知 A,B,C 是 $\triangle ABC$ 的三个内角，$\sin A \neq \sin B$，且 $(\sin C - \sin A)^2 = 4(\sin A - \sin B)(\sin B - \sin C)$，求证：$0 < B \leqslant \dfrac{\pi}{3}$.

证明：$\because \sin A \neq \sin B$，且 $(\sin C - \sin A)^2 - 4(\sin A - \sin B)(\sin B - \sin C) = 0$，$\therefore$ 可构造一元二次方程 $(\sin A - \sin B)x^2 + (\sin C - \sin A)x + (\sin B - \sin C) = 0$. $\because$ 方程各项系数之和为 0，$\therefore 1$ 是方程的一个实根，由根的判别式 $\Delta = 0$ 可知方

程两根相等，于是方程另一根也是 1. 根据韦达定理得 $x_1 x_2 = \dfrac{\sin B - \sin C}{\sin A - \sin B}$，即

$\dfrac{\sin B - \sin C}{\sin A - \sin B} = 1$，$\therefore 2\sin B = \sin A + \sin C$.

由二倍角公式及和差化积公式得 $2\sin \dfrac{B}{2}\cos \dfrac{B}{2} = \sin \dfrac{A+C}{2}\cos \dfrac{A-C}{2}$，又 A，

B，C 是 $\triangle ABC$ 的三个内角，$\therefore \cos \dfrac{B}{2} = \sin \dfrac{A+C}{2} \neq 0$，$\therefore 2\sin \dfrac{B}{2} = \cos \dfrac{A-C}{2} \leqslant$

1，即 $\sin \dfrac{B}{2} \leqslant \dfrac{1}{2}$，又 $\because 0 < \dfrac{B}{2} < \dfrac{\pi}{2}$，于是 $0 < \dfrac{B}{2} \leqslant \dfrac{\pi}{6}$，故 $0 < B \leqslant \dfrac{\pi}{3}$.

评注：据本题条件结构特征 $(\sin C - \sin A)^2 - 4(\sin A - \sin B)(\sin B - \sin C)$ $= 0$，不难联想到根的判别式 $\Delta = 0$，于是构造一元二次方程，一次项系数 $\pm$ $(\sin C - \sin A)$，选择正号，这样能凑成 1 是方程的根，给问题的解决创造有利条件.

3. 构造三角式证明不等式

例 3　若 $x^2 - 2xy + 2y^2 = 1$，求证：$|x+y| \leqslant \sqrt{5}$.

证明：将条件 $x^2 - 2xy + 2y^2 = 1$ 变形为 $(x-y)^2 + y^2 = 1$. 令 $x - y = \cos\theta$，$y = \sin\theta$，则 $|x+y| = |(x-y) + 2y| = |\cos\theta + 2\sin\theta| = \sqrt{5}|\sin(\theta + \varphi)| \leqslant \sqrt{5}$，其中，$\sin\varphi = \dfrac{\sqrt{5}}{5}$，$\cos\varphi = \dfrac{2\sqrt{5}}{5}$，故 $|x+y| \leqslant \sqrt{5}$.

评注：构造时要深入审题，充分发掘题设中可类比、联想的因素，促使思维迁移. 本题将条件化成 $(x-y)^2 + y^2 = 1$，使我们自然联想到圆的参数方程，将问题转化为与三角有关的不等式. 构造法与不等式证明的结合，往往能相得益彰，迸发出令人赞叹的思维火花.

4. 构造图形证明不等式

例 4　若 $a^2 + b^2 = 1$，a、b 均不为零，求证：$\left(a + \dfrac{1}{a}\right)^2 + \left(b + \dfrac{1}{b}\right)^2 \geqslant 9$.

证明：把 $a^2 + b^2 = 1$ 看作 $a \cdot a + b \cdot b = 1$，于是可得 $P(a,b)$ 在直线 l：

$ax + by - 1 = 0$ 上，$\left(a + \dfrac{1}{a}\right)^2 + \left(b + \dfrac{1}{b}\right)^2$ 可视为点 $P(a,b)$，$Q\left(-\dfrac{1}{a}, -\dfrac{1}{b}\right)$ 之间

距离的平方. 记点 Q 到直线 l 的距离为 d，则 $|PQ| \geqslant d$，$\therefore \sqrt{\left(a + \dfrac{1}{a}\right)^2 + \left(b + \dfrac{1}{b}\right)^2}$

$\geqslant \dfrac{\left|a\left(-\dfrac{1}{a}\right) + b\left(-\dfrac{1}{b}\right) - 1\right|}{\sqrt{a^2 + b^2}} = 3$，故 $\left(a + \dfrac{1}{a}\right)^2 + \left(b + \dfrac{1}{b}\right)^2 \geqslant 9$.

评注：通过对本题不等式中条件与结论的观察、联想、比较，妙用逆向思维，恰当地构造出一个能帮助解题的图形，再在图形中找到与不等式有关的各量之间的关系，把抽象的式子用具体的图形来表示，使问题直观形象，很有创意.

5. 构造数列证明不等式

例 5 证明：当 $x \neq 0$ 且 $x > -1$ 时，有 $(1+x)^n \geqslant 1+nx$，$n \in \mathbf{N}^*$.

证明：构造数列 $\{a_n\}$，$a_n = \dfrac{1+nx}{(1+x)^n}$，$n \in \mathbf{N}^*$.

$\because a_{n+1} - a_n = \dfrac{1+(n+1)x}{(1+x)^{n+1}} - \dfrac{1+nx}{(1+x)^n} = -\dfrac{nx^2}{(1+x)^{n+1}} < 0$，$\therefore \{a_n\}$ 为递减数列，于是 $a_n = \dfrac{1+nx}{(1+x)^n} \leqslant a_1$. 又 $a_1 = \dfrac{1+x}{1+x} = 1$，$\therefore \dfrac{1+nx}{(1+x)^n} \leqslant 1$，即 $(1+x)^n \geqslant 1+nx$，$n \in \mathbf{N}^*$.

当 $n = 0$ 时，不等式 $(1+x)^n \geqslant 1+nx$ 中等号成立.

故 $(1+x)^n \geqslant 1+nx$，$n \in \mathbf{N}^*$.

评注：分析本题的证明结论，欲证 $(1+x)^n \geqslant 1+nx$，$n \in \mathbf{N}^*$，只需证 $\dfrac{1+nx}{(1+x)^n} \leqslant 1$，而 $\dfrac{1+nx}{(1+x)^n}$ 是关于自然数 n 的式子，于是联想到构造数列 $\left\{\dfrac{1+nx}{(1+x)^n}\right\}$，$n \in \mathbf{N}^*$，再巧用其增减性证明不等式.

6. 构造二项式证明不等式

例 6 证明：$\left(\dfrac{2}{3}\right)^{n-1} < \dfrac{2}{n+1}$，$n \in \mathbf{N}$ 且 $n \geqslant 3$.

证明：欲证 $\left(\dfrac{2}{3}\right)^{n-1} < \dfrac{2}{n+1}$，$n \in \mathbf{N}$ 且 $n \geqslant 3$，只需证 $\left(\dfrac{3}{2}\right)^{n-1} > \dfrac{n+1}{2}$，$n \in \mathbf{N}$ 且 $n \geqslant 3$.

$\because \left(\dfrac{3}{2}\right)^{n-1} = \left(1+\dfrac{1}{2}\right)^{n-1} = 1+\dfrac{n-1}{2} + \mathrm{C}_{n-1}^2\left(\dfrac{1}{2}\right)^2 + \cdots + \left(\dfrac{1}{2}\right)^{n-1}$

$> 1+\dfrac{n-1}{2} = \dfrac{n+1}{2} > 0$，$\therefore \left(\dfrac{2}{3}\right)^{n-1} < \dfrac{2}{n+1}$，$n \in \mathbf{N}$ 且 $n \geqslant 3$.

评注：本题左边是关于正整数 $n(n \geqslant 3)$ 的幂的形式，让我们联想到凑成二项式，但 $(a+b)^n$ 展开式中 n 不会在分母出现，于是考虑不等式右边 $\dfrac{2}{n+1}$ 是否要颠倒过来. 即欲证 $\left(\dfrac{2}{3}\right)^{n-1} < \dfrac{2}{n+1}$，只需证 $\left(\dfrac{3}{2}\right)^{n-1} > \dfrac{n+1}{2}$.

7. 构造向量证明不等式

例 7 （第 15 届伊朗数学奥林匹克试题）若 x、y、z 均大于 1，且 $\dfrac{1}{x}+\dfrac{1}{y}+\dfrac{1}{z}=2$，求证：$\sqrt{x+y+z} \geqslant \sqrt{x-1}+\sqrt{y-1}+\sqrt{z-1}$.

证明：设 $\boldsymbol{a}=\left(\sqrt{\dfrac{x-1}{x}},\sqrt{\dfrac{y-1}{y}},\sqrt{\dfrac{z-1}{z}}\right)$，$\boldsymbol{b}=(\sqrt{x},\sqrt{y},\sqrt{z})$，则

$$|\boldsymbol{a}|=\sqrt{\frac{x-1}{x}+\frac{y-1}{y}+\frac{z-1}{z}}=\sqrt{3-\left(\frac{1}{x}+\frac{1}{y}+\frac{1}{z}\right)}=1,$$

$$|\boldsymbol{b}|=\sqrt{x+y+z},\ \boldsymbol{a}\cdot\boldsymbol{b}=\sqrt{x-1}+\sqrt{y-1}+\sqrt{z-1}.$$

由 $|\boldsymbol{a}|\cdot|\boldsymbol{b}| \geqslant \boldsymbol{a}\cdot\boldsymbol{b}$ 得 $\sqrt{x+y+z} \geqslant \sqrt{x-1}+\sqrt{y-1}+\sqrt{z-1}$.

评注：本题的证明结论 $\sqrt{x+y+z} \geqslant \sqrt{x-1}+\sqrt{y-1}+\sqrt{z-1}$ 中右边的结构特点，使我们联想尝试是否可转化为两个三维向量的乘积，而左边是否可转化为这两个向量模的乘积. 构造离不开尝试，盲目行事，当然很难指望成功，我们可以针对具体问题先选择一条看起来有希望的途径试一试，一计不成，再生一计. 要敢于打破思维的框框，尽可能对某一问题的研究展开类比、联想. 这对培养学生多元化思维和创新精神，丰富学生的想象力大有裨益.

8. 构造复数证明不等式

例 8　求证：$\sqrt{a^2-2a+2}+\sqrt{a^2-4a+8} \geqslant \sqrt{10}$.

证明：原不等式等价 $\sqrt{(a-1)^2+1}+\sqrt{(2-a)^2+4} \geqslant \sqrt{10}$，于是联想到复数的模，设 $z_1=(a-1)+\mathrm{i}$，$z_2=(2-a)+2\mathrm{i}(a\in\mathbf{R})$，$z_1+z_2=1+3\mathrm{i}$.

$$|z_1|=\sqrt{(a-1)^2+1},\ |z_2|=\sqrt{(2-a)^2+4}.$$

$\because |z_1|+|z_2| \geqslant |z_1+z_2|=|1+3\mathrm{i}|=\sqrt{10}$，当且仅当 $\dfrac{a-1}{2-a}=\dfrac{1}{2} \Rightarrow a=\dfrac{4}{3}$ 时，取等号，$\therefore \sqrt{a^2-2a+2}+\sqrt{a^2-4a+8} \geqslant \sqrt{10}$.

评注：看到这两个根式相加，似乎有种难以下手的感觉，若注意到根号里各式的特点都可化为两个数的平方和，立即联想到复数的模，于是构造复数，再运用绝对值三角不等式 $|z_1|+|z_2| \geqslant |z_1+z_2|$ 便迅速得证. 另外，本题不等式也可视为一个动点 $(a,0)$ 到两个定点 $(1,1)$，$(2,2)$ 距离的和不小于 $\sqrt{10}$，借用图形即可证明. 此外，也可构造向量证明.

运用构造法证明不等式，重在"构造"，根据已知条件与要证的结论所提供的信息进行联想、类比，构造数学模型，在条件与结论之间架起桥梁. 在解题

教学时，我们若能启发学生从多角度，多渠道进行广泛的联想则能得到许多构思巧妙，新颖独特，简洁有效的解题方法，而且还能加强学生对知识的理解，培养思维的灵活性，提高学生数学核心素养及创新能力.

2.4 两类绝对值不等式的一种简洁解法

含绝对值的不等式是高考考查的要点之一，其考查重点是绝对值不等式的解法，下面介绍形如 $|f(x)|+|g(x)|<h(x)$ 和 $|f(x)|+|g(x)|>h(x)$ 两类一次不等式的解法.

1. 方法探究

解含绝对值不等式的主要思路是同解变形，设法去掉不等式中的绝对值符号，转化为一般的代数不等式(组)求解.

$\because |f(x)\pm g(x)|\leqslant |f(x)|+|g(x)|$，$\therefore |f(x)|+|g(x)|=\max\{|f(x)+g(x)|$，$|f(x)-g(x)|\}$，$\therefore |f(x)|+|g(x)|<h(x)\Leftrightarrow \max\{|f(x)+g(x)|$，$|f(x)-g(x)|\}<h(x)\Leftrightarrow \begin{cases}|f(x)+g(x)|<h(x),\\ |f(x)-g(x)|<h(x),\end{cases}$

$\therefore |f(x)|+|g(x)|>h(x)\Leftrightarrow \max\{|f(x)+g(x)|,|f(x)-g(x)|\}>h(x)\Leftrightarrow |f(x)+g(x)|>h(x)$ 或 $|f(x)-g(x)|>h(x)$.

结论：(1) $|f(x)|+|g(x)|<h(x)\Leftrightarrow \begin{cases}|f(x)+g(x)|<h(x),\\ |f(x)-g(x)|<h(x);\end{cases}$

(2) $|f(x)|+|g(x)|>h(x)\Leftrightarrow |f(x)+g(x)|>h(x)$ 或 $|f(x)-g(x)|>h(x)$.

2. 应用举例

例 1　在实数范围内，不等式 $|2x-1|+|2x+1|\leqslant 6$ 的解集为 _____.

解：$|2x-1|+|2x+1|\leqslant 6\Leftrightarrow \begin{cases}|(2x-1)+(2x+1)|\leqslant 6,\\ |(2x-1)-(2x+1)|\leqslant 6\end{cases}\Leftrightarrow \begin{cases}|4x|\leqslant 6,\\ x\in \mathbf{R}\end{cases}\Leftrightarrow$ $-\dfrac{3}{2}\leqslant x\leqslant \dfrac{3}{2}$.

故原不等式的解集为 $\left[-\dfrac{3}{2},\dfrac{3}{2}\right]$.

评注：本题的常规解法是"零点分段法"，将数轴分成三段 $\left(-\infty,-\dfrac{1}{2}\right)$，$\left[-\dfrac{1}{2},\dfrac{1}{2}\right]$，$\left(\dfrac{1}{2},+\infty\right)$，然后从左向右逐段讨论，或利用绝对值的几何意义求解.

但上述解法不仅让人耳目一新，而且还能培养学生的创新思维能力！

例 2 已知函数 $f(x)=|x+a|+|x-2|$. 当 $a=-3$ 时，求不等式 $f(x)\geqslant 3$ 的解集.

解： 当 $a=-3$ 时，$f(x)\geqslant 3\Leftrightarrow|x-3|+|x-2|\geqslant 3\Leftrightarrow|(x-3)+(x-2)|\geqslant 3$ 或 $|(x-3)-(x-2)|\geqslant 3\Leftrightarrow|2x-5|\geqslant 3$ 或 $x\in\varnothing$, 即 $x\geqslant 4$ 或 $x\leqslant 1$.

故原不等式的解集是 $(-\infty,1]\bigcup[4,+\infty)$.

评注： 原不等式 $f(x)\geqslant 3$, 在等价转化到"$|2x-5|\geqslant 3$ 或 $x\in\varnothing$"时，要特别注意"$|2x-5|\geqslant 3$ 或 $x\in\varnothing\Leftrightarrow|2x-5|\geqslant 3$", 切不能认为"$|2x-5|\geqslant 3$ 或 $x\in\varnothing\Leftrightarrow x\in\varnothing$".

例 3 不等式 $|x-5|+|x+3|>10x$ 的解集是（ ）.

A. $(-\infty,0]$ B. $\left(-\infty,\dfrac{1}{6}\right)$ C. $\left(-\infty,\dfrac{3}{5}\right)$ D. $\left(-\infty,\dfrac{4}{5}\right)$

解： $|x-5|+|x+3|>10x\Leftrightarrow|(x-5)+(x+3)|>10x$ 或 $|(x-5)-(x+3)|>10x\Leftrightarrow|x-1|>5x$ 或 $5x<4\Leftrightarrow x-1>5x$ 或 $x-1<-5x$ 或 $5x<4$.

故 $x<-\dfrac{1}{4}$ 或 $x<\dfrac{1}{6}$ 或 $x<\dfrac{4}{5}$, 即 $x\in\left(-\infty,\dfrac{4}{5}\right)$. 故选 D.

评注： 本题是一道选择题，也可在四个选项中分别取区间右端点的特殊值，代入原不等式验证求得正确答案.

例 4 设函数 $f(x)=|x-1|+|x-a|$.

(1)若 $a=-1$, 解不等式 $f(x)\geqslant 3$;

(2)如果 $\forall x\in\mathbf{R}, f(x)\geqslant 2$, 求 a 的取值范围.

解： (1) $\because a=-1, \therefore f(x)\geqslant 3\Leftrightarrow|x-1|+|x+1|\geqslant 3\Leftrightarrow|(x-1)+(x+1)|\geqslant 3$ 或 $|(x-1)-(x+1)|\geqslant 3\Leftrightarrow|2x|\geqslant 3$ 或 $x\in\varnothing$, 解得 $x\geqslant\dfrac{3}{2}$ 或 $x\leqslant-\dfrac{3}{2}$.

故不等式 $f(x)\geqslant 3$ 的解集为 $\left(-\infty,-\dfrac{3}{2}\right]\bigcup\left[\dfrac{3}{2},+\infty\right)$.

(2) $f(x)\geqslant 2\Leftrightarrow|x-1|+|x-a|\geqslant 2\Leftrightarrow|(x-1)+(x-a)|\geqslant 2$ 或 $|(x-1)-(x-a)|\geqslant 2\Leftrightarrow|2x-a-1|\geqslant 2$ 或 $|a-1|\geqslant 2$, 对 $\forall x\in\mathbf{R}$ 恒成立.

故有 $|a-1|\geqslant 2$, 解得 $a\geqslant 3$ 或 $a\leqslant-1$, 即 a 的取值范围是 $(-\infty,-1]\bigcup[3,+\infty)$.

评注： 本题第(2)小题实质上是一个恒成立的问题，只需 $[f(x)]_{\min}\geqslant 2$, 由绝对值的几何意义可知 $[f(x)]_{\min}=[|x-1|+|x-a|]_{\min}=|(x-1)-(x-a)|=|a-1|\geqslant 2$, 也能使问题顺利获得解决.

例 5 已知 $a\in\mathbf{R}$, 若关于 x 的方程 $x^2+x+\left|a-\dfrac{1}{4}\right|+|a|=0$ 有实根，则 a 的取值范围是 _____.

解：$\because$ 方程 $x^2 + x + \left|a - \dfrac{1}{4}\right| + |a| = 0$ 有实根，

$\therefore \Delta = 1 - 4\left(\left|a - \dfrac{1}{4}\right| + |a|\right) \geqslant 0 \Leftrightarrow \left|a - \dfrac{1}{4}\right| + |a| \leqslant \dfrac{1}{4}$

$\Leftrightarrow \begin{cases} \left|\left(a - \dfrac{1}{4}\right) + a\right| \leqslant \dfrac{1}{4}, \\ \left|\left(a - \dfrac{1}{4}\right) - a\right| \leqslant \dfrac{1}{4} \end{cases} \Leftrightarrow \begin{cases} \left|2a - \dfrac{1}{4}\right| \leqslant \dfrac{1}{4}, \\ a \in \mathbf{R} \end{cases} \Leftrightarrow 0 \leqslant a \leqslant \dfrac{1}{4}.$

评注：本题若把"关于 x 的方程 $x^2 + x + \left|a - \dfrac{1}{4}\right| + |a| = 0$ 有实根"，改为

"关于 x 的方程 $x^2 + x + \left|a - \dfrac{1}{4}\right| + |a| = 0$ 有不等实根"，则 $\Delta > 0 \Leftrightarrow \left|a - \dfrac{1}{4}\right| +$

$|a| < \dfrac{1}{4} \Leftrightarrow \begin{cases} \left|\left(a - \dfrac{1}{4}\right) + a\right| < \dfrac{1}{4}, \\ \left|\left(a - \dfrac{1}{4}\right) - a\right| < \dfrac{1}{4} \end{cases} \Leftrightarrow \begin{cases} \left|2a - \dfrac{1}{4}\right| < \dfrac{1}{4}, \\ a \in \varnothing \end{cases} \Leftrightarrow a \in \varnothing$，结果截然不同.

上述各例解法都是等价转化成与之同解的不等式（组），此法避免了寻找各项绝对值的零点，依零点将数轴分成若干段，然后从左向右逐段讨论的麻烦. 该方法不但能优化解题过程、减少运算量、提高解题速度，而且还能提高解题的准确率！

2.5 活用柯西不等式巧妙解题

柯西不等式：设 $a_1, a_2, \cdots, a_n, b_1, b_2, \cdots, b_n$ 是实数，有 $(a_1 b_1 + a_2 b_2 + \cdots + a_n b_n)^2$ $\leqslant (a_1^2 + a_2^2 + \cdots + a_n^2)(b_1^2 + b_2^2 + \cdots + b_n^2)$，当且仅当 $b_i = 0 (i = 1, 2, \cdots, n)$ 或存在一个实数 k 使 $a_i = k b_i (i = 1, 2, \cdots, n)$ 时取等号.

柯西不等式不仅结构整齐，形式优美，而且有重要的应用价值，特别是在高中数学竞赛中应用十分广泛，它的应用可开阔学生的视野，拓展学生的思维，激发学生对数学的学习兴趣. 下面精选的几道例题，都是活用柯西不等式巧妙解题.

1. 利用柯西不等式求解最值

例 1　实数 x、y 满足 $x^2 + y^2 = 20$，则 $xy + 8x + y$ 的最大值是_____.

解：由柯西不等式得 $(xy + 8x + y)^2 \leqslant (x^2 + 8^2 + y^2)(y^2 + x^2 + 1^2) = 84 \times 21 = 42^2$.

故 $xy + 8x + y$ 的最大值是 42，当 $\dfrac{x}{y} = \dfrac{8}{x} = \dfrac{y}{1}$，即 $x = 4, y = 2$ 时取等号.

评注：$\because x^2 + y^2 = 20$，$\therefore$ 关键是利用柯西不等式，将 $(xy + 8x + y)^2$ 适当拆分、凑配.

例 2　实数 x、y、z 满足 $x^2 + y^2 + z^2 = 3, x + 2y - 2z = 4$，则 $z_{\max} + z_{\min} =$ _____.

解：由柯西不等式得 $(x^2 + y^2)(1 + 2^2) \geqslant (x + 2y)^2$.

由已知得 $x^2 + y^2 = 3 - z^2, (x + 2y)^2 = (4 + 2z)^2$，$\therefore 5(3 - z^2) \geqslant (4 + 2z)^2$. 化简得 $9z^2 + 16z + 1 \leqslant 0$，即 $z_{\max}$、$z_{\min}$ 是方程 $9z^2 + 16z + 1 = 0$ 的两根，由韦达定理得 $z_{\max} + z_{\min} = -\dfrac{16}{9}$.

评注：由于要求 z 的最大值、最小值的和，于是设法消去 x、y，观察发现 $x^2 + y^2 = 3 - z^2, x + 2y = 4 + 2z$，借用柯西不等式 $(x^2 + y^2)(1 + 2^2) \geqslant (x + 2y)^2$ 可实现.

例 3　若 $0 < x < \dfrac{\pi}{2}$，且 $\dfrac{\sin^4 x}{9} + \dfrac{\cos^4 x}{4} = \dfrac{1}{13}$，则 $\tan x$ 的值是（　　）.

A. $\dfrac{1}{2}$　　　　B. $\dfrac{2}{3}$　　　　C. 1　　　　D. $\dfrac{3}{2}$

解：由已知条件及柯西不等式得 $1 = (9+4)\left(\dfrac{\sin^4 x}{9} + \dfrac{\cos^4 x}{4}\right) \geqslant (\sin^2 x + \cos^2 x)^2$

$= 1$，当 $\dfrac{\sin^2 x}{9} = \dfrac{\cos^2 x}{4}$，即 $\tan^2 x = \dfrac{9}{4}$ 时，上式等号成立.

$\because 0 < x < \dfrac{\pi}{2}$，$\therefore \tan x = \dfrac{3}{2}$. 故选 D.

评注：柯西不等式既然含有等号，就可以用来解决等式问题. 利用不等式来解决等式问题，可以让我们深刻领会到等式和不等式之间的相通性，这类题目可培养学生的辩证思维能力.

例 4 函数 $f(x) = \sqrt{2x-7} + \sqrt{12-x} + \sqrt{44-x}$ 的最大值为 _____.

解：由柯西不等式知，$\left(\sqrt{2x-7} + \sqrt{12-x} + \sqrt{44-x}\right)^2$

$= \left[\sqrt{3} \cdot \sqrt{\dfrac{2x-7}{3}} + \sqrt{2} \cdot \sqrt{\dfrac{12-x}{2}} + \sqrt{6} \cdot \sqrt{\dfrac{44-x}{6}}\right]^2$

$\leqslant (3+2+6)\left(\dfrac{2x-7}{3} + \dfrac{12-x}{2} + \dfrac{44-x}{6}\right) = 11^2$，$\therefore f(x) \leqslant 11$.

当 $\dfrac{\sqrt{\frac{2x-7}{3}}}{\sqrt{3}} = \dfrac{\sqrt{\frac{12-x}{2}}}{\sqrt{2}} = \dfrac{\sqrt{\frac{44-x}{6}}}{\sqrt{6}}$，即 $\dfrac{2x-7}{9} = \dfrac{12-x}{4} = \dfrac{44-x}{36} \Rightarrow x = 8$

时，等号成立.

故函数 $f(x)$ 的最大值为 11.

评注：设 $\left(\sqrt{2x-7} + \sqrt{12-x} + \sqrt{44-x}\right)^2$

$= \left[\sqrt{x_1} \cdot \sqrt{\dfrac{2x-7}{x_1}} + \sqrt{x_2} \cdot \sqrt{\dfrac{12-x}{x_2}} + \sqrt{x_3} \cdot \sqrt{\dfrac{44-x}{x_3}}\right]^2$

$\leqslant (x_1 + x_2 + x_3)\left(\dfrac{2x-7}{x_1} + \dfrac{12-x}{x_2} + \dfrac{44-x}{x_3}\right)$. 若使 $\dfrac{2x-7}{x_1} + \dfrac{12-x}{x_2} +$

$\dfrac{44-x}{x_3}$ 为定值，则当 $\dfrac{2}{x_1} = \dfrac{1}{x_2} + \dfrac{1}{x_3}$ 时与 x 无关，经估算 $x_1 = 3, x_2 = 2, x_3 = 6$.

本题呈现的凑配技巧可谓精彩绝伦，令人拍案叫绝，这也是数学的一种美.

例 5 函数 $y = \sqrt{x^2 - x^4} + \sqrt{2x^2 - x^4}$ 的最大值为 _____.

解：$\because y = \sqrt{x^2(1-x^2)} + \sqrt{x^2(2-x^2)} \geqslant 0$，$\therefore$ 由柯西不等式得

$\left(\sqrt{x^2(1-x^2)} + \sqrt{x^2(2-x^2)}\right)^2$

$\leqslant \left[\left(\sqrt{x^2}\right)^2 + \left(\sqrt{2-x^2}\right)^2\right]\left[\left(\sqrt{1-x^2}\right)^2 + \left(\sqrt{x^2}\right)^2\right]$

$= (x^2 + 2 - x^2)(1 - x^2 + x^2) = 2$，

$\therefore y = \sqrt{x^2 - x^4} + \sqrt{2x^2 - x^4} \leqslant \sqrt{2}$，当且仅当 $x^2 = \dfrac{2}{3}$ 时，取等号.

评注：观察本题结构，从 $\sqrt{x^2 - x^4} + \sqrt{2x^2 - x^4}$ 中合理凑配出两组实数，

$\sqrt{x^2} \cdot \sqrt{1-x^2} + \sqrt{x^2} \cdot \sqrt{2-x^2}$，然后恰当组合使其平方和为常数，是解题关键.

例 6　已知 $a_1, a_2, \cdots, a_n$ 均为正实数，且满足 $a_1 + a_2 + \cdots + a_n = 1, \dfrac{1}{a_1} + \dfrac{1}{a_2} + \cdots + \dfrac{1}{a_n} = 4$，则 $a_1 a_2 \cdots a_n$ 的值为＿＿＿＿＿＿.

解：由柯西不等式知 $(a_1 + a_2 + \cdots + a_n)\left(\dfrac{1}{a_1} + \dfrac{1}{a_2} + \cdots + \dfrac{1}{a_n}\right) \geqslant n^2$.

∵ $(a_1 + a_2 + \cdots + a_n)\left(\dfrac{1}{a_1} + \dfrac{1}{a_2} + \cdots + \dfrac{1}{a_n}\right) = 4$，∴ $n^2 \leqslant 4$ 且 $n \in \mathbf{N}^*$，可得 $n = 1$ 或 $n = 2$.

由条件 $a_1 + a_2 + \cdots + a_n = 1, \dfrac{1}{a_1} + \dfrac{1}{a_2} + \cdots + \dfrac{1}{a_n} = 4$ 可知，

当 $n = 1$ 时，$a_1 = 1, \dfrac{1}{a_1} = 4$，这显然矛盾；

当 $n = 2$ 时，$\begin{cases} a_1 + a_2 = 1, \\ \dfrac{1}{a_1} + \dfrac{1}{a_2} = 4 \end{cases} \Rightarrow a_1 = a_2 = \dfrac{1}{2}$.

故 $a_1 a_2 = \dfrac{1}{4}$，即 $a_1 a_2 \cdots a_n$ 的值为 $\dfrac{1}{4}$.

评注：柯西不等式的应用不仅仅局限于不等式领域，在等式领域，柯西不等式也能发挥极佳的功效，本题就是一个很好的例证.

2. 利用柯西不等式证明不等式

例 7　在数列 $\{a_n\}$ 中，$a_1 = 1$，且 $a_{n+1} = 2a_n + 1$. 设数列 $\{\sqrt{n}(a_n + 1)\}$ 的前 n 项和为 S_n，求证：$S_n^2 \leqslant \dfrac{2n(n+1)(4^n - 1)}{3}$.

证明：由 $a_{n+1} = 2a_n + 1$ 得 $a_{n+1} + 1 = 2(a_n + 1)$，∴数列 $\{a_n + 1\}$ 是一个以 $a_1 + 1 = 2$ 为首项，$q = 2$ 为公比的等比数列，故 $a_n + 1 = 2^n$，即 $a_n = 2^n - 1$，∴ $\sqrt{n}(a_n + 1) = 2^n \cdot \sqrt{n}$，于是 $S_n = 2 \times \sqrt{1} + 2^2 \times \sqrt{2} + \cdots + 2^n \times \sqrt{n}$.

由柯西不等式知，

$S_n^2 = \left(2 \times \sqrt{1} + 2^2 \times \sqrt{2} + \cdots + 2^n \times \sqrt{n}\right)^2$

$\leqslant (2^2 + 2^4 + \cdots + 2^{2n})(1 + 2 + \cdots + n) = \dfrac{4(1 - 4^n)}{1 - 4} \cdot \dfrac{n(1 + n)}{2}$

$= \dfrac{2n(n+1)(4^n - 1)}{3}$.

故原不等式成立.

评注：本题初看似乎不具备运用柯西不等式的条件，其实求出 $\{\sqrt{n}(a_n+1)\}$ 的前 n 项和，便发现 $S_n^2 = (2 \times \sqrt{1} + 2^2 \times \sqrt{2} + \cdots + 2^n \times \sqrt{n})^2$ 符合柯西不等式的结构形式，从而揭开此题的神秘面纱.

例8　设 $a_1, a_2, \cdots, a_n$ 是 $1, 2, \cdots, n$ 的一个排列（$n \geqslant 3$），求证：

$$\frac{1}{a_1^2+a_2^2+a_3^2} + \frac{1}{a_2^2+a_3^2+a_4^2} + \frac{1}{a_3^2+a_4^2+a_5^2} + \cdots + \frac{1}{a_{n-2}^2+a_{n-1}^2+a_n^2} > \frac{2(n-2)^2}{n(n+1)(2n+1)}.$$

证明：由柯西不等式，得

$$\left[(a_1^2+a_2^2+a_3^2)+(a_2^2+a_3^2+a_4^2)+\cdots+(a_{n-2}^2+a_{n-1}^2+a_n^2)\right] \cdot$$

$$\left(\frac{1}{a_1^2+a_2^2+a_3^2} + \frac{1}{a_2^2+a_3^2+a_4^2} + \cdots + \frac{1}{a_{n-2}^2+a_{n-1}^2+a_n^2}\right) \geqslant (n-2)^2,$$

$$\therefore \frac{1}{a_1^2+a_2^2+a_3^2} + \frac{1}{a_2^2+a_3^2+a_4^2} + \cdots + \frac{1}{a_{n-2}^2+a_{n-1}^2+a_n^2}$$

$$\geqslant \frac{(n-2)^2}{3(a_1^2+a_2^2+\cdots+a_n^2)-2(a_1^2+a_n^2)-(a_2^2+a_{n-1}^2)}$$

$$> \frac{(n-2)^2}{3(a_1^2+a_2^2+\cdots+a_n^2)}$$

$$= \frac{(n-2)^2}{\frac{1}{2}n(n+1)(2n+1)} = \frac{2(n-2)^2}{n(n+1)(2n+1)}.$$

故原不等式成立.

评注：证题时，有些问题本身不具备运用柯西不等式的条件，我们可以根据柯西不等式的结构特征，改变一下式子的结构，将原题凑成适合的形式，达到利用柯西不等式证明的目的.

例9　已知 $a_1, a_2, \cdots, a_n$ 都是正数，且 $a_1+a_2+\cdots+a_n=1$，求证：$\left(a_1+\dfrac{1}{a_1}\right)^2$

$+ \left(a_2+\dfrac{1}{a_2}\right)^2 + \cdots + \left(a_n+\dfrac{1}{a_n}\right)^2 \geqslant \dfrac{(n^2+1)^2}{n}.$

证明：$a_1, a_2, \cdots, a_n$ 都是正数，$a_1+a_2+\cdots+a_n=1$，根据柯西不等式，有

$$\frac{1}{a_1} + \frac{1}{a_2} + \cdots + \frac{1}{a_n} = (a_1+a_2+\cdots+a_n)\left(\frac{1}{a_1}+\frac{1}{a_2}+\cdots+\frac{1}{a_n}\right)$$

$$\geqslant \left[\sqrt{a_1} \times \frac{1}{\sqrt{a_1}} + \sqrt{a_2} \times \frac{1}{\sqrt{a_2}} + \cdots + \sqrt{a_n} \times \frac{1}{\sqrt{a_n}}\right]^2 = n^2.$$

又由柯西不等式知

$$n\left[\left(a_1+\frac{1}{a_1}\right)^2 + \left(a_2+\frac{1}{a_2}\right)^2 + \cdots + \left(a_n+\frac{1}{a_n}\right)^2\right]$$

$$= (1^2+1^2+\cdots+1^2)\left[\left(a_1+\frac{1}{a_1}\right)^2 + \left(a_2+\frac{1}{a_2}\right)^2 + \cdots + \left(a_n+\frac{1}{a_n}\right)^2\right]$$

$$\geqslant \left[\left(a_1+\frac{1}{a_1}\right)+\left(a_2+\frac{1}{a_2}\right)+\cdots+\left(a_n+\frac{1}{a_n}\right)\right]^2=\left[1+\left(\frac{1}{a_1}+\frac{1}{a_2}+\cdots+\frac{1}{a_n}\right)\right]^2$$

$$\geqslant (1+n^2)^2.$$

故 $\left(a_1+\frac{1}{a_1}\right)^2+\left(a_2+\frac{1}{a_2}\right)^2+\cdots+\left(a_n+\frac{1}{a_n}\right)^2\geqslant\frac{(n^2+1)^2}{n}.$

评注：欲证 $\left(a_1+\frac{1}{a_1}\right)^2+\left(a_2+\frac{1}{a_2}\right)^2+\cdots+\left(a_n+\frac{1}{a_n}\right)^2\geqslant\frac{(n^2+1)^2}{n}$，只需证

$(1^2+1^2+\cdots+1^2)\left[\left(a_1+\frac{1}{a_1}\right)^2+\left(a_2+\frac{1}{a_2}\right)^2+\cdots+\left(a_n+\frac{1}{a_n}\right)^2\right]\geqslant(n^2+1)^2$，即

证 $\left[\left(a_1+\frac{1}{a_1}\right)+\left(a_2+\frac{1}{a_2}\right)+\cdots+\left(a_n+\frac{1}{a_n}\right)\right]^2\geqslant(n^2+1)^2.$ 于是要先证 $\frac{1}{a_1}+\frac{1}{a_2}+\cdots$

$+\frac{1}{a_n}\geqslant n^2.$ 本题是通过逆向分析，寻找证明思路. 解法新颖别致，独树一帜，可培养学生的创新思维能力.

用柯西不等式证明不等式，关键是要根据题目的结构特点，构造出适当的两组实数，往往需要进行变形、拆项、添项等. 能否根据柯西不等式的结构形式，构造出适当的两组实数，往往成为灵活运用柯西不等式解题的关键. 灵活应用柯西不等式解决问题往往能化难为易，化繁为简，这对开拓学生视野，培养学生数学思维大有裨益！

2.6 均值不等式与柯西不等式联袂巧解数学题

均值不等式与柯西不等式是历年数学竞赛的热点内容，利用这两类不等式解题的关键是恰当创设应用公式的结构形式，通常需要转化、变形甚至构造，同时还需要有丰富的想象力. 对一些复杂的不等式问题，有时要把均值不等式与柯西不等式联袂，方可达到事半功倍的效果！

例 1　已知正数 a、b、c、d 满足 $a+2b=1, c+2d=1$，则 $\dfrac{1}{a}+\dfrac{1}{bcd}$ 的最小值为（　　）.

A. $\dfrac{1}{16}$ B. 8 C. $\dfrac{1}{5}$ D. 25

解：由均值不等式及题设条件知 $2cd = c \cdot 2d \leqslant \left(\dfrac{c+2d}{2}\right)^2 = \dfrac{1}{4}$，即 $cd \leqslant \dfrac{1}{8}$

①，当且仅当 $c=\dfrac{1}{2}, d=\dfrac{1}{4}$ 时取等号. 由①可得 $\dfrac{1}{a}+\dfrac{1}{bcd} \geqslant \dfrac{1}{a}+\dfrac{8}{b}$ ②.

由条件和柯西不等式得

$$\dfrac{1}{a}+\dfrac{8}{b} = \left(\dfrac{1}{a}+\dfrac{8}{b}\right)(a+2b) \geqslant \left[\sqrt{\dfrac{1}{a}} \cdot \sqrt{a} + \sqrt{\dfrac{8}{b}} \cdot \sqrt{2b}\right]^2 = (1+4)^2 = 25,$$

当且仅当 $b=2a, a+2b=1$，即 $a=\dfrac{1}{5}, b=\dfrac{2}{5}$ 时等号成立，从而有 $\dfrac{1}{a}+\dfrac{1}{bcd} \geqslant$ $\dfrac{1}{a}+\dfrac{8}{b} \geqslant 25$.

故当 $a=\dfrac{1}{5}, b=\dfrac{2}{5}, c=\dfrac{1}{2}, d=\dfrac{1}{4}$ 时，$\dfrac{1}{a}+\dfrac{1}{bcd}$ 的最小值为 25. 故选 D.

评注：本题利用均值不等式寻找出 $\dfrac{1}{cd} \geqslant 8$ 是求解转化的桥梁，而将 $\dfrac{1}{a}+\dfrac{8}{b}$ 凑配成 $\left(\dfrac{1}{a}+\dfrac{8}{b}\right)(a+2b)$，然后再利用柯西不等式，是解决本题的关键.

例 2　设 x_1、x_2、x_3 是非负实数，且满足 $x_1+x_2+x_3=1$，

求 $(x_1+3x_2+5x_3)\left(x_1+\dfrac{x_2}{3}+\dfrac{x_3}{5}\right)$ 的最小值和最大值.

解：由柯西不等式得

$$(x_1+3x_2+5x_3)\left(x_1+\dfrac{x_2}{3}+\dfrac{x_3}{5}\right) \geqslant \left[\sqrt{x_1}\cdot\sqrt{x_1} + \sqrt{3x_2}\cdot\sqrt{\dfrac{x_2}{3}} + \sqrt{5x_3}\cdot\sqrt{\dfrac{x_3}{5}}\right]^2$$

$$= (x_1 + x_2 + x_3)^2 = 1.$$

当 $x_1 = 1, x_2 = 0, x_3 = 0$ 时，不等式等号成立.

由均值不等式得

$$\left(x_1 + 3x_2 + 5x_3\right)\left(x_1 + \frac{x_2}{3} + \frac{x_3}{5}\right) = \frac{1}{5}\left(x_1 + 3x_2 + 5x_3\right)\left(5x_1 + \frac{5x_2}{3} + x_3\right)$$

$$\leqslant \frac{1}{5}\left[\frac{(x_1 + 3x_2 + 5x_3) + \left(5x_1 + \frac{5x_2}{3} + x_3\right)}{2}\right]^2 = \frac{1}{20}\left(6x_1 + \frac{14}{3}x_2 + 6x_3\right)^2$$

$$\leqslant \frac{1}{20}\left(6x_1 + 6x_2 + 6x_3\right)^2 = \frac{9}{5}.$$

当 $x_1 = \frac{1}{2}, x_2 = 0, x_3 = \frac{1}{2}$ 时，不等式中等号成立.

综上所述，$1 \leqslant \left(x_1 + 3x_2 + 5x_3\right)\left(x_1 + \frac{x_2}{3} + \frac{x_3}{5}\right) \leqslant \frac{9}{5}.$

故 $\left(x_1 + 3x_2 + 5x_3\right)\left(x_1 + \frac{x_2}{3} + \frac{x_3}{5}\right)$ 的最小值为 1，最大值为 $\frac{9}{5}$.

评注：本题利用柯西不等式求最小值是容易想到的，值得注意的是等号取得的条件 $x_1 = 1, x_2 = 0, x_3 = 0$ 并非唯一，如 $x_1 = 0, x_2 = 1, x_3 = 0$，或者 $x_1 = 0, x_2 = 0, x_3 = 1$，也能取得等号. 而用均值不等式过程中巧妙利用放缩法 $6x_1 + \frac{14}{3}x_2 + 6x_3 \leqslant 6x_1 + 6x_2 + 6x_3$，是为了充分利用 $x_1 + x_2 + x_3 = 1$ 这个条件.

例 3　（第 36 届 IMO 试题）设 $a > 0, b > 0, c > 0, abc = 1$，求证：$\dfrac{1}{a^3(b+c)} + \dfrac{1}{b^3(a+c)} + \dfrac{1}{c^3(a+b)} \geqslant \dfrac{3}{2}.$

证明：$\because a > 0, b > 0, c > 0, abc = 1,$

$$\therefore \frac{1}{a^3(b+c)} + \frac{1}{b^3(a+c)} + \frac{1}{c^3(a+b)} = \frac{a^2b^2c^2}{a^3(b+c)} + \frac{a^2b^2c^2}{b^3(a+c)} + \frac{a^2b^2c^2}{c^3(a+b)}$$

$$= \frac{b^2c^2}{a(b+c)} + \frac{c^2a^2}{b(a+c)} + \frac{a^2b^2}{c(a+b)} = \frac{b^2c^2}{ab+ac} + \frac{c^2a^2}{ba+bc} + \frac{a^2b^2}{ca+cb}.$$

又 $\left(\dfrac{b^2c^2}{ab+ac} + \dfrac{c^2a^2}{ba+bc} + \dfrac{a^2b^2}{ca+cb}\right)\left[(ab+ac) + (ba+bc) + (ca+cb)\right]$

$$\geqslant (bc + ca + ab)^2,$$

$$\therefore \frac{b^2c^2}{ab+ac} + \frac{c^2a^2}{ba+bc} + \frac{a^2b^2}{ca+cb} \geqslant \frac{(ab+bc+ca)^2}{2(ab+bc+ca)} = \frac{1}{2}(ab+bc+ca),$$

$$\frac{1}{a^3(b+c)} + \frac{1}{b^3(a+c)} + \frac{1}{c^3(a+b)} \geqslant \frac{1}{2}(ab+bc+ca) \geqslant \frac{1}{2} \cdot 3\sqrt[3]{a^2b^2c^2} = \frac{3}{2}.$$

评注：本题两次利用条件 $abc = 1$，首先通过观察将 1 用 $a^2b^2c^2$ 替换，从而将不等式左边化为 $\dfrac{b^2c^2}{ab+ac} + \dfrac{c^2a^2}{ba+bc} + \dfrac{a^2b^2}{ca+cb}$，由于分母的和为 $2(ab+bc+ca)$，可

联想到左边乘上此式，创设了运用柯西不等式的条件. 最后利用均值不等式，又将 abc 用 1 替代，问题顺利得到解决.

例 4　已知 $a_1, a_2, \cdots, a_n$ 都是正数，且 $a_1 + a_2 + \cdots + a_n = 1$，求证：$\left(a_1 + \dfrac{1}{a_1}\right)^2$
$+ \left(a_2 + \dfrac{1}{a_2}\right)^2 + \cdots + \left(a_n + \dfrac{1}{a_n}\right)^2 \geqslant \dfrac{(n^2+1)^2}{n}.$

证明：$\because a_1 + a_2 + \cdots + a_n = 1$，根据柯西不等式，将不等式左边乘 n，则有

$$n\left[\left(a_1 + \frac{1}{a_1}\right)^2 + \left(a_2 + \frac{1}{a_2}\right)^2 + \cdots + \left(a_n + \frac{1}{a_n}\right)^2\right]$$

$$= (1^2 + 1^2 + \cdots + 1^2)\left[\left(a_1 + \frac{1}{a_1}\right)^2 + \left(a_2 + \frac{1}{a_2}\right)^2 + \cdots + \left(a_n + \frac{1}{a_n}\right)^2\right]$$

$$\geqslant \left[\left(a_1 + \frac{1}{a_1}\right) + \left(a_2 + \frac{1}{a_2}\right) + \cdots + \left(a_n + \frac{1}{a_n}\right)\right]^2 = \left[1 + \left(\frac{1}{a_1} + \frac{1}{a_2} + \cdots + \frac{1}{a_n}\right)\right]^2.$$

又由 n 个正数 $a_1, a_2, \cdots, a_n$ 的调和平均数小于等于其算术平均数，得

$$\frac{n}{\dfrac{1}{a_1} + \dfrac{1}{a_2} + \cdots + \dfrac{1}{a_n}} \leqslant \frac{a_1 + a_2 + \cdots + a_n}{n}，即 \frac{1}{a_1} + \frac{1}{a_2} + \cdots + \frac{1}{a_n} \geqslant n^2,$$

$$\therefore n\left[\left(a_1 + \frac{1}{a_1}\right)^2 + \left(a_2 + \frac{1}{a_2}\right)^2 + \cdots + \left(a_n + \frac{1}{a_n}\right)^2\right]$$

$$\geqslant \left[1 + \left(\frac{1}{a_1} + \frac{1}{a_2} + \cdots + \frac{1}{a_n}\right)\right]^2 \geqslant (1 + n^2)^2,$$

$$故 \left(a_1 + \frac{1}{a_1}\right)^2 + \left(a_2 + \frac{1}{a_2}\right)^2 + \cdots + \left(a_n + \frac{1}{a_n}\right)^2 \geqslant \frac{(n^2+1)^2}{n}.$$

评注：若不用"调和平均数 $\leqslant$ 算术平均数"，而再利用柯西不等式

$$\left(\frac{1}{a_1} + \frac{1}{a_2} + \cdots + \frac{1}{a_n}\right)(a_1 + a_2 + \cdots + a_n) \geqslant \left(\sqrt{\frac{1}{a_1}} \cdot \sqrt{a_1} + \sqrt{\frac{1}{a_2}} \cdot \sqrt{a_2} + \cdots + \sqrt{\frac{1}{a_n}} \cdot \sqrt{a_n}\right)^2$$

$$= n^2，同样也能得到 \frac{1}{a_1} + \frac{1}{a_2} + \cdots + \frac{1}{a_n} \geqslant n^2.$$

均值不等式和柯西不等式作为高中数学基本而又重要的不等式，对求解一些不等式问题起到举足轻重的作用，而它们的联袂更是数学解题中的一朵奇葩，让人深深感受到数学的无穷奥妙和神奇魅力！

2.7 设值法与判别式法联袂巧证两类不等式

在证明一些不等式的问题时,我们根据不等式的结构特征,通过设值,可转化或构造成一元二次方程,再利用判别式 $\Delta \geqslant 0$,往往能出奇制胜,屡建奇功!而且解法新颖,富有创意,独辟蹊径.下面列举几例阐述设值法与判别式法联袂在不等式证明中的奇思与妙用.

1. 巧证代数不等式

例 1 已知 $x,y \in \mathbf{R}^+, a$、b 为正常数,且 $\dfrac{a}{x} + \dfrac{b}{y} = 1$,求证:$x + y \geqslant (\sqrt{a} + \sqrt{b})^2$.

证明:由 $\dfrac{a}{x} + \dfrac{b}{y} = 1$ 变形得 $(x-a)(y-b) = ab, x > a, y > b$.

设 $x + y = m(m > a + b)$,则 $(x-a) + (y-b) = m - (a+b)$,$\therefore$ 实数 $x - a, y - b$ 是关于 t 的二次方程 $t^2 - [m - (a+b)]t + ab = 0$ 的两个实根.

由 $\Delta = [-(m-a-b)]^2 - 4ab \geqslant 0 (m > a + b)$ 得 $m \geqslant (\sqrt{a} + \sqrt{b})^2$.

故 $x + y \geqslant (\sqrt{a} + \sqrt{b})^2$.

评注:本题关键是将条件变为 $(x-a)(y-b) = ab$ 形式后,将 $x-a$ 与 $y-b$ 视为一元二次方程的两根,其积为 ab,于是我们再试图寻找两根和,构造出一个一元二次方程,由判别式 $\Delta \geqslant 0$,问题迎刃而解.

例 2 已知实数 a,b 满足 $a + b = 1$,求证:$(a+2)^2 + (b+2)^2 \geqslant \dfrac{25}{2}$.

证明:设 $(a+2)^2 + (b+2)^2 = y$.$\therefore b = 1 - a$,$\therefore (a+2)^2 + (3-a)^2 = y$,即 $2a^2 - 2a + 13 - y = 0$.又 a 是实数,$\therefore \Delta = (-2)^2 - 4 \times 2(13 - y) \geqslant 0$,即 $y \geqslant \dfrac{25}{2}$.

故 $(a+2)^2 + (b+2)^2 \geqslant \dfrac{25}{2}$.

评注:本题也可利用基本不等式或三角换元等多种方法证明,但借用设值 $(a+2)^2 + (b+2)^2 = y$,条件代换构造出一元二次方程,再巧用判别式法证明,思维独特,富有创意.

2. 巧证三角不等式

例 3 求证：$-\dfrac{1}{3} \leqslant \dfrac{6\cos x + \sin x - 5}{2\cos x - 3\sin x - 5} \leqslant 3$.

证明：令 $y = \dfrac{6\cos x + \sin x - 5}{2\cos x - 3\sin x - 5}$. 将 $\sin x = \dfrac{2t}{1+t^2}$，$\cos x = \dfrac{1-t^2}{1+t^2}\left(t = \tan\dfrac{x}{2}\right)$

代入，则有 $y = \dfrac{11t^2 - 2t - 1}{7t^2 + 6t + 3}$，整理得 $(7y-11)t^2 + (6y+2)t + (3y+1) = 0\left(t = \tan\dfrac{x}{2} \in \mathbf{R}\right)$.

(1)当 $7y - 11 = 0$ 时，$y = \dfrac{11}{7} \in \left[-\dfrac{1}{3}, 3\right]$，求得 $t = -\dfrac{1}{2}$，$\sin x = -\dfrac{4}{5}$，$\cos x = \dfrac{3}{5}$，符合题意.

(2)当 $7y - 11 \neq 0$ 时，由 $\Delta = (6y+2)^2 - 4(7y-11)(3y+1) \geqslant 0$，即 $3y^2 - 8y - 3 \leqslant 0$，得 $-\dfrac{1}{3} \leqslant y \leqslant 3$ 且 $y \neq \dfrac{11}{7}$.

综上所述，$-\dfrac{1}{3} \leqslant y \leqslant 3$，故原不等式成立.

评注：通过设值，利用万能公式，将正弦、余弦用 $t\left(t = \tan\dfrac{x}{2}\right)$ 代换是证明本题的一个切入点；构造一元二次方程，巧用判别式 $\Delta \geqslant 0$，是求证本题的关键.

例 4 已知 a, b 是正数，求证 $(a\sin^2\alpha + b\cos^2\alpha)(a\cos^2\alpha + b\sin^2\alpha) \leqslant \dfrac{(a+b)^2}{4}$.

证明：设 $(a\sin^2\alpha + b\cos^2\alpha)(a\cos^2\alpha + b\sin^2\alpha) = y$.

∵ $(a\sin^2\alpha + b\cos^2\alpha) + (a\cos^2\alpha + b\sin^2\alpha) = a + b$，∴ $a\sin^2\alpha + b\cos^2\alpha$ 与 $a\cos^2\alpha + b\sin^2\alpha$ 是方程 $x^2 - (a+b)x + y = 0$ 的两个实根，则 $\Delta = [-(a+b)]^2 - 4y \geqslant 0$，即 $y \leqslant \dfrac{(a+b)^2}{4}$.

故 $(a\sin^2\alpha + b\cos^2\alpha)(a\cos^2\alpha + b\sin^2\alpha) \leqslant \dfrac{(a+b)^2}{4}$.

评注：观察不等式的结构特征，由于 $(a\sin^2\alpha + b\cos^2\alpha) + (a\cos^2\alpha + b\sin^2\alpha) = a + b$，设值 $(a\sin^2\alpha + b\cos^2\alpha)(a\cos^2\alpha + b\sin^2\alpha) = y$. 于是联想 $a\sin^2\alpha + b\cos^2\alpha$ 与 $a\cos^2\alpha + b\sin^2\alpha$ 是一个一元二次方程的两个实根，从而构造出一元二次方程，问题豁然开朗.

例 5 在 $\triangle ABC$ 中，证明：$\sin\dfrac{A}{2}\sin\dfrac{B}{2}\sin\dfrac{C}{2} \leqslant \dfrac{1}{8}$.

证明：令 $y = \sin\dfrac{A}{2}\sin\dfrac{B}{2}\sin\dfrac{C}{2}$.

$\because A + B + C = \pi$，$\therefore y = \dfrac{1}{2}\left(\cos\dfrac{A-B}{2} - \cos\dfrac{A+B}{2}\right)\sin\dfrac{C}{2} = \dfrac{1}{2}\left(\cos\dfrac{A-B}{2} - \sin\dfrac{C}{2}\right)\sin\dfrac{C}{2}$，

即 $\sin^2\dfrac{C}{2} - \cos\dfrac{A-B}{2}\sin\dfrac{C}{2} + 2y = 0$，可见 $\sin\dfrac{C}{2}$ 是方程 $x^2 - \left(\cos\dfrac{A-B}{2}\right)x + 2y = 0$ 的一个实根，$\therefore \Delta = \left(-\cos\dfrac{A-B}{2}\right)^2 - 4\times 2y \geqslant 0$，即 $y \leqslant \dfrac{1}{8}\cos^2\dfrac{A-B}{2} \leqslant \dfrac{1}{8}$.

故 $\sin\dfrac{A}{2}\sin\dfrac{B}{2}\sin\dfrac{C}{2} \leqslant \dfrac{1}{8}$.

评注：由于所证不等式左边的三角式以积的形式呈现，通过设值 $y = \sin\dfrac{A}{2}\sin\dfrac{B}{2}\sin\dfrac{C}{2}$，不难联想到积化和差，从而构造出关于 $\sin\dfrac{C}{2}$ 的一个一元二次方程，为本题的证明创造了条件.

例 6   在锐角 $\triangle ABC$ 中，若 $\sin A = 2\sin B\sin C$，证明：$\tan A\tan B\tan C \geqslant 8$.

证明：$\because A + B + C = \pi$，$\sin A = 2\sin B\sin C$，$\therefore \sin(B+C) = 2\sin B\sin C$，即 $\sin B\cos C + \cos B\sin C = 2\sin B\sin C$，从而有 $\tan B + \tan C = 2\tan B\tan C$，即 $\tan B\tan C = \dfrac{1}{2}(\tan B + \tan C)$. 又 $\tan C = -\tan(A+B) = -\dfrac{\tan A + \tan B}{1 - \tan A\tan B}$，$\therefore \tan A + \tan B + \tan C = \tan A\tan B\tan C$.

令 $\tan A + \tan B + \tan C = \tan A\tan B\tan C = t$. $\because \triangle ABC$ 是锐角三角形，$\therefore t > 0$. 于是 $t = \dfrac{1}{2}\tan A(\tan B + \tan C) = \dfrac{1}{2}\tan A(t - \tan A)$，即 $\tan^2 A - t\tan A + 2t = 0$. 可见 $\tan A$ 是方程 $x^2 - tx + 2t = 0$ 的一个实根，故 $\Delta = t^2 - 8t \geqslant 0$，求得 $t \geqslant 8$ 或 $t \leqslant 0$（舍去）.

故 $\tan A\tan B\tan C \geqslant 8$.

评注：由本题证明的结论 $\tan A\tan B\tan C \geqslant 8$，不难联想到在非直角三角形中一个常用的恒等式 $\tan A + \tan B + \tan C = \tan A\tan B\tan C$，于是条件 $\sin A = 2\sin B\sin C$ 中的三角式，宜尽可能化为正切形式，通过设值 $t = \tan A\tan B\tan C$，巧妙构造出一个一元二次方程，给本题的解决带来了转机. 此题的解法充分彰显了设值法与判别式法联袂的神奇魅力！

设值法与判别式法联袂巧证代数不等式、三角不等式问题，关键在于根据不等式的结构特征，通过设值，构造出一元二次方程，再巧用根的判别式进行求证.

2.8　恰当添项巧证一类三元轮换对称不等式

有一类三元轮换对称不等式，我们根据不等式的特点，构造适当的函数，然后通过加上或乘上"平均值 $f\left(\dfrac{a+b+c}{3}\right)$"，能使问题迎刃而解.

例 1　在 $\triangle ABC$ 中，求证：$\sin A+\sin B+\sin C\leqslant\dfrac{3\sqrt{3}}{2}$.

证明：设 $f(x)=\sin x$，则 $f\left(\dfrac{A+B+C}{3}\right)=f\left(\dfrac{\pi}{3}\right)=\sin\dfrac{\pi}{3}$.

当 $x,y\in(0,\pi)$ 时，有 $\sin x+\sin y=2\sin\dfrac{x+y}{2}\cos\dfrac{x-y}{2}\leqslant 2\sin\dfrac{x+y}{2}$，

$\therefore f(A)+f(B)+f(C)+f\left(\dfrac{A+B+C}{3}\right)=\sin A+\sin B+\sin C+\sin\dfrac{\pi}{3}$

$\leqslant 2\sin\dfrac{A+B}{2}+2\sin\dfrac{C+\dfrac{\pi}{3}}{2}\leqslant 4\sin\dfrac{A+B+C+\dfrac{\pi}{3}}{4}=4\sin\dfrac{\pi}{3}$，

$\therefore \sin A+\sin B+\sin C\leqslant 3\sin\dfrac{\pi}{3}$.

故 $\sin A+\sin B+\sin C\leqslant\dfrac{3\sqrt{3}}{2}$.

评注：根据不等式左边特征，想到构造函数 $f(x)=\sin x$，注意本题的前提是在 $\triangle ABC$ 中，故 $\dfrac{A+B+C}{3}=\dfrac{\pi}{3}$，在不等式左边加上 $f\left(\dfrac{\pi}{3}\right)$，配成四项，分成两组，反复利用不等式 $\sin x+\sin y\leqslant 2\sin\dfrac{x+y}{2}$，$x,y\in(0,\pi)$，问题顺利得到解决.

例 2　设正数 a,b,c 满足 $a+b+c=1$，求证：$\sqrt{3a+1}+\sqrt{3b+1}+\sqrt{3c+1}\leqslant 3\sqrt{2}$.

证明：设 $f(x)=\sqrt{3x+1}$，则 $f\left(\dfrac{a+b+c}{3}\right)=f\left(\dfrac{1}{3}\right)=\sqrt{2}$.

若 $m>0,n>0$，则 $\sqrt{\dfrac{m^2+n^2}{2}}\geqslant\dfrac{m+n}{2}\Leftrightarrow m+n\leqslant\sqrt{2(m^2+n^2)}$，即 $\sqrt{m}+\sqrt{n}\leqslant\sqrt{2(m+n)}$.

于是 $f(a)+f(b)+f(c)+f\left(\dfrac{a+b+c}{3}\right)=\sqrt{3a+1}+\sqrt{3b+1}+\sqrt{3c+1}+\sqrt{2}\leqslant$

$$\sqrt{2\left[(3a+1)+(3b+1)\right]}+\sqrt{2\left[(3c+1)+2\right]}\leqslant\sqrt{4\left[(3a+1)+(3b+1)+(3c+1)+2\right]}$$
$$=4\sqrt{2}.$$

故 $\sqrt{3a+1}+\sqrt{3b+1}+\sqrt{3c+1}\leqslant 3\sqrt{2}$.

评注：观察不等式左边特征，构造函数 $f(x)=\sqrt{3x+1}$，由于不等式左边是和的形式，于是在左边加上"平均值 $f\left(\dfrac{a+b+c}{3}\right)$"，使不等式左边变成四项，分成两组，多次利用不等式 $\sqrt{m}+\sqrt{n}\leqslant\sqrt{2(m+n)}\,(m,n>0)$，从而使问题获解.

例 3　设正数 a,b,c 满足 $a+b+c=1$，求证：$\left(a+\dfrac{1}{a}\right)\left(b+\dfrac{1}{b}\right)\left(c+\dfrac{1}{c}\right)\geqslant\dfrac{1000}{27}$.

证明：设 $f(x)=x+\dfrac{1}{x}$，则 $f\left(\dfrac{a+b+c}{3}\right)=f\left(\dfrac{1}{3}\right)=\dfrac{1}{3}+3$，

$\therefore f(a)f(b)f(c)f\left(\dfrac{a+b+c}{3}\right)=\left(a+\dfrac{1}{a}\right)\left(b+\dfrac{1}{b}\right)\left(c+\dfrac{1}{c}\right)\left(\dfrac{1}{3}+3\right)$.

由柯西不等式得

$$\left(a+\frac{1}{a}\right)\left(b+\frac{1}{b}\right)\left(c+\frac{1}{c}\right)\left(\frac{1}{3}+3\right)\geqslant\left[\sqrt{ab}+\frac{1}{\sqrt{ab}}\right]^{2}\left[\sqrt{\frac{1}{3}c}+\frac{1}{\sqrt{\frac{1}{3}c}}\right]^{2}$$
$$\geqslant\left[\sqrt[4]{\frac{1}{3}abc}+\frac{1}{\sqrt[4]{\frac{1}{3}abc}}\right]^{4}.$$

$\because f(x)=x+\dfrac{1}{x}$ 在 $(0,1)$ 内递减，$1=a+b+c\geqslant 3\sqrt[3]{abc}$，$a,b,c\in\mathbf{R}^{+}$，

$\therefore 0<abc\leqslant\dfrac{1}{27}$，

$\therefore\left[\sqrt[4]{\dfrac{1}{3}abc}+\dfrac{1}{\sqrt[4]{\dfrac{1}{3}abc}}\right]^{4}\geqslant\left[\sqrt[4]{\dfrac{1}{3}\times\dfrac{1}{27}}+\dfrac{1}{\sqrt[4]{\dfrac{1}{3}\times\dfrac{1}{27}}}\right]^{4}=\left(\dfrac{1}{3}+3\right)^{4}$，

即 $\left(a+\dfrac{1}{a}\right)\left(b+\dfrac{1}{b}\right)\left(c+\dfrac{1}{c}\right)\left(\dfrac{1}{3}+3\right)\geqslant\left(\dfrac{1}{3}+3\right)^{4}$.

故 $\left(a+\dfrac{1}{a}\right)\left(b+\dfrac{1}{b}\right)\left(c+\dfrac{1}{c}\right)\geqslant\dfrac{1000}{27}$.

评注：根据不等式左边形式，我们构造函数 $f(x)=x+\dfrac{1}{x}$，由于不等式左边是乘积的形式，于是先在左边乘上"平均值 $f\left(\dfrac{a+b+c}{3}\right)$"，凑成四项，然后前后两项分别构成一组，多次利用柯西不等式，从而使本题的证明不仅直观清晰，

而且富有创新思维，解法巧妙，和谐自然.

例4 在 $\triangle ABC$ 中，求证：$\sin\dfrac{A}{2}\sin\dfrac{B}{2}\sin\dfrac{C}{2}\leqslant\dfrac{1}{8}$.

证明： 设 $f(x)=\sin\dfrac{x}{2}$，$f\left(\dfrac{A+B+C}{3}\right)=f\left(\dfrac{\pi}{3}\right)=\sin\dfrac{\pi}{6}$.

当 $\alpha,\beta\in(0,\pi)$ 时，$\sin\alpha\sin\beta=-\dfrac{1}{2}\left[\cos(\alpha+\beta)-\cos(\alpha-\beta)\right]=\dfrac{1}{2}\left[\cos(\alpha-\beta)\right.$

$\left.-\cos(\alpha+\beta)\right]\leqslant\dfrac{1}{2}\left[1-\cos(\alpha+\beta)\right]=\sin^2\dfrac{\alpha+\beta}{2}$，

即 $\sin\alpha\sin\beta\leqslant\sin^2\dfrac{\alpha+\beta}{2}$.

$\therefore f(A)f(B)f(C)f\left(\dfrac{A+B+C}{3}\right)=\sin\dfrac{A}{2}\sin\dfrac{B}{2}\sin\dfrac{C}{2}\sin\dfrac{\pi}{6}$

$\leqslant\sin^2\dfrac{A+B}{4}\sin^2\dfrac{C+\dfrac{\pi}{3}}{4}\leqslant\sin^4\dfrac{A+B+C+\dfrac{\pi}{3}}{8}=\sin^4\dfrac{\pi}{6}$，

$\therefore\sin\dfrac{A}{2}\sin\dfrac{B}{2}\sin\dfrac{C}{2}\leqslant\sin^3\dfrac{\pi}{6}$.

故 $\sin\dfrac{A}{2}\sin\dfrac{B}{2}\sin\dfrac{C}{2}\leqslant\dfrac{1}{8}$.

评注： 本题关键是利用积化和差公式，再借用不等式的放缩，得到 $\sin\alpha\sin\beta$ $\leqslant\sin^2\dfrac{\alpha+\beta}{2}$，$\alpha,\beta\in(0,\pi)$，同时构造函数 $f(x)=\sin\dfrac{x}{2}$. 在不等式左边乘上 $f\left(\dfrac{A+B+C}{3}\right)$，可分成 $\sin\dfrac{A}{2}\sin\dfrac{B}{2}$ 和 $\sin\dfrac{C}{2}\sin\dfrac{\pi}{6}$ 两组，多次利用不等式 $\sin\alpha\sin\beta$ $\leqslant\sin^2\dfrac{\alpha+\beta}{2}$，$\alpha,\beta\in(0,\pi)$，从而直达证题目标，简化证明过程.

在三元之和已知的轮换对称的不等式中，根据不等式的结构特征，通过恰当构造函数. 不等式一边若是 $f(a)+f(b)+f(c)$ 和的形式，则先将和的形式加上"平均值 $f\left(\dfrac{a+b+c}{3}\right)$"；若不等式一边是 $f(a)f(b)f(c)$ 积的形式，一般先将积的形式乘上"平均值 $f\left(\dfrac{a+b+c}{3}\right)$"，然后进行合理放缩. 上述添项法不失为证明这类不等式的一个重要方法，运用它来证明不等式既有规可循，又富于启发，这对开拓学生的思维，激发学生数学学习兴趣都是很有帮助的.

2.9　利用三元均值不等式巧妙解题

二元均值不等式及其应用是学生比较熟悉的，而三元均值不等式在数学学习中求最值、求范围和证明不等式等方面同样应用十分广泛，学生对此知识点却较陌生，故列举几例高中数学试题，阐述三元均值不等式的奇思与妙用．

1. 利用三元均值不等式求解最值

例 1　设 $x, y, z \in \mathbf{R}^*$，满足 $x + y + z = xyz$，则函数 $f(x, y, z) = x^2(yz - 1) + y^2(zx - 1) + z^2(xy - 1)$ 的最小值是_____．

解法 1：由条件得，$y + z = x(yz - 1) \Rightarrow yz - 1 = \dfrac{y + z}{x}$，同理有 $zx - 1 = \dfrac{z + x}{y}$，$xy - 1 = \dfrac{x + y}{z}$．

又 $\because xyz = x + y + z \geqslant 3\sqrt[3]{xyz}$，$\therefore xyz \geqslant 3\sqrt{3}$．

于是 $f(x, y, z) = x^2(yz - 1) + y^2(zx - 1) + z^2(xy - 1) = x(y + z) + y(z + x) + z(x + y) = 2(xy + yz + zx) \geqslant 2 \times 3\sqrt[3]{(xyz)^2} \geqslant 18$，当且仅当 $x = y = z = \sqrt{3}$ 时取等号．

评注：观察函数 $f(x, y, z)$ 中的结构式，暗示要从条件 $x + y + z = xyz$ 中分别寻找出 $yz - 1 = \dfrac{y + z}{x}$，$zx - 1 = \dfrac{z + x}{y}$，$xy - 1 = \dfrac{x + y}{z}$．将函数 $f(x, y, z)$ 变形，借用三元均值不等式，问题迎刃而解．

解法 2：由 $xyz = x + y + z \geqslant 3\sqrt[3]{xyz}$ 得 $\sqrt[3]{(xyz)^2} \geqslant 3$，$\therefore f(x, y, z) = x^2(yz - 1) + y^2(zx - 1) + z^2(xy - 1) = x(xyz - x) + y(xyz - y) + z(xyz - z) = x(y + z) + y(z + x) + z(x + y) = 2(xy + yz + zx) \geqslant 2 \times 3\sqrt[3]{(xyz)^2} \geqslant 18$，当且仅当 $x = y = z = \sqrt{3}$ 时，等号成立．

故 $\left[f(x, y, z)\right]_{\min} = 18$．

例 2　设正实数 x、y 满足 $x^2 + y^2 + \dfrac{1}{x} + \dfrac{1}{y} = \dfrac{27}{4}$，则 $P = \dfrac{15}{x} - \dfrac{3}{4y}$ 的最小值为_____．

解：由三元均值不等式，可得

$$x^2 + \frac{1}{x} = \left(x^2 + \frac{8}{x} + \frac{8}{x}\right) - \frac{15}{x} \geqslant 3\sqrt[3]{x^2 \cdot \frac{8}{x} \cdot \frac{8}{x}} - \frac{15}{x} = 12 - \frac{15}{x},$$

当且仅当 $x = 2$ 时，等号成立.

$$y^2 + \frac{1}{y} = \left(y^2 + \frac{1}{8y} + \frac{1}{8y}\right) + \frac{3}{4y} \geqslant 3\sqrt[3]{y^2 \cdot \frac{1}{8y} \cdot \frac{1}{8y}} + \frac{3}{4y} = \frac{3}{4} + \frac{3}{4y},$$

当且仅当 $y = \frac{1}{2}$ 时，取等号.

上述两式相加，得 $x^2 + y^2 + \frac{1}{x} + \frac{1}{y} \geqslant \frac{51}{4} + \left(\frac{3}{4y} - \frac{15}{x}\right)$，又 $x^2 + y^2 + \frac{1}{x} + \frac{1}{y}$ $= \frac{27}{4}$，故 $\frac{51}{4} + \left(\frac{3}{4y} - \frac{15}{x}\right) \leqslant \frac{27}{4} \Rightarrow \frac{15}{x} - \frac{3}{4y} \geqslant 6$，当且仅当 $x = 2, y = \frac{1}{2}$ 时，等号成立.

故 $P = \frac{15}{x} - \frac{3}{4y}$ 的最小值为 6.

评注：洞察本题的结构特征，需将条件 $x^2 + y^2 + \frac{1}{x} + \frac{1}{y} = \frac{27}{4}$ 左边分成 $x^2 + \frac{1}{x}$ 与 $y^2 + \frac{1}{y}$ 两组，将 $x^2 + \frac{1}{x}$ 变形为 $\left(x^2 + \frac{8}{x} + \frac{8}{x}\right) - \frac{15}{x}$ 的目的是利用三元均值不等式并产生 $\frac{15}{x}$. 同理，$y^2 + \frac{1}{y} = \left(y^2 + \frac{1}{8y} + \frac{1}{8y}\right) + \frac{3}{4y}$ 产生 $\frac{3}{4y}$. 将两个不等式相加有 $P = \frac{15}{x} - \frac{3}{4y}$，至此问题顺利得到解决.

例 3　在直角四面体 $ABCD$ 中，六条棱长的和为 6，则其体积的最大值为_____.

解：设 DA、DB、DC 相互垂直，记 $DA = a, DB = b, DC = c$，则 $V = \frac{1}{6}abc$，即 $abc = 6V$. 又 $AB = \sqrt{a^2 + b^2}$, $BC = \sqrt{b^2 + c^2}$, $CA = \sqrt{c^2 + a^2}$，于是

$$6 = a + b + c + \sqrt{a^2 + b^2} + \sqrt{b^2 + c^2} + \sqrt{c^2 + a^2} \geqslant 3\sqrt[3]{abc} + \sqrt{2ab} + \sqrt{2bc} +$$
$$\sqrt{2ca} \geqslant 3\sqrt[3]{abc} + 3\sqrt[3]{2\sqrt{2} \cdot abc} = 3\sqrt[3]{6}(1 + \sqrt{2}) \cdot \sqrt[3]{V}.$$

故 $V \leqslant \frac{4}{3(1 + \sqrt{2})^3} = \frac{4}{3}(\sqrt{2} - 1)^3$，当且仅当 $a = b = c$ 时，取等号.

评注：本题关键是将二元与三元均值不等式携手同行应用，将 a, b, c 的和转化为积的形式，问题的瓶颈得到了突破.

例 4　若实数 a、b、c 满足 $2^a + 4^b = 2^c$, $4^a + 2^b = 4^c$，求 c 的最小值.

解：设 $x = 2^a, y = 2^b, z = 2^c$，则 $x, y, z > 0$. ∵ $2^a + 4^b = 2^c$, $4^a + 2^b = 4^c$，∴ $x + y^2 = z$, $x^2 + y = z^2$，于是有 $z^2 - y = x^2 = (z - y^2)^2 = z^2 - 2y^2 z + y^4$，∴ $z = \frac{y^4 + y}{2y^2} = \frac{1}{4}\left(2y^2 + \frac{1}{y} + \frac{1}{y}\right) \geqslant \frac{1}{4} \cdot 3\sqrt[3]{2y^2 \cdot \frac{1}{y} \cdot \frac{1}{y}} = \frac{3}{4} \cdot \sqrt[3]{2}$，当且仅当 $2y^2 = \frac{1}{y}$，即 $y = \frac{1}{\sqrt[3]{2}}$ 时，z 取最小值，为 $\frac{3}{4} \cdot \sqrt[3]{2}$.

$\because c = \log_2 z$，$\therefore c$ 的最小值为 $\log_2\left(\dfrac{3}{4} \cdot \sqrt[3]{2}\right) = \log_2 3 - \dfrac{5}{3}$.

评注：本题中的变量 a、b、c 分布在指数位置，给问题的解决带来了障碍，于是联想到换元 $x = 2^a, y = 2^b, z = 2^c$，为问题的解决创造条件. 另外，注意 $z = 2^c$，为了求 c 的最小值，得先求 z 的最小值.

例 5　已知 $a,b,c > 0$ 且 $a + 3b + c = 9$，则 $a + b^2 + c^3$ 的最小值为_____
_____.

解：$\because a = 9 - 3b - c$，$\therefore a + b^2 + c^3 = (9 - 3b - c) + b^2 + c^3 = 9 + \left(b - \dfrac{3}{2}\right)^2 + c(c^2 - 1) - \dfrac{9}{4} \geqslant \dfrac{27}{4} + c(c^2 - 1)$.

欲使原式取得最小值，则需要 $b = \dfrac{3}{2}$ 且 $c^2 \leqslant 1$. 又 $c(1 - c^2) = \sqrt{\dfrac{(2c^2)(1 - c^2)(1 - c^2)}{2}} \leqslant \sqrt{\dfrac{1}{2} \cdot \left[\dfrac{2c^2 + (1 - c^2) + (1 - c^2)}{3}\right]^3} = \dfrac{2\sqrt{3}}{9}$，$\therefore a + b^2 + c^3 \geqslant \dfrac{27}{4} + c(c^2 - 1) \geqslant \dfrac{27}{4} - \dfrac{2\sqrt{3}}{9}$，当且仅当 $a = \dfrac{9}{2} - \dfrac{\sqrt{3}}{3}, b = \dfrac{3}{2}, c = \dfrac{\sqrt{3}}{3}$ 时，取等号.

故 $a + b^2 + c^3$ 的最小值为 $\dfrac{27}{4} - \dfrac{2\sqrt{3}}{9}$.

评注：经观察，所求式子 $a + b^2 + c^3$，很难变形到与条件中 $a + 3b + c$ 有关的式子，于是联想到先消去一次变量 a，经过配方，并借用放缩拿掉变量 b，于是只剩下一个变量 c. 此思想方法匠心独运，很有创意，让人耳目一新.

例 6　若正整数 m，使对任意一组满足 $a_1 a_2 a_3 a_4 = 1$ 的正数 a_1、a_2、a_3、a_4，$a_1^m + a_2^m + a_3^m + a_4^m \geqslant \dfrac{1}{a_1} + \dfrac{1}{a_2} + \dfrac{1}{a_3} + \dfrac{1}{a_4}$ 都成立，则正整数 m 的最小值为_____.

解：取 $a_1 = \dfrac{1}{27}, a_2 = a_3 = a_4 = 3$，则 $a_1^m + a_2^m + a_3^m + a_4^m = \left(\dfrac{1}{27}\right)^m + 3 \times 3^m$，而 $\dfrac{1}{a_1} + \dfrac{1}{a_2} + \dfrac{1}{a_3} + \dfrac{1}{a_4} = 27 + 3 \times \dfrac{1}{3} = 28$. 经验证 $m = 1, m = 2$ 不符合要求，故 $m \geqslant 3$. $\because a_1, a_2, a_3, a_4 > 0$，$\therefore \dfrac{a_1^3 + a_2^3 + a_3^3}{3} \geqslant a_1 a_2 a_3$，$\dfrac{a_1^3 + a_2^3 + a_4^3}{3} \geqslant a_1 a_2 a_4$，$\dfrac{a_1^3 + a_3^3 + a_4^3}{3} \geqslant a_1 a_3 a_4$，$\dfrac{a_2^3 + a_3^3 + a_4^3}{3} \geqslant a_2 a_3 a_4$. 以上四式相加. 又 $a_1 a_2 a_3 a_4 = 1$，$\therefore a_1^3 + a_2^3 + a_3^3 + a_4^3 \geqslant a_1 a_2 a_3 + a_1 a_2 a_4 + a_1 a_3 a_4 + a_2 a_3 a_4 = \dfrac{1}{a_1} + \dfrac{1}{a_2} + \dfrac{1}{a_3} + \dfrac{1}{a_4}$.

因此 $m=3$ 符合要求, 故正整数 m 的最小值为 3.

评注: 本题实质上是一道探测性问题, 巧妙设出 a_1、a_2、a_3、a_4 的特殊值, 再利用三元均值不等式, 寻找正整数 m 的最小值. 体现了从特殊到一般的思想, 方法独特, 富有创意.

2. 利用三元均值不等式证明不等式

例 7 若 a、b、c 为正数且 $a+b+c=3$, 证明: $ab+bc+ca \leqslant \sqrt{a}+\sqrt{b}+\sqrt{c} \leqslant 3$.

证明: $\because a$、b、c 为正数, $\sqrt{a}+\sqrt{a}+a^2 \geqslant 3\sqrt[3]{a^3}=3a$, $\therefore \sqrt{a}+\sqrt{a}+a^2 \geqslant 3a$.

同理, $\sqrt{b}+\sqrt{b}+b^2 \geqslant 3b$, $\sqrt{c}+\sqrt{c}+c^2 \geqslant 3c$.

又 $a+b+c=3$, 上述三式相加得 $2(\sqrt{a}+\sqrt{b}+\sqrt{c})+a^2+b^2+c^2 \geqslant 3(a+b+c)=(a+b+c)^2$, $\therefore 2(\sqrt{a}+\sqrt{b}+\sqrt{c}) \geqslant (a+b+c)^2-(a^2+b^2+c^2)=2(ab+bc+ca)$.

故 $ab+bc+ca \leqslant \sqrt{a}+\sqrt{b}+\sqrt{c}$.

由柯西不等式知, $(\sqrt{a}+\sqrt{b}+\sqrt{c})^2 \leqslant (a+b+c)(1+1+1)=9$, $\therefore \sqrt{a}+\sqrt{b}+\sqrt{c} \leqslant 3$.

故 $ab+bc+ca \leqslant \sqrt{a}+\sqrt{b}+\sqrt{c} \leqslant 3$.

评注: 本题巧用三元均值不等式和柯西不等式联袂解决问题, 构思巧妙, 方法新颖, 独辟蹊径, 充分彰显了这两类不等式的无穷魅力!

例 8 已知非负实数 a、b、c 满足 $a+b+c=1$, 记 $S=\dfrac{1}{1+a}+\dfrac{1}{1+b}+\dfrac{1}{1+c}$, 求证: $\dfrac{9}{4} \leqslant S \leqslant \dfrac{5}{2}$.

证明: $S=\dfrac{1}{1+a}+\dfrac{1}{1+b}+\dfrac{1}{1+c}$

$$=\frac{1}{4} \cdot \left(\frac{1}{1+a}+\frac{1}{1+b}+\frac{1}{1+c}\right)[(1+a)+(1+b)+(1+c)]$$

$$\geqslant \frac{1}{4} \times 3\sqrt[3]{\frac{1}{1+a} \cdot \frac{1}{1+b} \cdot \frac{1}{1+c}} \cdot 3\sqrt[3]{(1+a)(1+b)(1+c)}=\frac{9}{4}.$$

$\because$ 非负实数 a、b、c 满足 $a+b+c=1$, $\therefore 0 \leqslant a \leqslant 1$. 构造不等式 $\dfrac{1}{1+a} \leqslant 1-\dfrac{a}{2}$, 当 $a=0$ 或 1 时取等号. $0 \leqslant a \leqslant 1$, $\dfrac{1}{1+a} \leqslant 1-\dfrac{a}{2} \Leftrightarrow \left(1-\dfrac{a}{2}\right)(1+a) \geqslant 1 \Leftrightarrow a(1-a) \geqslant 0$, 这显然成立. 同理 $0 \leqslant b \leqslant 1$, $0 \leqslant c \leqslant 1$. 构造不等式 $\dfrac{1}{1+b} \leqslant$

$1-\dfrac{b}{2}$，$\dfrac{1}{1+c} \leqslant 1-\dfrac{c}{2}$，于是有 $S = \dfrac{1}{1+a} + \dfrac{1}{1+b} + \dfrac{1}{1+c} \leqslant 3-\left(\dfrac{a}{2}+\dfrac{b}{2}+\dfrac{c}{2}\right) = \dfrac{5}{2}$，当 a、b、c 中两个为 0，一个为 1 时，取等号.

故 $\dfrac{9}{4} \leqslant S \leqslant \dfrac{5}{2}$.

评注：由于 $S = \dfrac{1}{1+a} + \dfrac{1}{1+b} + \dfrac{1}{1+c}$ 中各项分母的和是 $(1+a)+(1+b)+(1+c) = 4$，于是将 S 变形，即 $S = \dfrac{1}{4}\left(\dfrac{1}{1+a} + \dfrac{1}{1+b} + \dfrac{1}{1+c}\right)[(1+a)+(1+b)+(1+c)]$，为利用三元均值不等式进行证明创造了条件. 在证明第二个式中构造的 $\dfrac{1}{1+a} \leqslant 1-\dfrac{a}{2}$，实质上是由 $0 \leqslant a \leqslant 1 \Leftrightarrow a(1-a) \geqslant 0$ 逆向变形而来，其目的是对 S 放缩变形，将其分母的变量调整为可利用条件的整式形式.

例 9　已知正实数 x、y、z 满足 $x+y+z = 1$. 求证：$\dfrac{z-y}{x+2y} + \dfrac{x-z}{y+2z} + \dfrac{y-x}{z+2x} \geqslant 0$.

证明：$\dfrac{z-y}{x+2y} + \dfrac{x-z}{y+2z} + \dfrac{y-x}{z+2x}$

$= \dfrac{(x+y+z)-(x+2y)}{x+2y} + \dfrac{(x+y+z)-(y+2z)}{y+2z} + \dfrac{(x+y+z)-(z+2x)}{z+2x}$

$= (x+y+z)\left(\dfrac{1}{x+2y} + \dfrac{1}{y+2z} + \dfrac{1}{z+2x}\right) - 3$

$= \dfrac{1}{3}[(x+2y)+(y+2z)+(z+2x)]\left(\dfrac{1}{x+2y} + \dfrac{1}{y+2z} + \dfrac{1}{z+2x}\right) - 3$

$\geqslant \dfrac{1}{3} \times 3\sqrt[3]{(x+2y)(y+2z)(z+2x)} \cdot 3\sqrt[3]{\dfrac{1}{x+2y} \cdot \dfrac{1}{y+2z} \cdot \dfrac{1}{z+2x}} - 3 = 0$.

故 $\dfrac{z-y}{x+2y} + \dfrac{x-z}{y+2z} + \dfrac{y-x}{z+2x} \geqslant 0$.

评注：观察发现 $\dfrac{z-y}{x+2y}$ 中的分子 $z-y$ 可用条件中 $x+y+z$ 及分母 $x+2y$ 两个式子表示，即 $z-x = (x+y+z)-(x+2y)$，$x+y+z = \dfrac{1}{3}[(x+2y)+(y+2z)+(z+2x)]$ 都是解决本题的关键. 其实本题中 $x+y+z = 1$ 是多余条件.

灵活运用三元均值不等式的关键在于观察数学问题的本质，巧妙运用"拼""凑""拆""合"和"放缩"等变形技巧，以构造出三元均值不等式的结构形式. 需特别注意取得等号的条件.

2.10 借用放缩法巧证数列不等式

放缩法针对的题型是不能直接求和，需要通过逐项放缩才能求和的和式不等式，解题的关键在于根据问题的特征选择恰当的方法，有时还需要几种方法融为一体，放缩时要注意适度，否则就不能同向传递. 放缩法证明数列不等式是高考中的一个难点，其题型灵活多变，技巧性高，往往使学生望而生畏.

1. 采用局部放缩

例 1 在数列 $\{a_n\}$ 中，$a_1 = 1, a_2 = \dfrac{1}{4}$，且 $a_{n+1} = \dfrac{(n-1)a_n}{n - a_n}$，$n = 2, 3, 4, \cdots$.

(1) 求数列 $\{a_n\}$ 的通项公式.

(2) 求证：对一切 $n \in \mathbf{N}^*$，有 $\displaystyle\sum_{k=1}^{n} a_k^2 < \dfrac{17}{15}$.

(1) 解：(略) $a_n = \dfrac{1}{3n-2}, n \in \mathbf{N}^*$.

(2) 证明：当 $k \geqslant 2$ 时，有

$$a_k^2 = \frac{1}{(3k-2)^2} < \frac{1}{(3k-4)(3k-1)} = \frac{1}{3}\left(\frac{1}{3k-4} - \frac{1}{3k-1}\right).$$

故当 $n \geqslant 2$ 时，有

$$\sum_{k=1}^{n} a_k^2 = 1 + \frac{1}{16} + \sum_{k=3}^{n} a_k^2 < 1 + \frac{1}{16} + \frac{1}{3}\left[\left(\frac{1}{5} - \frac{1}{8}\right) + \left(\frac{1}{8} - \frac{1}{11}\right) + \cdots + \right.$$

$$\left.\left(\frac{1}{3n-4} - \frac{1}{3n-1}\right)\right] = 1 + \frac{1}{16} + \frac{1}{3}\left(\frac{1}{5} - \frac{1}{3n-1}\right) < 1 + \frac{1}{16} + \frac{1}{15} = \frac{271}{240} < \frac{272}{240} = \frac{17}{15}.$$

又当 $n = 1$ 时，$a_1^2 = 1 < \dfrac{17}{15}$，故对一切 $n \in \mathbf{N}^*$，有 $\displaystyle\sum_{k=1}^{n} a_k^2 < \dfrac{17}{15}$.

评注：若本题从第二项开始放缩，结果得到 $\displaystyle\sum_{k=1}^{n} a_k^2 < \dfrac{7}{6}$，而 $\dfrac{17}{15} < \dfrac{7}{6}$，显然放得太大了，于是考虑从第三项开始放缩. 在放缩过程中，一般前几项放缩的幅度比较大，所以遇到这类问题时，我们可采用局部放缩，即试一试多保留前几项的真值，从第二或第三项甚至第四项开始放缩.

2. 巧用裂项放缩

例 2 设 T_n 是数列 $\{a_n\}$ 的前 n 项之积，满足 $T_n = 1 - a_n, n \in \mathbf{N}^*$.

(1)求数列 $\{a_n\}$ 的通项公式.

(2)设 $S_n = T_1^2 + T_2^2 + \cdots + T_n^2$, 求证: $a_{n+1} - \dfrac{1}{2} < S_n < a_{n+1} - \dfrac{1}{3}$.

(1)解: (略) $a_n = \dfrac{n}{n+1}, n \in \mathbf{N}^*$.

(2)证明: 由(1)得 $T_n = a_1 a_2 \cdots a_n = \dfrac{1}{2} \cdot \dfrac{2}{3} \cdot \dfrac{3}{4} \cdot \cdots \cdot \dfrac{n}{n+1} = \dfrac{1}{n+1}$.

$$S_n = \dfrac{1}{2^2} + \dfrac{1}{3^2} + \cdots + \dfrac{1}{(n+1)^2} > \dfrac{1}{2 \times 3} + \dfrac{1}{3 \times 4} + \cdots + \dfrac{1}{(n+1)(n+2)}$$

$$= \dfrac{1}{2} - \dfrac{1}{n+2}.$$

又 $a_{n+1} = \dfrac{n+1}{n+2} = \dfrac{(n+2)-1}{n+2} = 1 - \dfrac{1}{n+2}$, $\therefore a_{n+1} - \dfrac{1}{2} = \dfrac{1}{2} - \dfrac{1}{n+2}$,

即 $S_n > a_{n+1} - \dfrac{1}{2}$.

$$S_n < \dfrac{1}{2^2 - \dfrac{1}{4}} + \dfrac{1}{3^2 - \dfrac{1}{4}} + \cdots + \dfrac{1}{(n+1)^2 - \dfrac{1}{4}}$$

$$= \dfrac{1}{\dfrac{3}{2} \cdot \dfrac{5}{2}} + \dfrac{1}{\dfrac{5}{2} \cdot \dfrac{7}{2}} + \cdots + \dfrac{1}{\left(n + \dfrac{1}{2}\right)\left(n + \dfrac{3}{2}\right)}$$

$$= \left(\dfrac{2}{3} - \dfrac{2}{5}\right) + \left(\dfrac{2}{5} - \dfrac{2}{7}\right) + \cdots + \left(\dfrac{1}{n + \dfrac{1}{2}} - \dfrac{1}{n + \dfrac{3}{2}}\right) = \dfrac{2}{3} - \dfrac{1}{n + \dfrac{3}{2}}.$$

又 $a_{n+1} - \dfrac{1}{3} = \dfrac{n+1}{n+2} - \dfrac{1}{3} = \dfrac{(n+2)-1}{n+2} - \dfrac{1}{3} = \dfrac{2}{3} - \dfrac{1}{n+2}$, 而 $\dfrac{2}{3} - \dfrac{1}{n + \dfrac{3}{2}} <$

$\dfrac{2}{3} - \dfrac{1}{n+2}$, $\therefore S_n < a_{n+1} - \dfrac{1}{3}$.

故 $a_{n+1} - \dfrac{1}{2} < S_n < a_{n+1} - \dfrac{1}{3}$.

评注: 关于 $\dfrac{1}{n^2}, n \in \mathbf{N}^*$, 有以下裂项放缩的方法:

(1) $\dfrac{1}{n^2} < \dfrac{1}{n(n-1)} = \dfrac{1}{n-1} - \dfrac{1}{n}, n \geqslant 2$;

(2) $\dfrac{1}{n^2} < \dfrac{1}{n^2 - \dfrac{1}{4}} = \dfrac{1}{n - \dfrac{1}{2}} - \dfrac{1}{n + \dfrac{1}{2}}$;

(3) $\dfrac{1}{n^2} < \dfrac{1}{n^2 - 1} = \dfrac{1}{2}\left(\dfrac{1}{n-1} - \dfrac{1}{n+1}\right), n \geqslant 2$.

可根据题目的结构特征，灵活选用.

3. 利用不等式的性质放缩

例3 前 n 项和为 S_n 的正项数列 $\{a_n\}$，满足 $a_n^2 + 2a_n = 4S_n + 3$，$n \in \mathbf{N}^*$.

(1)求数列 $\{a_n\}$ 的通项公式.

(2)求证：$\left(1 + \dfrac{1}{a_1}\right)\left(1 + \dfrac{1}{a_2}\right)\left(1 + \dfrac{1}{a_3}\right) \cdots \left(1 + \dfrac{1}{a_{n-1}}\right) > \dfrac{\sqrt{a_n}}{2}$.

(1)解：（略）$a_n = 2n + 1$，$n \in \mathbf{N}^*$.

(2)证明：要证 $\left(1 + \dfrac{1}{a_1}\right)\left(1 + \dfrac{1}{a_2}\right)\left(1 + \dfrac{1}{a_3}\right) \cdots \left(1 + \dfrac{1}{a_{n-1}}\right) > \dfrac{\sqrt{a_n}}{2}$，即证 $(1+1)$

$\left(1 + \dfrac{1}{3}\right)\left(1 + \dfrac{1}{5}\right) \cdots \left(1 + \dfrac{1}{2n-1}\right) > \sqrt{2n+1}$.

$\because \dfrac{2}{1} \cdot \dfrac{4}{3} \cdot \dfrac{6}{5} \cdot \cdots \cdot \dfrac{2n}{2n-1} > \dfrac{3}{2} \cdot \dfrac{5}{4} \cdot \dfrac{7}{6} \cdot \cdots \cdot \dfrac{2n+1}{2n} = \dfrac{1}{2} \cdot \dfrac{3}{4} \cdot \dfrac{5}{6} \cdot \cdots \cdot \dfrac{2n-1}{2n} \cdot$

$(2n+1)$，不等式 $\dfrac{2}{1} \cdot \dfrac{4}{3} \cdot \dfrac{6}{5} \cdot \cdots \cdot \dfrac{2n}{2n-1} > \dfrac{1}{2} \cdot \dfrac{3}{4} \cdot \dfrac{5}{6} \cdot \cdots \cdot \dfrac{2n-1}{2n} \cdot (2n+1)$

两边同时除以 $\dfrac{1}{2} \cdot \dfrac{3}{4} \cdot \dfrac{5}{6} \cdot \cdots \cdot \dfrac{2n-1}{2n}$，得 $\left(\dfrac{2}{1} \cdot \dfrac{4}{3} \cdot \dfrac{6}{5} \cdot \cdots \cdot \dfrac{2n}{2n-1}\right)^2 > 2n+1$，

即 $(1+1)\left(1 + \dfrac{1}{3}\right)\left(1 + \dfrac{1}{5}\right) \cdots \left(1 + \dfrac{1}{2n-1}\right) > \sqrt{2n+1}$，

$\therefore$ 原不等式成立.

评注：利用不等式的性质（①当 $a > b > 0, m > 0$ 时，有 $\dfrac{b}{a} < \dfrac{b+m}{a+m}$，即 $\dfrac{a}{b} >$

$\dfrac{a+m}{b+m}$；② $a > b > m > 0$，$\dfrac{b}{a} > \dfrac{b-m}{a-m}$），可将一些含有分式的不等式进行放缩.

4. 妙用数列通项放缩

例4 已知正项数列 $\{a_n\}$ 的前 n 项和为 S_n，且 $S_n^2 = \displaystyle\sum_{i=1}^{n} a_i^3$.

(1)求数列 $\{a_n\}$ 的通项公式.

(2)求证：$\displaystyle\sum_{k=1}^{n} \dfrac{\sqrt{k}}{a_k^2} < 3$.

(1)解：（略）$a_n = n$.

(2)证明：由 $a_k = k$，$k \in \mathbf{N}^*$，对原式变形有 $\displaystyle\sum_{k=1}^{n} \dfrac{\sqrt{k}}{a_k^2} = \sum_{k=1}^{n} \dfrac{1}{\sqrt{k^3}} = 1 +$

$$\sum_{k=2}^{n} \frac{1}{\sqrt{k^3}}.$$

$$\because \frac{1}{\sqrt{k^3}} = \frac{1}{k\sqrt{k}} < \frac{2}{(k-1)\sqrt{k} + k\sqrt{k-1}} = \frac{2}{\sqrt{k-1}\sqrt{k}(\sqrt{k-1}+\sqrt{k})} = 2 \cdot$$

$$\frac{\sqrt{k} - \sqrt{k-1}}{\sqrt{k-1} \cdot \sqrt{k}} = 2\left(\frac{1}{\sqrt{k-1}} - \frac{1}{\sqrt{k}}\right), \quad k \geqslant 2, \quad \therefore \sum_{k=1}^{n} \frac{\sqrt{k}}{a_k^2} = 1 + \sum_{k=2}^{n} \frac{1}{k\sqrt{k}} < 1 +$$

$$2\sum_{k=2}^{n}\left(\frac{1}{\sqrt{k-1}} - \frac{1}{\sqrt{k}}\right) = 1 + 2\left(1 - \frac{1}{\sqrt{n}}\right) < 3.$$

原不等式得证.

评注：本题也可妙用以下放缩变形 $\frac{1}{\sqrt{k^3}} < \frac{1}{\sqrt{k} \cdot \sqrt{k} \cdot \sqrt{k-1}} = \frac{\sqrt{k} + \sqrt{k-1}}{\sqrt{k}} \cdot$

$\frac{\sqrt{k} - \sqrt{k-1}}{\sqrt{k} \cdot \sqrt{k-1}} < 2\frac{\sqrt{k} - \sqrt{k-1}}{\sqrt{k} \cdot \sqrt{k-1}} = 2\left(\frac{1}{\sqrt{k-1}} - \frac{1}{\sqrt{k}}\right)(k \geqslant 2).$ 解法新颖别致，富有

创意，能激发学生的求知欲，也彰显了数学的无穷魅力！

5. 并用分组放缩

例 5　设 $a_k = \frac{1}{k^2} + \frac{1}{k^2+1} + \frac{1}{k^2+2} + \cdots + \frac{1}{(k+1)^2-1}$，求证：$2021 \in$

$\left(\frac{2}{a_{2020}}, \frac{2}{a_{2021}}\right)$.

证明：观察得知，a_k 的表达式共有 $2k+1$ 项，分别考察其前 k 项和与后 $k+1$ 项

和.

$$\because \frac{1}{k^2} + \frac{1}{k^2+1} + \frac{1}{k^2+2} + \cdots + \frac{1}{k^2+k-1} > \frac{k}{k^2+k} = \frac{1}{k+1},$$

$$又 \frac{1}{k^2} + \frac{1}{k^2+1} + \frac{1}{k^2+2} + \cdots + \frac{1}{k^2+k-1} < \frac{k}{k^2} = \frac{1}{k},$$

$$\therefore \frac{1}{k+1} < \frac{1}{k^2} + \frac{1}{k^2+1} + \frac{1}{k^2+2} + \cdots + \frac{1}{k^2+k-1} < \frac{1}{k} \quad ①.$$

$$\because \frac{1}{k^2+k} + \frac{1}{k^2+k+1} + \frac{1}{k^2+k+2} + \cdots + \frac{1}{(k+1)^2-1} > \frac{k+1}{(k+1)^2} = \frac{1}{k+1},$$

$$\frac{1}{k^2+k} + \frac{1}{k^2+k+1} + \frac{1}{k^2+k+2} + \cdots + \frac{1}{(k+1)^2-1} < \frac{k+1}{k^2+k} = \frac{1}{k},$$

$$\therefore \frac{1}{k+1} < \frac{1}{k^2+k} + \frac{1}{k^2+k+1} + \frac{1}{k^2+k+2} + \cdots + \frac{1}{(k+1)^2-1} < \frac{1}{k} \quad ②.$$

由①+②得 $\frac{2}{k+1} < a_k < \frac{2}{k}$，即 $\frac{1}{a_k} < \frac{k+1}{2} < \frac{1}{a_{k+1}}$.

取 $k=2020$，得 $\dfrac{1}{a_{2020}}<\dfrac{2021}{2}<\dfrac{1}{a_{2021}}$，即 $\dfrac{2}{a_{2020}}<2021<\dfrac{2}{a_{2021}}$，$\therefore 2021\in$ $\left(\dfrac{2}{a_{2020}},\dfrac{2}{a_{2021}}\right)$.

评注：由于 a_k 表达式中的和不好求，于是考虑将其先放缩再求和. 若将 a_k 中所有项视为 $\dfrac{1}{k^2}$，则和式放大为 $\dfrac{2k+1}{k^2}$；若将 a_k 中所有项视为 $\dfrac{1}{k^2+k-1}$，则和式缩小为 $\dfrac{2k+1}{k^2+k-1}$，这与证明的目标都相差甚远，因而联想并用分组放缩.

6. 借用常见不等式放缩

例 6　如果整数 $n\geqslant 2$，证明：$\left(1+\dfrac{1}{2^2}\right)\left(1+\dfrac{1}{3^2}\right)\cdots\left(1+\dfrac{1}{n^2}\right)<2$.

证明：利用导数知识容易证明 $1+x\leqslant \mathrm{e}^x$，分别取 $x=\dfrac{1}{2^2},\dfrac{1}{3^2},\cdots,\dfrac{1}{n^2}$. 再左、右分别相乘得 $\left(1+\dfrac{1}{2^2}\right)\left(1+\dfrac{1}{3^2}\right)\cdots\left(1+\dfrac{1}{n^2}\right)\leqslant \mathrm{e}^{\frac{1}{2^2}+\frac{1}{3^2}+\cdots+\frac{1}{n^2}}$.

$\because \dfrac{1}{k^2}<\dfrac{1}{k^2-\dfrac{1}{4}}=\dfrac{1}{k-\dfrac{1}{2}}-\dfrac{1}{k+\dfrac{1}{2}}$，

$\therefore \dfrac{1}{2^2}+\dfrac{1}{3^2}+\cdots+\dfrac{1}{n^2}<\left(\dfrac{1}{2-\dfrac{1}{2}}-\dfrac{1}{2+\dfrac{1}{2}}\right)+\left(\dfrac{1}{3-\dfrac{1}{2}}-\dfrac{1}{3+\dfrac{1}{2}}\right)+\cdots$

$+\left(\dfrac{1}{n-\dfrac{1}{2}}-\dfrac{1}{n+\dfrac{1}{2}}\right)=\dfrac{2}{3}-\dfrac{2}{2n+1}<\dfrac{2}{3}$.

$\because \mathrm{e}<2.8<\sqrt{8}$，$\therefore \mathrm{e}^{\frac{1}{2^2}+\frac{1}{3^2}+\cdots+\frac{1}{n^2}}<(\sqrt{8})^{\frac{2}{3}}=2$.

故 $\left(1+\dfrac{1}{2^2}\right)\left(1+\dfrac{1}{3^2}\right)\cdots\left(1+\dfrac{1}{n^2}\right)<2$.

评注：利用常见的函数不等式 $1+x\leqslant \mathrm{e}^x$，创造性地将本题的证明迁移到寻找和式 $\dfrac{1}{2^2}+\dfrac{1}{3^2}+\cdots+\dfrac{1}{n^2}$ 的上限问题，再借用常见不等式 $\dfrac{1}{k^2}<\dfrac{1}{k^2-\dfrac{1}{4}}=\dfrac{1}{k-\dfrac{1}{2}}$

$-\dfrac{1}{k+\dfrac{1}{2}}$，给问题的解决带来了转机. 本题也可借用常见不等式 $\ln\left(1+\dfrac{1}{n^2}\right)<\dfrac{1}{n^2}$

$<\dfrac{1}{n^2-\dfrac{1}{4}}$ 进行放缩证明.

7. 活用加强命题放缩

例 7　设函数 $f(x) = \mathrm{e}^x - 1 - x$.

(1)求 $f(x)$ 在区间 $\left[0, \dfrac{1}{n}\right]$，$n \in \mathbf{N}^*$ 上的最大值 b_n.

(2)令 $a_n = \mathrm{e}^{\frac{1}{n}} - 1 - b_n$，$p_k = \dfrac{a_2 a_4 \cdots a_{2k}}{a_1 a_3 \cdots a_{2k-1}}$，$n, k \in \mathbf{N}^*$. 求证：$p_1 + p_2 + \cdots + p_n < \sqrt{\dfrac{2}{a_n} + 1} - 1$.

(1)解：（略）$b_n = \mathrm{e}^{\frac{1}{n}} - 1 - \dfrac{1}{n}$.

(2)证明：由(1)知 $a_n = \mathrm{e}^{\frac{1}{n}} - 1 - b_n = \dfrac{1}{n}$.

$\because \dfrac{(2k-1)(2k+1)}{(2k)^2} = \dfrac{4k^2 - 1}{4k^2} < 1$，$\therefore \left[\dfrac{1 \cdot 3 \cdot 5 \cdot \cdots \cdot (2k-1)}{2 \cdot 4 \cdot \cdots \cdot (2k)}\right]^2 =$

$\dfrac{1 \cdot 3}{2^2} \cdot \dfrac{3 \cdot 5}{4^2} \cdot \dfrac{5 \cdot 7}{6^2} \cdot \cdots \cdot \dfrac{(2k-1)(2k+1)}{(2k)^2} \cdot \dfrac{1}{2k+1} < \dfrac{1}{2k+1}$.

又 $\dfrac{1}{\sqrt{2k+1}} = \dfrac{2}{2\sqrt{2k+1}} < \dfrac{2}{\sqrt{2k+1} + \sqrt{2k-1}} = \sqrt{2k+1} - \sqrt{2k-1}$，

$\therefore p_k = \dfrac{a_2 a_4 \cdots a_{2k}}{a_1 a_3 \cdots a_{2k-1}} = \dfrac{1 \cdot 3 \cdot 5 \cdot \cdots \cdot (2k-1)}{2 \cdot 4 \cdot \cdots \cdot (2k)}$

$\qquad < \dfrac{1}{\sqrt{2k+1}} < \sqrt{2k+1} - \sqrt{2k-1}$，

$\therefore p_1 + p_2 + \cdots + p_n < (\sqrt{3} - 1) + (\sqrt{5} - \sqrt{3}) + \cdots + (\sqrt{2n+1} - \sqrt{2n-1})$

$= \sqrt{2n+1} - 1 = \sqrt{\dfrac{2}{a_n} + 1} - 1$.

故 $p_1 + p_2 + \cdots + p_n < \sqrt{\dfrac{2}{a_n} + 1} - 1$.

评注：有些数列不等式问题，直接证明原问题比证明其某个加强命题更困难，本题就是一个例证. 审视本题的结构特点，直接求 $p_1 + p_2 + \cdots + p_n$ 是求不了的，将其放缩，目标又不明显，于是想到找一个中间"桥梁"，即引入一个加强命题. 由于证明的目标右侧含有根号，因而联想先寻找 $p_k{}^2$ 的上限，经放缩变形得 $p_k{}^2 < \dfrac{1}{2k+1}$，即 $p_k < \dfrac{1}{\sqrt{2k+1}}$. 为求得 $\displaystyle\sum_{k=1}^{n} p_k$，需将 $\dfrac{1}{\sqrt{2k+1}}$ 再放大为差的形式，从而探索出一个加强命题 $p_k < \sqrt{2k+1} - \sqrt{2k-1}$. 问题迎刃而解.

　　放缩的本质是拓展与推广，而要拓展与推广就需要审视题目的特点，尤其是要关注放缩的目标，目标往往要从证明的结论中考察．在论证过程中要充分挖掘题设信息，把条件合理地转化、加强、放缩，同时结合问题的结构特征，使条件与结论建立联系，从而确定放缩的方向与放缩的先后顺序．放缩是一种能力，如何把握放缩的度，使得放缩"恰到好处"，是放缩法的精髓和关键所在！

2.11 例析几种不寻常的放缩法巧证数列不等式

放缩法证明数列不等式，因其思维跨度大、技巧性高、构造性强，是高考的一个难点，很多学生感到茫然，找不到头绪、摸不着规律，觉得无从下手. 这类问题的求解策略往往是通过多角度观察所给数列通项的结构，深入剖析其特征，抓住其规律，进行恰当放缩.

例 1 证明：$\dfrac{2^1}{(2^1-1)^2}+\dfrac{2^2}{(2^2-1)^2}+\dfrac{2^3}{(2^3-1)^2}+\cdots+\dfrac{2^n}{(2^n-1)^2}<3.$

分析：由于不等式左边的和不好直接用公式求，于是想到将通项 $\dfrac{2^n}{(2^n-1)^2}$ 裂项便于求和，而 $\dfrac{2^n}{(2^n-1)^2}$ 恒等裂项又较困难，于是考虑先将 $\dfrac{2^n}{(2^n-1)^2}$ 通过放缩再裂项，即 $\dfrac{2^n}{(2^n-1)^2}<\dfrac{2^n}{(2^n-1)(2^n-2)}=\dfrac{1}{2^{n-1}-1}-\dfrac{1}{2^n-1}(n\geqslant 2).$

证明：$\because \dfrac{2^n}{(2^n-1)^2}=\dfrac{2^n}{(2^n-1)(2^n-1)}<\dfrac{2^n}{(2^n-1)(2^n-2)}$

$=\dfrac{2^{n-1}}{(2^n-1)(2^{n-1}-1)}=\dfrac{1}{2^{n-1}-1}-\dfrac{1}{2^n-1}(n\geqslant 2),$

即 $\dfrac{2^n}{(2^n-1)^2}<\dfrac{1}{2^{n-1}-1}-\dfrac{1}{2^n-1}(n\geqslant 2).$

$\therefore \dfrac{2^1}{(2^1-1)^2}+\dfrac{2^2}{(2^2-1)^2}+\dfrac{2^3}{(2^3-1)^2}+\cdots+\dfrac{2^n}{(2^n-1)^2}$

$<2+\left(\dfrac{1}{2^1-1}-\dfrac{1}{2^2-1}\right)+\left(\dfrac{1}{2^2-1}-\dfrac{1}{2^3-1}\right)+\cdots+\left(\dfrac{1}{2^{n-1}-1}-\dfrac{1}{2^n-1}\right)$

$=3-\dfrac{1}{2^n-1}<3.$

故原不等式成立.

例 2 证明：$1+\dfrac{1}{2^3}+\dfrac{1}{3^3}+\cdots+\dfrac{1}{n^3}<\dfrac{5}{4}.$

分析：我们曾见过 $\dfrac{1}{n^2}<\dfrac{1}{n^2-1}=\dfrac{1}{2}\left(\dfrac{1}{n-1}-\dfrac{1}{n+1}\right)(n\geqslant 2)$，结合本题的特点，于是想到 $\dfrac{1}{n^3}=\dfrac{1}{n}\cdot\dfrac{1}{n^2}<\dfrac{1}{n}\cdot\dfrac{1}{n^2-1}=\dfrac{1}{n}\cdot\dfrac{1}{(n-1)(n+1)}(n\geqslant 2)$，再裂项求和，有望实现本题的证明.

证明：$\because \dfrac{1}{n^3}=\dfrac{1}{n}\cdot\dfrac{1}{n^2}<\dfrac{1}{n}\cdot\dfrac{1}{n^2-1}<\dfrac{1}{n}\cdot\dfrac{1}{2}\left(\dfrac{1}{n-1}-\dfrac{1}{n+1}\right)$

$$= \frac{1}{2} \cdot \left[\frac{1}{n(n-1)} - \frac{1}{n(n+1)} \right] (n \geqslant 2),$$

$$\therefore 1 + \frac{1}{2^3} + \frac{1}{3^3} + \cdots + \frac{1}{n^3} < 1 + \frac{1}{2} \left\{ \left(\frac{1}{1 \times 2} - \frac{1}{2 \times 3} \right) + \left(\frac{1}{2 \times 3} - \frac{1}{3 \times 4} \right) + \cdots + \right.$$

$$\left. \left[\frac{1}{n(n-1)} - \frac{1}{n(n+1)} \right] \right\} = 1 + \frac{1}{2} \left[\frac{1}{1 \times 2} - \frac{1}{n(n+1)} \right] = \frac{5}{4} - \frac{1}{2n(n+1)} < \frac{5}{4}.$$

故原不等式成立.

例 3 证明：$1 + \dfrac{1}{\sqrt{2}} + \dfrac{1}{\sqrt{3}} + \cdots + \dfrac{1}{\sqrt{n+2}} < \sqrt{n+1} + \sqrt{n+2} - \dfrac{\sqrt{2}}{2}, n \in \mathbf{N}^*.$

分析：本题关键是先考虑如何将 $\dfrac{1}{\sqrt{n+2}}$ 进行放缩及裂项，一般想法是：

$\dfrac{1}{\sqrt{n+2}} = \dfrac{2}{2\sqrt{n+2}} < \dfrac{2}{\sqrt{n+2} + \sqrt{n+1}} = 2(\sqrt{n+2} - \sqrt{n+1})$，这样放缩、裂项、求和不会产生原不等式右边所含有的项 $\sqrt{n+1} + \sqrt{n+2}$.

另一种想法是：$\dfrac{1}{\sqrt{n+2}} = \dfrac{2}{\sqrt{n+2} + \sqrt{n+2}} < \dfrac{2}{\sqrt{n+2} + \sqrt{n}} = \sqrt{n+2} - \sqrt{n}$，

这样放缩、裂项、求和就会产生 $\sqrt{n+1} + \sqrt{n+2}$ 项，与不等式右边形式接近，有望实现证明的目标.

证明：$\because \dfrac{1}{\sqrt{n+2}} = \dfrac{2}{\sqrt{n+2} + \sqrt{n+2}} < \dfrac{2}{\sqrt{n+2} + \sqrt{n}} = \sqrt{n+2} - \sqrt{n},$

即 $\dfrac{1}{\sqrt{n+2}} < \sqrt{n+2} - \sqrt{n},$

$$\therefore 1 + \frac{1}{\sqrt{2}} + \frac{1}{\sqrt{3}} + \cdots + \frac{1}{\sqrt{n+2}}$$

$$< 1 + \frac{1}{\sqrt{2}} + (\sqrt{3} - 1) + (\sqrt{4} - \sqrt{2}) + (\sqrt{5} - \sqrt{3}) + \cdots + (\sqrt{n+2} - \sqrt{n})$$

$$= 1 + \frac{1}{\sqrt{2}} + \sqrt{n+1} + \sqrt{n+2} - 1 - \sqrt{2}$$

$$= \sqrt{n+1} + \sqrt{n+2} - \frac{\sqrt{2}}{2}.$$

故原不等式成立.

例 4 证明：$\dfrac{1}{\sqrt{1 \times 2}} + \dfrac{1}{\sqrt{2 \times 3}} + \dfrac{1}{\sqrt{3 \times 4}} + \cdots + \dfrac{1}{\sqrt{n(n+1)}} < \sqrt{n}.$

分析：不等式左边的和不好求，且 $\dfrac{1}{\sqrt{n(n+1)}}$ 也不好直接裂项，于是从特殊项 $\dfrac{1}{\sqrt{2 \times 3}} < \dfrac{1}{\sqrt{2} + 1} = \sqrt{2} - 1, \dfrac{1}{\sqrt{3 \times 4}} < \dfrac{1}{\sqrt{3} + \sqrt{2}} = \sqrt{3} - \sqrt{2}, \cdots$ 着手，由此猜测

$$\frac{1}{\sqrt{n(n+1)}} < \frac{1}{\sqrt{n}+\sqrt{n-1}} = \sqrt{n}-\sqrt{n-1}.$$

证明：先证 $\dfrac{1}{\sqrt{n(n+1)}} < \sqrt{n}-\sqrt{n-1}.$

$$\frac{1}{\sqrt{n(n+1)}} < \sqrt{n}-\sqrt{n-1} \Leftrightarrow \frac{1}{\sqrt{n(n+1)}} < \frac{1}{\sqrt{n}+\sqrt{n-1}}$$

$\Leftrightarrow n(n-1)-2\sqrt{n(n-1)}+1>0 \Leftrightarrow \left[\sqrt{n(n-1)}-1\right]^2>0.$ 这显然成立.

故 $\dfrac{1}{\sqrt{n(n+1)}} < \sqrt{n}-\sqrt{n-1}.$

$$\frac{1}{\sqrt{1\times 2}} + \frac{1}{\sqrt{2\times 3}} + \frac{1}{\sqrt{3\times 4}} + \cdots + \frac{1}{\sqrt{n(n+1)}}$$

$$< (\sqrt{1}-\sqrt{0})+(\sqrt{2}-\sqrt{1})+\cdots+(\sqrt{n}-\sqrt{n-1}) = \sqrt{n}.$$

故原不等式成立.

例 5　证明：$C_n^2 \cdot \dfrac{1}{n^2} + C_n^3 \cdot \dfrac{1}{n^3} + \cdots + C_n^r \cdot \dfrac{1}{n^r} < 1-\dfrac{1}{r}.$

分析：根据本题的特点，先把左边组合数 C_n^r 化成阶乘形式，且将 $C_n^r \cdot \dfrac{1}{n^r}$ 放缩并裂项，方可求和.

证明：

$$\because C_n^r \cdot \frac{1}{n^r} = \frac{n!}{r!(n-r)!} \cdot \frac{1}{n^r} = \frac{n\cdot(n-1)\cdot\cdots\cdot(n-r+1)\cdot(n-r)!}{r!(n-r)!} \cdot \frac{1}{n^r}$$

$$= \frac{1}{r!} \cdot \frac{n(n-1)\cdots(n-r+1)}{\underbrace{n\cdot n\cdot\cdots\cdot n}_{r\uparrow n}} = \frac{1}{r!} \cdot \frac{n}{n} \cdot \frac{n-1}{n} \cdot\cdots\cdot \frac{n-r+1}{n}$$

$$< \frac{1}{r!} \leqslant \frac{1}{r(r-1)} = \frac{1}{r-1}-\frac{1}{r} (n\geqslant r\geqslant 2),$$

即 $C_n^r \cdot \dfrac{1}{n^r} = \dfrac{n!}{r!(n-r)!} \cdot \dfrac{1}{n^r} < \dfrac{1}{r!} \leqslant \dfrac{1}{r(r-1)} = \dfrac{1}{r-1}-\dfrac{1}{r} (n\geqslant r\geqslant 2),$

$$\therefore C_n^2 \cdot \frac{1}{n^2} + C_n^3 \cdot \frac{1}{n^3} + \cdots + C_n^r \cdot \frac{1}{n^r} < \left(1-\frac{1}{2}\right)+\left(\frac{1}{2}-\frac{1}{3}\right)+\cdots+\left(\frac{1}{r-1}-\frac{1}{r}\right)$$

$= 1-\dfrac{1}{r}.$

故原不等式成立.

对于求和形式的数列不等式证明，往往从通项入手进行放缩以便求和，问题的关键在于观察通项特征和所证结论，适当调整放缩程度，做到放缩恰到好处，与此同时还要做到放缩与求和两兼顾. 另外，尽管一些数列不等式可以用数学归纳法证明，但在很多情况下，用数学归纳法证明数列不等式的效果并不理想，不是过程复杂，就是证明不下去. 相对而言，虽然放缩法思维量大一点，但计算量小，证明过程一般比较简洁，因而备受推崇和青睐.

2.12 巧用 $(|a|\cdot|b|)^2 \geqslant (a\cdot b)^2$ 求解(证)有关不等式问题

由于向量的模长、共线以及向量的数量积用坐标表示后都是以代数形式呈现，因此它为将代数问题转化为向量问题提供了方便，使我们可以根据具体的代数特征去构造向量。巧妙运用构造向量求解(证)不等式往往能够起到化繁为简、化难为易的作用，同时也能达到事半功倍的效果。

1. 向量数量积的性质

向量数量积的性质：$(|a||b|)^2 \geqslant (a\cdot b)^2$.

证明：$\because |a\cdot b| = ||a|\cdot b|\cos\theta| = |a||b||\cos\theta| \leqslant |a||b|$，

$\therefore (|a||b|)^2 \geqslant |a\cdot b|^2 = (a\cdot b)^2$，

$\therefore (|a||b|)^2 \geqslant (a\cdot b)^2$（当向量 a 与 b 共线时取等号）.

推广：设 n 维向量 $a = (a_1, a_2, \cdots, a_n)$，$b = (b_1, b_2, \cdots, b_n)$，则有

$|a|^2 = a_1^2 + a_2^2 + \cdots + a_n^2$，$|b|^2 = b_1^2 + b_2^2 + \cdots + b_n^2$，$a\cdot b = a_1b_1 + a_2b_2 + \cdots + a_nb_n$.

由柯西不等式可证，$(|a||b|)^2 \geqslant (a\cdot b)^2$，当 $a_i = kb_i (i = 1, 2, \cdots, n, k \neq 0)$ 时取等号.

2. 性质应用

例 1 已知 a、b、c 为正实数，且 $a + 2b + 3c = 6$，求 $\sqrt{3a+4} + \sqrt{6b+4} + \sqrt{9c+4}$ 的最大值.

解：设 $m = (\sqrt{3a+4}, \sqrt{6b+4}, \sqrt{9c+4})$，$n = (1,1,1)$，$m\cdot n = \sqrt{3a+4} + \sqrt{6b+4} + \sqrt{9c+4}$.

由 $(|m||n|)^2 \geqslant (m\cdot n)^2$ 得

$3[(3a+4) + (6b+4) + (9c+4)] \geqslant (\sqrt{3a+4} + \sqrt{6b+4} + \sqrt{9c+4})^2$，

又 $a + 2b + 3c = 6$，$\therefore (\sqrt{3a+4} + \sqrt{6b+4} + \sqrt{9c+4})^2 \leqslant 90$，

即 $\sqrt{3a+4} + \sqrt{6b+4} + \sqrt{9c+4} \leqslant 3\sqrt{10}$，

当且仅当 $\sqrt{3a+4} = \sqrt{6b+4} = \sqrt{9c+4}$，且 $a + 2b + 3c = 6$，即 $a = 2$，$b = 1$，$c = \frac{2}{3}$ 时，$(\sqrt{3a+4} + \sqrt{6b+4} + \sqrt{9c+4})_{\max} = 3\sqrt{10}$.

评注：反向思考. $\sqrt{3a+4}+\sqrt{6b+4}+\sqrt{9c+4}$ 可用两个向量的坐标乘积运算来表示，即 $\boldsymbol{m}=(\sqrt{3a+4},\sqrt{6b+4},\sqrt{9c+4})$，$\boldsymbol{n}=(1,1,1)$，利用数量积的性质 $(|\boldsymbol{m}||\boldsymbol{n}|)^2\geqslant(\boldsymbol{m}\cdot\boldsymbol{n})^2$，问题迎刃而解.

例 2 （第二届世界"友谊杯"数学竞赛试题）设 a、b、c 是正实数，求证：$\dfrac{a^2}{b+c}$ $+\dfrac{b^2}{c+a}+\dfrac{c^2}{a+b}\geqslant\dfrac{a+b+c}{2}$.

证明：设 $\boldsymbol{m}=\left(\dfrac{a}{\sqrt{b+c}},\dfrac{b}{\sqrt{c+a}},\dfrac{c}{\sqrt{a+b}}\right)$，$\boldsymbol{n}=(\sqrt{b+c},\sqrt{c+a},\sqrt{a+b})$，则

$|\boldsymbol{m}|=\sqrt{\dfrac{a^2}{b+c}+\dfrac{b^2}{c+a}+\dfrac{c^2}{a+b}}$，$|\boldsymbol{n}|=\sqrt{2(a+b+c)}$，$\boldsymbol{m}\cdot\boldsymbol{n}=a+b+c$.

$\because(|\boldsymbol{m}||\boldsymbol{n}|)^2\geqslant(\boldsymbol{m}\cdot\boldsymbol{n})^2$，$\therefore\left(\sqrt{\dfrac{a^2}{b+c}+\dfrac{b^2}{c+a}+\dfrac{c^2}{a+b}}\right)^2\cdot\left[\sqrt{2(a+b+c)}\right]^2$

$\geqslant(a+b+c)^2$，即 $\left(\dfrac{a^2}{b+c}+\dfrac{b^2}{c+a}+\dfrac{c^2}{a+b}\right)[2(a+b+c)]\geqslant(a+b+c)^2$.

故 $\dfrac{a^2}{b+c}+\dfrac{b^2}{c+a}+\dfrac{c^2}{a+b}\geqslant\dfrac{a+b+c}{2}$.

评注：根据逆向思维，本题不等式左边可构造一个向量模的平方，这个向量就是 $\boldsymbol{m}=\left(\dfrac{a}{\sqrt{b+c}},\dfrac{b}{\sqrt{c+a}},\dfrac{c}{\sqrt{a+b}}\right)$，考虑不等式右边的特点，$\boldsymbol{m}\cdot\boldsymbol{n}$ 要与 $a+b+c$ 有关，于是联想构造 $\boldsymbol{n}=(\sqrt{b+c},\sqrt{c+a},\sqrt{a+b})$.

例 3 $x,y,z\in\mathbf{R}^+$，且 $x^3+8y^3+27z^3=64$，求 $x+2y+3z$ 的最大值.

解：设 $\boldsymbol{a}=(x\sqrt{x},2y\sqrt{2y},3z\sqrt{3z})$，$\boldsymbol{b}=(\sqrt{x},\sqrt{2y},\sqrt{3z})$，$\boldsymbol{a}\cdot\boldsymbol{b}=x^2+4y^2+9z^2$.

由 $(|\boldsymbol{a}||\boldsymbol{b}|)^2\geqslant(\boldsymbol{a}\cdot\boldsymbol{b})^2$ 得 $(x^3+8y^3+27z^3)(x+2y+3z)\geqslant(x^2+4y^2+9z^2)^2$，即 $64(x+2y+3z)\geqslant(x^2+4y^2+9z^2)^2$ ①.

再设 $\boldsymbol{m}=(x,2y,3z)$，$\boldsymbol{n}=(1,1,1)$，$\boldsymbol{m}\cdot\boldsymbol{n}=x+2y+3z$.

由 $|\boldsymbol{m}|^2\cdot|\boldsymbol{n}|^2\geqslant(\boldsymbol{m}\cdot\boldsymbol{n})^2$ 得 $3(x^2+4y^2+9z^2)\geqslant(x+2y+3z)^2\Rightarrow x^2+4y^2+9z^2\geqslant\dfrac{1}{3}(x+2y+3z)^2$ ②.

由①与②可知，$64(x+2y+3z)\geqslant\dfrac{1}{9}(x+2y+3z)^4$，$x,y,z\in\mathbf{R}^+$，

$\therefore x+2y+3z\leqslant4\sqrt[3]{9}$，

当且仅当 $\boldsymbol{a}$ 与 $\boldsymbol{b}$ 共线且 $\boldsymbol{m}$ 与 $\boldsymbol{n}$ 共线，即 $x=\dfrac{4}{3}\sqrt[3]{9}$，$y=\dfrac{2}{3}\sqrt[3]{9}$，$z=\dfrac{4}{9}\sqrt[3]{9}$ 时，

$(x+2y+3z)_{\max}=4\sqrt[3]{9}$.

评注：本题需要通过两次构造向量作为"载体"，把所要求解的问题纳入向量中来研究和解决，是构造向量解题的基本思路. 另外，特别注意等号取得的条件是 a 与 b 共线，m 与 n 共线同时成立.

例 4 已知 $\cos\alpha + \cos\beta - \cos(\alpha + \beta) = \dfrac{3}{2}$. 求锐角 α, β.

解：由条件等式可得 $(1 - \cos\beta)\cos\alpha + \sin\beta\sin\alpha = \dfrac{3}{2} - \cos\beta$ ①.

构造向量 $a = (1 - \cos\beta, \sin\beta)$，$b = (\cos\alpha, \sin\alpha)$，

则 $a \cdot b = (1 - \cos\beta)\cos\alpha + \sin\beta\sin\alpha = \dfrac{3}{2} - \cos\beta$，

$|a| \cdot |b| = \sqrt{(1 - \cos\beta)^2 + \sin^2\beta} \cdot \sqrt{\cos^2\alpha + \sin^2\alpha} = \sqrt{2 - 2\cos\beta}$.

$\because (a \cdot b)^2 \leqslant |a|^2 \cdot |b|^2$，$\therefore \left(\dfrac{3}{2} - \cos\beta\right)^2 \leqslant 2 - 2\cos\beta$，即 $\left(\cos\beta - \dfrac{1}{2}\right)^2 \leqslant 0$，

$\therefore \cos\beta = \dfrac{1}{2}$，

又 α, β 均是锐角，$\therefore \beta = \dfrac{\pi}{3}$.

将 $\beta = \dfrac{\pi}{3}$ 代入①得 $\dfrac{1}{2}\cos\alpha + \dfrac{\sqrt{3}}{2}\sin\alpha = 1$，即 $\sin\left(\alpha + \dfrac{\pi}{6}\right) = 1$，$\therefore \alpha = \dfrac{\pi}{3}$.

综上，求得 $\alpha = \beta = \dfrac{\pi}{3}$.

评注：将条件中的和角展开成单角，整理为 $(1 - \cos\beta)\cos\alpha + \sin\beta\sin\alpha = \dfrac{3}{2} - \cos\beta$，逆向思考，等式左边的结构让我们联想到两个向量积的形式，于是构造向量 $a = (1 - \cos\beta, \sin\beta)$，$b = (\cos\alpha, \sin\alpha)$. 本题解法独辟蹊径，运用构造向量解题，是一种创造性的思维活动，它需要我们根据所研究的问题的特征，运用类比、联想等方法，灵活地将原问题迁移到新问题中去，因而对思维的要求较高.

例 5 已知 $x, y, z, u \in \mathbf{R}^+$，且 $2x + 3y + 4z + 5u = 6$，求 $8x^3 + 27y^3 + 64z^3 + 125u^3$ 的最小值.

解：设 $a = (2x\sqrt{2x}, 3y\sqrt{3y}, 4z\sqrt{4z}, 5u\sqrt{5u})$，$b = (\sqrt{2x}, \sqrt{3y}, \sqrt{4z}, \sqrt{5u})$，

则 $a \cdot b = 4x^2 + 9y^2 + 16z^2 + 25u^2$.

由 $(|a||b|)^2 \geqslant (a \cdot b)^2$ 得

$\left[(2x\sqrt{2x})^2 + (3y\sqrt{3y})^2 + (4z\sqrt{4z})^2 + (5u\sqrt{5u})^2\right] \cdot (2x + 3y + 4z + 5u)$

$\geqslant (4x^2 + 9y^2 + 16z^2 + 25u^2)^2$，$\because 2x + 3y + 4z + 5u = 6$，

$\therefore 6(8x^3 + 27y^3 + 64z^3 + 125u^3) \geqslant (4x^2 + 9y^2 + 16z^2 + 25u^2)^2$ ①.

再设 $m = (2x, 3y, 4z, 5u)$，$n = (1, 1, 1, 1)$，则 $m \cdot n = 2x + 3y + 4z + 5u$.

由 $|\boldsymbol{m}|^2\cdot|\boldsymbol{n}|^2\geqslant(\boldsymbol{m}\cdot\boldsymbol{n})^2$ 得 $4(4x^2+9y^2+16z^2+25u^2)\geqslant(2x+3y+4z+5u)^2$,

即 $4(4x^2+9y^2+16z^2+25u^2)\geqslant36\Rightarrow(4x^2+9y^2+16z^2+25u^2)^2\geqslant81$ ②.

由①和②,根据不等式的传递性,有 $6(8x^3+27y^3+64z^3+125u^3)\geqslant81$,

$\therefore 8x^3+27y^3+64z^3+125u^3\geqslant\dfrac{27}{2}$.

当且仅当 $\dfrac{2x\sqrt{2x}}{\sqrt{2x}}=\dfrac{3y\sqrt{3y}}{\sqrt{3y}}=\dfrac{4z\sqrt{4z}}{\sqrt{4z}}=\dfrac{5u\sqrt{5u}}{\sqrt{5u}},\dfrac{2x}{1}=\dfrac{3y}{1}=\dfrac{4z}{1}=\dfrac{5u}{1}$,

且 $2x+3y+4z+5u=6$,即 $x=\dfrac{3}{4},y=\dfrac{1}{2},z=\dfrac{3}{8},u=\dfrac{3}{10}$ 时,$(8x^3+27y^3+64z^3+125u^3)_{\min}=\dfrac{27}{2}$.

评注:根据本题结构特点,需要构造 4 维向量. 高中数学中尽管对向量没有进行多维推广,但若我们有意识地进行这方面延伸、拓展,这对培养学生的思维、提高数学核心素养无疑大有益处.

例 6 设 $a_i\in\mathbf{R}^+(i=1,2,\cdots,n)$,且 $a_1+a_2+\cdots+a_n=s(n>1)$,求证:$\dfrac{a_1^2}{s-a_1}+\dfrac{a_2^2}{s-a_2}+\cdots+\dfrac{a_n^2}{s-a_n}\geqslant\dfrac{s}{n-1}$.

证明:设 $\boldsymbol{a}=\left(\dfrac{a_1}{\sqrt{s-a_1}},\dfrac{a_2}{\sqrt{s-a_2}},\cdots,\dfrac{a_n}{\sqrt{s-a_n}}\right),\boldsymbol{b}=(\sqrt{s-a_1},\ \sqrt{s-a_2},\cdots,$

$\sqrt{s-a_n})$,则 $\boldsymbol{a}\cdot\boldsymbol{b}=a_1+a_2+\cdots+a_n$.

又 $a_1+a_2+\cdots+a_n=s$,由 $|\boldsymbol{a}|^2\cdot|\boldsymbol{b}|^2\geqslant(\boldsymbol{a}\cdot\boldsymbol{b})^2$ 得

$\left(\dfrac{a_1^2}{s-a_1}+\dfrac{a_2^2}{s-a_2}+\cdots+\dfrac{a_n^2}{s-a_n}\right)[ns-(a_1+a_2+\cdots+a_n)]$

$\geqslant(a_1+a_2+\cdots+a_n)^2$,

$\therefore\ \dfrac{a_1^2}{s-a_1}+\dfrac{a_2^2}{s-a_2}+\cdots+\dfrac{a_n^2}{s-a_n}\geqslant\dfrac{s}{n-1}$.

评注:根据本题结构特点,不等式左边的式子 $\dfrac{a_1^2}{s-a_1}+\dfrac{a_2^2}{s-a_2}+\cdots+\dfrac{a_n^2}{s-a_n}$

可视为一个 n 维向量 $\boldsymbol{a}=\left(\dfrac{a_1}{\sqrt{s-a_1}},\dfrac{a_2}{\sqrt{s-a_2}},\cdots,\dfrac{a_n}{\sqrt{s-a_n}}\right)$ 的模的平方,根据题设条件 $a_1+a_2+\cdots+a_n=s$,自然而然地联想构造 $\boldsymbol{b}=(\sqrt{s-a_1},\sqrt{s-a_2},\cdots,$

$\sqrt{s-a_n})$,从而有 $\boldsymbol{a}\cdot\boldsymbol{b}=a_1+a_2+\cdots+a_n=s$. 值得注意的是:结论中,当且仅当 $a_1=a_2=\cdots=a_n=\dfrac{s}{n}$ 时取等号.

构造向量法解题是针对一些特殊题型而言的,并不是任何一个数学问题都能用该法解决,也并非用向量法求解就一定是最好的方法. 因此,对给定的一

个数学问题，只有对其结构特征进行了认真的研究、观察，确认和向量具有某些联系，才能考虑用构造向量法来解．本文是向量在求解（证）不等式中应用的冰山一角，旨在抛砖引玉，目的是引起同学对向量的工具性的重视．

2.13 巧妙利用反证法 证明条件不等式

从原命题结论的反面出发，通过正确的逻辑推理过程，导致矛盾的结果，从而肯定原命题结论正确的证明方法叫作反证法．学习和运用反证法不仅能开拓思维、开阔思路，还能使我们的思维具有严谨性、创造性．当一些条件不等式采用直接证明比较困难甚至无法解决时，我们不妨试着从它的反面入手，采用间接证明，即用反证法证明．本文从四个方面例谈如何巧妙利用反证法，证明条件不等式，希望对同学们学习不等式有一点启发．

1. 证明"大于或小于"问题

例 1 若 α,β,γ 为锐角，且 $\sin^2\alpha+\sin^2\beta+\sin^2\gamma=1$，证明：$\alpha+\beta+\gamma>\dfrac{\pi}{2}$．

证明：假设 $\alpha+\beta+\gamma\leqslant\dfrac{\pi}{2}$，则 $0<\alpha+\beta\leqslant\dfrac{\pi}{2}-\gamma<\dfrac{\pi}{2}$，$\therefore 0<\sin(\alpha+\beta)\leqslant\cos\gamma$．于是有 $\sin^2(\alpha+\beta)\leqslant\cos^2\gamma=\sin^2\alpha+\sin^2\beta$，即 $\sin^2(\alpha+\beta)-\sin^2\beta\leqslant\sin^2\alpha$，$\therefore[\sin(\alpha+\beta)+\sin\beta][\sin(\alpha+\beta)-\sin\beta]\leqslant\sin^2\alpha$．

由和差化积公式及二倍角公式得 $\sin\alpha\sin(\alpha+2\beta)\leqslant\sin^2\alpha$．又 $\sin\alpha>0$，$\therefore\sin(\alpha+2\beta)\leqslant\sin\alpha$．

(1) 当 $0<\alpha+2\beta\leqslant\dfrac{\pi}{2}$ 时，则 $\alpha+2\beta\leqslant\alpha$，即 $\beta\leqslant0$，这与 β 为锐角矛盾．

(2) 当 $\alpha+2\beta>\dfrac{\pi}{2}$ 时，则 $-(\alpha+2\beta)<-\dfrac{\pi}{2}$，又 α,β 均为锐角，于是 $-\dfrac{\pi}{2}<\pi-(\alpha+2\beta)<\pi-\dfrac{\pi}{2}$，即 $-\dfrac{\pi}{2}<\pi-(\alpha+2\beta)<\dfrac{\pi}{2}$．$\because\sin(\alpha+2\beta)\leqslant\sin\alpha$，即 $\sin[\pi-(\alpha+2\beta)]\leqslant\sin\alpha$，$\therefore\pi-(\alpha+2\beta)\leqslant\alpha$，从而有 $\alpha+\beta\geqslant\dfrac{\pi}{2}$，又已知 γ 为锐角，$\therefore\alpha+\beta+\gamma>\dfrac{\pi}{2}$，这与假设 $\alpha+\beta+\gamma\leqslant\dfrac{\pi}{2}$ 相矛盾．

综上，$\alpha+\beta+\gamma>\dfrac{\pi}{2}$．

评注：本题若从正面证明，即由条件推导结论，简直无法进行，此时不妨从反面入手，采用反证法，问题会豁然开朗．其实上述解法就是一种等价转化，可以说转化是解决问题的一种重要思维方式，是数学思想的核心和精髓．

例 2 已知 $\alpha,\beta \in \left(0,\dfrac{\pi}{2}\right)$，$\sin(\alpha+\beta) = 2\sin\alpha$，求证：$\alpha < \beta$.

证明： 假设 $\alpha \geqslant \beta$，则有两种可能.

(1) 当 $\alpha = \beta$ 时，由 $\sin(\alpha+\beta) = 2\sin\alpha$ 得 $2\sin\alpha\cos\alpha = 2\sin\alpha$，即 $\sin\alpha(\cos\alpha - 1) = 0$，取特值，求得 $\alpha = 0$ 或 $\alpha = \dfrac{\pi}{2}$，与条件 $\alpha \in \left(0,\dfrac{\pi}{2}\right)$ 矛盾.

(2) 当 $0 < \beta < \alpha < \dfrac{\pi}{2}$ 时，则有 $0 < \sin\beta < \sin\alpha < 1$，$0 < \cos\alpha < \cos\beta < 1$，$\therefore \cos\alpha\sin\beta < \sin\alpha\cos\beta$，于是 $\sin(\alpha+\beta) = \sin\alpha\cos\beta + \cos\alpha\sin\beta < 2\sin\alpha\cos\beta < 2\sin\alpha$，这与条件 $\sin(\alpha+\beta) = 2\sin\alpha$ 相矛盾.

综上，$\alpha \geqslant \beta$ 不成立，故 $\alpha < \beta$，原命题得证.

评注： 本题若由条件想直接推出结论，显然很困难，于是自然联想到反证法. 反证法在高中数学解题过程中扮演着重要的角色，尤其在证明一些条件不等式方面的作用是不可替代的. 另外，证明本题时，要特别注意的是：$\alpha < \beta$ 的反面是 $\alpha > \beta$ 和 $\alpha = \beta$，要分类讨论.

2. 证明"至少"问题

例 3 设有五条线段，其中任意三条都可组成一个三角形，求证：至少有一个三角形是锐角三角形.

证明： 设五条线段长依次为 $a_1 \leqslant a_2 \leqslant a_3 \leqslant a_4 \leqslant a_5$. 假设其中任意三条组成一个三角形，但都不是锐角三角形，则 $a_3^2 \geqslant a_1^2 + a_2^2$，$a_4^2 \geqslant a_2^2 + a_3^2$，$a_5^2 \geqslant a_3^2 + a_4^2$，因此，$a_5^2 \geqslant a_3^2 + a_4^2 > (a_1^2 + a_2^2) + (a_2^2 + a_3^2) = a_1^2 + 2a_2^2 + a_3^2 \geqslant a_1^2 + 2a_2^2 + (a_1^2 + a_2^2) = 2a_1^2 + 3a_2^2 > a_1^2 + a_2^2 + (a_1^2 + a_2^2) \geqslant a_1^2 + a_2^2 + 2a_1a_2 = (a_1 + a_2)^2$，于是 $a_5 > a_1 + a_2$. 因此，线段 a_1, a_2, a_5 不能组成一个三角形，这与题设"任意三条线段都可组成一个三角形"相矛盾，说明假设错误，从而原命题成立.

评注： 本题求证的结论表面上看是证明一个三角形的形状，实质上也是证明条件不等式，即证不等式 $a_3^2 < a_1^2 + a_2^2$，$a_4^2 < a_2^2 + a_3^2$，$a_5^2 < a_3^2 + a_4^2$（$a_1 \leqslant a_2 \leqslant a_3 \leqslant a_4 \leqslant a_5$）中至少有一个成立问题. 一般证明"至多或至少"问题时，我们总是联想到反证法，其实是把要证的命题进行巧妙转化. 这种转化能将复杂问题简单化、陌生问题熟悉化、特殊问题一般化，从而达到化难为易的目的.

例 4 已知实数 a,b,c,d 满足 $a+b = c+d = 1$，$ac+bd > 1$，求证：这四个数中至少有一个负数.

证明： 假设 a,b,c,d 四个数均大于或等于 0.

$\because a+b = c+d = 1$，$\therefore a = 1-b$，$c = 1-d$，$ac+bd > 1 \Rightarrow (1-b)(1-d) + bd > 1$，即 $1 - (b+d) + 2bd > 1$，$\therefore b+d < 2bd$ ①.

又 $\because b \geqslant 0, d \geqslant 0, \therefore b + d \geqslant 2\sqrt{bd}$.

由假设及 $a + b = c + d = 1$ 可知，$0 \leqslant b \leqslant 1, 0 \leqslant d \leqslant 1, \therefore 0 \leqslant bd \leqslant 1, \therefore bd \leqslant \sqrt{bd}, \therefore b + d \geqslant 2\sqrt{bd} \geqslant 2bd$ ②.

显然，①和②矛盾，假设不成立. 故 a, b, c, d 四个数中至少有一个负数.

评注：本题若直接由条件出发去证明结论，是十分困难的. 正难则反，巧妙利用反证法，常常能达到一种曲径通幽的效果. 深刻把握反证法的解题方法和步骤，理解反证法的精髓，对提高逻辑思维能力大有裨益.

3. 证明"不等"问题

例5 已知 $ad - bc = 1$，求证：$a^2 + b^2 + c^2 + d^2 + ab + cd \neq 1$.

证明：假设 $a^2 + b^2 + c^2 + d^2 + ab + cd = 1$. 将 $ad - bc = 1$ 代入，得

$a^2 + b^2 + c^2 + d^2 + ab + cd = ad - bc$，即 $(a + b)^2 + (b + c)^2 + (c + d)^2 + (a - d)^2 = 0$，

$$\therefore \begin{cases} a + b = 0 \text{①}, \\ b + c = 0 \text{②}, \\ c + d = 0 \text{③}, \\ a - d = 0 \text{④}. \end{cases}$$

由①-②得 $a - c = 0$，由③+④得 $a + c = 0$，于是求得 $a = b = c = d = 0$. 这与 $ad - bc = 1$ 相矛盾，假设不成立.

故 $a^2 + b^2 + c^2 + d^2 + ab + cd \neq 1$.

评注：本题条件 $ad - bc = 1$ 十分简单，由此证明 $a^2 + b^2 + c^2 + d^2 + ab + cd \neq 1$，学生会感到寸步难行，运用反证法证明是一个明智的选择. 反证法是逆向思维的一种直接反映，是相对于惯性思维而存在的不同的数学思维方法，也是解决本题的一个法宝.

例6 已知 $a^3 + a^2 b + ab^2 + b^3 - 3a^2 - b^2 - 2ab + 4a + 2b - 2 \neq 0$，证明：$a + b \neq 1$.

证明：假设 $a + b = 1$，则 $a^3 + a^2 b + ab^2 + b^3 - 3a^2 - b^2 - 2ab + 4a + 2b - 2$

$= (a^3 + b^3) + ab(a + b) - (a + b)^2 - 2a^2 + 4a - 2 + 2b$

$= (a + b)(a^2 - ab + b^2) + ab(a + b) - (a + b)^2 - 2(a^2 - 2a + 1) + 2b$

$= a^2 - ab + b^2 + ab - 1 - 2(a - 1)^2 + 2b$

$= a^2 + b^2 - 1 - 2b^2 + 2b = a^2 - (b - 1)^2 = a^2 - a^2 = 0$，

即 $a^3 + a^2 b + ab^2 + b^3 - 3a^2 - b^2 - 2ab + 4a + 2b - 2 = 0$. 这与 $a^3 + a^2 b + ab^2 + b^3 - 3a^2 - b^2 - 2ab + 4a + 2b - 2 \neq 0$ 相矛盾，说明假设错误.

故 $a + b \neq 1$.

评注：本题的结构特征，让我们联想到一个命题与它的逆否命题的等价关系，将本题看作原命题，显然证明其逆否命题要容易得多。由此可见，通过这种"正"与"反"的等价转化，常常可创造出反弹琵琶意更新的情景来。

4. 证明"全都满足"问题

例7 已知实数 x,y,z 满足 $x+y+z=a$，$x^2+y^2+z^2=\dfrac{1}{2}a^2$，$a>0$。证明：$x,y,z$ 均大于等于 0，且小于等于 $\dfrac{2}{3}a$。

证明：(1)假设 $x<0$，则 $y+z>a$，$y^2+z^2<\dfrac{1}{2}a^2$，又 $a>0$，根据均值不等式有 $y^2+z^2\geqslant\dfrac{1}{2}(y+z)^2>\dfrac{1}{2}a^2$。这与 $y^2+z^2<\dfrac{1}{2}a^2$ 矛盾，假设不成立，故 $x\geqslant 0$。

(2)假设 $x>\dfrac{2}{3}a$，令 $x=\dfrac{2}{3}a+h_1$，$y=\dfrac{1}{6}a+h_2$，$z=\dfrac{1}{6}a+h_3$，且 $h_1>0$，$h_1+h_2+h_3=0$，则

$$x^2+y^2+z^2=\left(\dfrac{2}{3}a+h_1\right)^2+\left(\dfrac{1}{6}a+h_2\right)^2+\left(\dfrac{1}{6}a+h_3\right)^2$$

$$=\dfrac{1}{2}a^2+h_1^2+h_2^2+h_3^2+ah_1+\dfrac{1}{3}a(h_1+h_2+h_3)$$

$$=\dfrac{1}{2}a^2+h_1^2+h_2^2+h_3^2+ah_1>\dfrac{1}{2}a^2.$$

这与 $x^2+y^2+z^2=\dfrac{1}{2}a^2$ 矛盾，假设不成立，故 $x\leqslant\dfrac{2}{3}a$。

综上，$0\leqslant x\leqslant\dfrac{2}{3}a$。根据 x,y,z 的对称性，同理可证 $0\leqslant y\leqslant\dfrac{2}{3}a$，$0\leqslant z\leqslant\dfrac{2}{3}a$。

评注：本题也可利用常规的方法进行证明，即联立 $\begin{cases}x+y+z=a,\\ x^2+y^2+z^2=\dfrac{1}{2}a^2,\end{cases}$ 消去 x 得 $2y^2+2(z-a)y+2z^2-2az+\dfrac{1}{2}a^2=0$，由判别式 $\Delta\geqslant 0$ 可得 $3z^2-2az\leqslant 0(a>0)$，即有 $0\leqslant z\leqslant\dfrac{2}{3}a$。本题的解法独辟蹊径，富有创造性，能激发学生的学习兴趣，同时也彰显了数学的无穷魅力！

例8 已知 $a+b+c>0$，$ab+bc+ca>0$，$abc>0$，求证：a,b,c 全都是正数。

证明：假设 a,b,c 中至少有一个小于或等于 0. $\because abc > 0$，$\therefore a,b,c$ 三个数中有两个负数，一个正数.

不妨设 $a > 0, b < 0, c < 0$. 又 $\because a + b + c > 0$，$\therefore a > -(b+c)$，$\therefore a(b+c) < -(b+c)^2$，$\therefore ab + bc + ca + b^2 + bc + c^2 < 0$.

$\because ab + bc + ca > 0$，$\therefore b^2 + bc + c^2 < 0$，即 $\left(b + \dfrac{c}{2}\right)^2 + \dfrac{3}{4}c^2 < 0$. 这显然不成立，因此假设错误.

故 a,b,c 全都是正数.

评注：本题若采用直接证明法是很难得到结论的，于是采用间接证明，即采用反证法证明. 反证法是数学中一种重要的证明方法，是数学最精良的武器之一，在许多方面都有着不可替代的作用.

一些条件不等式的证明问题虽然采用反证法证题十分方便，但并不是所有的条件不等式的证明问题都是采用反证法更好，任何方法都有它的适用范围，如果超范围使用就会出现解题错误. 当遇到条件不等式的证明从正面入手难以突破或者情况比较复杂时，可以从问题的反面入手进行考虑，也就是说，不妨试试采用反证法证明，也许会给我们解题带来意想不到的神奇效果！最后，我们可以毫不夸张地认为，如果数学中没有反证法，只会是比较原始的数学，是欠缺而不完整的.

2.14 由重要极限 $\lim\limits_{x\to+\infty}\left(1+\dfrac{1}{x}\right)^{x}=\mathrm{e}$ 猜想出一组数列不等式

极限研究的是数列和函数在无限过程中的变化趋势(逼近、无限趋近),从无限回归到有限是我们猜测一组数列不等式的指导思想. 在重要极限 $\lim\limits_{x\to\infty}\left(1+\dfrac{1}{x}\right)^{x}=\mathrm{e}$ 中,当 x 取某一个特殊值时,$\left(1+\dfrac{1}{x}\right)^{x}$ 与 e 之间就存在一个不等关系,由此猜想出一组数列不等式.

1. 一组数列不等式的猜想

由重要极限 $\lim\limits_{x\to\infty}\left(1+\dfrac{1}{x}\right)^{x}=\mathrm{e}$ 可知,$\lim\limits_{x\to+\infty}\left(1+\dfrac{1}{x}\right)^{x}=\mathrm{e}$,由此猜想:$\left(1+\dfrac{1}{x}\right)^{x}$ $<\mathrm{e}\ (x>0)$.

$\left(1+\dfrac{1}{x}\right)^{x}<\mathrm{e}\Leftrightarrow\ln\left(1+\dfrac{1}{x}\right)^{x}<\ln\mathrm{e}\Leftrightarrow\ln\left(1+\dfrac{1}{x}\right)<\dfrac{1}{x}\ (x>0)$,用 x 替换 $\dfrac{1}{x}$ 得 $\ln(1+x)<x\ (x>0)$.

$\left(1+\dfrac{1}{x}\right)^{x+1}>\left(1+\dfrac{1}{x}\right)^{x}\ (x>0)$ 恒成立,即 $\ln\left(1+\dfrac{1}{x}\right)^{x+1}>\ln\left(1+\dfrac{1}{x}\right)^{x}$ 恒成立.

$\lim\limits_{x\to+\infty}\left(1+\dfrac{1}{x}\right)^{x}=\mathrm{e}$,由此猜想:$(x+1)\ln\left(1+\dfrac{1}{x}\right)>1\ (x>0)$.

$(x+1)\ln\left(1+\dfrac{1}{x}\right)>1\Leftrightarrow\ln\left(1+\dfrac{1}{x}\right)>\dfrac{1}{x+1}\ (x>0)$,用 x 替换 $\dfrac{1}{x}$ 得 $\ln(1+x)>\dfrac{x}{1+x}\ (x>0)$.

于是首先猜想出一个函数不等式:$\dfrac{x}{1+x}<\ln(1+x)<x\ (x>0)$.

下面利用导数知识对上述函数不等式进行证明.

令 $f(x)=\ln(1+x)-x\ (x>0)$,则 $f'(x)=\dfrac{1}{1+x}-1=-\dfrac{x}{1+x}$. $\because x>0$,$\therefore f'(x)<0$,$\therefore$ 函数 $f(x)$ 在 $(0,+\infty)$ 上单调递减,$\therefore f(x)<f(0)=0$,即 $\ln(1+x)<x$.

再令 $g(x)=\ln(1+x)-\dfrac{x}{1+x}\ (x>0)$,则 $g'(x)=\dfrac{1}{1+x}-\dfrac{1}{(1+x)^{2}}=\dfrac{x}{(1+x)^{2}}$. $\because x>0$,$\therefore g'(x)>0$,$\therefore$ 函数 $g(x)$ 在 $(0,+\infty)$ 上单调递增,

$\therefore g(x) > g(0) = 0$，即 $\ln(1+x) > \dfrac{x}{1+x}$.

故 $\dfrac{x}{1+x} < \ln(1+x) < x\ (x > 0)$ 成立.

在上述不等式中，令 $x = n$，$n \in \mathbf{N}^*$，得到数列不等式

$\dfrac{n}{1+n} < \ln(1+n) < n$，$n \in \mathbf{N}^*$ ①.

在①中用 $\dfrac{1}{n}$ 替换 n，得 $\dfrac{1}{1+n} < \ln\left(1+\dfrac{1}{n}\right) < \dfrac{1}{n}$，即

$\dfrac{1}{1+n} < \ln(1+n) - \ln n < \dfrac{1}{n}$，$n \in \mathbf{N}^*$ ②.

关于函数不等式 $\dfrac{x}{1+x} < \ln(1+x) < x\ (x > 0)$，我们试想比较不等式两端 $\dfrac{x}{1+x}$、x 的平均值和中间值 $\ln(1+x)$ 的大小. 设 $h(x) = \ln(1+x) - \dfrac{1}{2}\left(\dfrac{x}{1+x} + x\right)(x > 0)$，$h'(x) = \dfrac{1}{1+x} - \dfrac{1}{2}\left[\dfrac{1+x-x}{(1+x)^2} + 1\right] = -\dfrac{x^2}{2(1+x)^2} < 0$，$\therefore$ 函数 $h(x)$ 在 $(0, +\infty)$ 上单调递减，$\therefore h(x) < h(0) = 0$，$\therefore \ln(1+x) < \dfrac{1}{2}\left(\dfrac{x}{1+x} + x\right)(x > 0)$.

为了产生裂差式"$\ln(1+n) - \ln n$"，在上述不等式中用 $\dfrac{1}{n}$ 替换 x，得

$\ln(1+n) - \ln n < \dfrac{1}{2}\left(\dfrac{1}{n} + \dfrac{1}{n+1}\right)$，$n \in \mathbf{N}^*$ ③.

综合①、②、③，得到一组数列不等式：

(1) $\dfrac{n}{1+n} < \ln(1+n) < n$，$n \in \mathbf{N}^*$；

(2) $\dfrac{1}{1+n} < \ln(1+n) - \ln n < \dfrac{1}{n}$，$n \in \mathbf{N}^*$；

(3) $\ln(1+n) - \ln n < \dfrac{1}{2}\left(\dfrac{1}{n} + \dfrac{1}{n+1}\right)$，$n \in \mathbf{N}^*$.

2. 一组数列不等式的应用

例 1　证明：$\dfrac{\ln 2^2}{2^2} + \dfrac{\ln 3^2}{3^2} + \cdots + \dfrac{\ln n^2}{n^2} < \dfrac{2n^2 - n - 1}{2(n+1)}$，$n \in \mathbf{N}, n \geq 2$.

证明：在数列不等式中 $\ln(1+n) < n$，$n \in \mathbf{N}^*$ 中，用 n 替换 $n+1$，得 $\ln n < n - 1$，$n \in \mathbf{N}, n \geq 2$，

$\therefore \ln n^2 < n^2 - 1$，$n \in \mathbf{N}, n \geq 2$，$\therefore \dfrac{\ln n^2}{n^2} < \dfrac{n^2 - 1}{n^2} = 1 - \dfrac{1}{n^2}$，

$$\therefore \frac{\ln 2^2}{2^2} + \frac{\ln 3^2}{3^2} + \cdots + \frac{\ln n^2}{n^2} < \left(1 - \frac{1}{2^2}\right) + \left(1 - \frac{1}{3^2}\right) + \cdots + \left(1 - \frac{1}{n^2}\right)$$

$$= (n-1) - \left(\frac{1}{2^2} + \frac{1}{3^2} + \cdots + \frac{1}{n^2}\right) < (n-1) - \left[\frac{1}{2\times 3} + \frac{1}{3\times 4} + \cdots + \frac{1}{n(n+1)}\right]$$

$$= (n-1) - \left(\frac{1}{2} - \frac{1}{3} + \frac{1}{3} - \frac{1}{4} + \cdots + \frac{1}{n} - \frac{1}{n+1}\right) = (n-1) - \left(\frac{1}{2} - \frac{1}{n+1}\right)$$

$$= \frac{2n^2 - n - 1}{2(n+1)}.$$

故 $\frac{\ln 2^2}{2^2} + \frac{\ln 3^2}{3^2} + \cdots + \frac{\ln n^2}{n^2} < \frac{2n^2 - n - 1}{2(n+1)}$, $n \in \mathbf{N}, n \geqslant 2$.

评注：本题不等式左边是与自然对数有关的和的形式，右边是关于 n 的分式形式，考虑数列不等式 $\ln(1+n) < n$, $n \in \mathbf{N}^*$ 的变形 $\ln n^2 < n^2 - 1$, $n \in \mathbf{N}, n \geqslant 2$, 然后凑成 $\frac{\ln n^2}{n^2} < \frac{n^2 - 1}{n^2} = 1 - \frac{1}{n^2}$, 即可证明此不等式.

例 2　设 $a_n = \frac{n}{n+1}$, 数列 $\{a_n\}$ 的前 n 项和为 S_n, 证明：$S_n < n + \ln\frac{2}{n+2}$.

证明：由数列不等式 $\ln(1+n) - \ln n < \frac{1}{n}$, $n \in \mathbf{N}^*$, 得 $\ln(n+2) - \ln(n+1) < \frac{1}{n+1}$,

$$\therefore -\frac{1}{n+1} < -[\ln(n+2) - \ln(n+1)],$$

$$\therefore a_n = \frac{n}{n+1} = \frac{(n+1)-1}{n+1} = 1 - \frac{1}{n+1} < 1 - [\ln(n+2) - \ln(n+1)] = 1 + \ln(n+1) - \ln(n+2),$$

$$\therefore S_n = a_1 + a_2 + \cdots + a_n$$
$$< (1 + \ln 2 - \ln 3) + (1 + \ln 3 - \ln 4) + \cdots + [1 + \ln(n+1) - \ln(n+2)]$$

$$= n + \ln 2 - \ln(n+2) = n + \ln\frac{2}{n+2}.$$

故 $S_n < n + \ln\frac{2}{n+2}$.

评注：本题关键是要对数列 $\{a_n\}$ 通项公式 $a_n = \frac{n}{n+1}$ 进行变形、放缩，使其产生一个与自然对数相关的裂差形式，即 $\ln(n+2) - \ln(n+1)$, 然后再求和、错位相消.

例 3　证明：$1 + \frac{1}{2} + \frac{1}{3} + \cdots + \frac{1}{n} > \ln(n+1) + \frac{n}{2(n+1)}$, $n \geqslant 1$.

证明：在数列不等式 $\ln(1+n) - \ln n < \frac{1}{2}\left(\frac{1}{n} + \frac{1}{n+1}\right)$, $n \in \mathbf{N}^*$ 中, n 依次取

$$1,2,\cdots,n,\ 得\begin{cases}\ln 2-\ln 1<\dfrac{1}{2}\left(1+\dfrac{1}{2}\right),\\[2mm]\ln 3-\ln 2<\dfrac{1}{2}\left(\dfrac{1}{2}+\dfrac{1}{3}\right),\\[2mm]\cdots\\[2mm]\ln(n+1)-\ln n<\dfrac{1}{2}\left(\dfrac{1}{n}+\dfrac{1}{n+1}\right).\end{cases}$$

各式迭加得

$$\ln(n+1)<\frac{1}{2}+\left(\frac{1}{2}+\frac{1}{3}+\cdots+\frac{1}{n}\right)+\frac{1}{2(n+1)}$$

$$=1+\left(\frac{1}{2}+\frac{1}{3}+\cdots+\frac{1}{n}\right)+\frac{1}{2(n+1)}-\frac{1}{2}$$

$$=1+\frac{1}{2}+\frac{1}{3}+\cdots+\frac{1}{n}-\frac{n}{2(n+1)}.$$

故 $1+\dfrac{1}{2}+\dfrac{1}{3}+\cdots+\dfrac{1}{n}>\ln(n+1)+\dfrac{n}{2(n+1)}$ $(n\geqslant 1)$.

评注：本题不等式左边是自然数倒数和的形式，再考虑不等式右边的结构特点，我们自然想到利用数列不等式 $\ln(1+n)-\ln n<\dfrac{1}{2}\left(\dfrac{1}{n}+\dfrac{1}{n+1}\right),n\in\mathbf{N}^{*}$ 进行证明．

由重要极限而联想、猜测的这组数列不等式，应用十分广泛，尤其在解决近几年高考及联考的此类压轴题方面，能充分彰显出它的"神奇"作用！

2.15 根的判别式在数学解题中的妙用

一些与一元二次方程的根和系数有关系的数学问题或能够转化成方程的根和系数的数学问题，往往可从根的判别式切入，打开解题思路.

1. 根的判别式在函数中的妙用

例 1 设 $a,b \in \mathbf{R}$，函数 $f(x) = ax^2 + b(x+1) - 2$，若对任意实数 b，方程 $f(x) = x$ 有两个相异的实根，求实数 a 的取值范围.

解：$\because$ 方程 $f(x) = x$ 有两个相异的实根，即方程 $ax^2 + (b-1)x + b - 2 = 0$ 有两个相异的实根，$\therefore \begin{cases} a \neq 0, \\ \Delta_1 = (b-1)^2 - 4a(b-2) > 0, \end{cases}$ 即

$\begin{cases} a \neq 0, \\ b^2 - 2(1+2a)b + 8a + 1 > 0 \end{cases}$ 对任意实数 b 恒成立，

$\therefore \begin{cases} a \neq 0, \\ \Delta_2 = 4(1+2a)^2 - 4(8a+1) < 0, \end{cases} \therefore a^2 - a < 0$，求得 $0 < a < 1$.

评注：由于方程 $f(x) = x$ 有两个相异实根，这是一元二次方程根的存在性，只需 $\Delta_1 > 0$ 即可. 又 $h(b) = b^2 - 2(1+2a)b + 8a + 1 > 0$ 恒成立，故关于 b 的函数 $h(b)$ 与 b 轴不相交，则 $\Delta_2 < 0$.

例 2 已知以 $T = 4$ 为周期的函数 $f(x) = \begin{cases} m\sqrt{1-x^2}, x \in (-1,1], \\ 1 - |x-2|, x \in (1,3], \end{cases}$ 其中 $m > 0$，若方程 $3f(x) = x$ 恰有 5 个实数解，则 m 的取值范围为（　　）.

A. $\left(\dfrac{4}{3}, \dfrac{8}{3}\right)$ 　　B. $\left(\dfrac{4}{3}, \sqrt{7}\right)$ 　　C. $\left[\dfrac{\sqrt{15}}{3}, \dfrac{8}{3}\right]$ 　　D. $\left[\dfrac{\sqrt{15}}{3}, \sqrt{7}\right]$

解：由 $y = m\sqrt{1-x^2}$ 得 $x^2 + \dfrac{y^2}{m^2} = 1 (y \geqslant 0)$，将曲线 $x^2 + \dfrac{y^2}{m^2} = 1$ 分别向右平移 4 个单位和 8 个单位得 $\dfrac{y^2}{m^2} + (x-4)^2 = 1$，$\dfrac{y^2}{m^2} + (x-8)^2 = 1$.

联立 $\begin{cases} y = \dfrac{1}{3}x, \\ \dfrac{y^2}{m^2} + (x-4)^2 = 1, \end{cases}$ 得 $(1+9m^2)x^2 - 72m^2x + 135m^2 = 0$.

由 $\Delta_1 = (-72m^2)^2 - 4(1+9m^2) \times 135m^2 > 0$，求得 $m > \dfrac{\sqrt{15}}{3}$.

由 $\begin{cases} y = \dfrac{1}{3}x, \\ \dfrac{y^2}{m^2} + (x-8)^2 = 1, \end{cases}$ 得 $(1+9m^2)x^2 - 9 \times 16m^2 x + 9m^2 \times 63 = 0$.

由 $\Delta_2 = (-9 \times 16m^2)^2 - 4(1+9m^2) \times 9m^2 \times 63 < 0$，求得 $m < \sqrt{7}$.

故 $\dfrac{\sqrt{15}}{3} < m < \sqrt{7}$.

故选 D.

评注：由数形结合知，方程 $3f(x) = x$ 恰有 5 个实数解，等价于直线 $y = \dfrac{1}{3}x$ 与曲线 $\dfrac{y^2}{m^2} + (x-4)^2 = 1(y \geqslant 0)$ 相交，而与曲线 $\dfrac{y^2}{m^2} + (x-8)^2 = 1(y \geqslant 0)$ 不相交.

例 3　函数 $y = -4x + 3\sqrt{4x^2+1}$ 的最小值是 _____.

解：$y = -4x + 3\sqrt{4x^2+1} > -4x + 3\sqrt{4x^2} = -4x + |6x| \geqslant 0$.

$(y+4x)^2 = 9(4x^2+1)$，即 $20x^2 - 8yx + (9-y^2) = 0$，由判别式 $\Delta = 64y^2 - 80(9-y^2) \geqslant 0$，即 $y^2 \geqslant 5$. $\because y > 0$，$\therefore y \geqslant \sqrt{5}$，当 $x = \dfrac{\sqrt{5}}{5}$ 时取等号.

故函数 $y = -4x + 3\sqrt{4x^2+1}$ 的最小值是 $\sqrt{5}$.

评注：根据本题的函数式结构特征，可化为关于 x 的一元二次方程，由于存在 x 使等式成立，故判别式 $\Delta \geqslant 0$，结合 $y > 0$ 这个隐含条件，从而求出 y 的取值范围.

例 4　已知函数 $f(x) = 9^x - m \cdot 3^x + m + 1$ 对 $x \in (0, +\infty)$ 的图像恒在 x 轴上方，则 m 的取值范围是（　　）.

A. $2 - 2\sqrt{2} < m < 2 + 2\sqrt{2}$　　　　B. $m < 2$

C. $m < 2 + 2\sqrt{2}$　　　　　　　　　D. $m \geqslant 2 + 2\sqrt{2}$

解：令 $t = 3^x$，则问题转化为函数 $g(t) = t^2 - mt + m + 1$，$t \in (1, +\infty)$ 的图像恒在 t 轴的上方，即 $\Delta = (-m)^2 - 4(m+1) < 0$ 或 $\begin{cases} \Delta \geqslant 0, \\ \dfrac{m}{2} \leqslant 1, \\ f(1) \geqslant 0, \end{cases}$ $\therefore 2 - 2\sqrt{2} < m < 2 + 2\sqrt{2}$ 或 $m \leqslant 2 - 2\sqrt{2}$，求得 $m < 2 + 2\sqrt{2}$. 故选 C.

评注：观察函数特征，令 $t = 3^x(t > 1)$，将原函数转化为关于 t 的一个二次函数，利用数形结合，问题顺利得到解决.

2. 根的判别式在方程中的妙用

例5 设实数 a,b,c 满足 $a^2-bc-2a+10=0, b^2+bc+c^2-12a-15=0$，则 a 的取值范围是_____.

解： 由 $bc=a^2-2a+10, (b+c)^2=bc+12a+15$，得 $(b+c)^2=a^2+10a+25=(a+5)^2$，$\therefore b+c=\pm(a+5)$，$\therefore b,c$ 是方程 $x^2\mp(a+5)x+a^2-2a+10=0$ 的两个实根，于是有 $\Delta=(a+5)^2-4(a^2-2a+10)\geqslant 0$，即 $a^2-6a+5\leqslant 0$，求得 $1\leqslant a\leqslant 5$.

评注： 观察题设条件，可用变量 a 表示 bc 和 $b+c$，利用韦达定理巧妙构造出以 b,c 为实根的一元二次方程，再用判别式 $\Delta\geqslant 0$，a 的取值范围即可求得.

例6 若 $x,y\in\mathbf{R}$ 满足 $2x-2x^2y^2-2y(x+x^2)-x^2=5$，则 $x=$_____，$y=$_____.

解： 由 $2x-2x^2y^2-2y(x+x^2)-x^2=5$ 得 $(2y^2+2y+1)x^2+2(y-1)x+5=0$，把此等式视为关于 x 的一元二次方程，且方程有根，$\therefore\Delta=4(y-1)^2-20(2y^2+2y+1)\geqslant 0$，即 $9y^2+12y+4\leqslant 0$，$\therefore(3y+2)^2\leqslant 0$，得 $y=-\dfrac{2}{3}$.

代入条件 $2x-2x^2y^2-2y(x+x^2)-x^2=5$，即 $x^2-6x+9=0$，求得 $x=3$.

评注： 观察发现，本题是关于 x 的一元二次方程，巧用判别式 $\Delta\geqslant 0$，得到 $(3y+2)^2\leqslant 0$，又 $(3y+2)^2\geqslant 0$，$\therefore 3y+2=0$，问题迎刃而解.

3. 根的判别式在数列中的妙用

例7 等差数列 $\{a_n\}$ 满足 $a_1^2+a_{10}^2\leqslant 10$，则 $S=a_{10}+a_{11}+\cdots+a_{19}$ 的取值范围是_____.

解： 设等差数列 $\{a_n\}$ 的公差为 d.

$S=a_{10}+a_{11}+\cdots+a_{19}=10a_{10}+d+2d+\cdots+9d=10(a_1+9d)+45d=10a_1+135d$，$\therefore 9d=\dfrac{1}{15}(S-10a_1)$，又 $a_1^2+a_{10}^2\leqslant 10$，$\therefore a_1^2+(a_1+9d)^2\leqslant 10$，即 $a_1^2+\left[a_1+\dfrac{1}{15}(S-10a_1)\right]^2\leqslant 10$，整理得 $250a_1^2+10Sa_1+S^2-2250\leqslant 0$ 有解.

故 $\Delta=(10S)^2-4\times 250(S^2-2250)\geqslant 0$，即 $9S^2\leqslant 22500$，求得 $-50\leqslant S\leqslant 50$.

评注： 本题中的等差数列的公差是设而不求的，公差 d 是条件中等式与不等式联系的纽带与桥梁，通过 d 的替换，转化为关于 a_1 的一元二次不等式，从而问题的瓶颈得到突破.

4. 根的判别式在解几中的妙用

例 8 若 $P(x,y)$ 是双曲线 $\dfrac{x^2}{8}-\dfrac{y^2}{4}=1$ 上的点,则 $|x-y|$ 的最小值是_____.

解: 由条件知 $x^2-2y^2-8=0$,根据对称性,不妨设 $x>0,y\geqslant 0$,且 $x-y\geqslant 0$,设 $u=x-y\geqslant 0$,则 $(y+u)^2-2y^2-8=0$,即 $y^2-2uy-u^2+8=0$,于是 $\Delta=(2u)^2-4(-u^2+8)\geqslant 0$,解得 $u\geqslant 2$. 当 $x=4,y=2$ 时取等号. 故 $|x-y|$ 的最小值是 2.

评注: 根据对称性,令 $u=x-y\geqslant 0$,代入双曲线,$\dfrac{x^2}{8}-\dfrac{y^2}{4}=1$ 转化为关于 y 的一个二次方程,利用根的判别式 $\Delta\geqslant 0$,求得 $u\geqslant 2$. 思维方法富有创意.

例 9 抛物线的顶点为 O,焦点为 F,当动点 P 在抛物线上移动时,试求距离比 $\dfrac{|PO|}{|PF|}$ 的最大值.

解: 在直角坐标系中,不妨设抛物线方程为 $y^2=4ax(a>0)$,则顶点为 $O(0,0)$,焦点为 $F(a,0)$,若抛物线上动点坐标为 $P(x,y)$,则

$$\left[\frac{|PO|}{|PF|}\right]^2=\frac{x^2+y^2}{(x-a)^2+y^2}=\frac{x^2+4ax}{(x-a)^2+4ax}=\frac{x^2+4ax}{x^2+2ax+a^2}.$$

令 $\dfrac{x^2+4ax}{x^2+2ax+a^2}=t$,即 $(t-1)x^2+2a(t-2)x+ta^2=0$,t 使方程有实数解. 当 $t\neq 1$ 时,判别式 $\Delta=4a^2(t-2)^2-4a^2t(t-1)\geqslant 0$,即 $4-3t\geqslant 0$,$\therefore t\leqslant\dfrac{4}{3}$,当取等号时,由 $\dfrac{x^2+4ax}{x^2+2ax+a^2}=\dfrac{4}{3}$,即 $x^2-4ax+4a^2=0$,解得 $x=2a$,代入 $y^2=4ax(a>0)$,求得 $y=\pm 2\sqrt{2}a$,此时 $P(2a,2\sqrt{2}a)$ 或 $P(2a,-2\sqrt{2}a)$.

故 $\left[\dfrac{|PO|}{|PF|}\right]^2=t\leqslant\dfrac{4}{3}$,于是 $\dfrac{|PO|}{|PF|}\leqslant\dfrac{2\sqrt{3}}{3}$,即 $\dfrac{|PO|}{|PF|}$ 的最大值 $\dfrac{2\sqrt{3}}{3}$.

评注: 本题巧妙地将距离的平方转化为关于 x 的二次式的比,令 $\dfrac{x^2+4ax}{x^2+2ax+a^2}=t$,从而转化为关于 x 的一元二次方程,借用根的判别式 $\Delta\geqslant 0$,给问题的解决带来了转机.

利用一元二次方程的根的判别式解决有关高中数学试题,能化繁为简,化难为易,思想方法新颖别致,独树一帜,出奇制胜,收到事半功倍的效果,有利于培养学生的数学迁移能力和化归转化能力,从而提高学生的数学思维品质.

第3章 复 数

知识点导语

虽然复数在中学数学教材中渐渐淡化，在高考中的考查也流于基础，但复数的内涵是非常丰富的，解决数学竞赛中复数问题的方式也是灵活多变的．复数的考题常常涉及多种数学思想，技巧性强，灵活多变，因而受到竞赛命题专家的青睐．通过复数的学习，能够很好地培养学生的数学思维品质．由此看来，在我们的数学学习中，复数的确不应该被淡化，其教学价值要进一步彰显．

复数的学习主要抓住以下几个方面的内容：①理解复数的基本概念和表示方法；②掌握复数的运算法则；③会用复数的几何意义解决有关问题．

复数有着鲜明的几何背景和浓厚的几何意义，在处理复数问题时，灵活运用复数的几何意义，以数思形，以形助数，数形对照，可使许多问题简明、直观、迅速地获得解决．解题实践告诉我们：遇见复数的模可联想复数的几何表示；当题设中含有三角形或平行四边形时可联想复数加减法的几何意义；当题设中含有向量的旋转或伸缩条件时，可联想复数乘除法的几何意义；当题设中出现复数模的等量关系时，可联想复平面上的常见曲线．

3.1 例谈复数的解题策略

复数虽然在目前高中教学内容中并非占有重要的地位，但复数却是初等数学与高等数学的一个重要衔接点，是高考和竞赛中常考内容，解决复数问题时，常常是将复数问题实数化，这也是解决复数问题的一种基本思想方法.

1. 利用复数的概念解题

例1 复数 z 满足 $|z| = 5$，且 $(3+4i)z$ 是纯虚数，则 $\bar{z}$ _____.

解：由已知得 $|(3+4i)z| = |3+4i| \cdot |z| = 25$，$(3+4i)z = \pm 25i$，由此得 $z = \pm \dfrac{25i}{3+4i} = \pm (4+3i)$，$\therefore \bar{z} = \pm(4-3i)$，$\therefore \bar{z} = 4-3i$ 或 $\bar{z} = -4+3i$.

评注：由于 $(3+4i)z$ 是纯虚数，根据复数的分类，可设 $(3+4i)z = bi(b \in \mathbf{R})$，且 $|(3+4i)z| = |b|$. 利用复数的概念是解决本题的关键.

2. 利用复数的相等解题

例2 已知 $z \in \mathbf{C}$，若关于 x 的方程 $4x^2 - 8zx + 4i + 3 = 0$（i 为虚数单位）有实数根，则复数 z 的模 $|z|$ 的最小值是_____.

解：设 $z = a+bi(a,b \in \mathbf{R})$，$x = x_0$ 是方程 $4x^2 - 8zx + 4i + 3 = 0$ 的实数根，则 $4x_0^2 - 8(a+bi)x_0 + 4i + 3 = 0$，进一步得

$$\begin{cases} 4x_0^2 - 8ax_0 + 3 = 0 \text{①}, \\ -8bx_0 + 4 = 0 \text{②}. \end{cases}$$

由②得 $x_0 = \dfrac{1}{2b}$，代入①有 $4 \cdot \dfrac{1}{4b^2} - 8a \cdot \dfrac{1}{2b} + 3 = 0$，即 $3b^2 - 4ab + 1 = 0$，求得 $a = \dfrac{3b^2+1}{4b}$，$\therefore |z|^2 = a^2 + b^2 = \left(\dfrac{3b^2+1}{4b}\right)^2 + b^2 = \dfrac{25b^2}{16} + \dfrac{1}{16b^2} + \dfrac{3}{8} \geqslant \dfrac{5}{8} + \dfrac{3}{8} = 1$，$\therefore |z| \geqslant 1$.

当且仅当 $b = \pm\dfrac{\sqrt{5}}{5}$ 时，等号成立. 故 $|z|$ 的最小值是 1.

评注：两个复数相等的充要条件是它们的实部和虚部分别相等. 特别地，一个复数等于零的充要条件是它的实部和虚部都等于零，利用这个条件能得到

关于 a,b,x_0 的两个等式①和②，问题则迎刃而解.

3. 利用复数幂的周期性解题

例 3 已知虚数 z 满足 $z^3+1=0$，则 $\left(\dfrac{z}{z-1}\right)^{2018}+\left(\dfrac{1}{z-1}\right)^{2018}=$ _____.

解： 由 $z^3+1=0$ 得 $(z+1)(z^2-z+1)=0 \Rightarrow z^2-z+1=0$，即 $z-1=z^2$.

故 $\left(\dfrac{z}{z-1}\right)^{2018}+\left(\dfrac{1}{z-1}\right)^{2018}=\dfrac{z^{2018}+1}{(z^2)^{2018}}=\dfrac{(z^3)^{672}\cdot z^2+1}{(z^3)^{1345}\cdot z}=\dfrac{z^2+1}{-z}=-1.$

评注： 由条件 $z^3+1=0$ 可得到 $z^3=-1$，但题中涉及 $(z-1)^{2018}$，该如何运算？于是再回归到唯一条件 $z^3+1=0$，不难联想到分解因式，即 $(z+1)(z^2-z+1)=0 \Rightarrow z-1=z^2$，再利用复数幂的周期性，问题则迎刃而解.

4. 利用共轭复数的性质解题

例 4 设复数 z 满足 $\dfrac{2017z-25}{z-2017}=3+4\mathrm{i}$，其中 i 是虚数单位，则 z 的模长 $|z|=$ _____.

解： 设 $\omega=3+4\mathrm{i}$，则 $z=\dfrac{2017\omega-25}{\omega-2017}=\dfrac{2017\omega-\bar{\omega}\omega}{\omega-2017}=-\dfrac{2017-\bar{\omega}}{2017-\omega}\omega$，$\therefore |z|=$ $\left|-\dfrac{2017-\bar{\omega}}{2017-\omega}\right|\cdot|\omega|=\left|\dfrac{\overline{2017-\omega}}{2017-\omega}\right|\cdot|\omega|=|\omega|=5.$

评注： 本题巧妙设出 $\omega=3+4\mathrm{i}$，很有创意. 要求复数 z 的模，反解出 z，再利用 $\omega\cdot\bar{\omega}=|\omega|^2=|\bar{\omega}|^2$ 及 $2017-\bar{\omega}=\overline{2017-\omega}$，问题顺利得到解决.

例 5 已知复数数列 $\{z_n\}$ 满足 $z_1=1$，$z_{n+1}=\overline{z_n}+1+n\mathrm{i}$，$n\in\mathbf{N}^*$，其中 i 为虚数单位，$\overline{z_n}$ 表示 z_n 的共轭复数，则 z_{2015} 的值为 _____.

解： 由已知得，对一切正整数 n，有

$z_{n+2}=\overline{z_{n+1}}+1+(n+1)\mathrm{i}=\overline{\overline{z_n}+1+n\mathrm{i}}+1+(n+1)\mathrm{i}=\overline{(\overline{z_n})}+1-n\mathrm{i}+1+$

$(n+1)\mathrm{i}=z_n+2+\mathrm{i}$，$\therefore z_{n+2}-z_n=2+\mathrm{i}$，则 $\begin{cases} z_3-z_1=2+\mathrm{i}, \\ z_5-z_3=2+\mathrm{i}, \\ \cdots \\ z_{2015}-z_{2013}=2+\mathrm{i}. \end{cases}$

各式相加得 $z_{2015}-z_1=1007\cdot(2+\mathrm{i}).$

于是 $z_{2015}=z_1+1007\times(2+\mathrm{i})=2015+1007\mathrm{i}.$

评注： 由递推关系 $z_{n+1}=\overline{z_n}+1+n\mathrm{i}$ 及复数共轭的性质 $\overline{(\bar{z})}=z$，$\overline{z_1+z_2}=\overline{z_1}$ $+\overline{z_2}$，得出 $z_{n+2}-z_n=2+\mathrm{i}$，再由迭加法可求得 z_{2015}.

5. 利用复数模的性质解题

例 6 设复数 z 满足 $|z|=1$，则 $|z^3-3z-2|$ 的最大值_____．

解：设 $z=a+bi(a,b\in\mathbf{R})$，则 $a^2+b^2=1$，$|z^3-3z-2|=$
$|z^3+1-3z-3|=|(z+1)^2(z-2)|=|(z+1)^2||z-2|=$
$[(a+1)^2+b^2]\sqrt{(a-2)^2+b^2}=2(a+1)\sqrt{5-4a}=\sqrt{(2a+2)(2a+2)(5-4a)}$．

$\because \sqrt[3]{xyz}\leqslant\dfrac{x+y+z}{3}\leqslant\sqrt{\dfrac{x^2+y^2+z^2}{3}}$，即 $xyz\leqslant\left[\sqrt{\dfrac{x^2+y^2+z^2}{3}}\right]^3(x,y,z\in\mathbf{R}^+)$，

$\therefore \sqrt{(2a+2)(2a+2)(5-4a)}\leqslant\left[\sqrt{\dfrac{(2a+2)+(2a+2)+(5-4a)}{3}}\right]^3$

$\leqslant 3\sqrt{3}$．

当 $a=\dfrac{1}{2}$，$b=\pm\dfrac{\sqrt{2}}{2}$ 时，等号成立．

评注：不全是实数的两个复数没有大小关系，但复数的模是实数，可以有大小关系．本题中的模 $|z^3-3z-2|=\sqrt{(2a+2)(2a+2)(5-4a)}$ 含有变量 $a(a\in\mathbf{R})$，利用三元均值不等式获得求解．

例 7 设复数 z_1,z_2 满足 $|z_1+z_2|=20$，$|z_1^2+z_2^2|=16$，则 $|z_1^3+z_2^3|$ 的最小值为_____．

解：$|z_1^3+z_2^3|=|z_1+z_2|\cdot|z_1^2-z_1z_2+z_2^2|=20\times\left|\dfrac{3}{2}(z_1^2+z_2^2)-\dfrac{1}{2}(z_1+z_2)^2\right|$
$\geqslant 20\times\left|\dfrac{3}{2}|z_1^2+z_2^2|-\dfrac{1}{2}|z_1+z_2|^2\right|=3520$，当 $z_1^2+z_2^2=16$，$z_1+z_2=20$ 时，取得等号．故 $|z_1^3+z_2^3|$ 的最小值为 3520．

评注：本题条件中的复数 z_1、z_2 是不确定的，因而不能企望求出 z_1、z_2，于是考虑先分解、变形，再整体替换求解．

6. 利用复数的几何意义解题

例 8 设复数 $z_1=-3-\sqrt{3}i$，$z_2=\sqrt{3}+i$，$z=\sqrt{3}\sin\theta+i(\sqrt{3}\cos\theta+2)$，则 $|z-z_1|+|z-z_2|$ 的最小值是_____．

解：$Z_1(-3,-\sqrt{3})$，$Z_2(\sqrt{3},1)$，动点 $Z:x^2+(y-2)^2=3$，如图 3.1 所示，易知点 Z_1,Z_2 在圆外，直线 Z_1Z_2 的方程是 $x-\sqrt{3}y=0$，且直线 Z_1Z_2 与圆相切于点 $T\left[\dfrac{\sqrt{3}}{2},\dfrac{1}{2}\right]$，即 $z=\dfrac{\sqrt{3}}{2}+\dfrac{1}{2}i$ 时，$|z-z_1|+|z-z_2|$ 取得最小值 $2+2\sqrt{3}$．

评注：复数有着鲜明的几何背景与浓厚的几何意义，复数 $z = a + bi(a,b \in \mathbf{R}) \xrightarrow[]{\text{一一对应}}$ 复平面内的点 $Z(a,b) \xrightarrow[]{\text{一一对应}}$ 平面向量 $\overrightarrow{OZ}$. 在处理一些复数问题时，灵活运用复数的几何意义，以数思形，以形助数，数形对照，可使问题直观、迅速地获得解决.

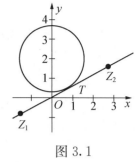

图 3.1

例 9 在复平面内，复数 z_1、z_2、z_3 的对应点分别为 Z_1、Z_2、Z_3. 若 $|z_1| = |z_2| = \sqrt{2}$，$\overrightarrow{OZ_1} \cdot \overrightarrow{OZ_2} = 0$（$O$ 为坐标原点），$|z_1 + z_2 - z_3| = 1$，则 $|z_3|$ 的取值范围是_____.

解：设复数 $z_1 = x_1 + y_1 i, z_2 = x_2 + y_2 i(x_1, x_2, y_1, y_2 \in \mathbf{R})$，由于 $|z_1| = |z_2| = \sqrt{2}$，$\overrightarrow{OZ_1} \cdot \overrightarrow{OZ_2} = 0$，则 $x_1^2 + y_1^2 = x_2^2 + y_2^2 = 2$，$x_1 x_2 + y_1 y_2 = 0$，于是有

$$|z_1 + z_2| = \sqrt{(x_1 + x_2)^2 + (y_1 + y_2)^2}$$
$$= \sqrt{x_1^2 + y_1^2 + x_2^2 + y_2^2 + 2(x_1 x_2 + y_1 y_2)} = 2.$$

设复数 $z_1 + z_2$ 对应的点为 P，P 在以原点为圆心，2 为半径的圆上. 由 $|z_1 + z_2 - z_3| = 1$，即 $|z_3 - (z_1 + z_2)| = 1$ 知，点 Z_3 在以 P 为圆心，1 为半径的圆上.

又 $|OP| = 2$，$||OP| - 1| \leqslant |OZ_3| \leqslant |OP| + 1$，即 $2 - 1 \leqslant |OZ_3| \leqslant 2 + 1$，

$\therefore 1 \leqslant |z_3| \leqslant 3$.

故 $|z_3|$ 的取值范围是 $[1, 3]$.

评注：复数很好地把代数求值（或求范围）与几何变换联系起来，体现了数学中数与形的相互转化，而在其中，复数起了很好的桥梁作用.

复数是高中代数中一个很有特色的重要内容，复数的引入是中学阶段数系的又一次扩充，这不仅发展和完善了数集理论，而且从新的途径、新的视角沟通了数学各模块间的联系，因而使得在高考和数学竞赛中常有关于复数的考题，其思想方法能发散学生的思维，开阔学生的思路. 本文通过复数知识在数学解题中的运用，及其对学生思维的开拓作用，来彰显复数的教学价值.

3.2 构造复数巧解有关最值与不等式问题

有关二次根号下含两项平方和的无理函数的最值或无理不等式的问题，用常规方法去求解一般都比较困难，我们观察发现它们与复数的模有着内在的联系，于是我们想构造复数，利用复数集内的绝对值三角不等式来解决此类问题，这种解法新颖、独特．

1. 复数集内的绝对值三角不等式

设 $z_1, z_2 \in \mathbf{C}$，且 $z_1 = a_1 + b_1 \mathrm{i}, z_2 = a_2 + b_2 \mathrm{i}(a_1, a_2, b_1, b_2 \in \mathbf{R})$，则有

(1) $||z_1| - |z_2|| \leqslant |z_1 + z_2| \leqslant |z_1| + |z_2|$；

(2) $||z_1| - |z_2|| \leqslant |z_1 - z_2| \leqslant |z_1| + |z_2|$．

对于(1)，不等式左边在复数 z_1、z_2 对应的向量 (a_1, b_1)、(a_2, b_2) 共线且反向时取等号，即 $\begin{cases} a_1 b_2 - a_2 b_1 = 0, \\ b_1 b_2 \leqslant 0 \end{cases}$（当 $a_2 b_2 \neq 0$ 时，$\dfrac{a_1}{a_2} = \dfrac{b_1}{b_2} \leqslant 0$）；不等式右边在复数 z_1、z_2 对应的向量共线且同向时取等号，即 $\begin{cases} a_1 b_2 - a_2 b_1 = 0, \\ b_1 b_2 \geqslant 0 \end{cases}$（当 $a_2 b_2 \neq 0$ 时，$\dfrac{a_1}{a_2} = \dfrac{b_1}{b_2} \geqslant 0$）．

对于(2)，不等式左边在复数 z_1、z_2 对应的向量 (a_1, b_1)、(a_2, b_2) 共线且同向时取等号，即 $\begin{cases} a_1 b_2 - a_2 b_1 = 0, \\ b_1 b_2 \geqslant 0 \end{cases}$（当 $a_2 b_2 \neq 0$ 时，$\dfrac{a_1}{a_2} = \dfrac{b_1}{b_2} \geqslant 0$）；不等式右边在复数 z_1、z_2 对应的向量共线且反向时取等号，即 $\begin{cases} a_1 b_2 - a_2 b_1 = 0, \\ b_1 b_2 \leqslant 0 \end{cases}$（当 $a_2 b_2 \neq 0$ 时，$\dfrac{a_1}{a_2} = \dfrac{b_1}{b_2} \leqslant 0$）．

2. 构造复数巧解最值与不等式问题

例 1 设 $x, y \in \mathbf{R}$，求函数 $z = \sqrt{x^2 + y^2 - 2x - 2y + 2} + \sqrt{x^2 + y^2 - 4x + 4}$ 的最小值，并说明此时变量 x、y 所满足的条件．

解：$z = \sqrt{(x-1)^2 + (1-y)^2} + \sqrt{(2-x)^2 + y^2}$．

设 $z_1 = (x-1) + (1-y)i$，$z_2 = (2-x) + yi$，则 $z_1 + z_2 = 1 + i$，$|z_1| = \sqrt{(x-1)^2 + (1-y)^2}$，$|z_2| = \sqrt{(2-x)^2 + y^2}$.

∵ $z = |z_1| + |z_2| \geqslant |z_1 + z_2| = |1 + i| = \sqrt{2}$，∴ $z_{\min} = \sqrt{2}$.

等号取得的条件是 $\begin{cases} (x-1) \cdot y - (1-y)(2-x) = 0, \\ (1-y) \cdot y \geqslant 0 \end{cases} \Leftrightarrow x + y = 2(0 \leqslant y \leqslant 1)$，函数 z 取得最小值时变量 x,y 所满足的条件是 $x + y = 2(1 \leqslant x \leqslant 2)$.

评注：本题在构造复数时，注意使 $z_1 + z_2$ 尽可能是常数，若做不到，也要使 $z_1 + z_2$ 中的变量尽可能少.

例 2 已知 $a,b \in \mathbf{R}$，求证：

$$\sqrt{a^2 + b^2} + \sqrt{(1-a)^2 + b^2} + \sqrt{a^2 + (1-b)^2} + \sqrt{(1-a)^2 + (1-b)^2} \geqslant 2\sqrt{2}.$$

证明：设 $z_1 = a + bi$，$z_2 = (1-a) + bi$，$z_3 = a + (1-b)i$，$z_4 = (1-a) + (1-b)i$，则 $|z_1| = \sqrt{a^2 + b^2}$，$|z_2| = \sqrt{(1-a)^2 + b^2}$，$|z_3| = \sqrt{a^2 + (1-b)^2}$，$|z_4| = \sqrt{(1-a)^2 + (1-b)^2}$，$|z_1| + |z_2| + |z_3| + |z_4| \geqslant |z_1 + z_2 + z_3 + z_4| = |2 + 2i| = 2\sqrt{2}$，故 $\sqrt{a^2 + b^2} + \sqrt{(1-a)^2 + b^2} + \sqrt{a^2 + (1-b)^2} + \sqrt{(1-a)^2 + (1-b)^2} \geqslant 2\sqrt{2}$ 成立.

评注：本题关键是合理构造复数，使 $z_1 + z_2 + z_3 + z_4$ 为已知复数，当复数 z_1、z_2、z_3、z_4 对应的向量是同向时取得等号.

例 3 求函数 $y = \sqrt{x^4 - 32x + 80} + x^2 + 4$ 的最小值和取得最小值时 x 的值.

解：$y = \sqrt{(x^2 - 8)^2 + (4x - 4)^2} + \sqrt{(x^2 + 4)^2}$.

设 $z_1 = (x^2 - 8) + (4x - 4)i$，$z_2 = x^2 + 4(x \in \mathbf{R})$，则

$y = |z_1| + |z_2| \geqslant |z_1 - z_2| = |(x^2 - 8) + (4x - 4)i - (x^2 + 4)| = |-12 + (4x - 4)i| = \sqrt{(-12)^2 + (4x - 4)^2} \geqslant 12.$

当且仅当 $x = 1$ 时，$y_{\min} = 12$.

评注：本题关键是观察发现将 $x^4 - 32x + 80$ 巧妙配成两个完全平方项 $(x^2 - 8)^2 + (4x - 4)^2$，从而将原函数转化为两个复数模的和，利用复数集内的绝对值三角不等式 $|z_1| + |z_2| \geqslant |z_1 - z_2|$，问题迎刃而解.

例 4 函数 $y = \sqrt{x^2 + 1} - \sqrt{(x-1)^2 + 4}$ 是否存在最大值？若有最大值，请求出；若没有最大值，请说明理由.

解：设 $z_1 = x + i$，$z_2 = 1 - x - 2i(x \in \mathbf{R})$，$y = \sqrt{x^2 + 1} - \sqrt{(x-1)^2 + 4} = |z_1| - |z_2| \leqslant |z_1 + z_2| = |1 - i| = \sqrt{2}$.

上式取得等号的条件是 $\begin{cases} x(-2) - (1-x) \times 1 = 0, \\ x^2 + 1 \geqslant (x-1)^2 + 4 \end{cases} \Leftrightarrow \begin{cases} x = -1, \\ x \geqslant 2, \end{cases}$ 无解.

故上式等号不成立，因此函数 $y = \sqrt{x^2+1} - \sqrt{(x-1)^2+4}$ 没有最大值.

评注：根据取等号的条件引进复数是解决本题的一个关键，若利用 $y = |z_1| - |z_2| \leqslant |z_1 - z_2|$，则 z_1、z_2 对应向量同向时取等号，不妨设 $z_1 = x+\mathrm{i}$，$z_2 = x-1+2\mathrm{i}$，$z_1 - z_2 = 1-\mathrm{i}$，$|z_1 - z_2| = \sqrt{2}$，结果同上.

构造复数解题是一种重要而灵活的思维方式，它没有固定的模式. 要想用好它，需要有敏锐的观察、丰富的联想、灵活的构造、创造性的思维等能力，由于这种构造法异于常规的思维，因此掌握起来有一定难度，但它能简化推理和运算过程，具有直观、简洁、明快的特点，同时可培养学生的思维能力，激发学生的数学学习兴趣. 应用好构造复数解题的关键有二：一是要有明确的方向，即为什么目的而构造；二是要弄清条件的本质特点，引进复数时要充分考虑取等号的条件，以便重新进行逻辑组合.

第4章 三角函数

知识点导语

1. 对于三角函数的图像与性质要从根本上去理解和掌握，要充分运用数形结合的思想，把图像与性质结合起来，即利用图像的直观性得出函数的性质，同时反过来也要能利用函数的性质来描绘函数的图像. 求解三角函数的单调性、奇偶性、周期性、对称性等问题时，一般都要经过三角恒等变换，转化为 $y = A\sin(\omega x + \varphi) + b, y = A\cos(\omega x + \varphi) + b$ 型等，然后根据基本函数 $y = \sin x, y = \cos x$ 等相关的性质进行求解.

2. 解三角形与三角形中的三角变换，事实上是有条件的三角式的计算与证明，正弦定理、余弦定理、勾股定理是解题的基础，面积公式活跃其中.

3. 设 $\triangle ABC$ 三边分别为 a、b、c，R 为 $\triangle ABC$ 外接圆的半径，r 为 $\triangle ABC$ 内切圆的半径，$p = \dfrac{a+b+c}{2}$，记 h_a 为 $\triangle ABC$ 的 BC 边上的高. 那么三角形 $\triangle ABC$ 面积为：

(1) $S_\triangle = \dfrac{1}{2}ah_a$；(2) $S_\triangle = \dfrac{1}{2}ab\sin C = \dfrac{1}{2}ac\sin B = \dfrac{1}{2}bc\sin A$；

(3) $S_\triangle = \sqrt{p(p-a)(p-b)(p-c)}$；(4) $S_\triangle = pr$；(5) $S_\triangle = \dfrac{abc}{4R}$；

(6) $S_\triangle = 2R^2\sin A\sin B\sin C$；

(7) $S_\triangle = \dfrac{a^2}{2} \cdot \dfrac{\sin B\sin C}{\sin(B+C)} = \dfrac{b^2}{2} \cdot \dfrac{\sin A\sin C}{\sin(A+C)} = \dfrac{c^2}{2} \cdot \dfrac{\sin A\sin B}{\sin(A+B)}$；

(8) $S_\triangle = \dfrac{1}{2}\sqrt{(|\overrightarrow{AB}| \cdot |\overrightarrow{AC}|)^2 - (\overrightarrow{AB} \cdot \overrightarrow{AC})^2}$；

(9) $S_\triangle = \dfrac{1}{2}|x_1y_2 - x_2y_1|$，其中 $\overrightarrow{AB} = (x_1, y_1), \overrightarrow{AC} = (x_2, y_2)$.

4. 解决三角恒等式问题要注意四大变化：①角度的变化；②三角函数名的变化；③幂的变化；④结构的变化.

4.1 适当划分象限 巧寻角的范围

由同角异名三角函数值的大小，寻求角的范围问题，常借用三角函数图像，可是这样做比较麻烦，而且学生处理此类问题有一定的困难，同时也容易出差错．如果我们根据三角函数角的终边位置不同其取值大小对应不同，对坐标平面进行适当划分，用来解决角与同角异名三角函数值大小关系问题，不但优化解题过程，减少运算量，提高解题速度，而且还能提高解题的准确率．

1. 划分象限

如图 4.1(a)所示：
(1)当角 α 的终边在图的阴影部分(不含边界)时，$\sin\alpha > \cos\alpha$；
(2)当角 α 的终边在图的空白部分(不含边界)时，$\cos\alpha > \sin\alpha$；
(3)当角 α 的终边在 $y = x$ 上时，$\sin\alpha = \cos\alpha$．

如图 4.1(b)所示：
(1)当角 α 的终边在图的阴影部分(不含边界)时，$|\sin\alpha| > |\cos\alpha|$；
(2)当角 α 的终边在图的空白部分(不含边界)时，$|\cos\alpha| > |\sin\alpha|$；
(3)当角 α 的终边在 $y = \pm x$ 上时，$|\sin\alpha| = |\cos\alpha|$．

如图 4.1(c)所示：
(1)当角 α 的终边在图的阴影部分(不含边界)时，$\tan\alpha > \cot\alpha$；
(2)当角 α 的终边在图的空白部分(不含边界)时，$\cot\alpha > \tan\alpha$；
(3)当角 α 的终边在 $y = \pm x$ 上时，$\tan\alpha = \cot\alpha$．

如图 4.1(d)所示：
(1)当角 α 的终边在图的阴影部分(不含 $y = \pm x$ 及坐标轴)时，$|\tan\alpha| > |\cot\alpha|$；
(2)当角 α 的终边在图的空白部分(不含 $y = \pm x$ 及坐标轴)时，$|\cot\alpha| > |\tan\alpha|$；
(3)当角 α 的终边在 $y = \pm x$ 上时，$|\tan\alpha| = |\cot\alpha|$．

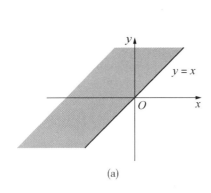

(a)

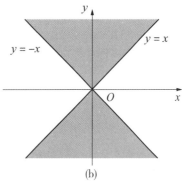

(b)

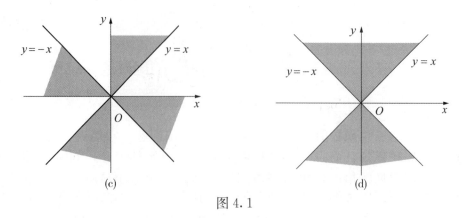

图 4.1

当 $x \in [0, 2\pi]$ 时，在同一坐标系内作出函数 $y = \sin x$ 和 $y = \cos x$ 的图像，可知当 $x \in \left(\dfrac{\pi}{4}, \dfrac{5\pi}{4}\right)$ 时，$\sin\alpha > \cos\alpha$；当 $x \in \left[0, \dfrac{\pi}{4}\right) \cup \left(\dfrac{5\pi}{4}, 2\pi\right]$ 时，$\cos\alpha > \sin\alpha$.

其他结论均可通过在同一坐标系内作出二者三角函数的图像（图 4.2）得到.

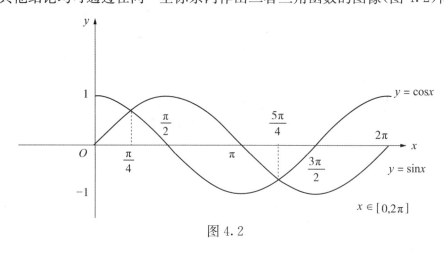

图 4.2

2. 应用举例

适当划分象限，利用数形结合的思想，由同角异名三角函数值的大小可巧妙解决角的范围问题，下面举几例说明之.

例 1　满足 $\tan\alpha \geqslant \cot\alpha$ 的 α 的一个取值区间是（　　）.

A. $\left(0, \dfrac{\pi}{4}\right)$　　　B. $\left[0, \dfrac{\pi}{4}\right)$　　　C. $\left[\dfrac{\pi}{4}, \dfrac{\pi}{2}\right)$　　　D. $\left[\dfrac{\pi}{4}, \dfrac{\pi}{2}\right]$

解：$\because \tan\alpha \geqslant \cot\alpha$，$\therefore \alpha$ 的终边在图 4.1(c) 中阴影部分，含 $y = \pm x$，故选 C.

评注：本题是选择题，只需选出一个满足题意的取值区间即可. 若是填空题，由图 4.1(c) 可知 $\alpha \in \left[\dfrac{\pi}{4} + \dfrac{k\pi}{2}, \dfrac{\pi}{2} + \dfrac{k\pi}{2}\right)(k \in \mathbf{Z})$.

例2 已知 $P(\sin\alpha-\cos\alpha,\tan\alpha)$ 在第一象限，则在 $[0,2\pi)$ 内 α 的取值范围是（ ）.

A. $\left(\dfrac{\pi}{2},\dfrac{3\pi}{4}\right)\cup\left(\pi,\dfrac{5\pi}{4}\right)$　　　　B. $\left(\dfrac{\pi}{4},\dfrac{\pi}{2}\right)\cup\left(\pi,\dfrac{5\pi}{4}\right)$

C. $\left(\dfrac{\pi}{2},\dfrac{3\pi}{4}\right)\cup\left(\dfrac{5\pi}{5},\dfrac{3\pi}{2}\right)$　　　　D. $\left(\dfrac{\pi}{4},\dfrac{\pi}{2}\right)\cup\left(\dfrac{3\pi}{4},\pi\right)$

解：∵ 点 P 在第一象限，∴ $\begin{cases}\sin\alpha-\cos\alpha>0,\\\tan\alpha>0,\end{cases}$ 即 $\begin{cases}\sin\alpha>\cos\alpha,\\\tan\alpha>0.\end{cases}$

由 $\begin{cases}\sin\alpha>\cos\alpha,\\0\leqslant\alpha<2\pi\end{cases}$ 得 $\alpha\in\left(\dfrac{\pi}{4},\dfrac{5\pi}{4}\right)$. 又 $\tan\alpha>0$，∴ α 的终边在第一或第三象限.

综上所述，$\alpha\in\left(\dfrac{\pi}{4},\dfrac{\pi}{2}\right)\cup\left(\pi,\dfrac{5\pi}{4}\right)$. 故选 B.

评注：由题意知 $\tan\alpha>0$，即 $\tan\alpha$ 的值是存在的，故在 $[0,2\pi)$ 内 $\alpha\neq\dfrac{\pi}{2}$ 且 $\alpha\neq\dfrac{3\pi}{2}$.

例3 若 $\sin\alpha<\cos\alpha$ 且 $|\tan\alpha|\geqslant|\cot\alpha|$，在 $(0,2\pi)$ 内 α 的取值范围是_____.

解：由 $\sin\alpha<\cos\alpha$ 知 α 的终边在图 4.1(a)的空白处（不含边界），又由 $|\tan\alpha|\geqslant|\cot\alpha|$ 知 α 的终边在图 4.1(d)的阴影部分（含 $y=\pm x$ 但不含坐标轴）. 综合可知 $\alpha\in\left(\dfrac{5\pi}{4},\dfrac{3\pi}{2}\right)\cup\left(\dfrac{3\pi}{2},\dfrac{7\pi}{4}\right]$.

评注：当 α 的终边在 y 轴上时，$\tan\alpha$ 无意义；虽然由 $|\tan\alpha|=|\cot\alpha|$ 得 α 的终边可在 $y=\pm x$ 上，但 $\sin\alpha\neq\cos\alpha$，α 的终边不能在 $y=x$ 上，故 α 取不到 $\dfrac{5\pi}{4}$，可取到 $\dfrac{7\pi}{4}$.

例4 设 $\cos2\theta<0$ 且 $\cot\theta>\tan\theta$，那么 θ 的取值范围是_____.

解：由 $\cos2\theta<0$，即 $\cos^2\theta-\sin^2\theta<0$，得 $|\cos\theta|<|\sin\theta|$，∴ θ 的终边在图 4.1(b)中阴影部分（不含边界）. 又∵ $\cot\theta>\tan\theta$，∴ θ 的终边又在图 4.1(c)中的空白处（不含边界），故 $\theta\in\left(\dfrac{\pi}{2}+k\pi,\dfrac{3\pi}{4}+k\pi\right)(k\in\mathbf{Z})$.

评注：这里 θ 是满足题意的任意角，故要考虑角 θ 的所有取值区间.

从以上几例我们不难发现，适当划分象限，可巧寻角的范围. 这种解题方法能降低思维强度，简化推理和运算过程，具有直观、简洁、明快的特点.

4.2 借用三角换元巧解几类数学题

三角换元是一种用三角函数代替问题中的字母，然后利用三角函数之间的关系而达到解题目的的一种代换方法．合理的三角换元，不仅能化繁为简，化难为易，而且能启迪学生思维，拓宽视野，激发学生学习热情．

1. 妙解有关整式问题

例 1　实数 x、y 满足 $4x^2 - 5xy + 4y^2 = 5$，若 $S = x^2 + y^2$，记 S 的最大值为 p，S 的最小值为 q，则 $\dfrac{1}{p} + \dfrac{1}{q} = $ _____．

解：不妨设 $x = \sqrt{S}\cos\theta, y = \sqrt{S}\sin\theta$，代入 $4x^2 - 5xy + 4y^2 = 5$，可得

$S(4\cos^2\theta - 5\sin\theta\cos\theta + 4\sin^2\theta) = 5$，$S = \dfrac{5}{4 - \dfrac{5}{2}\sin2\theta}$，则 $p = \dfrac{10}{3}, q = \dfrac{10}{13}$．

故 $\dfrac{1}{p} + \dfrac{1}{q} = \dfrac{8}{5}$．

评注：条件 $x^2 + y^2 = S$ 让我们联想到圆的参数方程，利用三角换元，反解出 S，结合正弦函数的有界性，求得 p, q．其思想方法可谓匠心独运，令人赞叹！

例 2　已知 $x^2 + y^2 \leqslant 1$，求 $x^2 + 4xy - y^2$ 的最大值．

解：设 $x = r\cos\theta, y = r\sin\theta, 0 \leqslant r \leqslant 1$，则

$x^2 + 4xy - y^2 = r^2(\cos^2\theta + 4\sin\theta\cos\theta - \sin^2\theta)$

$= r^2(\cos2\theta + 2\sin2\theta) = \sqrt{5}r^2\sin(2\theta + \varphi) \leqslant \sqrt{5}r^2 \leqslant \sqrt{5}$．

当且仅当 $r = 1, \sin(2\theta + \varphi) = 1$ 时，$x^2 + 4xy - y^2$ 取到最大值 $\sqrt{5}$．

评注：不等式 $x^2 + y^2 \leqslant 1$ 表示单位圆面，让我们联想到单位圆，该式启发我们类比圆的参数方程，借用三角换元，将代数问题转化为三角问题，再用三角运算问题迎刃而解．特别注意，例 1 与例 2 因题目条件中结构式不同，而采用的处理方法有别．

2. 妙解有关根式问题

例 3　已 知 实 数 x、y 满 足 $17(x^2 + y^2) - 30xy - 16 = 0$，则 $\sqrt{16x^2 + 4y^2 - 16xy - 12x + 6y + 9}$ 的最大值是（　　）．

A. 7　　　　　B. $\sqrt{29}$　　　　　C. $\sqrt{19}$　　　　　D. 3

解：由 $17(x^2+y^2)-30xy-16=0$ 得 $(x+y)^2+16(x-y)^2=16$，即

$\left(\dfrac{x+y}{4}\right)^2+(x-y)^2=1.$ 令 $\begin{cases} x+y=4\cos\theta, \\ x-y=\sin\theta, \end{cases}$ 则

$$\begin{aligned} f(x,y) &= \sqrt{16x^2+4y^2-16xy-12x+6y+9} \\ &= \sqrt{(4x-2y)^2-3(4x-2y)+9} \\ &= \sqrt{[3(x-y)+(x+y)]^2-3[3(x-y)+(x+y)]+9} \\ &= \sqrt{(3\sin\theta+4\cos\theta)^2-3(3\sin\theta+4\cos\theta)+9} \\ &= \sqrt{[5\sin(\theta+\alpha)]^2-3[5\sin(\theta+\alpha)]+9}, \end{aligned}$$

其中 $\sin\alpha=\dfrac{4}{5}$，$\cos\alpha=\dfrac{3}{5}$。

当 $\theta=\dfrac{3\pi}{2}-\alpha$，即 $\sin(\theta+\alpha)=-1$ 时，$f(x,y)$ 取最大值 7. 故选 A.

评注：根据题设条件，经过恰当配方出现平方和为常数的关系式，于是想到三角换元. 特别注意的是，$4x-2y$ 巧妙变形为 $3(x-y)+(x+y)$，为整体代入换元创造了有利条件. 其构思巧妙，方法新颖，独辟蹊径.

例 4　设 $x,y\in[0,1]$，函数 $f(x,y)=x\sqrt{1-y}+y\sqrt{1-x}$ 的最大值是_____.

解：$\because x,y\in[0,1]$，$\therefore x\leqslant\sqrt{x}$，$y\leqslant\sqrt{y}$. 令 $x=\sin^2\alpha$，$y=\sin^2\beta$，α、$\beta\in\left[0,\dfrac{\pi}{2}\right]$，于是 $f(x,y)=x\sqrt{1-y}+y\sqrt{1-x}\leqslant\sqrt{x(1-y)}+\sqrt{y(1-x)}$

$=\sin\alpha\cos\beta+\cos\alpha\sin\beta=\sin(\alpha+\beta)\leqslant 1$，当且仅当 $\alpha+\beta=\dfrac{\pi}{2}$，并且 $x=\sqrt{x}$，$y=\sqrt{y}$，即 $\{x,y\}=\{0,1\}$ 时取等号. 故 $f(x,y)$ 的最大值是 1.

评注：由 x、$y\in[0,1]$ 这个隐含条件，可得 $x\leqslant\sqrt{x}$，$y\leqslant\sqrt{y}$，于是将 $f(x,y)=x\sqrt{1-y}+y\sqrt{1-x}$ 放缩变形，然后再巧妙进行三角换元去掉根号. 方法独特，富有创意，充分彰显了三角换元的无穷魅力！

例 5　函数 $f(x)=\sqrt{3x-6}+\sqrt{3-x}$ 的值域是_____.

解：函数 $f(x)=\sqrt{3x-6}+\sqrt{3-x}$ 的定义域为 $[2,3]$，故可设 $x=2+\sin^2\alpha\left(0\leqslant\alpha\leqslant\dfrac{\pi}{2}\right)$，则

$$f(x)=\sqrt{3\sin^2\alpha}+\sqrt{1-\sin^2\alpha}=\sqrt{3}\sin\alpha+\cos\alpha=2\sin\left(\alpha+\dfrac{\pi}{6}\right).$$

又 $\dfrac{\pi}{6}\leqslant\alpha+\dfrac{\pi}{6}\leqslant\dfrac{2\pi}{3}$，则 $\dfrac{1}{2}\leqslant\sin\left(\alpha+\dfrac{\pi}{6}\right)\leqslant 1$，$\therefore 1\leqslant f(x)\leqslant 2$. 故 $f(x)$ 值

域是 $[1,2]$.

评注：本题为一道含有两个根式，且求无理函数的值域问题，直接进行代数变形相当困难. 如果本题单纯是求最大值，则可考虑用柯西不等式求解. 经观察、分析式子的结构特征，$f(x) = \sqrt{3} \cdot \sqrt{x-2} + \sqrt{3-x}$，发现 $(\sqrt{x-2})^2 + (\sqrt{3-x})^2 = 1$，令 $\sqrt{x-2} = \sin\alpha$，即 $x = 2 + \sin^2\alpha \left(0 \leqslant \alpha \leqslant \frac{\pi}{2}\right)$，可将无理函数转化为三角函数，其三角换元，实乃新奇，构思精巧，意境高远.

例 6 函数 $y = x(1+\sqrt{1-x^2})$ 的最大值是＿＿＿＿＿＿＿＿.

解：函数定义域是 $[-1,1]$. 原函数是奇函数，要求函数 y 的最大值，不妨设 $0 < x \leqslant 1$. 令 $x = \sin\alpha, \alpha \in \left(0, \frac{\pi}{2}\right]$，则 $y = \sin\alpha(1+\cos\alpha)$，对变量 α 求导得 $y' = \cos\alpha(1+\cos\alpha) + \sin\alpha(-\sin\alpha) = \cos\alpha + \cos2\alpha$.

再令 $y' = 0$，即 $\cos\alpha + \cos2\alpha = 0$，得 $\alpha = \pi - 2\alpha$，$\therefore \alpha = \frac{\pi}{3}$.

当 $\alpha \in \left(0, \frac{\pi}{3}\right)$ 时，$y' > 0$，y 递增；当 $\alpha \in \left(\frac{\pi}{3}, \frac{\pi}{2}\right)$ 时，$y' < 0$，y 递减. 故当 $\alpha = \frac{\pi}{3}$，即 $x = \frac{\sqrt{3}}{2}$ 时，$y_{\max} = \frac{3\sqrt{3}}{4}$.

评注：本题条件中函数式的结构特征，我们不难想到三角换元，但巧用函数的奇偶性及导数的手段来求最大值，是很有创意的，且让人耳目一新.

3. 妙解有关绝对值问题

例 7 已知集 $A = \left\{(x,y) \,\middle|\, (x-1)^2 + (y-2)^2 \leqslant \frac{4}{5}\right\}$，$B = \{(x,y) \mid |x-1| + 2|y-2| \leqslant a\}$，且 $A \subseteq B$，则实数 a 的取值范围是＿＿＿＿＿＿＿.

解：不妨设 $x-1 = x_1, y-2 = y_1$，则

$$A = \left\{(x_1,y_1) \,\middle|\, x_1^2 + y_1^2 \leqslant \frac{4}{5}\right\}, B = \{(x_1,y_1) \mid |x_1| + 2|y_1| \leqslant a\}.$$

令 $x_1 = t\cos\theta, y_1 = t\sin\theta, 0 \leqslant \theta \leqslant 2\pi, 0 \leqslant t \leqslant \frac{2}{\sqrt{5}}$，则

$$|x_1| + 2|y_1| = t|\cos\theta| + 2t|\sin\theta| \leqslant \sqrt{5}t \leqslant 2.$$

由 $A \subseteq B$，可知 $a \geqslant 2$.

评注：本题进行了两次换元，我们不难发现，借用三角换元的关键在于通过对题中条件或结构的有规律的"模式识别"，充分利用题目中的有效信息，积极思考，巧用化归与转化思想，构建合适合理的解题方法.

例 8 已知 x、$y \in \mathbf{R}, 2x^2 + 3y^2 \leqslant 12$，则 $|x+2y|$ 的最大值为＿＿＿＿＿.

解：由 $2x^2 + 3y^2 \leqslant 12$ 得 $\dfrac{x^2}{6} + \dfrac{y^2}{4} \leqslant 1$. 令 $\begin{cases} \dfrac{x}{\sqrt{6}} = r\cos\theta, \\ \dfrac{y}{2} = r\sin\theta \end{cases}$ $(|r| \leqslant 1)$，则

$|x + 2y| = |\sqrt{6}r\cos\theta + 4r\sin\theta| = |\sqrt{22}r\sin(\theta + \varphi)| \leqslant \sqrt{22}|r| \leqslant \sqrt{22}$，当且仅当 $\sin(\theta + \varphi) = 1$ 且 $|r| = 1$ 时取等号. 故 $|x + 2y|$ 的最大值为 $\sqrt{22}$.

评注：本题除了借用三角换元求解外，题目结构特征也容易让我们油然而然地想到用柯西不等式求解：$|x + 2y|^2 = \left(\dfrac{1}{\sqrt{2}} \cdot \sqrt{2}x + \dfrac{2}{\sqrt{3}} \cdot \sqrt{3}y \right)^2 \leqslant \left(\dfrac{1}{2} + \dfrac{4}{3} \right)$ $(2x^2 + 3y^2) \leqslant 22$，故 $|x + 2y| \leqslant \sqrt{22}$. 这两种解法都简洁明快，自然流畅，丰富了学生的解题思想.

4. 妙解有关解几问题

例 9　任作椭圆 $\dfrac{x^2}{25} + \dfrac{y^2}{9} = 1$ 的一条切线，与椭圆的两条对称轴分别交于点 A、B，则线段 AB 长度的最小值是＿＿＿＿＿＿＿.

解：设切点为 $P(5\cos\theta, 3\sin\theta)$，则椭圆在点 P 处的切线方程为 $\dfrac{\cos\theta}{5}x + \dfrac{\sin\theta}{3}y = 1$，它与 x 轴交于 $A\left(\dfrac{5}{\cos\theta}, 0 \right)$，与 y 轴交于 $B\left(0, \dfrac{3}{\sin\theta} \right)$，$\therefore |AB|^2 = \left(\dfrac{5}{\cos\theta} \right)^2 + \left(\dfrac{3}{\sin\theta} \right)^2$.

由柯西不等式得 $\left(\dfrac{5}{\cos\theta} \right)^2 + \left(\dfrac{3}{\sin\theta} \right)^2 = \left[\left(\dfrac{5}{\cos\theta} \right)^2 + \left(\dfrac{3}{\sin\theta} \right)^2 \right](\cos^2\theta + \sin^2\theta) \geqslant \left[\left(\dfrac{5}{\cos\theta} \right) \cdot \cos\theta + \left(\dfrac{3}{\sin\theta} \right) \cdot \sin\theta \right]^2 = (5 + 3)^2 = 64$，$\therefore |AB| \geqslant 8$，当 $\dfrac{5}{\cos^2\theta} = \dfrac{3}{\sin^2\theta}$，即 $\tan^2\theta = \dfrac{3}{5}$ 时，等号成立.

故线段 AB 长度的最小值是 8.

评注：利用椭圆的参数方程，易设切点坐标 $P(5\cos\theta, 3\sin\theta)$，从而得出椭圆的切线方程，弦长 $|AB|$ 即可用三角函数表示，再巧用柯西不等式，问题的瓶颈得到了实质性的突破！

一些数学试题看似新奇，构思精巧，意境深远，往往通过联想、类比、变形，便可发现这些考题植根于三角函数，巧妙地运用三角换元，将问题进行有效的转化和化归，不仅降低了解题难度，而且提高了解题效率，从而达到事半功倍的效果！

4.3 三角换元的奇思与妙想

换元是一种经典的数学思想方法，而三角换元则是数学解题中常见的换元技巧，它主要是利用已知代数式与三角知识中的某点联系进行换元. 灵活地运用三角换元可将数学问题进行有效的转化和化归，往往能化繁为简，化难为易，且能帮助我们找到解决问题的途径. 本文列举几例阐述三角换元法在求解数学问题中的奇思与妙想，供同学们学习参考.

例 1 设 x,y 为实数，且满足 $x^2+2xy-y^2=7$，求 x^2+y^2 的最小值.

解： 设 $x^2+y^2=t^2$，令 $x=t\cos\theta,y=t\sin\theta$，代入 $x^2+2xy-y^2=7$ 中，得 $t^2(\cos^2\theta-\sin^2\theta)+t^2\sin2\theta=7$，即 $t^2(\cos2\theta+\sin2\theta)=7$，于是 $t^2=\dfrac{7}{\cos2\theta+\sin2\theta}$，

$(t^2)_{\min}=\dfrac{7}{\sqrt{2}}=\dfrac{7\sqrt{2}}{2}$. 故 x^2+y^2 的最小值是 $\dfrac{7\sqrt{2}}{2}$.

评注： 本题条件中的" xy "项让人戛然而止，从条件出发直接求 x^2+y^2 的最小值简直做不下去，于是逆向思考，设 $x^2+y^2=t^2$ 让我们联想到圆的方程，借鉴圆的参数方程换元，这种逆向思维让此题豁然开朗.

例 2 （第 60 届捷克斯洛伐克数学奥林匹克决赛试题）若实数 x、y、z 满足：$x+y+z=12,x^2+y^2+z^2=54$，分别求 xy,yz,zx 的最大值和最小值.

解： $x^2+y^2=54-z^2$，设 $x=\sqrt{54-z^2}\sin\alpha,y=\sqrt{54-z^2}\cos\alpha$.

代入 $x+y+z=12$，得 $\sqrt{54-z^2}\sin\alpha+\sqrt{54-z^2}\cos\alpha=12-z$，由柯西不等式得 $(12-z)^2\leqslant\left[(\sqrt{54-z^2})^2+(\sqrt{54-z^2})^2\right](\sin^2\alpha+\cos^2\alpha)$，即 $z^2-8z+12\leqslant0$，解得 $2\leqslant z\leqslant6$.

又 $xy=\dfrac{1}{2}\left[(x+y)^2-(x^2+y^2)\right]=\dfrac{1}{2}\left[(12-z)^2-(54-z^2)\right]=z^2-12z+45=(z-6)^2+9$，从而有 $9\leqslant xy\leqslant25$. 同理，$9\leqslant yz\leqslant25,9\leqslant zx\leqslant25$，故 xy,yz,zx 的最大值均为 25，最小值均为 9.

评注： 将 $x^2+y^2+z^2=54$ 变形为 $x^2+y^2=54-z^2$，视 $54-z^2$ 为常数. 于是挖掘出隐藏的三角函数的平方关系，借用三角换元：$x=\sqrt{54-z^2}\sin\alpha,y=\sqrt{54-z^2}\cos\alpha$，给本题的解决带来了转机，其方法新颖，富有创造性，令人赞叹不已！

例 3 已知函数 $f(x)=\sqrt{1-x}+\sqrt{x+3}$ 的最大值为 M，最小值为 N，则 $\dfrac{M}{N}$

的值为_____.

解：令 $\sqrt{1-x}=s,\sqrt{x+3}=t$，则 $s^2+t^2=4(s\geqslant 0,t\geqslant 0)$.

于是设 $s=2\cos\theta,t=2\sin\theta,\theta\in\left[0,\dfrac{\pi}{2}\right]$，则 $f(x)=\sqrt{1-x}+\sqrt{x+3}=s+t=2\cos\theta+2\sin\theta=2\sqrt{2}\sin\left(\theta+\dfrac{\pi}{4}\right)$. $\because\theta\in\left[0,\dfrac{\pi}{2}\right],\therefore\theta+\dfrac{\pi}{4}\in\left[\dfrac{\pi}{4},\dfrac{3\pi}{4}\right]$，$\sin\left(\theta+\dfrac{\pi}{4}\right)\in\left[\dfrac{\sqrt{2}}{2},1\right]$，$\therefore f(x)\in[2,2\sqrt{2}]$.

于是 $M=2\sqrt{2},N=2,\dfrac{M}{N}=\sqrt{2}$.

评注：本题实质上是求无理式函数的最值问题，将无理式转化成有理式是解此题的关键，通过平方、换元将其变形为我们熟悉的函数类型，观察得 $(\sqrt{1-x})^2+(\sqrt{x+3})^2=4$，不难让我们联想到三角换元.

例 4　设 x、$y\in\mathbf{R}$ 满足 $x-6\sqrt{y}-4\sqrt{x-y}+12=0$，则 x 的取值范围为_____.

解：由 $x-6\sqrt{y}-4\sqrt{x-y}+12=0$，得 $(x-y-4\sqrt{x-y}+4)+(y-6\sqrt{y}+9)-1=0$，即 $(\sqrt{x-y}-2)^2+(\sqrt{y}-3)^2=1$.

令 $\sqrt{x-y}-2=\cos\theta,\sqrt{y}-3=\sin\theta,\theta\in[0,2\pi]$，则

$x=(\sqrt{x-y})^2+(\sqrt{y})^2=(2+\cos\theta)^2+(3+\sin\theta)^2=14+\sqrt{52}\sin(\theta+\varphi)$

$\left(\sin\varphi=\dfrac{2}{\sqrt{13}},\cos\varphi=\dfrac{3}{\sqrt{13}}\right)$，

$\therefore 14-2\sqrt{13}\leqslant x\leqslant 14+2\sqrt{13}$.

评注：观察本题结构式，发现 x 其实就是 $\sqrt{y}$ 与 $\sqrt{x-y}$ 的平方和，于是原等式可配成含有两个完全平方项，即 $(\sqrt{x-y}-2)^2+(\sqrt{y}-3)^2=1$. 至此，三角换元显而易见，问题的瓶颈得到了突破.

例 5　求函数 $y=2x+\sqrt{4x^2-8x+3}$ 的最小值.

解：原函数化为 $y=(2x-2)+\sqrt{(2x-2)^2-1}+2$，由 $(2x-2)^2-1\geqslant 0$ 得 $|2x-2|\geqslant 1$，于是设 $2x-2=\dfrac{1}{\sin\alpha}\left(-\dfrac{\pi}{2}\leqslant\alpha\leqslant\dfrac{\pi}{2}\text{，且 }\alpha\neq 0\right)$.

当 $0<\alpha\leqslant\dfrac{\pi}{2}$ 时，$y=\dfrac{1}{\sin\alpha}+\sqrt{\dfrac{1}{\sin^2\alpha}-1}+2=\dfrac{1+\cos\alpha}{\sin\alpha}+2=\dfrac{1}{\tan\dfrac{\alpha}{2}}+2$，

此时 $0<\dfrac{\alpha}{2}\leqslant\dfrac{\pi}{4}$，当 $\alpha=\dfrac{\pi}{2}$，即 $x=\dfrac{3}{2}$ 时，$y_{\min}=3$；

当 $-\dfrac{\pi}{2}\leqslant\alpha<0$ 时，$y=\dfrac{1}{\sin\alpha}+\sqrt{\dfrac{1}{\sin^2\alpha}-1}+2=\dfrac{1-\cos\alpha}{\sin\alpha}+2=\tan\dfrac{\alpha}{2}+2$，

此时 $-\dfrac{\pi}{4} \leqslant \dfrac{\alpha}{2} < 0$，当 $\alpha = -\dfrac{\pi}{2}$，即 $x = \dfrac{1}{2}$ 时，$y_{\min} = 1$.

综上所述，函数 $y = 2x + \sqrt{4x^2 - 8x + 3}$ 的最小值为 1.

评注：观察题中的无理式 $\sqrt{4x^2 - 8x + 3}$，可变形为 $\sqrt{4x^2 - 8x + 4 - 1} = \sqrt{(2x-2)^2 - 1}$，令 $2x - 2 = \dfrac{1}{\sin\alpha}$，可将无理式化为三角式，解法独具一格，构思精巧，意境深远.

例 6　函数 $f(x) = \sqrt{x-3} + \sqrt{12-3x}$ 的值域为(　　).

A. $[1, \sqrt{2}]$　　　　B. $\left[1, \dfrac{3}{2}\right]$　　　　C. $[1, \sqrt{3}]$　　　　D. $[1, 2]$

解：函数 $f(x)$ 的定义域是 $[3, 4]$，则 $0 \leqslant x - 3 \leqslant 1$，于是令 $x - 3 = \sin^2\theta\left(0 \leqslant \theta \leqslant \dfrac{\pi}{2}\right)$，$f(x) = \sqrt{x-3} + \sqrt{12-3x} = \sqrt{x-3} + \sqrt{3(4-x)} = \sin\theta + \sqrt{3(1-\sin^2\theta)} = \sin\theta + \sqrt{3}\cos\theta = 2\sin\left(\theta + \dfrac{\pi}{3}\right)$.

又 $\dfrac{\pi}{3} \leqslant \theta + \dfrac{\pi}{3} \leqslant \dfrac{5\pi}{6}$，$\therefore 1 \leqslant 2\sin\left(\theta + \dfrac{\pi}{3}\right) \leqslant 2$，$\therefore$ 函数 $f(x)$ 的值域为 $[1, 2]$. 故选 D.

评注：将原函数变形为 $f(x) = \sqrt{x-3} + \sqrt{3} \cdot \sqrt{4-x}$，容易发现 $\left(\sqrt{x-3}\right)^2 + \left(\sqrt{4-x}\right)^2 = 1$. 可见三角换元的特征明显. 本题采用三角换元，既降低了解题的难度，又充分彰显了三角换元的无穷魅力！

例 7　函数 $y = \dfrac{\sqrt{1-x^2}}{2+x}$ 的值域是 _____.

解：函数的定义域是 $x \in [-1, 1]$，令 $x = \cos\alpha, \alpha \in [0, \pi]$，则 $y = \dfrac{\sin\alpha}{2 + \cos\alpha} \geqslant 0$，$2y = \sin\alpha - y\cos\alpha = \sqrt{1+y^2} \cdot \sin(\alpha - \theta) \leqslant \sqrt{1+y^2}$，$\therefore 4y^2 \leqslant 1 + y^2$，即 $y^2 \leqslant \dfrac{1}{3}$，$\therefore |y| \leqslant \dfrac{\sqrt{3}}{3}$.

故函数的值域是 $\left[0, \dfrac{\sqrt{3}}{3}\right]$.

评注：本题的定义域是 $[-1, 1]$ 及分子 $\sqrt{1-x^2}$，让我们不难联想到三角换元，即令 $x = \cos\alpha, \alpha \in [0, \pi]$. 其实，解决本题的难点在于放缩变形，将参变量 α, θ 拿掉，得出关于 y 的不等式.

换元的实质是转化，关键是构造和设元，理论依据是等量代换，目的是变换研究对象. 巧用三角换元解题，有利于启迪学生思维，拓宽知识视野，提高分析问题、解决问题的能力.

4.4 构造互余对偶式 巧解几类三角题

在化简、求值或证明一些三角问题时，如果能灵活地运用对偶的数学思想，合理地构造出互余对偶式，并对原式和对偶式进行和、差或积的运算，不但可以简化解题过程，还能切身体会到数学中的对称美，这种美不仅给予我们在欣赏和陶冶之时的愉悦之感，还能启迪我们的思维，引领我们的解题方向. 下面例谈构造互余对偶式，巧解几类三角题，供大家欣赏.

例 1 求值：$\sin 6°\sin 42°\sin 66°\sin 78°$.

解： 设 $A = \sin 6°\sin 42°\sin 66°\sin 78°$，构造互余对偶式 $B = \cos 6°\cos 42°\cos 66°\cos 78°$，则

$$
\begin{aligned}
16A \cdot B &= \sin 12°\sin 84°\sin 132°\sin 156° \\
&= \cos 78°\cos 6°(-\cos 42°)(-\cos 66°) \\
&= \cos 6°\cos 42°\cos 66°\cos 78° = B.
\end{aligned}
$$

又 $B \neq 0$，$\therefore A = \dfrac{1}{16}$，即 $\sin 6°\sin 42°\sin 66°\sin 78° = \dfrac{1}{16}$.

评注： 针对式子 $A = \sin 6°\sin 42°\sin 66°\sin 78°$ 的特点，为其配凑一个合适的对偶式 $B = \cos 6°\cos 42°\cos 66°\cos 78°$，将 A 和 B 两式相乘借助正弦二倍角公式，又产生一个与 B 相关的式子，从而促使问题向有利的方向转化，进而解决问题.

例 2 化简：$\cos\dfrac{\pi}{7}\cos\dfrac{2\pi}{7}\cos\dfrac{3\pi}{7}\cos\dfrac{4\pi}{7}\cos\dfrac{5\pi}{7}\cos\dfrac{6\pi}{7}$.

解： 设 $A = \cos\dfrac{\pi}{7}\cos\dfrac{2\pi}{7}\cos\dfrac{3\pi}{7}\cos\dfrac{4\pi}{7}\cos\dfrac{5\pi}{7}\cos\dfrac{6\pi}{7}$，构造互余对偶式 $B = \sin\dfrac{\pi}{7}\sin\dfrac{2\pi}{7}\sin\dfrac{3\pi}{7}\sin\dfrac{4\pi}{7}\sin\dfrac{5\pi}{7}\sin\dfrac{6\pi}{7}$，则

$$
\begin{aligned}
2^6 A \cdot B &= \sin\dfrac{2\pi}{7}\sin\dfrac{4\pi}{7}\sin\dfrac{6\pi}{7}\sin\dfrac{8\pi}{7}\sin\dfrac{10\pi}{7}\sin\dfrac{12\pi}{7} \\
&= \sin\dfrac{2\pi}{7}\sin\dfrac{4\pi}{7}\sin\dfrac{6\pi}{7}\left(-\sin\dfrac{\pi}{7}\right)\left(-\sin\dfrac{3\pi}{7}\right)\left(-\sin\dfrac{5\pi}{7}\right) \\
&= -\sin\dfrac{\pi}{7}\sin\dfrac{2\pi}{7}\sin\dfrac{3\pi}{7}\sin\dfrac{4\pi}{7}\sin\dfrac{5\pi}{7}\sin\dfrac{6\pi}{7} = -B.
\end{aligned}
$$

又 $B \neq 0$，$\therefore A = -\dfrac{1}{64}$，即 $\cos\dfrac{\pi}{7}\cos\dfrac{2\pi}{7}\cos\dfrac{3\pi}{7}\cos\dfrac{4\pi}{7}\cos\dfrac{5\pi}{7}\cos\dfrac{6\pi}{7} = -\dfrac{1}{64}$.

评注： 本题常规解法：在原式中乘上 $\dfrac{2^6\sin\dfrac{\pi}{7}}{2^6\sin\dfrac{\pi}{7}}$，反复用正弦二倍角公式可逐

步求解. 利用互余函数构造对偶式解题, 能培养学生创新思维, 激发他们学习数学的兴趣.

例 3 证明: $\sin^2\alpha+\cos^2(30°-\alpha)-\sin\alpha\cos(30°-\alpha)=\dfrac{3}{4}$.

证明: 设 $A=\sin^2\alpha+\cos^2(30°-\alpha)-\sin\alpha\cos(30°-\alpha)$, 构造互余对偶式 $B=\cos^2\alpha+\sin^2(30°-\alpha)-\cos\alpha\sin(30°-\alpha)$.

$\because A+B=2-\sin30°=\dfrac{3}{2}$,

$A-B=-\cos2\alpha+\cos(60°-2\alpha)-\sin[\alpha-(30°-\alpha)]$

$\quad=-\cos2\alpha+\dfrac{1}{2}\cos2\alpha+\dfrac{\sqrt{3}}{2}\sin2\alpha-\dfrac{\sqrt{3}}{2}\sin2\alpha+\dfrac{1}{2}\cos2\alpha=0$,

$\therefore A=B=\dfrac{3}{4}$.

故 $\sin^2\alpha+\cos^2(30°-\alpha)-\sin\alpha\cos(30°-\alpha)=\dfrac{3}{4}$.

评注: 本题采用构造互余函数的对偶式解题, 独辟蹊径使问题简单化, 解题方法新颖独到!

例 4 求 $\sin^2 20°+\cos^2 50°+\sin20°\cos50°$ 的值.

解: 设 $A=\sin^2 20°+\cos^2 50°+\sin20°\cos50°$, 构造互余对偶式 $B=\cos^2 20°+\sin^2 50°+\cos20°\sin50°$.

$A+B=(\sin^2 20°+\cos^2 20°)+(\cos^2 50°+\sin^2 50°)+(\sin20°\cos50°+\cos20°\sin50°)$
$=\sin70°+2$.

$A-B=(\sin^2 20°-\cos^2 20°)+(\cos^2 50°-\sin^2 50°)+(\sin20°\cos50°-\cos20°\sin50°)$

$=-\cos40°+\cos100°+\sin(-30°)=-\cos(70°-30°)+\cos(70°+30°)-\dfrac{1}{2}$

$=-2\sin70°\sin30°-\dfrac{1}{2}=-\sin70°-\dfrac{1}{2}$.

上述两式相加得 $2A=(\sin70°+2)+\left(-\sin70°-\dfrac{1}{2}\right)=\dfrac{3}{2}$, $\therefore A=\dfrac{3}{4}$.

故 $\sin^2 20°+\cos^2 50°+\sin20°\cos50°=\dfrac{3}{4}$.

评注: 恰当地构造互余对偶关系式, 不仅能提高解题速度, 而且能收到以简驭繁, 简缩思维, 拓宽思路的功效, 同时还让人萌生一种"春雨断桥人不渡, 小舟撑出柳阴来"的美妙感觉, 对于激发学生学习数学的兴趣也是大有裨益的.

例 5 求证: $2\sin^4 x+3\sin^2 x\cos^2 x+5\cos^4 x\leqslant 5$.

证明: 设 $A=2\sin^4 x+3\sin^2 x\cos^2 x+5\cos^4 x$, 构造互余对偶式 $B=2\cos^4 x+3\cos^2 x\sin^2 x+5\sin^4 x$, 则

$$A + B = 7(\sin^4 x + \cos^4 x) + 6\sin^2 x \cos^2 x$$
$$= 7(\sin^2 x + \cos^2 x)^2 - 8\sin^2 x \cos^2 x$$
$$= 7 - 2\sin^2 2x = 5 + 2\cos^2 2x,$$
$$A - B = 3(\cos^4 x - \sin^4 x) = 3(\cos^2 x - \sin^2 x) = 3\cos 2x.$$

上述两式相加得 $2A = 5 + 2\cos^2 2x + 3\cos 2x = 5 + 2\left[\left(\cos 2x + \dfrac{3}{4}\right)^2 - \dfrac{9}{16}\right] \leqslant$

$5 + 2\left[\left(1 + \dfrac{3}{4}\right)^2 - \dfrac{9}{16}\right] = 10, \therefore A \leqslant 5$（当 $x = k\pi, k \in \mathbf{Z}$ 时取最大值）.

故 $2\sin^4 x + 3\sin^2 x \cos^2 x + 5\cos^4 x \leqslant 5.$

评注：本题若通过降幂公式或化为同名三角函数证明，难度很大. 构造互余对偶式解题打破常规，另辟蹊径，充分彰显了"构造对偶式解题"的神奇与魅力！

例 6　函数 $A = (a\cos x + b\sin x)\cos x$ 有最大值 2，最小值 -1，则实数 $a = $ _____，$b = $ _____.

解：由于 $A = (a\cos x + b\sin x)\cos x = a\cos^2 x + b\sin x\cos x$，构造互余对偶式 $B = a\sin^2 x + b\cos x \sin x$，则 $A + B = a + b\sin 2x$，$A - B = a\cos 2x$.

上述两式相加得 $2A = a + b\sin 2x + a\cos 2x$，

$A = \dfrac{1}{2}a + \dfrac{1}{2}\sqrt{a^2 + b^2}\sin(2x + \varphi)$，其中 $\tan\varphi = \dfrac{a}{b}$，

$\therefore \dfrac{1}{2}a + \dfrac{1}{2}\sqrt{a^2 + b^2} = 2, \dfrac{1}{2}a - \dfrac{1}{2}\sqrt{a^2 + b^2} = -1,$

解得 $a = 1, b = \pm 2\sqrt{2}.$

评注：利用互余函数构造对偶式，通过合理的运算和转化，在纷繁的困惑中，配以对偶，功效独特，事半功倍.

例 7　求 $\cos\dfrac{\pi}{7} + \cos\dfrac{3\pi}{7} + \cos\dfrac{5\pi}{7}$ 的值.

解：设 $A = \cos\dfrac{\pi}{7} + \cos\dfrac{3\pi}{7} + \cos\dfrac{5\pi}{7}$，构造互余对偶式 $B = \sin\dfrac{\pi}{7} + \sin\dfrac{3\pi}{7} + \sin\dfrac{5\pi}{7}$，则

$A \cdot B = \dfrac{1}{2}\sin\dfrac{2\pi}{7} + \dfrac{1}{2}\sin\dfrac{6\pi}{7} + \dfrac{1}{2}\sin\dfrac{10\pi}{7} + \sin\dfrac{4\pi}{7} + \sin\dfrac{6\pi}{7} + \sin\dfrac{8\pi}{7} = $

$\dfrac{1}{2}\sin\left(\pi - \dfrac{5\pi}{7}\right) + \dfrac{1}{2}\sin\left(\pi - \dfrac{\pi}{7}\right) + \dfrac{1}{2}\sin\left(\pi + \dfrac{3\pi}{7}\right) + \sin\left(\pi - \dfrac{3\pi}{7}\right) + \sin\left(\pi - \dfrac{\pi}{7}\right) + $

$\sin\left(\pi + \dfrac{\pi}{7}\right) = \dfrac{1}{2}\left(\sin\dfrac{\pi}{7} + \sin\dfrac{3\pi}{7} + \sin\dfrac{5\pi}{7}\right) = \dfrac{1}{2}B.$

$\because B \neq 0, \therefore A = \dfrac{1}{2}.$

故 $\cos\dfrac{\pi}{7} + \cos\dfrac{3\pi}{7} + \cos\dfrac{5\pi}{7} = \dfrac{1}{2}.$

评注：通过构造对偶式来解题，能达到一种曲径求捷的解题效果，充分彰显了构造互余对偶式的奇思与妙用！

综上所述，构造对偶式解题的步骤：①将已知式令为 A，并配其对偶式 B；②对 A 式与 B 式进行加、减、乘等运算；③转化或消去 B，从而解决问题．构造对偶式解题需要有独到的见解，灵活的思维，广博的数学知识，丰富的联想能力，敏锐的直觉能力．通过构造互余对偶式来解决三角问题，能够培养学生观察、分析、联想的思想方法以及创造性思维能力．对偶思想不论在古典数学还是在近现代数学中都是一种不朽的数学思想！

4.5 一组三角恒等式的妙用

三角恒等式纷繁复杂、千姿百态、变化无穷，在学习过程中如果我们能认真对它进行提炼，有些三角恒等式给我们解决某一类问题会带来意想不到的"神奇"效果，笔者以一组三角恒等式为例浅谈其功效.

1. 公式推导

公式：对于任意角 α，有

$4\sin\alpha\sin(60°-\alpha)\sin(60°+\alpha)=\sin3\alpha$ ①.

证明：左边 $=-\dfrac{1}{2}[\cos120°-\cos(-2\alpha)]\cdot4\sin\alpha=-2\sin\alpha\cos120°+2\sin\alpha\cos2\alpha=$

$\sin\alpha+2\times\dfrac{1}{2}[\sin(\alpha+2\alpha)+\sin(\alpha-2\alpha)]=\sin\alpha+\sin3\alpha-\sin\alpha=\sin3\alpha=$ 右边.

故原等式成立.

同理可证，对于任意角 α，有

$4\cos\alpha\cos(60°-\alpha)\cos(60°+\alpha)=\cos3\alpha$ ②.

当角 $\alpha,60°-\alpha,60°+\alpha$ 终边不落在 y 轴上时，由 ①$\div$② 得

$\tan\alpha\tan(60°-\alpha)\tan(60°+\alpha)=\tan3\alpha$ ③.

2. 公式应用

例 1　求值：$\sin5°\sin55°\cos25°$.

分析：若用积化和差公式解决本题，则运算烦琐难解，但适当变换三角函数的名，可化暗为明.

解：$\sin5°\sin55°\cos25°=\sin5°\sin55°\sin65°=\sin5°\sin(60°-5°)\sin(60°+5°)=$

$\dfrac{1}{4}\sin15°=\dfrac{1}{4}\cdot\dfrac{\sqrt{6}-\sqrt{2}}{4}=\dfrac{\sqrt{6}-\sqrt{2}}{16}$.

例 2　求值：$\tan5°\tan15°\tan25°\tan35°\tan45°\tan55°\tan65°\tan75°\tan85°$.

分析：若 $\alpha=5°$，则 $60°-\alpha=55°,60°+\alpha=65°$，$\therefore\tan5°\tan55°\tan65°$ 三项要连乘在一起，同样，$\tan15°\tan45°\tan75°,\tan25°\tan35°\tan85°$ 也要连乘在一起，可见，适当交换可化繁为简.

解：$\tan5°\tan15°\tan25°\tan35°\tan45°\tan55°\tan65°\tan75°\tan85°$

$= (\tan5°\tan55°\tan65°) \cdot (\tan15°\tan45°\tan75°) \cdot (\tan25°\tan35°\tan85°)$

$= \tan15°\tan45°\tan75° = 1.$

例 3　求值：$\tan6°\tan42°\tan66°\tan78°$.

分析：若取 $\alpha = 6°$，则 $60° - \alpha = 54°, 60° + \alpha = 66°$，$\therefore \tan6° \cdot \tan66° = \dfrac{\tan6°\tan54°\tan66°}{\tan54°}$.

同理，$\tan42° \cdot \tan78° = \dfrac{\tan18°\tan42°\tan78°}{\tan18°}$. 可见适当变形可化难为易.

解：$\tan6°\tan42°\tan66°\tan78° = \dfrac{\tan6°\tan54°\tan66°}{\tan54°} \cdot \dfrac{\tan18°\tan42°\tan78°}{\tan18°}$

$= \dfrac{\tan18°}{\tan54°} \cdot \dfrac{\tan54°}{\tan18°} = 1.$

例 4　化简：$\cos\dfrac{\pi}{15}\cos\dfrac{2\pi}{15} \cdot \cdots \cdot \cos\dfrac{7\pi}{15}$.

分析：由弧度制表示角，不易看出是否符合公式左边的结构特征，于是先将各角用度表示，然后由乘法的交换律，适当组合这样可化零为整.

解：$\cos\dfrac{\pi}{15}\cos\dfrac{2\pi}{15} \cdot \cdots \cdot \cos\dfrac{7\pi}{15} = \cos12°\cos24° \cdot \cdots \cdot \cos84°$

$= \cos12°\cos48°\cos72° \cdot \cos24°\cos36°\cos84° \cdot \cos60°$

$= \dfrac{1}{4}\cos36° \cdot \dfrac{1}{4}\cos72° \cdot \cos60° = \dfrac{1}{32}\cos36°\cos72°.$

由于 $\cos\alpha = \dfrac{\sin2\alpha}{2\sin\alpha}$，于是 $\dfrac{1}{32}\cos36°\cos72° = \dfrac{1}{32} \cdot \dfrac{\sin72°}{2\sin36°} \cdot \dfrac{\sin144°}{2\sin72°} = \dfrac{1}{128}.$

故 $\cos\dfrac{\pi}{15}\cos\dfrac{2\pi}{15} \cdot \cdots \cdot \cos\dfrac{7\pi}{15} = \dfrac{1}{128}.$

当然，这组公式解决一类三角连乘积问题确实有它独特的妙用，但它不是万能的，必须要凑成公式的形式方可利用，而且公式③各项必须有意义. 利用三角公式解题时，应注意公式的逆用、变形，掌握公式的结构特征，明确公式的使用条件，搞清公式的功能与作用，抓住公式的本质特征，是正确灵活运用公式解决问题的基本要求.

第5章 平面向量

在中学数学引进向量不仅使充满沉闷的古典数学的课本吹进了一丝现代的风，还会将几何、代数、三角贯通起来，使得一题多解，多题一解容易做到.

由于向量是代数与几何的结合点，它不仅使高中数学各部分的内容联系加强了，而且作为一种很好的工具，具有广泛的应用性，所以灵活运用和重视向量知识与解几、立几、代数、三角的综合，对拓展思路、训练思维，无疑是大有裨益的.

学习向量要注重理解向量中的一些基本概念，要特别注意新、旧教材中概念的不同之处，如旧材料中向量 a 在 b 方向上的投影 $\dfrac{a \cdot b}{|b|}$，是个实数；而新材中则提出向量 a 在 b 方向上的投影向量 $\left(a \cdot \dfrac{b}{|b|}\right) \cdot \dfrac{b}{|b|}$，是一个向量.

美国博物学家约翰·柏洛兹有句话说得好："在一片静止单调的风景里，流动的小溪就是生命."

没有向量的数学像一幅静止的画，而向量就像流动的小溪，赋予数学以生命.

5.1 平面向量中几种解题技巧

由于平面向量融数、形于一体，它既有一套良好的代数运算法则，又有直观形象的图形特征，因而使得平面向量成为研究数与形的一种有效工具，其思想方法独树一帜，内涵深邃. 又因为平面向量问题的灵活多变，所以很多中学生在学习时觉得困难较大，甚至感到无从下手.

1. 利用向量的分解与合成解题

例 1 设平面上有四个互异的点 A,B,C,D，已知 $(\overrightarrow{DB}+\overrightarrow{DC}-2\overrightarrow{DA})\cdot\overrightarrow{BC}=0$，则 $\triangle ABC$ 的形状是(　　).

    A. 直角三角形　　　　　　　　B. 等腰三角形

    C. 等腰直角三角形　　　　　　D. 等边三角形

解：$\because(\overrightarrow{DB}+\overrightarrow{DC}-2\overrightarrow{DA})\cdot\overrightarrow{BC}=0$，$\therefore(\overrightarrow{DB}-\overrightarrow{DA}+\overrightarrow{DC}-\overrightarrow{DA})\cdot\overrightarrow{BC}=0$，$(\overrightarrow{AB}+\overrightarrow{AC})\cdot\overrightarrow{BC}=0$，则 $(\overrightarrow{AC}+\overrightarrow{AB})\cdot(\overrightarrow{AC}-\overrightarrow{AB})=0$，$\therefore|\overrightarrow{AB}|^2=|\overrightarrow{AC}|^2$，即 $|\overrightarrow{AB}|=|\overrightarrow{AC}|$. 故选 B.

评注：由于本题是判断 $\triangle ABC$ 的形状，根据题设条件，寻求 $\triangle ABC$ 边长的关系较为直接，于是借用向量的减法将 $\overrightarrow{DB}-\overrightarrow{DA}+\overrightarrow{DC}-\overrightarrow{DA}$ 合成为 $\overrightarrow{AB}+\overrightarrow{AC}$，根据运算的需要，再将 $\overrightarrow{BC}$ 分解为 $\overrightarrow{AC}-\overrightarrow{AB}$，至此问题迎刃而解.

2. 引用向量的坐标运算解题

例 2 已知 $\overrightarrow{AB}\perp\overrightarrow{AC}$，$|\overrightarrow{AB}|=\dfrac{1}{t}$，$|\overrightarrow{AC}|=t$，若 P 点是 $\triangle ABC$ 所在平面内一点，且 $\overrightarrow{AP}=\dfrac{\overrightarrow{AB}}{|\overrightarrow{AB}|}+\dfrac{4\overrightarrow{AC}}{|\overrightarrow{AC}|}$，则 $\overrightarrow{PB}\cdot\overrightarrow{PC}$ 的最大值等于(　　).

    A. 13　　　　　　B. 15　　　　　　C. 19　　　　　　D. 21

解：以 A 为坐标原点，建立平面直角坐标系，如图 5.1 所示，则 $B\left(\dfrac{1}{t},0\right)$，$C(0,t)$，$\overrightarrow{AP}=\dfrac{\overrightarrow{AB}}{|\overrightarrow{AB}|}+\dfrac{4\overrightarrow{AC}}{|\overrightarrow{AC}|}=(1,0)+4(0,1)=(1,4)$，即 $P(1,4)$，$\therefore\overrightarrow{PB}=\left(\dfrac{1}{t}-1,-4\right)$，$\overrightarrow{PC}=(-1,t-4)$，$\therefore\overrightarrow{PB}\cdot\overrightarrow{PC}=1-\dfrac{1}{t}-4t+16=17-\left(\dfrac{1}{t}+4t\right)$.

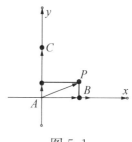

$$\because |\overrightarrow{AB}| = \frac{1}{t} > 0, \text{即 } t > 0, \therefore \frac{1}{t} + 4t \geq 2\sqrt{\frac{1}{t} \cdot 4t} = 4, \therefore \overrightarrow{PB} \cdot$$

$$\overrightarrow{PC} \leq 17 - 4 = 13, \text{当且仅当 } \frac{1}{t} = 4t, \text{即 } t = \frac{1}{2} \text{ 时取等号},$$

$\therefore \overrightarrow{PB} \cdot \overrightarrow{PC}$ 的最大值等于 13. 故选 A.

图 5.1

评注：这里引用了向量的坐标思想，即用向量的坐标来揭示二维平面上几何元素的属性和彼此间的关系，将条件和结论有机地联系起来. 向量的坐标是将几何问题用代数手段来解决的重要工具，同时，坐标的运用极大地方便了计算和论证.

3. 巧用向量的一组基底解题

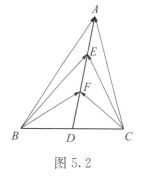

例3　如图 5.2 所示，在 $\triangle ABC$ 中，D 是 BC 的中点，E, F 是 AD 上的两个三等分点，$\overrightarrow{BA} \cdot \overrightarrow{CA} = 4, \overrightarrow{BF} \cdot \overrightarrow{CF} = -1$，则 $\overrightarrow{BE} \cdot \overrightarrow{CE}$ 的值是＿＿＿＿＿＿ .

解：设 $\overrightarrow{BD} = \boldsymbol{a}, \overrightarrow{DF} = \boldsymbol{b}$，则

$$\begin{cases} \overrightarrow{BA} = \overrightarrow{BD} + \overrightarrow{DA} = \boldsymbol{a} + 3\boldsymbol{b}, \\ \overrightarrow{CA} = \overrightarrow{CD} + \overrightarrow{DA} = -\boldsymbol{a} + 3\boldsymbol{b}, \end{cases}$$

图 5.2

$$\therefore \overrightarrow{BA} \cdot \overrightarrow{CA} = (3\boldsymbol{b} + \boldsymbol{a})(3\boldsymbol{b} - \boldsymbol{a}) = 9\boldsymbol{b}^2 - \boldsymbol{a}^2 = 4 \text{ ①}.$$

$$\begin{cases} \overrightarrow{BF} = \overrightarrow{BD} + \overrightarrow{DF} = \boldsymbol{a} + \boldsymbol{b}, \\ \overrightarrow{CF} = \overrightarrow{CD} + \overrightarrow{DF} = -\boldsymbol{a} + \boldsymbol{b}, \end{cases}$$

$$\therefore \overrightarrow{BF} \cdot \overrightarrow{CF} = (\boldsymbol{b} + \boldsymbol{a})(\boldsymbol{b} - \boldsymbol{a}) = \boldsymbol{b}^2 - \boldsymbol{a}^2 = -1 \text{ ②}.$$

由①与②得 $|\boldsymbol{b}|^2 = \frac{5}{8}, |\boldsymbol{a}|^2 = \frac{13}{8}$.

故 $\overrightarrow{BE} \cdot \overrightarrow{CE} = (\boldsymbol{a} + 2\boldsymbol{b})(-\boldsymbol{a} + 2\boldsymbol{b}) = 4|\boldsymbol{b}|^2 - |\boldsymbol{a}|^2 = 4 \times \frac{5}{8} - \frac{13}{8} = \frac{7}{8}$.

评注：本题关键是选好基底 $\overrightarrow{BD}, \overrightarrow{DF}$（设 $\overrightarrow{BD} = \boldsymbol{a}, \overrightarrow{DF} = \boldsymbol{b}$），根据平面向量的基本定理，题中涉及的所有向量统一用 $\boldsymbol{a}, \boldsymbol{b}$ 表示，便于运算、转化和求值.

4. 使用三点共线解题

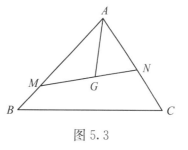

例4　直线 MN 过 $\triangle ABC$ 的重心 G，且 $\overrightarrow{AM} = m\overrightarrow{AB}, \overrightarrow{AN} = n\overrightarrow{AC}$（其中 $m > 0, n > 0$），则 $m + n$ 的最小值为＿＿＿＿＿＿＿．

图 5.3

解：设 D 是 BC 的中点，则 $\overrightarrow{AD} = \frac{1}{2}(\overrightarrow{AB} + \overrightarrow{AC})$.

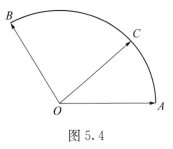

∵ G 是 $\triangle ABC$ 的重心, ∴ $\overrightarrow{AG}=\dfrac{2}{3}\overrightarrow{AD}$, ∴ $\overrightarrow{AG}=\dfrac{1}{3}\overrightarrow{AB}+\dfrac{1}{3}\overrightarrow{AC}$. 又 ∵ $\overrightarrow{AM}=$

$m\overrightarrow{AB}$, $\overrightarrow{AN}=n\overrightarrow{AC}$, ∴ $\overrightarrow{AB}=\dfrac{1}{m}\overrightarrow{AM}$, $\overrightarrow{AC}=\dfrac{1}{n}\overrightarrow{AN}$, ∴ $\overrightarrow{AG}=\dfrac{1}{3m}\overrightarrow{AM}+\dfrac{1}{3n}\overrightarrow{AN}$.

∵ M,G,N 三点共线, ∴ $\dfrac{1}{3m}+\dfrac{1}{3n}=1$, 即 $\dfrac{1}{m}+\dfrac{1}{n}=3$, $m+n=\dfrac{1}{3}(m+n)\left(\dfrac{1}{m}+\dfrac{1}{n}\right)=$

$\dfrac{1}{3}\left(2+\dfrac{m}{n}+\dfrac{n}{m}\right)\geq\dfrac{4}{3}$, 当且仅当 $m=n=\dfrac{2}{3}$ 时, 取等号, ∴ $m+n$ 的最小值为 $\dfrac{4}{3}$.

评注: 由于 M,G,N 三点共线, 若 $\overrightarrow{AG}=x\overrightarrow{AM}+y\overrightarrow{AN}$, 则 $x+y=1$(读者自己证明). 利用此结论就能找出 m 与 n 的一个关系式, 于是 $m+n$ 的最小值问题就不难解决了.

5. 妙用向量实数化解题

例5 给定两个长度为 1 的平面向量 $\overrightarrow{OA}$ 和 $\overrightarrow{OB}$, 它们的夹角为 $120°$, 如图 5.4 所示. 点 C 在以 O 为圆心的圆弧 AB 上变动. 若 $\overrightarrow{OC}=x\overrightarrow{OA}+y\overrightarrow{OB}$, 其中 x, $y\in\mathbf{R}$, 则 $x+y$ 的最大值是_____.

图 5.4

解: 设 $\angle AOC=\alpha$. ∵ $\angle AOB=120°$, ∴ $\angle BOC=$

$120°-\alpha$. 在 $\overrightarrow{OC}=x\overrightarrow{OA}+y\overrightarrow{OB}$ 两边分别同时乘以 $\overrightarrow{OA}$

和 $\overrightarrow{OB}$ 得 $\begin{cases}\overrightarrow{OC}\cdot\overrightarrow{OA}=x\overrightarrow{OA}\cdot\overrightarrow{OA}+y\overrightarrow{OB}\cdot\overrightarrow{OA},\\ \overrightarrow{OC}\cdot\overrightarrow{OB}=x\overrightarrow{OA}\cdot\overrightarrow{OB}+y\overrightarrow{OB}\cdot\overrightarrow{OB}\end{cases}\Rightarrow$

$\begin{cases}\cos\alpha=x-\dfrac{1}{2}y,\\ \cos(120°-\alpha)=-\dfrac{1}{2}x+y.\end{cases}$ 将两式相加得 $x+y=2[\cos\alpha+\cos(120°-\alpha)]=\cos\alpha$

$+\sqrt{3}\sin\alpha=2\sin(\alpha+30°)\leq2$, 当 $\alpha=60°$ 时取等号. 故 $x+y$ 的最大值是 2.

评注: 由于向量的乘积是一个数, $\overrightarrow{OA}$, $\overrightarrow{OB}$, $\overrightarrow{OC}$ 均是单位向量, 彼此夹角存在一定的关系, 于是在 $\overrightarrow{OC}=x\overrightarrow{OA}+y\overrightarrow{OB}$ 两边分别乘以向量 $\overrightarrow{OA}$, $\overrightarrow{OB}$. 通过向量的数量积运算, 将向量等式转化为代数等式, 将向量问题转化为实数问题.

6. 借用构造图形解题

例6 已知 O 为 $\triangle ABC$ 的外心(图 5.5), 若 $5\overrightarrow{OA}+12\overrightarrow{OB}-13\overrightarrow{OC}=0$, 则 $\angle ACB$ 等于_____.

解: ∵ O 为 $\triangle ABC$ 的外心, ∴ $|\overrightarrow{OA}|=|\overrightarrow{OB}|=|\overrightarrow{OC}|$, 不妨设为 1, 作 $\overrightarrow{OA'}$

$=5\overrightarrow{OA}$, $\overrightarrow{OB'}=12\overrightarrow{OB}$, $\overrightarrow{OC'}=13\overrightarrow{OC}$, 则 $\overrightarrow{OC'}=\overrightarrow{OA'}+\overrightarrow{OB'}$, ∴ 四边形 $OA'C'B'$ 为

平行四边形.

又 $|\overrightarrow{OA'}| = 5$，$|\overrightarrow{OB'}| = 12$，$|\overrightarrow{OC'}| = 13$，$\therefore |\overrightarrow{OA'}|^2 + |\overrightarrow{OB'}|^2 = |\overrightarrow{OC'}|^2$，则 $\overrightarrow{OA'} \perp \overrightarrow{OB'}$，$\therefore$ 四边形 $OA'C'B'$ 为矩形，故 $\triangle ABC$ 在以 O 为圆心，以 1 为半径的圆上，且 $\angle ACB$ 与 $\frac{1}{2}\angle AOB$ 互补，即 $\angle ACB + \frac{1}{2} \times 90° = 180°$，$\therefore \angle ACB = 135°$.

评注：向量兼具代数和几何的诸多特性使之成为沟通数与形的枢纽，本题正是根据这一特点，结合题设条件构造特殊图形进行求解.

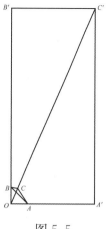

图 5.5

7. 并用向量的数量积两种运算解题

例 7 a,b,c 为 $\triangle ABC$ 的内角 A,B,C 的对边，$\boldsymbol{m} = \left(\cos\frac{C}{2}, \sin\frac{C}{2}\right)$，$\boldsymbol{n} = \left(\cos\frac{C}{2}, -\sin\frac{C}{2}\right)$，且 $\boldsymbol{m}$ 与 $\boldsymbol{n}$ 的夹角为 $\frac{\pi}{3}$，则角 C _____，这时向量 $\boldsymbol{m}$ 在 $\boldsymbol{n}$ 方向上的投影向量坐标是 _____.

解：$\because \boldsymbol{m} = \left(\cos\frac{C}{2}, \sin\frac{C}{2}\right)$，$\boldsymbol{n} = \left(\cos\frac{C}{2}, -\sin\frac{C}{2}\right)$，$\therefore |\boldsymbol{m}| = |\boldsymbol{n}| = 1$，

$\therefore \boldsymbol{m} \cdot \boldsymbol{n} = \cos^2\frac{C}{2} - \sin^2\frac{C}{2} = \cos C$，

又 $\boldsymbol{m} \cdot \boldsymbol{n} = |\boldsymbol{m}| \cdot |\boldsymbol{n}| \cos\frac{\pi}{3} = \frac{1}{2}$，$\therefore \cos C = \frac{1}{2}$，又 C 是 $\triangle ABC$ 的内角，

$\therefore C = \frac{\pi}{3}$.

这时 $\boldsymbol{m} = \left(\frac{\sqrt{3}}{2}, \frac{1}{2}\right)$，$\boldsymbol{n} = \left(\frac{\sqrt{3}}{2}, -\frac{1}{2}\right)$，则向量 $\boldsymbol{m}$ 在 $\boldsymbol{n}$ 方向上的投影向量是

$\left(\boldsymbol{m} \cdot \frac{\boldsymbol{n}}{|\boldsymbol{n}|}\right) \cdot \frac{\boldsymbol{n}}{|\boldsymbol{n}|} = \left(\frac{\sqrt{3}}{4}, -\frac{1}{4}\right)$.

评注：一般两个向量坐标已知，求向量的数量积，可用坐标运算；两个向量模长及夹角已知，求向量的数量积，可用数量积的定义运算. 本题条件中两项特征都具有，因而两种运算有机结合，问题顺利得到解决.

8. 活用向量的数量积变形公式解题

例 8 在 $\triangle ABC$ 中，已知 $\overrightarrow{AB} \cdot \overrightarrow{AC} + 2\overrightarrow{BA} \cdot \overrightarrow{BC} = 3\overrightarrow{CA} \cdot \overrightarrow{CB}$，求 $\sin C$ 的最

大值.

解：对于向量 $\overrightarrow{AB}$，$\overrightarrow{AC}$ 的数量积，有变形公式 $\overrightarrow{AB} \cdot \overrightarrow{AC} = \dfrac{|\overrightarrow{AB}|^2 + |\overrightarrow{AC}|^2 - |\overrightarrow{BC}|^2}{2}$. 先证明此公式. $\because \overrightarrow{BC} = \overrightarrow{AC} - \overrightarrow{AB}$，$\therefore |\overrightarrow{BC}|^2 = |\overrightarrow{AC} - \overrightarrow{AB}|^2 \Rightarrow |\overrightarrow{BC}|^2 = |\overrightarrow{AC}|^2 - 2\overrightarrow{AC} \cdot \overrightarrow{AB} + |\overrightarrow{AB}|^2$，$\therefore \overrightarrow{AB} \cdot \overrightarrow{AC} = \dfrac{|\overrightarrow{AB}|^2 + |\overrightarrow{AC}|^2 - |\overrightarrow{BC}|^2}{2}$.

设 a,b,c 为 $\triangle ABC$ 的内角 A,B,C 对边，则 $\overrightarrow{AB} \cdot \overrightarrow{AC} = \dfrac{b^2 + c^2 - a^2}{2}$，$\overrightarrow{BA} \cdot \overrightarrow{BC} = \dfrac{a^2 + c^2 - b^2}{2}$，$\overrightarrow{CA} \cdot \overrightarrow{CB} = \dfrac{a^2 + b^2 - c^2}{2}$，代入 $\overrightarrow{AB} \cdot \overrightarrow{AC} + 2\overrightarrow{BA} \cdot \overrightarrow{BC} = 3\overrightarrow{CA} \cdot \overrightarrow{CB}$，得 $b^2 + c^2 - a^2 + 2(a^2 + c^2 - b^2) = 3(a^2 + b^2 - c^2)$，即 $a^2 + 2b^2 = 3c^2$.

又 $\cos C = \dfrac{a^2 + b^2 - c^2}{2ab} = \dfrac{a^2 + b^2 - \dfrac{1}{3}(a^2 + 2b^2)}{2ab} = \dfrac{a}{3b} + \dfrac{b}{6a} \geqslant 2\sqrt{\dfrac{a}{3b} \cdot \dfrac{b}{6a}} = \dfrac{\sqrt{2}}{3}$.

$\therefore \sin C = \sqrt{1 - \cos^2 C} \leqslant \dfrac{\sqrt{7}}{3}$，当且仅当 $\begin{cases} \dfrac{a}{3b} = \dfrac{b}{6a}, \\ a^2 + 2b^2 = 3c^2 \end{cases} \Rightarrow a : b : c = \sqrt{3} : \sqrt{6} : \sqrt{5}$ 时，$\sin C$ 取最大值，为 $\dfrac{\sqrt{7}}{3}$.

评注：本题中向量的数量积变形公式，也可利用数量积的定义及余弦定理证明 $\overrightarrow{AB} \cdot \overrightarrow{AC} = |\overrightarrow{AB}||\overrightarrow{AC}|\cos A = |\overrightarrow{AB}||\overrightarrow{AC}| \cdot \dfrac{|\overrightarrow{AB}|^2 + |\overrightarrow{AC}|^2 - |\overrightarrow{BC}|^2}{2|\overrightarrow{AB}||\overrightarrow{AC}|} = \dfrac{|\overrightarrow{AB}|^2 + |\overrightarrow{AC}|^2 - |\overrightarrow{BC}|^2}{2}$. 特别注意，即使 A 为零公式也是成立的，此变形公式能很好地将向量运算问题转化为实数运算问题，要予以重视.

9. 运用向量的平行关系解题

例 9 在 $\triangle OAB$ 中(图 5.6)，$\overrightarrow{OC} = \dfrac{1}{4}\overrightarrow{OA}$，$\overrightarrow{OD} = \dfrac{1}{2}\overrightarrow{OB}$，$AD$ 与 BC 交于点 M，设 $\overrightarrow{OA} = \boldsymbol{a}$，$\overrightarrow{OB} = \boldsymbol{b}$，试用 $\boldsymbol{a},\boldsymbol{b}$ 表示向量 $\overrightarrow{OM}$.

解：设 $\overrightarrow{OM} = m\boldsymbol{a} + n\boldsymbol{b}$，则 $\overrightarrow{AM} = \overrightarrow{OM} - \overrightarrow{OA} = (m-1)\boldsymbol{a} + n\boldsymbol{b}$，$\overrightarrow{AD} = \overrightarrow{OD} - \overrightarrow{OA} = -\boldsymbol{a} + \dfrac{1}{2}\boldsymbol{b}$.

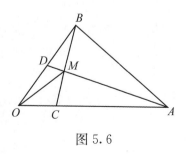

图 5.6

∵ $\overrightarrow{AM} \parallel \overrightarrow{AD}$，且 $\boldsymbol{a}, \boldsymbol{b}$ 不共线，∴ $\dfrac{m-1}{-1} = \dfrac{n}{\frac{1}{2}}$，即 $1 - m = 2n$.

$$\overrightarrow{CM} = \overrightarrow{OM} - \overrightarrow{OC} = \left(m - \frac{1}{4}\right)\boldsymbol{a} + n\boldsymbol{b}, \overrightarrow{CB} = \overrightarrow{OB} - \overrightarrow{OC} = \boldsymbol{b} - \frac{1}{4}\boldsymbol{a} = -\frac{1}{4}\boldsymbol{a} + \boldsymbol{b}.$$

$\overrightarrow{CM} \parallel \overrightarrow{CB}$，同样有 $\dfrac{m - \frac{1}{4}}{-\frac{1}{4}} = \dfrac{n}{1}$，即 $1 - 4m = n$.

由 $\begin{cases} 1 - m = 2n, \\ 1 - 4m = n \end{cases}$ 求得 $\begin{cases} m = \dfrac{1}{7}, \\ n = \dfrac{3}{7}, \end{cases}$ ∴ $\overrightarrow{OM} = \dfrac{1}{7}\boldsymbol{a} + \dfrac{3}{7}\boldsymbol{b}$.

评注：几何图形中的三点 A, M, D 共线，在平面向量中可转化为向量的平行关系 $\overrightarrow{AM} \parallel \overrightarrow{AD}$，而向量的平行关系在代数中又可转化为关于数的等式关系.

10. 采用向量的垂直关系解题

例 10　$\triangle ABC$ 外接圆的圆心为 O，两条边上的高的交点为 H，$\overrightarrow{OH} = m(\overrightarrow{OA} + \overrightarrow{OB} + \overrightarrow{OC})$，则实数 $m = $ ＿＿＿＿＿＿＿＿.

解：∵ $\overrightarrow{AH} \cdot \overrightarrow{BC} = 0$，∴ $(\overrightarrow{OH} - \overrightarrow{OA}) \cdot (\overrightarrow{OC} - \overrightarrow{OB}) = 0$，∴ $[m(\overrightarrow{OA} + \overrightarrow{OB} + \overrightarrow{OC}) - \overrightarrow{OA}] \cdot (\overrightarrow{OC} - \overrightarrow{OB}) = 0$，$m(\overrightarrow{OC}^2 - \overrightarrow{OB}^2) + (m-1)\overrightarrow{OA} \cdot (\overrightarrow{OC} - \overrightarrow{OB}) = 0$，即 $m(\overrightarrow{OC}^2 - \overrightarrow{OB}^2) + (m-1)\overrightarrow{BC} \cdot \overrightarrow{OA} = 0$.

又 ∵ $|\overrightarrow{OC}| = |\overrightarrow{OB}|$，∴ $(m-1)\overrightarrow{BC} \cdot \overrightarrow{OA} = 0$，而 $\triangle ABC$ 为任意三角形，故 $\overrightarrow{BC} \cdot \overrightarrow{OA}$ 不恒为 0，从而 $m = 1$.

评注：由于本题是一道填空题，故也可使用特殊法求解，即 $\triangle ABC$ 可视为等腰直角三角形，则 O 是斜边 AB 的中点，垂心 H 是直角顶点，也很容易得出答案. 另外，一般处理涉及向量垂直问题的常用方法是利用向量数量积等于零或建立直角坐标系转化为平面向量的坐标运算.

平面向量是现代数学中的一个新内容，它的引入给中学数学带来了无限的生机，也给中学数学教与学带来了挑战. 近年来高中各类考试出现了不少以平面向量为载体的选择题或填空题，这类问题"小巧玲珑"，内容丰富，方法灵活，具有一定的综合性. 上述例题仅是平面向量解题技巧中的冰山一角，旨在抛砖引玉，期望读者能够触类旁通.

5.2 例析平面向量的求解策略

平面向量既有直观形象的几何属性，也有巧妙运算的代数特征，它能将数学的很多知识联系起来，成为数学知识的一个交汇点，是近年高考数学的一个热点重点内容．基于此，本文对近几年高中数学中一些平面向量试题进行剖析，以期帮助同学掌握平面向量的求解策略．

1. 利用向量的分解与合成求解

例 1 设点 O 为三角形 ABC 内一点（图 5.7），且满足关系式：$\overrightarrow{OA}+2\overrightarrow{OB}+3\overrightarrow{OC}=3\overrightarrow{AB}+2\overrightarrow{BC}+\overrightarrow{CA}$，则 $\dfrac{S_{\triangle AOB}+2S_{\triangle BOC}+3S_{\triangle COA}}{S_{\triangle ABC}}=$ _____．

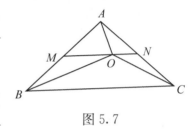

图 5.7

解: 由 $\overrightarrow{OA}+2\overrightarrow{OB}+3\overrightarrow{OC}=3\overrightarrow{AB}+2\overrightarrow{BC}+\overrightarrow{CA}$ 得 $\overrightarrow{OA}+2\overrightarrow{OB}+3\overrightarrow{OC}=3(\overrightarrow{OB}-\overrightarrow{OA})+2(\overrightarrow{OC}-\overrightarrow{OB})+(\overrightarrow{OA}-\overrightarrow{OC})$，即 $3\overrightarrow{OA}+\overrightarrow{OB}+2\overrightarrow{OC}=0\Rightarrow(\overrightarrow{OA}+\overrightarrow{OB})+2(\overrightarrow{OA}+\overrightarrow{OC})=0$．设 M、N 分别是 AB、AC 的中点，则 $\overrightarrow{OM}=-2\overrightarrow{ON}$，$\therefore M,O,N$ 三点共线，且 O 是三等分点．由几何关系知，$S_{\triangle BOC}=\dfrac{1}{2}S_{\triangle ABC}$，$S_{\triangle AOB}=\dfrac{1}{3}S_{\triangle ABC}$，$S_{\triangle AOC}=\dfrac{1}{6}S_{\triangle ABC}$，$\therefore \dfrac{S_{\triangle AOB}+2S_{\triangle BOC}+3S_{\triangle COA}}{S_{\triangle ABC}}=\dfrac{11}{6}$．

评注: 观察条件中 $\overrightarrow{OA}+2\overrightarrow{OB}+3\overrightarrow{OC}=3\overrightarrow{AB}+2\overrightarrow{BC}+\overrightarrow{CA}$ 的结构特征，为了便于向量的线性运算，需将 $\overrightarrow{AB}$、$\overrightarrow{BC}$、$\overrightarrow{CA}$ 以 O 为起点进行分解．为了弄清 O 点的位置，需将 $(\overrightarrow{OA}+\overrightarrow{OB})+2(\overrightarrow{OA}+\overrightarrow{OC})$ 进行合成．其解法看似平常，实乃新奇，匠心独运，意境高远！

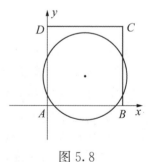

图 5.8

2. 引用向量的坐标运算求解

例 2 在边长为 8 的正方形 $ABCD$ 中（图 5.8），M 是 BC 边的中点，N 是 DA 边上一点，且 $DN=3NA$．若对于常数 m，在正方形 $ABCD$ 的边上恰有 6 个不同的点 P，使 $\overrightarrow{PM}\cdot\overrightarrow{PN}=m$，则实数 m 的取值范围是（　　）．

 A.$(-8,8)$ B.$(-1,24)$ C.$(-1,8)$ D.$(0,8)$

解: 以 A 为坐标原点，直线 AB 为 x 轴建立平面直角坐标系，则 $M(8,4)$，

$N(0,2)$. 设 $P(x,y)$，则 $\overrightarrow{PM}=(8-x,4-y)$，$\overrightarrow{PN}=(-x,2-y)$.

由 $\overrightarrow{PM}\cdot\overrightarrow{PN}=m$，得 $-x(8-x)+(4-y)(2-y)=m$，即 $(x-4)^2+(y-3)^2=m+17$ ①.

故 P 为圆心 $(4,3)$，半径 $r=\sqrt{m+17}$ 的圆与正方形 $ABCD$ 的边的公共点. 因此，圆①与正方形 $ABCD$ 的边有 6 个不同的公共点的充要条件是 $4<\sqrt{m+17}<5$，求得 $-1<m<8$. 故选 C.

评注：分析题意可知，P 点位置决定了 m 的值，P 是一个动点，又四边形 $ABCD$ 是正方形，建系特征明显，由于平面向量是架起平面几何图形与坐标系下代数运算的枢纽，于是联想引用向量的坐标运算. 本题解法蕴含数形结合、化归与转化等数学思想. 解法新颖独特，简洁明快，令人拍案叫绝！

3. 采用向量的基底求解

例 3　在 $\triangle ABC$ 中（图 5.9），M 是边 BC 的中点，N 是线段 BM 的中点. 若 $\angle A=\dfrac{\pi}{3}$，$\triangle ABC$ 的面积为 $\sqrt{3}$，则 $\overrightarrow{AM}\cdot\overrightarrow{AN}$ 的最小值为 _____.

解：由条件知，$\overrightarrow{AM}=\dfrac{1}{2}(\overrightarrow{AB}+\overrightarrow{AC})$，$\overrightarrow{AN}=\dfrac{1}{2}(\overrightarrow{AB}+\overrightarrow{AM})=\dfrac{1}{2}\overrightarrow{AB}+\dfrac{1}{4}(\overrightarrow{AB}+\overrightarrow{AC})$，即 $\overrightarrow{AN}=\dfrac{3}{4}\overrightarrow{AB}+\dfrac{1}{4}\overrightarrow{AC}$，故

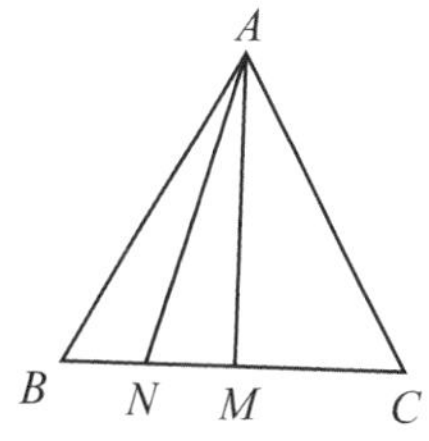

$$\overrightarrow{AM}\cdot\overrightarrow{AN}=\dfrac{1}{2}(\overrightarrow{AB}+\overrightarrow{AC})\cdot\left(\dfrac{3}{4}\overrightarrow{AB}+\dfrac{1}{4}\overrightarrow{AC}\right)$$

$$=\dfrac{1}{8}(3|\overrightarrow{AB}|^2+|\overrightarrow{AC}|^2+4\overrightarrow{AB}\cdot\overrightarrow{AC}).$$

图 5.9

$\because\sqrt{3}=S_{\triangle ABC}=\dfrac{1}{2}\cdot|\overrightarrow{AB}|\cdot|\overrightarrow{AC}|\cdot\sin A=\dfrac{\sqrt{3}}{4}\cdot|\overrightarrow{AB}|\cdot|\overrightarrow{AC}|$，$\therefore|\overrightarrow{AB}|\cdot|\overrightarrow{AC}|=4$，于是 $\overrightarrow{AB}\cdot\overrightarrow{AC}=|\overrightarrow{AB}|\cdot|\overrightarrow{AC}|\cdot\cos A=2$，从而 $\overrightarrow{AM}\cdot\overrightarrow{AN}\geqslant\dfrac{1}{8}(2\sqrt{3|\overrightarrow{AB}|^2\cdot|\overrightarrow{AC}|^2}+4\overrightarrow{AB}\cdot\overrightarrow{AC})=\dfrac{\sqrt{3}}{4}|\overrightarrow{AB}|\cdot|\overrightarrow{AC}|+\dfrac{1}{2}\overrightarrow{AB}\cdot\overrightarrow{AC}=\sqrt{3}+1$，当且仅当 $\begin{cases}3|\overrightarrow{AB}|^2=|\overrightarrow{AC}|^2,\\|\overrightarrow{AB}|\cdot|\overrightarrow{AC}|=4,\end{cases}$ 即 $|\overrightarrow{AB}|=\dfrac{2}{\sqrt[4]{3}}$，$|\overrightarrow{AC}|=2\sqrt[4]{3}$ 时，$\overrightarrow{AM}\cdot\overrightarrow{AN}$ 取最小值，为 $\sqrt{3}+1$.

评注：由于 $\triangle ABC$ 的面积和 $\angle A$ 的大小已给定，其实 $|\overrightarrow{AB}|\cdot|\overrightarrow{AC}|$ 是定值，不难联想到用基底 $\{\overrightarrow{AB},\overrightarrow{AC}\}$ 表示 $\overrightarrow{AM}\cdot\overrightarrow{AN}$，从而起到"化零乱为有序，化未知为已知"的效果.

4. 借用三点共线求解

例 4 已知圆 $O: x^2+y^2=1$ 为 $\triangle ABC$ 的外接圆(图 5.10),且 $\tan A=2$. 若 $\overrightarrow{AO}=x\overrightarrow{AB}+y\overrightarrow{AC}$,则 $x+y$ 的最大值为_____.

解: 连接 AO 并延长交 BC 于 D,$\because \overrightarrow{AO}=x\overrightarrow{AB}+y\overrightarrow{AC}$,$\therefore \dfrac{\overrightarrow{AD}}{|\overrightarrow{AD}|} \cdot |\overrightarrow{AO}|=$

$x\overrightarrow{AB}+y\overrightarrow{AC}$,于是有 $\overrightarrow{AD}=x\dfrac{|\overrightarrow{AD}|}{|\overrightarrow{AO}|}\overrightarrow{AB}+y\dfrac{|\overrightarrow{AD}|}{|\overrightarrow{AO}|}\overrightarrow{AC}$.

$\because B$、D、C 三点共线,$\therefore x\dfrac{|\overrightarrow{AD}|}{|\overrightarrow{AO}|}+y\dfrac{|\overrightarrow{AD}|}{|\overrightarrow{AO}|}=1$,

即 $x+y=\dfrac{|\overrightarrow{AO}|}{|\overrightarrow{AD}|}=\dfrac{AO}{AO+OD}$,$\because AO=1$,即当

OD 取最小值时,$x+y$ 取最大值. 这时 $OD \perp BC$,则 $\angle BOD=\angle BAC$.

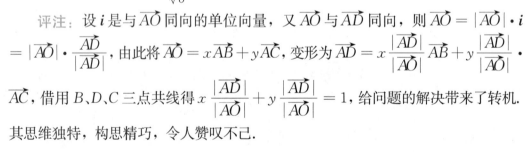

图 5.10

又 $\tan\angle BAC=2$,$\therefore \cos\angle BOD=\dfrac{1}{\sqrt{5}}=\dfrac{OD}{OB}$,

$\therefore OD=\dfrac{1}{\sqrt{5}}$,

$\therefore (x+y)_{\max}=\dfrac{1}{1+\dfrac{1}{\sqrt{5}}}=\dfrac{5-\sqrt{5}}{4}$.

评注: 设 i 是与 $\overrightarrow{AO}$ 同向的单位向量,又 $\overrightarrow{AO}$ 与 $\overrightarrow{AD}$ 同向,则 $\overrightarrow{AO}=|\overrightarrow{AO}| \cdot i$ $=|\overrightarrow{AO}| \cdot \dfrac{\overrightarrow{AD}}{|\overrightarrow{AD}|}$,由此将 $\overrightarrow{AO}=x\overrightarrow{AB}+y\overrightarrow{AC}$,变形为 $\overrightarrow{AD}=x\dfrac{|\overrightarrow{AD}|}{|\overrightarrow{AO}|}\overrightarrow{AB}+y\dfrac{|\overrightarrow{AD}|}{|\overrightarrow{AO}|} \cdot$ $\overrightarrow{AC}$,借用 B,D,C 三点共线得 $x\dfrac{|\overrightarrow{AD}|}{|\overrightarrow{AO}|}+y\dfrac{|\overrightarrow{AD}|}{|\overrightarrow{AO}|}=1$,给问题的解决带来了转机. 其思维独特,构思精巧,令人赞叹不已.

5. 妙用数形结合求解

例 5 已知平面向量 $\boldsymbol{a}$、$\boldsymbol{b}$、$\boldsymbol{c}$ 满足 $|\boldsymbol{a}|=1$,$|\boldsymbol{b}|=2$,$|\boldsymbol{c}|=3$,$0<\lambda<1$,若 $\boldsymbol{b}\cdot\boldsymbol{c}=0$,则 $|\boldsymbol{a}-\lambda\boldsymbol{b}-(1-\lambda)\boldsymbol{c}|$ 所有取不到的值为_____.

解: 将向量 $\boldsymbol{a}$、$\boldsymbol{b}$、$\boldsymbol{c}$ 的起点平移至原点 O,由于 $\boldsymbol{b}\perp\boldsymbol{c}$,故以 $\boldsymbol{b}$、$\boldsymbol{c}$ 的方向分别为 x、y 轴正方向建立平面直角坐标系,则 $\boldsymbol{b}=(2,0)$,$\boldsymbol{c}=(0,3)$,向量 $\lambda\boldsymbol{b}+(1-\lambda)\boldsymbol{c}$ 对应的

点的坐标为 $P(2\lambda, 3(1-\lambda))$，于是 $|\overrightarrow{OP}| = \sqrt{13\lambda^2 - 18\lambda + 9} = \sqrt{13\left(\lambda - \dfrac{9}{13}\right)^2 + \dfrac{36}{13}}$，

$(0 < \lambda < 1)$，$\therefore |\overrightarrow{OP}| \in \left[\dfrac{6\sqrt{13}}{13}, 3\right)$，而 $|\boldsymbol{a} - \lambda\boldsymbol{b} - (1-\lambda)\boldsymbol{c}|$ 表示的是点 P 到单

位圆周上的距离 d，则 $d \in \left[\dfrac{6\sqrt{13}}{13} - 1, 4\right)$，故所有取不到的值为

$\left(-\infty, \dfrac{6}{13}\sqrt{13} - 1\right) \bigcup [4, +\infty)$.

评注：本题设 $\overrightarrow{OP} = \lambda\boldsymbol{b} + (1-\lambda)\boldsymbol{c}$，则 $|\boldsymbol{a} - \lambda\boldsymbol{b} - (1-\lambda)\boldsymbol{c}| = |\boldsymbol{a} - \overrightarrow{OP}|$，通过建系并将向量 $\boldsymbol{a}$ 起点平移至原点 O，得 $|\boldsymbol{a}| = 1$ 表示单位圆，妙用数形结合，问题则迎刃而解.

6. 巧用向量问题实数化求解

例 6　已知 $\triangle ABC$ 的外心为 O，且 $2\overrightarrow{OA} + 3\overrightarrow{OB} + 4\overrightarrow{OC} = 0$，则 $\cos\angle BAC$ 的值是　　　　　　　　.

解：不妨设 $\triangle ABC$ 的外接圆半径为 1，则由 $2\overrightarrow{OA} + 3\overrightarrow{OB} + 4\overrightarrow{OC} = 0$ 得 $-2\overrightarrow{OA} = 3\overrightarrow{OB} + 4\overrightarrow{OC}$，两边平方得 $4 = 9 + 16 + 24\overrightarrow{OB} \cdot \overrightarrow{OC}$，$\therefore \overrightarrow{OB} \cdot \overrightarrow{OC} = -\dfrac{7}{8}$. 同理可得 $\overrightarrow{OA} \cdot \overrightarrow{OC} = -\dfrac{11}{16}$，$\overrightarrow{OA} \cdot \overrightarrow{OB} = \dfrac{1}{4}$，于是有 $\overrightarrow{AB} \cdot \overrightarrow{AC} = (\overrightarrow{OB} - \overrightarrow{OA}) \cdot (\overrightarrow{OC} - \overrightarrow{OA}) = \overrightarrow{OB} \cdot \overrightarrow{OC} - \overrightarrow{OA} \cdot \overrightarrow{OC} - \overrightarrow{OA} \cdot \overrightarrow{OB} + \overrightarrow{OA}^2 = -\dfrac{7}{8} + \dfrac{11}{16} - \dfrac{1}{4} + 1 = \dfrac{9}{16}$.

又 $|\overrightarrow{AB}|^2 = (\overrightarrow{OB} - \overrightarrow{OA})^2 = \overrightarrow{OB}^2 - 2\overrightarrow{OB} \cdot \overrightarrow{OA} + \overrightarrow{OA}^2 = 2 - 2 \times \dfrac{1}{4} = \dfrac{3}{2}$，$|\overrightarrow{AC}|^2 = (\overrightarrow{OC} - \overrightarrow{OA})^2 = \overrightarrow{OC}^2 - 2\overrightarrow{OC} \cdot \overrightarrow{OA} + \overrightarrow{OA}^2 = 2 - 2 \times \left(-\dfrac{11}{16}\right) = \dfrac{27}{8}$，

$\therefore \cos\angle BAC = \dfrac{\overrightarrow{AB} \cdot \overrightarrow{AC}}{|\overrightarrow{AB}| \cdot |\overrightarrow{AC}|} = \dfrac{\dfrac{9}{16}}{\sqrt{\dfrac{3}{2}} \times \sqrt{\dfrac{27}{8}}} = \dfrac{1}{4}$.

评注：欲求 $\cos\angle BAC$ 的值，只需求 $\overrightarrow{AB} \cdot \overrightarrow{AC}$ 和 $|\overrightarrow{AB}| \cdot |\overrightarrow{AC}|$ 的值. 依条件式 $2\overrightarrow{OA} + 3\overrightarrow{OB} + 4\overrightarrow{OC} = 0$ 中所有向量的起点都是 O，于是联想到将 $\overrightarrow{AB}$，$\overrightarrow{AC}$ 以 O 为起点进行分解，再通过向量内积、取模、平方，实现平面向量的几何问题实数化.

7. 运用平面几何的性质求解

例7 在 $\triangle ABC$ 中(图 5.11), $\angle BAC = 60°$, $\angle BAC$ 的平分线 AD 交 BC 于 D, 且有 $\overrightarrow{AD} = \dfrac{1}{4}\overrightarrow{AC} + t\overrightarrow{AB}$. 若 $AB = 8$, 则 $AD = $ _____.

解: 过点 D 作 $DE \parallel AB$ 交 AC 于点 E, $DF \parallel AC$ 交 AB 于点 F, 由题设 $\overrightarrow{AD} = \dfrac{1}{4}\overrightarrow{AC} + t\overrightarrow{AB} = \overrightarrow{AE} + \overrightarrow{AF}$, $\therefore \overrightarrow{AE} = \dfrac{1}{4}\overrightarrow{AC}$, $\overrightarrow{AE} = \dfrac{1}{3}\overrightarrow{EC}$, $\overrightarrow{AF} = t\overrightarrow{AB}$. 又 AD 是 $\angle BAC$ 的平分线, $\therefore \dfrac{AB}{AC} = \dfrac{BD}{CD}$, $\because \dfrac{AE}{EC} = \dfrac{1}{3} = \dfrac{BD}{CD}$

图 5.11

$= \dfrac{BF}{FA} = \dfrac{AB}{AC} = \dfrac{8}{AC}$, $\therefore AC = 24$, $\overrightarrow{FA} = 3\overrightarrow{BF} = \dfrac{3}{4}\overrightarrow{BA}$,

$\therefore t = \dfrac{3}{4}$.

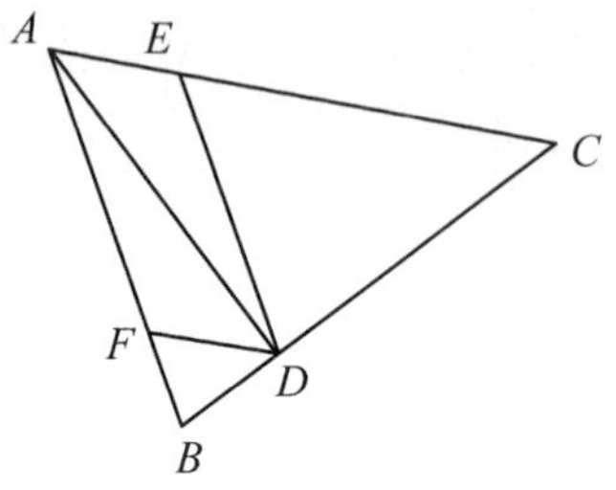

$$|\overrightarrow{AD}|^2 = \left|\dfrac{1}{4}\overrightarrow{AC} + \dfrac{3}{4}\overrightarrow{AB}\right|^2 = \dfrac{1}{16}|\overrightarrow{AC}|^2$$

$+ \dfrac{9}{16}|\overrightarrow{AB}|^2 + \dfrac{6}{16}\overrightarrow{AC} \cdot \overrightarrow{AB} = 108$, 故 $AD = 6\sqrt{3}$.

评注: 运用图形意识, 将向量问题置于适当的几何背景之中, 使各种数量关系在图形中简单明了, 从而使抽象的向量问题直观化, 实现快速解题的目的, 同时也展示了运用平面几何的性质求解向量问题的无穷魅力!

在解答与平面向量有关的问题时, 要从题目的表征、结构形式、位置特征等方面观察问题, 总结应对方法. 若能充分挖掘数与形两方面内涵, 用"数"的准确澄清"形"的模糊, 用"形"的直观启迪"数"的计算, 从"数"与"形"两个角度进行突破, 是求解平面向量问题的一个基本技巧.

5.3　构造向量加减法　巧解几类数学题

　　向量既有代数运算的本质，又有几何图形的神韵，是沟通代数与几何的桥梁．通过构造向量作为"载体"，并借用向量的加减法运算，可巧妙地把一些关于"式"的问题转化为关于"形"的问题，让问题形象化、直观化，实现"数"与"形"的结合，这给解决数学问题提供了更为广阔的思维空间．本文例谈构造向量加减法，巧解几类数题，旨在给学生解决某些问题时多一个角度和多一种方法．

1. 巧解角平分线问题

　　例 1　三角形 ABC 的顶点 $A(4,1)$，$B(7,5)$，$C(-4,7)$，求 $\angle A$ 的平分线所在的直线方程．

　　解：$\because \overrightarrow{AB} = (3,4)$，与 $\overrightarrow{AB}$ 同向的单位向量 $\boldsymbol{n}_1 = \left(\dfrac{3}{5}, \dfrac{4}{5}\right)$，$\overrightarrow{AC} = (-8,6)$，与 $\overrightarrow{AC}$ 同向的单位向量 $\boldsymbol{n}_2 = \left(-\dfrac{4}{5}, \dfrac{3}{5}\right)$，$\therefore \angle A$ 平分线的方向向量是 $\boldsymbol{n}_1 + \boldsymbol{n}_2 = \left(-\dfrac{1}{5}, \dfrac{7}{5}\right)$，其所在直线的斜率为 $k = -7$．又 $A(4,1)$，故 $\angle A$ 的平分线所在的直线方程是 $y - 1 = -7(x - 4)$，即 $7x + y - 29 = 0$．

　　评注：本题采用构造两个单位向量，组成菱形的一组邻边，借用向量加法的几何意义，求出 $\angle A$ 平分线所在的直线斜率．其解法新颖、独特，能唤起学生的求知欲．本题若按常规方法求解，一般是设点 $M(x,y)$，利用 M 到 AB，AC 等距离，可求出点 M 的轨迹方程，不过这样求的两条直线方程，要注意根据数形结合进行取舍．

2. 巧解函数最值问题

　　例 2　已知 a,b,c 均为正实数，求函数 $f(x) = \sqrt{x^2 + a^2} + \sqrt{(c-x)^2 + b^2}$ 的最小值．

　　解：构造向量 $\boldsymbol{m} = (x,a)$，$\boldsymbol{n} = (c-x,b)$，则 $\boldsymbol{m} + \boldsymbol{n} = (c, a+b)$，显然 $f(x) = \sqrt{x^2 + a^2} + \sqrt{(c-x)^2 + b^2} = |\boldsymbol{m}| + |\boldsymbol{n}| \geqslant |\boldsymbol{m} + \boldsymbol{n}| = \sqrt{c^2 + (a+b)^2}$，当且仅当向量 $\boldsymbol{m}$，$\boldsymbol{n}$ 同向时等号成立．当 $\boldsymbol{m} \parallel \boldsymbol{n}$ 时，$xb - a(c-x) = 0$，求得 $x = \dfrac{ac}{a+b}$．

151

$\because a,b,c$ 均为正实数，经验证 $\boldsymbol{m},\boldsymbol{n}$ 也同向.

故函数 $f(x)$ 的最小值是 $\sqrt{c^2+(a+b)^2}$.

评注：本题函数式中两个根式，可视为两个向量的模，于是联想构造出两个向量 $\boldsymbol{m}=(x,a),\boldsymbol{n}=(c-x,b)$，利用向量加法的几何意义，即 $|\boldsymbol{m}|+|\boldsymbol{n}|\geqslant|\boldsymbol{m}+\boldsymbol{n}|$，问题则迎刃而解.

例 3　求函数 $y=\sqrt{x^2-2x+5}-\sqrt{x^2+4x+5}$ 的最大值.

解：将原函数解析式变形为 $y=\sqrt{(x-1)^2+4}-\sqrt{(x+2)^2+1}$，构造向量 $\boldsymbol{a}=(x-1,2),\boldsymbol{b}=(x+2,1)$，则 $y=|\boldsymbol{a}|-|\boldsymbol{b}|$，$\boldsymbol{a}-\boldsymbol{b}=(-3,1)$.

$\because||\boldsymbol{a}|-|\boldsymbol{b}||\leqslant|\boldsymbol{a}-\boldsymbol{b}|$，$\therefore|y|\leqslant|\boldsymbol{a}-\boldsymbol{b}|=\sqrt{(-3)^2+1^2}=\sqrt{10}$.

当且仅当 $\boldsymbol{a}=\lambda\boldsymbol{b}$ 且 $\lambda>0$ 时等号成立，即 $\begin{cases}x-1=\lambda(x+2),\\2=\lambda,\end{cases}$ 求得 $x=-5$.

故 $-\sqrt{10}\leqslant y\leqslant\sqrt{10}$.

因此，函数 $y=\sqrt{x^2-2x+5}-\sqrt{x^2+4x+5}$ 的最大值是 $\sqrt{10}$.

评注：由本题函数式的结构特点，不难让我们联想构造向量，将函数式视为两个向量模的差，于是设 $\boldsymbol{a}=(x-1,2),\boldsymbol{b}=(x+2,1)$，借用向量减法的几何意义可求解.

3. 巧解无理方程问题

例 4　求方程 $\sqrt{x^2+y^2}+\sqrt{(2-x)^2+y^2}+\sqrt{x^2+(2-y)^2}+\sqrt{(2-x)^2+(2-y)^2}=4\sqrt{2}$ 的实数解.

解：设 $\boldsymbol{a}=(x,y),\boldsymbol{b}=(2-x,y),\boldsymbol{c}=(x,2-y),\boldsymbol{d}=(2-x,2-y)$，则 $|\boldsymbol{a}|=\sqrt{x^2+y^2}$，$|\boldsymbol{b}|=\sqrt{(2-x)^2+y^2}$，$|\boldsymbol{c}|=\sqrt{x^2+(2-y)^2}$，$|\boldsymbol{d}|=\sqrt{(2-x)^2+(2-y)^2}$.

$|\boldsymbol{a}|+|\boldsymbol{b}|+|\boldsymbol{c}|+|\boldsymbol{d}|\geqslant|\boldsymbol{a}+\boldsymbol{b}+\boldsymbol{c}+\boldsymbol{d}|=|(4,4)|=4\sqrt{2}$，当且仅当向量 $\boldsymbol{a}$，$\boldsymbol{b},\boldsymbol{c},\boldsymbol{d}$ 同向时等号成立.

①若 $x\neq0$ 且 $x\neq2$，则当且仅当 $\dfrac{y}{x}=\dfrac{y}{2-x}=\dfrac{2-y}{x}=\dfrac{2-y}{2-x}$ 时，上述等号成立，求得 $x=1,y=1$. 故方程的实数解是 $\begin{cases}x=1,\\y=1.\end{cases}$

②若 $x=0$ 时，则 $\boldsymbol{a}=(0,y),\boldsymbol{b}=(2,y),\boldsymbol{c}=(0,2-y),\boldsymbol{d}=(2,2-y)$. 此时向量 $\boldsymbol{a},\boldsymbol{b},\boldsymbol{c},\boldsymbol{d}$ 不同向. 同理，当 $x=2$，则向量 $\boldsymbol{a},\boldsymbol{b},\boldsymbol{c},\boldsymbol{d}$ 也不同向.

故原方程的实数解是 $\begin{cases} x=1, \\ y=1. \end{cases}$

评注：根据本题的结构特征，合理构造 4 个向量 $\boldsymbol{a},\boldsymbol{b},\boldsymbol{c},\boldsymbol{d}$，使得 $\boldsymbol{a}+\boldsymbol{b}+\boldsymbol{c}+\boldsymbol{d}$ 成为已知确定的向量. 由向量加法的几何意义可知，当向量 $\boldsymbol{a},\boldsymbol{b},\boldsymbol{c},\boldsymbol{d}$ 同向时不等式 $|\boldsymbol{a}|+|\boldsymbol{b}|+|\boldsymbol{c}|+|\boldsymbol{d}| \geqslant |\boldsymbol{a}+\boldsymbol{b}+\boldsymbol{c}+\boldsymbol{d}|$ 中的等号成立，于是将不等式转化为方程，从而使原方程获解.

4. 巧证无理不等式问题

例 5 若 a,b 为不相等的实数，$f(x)=\sqrt{1+x^2}$，求证：$|f(a)-f(b)| < |a-b|$.

证明：构造向量 $\boldsymbol{m}=(1,a),\boldsymbol{n}=(1,b),\boldsymbol{m}-\boldsymbol{n}=(0,a-b),|\boldsymbol{m}|=\sqrt{1+a^2}$，$|\boldsymbol{n}|=\sqrt{1+b^2}$.

根据 $||\boldsymbol{m}|-|\boldsymbol{n}|| \leqslant |\boldsymbol{m}-\boldsymbol{n}|$，得 $|\sqrt{1+a^2}-\sqrt{1+b^2}| \leqslant |a-b|$，即 $|f(a)-f(b)| \leqslant |a-b|$. $\because a,b$ 为不相等的实数，$\therefore$ 向量 $\boldsymbol{m},\boldsymbol{n}$ 不共线，$\therefore$ 上述不等式中的等号取不到. $\therefore |f(a)-f(b)| < |a-b|$.

评注：本题要证的不等式，其实是 $|\sqrt{1+a^2}-\sqrt{1+b^2}| < |a-b|$，这个结构暗示着，不等式左边可视为两个向量模差的绝对值，右边视为两个向量差的模. 于是根据其特点构造向量 $\boldsymbol{m}=(1,a),\boldsymbol{n}=(1,b)$，可将抽象的代数问题转化为直观的几何问题，利用向量减法的几何意义使命题获证.

例 6 证明：$\sqrt{x^2+4}+\sqrt{x^2-8x+17} \geqslant 5$.

证明：$\sqrt{x^2+4}+\sqrt{x^2-8x+17}=\sqrt{x^2+4}+\sqrt{(x-4)^2+1}$.

构造向量 $\boldsymbol{a}=(x,2),\boldsymbol{b}=(-x+4,1)$，则 $|\boldsymbol{a}|+|\boldsymbol{b}|=\sqrt{x^2+4}+\sqrt{(x-4)^2+1}$，$\boldsymbol{a}+\boldsymbol{b}=(4,3)$，$|\boldsymbol{a}+\boldsymbol{b}|=\sqrt{4^2+3^2}=5$. 由 $|\boldsymbol{a}|+|\boldsymbol{b}| \geqslant |\boldsymbol{a}+\boldsymbol{b}|$ 得 $\sqrt{x^2+4}+\sqrt{(x-4)^2+1} \geqslant 5$. 当且仅当 $\boldsymbol{a},\boldsymbol{b}$ 同向，即 $x=\dfrac{8}{3}$ 时，取等号.

故 $\sqrt{x^2+4}+\sqrt{x^2-8x+17} \geqslant 5$.

评注：洞察不等式的特点，将左边变形为 $\sqrt{x^2+4}+\sqrt{(x-4)^2+1}$，是解题中一种常见的做法，拟构造两个向量使其模的和为不等式的左边，和或差的模为右边常数 5. 因此构造向量 $\boldsymbol{a}=(x,2),\boldsymbol{b}=(-x+4,1)$，利用 $|\boldsymbol{a}|+|\boldsymbol{b}| \geqslant |\boldsymbol{a}+\boldsymbol{b}|$ 使问题的瓶颈得到突破. 当然，也可令 $\boldsymbol{a}=(x,2),\boldsymbol{b}=(x-4,-1)$，$\boldsymbol{a}-\boldsymbol{b}=(4,3)$，这就要利用公式 $|\boldsymbol{a}|+|\boldsymbol{b}| \geqslant |\boldsymbol{a}-\boldsymbol{b}|$ 证明了，当且仅当 $\boldsymbol{a},\boldsymbol{b}$ 反

向，即 $x = \dfrac{8}{3}$ 时取等号.

构造向量加减法解题是针对一些特殊题型而言的，它需要我们根据所研究的问题的结构特征，通过观察，运用类比、联想等方法，灵活地将问题迁移到向量的加减运算中去. 可见，巧妙地构造向量解题，能使解题思路清晰，解题过程简洁，方法新颖，值得重视.

5.4 构造向量数量积 巧解几类数学题

我们知道向量集"数""形"于一体，尤其是在向量的数量积中，向量模长乘积反映了"数"的特征，向量夹角的余弦反映了"形"的特征．向量数量积的特征决定了它是数学知识的一个交汇点，运用它容易看到知识之间的内在联系和相互作用，为我们解决数学问题提供了更为广阔的思维空间．有些看似与向量无关的题目，通过构造向量数量积作为"载体"，可以使很多棘手、繁杂的问题得以合理、顺利地解决．本文例析构造向量数量积，巧妙解决几类数学问题，希望对同学们的数学学习有所启发．

1. 巧解函数的值域问题

例1 函数 $y = \sqrt{7-x} + \sqrt{9+x}$ 的值域是＿＿＿＿＿＿＿．

解：设向量 $\boldsymbol{m} = (\sqrt{7-x}, \sqrt{9+x})$，$\boldsymbol{n} = (1,1)$，$\boldsymbol{m}, \boldsymbol{n}$ 的夹角为 θ，则 $y = \boldsymbol{m} \cdot \boldsymbol{n}$．由 $\boldsymbol{m} \cdot \boldsymbol{n} = |\boldsymbol{m}| \cdot |\boldsymbol{n}| \cos\theta$ 得 $\sqrt{7-x} + \sqrt{9+x} = \sqrt{(7-x)+(9+x)} \cdot \sqrt{2}\cos\theta = 4\sqrt{2}\cos\theta$，将向量 $\boldsymbol{m}, \boldsymbol{n}$ 起点放在原点，画图，如图 5.12 所示．由图可知，$0 \leqslant \theta \leqslant \dfrac{\pi}{4}$，$\therefore \dfrac{\sqrt{2}}{2} \leqslant \cos\theta \leqslant 1$，于是 $y = \sqrt{7-x} + \sqrt{9+x} = 4\sqrt{2}\cos\theta \in [4, 4\sqrt{2}]$．

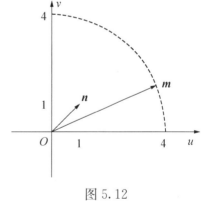

图 5.12

故函数 $y = \sqrt{7-x} + \sqrt{9+x}$ 的值域是 $[4, 4\sqrt{2}]$．

评注：观察条件发现 $(\sqrt{7-x})^2 + (\sqrt{9+x})^2 = 16$，逆向思考，视为一个向量模的平方，于是构造向量 $\boldsymbol{m} = (\sqrt{7-x}, \sqrt{9+x})$，若利用数量积公式，还需要构造另一个向量，为了得到 y，显然令 $\boldsymbol{n} = (1,1)$，于是有 $y = \boldsymbol{m} \cdot \boldsymbol{n}$，问题则迎刃而解．

例2 求函数 $y = \sqrt{3-2x-x^2} - |x+1| + 1$ 的值域．

解：将函数 $y = \sqrt{3-2x-x^2} - |x+1| + 1$ 整理变形得，$y - 1 = \sqrt{3-2x-x^2} - |x+1|$．由 $3-2x-x^2 \geqslant 0$ 得 $-3 \leqslant x \leqslant 1$．设向量 $\boldsymbol{a} =$

$(\sqrt{3-2x-x^2},|x+1|)$，$\boldsymbol{b}=(1,-1)$，$\boldsymbol{a},\boldsymbol{b}$ 的夹角为 θ，则 $y-1=\boldsymbol{a}\cdot\boldsymbol{b}$，由数量积公式 $\boldsymbol{a}\cdot\boldsymbol{b}=|\boldsymbol{a}||\boldsymbol{b}|\cos\theta$ 得 $\sqrt{3-2x-x^2}\cdot 1+|x+1|\cdot(-1)=\sqrt{(3-2x-x^2)+|x+1|^2}\cdot\sqrt{2}\cdot\cos\theta$，$\therefore\sqrt{3-2x-x^2}-|x+1|=2\sqrt{2}\cos\theta$，即 $y-1=2\sqrt{2}\cos\theta$. $|\boldsymbol{a}|=2$，将向量 $\boldsymbol{a},\boldsymbol{b}$ 起点放在原点，其位置关系如图 5.13 所示，

则 $\dfrac{\pi}{4}\leqslant\theta\leqslant\dfrac{3\pi}{4}$，$\therefore -2\leqslant 2\sqrt{2}\cos\theta\leqslant 2$，$\therefore -2\leqslant y-1\leqslant 2$，$\therefore y\in[-1,3]$.

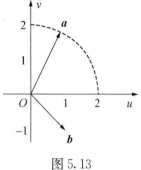

图 5.13

故函数 $y=\sqrt{3-2x-x^2}-|x+1|+1$ 的值域是 $[-1,3]$.

评注：本题的结构似乎与向量没有关系，观察发现右边的 1 是多余的，因而整理为 $y-1=\sqrt{3-2x-x^2}-|x+1|$，进一步挖掘条件得，$(\sqrt{3-2x-x^2})^2+|x+1|^2=4$，所以设 $\boldsymbol{a}=(\sqrt{3-2x-x^2},|x+1|)$，$\boldsymbol{b}=(1,-1)$，使 $y-1=\boldsymbol{a}\cdot\boldsymbol{b}$，于是给问题的解决带来了转机.

2. 巧解与三角有关的问题

例 3 函数 $y=\dfrac{4-\sin x}{3-\cos x}$ 的最大值为 _____.

解：由 $y=\dfrac{4-\sin x}{3-\cos x}$ 变形得 $y\cos x-\sin x=3y-4$. 构造向量 $\boldsymbol{a}=(\cos x,\sin x)$，$\boldsymbol{b}=(y,-1)$，则 $\boldsymbol{a}\cdot\boldsymbol{b}=y\cos x-\sin x$. $\because|\boldsymbol{a}\cdot\boldsymbol{b}|\leqslant|\boldsymbol{a}|\cdot|\boldsymbol{b}|$，$\therefore|3y-4|=|y\cos x-\sin x|\leqslant\sqrt{\cos^2 x+\sin^2 x}\cdot\sqrt{y^2+(-1)^2}$，即 $|3y-4|\leqslant\sqrt{y^2+1}$，求得 $\dfrac{6-\sqrt{6}}{4}\leqslant y\leqslant\dfrac{6+\sqrt{6}}{4}$，当且仅当 $\dfrac{\cos x}{y}=\dfrac{\sin x}{-1}$，结合 $\sin^2 x+\cos^2 x=1$，求得 $\cos x=\dfrac{3+8\sqrt{6}}{25}$，$\sin x=\dfrac{4-6\sqrt{6}}{25}$ 时，y 取最大值.

故函数 $y=\dfrac{4-\sin x}{3-\cos x}$ 的最大值为 $\dfrac{6+\sqrt{6}}{4}$.

评注：在上述解法中将原式变形 $y\cos x-\sin x=3y-4$，构造向量 $\boldsymbol{a}=(\cos x,\sin x)$，$\boldsymbol{b}=(y,-1)$，利用 $|\boldsymbol{a}\cdot\boldsymbol{b}|\leqslant|\boldsymbol{a}|\cdot|\boldsymbol{b}|$，就把 x 消去，得到关于 y 的一个不等式，于是问题很快得到解决. 当然，本题也有其他多种解法，如利用斜率的几何意义或辅助角公式都可解决. 构造向量数量积解题旨在给学生多一种思想方法，多一条解决问题的途径.

例 4　在锐角 $\triangle ABC$ 中，已知 $\cos A + \cos B - \cos(A+B) = \dfrac{3}{2}$，求角 C 的值.

解：由 $\cos A + \cos B - \cos(A+B) = \dfrac{3}{2}$ 得 $\cos A(1-\cos B) + \sin A \cdot \sin B = \dfrac{3}{2} - \cos B$. 设 $\boldsymbol{a} = (\cos A, \sin A), \boldsymbol{b} = (1-\cos B, \sin B)$，由 $\boldsymbol{a} \cdot \boldsymbol{b} \leqslant |\boldsymbol{a}| \cdot |\boldsymbol{b}|$ 得 $\cos A \cdot (1-\cos B) + \sin A \cdot \sin B \leqslant \sqrt{(1-\cos B)^2 + \sin^2 B}$. 即 $\dfrac{3}{2} - \cos B \leqslant \sqrt{(1-\cos B)^2 + \sin^2 B}$，整理得 $(2\cos B - 1)^2 \leqslant 0$，$\therefore \cos B = \dfrac{1}{2}$. $\because B$ 是锐角，$\therefore B = \dfrac{\pi}{3}$，此时等号成立，于是 $\boldsymbol{a} \parallel \boldsymbol{b}$ 且同向. $\boldsymbol{b} = \left(\dfrac{1}{2}, \dfrac{\sqrt{3}}{2}\right)$，由 $\boldsymbol{a} \parallel \boldsymbol{b}$ 得 $\dfrac{\sqrt{3}}{2}\cos A - \dfrac{1}{2}\sin A = 0$，即 $\sin\left(\dfrac{\pi}{3} - A\right) = 0$. $\because A$ 是锐角，$\therefore A = \dfrac{\pi}{3}$. 此时 $\boldsymbol{a} = \left(\dfrac{1}{2}, \dfrac{\sqrt{3}}{2}\right)$，经验证满足 $\boldsymbol{a}$ 与 $\boldsymbol{b}$ 同向，$\therefore \boldsymbol{a} \cdot \boldsymbol{b} \leqslant |\boldsymbol{a}| \cdot |\boldsymbol{b}|$ 式等号成立.

故 $C = \pi - A - B = \dfrac{\pi}{3}$.

评注：依本题条件直接构造向量进行求解是很困难的，把 $\cos(\alpha+\beta)$ 展开，再将条件变形，利用 $\boldsymbol{a} \cdot \boldsymbol{b} \leqslant |\boldsymbol{a}| \cdot |\boldsymbol{b}|$ 构造向量时，想办法消去一个角，于是令 $\boldsymbol{a} = (\cos A, \sin A)$，$\boldsymbol{b} = (1-\cos B, \sin B)$，问题豁然开朗.

3. 巧解代数式的最值问题

例 5　设 x, y 为实数，若 $4x^2 + y^2 + xy = 1$，则 $2x + y$ 的最大值是 _____.

解：$4x^2 + y^2 + xy = \dfrac{1}{4}x^2 + xy + y^2 + \dfrac{15}{4}x^2 = \left(\dfrac{x}{2} + y\right)^2 + \dfrac{15x^2}{4} = 1$. 设 $\boldsymbol{a} = \left(\dfrac{x}{2} + y, \dfrac{\sqrt{15}x}{2}\right)$，$\boldsymbol{b} = \left(1, \dfrac{\sqrt{15}}{5}\right)$，则 $\boldsymbol{a} \cdot \boldsymbol{b} = \left(\dfrac{x}{2} + y\right) \times 1 + \dfrac{\sqrt{15}x}{2} \times \dfrac{\sqrt{15}}{5} = 2x + y$. 由 $\boldsymbol{a} \cdot \boldsymbol{b} \leqslant |\boldsymbol{a}| \cdot |\boldsymbol{b}|$ 得 $2x + y \leqslant \sqrt{\left(\dfrac{x}{2} + y\right)^2 + \left[\dfrac{\sqrt{15}x}{2}\right]^2} \cdot \sqrt{1 + \left[\dfrac{\sqrt{15}}{5}\right]^2} = \dfrac{2\sqrt{10}}{5}$，当 $\boldsymbol{a}$ 与 $\boldsymbol{b}$ 同向，求得 $y = 2x = \dfrac{\sqrt{10}}{5}$. 此时 $2x + y$ 取最大值，为 $\dfrac{2\sqrt{10}}{5}$.

评注：将条件 $4x^2 + y^2 + xy = 1$ 变形为 $\left(\dfrac{x}{2} + y\right)^2 + \dfrac{15x^2}{4} = 1$，是一种常见的做法. 结合所求的式子 $2x + y$，拟构造向量 $\boldsymbol{a}$、$\boldsymbol{b}$，使得 $\boldsymbol{a} \cdot \boldsymbol{b} = 2x + y$，且 $|\boldsymbol{a}|^2 = \left(\dfrac{x}{2} + y\right)^2 + \dfrac{15x^2}{4}$. 于是巧设 $\boldsymbol{a} = \left(\dfrac{x}{2} + y, \dfrac{\sqrt{15}x}{2}\right)$，$\boldsymbol{b} = \left(1, \dfrac{\sqrt{15}}{5}\right)$，从而使问题的瓶颈得到突破.

例 6 已知 $a,b \in \mathbf{R}$，且 $a+b+1=0$，则 $(a-2)^2+(b-3)^2$ 的最小值是

_____.

解：构造向量 $\boldsymbol{x}=(a-2,b-3)$，$\boldsymbol{y}=(1,1)$. $\because |\boldsymbol{x} \cdot \boldsymbol{y}|=||\boldsymbol{x}| \cdot |\boldsymbol{y}| \cdot \cos\theta| \leqslant$ $|\boldsymbol{x}| \cdot |\boldsymbol{y}|$，$\therefore |\boldsymbol{x}|^2 \cdot |\boldsymbol{y}|^2 \geqslant |\boldsymbol{x} \cdot \boldsymbol{y}|^2$，$[(a-2)^2+(b-3)^2] \cdot (1^2+1^2) \geqslant [1 \cdot (a-2)+1 \cdot (b-3)]^2 = (a+b-5)^2 = (a+b+1-6)^2 = 36$，$\therefore (a-2)^2+(b-3)^2 \geqslant 18$. 当 $\boldsymbol{x} /\!/ \boldsymbol{y}$ 时，求得 $a=-1,b=0$，$(a-2)^2+(b-3)^2$ 取最小值，为 18.

评注：根据本题的结构特点，不难联想到构造一个向量，使其模的平方为 $(a-2)^2+(b-3)^2$，于是设 $\boldsymbol{x}=(a-2,b-3)$，结合条件 $a+b=-1$，另一个向量与 $\boldsymbol{x}$ 的数量积应含有 $a+b$，故令 $\boldsymbol{y}=(1,1)$，于是问题顺利得到解决.

4. 巧证相关不等式问题

例 7 已知 $a,b,c \in \mathbf{R}^+$，且 $a+b+c=1$. 证明：$\left(a+\dfrac{1}{a}\right)^2+\left(b+\dfrac{1}{b}\right)^2+\left(c+\dfrac{1}{c}\right)^2 \geqslant \dfrac{100}{3}$.

证明：根据所证不等式左边的结构特征，构造空间向量 $\boldsymbol{m}=\left(a+\dfrac{1}{a},b+\dfrac{1}{b},c+\dfrac{1}{c}\right)$，$\boldsymbol{n}=(1,1,1)$，则 $|\boldsymbol{m}|^2 \cdot |\boldsymbol{n}|^2 = \left[\left(a+\dfrac{1}{a}\right)^2+\left(b+\dfrac{1}{b}\right)^2+\left(c+\dfrac{1}{c}\right)^2\right] \cdot (1+1+1) = 3\left[\left(a+\dfrac{1}{a}\right)^2+\left(b+\dfrac{1}{b}\right)^2+\left(c+\dfrac{1}{c}\right)^2\right]$.

又 $a+b+c=1$，$\therefore |\boldsymbol{m} \cdot \boldsymbol{n}|^2 = \left[\left(a+\dfrac{1}{a}\right)+\left(b+\dfrac{1}{b}\right)+\left(c+\dfrac{1}{c}\right)\right]^2 = \left[1+\left(\dfrac{1}{a}+\dfrac{1}{b}+\dfrac{1}{c}\right)\right]^2$.

$\because a,b,c \in \mathbf{R}^+$，$\therefore \dfrac{1}{a}+\dfrac{1}{b}+\dfrac{1}{c} = (a+b+c)\left(\dfrac{1}{a}+\dfrac{1}{b}+\dfrac{1}{c}\right) \geqslant 3\sqrt[3]{abc} \cdot 3\sqrt[3]{\dfrac{1}{abc}} = 9$，$\therefore |\boldsymbol{m} \cdot \boldsymbol{n}|^2 \geqslant (1+9)^2 = 100$.

又 $|\boldsymbol{m}|^2 \cdot |\boldsymbol{n}|^2 \geqslant |\boldsymbol{m} \cdot \boldsymbol{n}|^2$，$\therefore 3\left[\left(a+\dfrac{1}{a}\right)^2+\left(b+\dfrac{1}{b}\right)^2+\left(c+\dfrac{1}{c}\right)^2\right] \geqslant 100$.

故 $\left(a+\dfrac{1}{a}\right)^2+\left(b+\dfrac{1}{b}\right)^2+\left(c+\dfrac{1}{c}\right)^2 \geqslant \dfrac{100}{3}$.

评注：本题结构特点，让我们容易联想到构造空间向量，借用 $|\boldsymbol{m} \cdot \boldsymbol{n}| \leqslant |\boldsymbol{m}| \cdot |\boldsymbol{n}|$ 进行求证，在构造向量时，其中一个向量模的平方应含有 $\left(a+\dfrac{1}{a}\right)^2+$

$\left(b+\dfrac{1}{b}\right)^2+\left(c+\dfrac{1}{c}\right)^2$，于是设 $\boldsymbol{m}=\left(a+\dfrac{1}{a},b+\dfrac{1}{b},c+\dfrac{1}{c}\right)$，另一个向量设为 $\boldsymbol{n}=(1,1,1)$，条件 $a+b+c=1$，方可得到合理的利用.

例8　已知 x、y、$z>0$，并且 $\dfrac{x^2}{1+x^2}+\dfrac{y^2}{1+y^2}+\dfrac{z^2}{1+z^2}=2$. 求证：$\dfrac{x}{1+x^2}+\dfrac{y}{1+y^2}+\dfrac{z}{1+z^2}\leqslant\sqrt{2}$.

证明：由条件可知，$\dfrac{1+x^2-1}{1+x^2}+\dfrac{1+y^2-1}{1+y^2}+\dfrac{1+z^2-1}{1+z^2}=2$，整理得 $\dfrac{1}{1+x^2}+\dfrac{1}{1+y^2}+\dfrac{1}{1+z^2}=1$.

构造空间向量 $\boldsymbol{a}=\left(\sqrt{\dfrac{1}{1+x^2}},\sqrt{\dfrac{1}{1+y^2}},\sqrt{\dfrac{1}{1+z^2}}\right)$，$\boldsymbol{b}=\left(\sqrt{\dfrac{x^2}{1+x^2}},\sqrt{\dfrac{y^2}{1+y^2}},\sqrt{\dfrac{z^2}{1+z^2}}\right)$.

$\because|\boldsymbol{a}\cdot\boldsymbol{b}|=||\boldsymbol{a}|\cdot|\boldsymbol{b}|\cdot\cos\theta|\leqslant|\boldsymbol{a}|\cdot|\boldsymbol{b}|$，$\therefore|\boldsymbol{a}\cdot\boldsymbol{b}|^2\leqslant|\boldsymbol{a}|^2\cdot|\boldsymbol{b}|^2$.

又 $x,y,z>0$，

$\therefore\left(\sqrt{\dfrac{1}{1+x^2}}\sqrt{\dfrac{x^2}{1+x^2}}+\sqrt{\dfrac{1}{1+y^2}}\sqrt{\dfrac{y^2}{1+y^2}}+\sqrt{\dfrac{1}{1+z^2}}\sqrt{\dfrac{z^2}{1+z^2}}\right)^2\leqslant\left[\left(\sqrt{\dfrac{1}{1+x^2}}\right)^2+\left(\sqrt{\dfrac{1}{1+y^2}}\right)^2+\left(\sqrt{\dfrac{1}{1+z^2}}\right)^2\right]\cdot\left[\left(\sqrt{\dfrac{x^2}{1+x^2}}\right)^2+\left(\sqrt{\dfrac{y^2}{1+y^2}}\right)^2+\left(\sqrt{\dfrac{z^2}{1+z^2}}\right)^2\right]=1\times2=2$.

故 $\dfrac{x}{1+x^2}+\dfrac{y}{1+y^2}+\dfrac{z}{1+z^2}\leqslant\sqrt{2}$.

评注：本题若直接构造空间向量进行证明是很困难的，条件式左边分子含有 x,y,z 的平方，给构造带来了一定的阻力，于是试探分离常数，可将条件变形为 $\dfrac{1}{1+x^2}+\dfrac{1}{1+y^2}+\dfrac{1}{1+z^2}=1$，在利用 $|\boldsymbol{a}\cdot\boldsymbol{b}|\leqslant|\boldsymbol{a}|\cdot|\boldsymbol{b}|$ 证明时，$|\boldsymbol{a}\cdot\boldsymbol{b}|$ 应含有 $\dfrac{x}{1+x^2}+\dfrac{y}{1+y^2}+\dfrac{z}{1+z^2}$，$|\boldsymbol{a}|\cdot|\boldsymbol{b}|$ 应是常数，其中一个向量模的平方应是 $\dfrac{x^2}{1+x^2}+\dfrac{y^2}{1+y^2}+\dfrac{z^2}{1+z^2}$，另一个向量模的平方应是 $\dfrac{1}{1+x^2}+\dfrac{1}{1+y^2}+\dfrac{1}{1+z^2}$ 即为 1. 于是设 $\boldsymbol{a}=\left(\sqrt{\dfrac{1}{1+x^2}},\sqrt{\dfrac{1}{1+y^2}},\sqrt{\dfrac{1}{1+z^2}}\right)$，$\boldsymbol{b}=\left(\sqrt{\dfrac{x^2}{1+x^2}},\sqrt{\dfrac{y^2}{1+y^2}},\sqrt{\dfrac{z^2}{1+z^2}}\right)$. 可见构造向量需要敏锐的洞察力和丰富的联想力，运用构造向量法解题可使学生从中感受到数学的奇妙，体会到解题的乐趣！

我们在构造向量的过程中，首先要观察题设条件或结论的结构特征，必要时要对条件或结论进行变形，转变成我们所熟悉的向量模型，再利用向量所具有的性质和定理进行求解．本文中将几类相关问题转化为向量的数量积问题，不仅可避繁就简，而且方法新颖，独辟蹊径．构造向量数量积解题可提高学生思维的发散性，开拓他们的思维空间，也是培养学生创新能力的好素材．

5.5 数量积的一个变形公式及其应用

在求非零向量的 $\overrightarrow{AB},\overrightarrow{AC}$ 数量积 $\overrightarrow{AB}\cdot\overrightarrow{AC}=|\overrightarrow{AB}|\cdot|\overrightarrow{AC}|\cos<\overrightarrow{AB},\overrightarrow{AC}>$ 中，涉及 $\overrightarrow{AB},\overrightarrow{AC}$ 夹角，我们能否利用余弦定理将 $\cos<\overrightarrow{AB},\overrightarrow{AC}>$ 替换掉，而直接由 $|\overrightarrow{AB}|,|\overrightarrow{AC}|,|\overrightarrow{BC}|$ 求 $\overrightarrow{AB}\cdot\overrightarrow{AC}$ 的值呢？笔者带着这种疑问，作了如下的探究，供同学们参考.

1. 性质推导

对于向量 $\overrightarrow{AB},\overrightarrow{AC}$ 有下列性质：$\overrightarrow{AB}\cdot\overrightarrow{AC}=\dfrac{|\overrightarrow{AB}|^2+|\overrightarrow{AC}|^2-|\overrightarrow{BC}|^2}{2}$.

证法 1：当 $\overrightarrow{AB}=\vec{0}$ 或 $\overrightarrow{AC}=\vec{0}$ 时，$\overrightarrow{AB}\cdot\overrightarrow{AC}=\dfrac{|\overrightarrow{AB}|^2+|\overrightarrow{AC}|^2-|\overrightarrow{BC}|^2}{2}$ 显然成立.

当 $\overrightarrow{AB},\overrightarrow{AC}$ 均为非零向量时，$\overrightarrow{AB}\cdot\overrightarrow{AC}=|\overrightarrow{AB}|\cdot|\overrightarrow{AC}|\cos<\overrightarrow{AB},\overrightarrow{AC}>$.

由余弦定理得 $\cos<\overrightarrow{AB},\overrightarrow{AC}>=\dfrac{|\overrightarrow{AB}|^2+|\overrightarrow{AC}|^2-|\overrightarrow{BC}|^2}{2|\overrightarrow{AB}||\overrightarrow{AC}|}$，代入上式得

$\overrightarrow{AB}\cdot\overrightarrow{AC}=|\overrightarrow{AB}|\cdot|\overrightarrow{AC}|\cos<\overrightarrow{AB},\overrightarrow{AC}>=|\overrightarrow{AB}|\cdot|\overrightarrow{AC}|\cdot\dfrac{|\overrightarrow{AB}|^2+|\overrightarrow{AC}|^2-|\overrightarrow{BC}|^2}{2|\overrightarrow{AB}||\overrightarrow{AC}|}=\dfrac{|\overrightarrow{AB}|^2+|\overrightarrow{AC}|^2-|\overrightarrow{BC}|^2}{2}$.

故 $\overrightarrow{AB}\cdot\overrightarrow{AC}=\dfrac{|\overrightarrow{AB}|^2+|\overrightarrow{AC}|^2-|\overrightarrow{BC}|^2}{2}$.

证法 2：$\because\overrightarrow{BC}=\overrightarrow{AC}-\overrightarrow{AB},\therefore|\overrightarrow{BC}|^2=|\overrightarrow{AC}-\overrightarrow{AB}|^2\Rightarrow|\overrightarrow{BC}|^2=|\overrightarrow{AC}|^2-2\overrightarrow{AC}\cdot\overrightarrow{AB}+|\overrightarrow{AB}|^2$.

故 $\overrightarrow{AB}\cdot\overrightarrow{AC}=\dfrac{|\overrightarrow{AB}|^2+|\overrightarrow{AC}|^2-|\overrightarrow{BC}|^2}{2}$.

2. 性质应用

例 1　在 $\triangle ABC$ 中，$AB=2,AC=3,\overrightarrow{AB}\cdot\overrightarrow{BC}=1$，则 $BC=(\quad)$.

A. $\sqrt{3}$　　　　B. $\sqrt{7}$　　　　C. $2\sqrt{2}$　　　　D. $\sqrt{23}$

解：$\because\overrightarrow{AB}\cdot\overrightarrow{BC}=1,\therefore\overrightarrow{AB}\cdot\overrightarrow{BC}=-\overrightarrow{BA}\cdot\overrightarrow{BC}=-\dfrac{|\overrightarrow{BA}|^2+|\overrightarrow{BC}|^2-|\overrightarrow{AC}|^2}{2}$

$=1$.

$|\overrightarrow{BC}|^2 = |\overrightarrow{AC}|^2 - |\overrightarrow{AB}|^2 - 2 = 3^2 - 2^2 - 2 = 3$, $\therefore BC = \sqrt{3}$. 故选 A.

评注：本题需要注意 $\overrightarrow{AB}$, $\overrightarrow{BC}$ 的夹角为 $\angle B$ 的外角. $\overrightarrow{AB} \cdot \overrightarrow{BC} = -\overrightarrow{BA} \cdot \overrightarrow{BC}$, 公式 $\overrightarrow{AB} \cdot \overrightarrow{AC} = \dfrac{|\overrightarrow{AB}|^2 + |\overrightarrow{AC}|^2 - |\overrightarrow{BC}|^2}{2}$ 中, $\overrightarrow{AB}$ 和 $\overrightarrow{AC}$ 是同一起点.

例 2   在 $\triangle ABC$ 中, M 是 BC 的中点, $AM = 3$, $BC = 10$, 则 $\overrightarrow{AB} \cdot \overrightarrow{AC} = \underline{\qquad\qquad}$.

解：在 $\triangle ABM$ 和 $\triangle ACM$ 中, 由余弦定理得

$AB^2 = AM^2 + BM^2 - 2AM \cdot BM\cos\angle AMB = 3^2 + 5^2 - 2 \times 3 \times 5\cos\angle AMB$,

$AC^2 = AM^2 + CM^2 - 2AM \cdot CM\cos\angle AMC = 3^2 + 5^2 - 2 \times 3 \times 5\cos\angle AMC$,

$\angle AMB + \angle AMC = 180°$,

两式子相加得 $AC^2 + AB^2 = 2AM^2 + 2CM^2 = 2 \times (3^2 + 5^2) = 68$,

$\therefore \overrightarrow{AB} \cdot \overrightarrow{AC} = \dfrac{|\overrightarrow{AB}|^2 + |\overrightarrow{AC}|^2 - |\overrightarrow{BC}|^2}{2} = \dfrac{68 - 100}{2} = -16$

评注：本题要充分利用 $\angle AMB$ 和 $\angle AMC$ 的互补关系, 结合余弦定理求得 $AC^2 + AB^2$ 的值, 使问题迎刃而解.

例 3   已知正方形 $ABCD$ 的边长为 1, 点 E 是 AB 边上的中点, 则 $\overrightarrow{DE} \cdot \overrightarrow{CB}$ 的值为 $\underline{\qquad\qquad\qquad\qquad}$.

解：取 CD 的中点为 F, 连接 EF, 则 $\overrightarrow{CB} = \overrightarrow{FE}$, $\overrightarrow{DE} \cdot \overrightarrow{CB} = \overrightarrow{DE} \cdot \overrightarrow{FE} = \overrightarrow{ED} \cdot \overrightarrow{EF}$

$= \dfrac{|\overrightarrow{ED}|^2 + |\overrightarrow{EF}|^2 - |\overrightarrow{DF}|^2}{2} = \dfrac{1 + \dfrac{1}{4} + 1 - \dfrac{1}{4}}{2} = 1$.

评注：本题要考虑向量的平移, 将 $\overrightarrow{DE} \cdot \overrightarrow{CB}$ 转化为 $\overrightarrow{ED} \cdot \overrightarrow{EF}$, 便于利用数量积性质公式求解.

例 4   在正三角形 ABC 中, D 是 BC 上的点, $AB = 3$, $BD = 1$, 则 $\overrightarrow{AB} \cdot \overrightarrow{AD} = \underline{\qquad\qquad\qquad\qquad}$.

解：在 $\triangle ABD$ 中, 由余弦定理得

$|\overrightarrow{AD}|^2 = |\overrightarrow{BA}|^2 + |\overrightarrow{BD}|^2 - 2|\overrightarrow{BA}| \cdot |\overrightarrow{BD}|\cos B$

$\qquad\quad = 9 + 1 - 2 \times 3 \times 1 \times \cos 60° = 7$,

$\overrightarrow{AB} \cdot \overrightarrow{AD} = \dfrac{|\overrightarrow{AB}|^2 + |\overrightarrow{AD}|^2 - |\overrightarrow{BD}|^2}{2} = \dfrac{9 + 7 - 1}{2} = \dfrac{15}{2}$.

评注：本题若将向量 $\overrightarrow{AD}$ 分解, 即 $\overrightarrow{AB} \cdot \overrightarrow{AD} = \overrightarrow{AB} \cdot (\overrightarrow{AC} + \overrightarrow{CD}) = \overrightarrow{AB} \cdot (\overrightarrow{AC} + \dfrac{2}{3}\overrightarrow{CB})$, 问题也能得到很好的解决, 但这种解法对学生思维能力要求较高, 学生不易想到将 $\overrightarrow{AD}$ 分解为 $\overrightarrow{AC} + \overrightarrow{CD}$. 用数量积的性质公式 $\overrightarrow{AB} \cdot \overrightarrow{AD} = \dfrac{|\overrightarrow{AB}|^2 + |\overrightarrow{AD}|^2 - |\overrightarrow{BD}|^2}{2}$ 不仅可降低思维量, 而且使问题迅速、准确地得到解决!

例 5   在平行四边形 $ABCD$ 中, $\angle A = \dfrac{\pi}{3}$, 边 AB, AD 的长分别为 2、1. 若

M,N 分别是边 BC,CD 上的点，且满足 $\dfrac{|\overrightarrow{BM}|}{|\overrightarrow{BC}|}=\dfrac{|\overrightarrow{CN}|}{|\overrightarrow{CD}|}$，则 $\overrightarrow{AM}\cdot\overrightarrow{AN}$ 的取值范围是_____.

解：连接 MN，设 $\dfrac{|\overrightarrow{BM}|}{|\overrightarrow{BC}|}=\dfrac{|\overrightarrow{CN}|}{|\overrightarrow{CD}|}=t\in[0,1]$，则 $|\overrightarrow{BM}|=t$，$|\overrightarrow{CN}|=2t$，$|\overrightarrow{CM}|=1-t$，$|\overrightarrow{DN}|=2-2t$. 由余弦定理得

$|\overrightarrow{AM}|^2=|\overrightarrow{AB}|^2+|\overrightarrow{BM}|^2-2|\overrightarrow{AB}|\cdot|\overrightarrow{BM}|\cos\dfrac{2\pi}{3}=t^2+2t+4$，$|\overrightarrow{AN}|^2=|\overrightarrow{AD}|^2+|\overrightarrow{DN}|^2-2|\overrightarrow{AD}|\cdot|\overrightarrow{DN}|\cos\dfrac{2\pi}{3}=4t^2-10t+7$，$|\overrightarrow{MN}|^2=|\overrightarrow{CM}|^2+|\overrightarrow{CN}|^2-2|\overrightarrow{CM}|\cdot|\overrightarrow{CN}|\cos\dfrac{\pi}{3}=7t^2-4t+1$，

$$\begin{aligned}\overrightarrow{AM}\cdot\overrightarrow{AN}&=\frac{|\overrightarrow{AM}|^2+|\overrightarrow{AN}|^2-|\overrightarrow{MN}|^2}{2}\\&=\frac{(t^2+2t+4)+(4t^2-10t+7)-(7t^2-4t+1)}{2}\\&=-t^2-2t+5=-(t+1)^2+6,t\in[0,1].\end{aligned}$$

故 $\overrightarrow{AM}\cdot\overrightarrow{AN}\in[2,5]$.

评注：本题虽然也可建立适当的坐标系，设 $\dfrac{|\overrightarrow{BM}|}{|\overrightarrow{BC}|}=\dfrac{|\overrightarrow{CN}|}{|\overrightarrow{CD}|}=t\in[0,1]$，求出 $\overrightarrow{AM}$，$\overrightarrow{AN}$ 的坐标，利用数量积的坐标运算进行解题，但用数量积性质公式解决本题别有一番风味.

例 6　已知圆 O 的半径为 1，PA,PB 为该圆的两条切线，A,B 为两切点（图 5.14），则 $\overrightarrow{PA}\cdot\overrightarrow{PB}$ 的最小值为（　　）.

A. $-4+\sqrt{2}$　　B. $-3+\sqrt{2}$　　C. $-4+2\sqrt{2}$　　D. $-3+2\sqrt{2}$

解：设 $|\overrightarrow{PA}|=|\overrightarrow{PB}|=x$，则 $|\overrightarrow{OP}|=\sqrt{1+x^2}$.

$\because S_{四边形OAPB}=2S_{\triangle OAP}$，　$\therefore \dfrac{1}{2}|\overrightarrow{AB}|\cdot|\overrightarrow{OP}|=2\times\dfrac{1}{2}|\overrightarrow{OA}|\cdot|\overrightarrow{PA}|\Rightarrow|\overrightarrow{AB}|=\dfrac{2x}{\sqrt{1+x^2}}$，

$\begin{aligned}\overrightarrow{PA}\cdot\overrightarrow{PB}&=\frac{|\overrightarrow{PA}|^2+|\overrightarrow{PB}|^2-|\overrightarrow{AB}|^2}{2}\\&=\frac{2x^2-\dfrac{4x^2}{1+x^2}}{2}=x^2-\frac{2x^2}{1+x^2}=(1+x^2)+\frac{2}{1+x^2}-3\geqslant 2\sqrt{2}-3,\end{aligned}$

当且仅当 $x=\sqrt{\sqrt{2}-1}$ 时取等号. 故选 D.

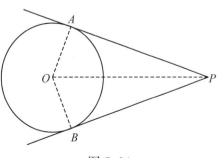

图 5.14

评注：本题关键是根据"等面积"用 x（即切线 PA 的长）表示弦长 AB，方可利用数量积性质公式 $\overrightarrow{PA} \cdot \overrightarrow{PB} = \dfrac{|\overrightarrow{PA}|^2 + |\overrightarrow{PB}|^2 - |\overrightarrow{AB}|^2}{2}$，使问题得到解决.

例 7 已知椭圆方程 $\dfrac{x^2}{a^2} + \dfrac{y^2}{b^2} = 1(a > b > 0)$，$F_1, F_2$ 分别是椭圆的左右焦点，若椭圆上存在一点 P，使得 $\overrightarrow{F_1P} \cdot \overrightarrow{F_2P} < 0$，则该椭圆的离心率的取值范围是（　　）.

A. $\left(0, \dfrac{1}{2}\right)$ 　　　 B. $\left(0, \dfrac{\sqrt{2}}{2}\right)$ 　　　 C. $\left(\dfrac{1}{2}, 1\right)$ 　　　 D. $\left(\dfrac{\sqrt{2}}{2}, 1\right)$

解：设椭圆焦距为 $2c$.

$\because \overrightarrow{F_1P} \cdot \overrightarrow{F_2P} = \overrightarrow{PF_1} \cdot \overrightarrow{PF_2} = \dfrac{|\overrightarrow{PF_1}|^2 + |\overrightarrow{PF_2}|^2 - |\overrightarrow{F_1F_2}|^2}{2} < 0$,

$\therefore (|\overrightarrow{PF_1}| + |\overrightarrow{PF_2}|)^2 - 2\overrightarrow{PF_1} \cdot \overrightarrow{PF_2} - |\overrightarrow{F_1F_2}|^2 < 0$,

即 $(|\overrightarrow{PF_1}| + |\overrightarrow{PF_2}|)^2 - |\overrightarrow{F_1F_2}|^2 < 2\overrightarrow{PF_1} \cdot \overrightarrow{PF_2} \leqslant 2 \cdot \left(\dfrac{|\overrightarrow{PF_1}| + |\overrightarrow{PF_2}|}{2}\right)^2 \Rightarrow$

$(2a)^2 - (2c)^2 < 2a^2$，$\therefore a^2 < 2c^2 \Rightarrow e = \dfrac{c}{a} > \dfrac{\sqrt{2}}{2}$. 又 $e < 1$，$\therefore \dfrac{\sqrt{2}}{2} < e < 1$. 故选 D.

评注：本题作为选择题，不需详尽的推理过程. 利用数形结合，考虑 P 点在椭圆短轴端点时 $\angle F_1PF_2$ 取最大且为钝角，此时 $\angle PF_1F_2 < 45°$，$\tan\angle PF_1F_2 = \dfrac{b}{c} < 1$，使该问题也能得到很好地解决.

例 8 空间四点 A, B, C, D 满足 $|\overrightarrow{AB}| = 3$，$|\overrightarrow{BC}| = 7$，$|\overrightarrow{CD}| = 11$，$|\overrightarrow{DA}| = 9$，则 $\overrightarrow{AC} \cdot \overrightarrow{BD}$ 的取值（　　）.

A. 只有 1 个 　　　 B. 有 2 个 　　　 C. 有 4 个 　　　 D. 有无穷多个

解：$\overrightarrow{AC} \cdot \overrightarrow{BD} = \overrightarrow{AC} \cdot (\overrightarrow{AD} - \overrightarrow{AB}) = \overrightarrow{AC} \cdot \overrightarrow{AD} - \overrightarrow{AC} \cdot \overrightarrow{AB}$

$= \dfrac{|\overrightarrow{AC}|^2 + |\overrightarrow{AD}|^2 - |\overrightarrow{CD}|^2}{2} - \dfrac{|\overrightarrow{AC}|^2 + |\overrightarrow{AB}|^2 - |\overrightarrow{BC}|^2}{2}$

$= \dfrac{|\overrightarrow{AD}|^2 - |\overrightarrow{CD}|^2 - |\overrightarrow{AB}|^2 + |\overrightarrow{BC}|^2}{2}$

$= \dfrac{9^2 - 11^2 - 3^2 + 7^2}{2} = 0.$

故选 A.

评注：根据本题的已知条件，关键是要将向量 $\overrightarrow{BD}$ 分解为 $\overrightarrow{AD} - \overrightarrow{AB}$，再用数量积的性质公式计算出 $\overrightarrow{AC} \cdot \overrightarrow{AD} - \overrightarrow{AC} \cdot \overrightarrow{AB}$ 的值，使问题获解.

只要 $|\boldsymbol{a}|$，$|\boldsymbol{b}|$ 和 $|\boldsymbol{a} - \boldsymbol{b}|$ 已知，任意向量 $\boldsymbol{a}, \boldsymbol{b}$ 都可通过 $\boldsymbol{a} \cdot \boldsymbol{b} = \dfrac{|\boldsymbol{a}|^2 + |\boldsymbol{b}|^2 - |\boldsymbol{a} - \boldsymbol{b}|^2}{2}$ 求出数量积 $\boldsymbol{a} \cdot \boldsymbol{b}$ 的值，从而避免了求向量 $\boldsymbol{a}, \boldsymbol{b}$ 夹角的余弦值. 利用数量积的这个特殊性质解题方法新颖别致，过程简洁明了.

5.6 利用 $|a \cdot b| \leqslant |a| \cdot |b|$ 巧证不等式问题

我们常遇到一些不等式的证明,看似简单,但却无从下手,很难找到切入点,一些常用证法很难奏效. 这时我们不妨变换思维角度,从所证不等式的结构和特点出发,构造适当的向量,利用 $|a \cdot b| \leqslant |a| \cdot |b|$(当且仅当 a 与 b 共线时等号成立)这一特殊性质解题,可避免繁杂的凑配变形技巧,起到事半功倍的效果!本文通过构造向量巧解数学题,抛砖引玉,希望引起中学生对向量的工具性的重视.

例 1 实数 x,y 满足方程 $x^2+y^2=6x-4y-9$,求证:$12-2\sqrt{13} \leqslant 2x-3y \leqslant 12+2\sqrt{13}$.

证明: 已知方程 $(x-3)^2+(y+2)^2=4$,构造向量 $a=(2,-3)$,$b=(x-3,y+2)$. $\because |a \cdot b|=||a| \cdot |b| \cos\theta| \leqslant |a| \cdot |b|$,$\therefore |a \cdot b|^2 \leqslant |a|^2 \cdot |b|^2$,即 $[2(x-3)-3(y+2)]^2 \leqslant (\sqrt{2^2+(-3)^2})^2 \cdot (\sqrt{(x-3)^2+(y+2)^2})^2 = 13 \times 4 = 52$,即 $(2x-3y-12)^2 \leqslant 52$,$12-\sqrt{52} \leqslant 2x-3y \leqslant 12+\sqrt{52}$.

$\therefore 12-2\sqrt{13} \leqslant 2x-3y \leqslant 12+2\sqrt{13}$.

评注: 通过已知方程 $(x-3)^2+(y+2)^2=4$ 联想到向量模的平方,由 $2x-3y$ 联想到构造向量 $a=(2,-3)$ 与 $b=(x-3,y+2)$ 数量积,运用 $|a \cdot b|^2 \leqslant |a|^2 \cdot |b|^2$ 解决问题,思路清晰,体现了平面向量在解题中的工具作用.

例 2 设 x_1,x_2,x_3,y_1,y_2,y_3 是实数,且满足 $x_1^2+x_2^2+x_3^2 \leqslant 1$,证明不等式:$(x_1y_1+x_2y_2+x_3y_3-1)^2 \geqslant (x_1^2+x_2^2+x_3^2-1)(y_1^2+y_2^2+y_3^2-1)$.

证明: 设 $a=(x_1,x_2,x_3)$,$b=(y_1,y_2,y_3)$,则

$a \cdot b=(x_1,x_2,x_3)(y_1,y_2,y_3)=x_1y_1+x_2y_2+x_3y_3$,

$a \cdot b=|a| \cdot |b| \cdot \cos\theta=\sqrt{x_1^2+x_2^2+x_3^2} \cdot \sqrt{y_1^2+y_2^2+y_3^2} \cdot \cos\theta$.

$\because |a \cdot b-1|=|1-a \cdot b|$,

$\therefore |x_1y_1+x_2y_2+x_3y_3-1|=|1-\sqrt{x_1^2+x_2^2+x_3^2} \cdot \sqrt{y_1^2+y_2^2+y_3^2} \cdot \cos\theta|$

$\geqslant |1-\sqrt{x_1^2+x_2^2+x_3^2} \cdot \sqrt{y_1^2+y_2^2+y_3^2} \cdot |\cos\theta||$

$\geqslant |1-\sqrt{x_1^2+x_2^2+x_3^2} \cdot \sqrt{y_1^2+y_2^2+y_3^2}|$,

$\therefore |x_1y_1+x_2y_2+x_3y_3-1|^2 \geqslant |1-\sqrt{x_1^2+x_2^2+x_3^2} \cdot \sqrt{y_1^2+y_2^2+y_3^2}|^2$,

$\therefore |x_1y_1+x_2y_2+x_3y_3-1|^2 \geqslant 1-2\sqrt{x_1^2+x_2^2+x_3^2} \cdot \sqrt{y_1^2+y_2^2+y_3^2}+(x_1^2+x_2^2+x_3^2)(y_1^2+y_2^2+y_3^2)$

$$\geqslant 1 - \left[(x_1^2 + x_2^2 + x_3^2) + (y_1^2 + y_2^2 + y_3^2)\right] + (x_1^2 + x_2^2 + x_3^2)(y_1^2 + y_2^2 + y_3^2)$$

$$= (x_1^2 + x_2^2 + x_3^2 - 1)(y_1^2 + y_2^2 + y_3^2 - 1).$$

故 $(x_1 y_1 + x_2 y_2 + x_3 y_3 - 1)^2 \geqslant (x_1^2 + x_2^2 + x_3^2 - 1)(y_1^2 + y_2^2 + y_3^2 - 1)$.

评注：根据本题结构特点，联想构造空间向量 $\boldsymbol{a} = (x_1, x_2, x_3)$，$\boldsymbol{b} = (y_1, y_2, y_3)$，利用向量数量积的两种运算及向量模的性质来实现问题的转化，使问题的解决简洁巧妙，方法新颖独到！

例3 设 $a, b, c \in \mathbf{R}^+$，且 $abc = 1$，求证：$\dfrac{1}{a^3(b+c)} + \dfrac{1}{b^3(c+a)} + \dfrac{1}{c^3(a+b)} \geqslant \dfrac{3}{2}$.

证明：$a, b, c \in \mathbf{R}^+$，且 $abc = 1$，欲证 $\dfrac{1}{a^3(b+c)} + \dfrac{1}{b^3(c+a)} + \dfrac{1}{c^3(a+b)} \geqslant \dfrac{3}{2}$，只需证 $\dfrac{b^2 c^2}{a(b+c)} + \dfrac{c^2 a^2}{b(c+a)} + \dfrac{a^2 b^2}{c(a+b)} \geqslant \dfrac{3}{2}$.

设 $\boldsymbol{m} = \left(\sqrt{a(b+c)}, \sqrt{b(c+a)}, \sqrt{c(a+b)}\right)$，$\boldsymbol{n} = \left(\dfrac{bc}{\sqrt{a(b+c)}}, \dfrac{ca}{\sqrt{b(c+a)}}, \dfrac{ab}{\sqrt{c(a+b)}}\right)$，则 $|\boldsymbol{m}| = \sqrt{2(ab+bc+ca)}$，$|\boldsymbol{n}| = \sqrt{\dfrac{b^2 c^2}{a(b+c)} + \dfrac{c^2 a^2}{b(c+a)} + \dfrac{a^2 b^2}{c(a+b)}}$，$|\boldsymbol{m} \cdot \boldsymbol{n}| \leqslant |\boldsymbol{m}| \cdot |\boldsymbol{n}|$.

$$|ab + bc + ca| \leqslant \sqrt{2(ab+bc+ca)} \cdot \sqrt{\dfrac{b^2 c^2}{a(b+c)} + \dfrac{c^2 a^2}{b(c+a)} + \dfrac{a^2 b^2}{c(a+b)}}.$$

上式两边平方并整理得 $\dfrac{b^2 c^2}{a(b+c)} + \dfrac{c^2 a^2}{b(c+a)} + \dfrac{a^2 b^2}{c(a+b)} \geqslant \dfrac{ab + bc + ca}{2}$.

$\because a, b, c \in \mathbf{R}^+$，且 $abc = 1$，$\therefore ab + bc + ca \geqslant 3\sqrt[3]{(abc)^2} = 3$，$\therefore \dfrac{b^2 c^2}{a(b+c)} + \dfrac{c^2 a^2}{b(c+a)} + \dfrac{a^2 b^2}{c(a+b)} \geqslant \dfrac{ab + bc + ca}{2} \geqslant \dfrac{3}{2}$.

故 $\dfrac{1}{a^3(b+c)} + \dfrac{1}{b^3(c+a)} + \dfrac{1}{c^3(a+b)} \geqslant \dfrac{3}{2}$.

评注：依条件先将求证的结论进行等价变形，考虑题设与变形结论的特点，巧妙构造空间向量，利用 $|\boldsymbol{m} \cdot \boldsymbol{n}| \leqslant |\boldsymbol{m}| \cdot |\boldsymbol{n}|$ 这一特殊性质证明不等式，起到化繁为简、化难为易、事半功倍的效果！

向量融数形于一体，具有几何形式与代数形式的"双重身份"，是解决几何问题的锐利武器，同时它也是解决具有特定结构的代数问题的重要工具．对一些具有特定结构的不等式的证明，认真分析不等式的条件和结论，运用构造向量的方法解决不等式问题，不但可以深化对向量的有关性质的认识和理解，而且可以沟通数学中不同知识内容之间的内在联系，为解决一些不等式问题提供一种行之有效的新方法．另外，不失时机地运用 $|\boldsymbol{m} \cdot \boldsymbol{n}| \leqslant |\boldsymbol{m}| \cdot |\boldsymbol{n}|$ 这一特殊性质解决问题，不但能激发和培养学生的探索精神与创造性思维，而且能让学生感受到数学的无穷乐趣和无限魅力！

5.7　平面向量在涉及不等式问题中的妙用

平面向量引入中学数学以后，给中学数学带来了无限生机，由于向量融形、数于一体，具有几何形式与代数形式的"双重身份"，且向量的一些重要性质，如 $\boldsymbol{m} \cdot \boldsymbol{n} \leqslant |\boldsymbol{m} \cdot \boldsymbol{n}| \leqslant |\boldsymbol{m}| \cdot |\boldsymbol{n}|$，$||\boldsymbol{m}| - |\boldsymbol{n}|| \leqslant |\boldsymbol{m} \pm \boldsymbol{n}| \leqslant |\boldsymbol{m}| + |\boldsymbol{n}|$，$|\boldsymbol{m}_1 + \boldsymbol{m}_2 + \cdots + \boldsymbol{m}_n| \leqslant |\boldsymbol{m}_1| + |\boldsymbol{m}_2| + \cdots + |\boldsymbol{m}_n|$ 等，这使得平面向量与不等式问题有着"天然"的联系. 在求解涉及不等式的有关问题时，根据题设与题断的结构特征，联想平面向量的这些性质，构造平面向量，可使问题的解决简洁巧妙，新意盎然.

1. 巧用平面向量解不等式

例 1　解不等式 $\dfrac{1}{2} < \dfrac{x^3 + 2x + 3}{2x^3 + x + 1} < 3$.

解：视不等式链中的三段为数轴上的三个实数. 设数轴上三点 M, P, N 的坐标分别为 $x_M = \dfrac{1}{2}, x_P = \dfrac{x^3 + 2x + 3}{2x^3 + x + 1}, x_N = 3$，则 $\overrightarrow{MN} = \lambda \overrightarrow{MP}(\lambda > 1)$，即 $\dfrac{5}{2} = \lambda \cdot \left(\dfrac{x^3 + 2x + 3}{2x^3 + x + 1} - \dfrac{1}{2}\right) \Rightarrow \lambda = \dfrac{5(2x^3 + x + 1)}{3x + 5} > 1$，$\therefore \dfrac{2x(5x^2 + 1)}{3x + 5} > 0 \Leftrightarrow \dfrac{x}{3x + 5} > 0$，$\therefore x < -\dfrac{5}{3}$ 或 $x > 0$.

故原不等式的解集为 $\left\{x \mid x < -\dfrac{5}{3} \text{ 或 } x > 0\right\}$.

评注：本题的创新解法是视不等式链中的三段为数轴上的三个实数，且对应三点 M, P, N，从而构造向量 $\overrightarrow{MN} = \lambda \overrightarrow{MP}(\lambda > 1)$，将数与形融成一体，彰显了巧用平面向量解题的无穷魅力！

2. 巧用平面向量求函数最值

例 2　求函数 $y = \sqrt{5 - 4x - x^2} + 2x + 6$ 的最大值.

解：由 $5 - 4x - x^2 \geqslant 0$，得 $-5 \leqslant x \leqslant 1$，$y = \sqrt{9 - (x+2)^2} + 2(x+2) + 2$.

设 $\boldsymbol{p} = (1, 2), \boldsymbol{q} = (\sqrt{9 - (x+2)^2}, x+2)$，则 $|\boldsymbol{p}| = \sqrt{5}$，$|\boldsymbol{q}| = 3$ 且 $\boldsymbol{p} \cdot \boldsymbol{q} \leqslant |\boldsymbol{p}| \cdot |\boldsymbol{q}|$，$\therefore \boldsymbol{p} \cdot \boldsymbol{q} \leqslant 3\sqrt{5}$，当且仅当 $\boldsymbol{p} /\!/ \boldsymbol{q}$ 且方向相同时，不等式取等号. 设 $\boldsymbol{p} =$

$tq\,(t>0)$，于是有 $\begin{cases} 1=t\sqrt{9-(x+2)^2}, \\ 2=t(x+2) \end{cases} \Rightarrow x=\dfrac{6}{5}\sqrt{5}-2\in[-5,1]$，∴ 当 $x=$

$\dfrac{6}{5}\sqrt{5}-2$ 时，$y_{\max}=3\sqrt{5}+2$.

评注：巧妙构造向量，可以解决有关条件最值问题，特别是某些含有乘方之和与乘积之和的式子的条件最值问题，应用向量求解更有独特之处.

例 3　求函数 $y=\sqrt{x^2-6x+10}+\sqrt{x^2+6x+25}$ 的最小值.

解：由 $\begin{cases} x^2-6x+10\geqslant 0, \\ x^2+6x+25\geqslant 0 \end{cases}$ 得 $x\in\mathbf{R}$.

∵ $y=\sqrt{x^2-6x+10}+\sqrt{x^2+6x+25}=\sqrt{(3-x)^2+1}+\sqrt{(x+3)^2+4^2}$，

设 $\boldsymbol{p}=(3-x,1),\boldsymbol{q}=(x+3,4)$，则 $|\boldsymbol{p}|=\sqrt{(3-x)^2+1}$，$|\boldsymbol{q}|=$
$\sqrt{(x+3)^2+4^2}$ 且 $|\boldsymbol{p}+\boldsymbol{q}|=\sqrt{61}$.

由 $|\boldsymbol{p}|+|\boldsymbol{q}|\geqslant|\boldsymbol{p}+\boldsymbol{q}|$ 得 $y=|\boldsymbol{p}|+|\boldsymbol{q}|\geqslant|\boldsymbol{p}+\boldsymbol{q}|=\sqrt{61}$，当且仅当 $\boldsymbol{p}\,/\!/\,\boldsymbol{q}$ 且方向相同时，不等式取等号.

设 $\boldsymbol{p}=t\boldsymbol{q}\,(t>0)$，则 $(3-x,1)=t(x+3,4)\Rightarrow\begin{cases} 3-x=t(x+3), \\ 1=4t, \end{cases}$ 求得 x
$=\dfrac{9}{5}$.

故 当 $x=\dfrac{9}{5}$ 时，$y_{\min}=\sqrt{61}$.

评注：为了使 $|\boldsymbol{p}+\boldsymbol{q}|$ 成为定值，构造向量时 $\boldsymbol{p}=(3-x,1),\boldsymbol{q}=(x+3,4)$ 而不能构造为 $\boldsymbol{p}=(x-3,1),\boldsymbol{q}=(x+3,4)$. 另外，本题也可逆用两点间距离公式及数形结合求解.

3. 巧用平面向量求函数值域

例 4　已知函数 $y=\sqrt{x^2+x+1}-\sqrt{x^2-x+1}$，求此函数的值域.

解：由 $\begin{cases} x^2+x+1\geqslant 0, \\ x^2-x+1\geqslant 0 \end{cases}$ 得 $x\in\mathbf{R}$.

$y=\sqrt{x^2+x+1}-\sqrt{x^2-x+1}=\sqrt{\left(x+\dfrac{1}{2}\right)^2+\left[\dfrac{\sqrt{3}}{2}\right]^2}-\sqrt{\left(x-\dfrac{1}{2}\right)^2+\left[\dfrac{\sqrt{3}}{2}\right]^2}$.

令 $\boldsymbol{a}=\left[x+\dfrac{1}{2},\dfrac{\sqrt{3}}{2}\right],\boldsymbol{b}=\left[x-\dfrac{1}{2},\dfrac{\sqrt{3}}{2}\right]$，则 $\boldsymbol{a}-\boldsymbol{b}=(1,0),y=|\boldsymbol{a}|-|\boldsymbol{b}|$，显然向量 $\boldsymbol{a},\boldsymbol{b}$ 不共线.

$|y|=||\boldsymbol{a}|-|\boldsymbol{b}||<|\boldsymbol{a}-\boldsymbol{b}|=1$，即 $-1<y<1$.

故原函数的值域是 $(-1,1)$.

评注：为了使 $|\boldsymbol{a}-\boldsymbol{b}|$ 成为定值，构造向量时 $\boldsymbol{a}=\left(x+\dfrac{1}{2},\dfrac{\sqrt{3}}{2}\right),\boldsymbol{b}=\left(x-\dfrac{1}{2},\dfrac{\sqrt{3}}{2}\right)$，而不能构造为 $\boldsymbol{a}=\left(x+\dfrac{1}{2},\dfrac{\sqrt{3}}{2}\right)$，$\boldsymbol{b}=\left(\dfrac{1}{2}-x,\dfrac{\sqrt{3}}{2}\right)$.

4. 巧用平面向量证明不等式

例 5　已知 $0<a<1,0<b<1$，求证：$\sqrt{a^2+b^2}+\sqrt{(a-1)^2+b^2}+\sqrt{a^2+(b-1)^2}+\sqrt{(a-1)^2+(b-1)^2}\geqslant 2\sqrt{2}$.

证明：构造向量 $\boldsymbol{m}=(a,b),\boldsymbol{n}=(1-a,b),\boldsymbol{p}=(a,1-b),\boldsymbol{q}=(1-a,1-b)$，则 $\boldsymbol{m}+\boldsymbol{n}+\boldsymbol{p}+\boldsymbol{q}=(2,2)$，$|\boldsymbol{m}+\boldsymbol{n}+\boldsymbol{p}+\boldsymbol{q}|=|(2,2)|=2\sqrt{2}$，$|\boldsymbol{m}|=\sqrt{a^2+b^2}$，$|\boldsymbol{n}|=\sqrt{(a-1)^2+b^2}$，$|\boldsymbol{p}|=\sqrt{a^2+(b-1)^2}$，$|\boldsymbol{q}|=\sqrt{(a-1)^2+(b-1)^2}$.

由 $|\boldsymbol{m}|+|\boldsymbol{n}|+|\boldsymbol{p}|+|\boldsymbol{q}|\geqslant|\boldsymbol{m}+\boldsymbol{n}+\boldsymbol{p}+\boldsymbol{q}|$ 得

$$\sqrt{a^2+b^2}+\sqrt{(a-1)^2+b^2}+\sqrt{a^2+(b-1)^2}+\sqrt{(a-1)^2+(b-1)^2}\geqslant 2\sqrt{2}.$$

评注：根据本题的结构特点，需要构造出四个向量. 特别注意的是构造中要使得 $|\boldsymbol{m}+\boldsymbol{n}+\boldsymbol{p}+\boldsymbol{q}|$ 成为定值，利用 $|\boldsymbol{m}|+|\boldsymbol{n}|+|\boldsymbol{p}|+|\boldsymbol{q}|\geqslant|\boldsymbol{m}+\boldsymbol{n}+\boldsymbol{p}+\boldsymbol{q}|$ 使问题迎刃而解.

例 6　已知 $a>b>0,\theta\neq k\pi+\dfrac{\pi}{2},k\in\mathbf{Z}$，证明：关于 θ 的不等式 $\dfrac{a-b}{a+b}\leqslant\dfrac{a\sin\theta+b}{a\sin\theta-b}\leqslant\dfrac{a+b}{a-b}$ 的解集为 $\varnothing$.

证明：$\because a>b>0,\theta\neq k\pi+\dfrac{\pi}{2},k\in\mathbf{Z}$，假设 $\exists\theta$ 使不等式 $\dfrac{a-b}{a+b}\leqslant\dfrac{a\sin\theta+b}{a\sin\theta-b}\leqslant\dfrac{a+b}{a-b}$ 成立. 设数轴上三点 P_1,P,P_2 的坐标分别为 $x_{P_1}=\dfrac{a-b}{a+b},x_P=\dfrac{a\sin\theta+b}{a\sin\theta-b},x_{P_2}=\dfrac{a+b}{a-b}$，$P$ 分 $\overrightarrow{P_1P_2}$ 所成的比为 $\lambda(0<\lambda<1)$，即 $\overrightarrow{P_1P}=\lambda\overrightarrow{PP_2}$，

$\therefore\lambda=\dfrac{\dfrac{a\sin\theta+b}{a\sin\theta-b}-\dfrac{a-b}{a+b}}{\dfrac{a+b}{a-b}-\dfrac{a\sin\theta+b}{a\sin\theta-b}}=\dfrac{(1+\sin\theta)(a-b)}{(\sin\theta-1)(a+b)}<0$. 这与 $0<\lambda<1$ 矛盾，故不等式 $\dfrac{a-b}{a+b}\leqslant\dfrac{a\sin\theta+b}{a\sin\theta-b}\leqslant\dfrac{a+b}{a-b}$ 不成立，即 θ 不存在. 因此，原不等式的解集是 $\varnothing$.

评注：本题采用反证法是必要的，将不等式 $\frac{a-b}{a+b} \leqslant \frac{a\sin\theta+b}{a\sin\theta-b} \leqslant \frac{a+b}{a-b}$ 中的三段视为数轴上的三个实数，且对应三个点 P_1, P, P_2，恰当构造向量 $\overrightarrow{P_1P} = \lambda\overrightarrow{PP_2}(0 < \lambda < 1)$，经运算得出 $\lambda < 0$ 的矛盾结果，从而使命题获证。这种奇思与妙想，能培养学生的创新能力，激发他们对数学的学习兴趣。

5. 巧用平面向量求值

例 7　已知在锐角 $\triangle ABC$ 中，有 $\cos A + \cos B - \cos(A+B) = \frac{3}{2}$，求角 C 的值。

解：由 $\cos A + \cos B - \cos(A + B) = \frac{3}{2}$ 得，$\cos A + \cos B - \cos A\cos B + \sin A\sin B = \frac{3}{2}$，即 $\sin A\sin B + (1 - \cos A)\cos B = \frac{3}{2} - \cos A$ ①。

设 $\boldsymbol{a} = (\sin A, 1 - \cos A), \boldsymbol{b} = (\sin B, \cos B)$，$\boldsymbol{a} \cdot \boldsymbol{b} = \sin A\sin B + (1 - \cos A)\cos B$，由①式有 $|\boldsymbol{a} \cdot \boldsymbol{b}| = \left|\frac{3}{2} - \cos A\right|$。

又 $|\boldsymbol{a} \cdot \boldsymbol{b}| \leqslant |\boldsymbol{a}| \cdot |\boldsymbol{b}| = \sqrt{\sin^2 A + (1 - \cos A)^2} \cdot \sqrt{\sin^2 B + \cos^2 B} = \sqrt{2 - 2\cos A}$，即 $\left|\frac{3}{2} - \cos A\right| \leqslant \sqrt{2 - 2\cos A} \Rightarrow \left(\frac{3}{2} - \cos A\right)^2 \leqslant 2 - 2\cos A$，

$\therefore \left(\cos A - \frac{1}{2}\right)^2 \leqslant 0 \Rightarrow \cos A = \frac{1}{2}$。

又 $A \in \left(0, \frac{\pi}{2}\right)$，$\therefore A = \frac{\pi}{3}$，由 A, B 的对称性知 $B = \frac{\pi}{3}$。故 $C = \frac{\pi}{3}$。

评注：先将条件进行等价变形，考虑变形后的等式特点，运用向量数量积的结构特征，构造向量，然后利用模长 $|\boldsymbol{a} \cdot \boldsymbol{b}| \leqslant |\boldsymbol{a}| \cdot |\boldsymbol{b}|$，求出 A 的值。可见，本题利用平面向量求解能化繁为简，化难为易。

6. 巧用平面向量解方程

例 8　解方程 $\sqrt{x} \cdot \sqrt{4x - 1} + \sqrt{4 - x} = 4\sqrt{x}$。

解：经观察，显然 $x \neq 0$，$\therefore$ 方程两边同除以 $\sqrt{x}$，得 $\sqrt{x} \cdot \sqrt{4 - \frac{1}{x}} + \sqrt{4 - x} \cdot \frac{1}{\sqrt{x}}$

$= 4$。设 $\boldsymbol{a} = (\sqrt{x}, \sqrt{4 - x}), \boldsymbol{b} = \left(\sqrt{4 - \frac{1}{x}}, \frac{1}{\sqrt{x}}\right)$，由 $\boldsymbol{a} \cdot \boldsymbol{b} \leqslant |\boldsymbol{a}| \cdot |\boldsymbol{b}|$ 得

$4 = \sqrt{x} \cdot \sqrt{4 - \frac{1}{x}} + \sqrt{4 - x} \cdot \frac{1}{\sqrt{x}} \leqslant \sqrt{x + (4 - x)} \cdot \sqrt{\left(4 - \frac{1}{x}\right) + \frac{1}{x}} = 4.$

若上式中等号成立，则 $a \parallel b$ 且方向相同，$\therefore \sqrt{x} \cdot \dfrac{1}{\sqrt{x}} - \sqrt{4-x} \cdot \sqrt{4-\dfrac{1}{x}} = 0$，整理得 $x^2 - 4x + 1 = 0$，求得 $x_1 = 2+\sqrt{3}$，$x_2 = 2-\sqrt{3}$. 经检验，x_1, x_2 均是原方程的根.

评注：本题关键是观察出 $x \neq 0$，将原方程变形为 $\sqrt{x} \cdot \sqrt{4-\dfrac{1}{x}} + \sqrt{4-x} \cdot \dfrac{1}{\sqrt{x}}$ $= 4$ 的形式，考虑其结构特点，构造向量 $a = (\sqrt{x}, \sqrt{4-x})$，$b = \left(\sqrt{4-\dfrac{1}{x}}, \dfrac{1}{\sqrt{x}}\right)$，套用公式 $a \cdot b \leqslant |a| \cdot |b|$. 特别注意的是本题巧妙利用等号成立的条件，实现问题的转化，从而使原方程顺利得到求解，体现向量解题的工具作用.

运用构造平面向量的方法解决涉及不等式的相关问题，不但可以深化对向量有关性质的认识和理解，而且可以沟通数学中不同知识内容之间的内在联系，为解决许多与不等式相关的问题提供了一种行之有效的新方法. 借助平面向量知识解决涉及不等式的有关问题的关键在于合理地构造出相应的向量，利用平面向量的一些性质来实现问题的转化.

5.8　例析含双参的平面向量问题求解策略

平面向量的引入给中学数学注入了新的活力，平面向量兼具代数的抽象、严谨，也具有几何的直观特点．因此，向量知识、向量观点在高中数学竞赛中有着广泛的应用．本文精选几道数学问题，也谈含双参的平面向量问题的求解策略，以飨读者．

1. 利用坐标求解

例 1　A、B、C 为圆 O 上不同的三点，且 $\angle AOB = 120°$，点 C 在劣弧 $\overset{\frown}{AB}$ 内（点 C 与 A、B 不重合），若 $\overrightarrow{OC} = \lambda \overrightarrow{OA} + \mu \overrightarrow{OB}(\lambda、\mu \in \mathbf{R})$，则 $\lambda + \mu$ 的取值范围为 _____．

解：如图 5.15 所示，以 O 为坐标原点，线段 AB 的垂直平分线所在直线为 y 轴，建立平面直角坐标系．不妨设圆 O 的半径为 2，则由 $\angle AOB = 120°$，得 $A(-\sqrt{3},1)$，$B(\sqrt{3},1)$．设 $C(2\cos\alpha,2\sin\alpha)$，则由 $\overrightarrow{OC} = \lambda \overrightarrow{OA} + \mu \overrightarrow{OB}$，得 $(2\cos\alpha,2\sin\alpha) = \lambda(-\sqrt{3},1) + \mu(\sqrt{3},1) = (-\sqrt{3}\lambda + \sqrt{3}\mu, \lambda + \mu)$，$\therefore \lambda + \mu = 2\sin\alpha$．

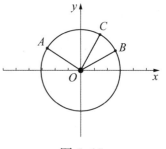

图 5.15

$\because$ 点 C 在劣弧 $\overset{\frown}{AB}$ 内（点 C 与 A、B 不重合），$\therefore 30° < \alpha < 150°$，于是 $\dfrac{1}{2} < \sin\alpha \leqslant 1$，$\lambda + \mu = 2\sin\alpha \in (1,2]$．故 $\lambda + \mu$ 的取值范围是 $(1,2]$．

评注：由于动点 C 在圆周上，且 A，B 两点相对固定，于是联想到用三角函数的定义得出 A，B，C 的坐标．利用向量的坐标处理一些向量问题，基本思想是将向量问题坐标化、数量化，从而将推理转化为代数运算．另外，由于本题是填空题，也可利用对称与极限的思想求解，即当 C 在劣弧 $\overset{\frown}{AB}$ 中点时，$\lambda + \mu$ 的值最大且为 2，当 C 趋近于 A 或 B 时，$\lambda + \mu$ 的值趋近于 1．

2. 巧用基底求解

例 2　在四边形 $ABCD$ 中（图 5.16），$AB \parallel CD$，$AB = 2CD$，M、N 分别是 CD、BC 的中点，若 $\overrightarrow{AB} = \lambda \overrightarrow{AM} + \mu \overrightarrow{AN}$，则 $\lambda + \mu =$ _____．

解： 连接 AC，依题意，选择基底 $\{\overrightarrow{AB},\overrightarrow{AC}\}$，

由已知得 $\overrightarrow{AM}=\overrightarrow{AC}+\overrightarrow{CM}=\overrightarrow{AC}+\dfrac{1}{2}\overrightarrow{CD}=\overrightarrow{AC}$

$-\dfrac{1}{4}\overrightarrow{AB}$，$\overrightarrow{AN}=\dfrac{1}{2}\overrightarrow{AC}+\dfrac{1}{2}\overrightarrow{AB}$，$\therefore \overrightarrow{AB}=\lambda\overrightarrow{AM}+$

$\mu\overrightarrow{AN}=\lambda\left(\overrightarrow{AC}-\dfrac{1}{4}\overrightarrow{AB}\right)+\mu\left(\dfrac{1}{2}\overrightarrow{AC}+\dfrac{1}{2}\overrightarrow{AB}\right)=$

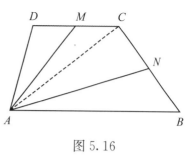

图 5.16

$\left(\dfrac{\mu}{2}-\dfrac{\lambda}{4}\right)\overrightarrow{AB}+\left(\dfrac{\mu}{2}+\lambda\right)\overrightarrow{AC}$，$\therefore \left(\dfrac{\mu}{2}-\dfrac{\lambda}{4}-1\right)\overrightarrow{AB}+$

$\left(\dfrac{\mu}{2}+\lambda\right)\overrightarrow{AC}=0$.

$\because \overrightarrow{AB},\overrightarrow{AC}$ 是基向量，不共线，$\therefore \begin{cases}\dfrac{\mu}{2}-\dfrac{\lambda}{4}-1=0,\\[2mm]\dfrac{\mu}{2}+\lambda=0,\end{cases}$ 求得 $\lambda=-\dfrac{4}{5},\mu=\dfrac{8}{5}$，

$\therefore \lambda+\mu=\dfrac{4}{5}$.

评注： 由于我们在解题过程中选取的基底向量不同，其向量的表示方法也不尽相同，有时候即使能够完成解题，运算量也较大，可见寻找合适的基底是解题的关键．本题如果以条件给出的 $\overrightarrow{AM},\overrightarrow{AN}$ 为基向量，求解很有困难．于是联想到"更换基底"，由已知及图形可知选择基底 $\{\overrightarrow{AB},\overrightarrow{AC}\}$，可将向量 $\overrightarrow{AB},\overrightarrow{AM}$，$\overrightarrow{AN}$ 紧密联系在一起，给本题的解决创造了有利条件．

3. 妙用三点共线求解

例3 已知圆 $O:x^2+y^2=1$ 为 $\triangle ABC$ 的外接圆，且 $\tan A=2$，若 $\overrightarrow{AO}=x\overrightarrow{AB}+y\overrightarrow{AC}$，则 $x+y$ 的最大值为 _____．

解： 连结 AO 并延长交 BC 于 D，$\because \overrightarrow{AO}=x\overrightarrow{AB}+y\overrightarrow{AC}$，$\therefore \dfrac{|\overrightarrow{AO}|}{|\overrightarrow{AD}|}\cdot\overrightarrow{AD}=$

$x\overrightarrow{AB}+y\overrightarrow{AC}$，$\therefore \overrightarrow{AD}=x\dfrac{|\overrightarrow{AD}|}{|\overrightarrow{AO}|}\overrightarrow{AB}+y\dfrac{|\overrightarrow{AD}|}{|\overrightarrow{AO}|}\overrightarrow{AC}$．$\because B,D,C$ 三点共线，$\therefore x\dfrac{|\overrightarrow{AD}|}{|\overrightarrow{AO}|}$

$+y\dfrac{|\overrightarrow{AD}|}{|\overrightarrow{AO}|}=1$，$\therefore x+y=\dfrac{|\overrightarrow{AO}|}{|\overrightarrow{AD}|}=\dfrac{AO}{AO+OD}$．$\because AO=1$，$\therefore x+y=\dfrac{1}{1+OD}$，

即当 OD 取最小值时 $x+y$ 最大，此时 D 是 BC 的中点，且 $\angle BOD=\angle BAC$．又 $\tan A=2$，$\therefore \cos\angle BOD=\cos A=\dfrac{1}{\sqrt{5}}=\dfrac{OD}{OB}$，$\therefore OD=\dfrac{1}{\sqrt{5}}$，$\therefore x+y$ 的最大值为

$\dfrac{1}{1+\dfrac{1}{\sqrt{5}}}=\dfrac{5-\sqrt{5}}{4}$.

评注：由于 $\overrightarrow{AO} = x\overrightarrow{AB} + y\overrightarrow{AC}$，结合图形，$O$ 点并非与 B、C 共线，于是将 AO 延长交 BC 于 D，而 B、D、C 三点共线，所以这时将 $\overrightarrow{AO}$ 转化为用 $\overrightarrow{AD}$ 表示，妙用向量的"三点共线"的性质，问题的瓶颈得到了突破.

4. 并用数形结合求解

例 4   设 A_1、A_2、A_3、A_4 是平面直角坐标系中两两不同的四点，若 $\overrightarrow{A_1A_3} = \lambda\overrightarrow{A_1A_2}(\lambda \in \mathbf{R})$，$\overrightarrow{A_1A_4} = \mu\overrightarrow{A_1A_2}(\mu \in \mathbf{R})$，且 $\dfrac{1}{\lambda} + \dfrac{1}{\mu} = 2$，则称 A_3、A_4 调和分割 A_1、A_2. 已知平面上的点 C、D 调和分割点 A、B，则下面说法正确的是（   ）.

   A. C 可能是线段 AB 的中点

   B. D 可能是线段 AB 的中点

   C. C、D 可能同时在线段 AB 上

   D. C、D 不可能同时在线段 AB 的延长线上

解：根据题意可知 $\overrightarrow{AC} = \lambda\overrightarrow{AB}$，$\overrightarrow{AD} = \mu\overrightarrow{AB}$，且 $\dfrac{1}{\lambda} + \dfrac{1}{\mu} = 2$. 若 C 或 D 是线段 AB 的中点，则 $\lambda = \dfrac{1}{2}$，或 $\mu = \dfrac{1}{2}$，不满足 $\dfrac{1}{\lambda} + \dfrac{1}{\mu} = 2$；若 C、D 可能同时在线段 AB 上，则 $0 < \lambda < 1$，$0 < \mu < 1$，从而 $\dfrac{1}{\lambda} + \dfrac{1}{\mu} > 2$，矛盾；若 C、D 可能同时在线段 AB 的延长线上，则 $\lambda > 1$，$\mu > 1$，从而 $0 < \dfrac{1}{\lambda} + \dfrac{1}{\mu} < 2$，矛盾. 综上，$C$、$D$ 不可能同时在线段 AB 的延长线上. 故选 D.

评注：本题是由一个新定义嵌入题中，较抽象. 直接推导其结果较困难，选项给我们暗示需分类假设，并用数形结合的方法，采取正难则反的思想求解.

5. 借用数量积求解

例 5   已知 O 为 $\triangle ABC$ 的外心，$AB = 2a$，$AC = \dfrac{2}{a}$，$\angle BAC = 120°$，若 $\overrightarrow{AO} = \alpha\overrightarrow{AB} + \beta\overrightarrow{AC}$，则 $\alpha + \beta$ 的最小值是 _____.

解：$\because \overrightarrow{AB} \cdot \overrightarrow{AC} = |\overrightarrow{AB}| \cdot |\overrightarrow{AC}| \cos 120° = 2a \cdot \dfrac{2}{a}\left(-\dfrac{1}{2}\right) = -2$，

$\therefore \begin{cases} \overrightarrow{AO} \cdot \overrightarrow{AB} = \alpha\overrightarrow{AB}^2 + \beta\overrightarrow{AC} \cdot \overrightarrow{AB}, \\ \overrightarrow{AO} \cdot \overrightarrow{AC} = \alpha\overrightarrow{AB} \cdot \overrightarrow{AC} + \beta\overrightarrow{AC}^2. \end{cases}$

同理求得 $\overrightarrow{AO} \cdot \overrightarrow{AC} = \dfrac{1}{2}|\overrightarrow{AC}|^2 = \dfrac{2}{a^2}$. 由上述方程组得

$$\begin{cases} 2a^2 = \alpha \cdot 4a^2 - 2\beta, \\ \dfrac{2}{a^2} = -2\alpha + \dfrac{4\beta}{a^2} \end{cases} \Rightarrow \begin{cases} 4a^2\alpha - 2\beta = 2a^2, \\ -a^2\alpha + 2\beta = 1 \end{cases} \Rightarrow \begin{cases} \alpha = \dfrac{2a^2+1}{3a^2}, \\ \beta = \dfrac{a^2+2}{3}. \end{cases}$$

求得 $\alpha + \beta = \dfrac{4}{3} + \dfrac{1}{3a^2} + \dfrac{a^2}{3} \geqslant \dfrac{4}{3} + 2\sqrt{\dfrac{1}{3a^2} \cdot \dfrac{a^2}{3}} = 2$，当且仅当 $a = 1$ 时，等号成立，此时 $\triangle ABC$ 为等腰三角形. 故 $\alpha + \beta$ 的最小值是 2.

评注：在向量等式 $\overrightarrow{AO} = \alpha\overrightarrow{AB} + \beta\overrightarrow{AC}$ 中，先后乘以 $\overrightarrow{AB}, \overrightarrow{AC}$，借用数量积将向量运算转化为数的运算，从而得出 α, β 分别关于 a 的两个等式，由单一变量求最小值.

6. 活用补形求解

例 6　已知点 $A(1, -1), B(4, 0), C(2, 2)$. 平面区域 D 是由所有满足 $\overrightarrow{AP} = \lambda\overrightarrow{AB} + \mu\overrightarrow{AC}(1 < \lambda \leqslant a, 1 < \mu \leqslant b)$ 的点 $P(x, y)$ 组成的区域，若区域 D 的面积为 8，则 $a + b$ 的最小值为 _____.

解：如图 5.17 所示，延长 AB 至点 M，延长 AC 至点 N，使得 $|AM| = a|AB|$，$|AN| = b|AC|$，四边形 $ABEC$、$AMGN$、$EFGH$ 均为平行四边形. 由条件知，点 $P(x, y)$ 组成的区域 D 为图中的阴影部分，即四边形 $EFGH$（不含边界 EF、EH）. $\because \overrightarrow{AB} = (3, 1), \overrightarrow{AC} = (1, 3),$ $\overrightarrow{BC} = (-2, 2), \therefore |\overrightarrow{AB}| = \sqrt{10}, |\overrightarrow{AC}| = \sqrt{10}, |\overrightarrow{BC}| = 2\sqrt{2},$ $\cos\angle CAB = \dfrac{|\overrightarrow{AB}|^2 + |\overrightarrow{AC}|^2 - |\overrightarrow{BC}|^2}{2|\overrightarrow{AB}| \cdot |\overrightarrow{AC}|} = \dfrac{10 + 10 - 8}{2 \times \sqrt{10} \times \sqrt{10}} =$

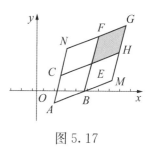

图 5.17

$\dfrac{3}{5}$，$\sin\angle CAB = \dfrac{4}{5}$，即 $\sin\angle FEH = \dfrac{4}{5}$，$\therefore$ 四边形 $EFGH$ 的面积为 $|\overrightarrow{EF}| \cdot |\overrightarrow{EH}| \cdot \sin\angle FEH = (a-1)\sqrt{10} \times (b-1)\sqrt{10} \times \dfrac{4}{5} = 8$，$\therefore (a-1)(b-1) = 1$，$a + b = a + \left(\dfrac{1}{a-1} + 1\right) = (a-1) + \dfrac{1}{a-1} + 2 \geqslant 4$，当且仅当 $a = b = 2$ 时，$a + b$ 取得最小值 4.

评注：本题是活用补形法来解决平面向量的问题，其实质是根据平面向量的基本定理及平行四边形法则，构造平行四边形. 解法中蕴涵着化归转化思想的运用，化未知为已知，化变化为不变，化运动为静止，从而使问题顺利解决.

平面向量是高中数学中一个重要的知识交汇点，也是培养学生数学能力的一个生长点，因而成为高考命题的一个热点，尤其是含双参的平面向量问题更受命题者的青睐. 本文列举了六种含双参的平面向量问题的求解策略，只是这类问题中的冰山一角.

5.9 三角形的"四心"在数学解题中的妙用

三角形的"四心"，即外心、内心、重心和垂心是中学数学经常用到的知识点，高考数学试题中频繁出现与三角形"四心"有关的问题，这类试题的特点往往是建立在知识的交汇处，涉及面广，灵活性强，学生学习有一定的困难.

1. 涉及三角形的外心

例 1 已知 $\triangle ABC$ 中，$AB = 2$，$AC = 1$，$BC = \sqrt{7}$，O 是 $\triangle ABC$ 的外心，且 $\overrightarrow{AO} = \lambda \overrightarrow{AB} + \mu \overrightarrow{AC}$，则 $\lambda + \mu$ 的值为 _____.

解： 在 $\triangle ABC$ 中，由余弦定理得 $\cos\angle BAC = \dfrac{AB^2 + AC^2 - BC^2}{2AB \cdot AC} = \dfrac{4 + 1 - 7}{2 \times 2 \times 1} = -\dfrac{1}{2}$，$\therefore \angle BAC = 120°$，则 $\overrightarrow{AB} \cdot \overrightarrow{AC} = |\overrightarrow{AB}||\overrightarrow{AC}|\cos\theta = -1$.

又 O 是 $\triangle ABC$ 的外心，则

$$\overrightarrow{AO} \cdot \overrightarrow{AB} = |\overrightarrow{AO}||\overrightarrow{AB}|\cos\angle OAB = |\overrightarrow{AO}||\overrightarrow{AB}| \cdot \dfrac{\frac{1}{2}|\overrightarrow{AB}|}{|\overrightarrow{AO}|} = \dfrac{1}{2}|\overrightarrow{AB}|^2 = 2.$$

同理，$\overrightarrow{AO} \cdot \overrightarrow{AC} = \dfrac{1}{2}|\overrightarrow{AC}|^2 = \dfrac{1}{2}$.

$$\begin{cases} 2 = \overrightarrow{AO} \cdot \overrightarrow{AB} = \lambda \overrightarrow{AB}^2 + \mu \overrightarrow{AC} \cdot \overrightarrow{AB} = 4\lambda - \mu, \\ \dfrac{1}{2} = \overrightarrow{AO} \cdot \overrightarrow{AC} = \lambda \overrightarrow{AB} \cdot \overrightarrow{AC} + \mu \overrightarrow{AC}^2 = -\lambda + \mu, \end{cases} \text{求得} \begin{cases} \lambda = \dfrac{5}{6}, \\ \mu = \dfrac{4}{3}. \end{cases}$$

故 $\lambda + \mu = \dfrac{13}{6}$.

评注： 在向量等式 $\overrightarrow{AO} = \lambda \overrightarrow{AB} + \mu \overrightarrow{AC}$ 中，先后点乘 $\overrightarrow{AB}$，$\overrightarrow{AC}$，将向量运算转化为数的运算，从而得出关于 λ，μ 的两个等式，问题顺利获解.

例 2 已知 P 为 $\triangle ABC$ 的外心，且 $\overrightarrow{PA} + \overrightarrow{PB} = \lambda \overrightarrow{PC}$，$\tan C = \dfrac{12}{5}$，则实数 λ 的值为 _____.

解： 如图 5.18 所示，设 AB 的中点为 D，则 $\overrightarrow{PA} + \overrightarrow{PB} = 2\overrightarrow{PD}$，又 $\overrightarrow{PA} + \overrightarrow{PB} = \lambda \overrightarrow{PC}$，$\therefore 2\overrightarrow{PD} = \lambda \overrightarrow{PC}$，$\therefore C$、$P$、$D$ 三点共线. 又 P 为 $\triangle ABC$ 的外心，$\therefore PD \perp AB$，$\therefore CD \perp AB$. 又 $PC = PA$，由 $\tan C = \dfrac{12}{5}$，得 $\cos C = \dfrac{5}{13}$，$\therefore \lambda = -\dfrac{2PD}{PC} =$

$$-\frac{2PD}{PA} = -2\sin\angle PAD = -2\cos\angle APD = -2\cos C = -\frac{10}{13}.$$

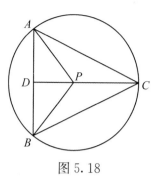

图 5.18

评注：P 是 $\triangle ABC$ 的外心，也就是 $\triangle ABC$ 外接圆的圆心，把此三角形放在圆中，不难得到 $\angle ACB = \frac{1}{2}\angle APB$. 又 D 是 AB 的中点，且 $AP = BP$，于是有 $\angle APD = \angle ACB$.

2. 涉及三角形的内心

例3　设 I 为 $\triangle ABC$ 的内心，且 $3\overrightarrow{IA} + 4\overrightarrow{IB} + 5\overrightarrow{IC} = 0$，则角 C 的大小为 _____.

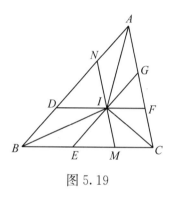

图 5.19

解：设 a、b、c 分别为角 A、B、C 的对边，过 I 分别作 $\triangle ABC$ 三边的平行线（图 5.19），交点分别为 D、N、E、M、F、G，则四边形 $ANIG$ 是平行四边形，$\because I$ 为 $\triangle ABC$ 的内心，$\therefore AI$ 平分 $\angle NAG$，$\therefore \square ANIG$ 是菱形．同理，四边形 $BDIE$ 和四边形 $CFIM$ 都是菱形．设 $AN = AG = \lambda_1$，$BD = BE = \lambda_2$，$CF = CM = \lambda_3$，$\overrightarrow{AI}$ $= \overrightarrow{AN} + \overrightarrow{AG} = \lambda_1 \cdot \frac{\overrightarrow{AB}}{c} + \lambda_1 \cdot \frac{\overrightarrow{AC}}{b} = \lambda_1\left(\frac{\overrightarrow{AB}}{c} + \frac{\overrightarrow{AC}}{b}\right)$，$\overrightarrow{BI} =$

$\overrightarrow{BD} + \overrightarrow{BE} = \lambda_2\left(\frac{\overrightarrow{BA}}{c} + \frac{\overrightarrow{BC}}{a}\right)$，$\overrightarrow{CI} = \overrightarrow{CF} + \overrightarrow{CM} = \lambda_3\left(\frac{\overrightarrow{CA}}{b} + \frac{\overrightarrow{CB}}{a}\right)$，由此得 $\frac{\overrightarrow{AI}}{\lambda_1} + \frac{\overrightarrow{BI}}{\lambda_2} + \frac{\overrightarrow{CI}}{\lambda_3}$ $= 0$ ①．

$\because MN \parallel AC$，$\therefore \frac{AN}{c} = \frac{CM}{a}$．同理可得 $\frac{BD}{c} = \frac{CF}{b}$，$\therefore \frac{AN}{CM} = \frac{\lambda_1}{\lambda_3} = \frac{c}{a}$，$\frac{BD}{CF} = \frac{\lambda_2}{\lambda_3} = \frac{c}{b}$，即 $\frac{1}{\lambda_1} : \frac{1}{\lambda_2} : \frac{1}{\lambda_3} = a : b : c$，代入①得 $a\overrightarrow{IA} + b\overrightarrow{IB} + c\overrightarrow{IC} = \mathbf{0}$．$\because 3\overrightarrow{IA} + 4\overrightarrow{IB} + 5\overrightarrow{IC} = 0$，$\therefore a : b : c = 3 : 4 : 5$，$\therefore \angle C = 90°$．

评注：I 是 $\triangle ABC$ 的内心，即 $\triangle ABC$ 三个内角平分线的交点，在 $\square ANIG$ 中对角线平分其一组对角，故 $\square ANIG$ 是菱形．依题中几何量的关系，巧妙引进参数 $\lambda_1, \lambda_2, \lambda_3$，借用三角形内心的向量性质，即 $\overrightarrow{AI} = \lambda_1\left(\frac{\overrightarrow{AB}}{c} + \frac{\overrightarrow{AC}}{b}\right)$，$\overrightarrow{BI} = \lambda_2\left(\frac{\overrightarrow{BA}}{c} + \frac{\overrightarrow{BC}}{a}\right)$，$\overrightarrow{CI} = \lambda_3\left(\frac{\overrightarrow{CA}}{b} + \frac{\overrightarrow{CB}}{a}\right)$，再结合平面几何中平行线分线段成比例定理，至此问题的瓶颈得到了实质性的突破．

例 4 已知 P 为双曲线 $C: \dfrac{x^2}{4} - \dfrac{y^2}{12} = 1$ 上一点，F_1、F_2 为双曲线 C 的左、右焦点，M、I 分别为 $\triangle PF_1F_2$ 的重心、内心. 若 $MI \perp x$ 轴，则 $\triangle PF_1F_2$ 内切圆的半径为 _____.

解：如图 5.20 所示，不妨设点 P 在第一象限，实轴长为 $2a$，焦距为 $2c$，D、E、F 分别为 $\odot I$ 与 $\triangle PF_1F_2$ 三边相切的切点，则由切线长定理及双曲线定义得 $2a = |PF_1| - |PF_2| = (|PF| + |FF_1|) - (|PE| + |EF_2|) = |FF_1| - |EF_2| = |F_1D| - |F_2D| = (x_D + c) - (c - x_D) = 2x_D$，$\therefore x_D = a = 2$，$x_M = x_I = x_D = 2$. 设 $P(x_0, y_0)$，$\because M$ 为 $\triangle PF_1F_2$ 的重心，$\therefore \dfrac{c + x_0 - c}{3} = x_M$，则 $x_0 = 3x_M = 6$，$y_0 = 4\sqrt{6}$，$\therefore |PF_1| = \sqrt{(6+4)^2 + (4\sqrt{6} - 0)^2} = 14$，$|PF_2| = \sqrt{(6-4)^2 + (4\sqrt{6} - 0)^2} = 10$. 设 $\triangle PF_1F_2$ 内切圆的半径为 r，则 $S_{\triangle PF_1F_2} = \dfrac{1}{2}(|PF_1| + |PF_2| + |F_1F_2|) \cdot r = 16r$.

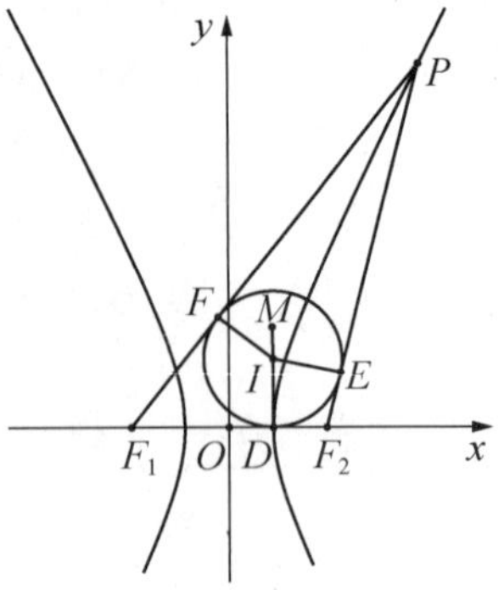

又 $S_{\triangle PF_1F_2} = \dfrac{1}{2}|F_1F_2| \cdot y_0 = \dfrac{1}{2} \times 8 \times 4\sqrt{6} = 16\sqrt{6}$，于是 $16r = 16\sqrt{6}$，$\therefore r = \sqrt{6}$.

评注：I 是 $\triangle PF_1F_2$ 的内心，也就是 $\triangle PF_1F_2$ 内切圆的圆心，由于切线垂直于过切点的半径，于是得 $x_I = x_D$，给问题的解决带来了转机.

图 5.20

3. 涉及三角形的重心

例 5 设 G 为 $\triangle ABC$ 的重心，PQ 过重心 G，且满足 $\overrightarrow{CP} = m\overrightarrow{CA}$，$\overrightarrow{CQ} = n\overrightarrow{CB}$，则 $\dfrac{1}{m} + \dfrac{1}{n} = $ _____.

解：如图 5.21 所示，连结 CG 并延长交 AB 于 D，则 D 为 AB 的中点，$\therefore \overrightarrow{CG} = \dfrac{2}{3}\overrightarrow{CD} = \dfrac{2}{3} \times \dfrac{1}{2}(\overrightarrow{CA} + \overrightarrow{CB}) = \dfrac{1}{3}(\overrightarrow{CA} + \overrightarrow{CB})$.

$\overrightarrow{PG} = \overrightarrow{CG} - \overrightarrow{CP} = \dfrac{1}{3}(\overrightarrow{CA} + \overrightarrow{CB}) - m\overrightarrow{CA} = \left(\dfrac{1}{3} - m\right)\overrightarrow{CA} + \dfrac{1}{3}\overrightarrow{CB}$.

同理，$\overrightarrow{QG} = \dfrac{1}{3}\overrightarrow{CA} + \left(\dfrac{1}{3} - n\right)\overrightarrow{CB}$.

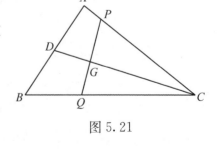

图 5.21

$\because \overrightarrow{PG} /\!/ \overrightarrow{QG}, \therefore \dfrac{\frac{1}{3}-m}{\frac{1}{3}} = \dfrac{\frac{1}{3}}{\frac{1}{3}-n}$，即 $m+n = 3mn, \therefore \dfrac{1}{m} + \dfrac{1}{n} = 3.$

评注：本题选择基底 $\{\overrightarrow{CA},\overrightarrow{CB}\}$，用基向量 $\overrightarrow{CA},\overrightarrow{CB}$ 表示 $\overrightarrow{PG},\overrightarrow{QG}$，突出了问题的本质，明确了解题的方向，再借用向量 $\overrightarrow{PG},\overrightarrow{QG}$ 共线得 m,n 的关系式.

例 6 已知在 $\triangle ABC$ 中，G 是重心，三内角 A、B、C 的对边分别为 a、b、c，且 $56a\overrightarrow{GA}+40b\overrightarrow{GB}+35c\overrightarrow{GC}=0$，则 $\angle B =$ _____.

解：$\because G$ 是 $\triangle ABC$ 的重心，$\therefore \overrightarrow{GA}+\overrightarrow{GB}+\overrightarrow{GC}=\mathbf{0}$，即 $40b\overrightarrow{GA}+40b\overrightarrow{GB}+40b\overrightarrow{GC}=\mathbf{0}$. 又 $56a\overrightarrow{GA}+40b\overrightarrow{GB}+35c\overrightarrow{GC}=\mathbf{0}$，$\therefore (56a-40b)\overrightarrow{GA}+(35c-40b)\overrightarrow{GC}=\mathbf{0}$. $\because \overrightarrow{GA},\overrightarrow{GC}$ 不共线，$\therefore \begin{cases} 7a-5b=0, \\ 7c-8b=0. \end{cases}$

设 $a=5k$，则 $b=7k, c=8k$. 由余弦定理得

$$\cos B = \frac{a^2+c^2-b^2}{2ac} = \frac{25k^2+64k^2-49k^2}{2\times 5k\times 8k} = \frac{1}{2}, \therefore \angle B = 60°.$$

评注：本题充分利用三角形重心的向量性质 $\overrightarrow{GA}+\overrightarrow{GB}+\overrightarrow{GC}=\mathbf{0}$，与条件 $56a\overrightarrow{GA}+40b\overrightarrow{GB}+35c\overrightarrow{GC}=\mathbf{0}$ 联立，消去 $\overrightarrow{GB}$，借用平面向量基本定理，问题很快得到解决.

4．涉及三角形的垂心

例 7 已知 $\triangle ABC$ 的垂心为 H，若 $B(0,0)$，$C(2,0)$，且点 H 在圆 $(x-1)^2+(y+1)^2=2$ 上移动，则动点 A 的轨迹为 _____.

解：设 $A(x,y), H(x,y_1)$. $\because H$ 为的 $\triangle ABC$ 的垂心，$\therefore BH \perp AC$.

当 $x\neq 0, x\neq 2$ 时，$\dfrac{y_1}{x}\cdot\dfrac{y}{x-2}=-1 (y\neq 0)$，即 $y_1=-\dfrac{x^2-2x}{y}(y\neq 0)$，$\because$ 点 H 在圆 $(x-1)^2+(y+1)^2=2$ 上，$\therefore (x-1)^2+\left(-\dfrac{x^2-2x}{y}+1\right)^2=2$，即 $y^2(x^2-2x+1)+[y-(x^2-2x)]^2=2y^2 \Rightarrow (x^2-2x)(y^2-2y+x^2-2x)=0$. $\because x\neq 0, x\neq 2$，$\therefore x^2-2x\neq 0, y^2-2y+x^2-2x=0$，即 $(x-1)^2+(y-1)^2=2$.

当 $x=0$ 时，只要 $y\neq 0$（否则点 A 与点 B 重合），$\triangle ABC$ 都是 $\angle ABC=90°$ 的直角三角形，其垂心为点 B，且点 B 在圆 $(x-1)^2+(y+1)^2=2$ 上，满足题意.

当 $x=2$ 时，只要 $y\neq 0$（否则点 A 与点 C 重合），$\triangle ABC$ 都是 $\angle ACB=90°$ 的直角三角形，其垂心为点 C，且点 C 在圆 $(x-1)^2+(y+1)^2=2$ 上，满足题意.

综上所述，动点 A 的轨迹为圆 $(x-1)^2+(y-1)^2=2$（去掉 B,C 两点）和直线 $x=0$（去掉点 B）以及直线 $x=2$（去掉点 C）.

评注：由于 H 是 $\triangle ABC$ 的垂心，于是有 $BH\perp AC$，借用两垂线（斜率存在

时)斜率乘积为 -1，从而得出关于 A 点坐标 (x,y) 的一个等式，即 A 点的轨迹方程.

例8　如图 5.22 所示，在四面体 $ABCD$ 中，面 ABC 与面 BCD 成 $60°$ 的二面角，顶点 A 在面 BCD 上的射影 H 是 $\triangle BCD$ 的垂心，G 是 $\triangle ABC$ 的重心，若 $AH = 4, AB = AC$，则 $GH = $ _____.

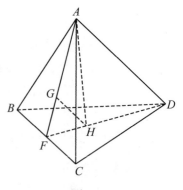

图 5.22

解：$\because AH \perp$ 面 BCD, H 是 $\triangle BCD$ 的垂心，$\therefore DH \perp BC$. 设面 AHD 交 BC 于点 F，$\because AB = AC$，$\therefore$ 点 G 在 AF 上，且 $GF = \dfrac{1}{3}AF, \angle AFH = 60°$，于是 $AF = \dfrac{AH}{\sin 60°} = \dfrac{8\sqrt{3}}{3}, FH = \dfrac{1}{2}AF = \dfrac{4\sqrt{3}}{3}$，

$GF = \dfrac{8\sqrt{3}}{9}$.

在 $\triangle GFH$ 中，由余弦定理得

$$GH = \sqrt{GF^2 + FH^2 - 2GF \cdot FH \cdot \cos 60°}$$
$$= \sqrt{\dfrac{64}{27} + \dfrac{16}{3} - 2 \times \dfrac{8\sqrt{3}}{9} \times \dfrac{4\sqrt{3}}{3} \times \dfrac{1}{2}} = \dfrac{4\sqrt{21}}{9}.$$

评注：本题依据条件，巧妙作出截面 AFD，将空间问题平面化. 充分利用三角形的垂心和重心的几何性质，在 $\triangle GFH$ 中，借助余弦定理，问题顺利得到解决.

三角形的"四心"在高中数学学习中涉及面很广，涵盖了代数、三角、几何等方面知识，综合性强，方法灵活，富有挑战性，是考查学生能力的好题. 本文对三角形"四心"进行了粗浅的探讨，旨在总结方法，帮助解题.

第6章 数　　列

知识点导语

　　高考中的数列主要涉及等差数列、等比数列、数列求和及递推数列等，等差数列、等比数列是特殊的数列，解决有关数列的问题常常转化为解决等差数列、等比数列的问题．由于数列可以看成特殊的函数，因而有时需用到函数的性质，如单调性、有界性、周期性、最值等．

　　解决递推数列时要注意观察、归纳，找出规律，并注意递推式的特点及变形的等价性．数列的通项 a_n 与前 n 项和 S_n 的关系 $a_n = S_n - S_{n-1}(n \geqslant 2)$，是最基本的关系式．

　　需要特别注意的是递推数列的特殊地位，这是因为递推数列本身具有较强的抽象性和综合性，递推数列是考查学生是否具有较强抽象思维能力和综合运用知识能力的好题型，并且递推的方式也是一种探索数学规律和寻求解题思路的重要方法．

6.1　由递推数列求通项的几种巧妙方法

由递推数列求通项公式是解决数列难题的瓶颈，也是自主招生考试及高中各类数学竞赛的热点之一，该内容具有良好的选拔功能．由于递推数列形式多变、复杂，解法灵活，技巧性高，从而导致这一内容成为学生学习的一个难点．本文总结出由递推数列求通项公式的几种巧妙方法，希望能够帮助广大高中生突破这一难点．

1. 巧用待定系数法

例 1　设 $a_1 = 1, a_n = 5a_{n-1} + (3n-7) \cdot 2^{n-1} + 4n - 9 (n \geqslant 2)$，求数列 $\{a_n\}$ 的通项．

解：由 $a_1 = 1, a_n = 5a_{n-1} + (3n-7) \cdot 2^{n-1} + 4n - 9 (n \geqslant 2)$，

令 $a_n + (An+B)2^n + Cn + D = 5\{a_{n-1} + [A(n-1)+B]2^{n-1} + C(n-1) + D\}$，

则 $a_n = 5a_{n-1} + (3An + 3B - 5A) \times 2^{n-1} + 4Cn + 4D - 5C$．

由待定系数法得 $\begin{cases} 3A = 3, \\ 3B - 5A = -7, \\ 4C = 4, \\ 4D - 5C = -9 \end{cases} \Rightarrow \begin{cases} A = 1, \\ B = -\dfrac{2}{3}, \\ C = 1, \\ D = -1. \end{cases}$

$\therefore \left\{ a_n + \left(n - \dfrac{2}{3}\right)2^n + n - 1 \right\}$ 是首项为 $\dfrac{5}{3}$，公比为 5 的等比数列，

$\therefore a_n + \left(n - \dfrac{2}{3}\right) \times 2^n + n - 1 = \dfrac{5}{3} \times 5^{n-1}$，即 $a_n = \dfrac{1}{3}\left[5^n - (3n-2) \cdot 2^n - 3n + 3\right] (n \in \mathbf{N}^*)$．

例 2　已知 $a_{n+1} = 5a_n - 6a_{n-1} + 2^{n+1} (n \geqslant 2)$，且 $a_1 = 1, a_2 = -2$，求数列 $\{a_n\}$ 的通项．

解：由 $a_{n+1} = 5a_n - 6a_{n-1} + 2^{n+1} (n \geqslant 2)$ 得 $a_{n+1} - 2a_n = 3(a_n - 2a_{n-1}) + 2^{n+1}$．

设 $a_{n+1} - 2a_n + q \cdot 2^{n+1} = 3(a_n - 2a_{n-1} + q \cdot 2^n)$，由待定系数法得 $q = 2$．

$\therefore a_{n+1} - 2a_n + 2^{n+2} = 3(a_n - 2a_{n-1} + 2^{n+1})$，$\therefore$ 数列 $\{a_{n+1} - 2a_n + 2^{n+2}\}$ 是首项为 $a_2 - 2a_1 + 2^3 = 4$，公比为 3 的等比数列．

$\therefore a_{n+1} - 2a_n + 2^{n+2} = 4 \times 3^{n-1}$，即 $a_{n+1} - 2a_n = 4 \cdot 3^{n-1} - 2^{n+2}$．

两边同时除以 2^{n+1}，得 $\dfrac{a_{n+1}}{2^{n+1}} - \dfrac{a_n}{2^n} = \left(\dfrac{3}{2}\right)^{n-1} - 2$．

由叠加法得 $a_n = 4 \cdot 3^{n-1} - 2^{n-1}(4n-1)(n \in \mathbf{N}^*)$.

评注：用待定系数法求解递推数列的通项公式，关键是观察递推关系式的特征，将递推关系式合理变形、组合转化为特殊数列，如上述两例都转化为等比数列.

2. 利用公式变形法

例 3　设 $a_1 = 4$ 且 $a_n = \dfrac{5n+2}{5n-8}a_{n-1} + 25(n \geqslant 2)$，求数列 $\{a_n\}$ 的通项.

解：由 $a_n = \dfrac{5n+2}{5n-8}a_{n-1} + 25(n \geqslant 2)$，得

$$a_n = \frac{(5n+2)(5n-3)}{(5n-3)(5n-8)}a_{n-1} + 25$$

$$\Rightarrow \frac{a_n}{(5n+2)(5n-3)} = \frac{a_{n-1}}{(5n-3)(5n-8)} + \frac{25}{(5n+2)(5n-3)}$$

$$\Rightarrow \frac{a_n}{(5n+2)(5n-3)} - \frac{a_{n-1}}{(5n-3)(5n-8)} = 5\left(\frac{1}{5n-3} - \frac{1}{5n+2}\right).$$

由叠加法得

$$\frac{a_n}{(5n+2)(5n-3)} - \frac{a_1}{7 \times 2} = \sum_{k=2}^{n} 5\left(\frac{1}{5k-3} - \frac{1}{5k+2}\right) = 5\left(\frac{1}{7} - \frac{1}{5n+2}\right),$$

$$\therefore \frac{a_n}{(5n+2)(5n-3)} = \frac{2}{7} + 5\left(\frac{1}{7} - \frac{1}{5n+2}\right) = 1 - \frac{5}{5n+2} = \frac{5n-3}{5n+2},$$

$$\therefore a_n = (5n-3)^2 (n \geqslant 2).$$

当 $n = 1$ 时，$a_1 = 4$，满足上式.

故 $a_n = (5n-3)^2 (n \in \mathbf{N}^*)$.

例 4　设 $a_1 = 1$ 且 $a_n = a_{n-1}^2 + 2na_{n-1} + n^2 - n - 1(n \geqslant 2)$，求数列 $\{a_n\}$ 的通项.

解：由 $a_n = a_{n-1}^2 + 2na_{n-1} + n^2 - n - 1(n \geqslant 2)$ 得 $a_n + n + 1 = [a_{n-1} + (n-1) + 1]^2$ ①.

$a_1 = 1 > 0$，显然 $a_n + n + 1 > 0$，①两边取对数得 $\ln(a_n + n + 1) = 2\ln[a_{n-1} + (n-1) + 1]$.

故数列 $\{\ln(a_n + n + 1)\}$ 是以 $\ln(a_1 + 1 + 1) = \ln3$ 为首项，2 为公比的等比数列，$\ln(a_n + n + 1) = 2^{n-1}\ln3 \Rightarrow \ln(a_n + n + 1) = \ln 3^{2^{n-1}}$.

因此，$a_n = 3^{2^{n-1}} - n - 1(n \in \mathbf{N}^*)$.

评注：这种方法类似于换元法，其实质是将递推关系式整体变形，构造一个新数列.

3. 妙用引入参数法

例 5 若数列 $\{a_n\}$ 及 $\{b_n\}$ 满足 $\begin{cases} a_{n+1} = -2a_n + 4b_n, \\ b_{n+1} = -5a_n + 7b_n, \end{cases}$ 且 $a_1 = -10, b_1 = -13$，求数列 $\{a_n\}$ 和 $\{b_n\}$ 的通项.

解：将第二个递推式乘以 t 后与第一个递推式相加，得

$$a_{n+1} + tb_{n+1} = (-2 - 5t)a_n + (4 + 7t)b_n$$
$$= (-2 - 5t)(a_n + tb_n) + [4 + 7t + (2 + 5t)t]b_n.$$

令 $4 + 7t + (2 + 5t)t = 0 \Rightarrow 5t^2 + 9t + 4 = 0$，求得 $t_1 = -1, t_2 = -\dfrac{4}{5}$，于是

$\begin{cases} a_{n+1} - b_{n+1} = 3(a_n - b_n), \\ a_{n+1} - \dfrac{4}{5}b_{n+1} = 2\left(a_n - \dfrac{4}{5}b_n\right), \end{cases}$ $\therefore \{a_n - b_n\}$ 是以 $a_1 - b_1 = 3$ 为首项，3 为公比的

等比数列，则 $a_n - b_n = 3 \times 3^{n-1}$，即 $a_n - b_n = 3^n$ ①；$\left\{a_n - \dfrac{4}{5}b_n\right\}$ 是以 $a_1 - \dfrac{4}{5}b_1 = \dfrac{2}{5}$ 为首项，2 为公比的等比数列，则 $a_n - \dfrac{4}{5}b_n = \dfrac{2}{5} \times 2^{n-1}$，即 $a_n - \dfrac{4}{5}b_n = \dfrac{1}{5} \times 2^n$ ②.

联立①和②，解得 $a_n = 2^n - 4 \times 3^n, b_n = 2^n - 5 \times 3^n (n \in \mathbf{N}^*)$.

例 6 在数列 $\{a_n\}$ 中，$a_1 = \dfrac{1}{2}, a_2 = \dfrac{4}{5}, a_n = \dfrac{2a_{n-1} + 1}{a_{n-1} + 2} (n \geqslant 2, n \in \mathbf{N}^*)$，求数列 $\{a_n\}$ 的通项.

解：$a_n - \lambda = \dfrac{2a_{n-1} + 1}{a_{n-1} + 2} - \lambda = \dfrac{(2 - \lambda)a_{n-1} + 1 - 2\lambda}{a_{n-1} + 2} = \dfrac{2 - \lambda}{a_{n-1} + 2}\left(a_{n-1} + \dfrac{1 - 2\lambda}{2 - \lambda}\right).$

令 $-\lambda = \dfrac{1 - 2\lambda}{2 - \lambda} \Rightarrow \lambda^2 = 1$，求得 $\lambda = \pm 1$.

故 $a_n - 1 = \dfrac{1}{a_{n-1} + 2}(a_{n-1} - 1), a_n + 1 = \dfrac{3}{a_{n-1} + 2}(a_{n-1} + 1).$

上述两式相除得 $\dfrac{a_n - 1}{a_n + 1} = \dfrac{1}{3} \cdot \dfrac{a_{n-1} - 1}{a_{n-1} + 1}$，即 $\left\{\dfrac{a_n - 1}{a_n + 1}\right\}$ 是公比为 $\dfrac{1}{3}$ 的等比数列，

$\therefore \dfrac{a_n - 1}{a_n + 1} = \dfrac{a_1 - 1}{a_1 + 1} \cdot \left(\dfrac{1}{3}\right)^{n-1} = -\left(\dfrac{1}{3}\right)^n.$

求得数列 $\{a_n\}$ 的通项为 $a_n = \dfrac{3^n - 1}{3^n + 1} (n \in \mathbf{N}^*)$.

例 7 已知数列 $\{a_n\}$ 满足 $a_n = \dfrac{3a_{n-1} - 4}{a_{n-1} - 1} (n \geqslant 2), a_1 = 3$，求数列 $\{a_n\}$ 的通项.

解：设 $a_n - \lambda = \dfrac{3a_{n-1} - 4}{a_{n-1} - 1} - \lambda = \dfrac{(3 - \lambda)a_{n-1} - 4 + \lambda}{a_{n-1} - 1} = \dfrac{3 - \lambda}{a_{n-1} - 1}\left(a_{n-1} + \dfrac{-4 + \lambda}{3 - \lambda}\right).$

令 $-\lambda = \dfrac{-4+\lambda}{3-\lambda} \Rightarrow \lambda^2 - 4\lambda + 4 = 0 \Rightarrow \lambda = 2$，则 $a_n - 2 = \dfrac{1}{a_{n-1}-1}(a_{n-1}-2)$，

$\therefore \dfrac{1}{a_n-2} = \dfrac{a_{n-1}-1}{a_{n-1}-2} = \dfrac{1}{a_{n-1}-2}+1$，$\therefore \left\{\dfrac{1}{a_n-2}\right\}$ 是公差为 1 的等差数列，

$\therefore \dfrac{1}{a_n-2} = \dfrac{1}{a_1-2}+(n-1) = n$.

故 $a_n = 2 + \dfrac{1}{n}$，$n \in \mathbf{N}^*$.

评注：这里引入参数法解题，源于"利用特征方程法求解递推数列通项"的思想．其解法新颖、独特，可激发学生学习数学的兴趣，培养他们的创新能力！

4. 使用代入消元法

例 8　若数列 $\{a_n\}$ 及 $\{b_n\}$ 满足 $\begin{cases} a_{n+1} = a_n + 2b_n, \\ b_{n+1} = 2a_n + 4b_n + 2, \end{cases}$ 且 $a_1 = 4, b_1 = 10$，求数列 $\{a_n\}$ 和 $\{b_n\}$ 的通项．

解：$\begin{cases} a_{n+1} = a_n + 2b_n ①, \\ b_{n+1} = 2a_n + 4b_n + 2②. \end{cases}$

由①得 $2a_n + 4b_n = 2a_{n+1}$，代入②有 $b_{n+1} = 2a_{n+1} + 2$，即 $b_n = 2a_n + 2$③．

将③代入①得 $a_{n+1} = 5a_n + 4 \Rightarrow a_{n+1} + 1 = 5(a_n + 1)$，$\therefore a_n + 1 = (a_1 + 1) \times 5^{n-1} = 5^n$，$\therefore a_n = 5^n - 1$．

将 a_n 和 a_{n+1} 代入 $a_{n+1} = a_n + 2b_n$，得 $5^{n+1} - 1 = 5^n - 1 + 2b_n$，$\therefore b_n = 2 \times 5^n$．

故 $a_n = 5^n - 1$，$b_n = 2 \times 5^n$，$n \in \mathbf{N}^*$.

评注：消元法就是利用方程的思想，在二元线性递推式中消去一个元，将二元线性递推数列化为一阶或二阶线性递推数列．本题也可仿例 5"引入参数法"求解，读者可尝试．

上述几种方法是把一些较难处理的由递推数列求通项问题，巧妙转化为我们所熟悉的特殊数列问题．使用这些方法能降低思维难度，简化推理和运算过程，避免复杂的运算，提高解题效率．

6.2 巧用待定系数法求解几类递推数列的通项

近几年高考对递推数列的考查多集中在"由递推关系求通项公式"这一类问题上，由于其形式多变、复杂，解法灵活，技巧性高，是学生学习的一个难点。本文总结出巧用待定系数法求解几种类型的递推数列的通项，希望能帮助广大高中生突破这一难点。

类型 1 形如 $a_{n+1}=pa_n+q$［其中 p,q 均为常数，$pq(p-1)\neq 0$］。

解法（待定系数法）：把原递推公式转化为 $a_{n+1}-t=p(a_n-t)$，其中 $t=\dfrac{q}{1-p}$，再利用换元法转化为等比数列求解。

例 1 已知数列 $\{a_n\}$ 中，$a_1=1$，$a_{n+1}=2a_n+3$，求通项 a_n。

解：设递推公式 $a_{n+1}=2a_n+3$ 可以转化为 $a_{n+1}-t=2(a_n-t)$，即 $a_{n+1}=2a_n-t\Rightarrow t=-3$。故递推公式为 $a_{n+1}+3=2(a_n+3)$，令 $b_n=a_n+3$，则 $b_1=a_1+3=4$，且 $\dfrac{b_{n+1}}{b_n}=\dfrac{a_{n+1}+3}{a_n+3}=2$，$\therefore$ $\{b_n\}$ 是以 $b_1=4$ 为首项，2 为公比的等比数列，则 $b_n=4\times 2^{n-1}=2^{n+1}$，$\therefore$ 通项 $a_n=2^{n+1}-3$。

评注：构造新数列的实质是通过 $(a_{n+1}+x)=q(a_n+x)$ 来构造一个我们所熟知的等比数列。

类型 2 形如 $a_{n+2}=pa_{n+1}+qa_n$（其中 p,q 均为非零的常数）。

解法（待定系数法）：先把原递推公式转化为 $a_{n+2}-sa_{n+1}=t(a_{n+1}-sa_n)$，其中 s,t 满足 $\begin{cases} s+t=p,\\ st=-q. \end{cases}$

例 2 已知在数列 $\{a_n\}$ 中，$a_1=1$，$a_2=2$，$a_{n+2}=\dfrac{2}{3}a_{n+1}+\dfrac{1}{3}a_n$，求通项 a_n。

解：由 $a_{n+2}=\dfrac{2}{3}a_{n+1}+\dfrac{1}{3}a_n$ 可转化为 $a_{n+2}-sa_{n+1}=t(a_{n+1}-sa_n)$，

即 $a_{n+2}=(s+t)a_{n+1}-sta_n\Rightarrow\begin{cases} s+t=\dfrac{2}{3},\\ st=-\dfrac{1}{3} \end{cases}\Rightarrow\begin{cases} s=1,\\ t=-\dfrac{1}{3} \end{cases}$ 或 $\begin{cases} s=-\dfrac{1}{3},\\ t=1. \end{cases}$

这里不妨选用 $\begin{cases} s=1,\\ t=-\dfrac{1}{3} \end{cases}$（当然也可选用 $\begin{cases} s=-\dfrac{1}{3},\\ t=1 \end{cases}$，大家可以试一试），则

$a_{n+2}-a_{n+1}=-\dfrac{1}{3}(a_{n+1}-a_n)\Rightarrow\{a_{n+1}-a_n\}$ 是以首项为 $a_2-a_1=1$，公比为 $-\dfrac{1}{3}$ 的

等比数列，$\therefore a_{n+1}-a_n=\left(-\dfrac{1}{3}\right)^{n-1}$. 利用迭加法得 $a_n-a_1=\left(-\dfrac{1}{3}\right)^{0}+\left(-\dfrac{1}{3}\right)^{1}$

$+\cdots+\left(-\dfrac{1}{3}\right)^{n-2}=\dfrac{1-\left(-\dfrac{1}{3}\right)^{n-1}}{1+\dfrac{1}{3}}$，又 $\because a_1=1$，$\therefore a_n=\dfrac{7}{4}-\dfrac{3}{4}\left(-\dfrac{1}{3}\right)^{n-1}$.

评注：本题根据待定系数法求得 s,t 的两组值 $\begin{cases}s=1\\t=-\dfrac{1}{3}\end{cases}$ 或 $\begin{cases}s=-\dfrac{1}{3}\\t=1\end{cases}$，代入

$a_{n+2}-sa_{n+1}=t(a_{n+1}-sa_n)$ 分别得到两个不同的等比数列 $\{a_{n+1}-a_n\}$，只是解题过程有别，最后求得的通项是相同的.

类型 3　形如 $a_{n+1}=pa_n+an+b(p\neq1,0;a\neq0)$.

解法：这种类型一般利用待定系数法构造等比数列，即令 $a_{n+1}+x(n+1)+y=p(a_n+xn+y)$，与已知递推式比较，解出 x,y，从而转化为 $\{a_n+xn+y\}$ 是公比为 p 的等比数列.

例 3　已知数列 $\{a_n\}$ 满足 $a_n=3a_{n-1}+2n-1(n\geqslant2)$，且 $a_1=4$，求通项 a_n.

解：设 $a_n-An-B=3[a_{n-1}-A(n-1)-B]\Rightarrow a_n=3a_{n-1}-2An+3A-2B$，

$\therefore\begin{cases}-2A=2,\\3A-2B=-1,\end{cases}\Rightarrow\begin{cases}A=-1,\\B=-1.\end{cases}$

$a_n+n+1=3[a_{n-1}+(n-1)+1]\Rightarrow\{a_n+n+1\}$ 是首项为 $a_1+1+1=6$，公比为 3 的等比数列.

$a_n+n+1=6\times3^{n-1}\Rightarrow a_n=2\times3^n-n-1$.

评注：本题也可由 $a_n=3a_{n-1}+2n-1$，$a_{n-1}=3a_{n-2}+2(n-1)-1$（$n\geqslant3$）两式相减得 $a_n-a_{n-1}=3(a_{n-1}-a_{n-2})+2$（$n\geqslant3$），转化为类型 1，即 $b_n=pb_{n-1}+q$ 求之.

例 4　设数列 $\{a_n\}$ 的前 n 项和为 S_n，数列 $\{S_n\}$ 的前 n 项和为 T_n，满足 $T_n=2S_n-n^2$，$n\in\mathbf{N}^*$.

(1)求 a_1 的值；

(2)求数列 $\{a_n\}$ 的通项公式.

解：(1)在 $T_n=2S_n-n^2$，$n\in\mathbf{N}^*$ 中，令 $n=1$，则 $a_1=2a_1-1\Leftrightarrow a_1=1$.

(2)由 $T_n=2S_n-n^2$，$n\in\mathbf{N}^*$ 得 $\begin{cases}S_1+S_2+\cdots+S_n=2S_n-n^2,\\S_1+S_2+\cdots+S_{n-1}=2S_{n-1}-(n-1)^2\end{cases}(n\geqslant2)$.

两式相减得 $S_n=2S_{n-1}+2n-1$.

设 $S_n+xn+y=2[S_{n-1}+x(n-1)+y]$，则 $S_n=2S_{n-1}+xn-2x+y$，

$\therefore\begin{cases}x=2,\\-2x+y=-1\end{cases}\Rightarrow\begin{cases}x=2,\\y=3,\end{cases}\quad\therefore S_n+2n+3=2[S_{n-1}+2(n-1)+3]$，即 $\{S_n+2n+3\}$ 是首项为 6，公比为 2 的等比数列，$\therefore S_n+2n+3=6\times2^{n-1}$，即 S_n

$=3\times2^n-2n-3$，$a_n=S_n-S_{n-1}=3\times2^{n-1}-2(n\geqslant2)$.

当 $n=1$ 时，$a_1=1$，满足上式.

故 $a_n=3\times2^{n-1}-2$，$n\in\mathbf{N}^*$.

评注：本题先由 $T_n=2S_n-n^2$，$n\in\mathbf{N}^*$ 求得 S_n 和 S_{n-1} 的一个递推关系 $S_n=2S_{n-1}+2n-1(n\geqslant2)$，再用待定系数法求得 $\{S_n+2n+3\}$ 是公比为 2 的等比数列，从而使得问题迎刃而解. 当然本题也可由 $S_{n+1}=2S_n+(2n+1)$，$S_{n+2}=2S_{n+1}+(2n+3)$，两式相减得 $a_{n+2}=2a_{n+1}+2$. 再用类型 1 构造新数列的方法求解.

类型 4 形如 $a_{n+2}=pa_{n+1}+qa_n+f(n)+c$（其中 p,q 均为非零的常数）.

解法： 这种类型的递推数列，一般利用待定系数法构造一个等比数列，即令 $a_{n+2}+xa_{n+1}+y\cdot f(n+1)=t[a_{n+1}+xa_n+y\cdot f(n)]$，与已知递推式比较，解出 x,y,t，从而转化为 $\{a_{n+1}+xa_n+y\cdot f(n)\}$ 是公比为 t 的等比数列.

例 5 已知数列 $\{a_n\}$ 满足 $a_1=1$，$a_2=2$，且 $a_{n+2}=2a_{n+1}+3a_n+2^n(n\in\mathbf{N}^*)$，求数列 $\{a_n\}$ 的通项公式.

解：由 $a_{n+2}=2a_{n+1}+3a_n+2^n(n\in\mathbf{N}^*)$，令 $a_{n+2}+xa_{n+1}+y\times2^{n+1}=t(a_{n+1}+xa_n+y\times2^n)$ ①.

整理得 $a_{n+2}=(t-x)a_{n+1}+txa_n+(t-2)y\cdot2^n=2a_{n+1}+3a_n+2^n$.

比较等号两边的系数，得 $\begin{cases}t-x=2,\\tx=3,\\(t-2)y=1,\end{cases}$ 解得 $\begin{cases}t=3,\\x=1,\\y=1\end{cases}$ 或 $\begin{cases}t=-1,\\x=-3,\\y=-\dfrac{1}{3}.\end{cases}$

把 $t=3$，$x=1$，$y=1$ 代入①，得 $a_{n+2}+a_{n+1}+2^{n+1}=3(a_{n+1}+a_n+2^n)$.

又 $a_2+a_1+2=5\neq0$，$\therefore\{a_{n+1}+a_n+2^n\}$ 是首项为 5，公比为 3 的等比数列，得 $a_{n+1}+a_n+2^n=5\times3^{n-1}$ ②.

把 $t=-1$，$x=-3$，$y=-\dfrac{1}{3}$ 代入①，得 $a_{n+2}-3a_{n+1}-\dfrac{1}{3}\cdot2^{n+1}=-\left(a_{n+1}-3a_n-\dfrac{1}{3}\cdot2^n\right)$.

又 $a_2-3a_1-\dfrac{2}{3}=-\dfrac{5}{3}\neq0$，$\therefore\left\{a_{n+1}-3a_n-\dfrac{1}{3}\cdot2^n\right\}$ 是首项为 $-\dfrac{5}{3}$，公比为 -1 的等比数列，得 $a_{n+1}-3a_n-\dfrac{1}{3}\cdot2^n=\left(-\dfrac{5}{3}\right)\times(-1)^{n-1}=\dfrac{5}{3}(-1)^n$ ③.

②－③得 $4a_n=5\times3^{n-1}-\dfrac{5}{3}(-1)^n-\dfrac{4}{3}\cdot2^n$.

故 $a_n=\dfrac{5\times3^n-5\cdot(-1)^n-2^{n+2}}{12}$（$n\in\mathbf{N}^*$）.

评注：以上是待定系数法的运用，若拆分对象为一次型，则左右两边待定项写为 $x(n+1)+y$ 和 $xn+y$；若拆分对象为二次型，则左右两边待定项写为

$x(n+1)^2 + y(n+1) + z$ 和 $xn^2 + yn + z$；若是其他形式，则仿上用待定系数法.

　　求递推数列的通项公式一般是将递推公式变形，推得原数列是一种特殊的数列或原数列的项的某种组合是一种特殊数列，把一些较难处理的数列问题利用待定系数法转化为等比数列．另外，使用待定系数法能降低思维强度，简化推理和运算过程，具有直观、简洁、明快的特点.

6.3 等差数列前 n 项和的一个特殊性质

等差数列前 n 项和 S_n 有很多常规性质，在解有关等差数列前 n 项和问题方面有着广泛的应用. 等差数列前 n 项和另有一个特殊性质在解决有关 S_n, S_m, S_{n+m} 的某一类问题时，不但能简化运算过程，提高解题速度，还能提高解题的准确率.

1. 特殊性质

性质：已知 $\{a_n\}$ 为等差数列，其前 n 项和为 S_n，则 $S_{m+n} = \dfrac{S_m - S_n}{m - n} \cdot (m+n)(m \neq n)$.

证明：$\because \{a_n\}$ 为等差数列，$\therefore$ 设 $S_n = An^2 + Bn$，$S_m = a, S_n = b(m \neq n)$，则

$$\begin{cases} Am^2 + Bm = a① , \\ An^2 + Bn = b② . \end{cases}$$

① $\cdot n -$ ② $\cdot m \Rightarrow Amn(m-n) = an - bm$，即 $Amn = \dfrac{an - bm}{m - n}$.

$\therefore S_{m+n} = A(m+n)^2 + B(m+n) = Am^2 + Bm + An^2 + Bn + 2Amn = a + b$
$+ \dfrac{2an - 2bm}{m - n} = \dfrac{(am - an + bm - bn) + (2an - 2bm)}{m - n} = \dfrac{a - b}{m - n} \cdot (m + n)$,

$\therefore S_{m+n} = \dfrac{a - b}{m - n} \cdot (m + n)$，故 $S_{m+n} = \dfrac{S_m - S_n}{m - n} \cdot (m + n)(m \neq n)$.

2. 性质应用

例 1 设等差数列 $\{a_n\}$ 的前 n 项和为 S_n，若 $S_3 = 9$，$S_6 = 36$，则 $a_7 + a_8 + a_9$
$= (\quad)$.

A. 63　　　　　B. 45　　　　　C. 36　　　　　D. 27

解：$\because \{a_n\}$ 是等差数列，$S_3 = 9$，$S_6 = 36$，$\therefore S_9 = \dfrac{S_6 - S_3}{6 - 3} \cdot (6 + 3) = \dfrac{36 - 9}{3}$
$\times 9 = 81$，$\therefore a_7 + a_8 + a_9 = S_9 - S_6 = 45$.

故选 B.

评注：$a_7 + a_8 + a_9 = S_9 - S_6$，本题实质上是由 $S_3 = 9$，$S_6 = 36$ 求 S_9 的问题，由上述特殊性质求 S_9 是很容易做到的.

注：由等差数列性质知 S_3、S_6-S_3、S_9-S_6 成等差数列，即 9，27，S_9-S_6 成等差数列，从而也可求得 $S_9-S_6=45$.

例 2 设 S_n 是等差数列 $\{a_n\}$ 的前 n 项和，若 $\dfrac{S_3}{S_6}=\dfrac{1}{3}$，则 $\dfrac{S_6}{S_{12}}=$（ ）.

A. $\dfrac{3}{10}$ B. $\dfrac{1}{3}$ C. $\dfrac{1}{8}$ D. $\dfrac{1}{9}$

解：设 $S_3=k$，$S_6=3k(k\neq 0)$，$S_9=\dfrac{S_6-S_3}{6-3}\cdot(6+3)=\dfrac{3k-k}{3}\cdot 9=6k$.

$S_{12}=\dfrac{S_9-S_3}{9-3}\cdot(9+3)=\dfrac{6k-k}{6}\cdot 12=10k$，$\therefore \dfrac{S_6}{S_{12}}=\dfrac{3k}{10k}=\dfrac{3}{10}$. 故选 A.

评注：本题采用了设而不求的方法，即由 $S_3=k$，$S_6=3k$，利用上述等差数列前 n 项和的特殊性质，用 k 表示 S_9，S_{12}，使问题得到解决.

注：由等差数列的求和公式可得 $\dfrac{S_3}{S_6}=\dfrac{3a_1+3d}{6a_1+15d}=\dfrac{1}{3}$，可得 $a_1=2d$ 且 $d\neq 0$，从而也可求得 $\dfrac{S_6}{S_{12}}=\dfrac{6a_1+15d}{12a_1+66d}=\dfrac{27d}{90d}=\dfrac{3}{10}$.

例 3 等差数列 $\{a_n\}$ 的前 n 项和为 S_n，且 $S_4=20$，$S_{n-4}=60$，$S_n=120$，则 $n=$ _____.

解：$\because \{a_n\}$ 为等差数列，$S_4=20$，$S_{n-4}=60$，$S_n=120$，$\therefore S_n=\dfrac{S_{n-4}-S_4}{(n-4)-4}\cdot$

$[(n-4)+4]\Rightarrow 120=\dfrac{60-20}{n-8}\cdot n$，$\therefore 3(n-8)=n$，得 $n=12$.

评注：$n=(n-4)+4$，由公式 $S_{m+n}=\dfrac{S_m-S_n}{m-n}\cdot(m+n)(m\neq n)$ 可求得 n 的值.

例 4 已知 $\{a_n\}$ 是等差数列，S_n 为其前 n 项和，若 $a_3=2$，$S_{20}=50$，求 S_{15}.

解：$\because \{a_n\}$ 是等差数列，又 $a_3=2$，$\therefore S_5=\dfrac{a_1+a_5}{2}\cdot 5=5a_3=10$. 由 S_{20}

$=\dfrac{S_{15}-S_5}{15-5}\cdot(15+5)$ 得 $50=\dfrac{S_{15}-10}{10}\cdot 20$，$\therefore S_{15}=35$.

评注：注意在等差数列中由 a_3 的值能直接求出 S_5 的值，由等差数列前 n 项和特殊性质 $S_{m+n}=\dfrac{S_m-S_n}{m-n}\cdot(m+n)(m\neq n)$ 可知，S_5，S_{15}，S_{20} 知二可求一.

涉及等差数列中 S_n，S_m，S_{n+m} "知二求一"的某一类问题，利用上述等差数列前 n 项和的特殊性质解决，可避免冗长的推理和运算，大大降低难度，使解题过程变得更为简洁！

6.4 一道高考数列题的解法探究

数列与不等式的交汇知识点始终是高考的一个重点，在高考中可谓常考常新．用放缩法证明数列不等式，虽然思维跨度大，构造性强，需要有较高的放缩技巧，充满思考性和挑战性，但能考查学生的潜能与后继学习的能力，因而是高考命题的好素材，倍受命题者的青睐．下面对 2014 年广东卷文科数学第 19 题的解法做一点初浅的探究，供读者参考．

题目：设各项均为正数的数列 $\{a_n\}$ 的前 n 项和为 S_n，且 S_n 满足 $S_n^2 - (n^2 + n - 3)S_n - 3(n^2 + n) = 0, n \in \mathbf{N}^*$．

(1)求 a_1 的值．

(2)求数列 $\{a_n\}$ 的通项公式．

(3)证明：对一切正整数 n，有 $\dfrac{1}{a_1(a_1+1)} + \dfrac{1}{a_2(a_2+1)} + \cdots + \dfrac{1}{a_n(a_n+1)} < \dfrac{1}{3}$．

(1)**解法 1**：令 $n = 1$，得 $S_1^2 - (-1)S_1 - 3 \times 2 = 0$，即 $S_1^2 + S_1 - 6 = 0$，$\therefore (S_1 + 3)(S_1 - 2) = 0$，$\because$ 数列 $\{a_n\}$ 各项均为正数，$\therefore S_1 > 0$，$\therefore S_1 = 2$，即 $a_1 = 2$．

解法 2：由题设可得 $[S_n - (n^2 + n)](S_n + 3) = 0$．$\because$ 数列 $\{a_n\}$ 各项为正数，$\therefore S_n + 3 > 0$，$\therefore S_n = n^2 + n(n \in \mathbf{N}^*)$．当 $n = 1$ 时，$a_1 = S_1 = 1^2 + 1 = 2$．

评注：本题第(1)小问设置是为第(2)小问做铺垫的，这一问主要考查学生对符号 S_n 代数意义的理解，明确当 $n = 1$ 时，有 $S_1 = a_1$．这一点老师在平时教学中对学生是有训练，考生一般问题不大．

(2)**解法 1**：由题设可得 $[S_n - (n^2 + n)](S_n + 3) = 0$．$\because$ 数列 $\{a_n\}$ 各项为正数，$\therefore S_n + 3 > 0$，$\therefore S_n = n^2 + n(n \in \mathbf{N}^*)$．

当 $n \geqslant 2$ 时，$a_n = S_n - S_{n-1} = n^2 + n - [(n-1)^2 + (n-1)] = 2n$，又 $a_1 = 2$，$\therefore a_n = 2n(n \in \mathbf{N}^*)$．

解法 2：由 $S_n^2 - (n^2 + n - 3)S_n - 3(n^2 + n) = 0$ 得 $S_n(S_n + 3) - (S_n + 3)(n^2 + n) = 0 \Leftrightarrow (S_n + 3)[S_n - (n^2 + n)] = 0$．

$\because$ 数列 $\{a_n\}$ 各项为正数，$\therefore S_n + 3 > 0$，$\therefore S_n = n^2 + n(n \in \mathbf{N}^*)$．

当 $n \geqslant 2$ 时，$a_n = S_n - S_{n-1} = n^2 + n - [(n-1)^2 + (n-1)] = 2n$，又 $a_1 = 2$，$\therefore a_n = 2n(n \in \mathbf{N}^*)$．

解法 3：$\because S_n^2 - (n^2 + n - 3)S_n - 3(n^2 + n) = 0$ 是关于 S_n 的一元二次方程，$\therefore$ 由求根公式得

$$S_n = \frac{(n^2 + n - 3) \pm \sqrt{(n^2 + n - 3)^2 + 12(n^2 + n)}}{2}$$

$$= \frac{(n^2+n-3)\pm\sqrt{(n^2+n)^2-6(n^2+n)+9+12(n^2+n)}}{2}$$

$$= \frac{(n^2+n-3)\pm\sqrt{(n^2+n+3)^2}}{2}$$

$$= \frac{(n^2+n-3)\pm(n^2+n+3)}{2},$$

$\therefore S_n = n^2+n$ 或 $S_n = -3$.

又数列 $\{a_n\}$ 各项为正数，$\therefore S_n > 0$，$\therefore S_n = n^2+n(n\in\mathbf{N}^*)$.

当 $n\geqslant 2$ 时，$a_n = S_n - S_{n-1} = n^2+n-[(n-1)^2+(n-1)] = 2n$，又 $a_1 = 2$，$\therefore a_n = 2n(n\in\mathbf{N}^*)$.

评注：本题第(2)小题表面上求的是 a_n，其实首先要想办法求出 S_n. 观察题设条件 $S_n^2 - (n^2+n-3)S_n - 3(n^2+n) = 0$，上述三种解法，实质上是通过分解因式或利用一元二次方程的求根公式求出 S_n，即都是通过解方程解出 S_n. 只可惜这一点一些文科生是做不到的，尤其是利用求根公式求解，大多考生不一定能想到，就是想到了，由于是带字母运算也不敢做下去，这充分暴露出学生的灵活性不够，应用基础知识解决问题的能力偏弱，这是值得我们数学教学反思的问题.

(3)证法 1：$\because \dfrac{1}{2n(2n+1)} < \dfrac{1}{(2n-1)(2n+1)} = \dfrac{1}{2}\left(\dfrac{1}{2n-1} - \dfrac{1}{2n+1}\right)$，

$\therefore \dfrac{1}{a_1(a_1+1)} + \dfrac{1}{a_2(a_2+1)} + \cdots + \dfrac{1}{a_n(a_n+1)} = \dfrac{1}{2\times 3} + \dfrac{1}{4\times 5} + \dfrac{1}{6\times 7} + \cdots + \dfrac{1}{2n(2n+1)} < \dfrac{1}{6} + \dfrac{1}{2}\left[\left(\dfrac{1}{3} - \dfrac{1}{5}\right) + \left(\dfrac{1}{5} - \dfrac{1}{7}\right) + \cdots + \left(\dfrac{1}{2n-1} - \dfrac{1}{2n+1}\right)\right] = \dfrac{1}{3} - \dfrac{1}{2}\times\dfrac{1}{2n+1} < \dfrac{1}{3}$.

评注：用放缩法证明与数列求和有关的不等式的过程中有时需要"留一手"，即采用"有所保留"的方法，保留数列的第一项或前两项，从数列的第二项或第三项开始放缩，这样才不致使结果放得过大或缩得太小，这就需要尝试和创新的精神.

证法 2：$\because a_n(a_n+1) > a_n^2 + a_n - \dfrac{3}{4} = \left(a_n - \dfrac{1}{2}\right)\left(a_n + \dfrac{3}{2}\right) = \left(2n - \dfrac{1}{2}\right)\left(2n + \dfrac{3}{2}\right) = \dfrac{1}{4}(4n-1)(4n+3)$，$\therefore \dfrac{1}{2n(2n+1)} < \dfrac{4}{(4n-1)(4n+3)} = \dfrac{1}{4n-1} - \dfrac{1}{4n+3}(n\in\mathbf{N}^*)$，$\therefore \dfrac{1}{a_1(a_1+1)} + \dfrac{1}{a_2(a_2+1)} + \cdots + \dfrac{1}{a_n(a_n+1)} = \dfrac{1}{2\times 3} + \dfrac{1}{4\times 5} + \dfrac{1}{6\times 7} + \cdots + \dfrac{1}{2n(2n+1)} < 4\left[\dfrac{1}{3\times 7} + \dfrac{1}{7\times 11} + \dfrac{1}{11\times 15} + \cdots + \dfrac{1}{(4n-1)(4n+3)}\right]$

$$= \left(\frac{1}{3} - \frac{1}{7}\right) + \left(\frac{1}{7} - \frac{1}{11}\right) + \cdots + \left(\frac{1}{4n-1} - \frac{1}{4n+3}\right) = \frac{1}{3} - \frac{1}{4n+3} < \frac{1}{3}.$$

评注：对于求和形式的数列不等式证明，若直接裂项求和困难，往往从通项入手进行放缩以便求和，问题的关键在于观察通项的特征和所证结论，适当调整放缩程度，做到放缩得恰到好处，与此同时还要做到放缩与求和两兼顾．

证法 3：$\because \dfrac{1}{a_n(a_n+1)} = \dfrac{1}{2n(2n+1)} = \dfrac{1}{4} \cdot \dfrac{1}{n\left(n+\frac{1}{2}\right)} = \dfrac{1}{4} \cdot \dfrac{1}{n^2 + \frac{1}{2}n}$

$$= \frac{1}{4} \cdot \frac{1}{\left(n+\frac{1}{4}\right)^2 - \frac{1}{16}} < \frac{1}{4} \cdot \frac{1}{\left(n+\frac{1}{4}\right)^2 - \frac{1}{4}} = \frac{1}{4} \cdot \frac{1}{\left(n-\frac{1}{4}\right)\left(n+\frac{3}{4}\right)}$$

$$= \frac{1}{4} \cdot \frac{1}{\left(n-\frac{1}{4}\right) \cdot \left[(n+1)-\frac{1}{4}\right]} = \frac{1}{4} \cdot \left[\frac{1}{n-\frac{1}{4}} - \frac{1}{(n+1)-\frac{1}{4}}\right],$$

$$\therefore \frac{1}{a_1(a_1+1)} + \frac{1}{a_2(a_2+1)} + \cdots + \frac{1}{a_n(a_n+1)}$$

$$< \frac{1}{4}\left\{\left[\frac{1}{1-\frac{1}{4}} - \frac{1}{2-\frac{1}{4}}\right] + \left[\frac{1}{2-\frac{1}{4}} - \frac{1}{3-\frac{1}{4}}\right] + \cdots + \left[\frac{1}{n-\frac{1}{4}} - \frac{1}{(n+1)-\frac{1}{4}}\right]\right\}$$

$$= \frac{1}{4}\left[\frac{1}{1-\frac{1}{4}} - \frac{1}{(n+1)-\frac{1}{4}}\right] = \frac{1}{3} - \frac{1}{4n+3} < \frac{1}{3}.$$

评注：本题第(3)小题，若左边先直接裂项，其和也求不了，于是我们先放缩再求和，即 $\dfrac{1}{4} \cdot \dfrac{1}{\left(n+\frac{1}{4}\right)^2 - \frac{1}{16}} < \dfrac{1}{4} \cdot \dfrac{1}{\left(n+\frac{1}{4}\right)^2 - \frac{1}{4}} = \dfrac{1}{4} \cdot \dfrac{1}{\left(n-\frac{1}{4}\right)\left(n+\frac{3}{4}\right)}$

$= \dfrac{1}{4} \cdot \left[\dfrac{1}{n-\frac{1}{4}} - \dfrac{1}{(n+1)-\frac{1}{4}}\right]$，由于 $\left[(n+1)-\frac{1}{4}\right] - \left[n-\frac{1}{4}\right] = 1$，所以产生前后一些项能抵消的裂差形式，进而达到放缩与求和的双重效果，从而使不等式顺利获证！

证法 4：当 $n=1$ 时，$\dfrac{1}{a_1(a_1+1)} = \dfrac{1}{2 \times 3} = \dfrac{1}{6} < \dfrac{1}{3}$．

当 $n \geqslant 2$ 时，只需证 $\dfrac{1}{a_2(a_2+1)} + \dfrac{1}{a_3(a_3+1)} + \cdots + \dfrac{1}{a_n(a_n+1)} < \dfrac{1}{3} - \dfrac{1}{a_1(a_1+1)} = \dfrac{1}{6}$．

$\because a_n = 2n(n \in \mathbf{N}^*)$，$\therefore$ 即证 $\dfrac{1}{4 \times 5} + \dfrac{1}{6 \times 7} + \cdots + \dfrac{1}{2n \cdot (2n+1)} < \dfrac{1}{6}$ ①．

令 $T_n = \dfrac{1}{4 \times 5} + \dfrac{1}{6 \times 7} + \cdots + \dfrac{1}{2n \cdot (2n+1)}$，$R_n = \dfrac{1}{3 \times 4} + \dfrac{1}{5 \times 6} + \cdots + \dfrac{1}{(2n-1) \cdot 2n}(n \geqslant 2)$，则

$$T_n + R_n = \dfrac{1}{3 \times 4} + \dfrac{1}{4 \times 5} + \cdots + \dfrac{1}{2n \cdot (2n+1)} = \left(\dfrac{1}{3} - \dfrac{1}{4}\right) + \left(\dfrac{1}{4} - \dfrac{1}{5}\right) + \cdots + \left(\dfrac{1}{2n} - \dfrac{1}{2n+1}\right) = \dfrac{1}{3} - \dfrac{1}{2n+1} < \dfrac{1}{3}$$，即 $T_n + R_n < \dfrac{1}{3}$.

又 $\dfrac{1}{2n(2n+1)} < \dfrac{1}{(2n-1)2n}(n \geqslant 2)$，显然有 $T_n < R_n(n \geqslant 2)$，$\therefore T_n < \dfrac{T_n + R_n}{2} < \dfrac{1}{6}$，$\therefore$①得证.

$\therefore$ 对一切正整数 n，$\dfrac{1}{a_1(a_1+1)} + \dfrac{1}{a_2(a_2+1)} + \cdots + \dfrac{1}{a_n(a_n+1)} < \dfrac{1}{3}$ 成立.

评注：证法 4 采用分析法与综合法相结合证题，构思很好，证法新颖. 观察①左边 $T_n = \dfrac{1}{4 \times 5} + \dfrac{1}{6 \times 7} + \cdots + \dfrac{1}{2n(2n+1)}$ 结构特征，即使将其裂项也达不到错位相消的目的，从而无法求和，其原因是中间缺项所致，于是构造 $R_n = \dfrac{1}{3 \times 4} + \dfrac{1}{5 \times 6} + \cdots + \dfrac{1}{(2n-1)2n}$ 填补 T_n 中的"空缺"，将 T_n 与 R_n 合并且裂项求和，问题就迎刃而解.

这道数列解答题有一定的梯度，选拔功能较强，对数学基础知识及综合解题能力的考查能达到完美的统一，从外形上看，比较平和，但柔中带刚，立意深远，耐人寻味，本题对今后的高中数学教学具有很强的启发意义，也体现了命题者的独具匠心！

考后一些文科考生认为 2014 年这道高考数列题第(3)小题较难，并就此怀疑是命题的问题. 笔者认为这是不正确的，也是缺乏理性的，我们不能强求高考适应我们，相反地，我们更应主动地去适应高考命题理念和方向的变化.

第7章 立体几何

知识点导语

　　立体几何是平面几何的深化与发展，是高考数学的主要组成部分，立体几何主要考查学生的空间观念和对空间图形形状及其位置的观察论证与计算．转化是立体几何最常用的解题策略，一般地，设法把空间图形的位置与数量关系转化为平面图形的位置及数量关系，把复杂的几何图形转化为熟悉的几何图形．同时注意把立体几何问题与相关的平面几何问题类比，有助于寻求解题途径．

　　在角与距离的计算中重点以角的考查为主，距离问题则融于角的计算过程之中；另外计算偏向于向量方法，特别引起注意的是数量关系隐藏于几何图形中时，往往需要用平面几何中的有关知识去解决，有时需要先证明垂直才能建系，有时需要先计算才能得到垂直关系．要关注线段的中点、三角形的中位线、中线和四边形的对角线．这些隐含条件在解题时发挥着巨大的作用．

7.1 例析立体几何中展开与折叠问题

几何图形的展开与折叠问题,是立体几何中的两个重要问题,展开与折叠是一对互逆的变化过程,这两种方式的转变正是空间几何与平面几何问题转化的集中表现,是实践能力与创新能力考查的好素材,因而一直受到高考命题专家的青睐,这个知识点对于中学生来说又是学习的一个难点. 基于此,本文将例析立体几何中展开与折叠问题,以期帮助同学们走出立体几何中有关展开与折叠问题的解题困境.

1. 立体图形的展开

立体图形的展开往往是指将空间图形沿某一条直线展开成平面图形,研究其面积或距离的最小值,把几何体中的最短路线问题利用展开图转化为平面上两点间距离的问题.

例 1 如图 7.1 所示,直三棱柱 $ABC-A_1B_1C_1$ 中,$\angle ACB = 90°$,$BC = CC_1 = 2$,$AC = 4\sqrt{2}$,P 是 BC_1 上一点,则 $CP + PA_1$ 的最小值为_____.

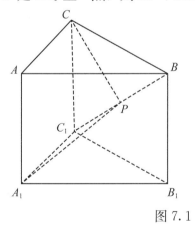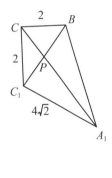

图 7.1

解:由题设可知,侧面 BB_1C_1C 为正方形,$\triangle CC_1B$ 为等腰直角三角形,又 $A_1C_1 \perp$ 平面 BC_1,故 $\angle A_1C_1B = 90°$,将二面角 $A_1 - BC_1 - C$ 沿 BC_1 展开成平面图形,得四边形 A_1C_1CB. 因此,当且仅当 C、P、A_1 三点共线时,$CP + PA_1$ 取最小值,即为四边形 A_1C_1CB 的对角线 A_1C,由题设,$BC = CC_1 = 2$,$A_1C_1 = 4\sqrt{2}$,$\angle CC_1A_1 = 45° + 90° = 135°$.

在 $\triangle A_1C_1C$ 中,由余弦定理可得,$A_1C^2 = A_1C_1^2 + CC_1^2 - 2A_1C_1 \cdot CC_1\cos\angle A_1C_1C$

$= (4\sqrt{2})^2 + 2^2 - 2 \times 4\sqrt{2} \times 2 \times \cos 135° = 52$，$\therefore A_1C = 2\sqrt{13}$.

故 $CP + PA_1$ 的最小值为 $2\sqrt{13}$.

评注：P 是 BC_1 上的一个动点，故 $CP + PA_1$ 是一个变量，因求其最小值，不难想到将几何体展开，此时让我们联想到平面几何的一个公理："两点之间，线段最短"，即展开图中 P 在 A_1C 上时，$CP + PA_1$ 最短.

例 2　已知正三棱锥 $D\text{-}ABC$ 的底面边长为 1，侧棱长为 2，过点 A 作截面与侧棱 BD、CD 分别相交于点 E、F. 当 $\triangle AEF$ 的周长最小时，$\triangle AEF$ 的面积为 _____.

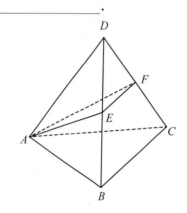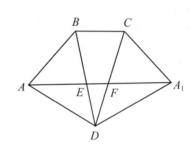

图 7.2

解：将三棱锥沿侧棱 DA 剪开，展平为一个五边形，当 A、E、F、A_1 四点共线时，截面 $\triangle AEF$ 周长为最小，这时等腰三角形 $\triangle DAA_1$ 与 $\triangle DBC$ 具有相同的顶角平分线，故 $AA_1 /\!/ BC$，因此，$\angle ABD = \angle DBC = \angle DEF = \angle AEB$，即 $\triangle ABE$ 为等腰三角形，且 $\triangle ABE$、$\triangle A_1CF$、$\triangle DEF$ 皆与棱锥侧面三角形相似. 记 $BE = x$，$EF = y$，由 $\dfrac{BE}{AB} = \dfrac{EF}{DE} = \dfrac{BC}{DB}$，即 $\dfrac{x}{1} = \dfrac{y}{2-x} = \dfrac{1}{2}$，则 $x = \dfrac{1}{2}$，$y = \dfrac{3}{4}$，$\therefore AE = A_1F = 1$，$EF = \dfrac{3}{4}$. 在 $\triangle AEF$ 中，$h = \sqrt{1 - \left(\dfrac{3}{8}\right)^2} = \dfrac{\sqrt{55}}{8}$，$\therefore S = \dfrac{1}{2}EF \cdot h = \dfrac{3\sqrt{55}}{64}$.

评注：本题求的是截面 $\triangle AEF$ 的周长最小时的 $\triangle AEF$ 的面积，故先求何时周长最小，于是联想到立体图形展开成平面图形，将问题转化为平面几何问题，求出 $\triangle AEF$ 的各边长，再求其面积.

例 3　正三棱锥 $D\text{-}ABC$ 的底面边长为 4，侧棱长为 8，过点 A 作与侧棱 DB、DC 都相交的截面 $\triangle AEF$，那么 $\triangle AEF$ 周长的最小值是 _____.

解：作三棱锥侧面展开图(参见例 2 的图形)，且由 $\triangle AEF$ 周长最小得 A、E、F、A_1 四点共线. 在 $\triangle ABD$ 中，设 $\angle ADB = \theta$，由余弦定理得 $\cos\theta = \dfrac{AD^2 + BD^2 - AB^2}{2AD \cdot BD} = \dfrac{8^2 + 8^2 - 4^2}{2 \times 8 \times 8} = \dfrac{7}{8}$. 在展开图 $\triangle ADA_1$ 中，$\angle ADA_1 = 3\theta$，

$\cos 3\theta = 4\cos^3\theta - 3\cos\theta$，由余弦定理得

$$AA_1^2 = AD^2 + A_1D^2 - 2AD \cdot A_1D \cdot \cos\angle ADA_1$$
$$= 8^2 + 8^2 - 2 \times 8 \times 8 \times \cos 3\theta$$
$$= 128 - 2 \times 8^2 \times \left[4 \times \left(\frac{7}{8}\right)^3 - 3 \times \frac{7}{8}\right] = 121,$$

$\therefore AA_1 = 11$. 故 $\triangle AEF$ 周长的最小值是 11.

评注：本题与例 2 不同之处，就在于本题仅求截面 $\triangle AEF$ 周长的最小值，于是在展开图 $\triangle ADA_1$ 中，利用余弦定理求解 AA_1 的长更简便. 可见空间问题平面化是处理立体几何问题的一个有效策略.

2. 平面图形的折叠

平面图形的折叠往往是指把一个平面图形按某种要求折起，转化为空间图形，进而研究图形在位置关系和数量关系上的变化.

例 4　如图 7.3 所示，在 $\triangle ABC$ 中，$\angle ABC = 120°$，$AB = BC = 2$. 在 AC 边上取一点 D (不含 A、C)，将 $\triangle ABD$ 沿线段 BD 折起，得到 $\triangle PBD$，当平面 PBD 与平面 ABC 夹角是直角时，则 P 到平面 ABC 距离的最大值为 _____.

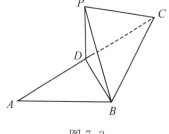

图 7.3

解：在 $\triangle ABC$ 中，$\angle ABC = 120°$，$AB = BC = 2$，$\therefore \angle BAC = \angle BCA = 30°$，由余弦定理可得 $AC = 2\sqrt{3}$. 设 $AD = x$，则 $0 < x < 2\sqrt{3}$，$DC = 2\sqrt{3} - x$，在 $\triangle ABD$ 中，由余弦定理可得 $BD = \sqrt{x^2 - 2\sqrt{3}x + 4}$，在 $\triangle PBD$ 中，$PD = AD = x$，$PB = AB = 2$，$\angle BPD = 30°$. 设 P 到平面 ABC 的距离为 d，由于面 $PBD \perp$ 面 ABC，$\therefore \triangle PBD$ 中 BD 边上高为 d，则 $S_{\triangle PBD} = \frac{1}{2}BD \times d = \frac{1}{2}PD \cdot PB\sin\angle BPD$，

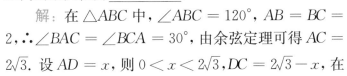

解得 $d = \dfrac{x}{\sqrt{x^2 - 2\sqrt{3}x + 4}} = \dfrac{1}{\sqrt{1 - \dfrac{2\sqrt{3}}{x} + \dfrac{4}{x^2}}}$，由 $0 < x < 2\sqrt{3}$，当 $\dfrac{1}{x} = \dfrac{\sqrt{3}}{4}$，即 $x =$

$\dfrac{4}{\sqrt{3}}$ 时，$d_{\max} = 2$.

评注：在折叠 $\triangle ABC$ 的过程中，注意立体图形与平面图形中长度和角度的不变元素，本题巧妙借助等面积、二次函数知识求出 P 到平面 ABC 距离的最大值. 其解法新颖、独特，也彰显了数学的永恒魅力！

例 5　平行四边形 $ABCD$ 是由 6 个正三角形构成，将它沿虚线折起来，可以

得到如图 7.4 所示的粽子形状的六面体，在这个六面体中，AB 与 CD 夹角的余弦值是(　　).

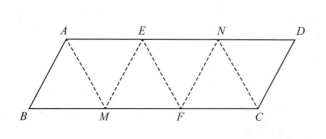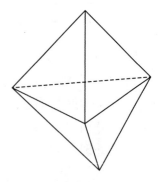

图 7.4

A. 0　　　　　　　　B. 1　　　　　　　C. $\dfrac{1}{2}$　　　　　　D. $\dfrac{5}{6}$

解：如图 7.5 所示，取中间的虚线 EF，将平行四边形分为两部分，各由三个小正三角形构成，左端的三个小正三角形折起来（B 和 F 重合），恰好是一个无底的正三棱锥，AB、EF 是它的两条底边. 同理，右端的三个小正三角形折起来（D 和 E 重合）构成粽子另一半的正三棱锥，CD、EF 也是两条底边，因此，折起来后，AB、CD 是正三角形的两条边，它们夹角的余弦值为 $\dfrac{1}{2}$. 故选 C.

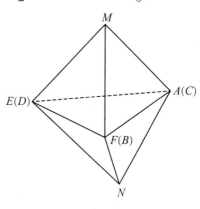

图 7.5

评注：根据对称思想，本题先应沿 EF 分别上、下翻折，再沿虚线折叠，则平面图形中点 E 与 D、A 与 C、F 与 B 在立体图形中是重合的. 本题能让学生联系生活实际，在思维中快速构建立体几何图形的模型，对于深化认识、培养和发展空间观念，实现从感性到理性的飞跃是十分有效的.

例 6　如图 7.6 所示，已知矩形 $ABCD$ 中，$AB = 2AD$，E 为边 AB 的中点，将 $\triangle ADE$ 沿直线 DE 翻折成 $\triangle A_1DE$. 若 M 为线段 A_1C 的中点，则在 $\triangle ADE$ 翻折过程中，下列命题正确的是＿＿＿＿＿＿＿＿＿＿＿.

①线段 BM 的长是定值

②存在某个位置，使 $DE \perp A_1C$

③点 M 的运动轨迹是一个圆

④存在某个位置，使 $BM \perp$ 平面 A_1DE

解：①，③正确.

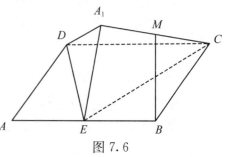

图 7.6

取 CD 的中点 F，连结 MF、BF，则 $MF \parallel DA_1$，$BF \parallel DE$，所以平面 $MFB \parallel$ 平面 A_1DE，$BM \parallel$ 平面 A_1DE，④错误．又 $\angle MFB = \angle A_1DE = \angle ADE = 45°$，$MF = \frac{1}{2}A_1D = \frac{1}{2}AD =$ 定值，$FB = DE =$ 定值，故由余弦定理可得 $BM^2 = FM^2 + FB^2 - 2FM \cdot FB \cdot \cos\angle MFB$，$BM$ 是定值，①正确，结合 $BM \parallel$ 平面 A_1DE，故③正确．若②成立，由已知可得 $\triangle ADE$，$\triangle BCE$ 都是等腰直角三角形，于是 $DE \perp CE$，从而有 $DE \perp$ 平面 A_1CE，$DE \perp A_1E$，这与 $DA_1 \perp A_1E$ 矛盾，故② 错误．

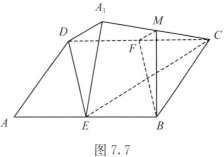

评注：如图 7.7 所示，由于 M 是 A_1C 的中点，联想到取 CD 的中点 F，得 MF 是 $\triangle A_1CD$ 的一条中位线是求解本题的一个切入点；借助面面平行实现线面平行是求解的一个关键点；根据折叠 $\triangle ADE$ 得出一些边角元素的不变性，是求解本题的一个突破点.

图 7.7

例7 如图 7.8 所示，在矩形 $ABCD$ 中，$AB = 3, AD = 4, E$ 为 AB 边上一点，$AE = 1$，现将 $\triangle BCE$ 沿 CE 折起，使点 B 在平面 $AECD$ 上的投影落在 AD 上，则四棱锥 $B\text{-}AECD$（图 7.9）的体积为 _____．

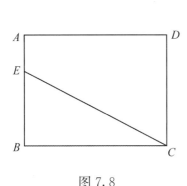

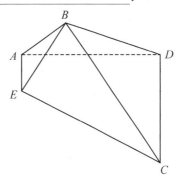

图 7.8 　　　　　　　　　图 7.9

解：如图 7.10 所示，过 B 作 $BF \perp AD$，连结 EF、CF. 由题意，F 即为点 B 在平面 $AECD$ 上的投影，故 $BF \perp$ 平面 $AECD$，从而 $BF \perp EF$，$BF \perp CF$. 设 $BF = x, AF = y$，则有 $EF = \sqrt{y^2 + 1}$，$CF = \sqrt{(4-y)^2 + 3^2}$.

由 $BF^2 + EF^2 = BE^2$，$BF^2 + CF^2 = BC^2$ 知

$$\begin{cases} x^2 + (y^2 + 1) = 2^2, \\ x^2 + (4-y)^2 + 3^2 = 4^2 \end{cases} \Rightarrow \begin{cases} x = \dfrac{\sqrt{3}}{2}, \\ y = \dfrac{3}{2}, \end{cases}$$

则四棱锥 $B\text{-}AECD$ 的体积为 $V = \dfrac{1}{3} \cdot S_{四边形 AECD} \cdot BF = \dfrac{1}{3} \times \dfrac{1}{2} \times (1+3) \times 4 \times \dfrac{\sqrt{3}}{2}$

$$= \frac{4\sqrt{3}}{3}.$$

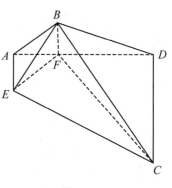

图 7.10

评注：本题求四棱锥 $B\text{-}AECD$ 的体积关键是求 B 到平面 $AECD$ 的距离. $\triangle BEC$ 在沿 CE 折起过程中，平面图形与立体图形中 BE、BC 长是不变的，利用勾股定理，问题则迎刃而解.

立体图形的展开与平面图形的折叠，把空间与平面有机地联系在一起，在利用这两种图形进行转化时，要注意展开与折叠前后位置关系与度量关系的变化. 在高考数学试题中立体几何的展开与折叠是屡见不鲜的，这里列举的几例仅是冰山一角，权当抛砖引玉.

7.2　借助四面体求解异面直线所成的角

用几何的方法求异面直线所成的角,我们往往是先通过平移异面直线到相交位置,再找出异面直线所成的角,然后由三角知识求出异面直线所成角的函数值或求出角的大小. 由于四面体的任何一组对棱都是异面直线,因而我们以四面体为载体,把异面直线放在四面体的对棱所在的位置,利用四面体对棱的夹角公式可求解异面直线所成的角.

1. 四面体对棱的夹角公式

四面体对棱的夹角公式:在四面体 $ABCD$ 中(图 7.11),若 AC 与 BD 所成的角为 θ,则 $\cos\theta = \dfrac{\mid (AB^2+CD^2)-(BC^2+DA^2)\mid}{2AC \cdot BD}$

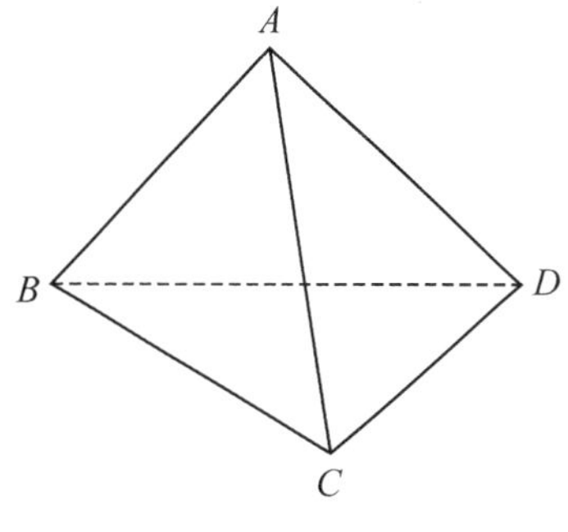

证明:$\cos<\overrightarrow{AC},\overrightarrow{DB}> = \dfrac{\overrightarrow{AC} \cdot \overrightarrow{DB}}{|\overrightarrow{AC}| \cdot |\overrightarrow{DB}|} =$

$\dfrac{2\overrightarrow{AC} \cdot \overrightarrow{DB}}{2|\overrightarrow{AC}| \cdot |\overrightarrow{DB}|}.$

$\because 2\overrightarrow{AC} \cdot \overrightarrow{DB} = \overrightarrow{AC} \cdot \overrightarrow{DB} + \overrightarrow{CA} \cdot \overrightarrow{BD}$

$= \overrightarrow{AC} \cdot (\overrightarrow{DA}+\overrightarrow{AB}) + \overrightarrow{CA} \cdot (\overrightarrow{BC}+\overrightarrow{CD})$

$= \overrightarrow{AC} \cdot \overrightarrow{DA} + \overrightarrow{AC} \cdot \overrightarrow{AB} + \overrightarrow{CA} \cdot \overrightarrow{BC} + \overrightarrow{CA} \cdot \overrightarrow{CD}$

$= \overrightarrow{AC} \cdot \overrightarrow{AB} - \overrightarrow{AC} \cdot \overrightarrow{BC} + \overrightarrow{CA} \cdot \overrightarrow{CD} - \overrightarrow{CA} \cdot \overrightarrow{DA}$

$= \overrightarrow{AC} \cdot (\overrightarrow{AB}-\overrightarrow{BC}) + \overrightarrow{CA} \cdot (\overrightarrow{CD}-\overrightarrow{DA})$

$= (\overrightarrow{AB}+\overrightarrow{BC}) \cdot (\overrightarrow{AB}-\overrightarrow{BC}) + (\overrightarrow{CD}+\overrightarrow{DA}) \cdot (\overrightarrow{CD}-\overrightarrow{DA})$

$= (\overrightarrow{AB}^2 - \overrightarrow{BC}^2) + (\overrightarrow{CD}^2 - \overrightarrow{DA}^2)$

$= (|\overrightarrow{AB}|^2 + |\overrightarrow{CD}|^2) - (|\overrightarrow{BC}|^2 + |\overrightarrow{DA}|^2),$

$\therefore \cos<\overrightarrow{AC},\overrightarrow{DB}> = \dfrac{(|\overrightarrow{AB}|^2 + |\overrightarrow{CD}|^2) - (|\overrightarrow{BC}|^2 + |\overrightarrow{DA}|^2)}{2|\overrightarrow{AC}| \cdot |\overrightarrow{DB}|},$

故 $\cos\theta = \dfrac{\mid (|\overrightarrow{AB}|^2 + |\overrightarrow{CD}|^2) - (|\overrightarrow{BC}|^2 + |\overrightarrow{DA}|^2)\mid}{2|\overrightarrow{AC}| \cdot |\overrightarrow{DB}|},$

即 $\cos\theta = \dfrac{\mid (AB^2+CD^2)-(BC^2+DA^2)\mid}{2AC \cdot BD}.$

图 7.11

2. 夹角公式的应用

例1 E 为正四面体 $ABCD$ 棱 AB 的中点(图7.12)，F 是棱 AD 上一点，且 $\dfrac{AF}{FD}=2$，若 CE 与 BF 所成角为 α，则 $\sin\alpha=$ _____.

解：连接 EF，CF，设正四面体 $ABCD$ 棱长为 6，在 $\triangle AEF$ 中，

$$EF=\sqrt{AE^2+AF^2-2AE\cdot AF\cdot\cos\angle EAF}$$
$$=\sqrt{3^2+4^2-2\times3\times4\times\cos60°}$$
$$=\sqrt{13},$$

在 $\triangle CDF$ 中，

$$CF=\sqrt{CD^2+DF^2-2CD\cdot DF\cdot\cos\angle CDF}$$
$$=\sqrt{6^2+2^2-2\times6\times2\times\cos60°}=2\sqrt{7},$$

$$BF=CF=2\sqrt{7},\quad BE=3,\quad CE=\frac{\sqrt{3}}{2}\times6=3\sqrt{3}.$$

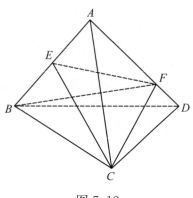

图 7.12

在四面体 $BCFE$ 中，$\cos\alpha=\dfrac{|(EF^2+BC^2)-(BE^2+CF^2)|}{2CE\cdot BF}=$

$$\dfrac{|(13+6^2)-(3^2+28)|}{2\times3\sqrt{3}\times2\sqrt{7}}=\dfrac{\sqrt{21}}{21},\therefore\sin\alpha=\sqrt{1-\cos^2\alpha}=\sqrt{1-\dfrac{1}{21}}=\dfrac{2\sqrt{105}}{21}.$$

评注：本题关键是要把 CE 与 BF 放在一个棱长都可求的四面体的一组对棱上，不难发现，连接 EF、CF，得 $BCFE$ 正是我们寻找的一个四面体. 然后借助四面体对棱的夹角公式可求异面直线 CE 与 BF 所成角的余弦值，进而求出该角的正弦值.

例2 在正三棱柱 $ABC\text{-}A_1B_1C_1$ 中(图7.13)，$AB=\sqrt{2}BB_1$，则 CA_1 与 C_1B 所成的角的大小是（　　）.

A. 60° 　　 B. 75° 　　 C. 90° 　　 D. 105°

解：连接 A_1B，设 $BB_1=\sqrt{2}$，则 $AB=\sqrt{2}BB_1=2$，$C_1B=CA_1=A_1B=\sqrt{6}$，$BC=A_1C_1=2$，$CC_1=\sqrt{2}$.

在四面体 A_1BC_1C 中，设 CA_1 与 C_1B 所成的角为 θ，则

$$\cos\theta=\frac{|(A_1B^2+CC_1^2)-(A_1C_1^2+BC^2)|}{2CA_1\cdot C_1B}$$
$$=\frac{|(6+2)-(4+4)|}{2\sqrt{6}\times\sqrt{6}}=0,$$

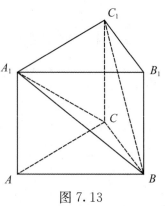

图 7.13

$\therefore \theta = 90°$. 故选 C.

评注：此题图中 CA_1 与 C_1B 虽然是正三棱柱两个侧面对角线，但连接 A_1B 后，CA_1 和 C_1B 却是四面体 A_1BC_1C 的一组对棱，且四面体 A_1BC_1C 所有棱长均可求，故用四面体对棱的夹角公式可求异面直线 CA_1 与 C_1B 所成的角的大小.

例 3 如图 7.14 所示，四边形 $ABCD$ 是边长为 1 的正方形，$MD \perp$ 平面 $ABCD$，$NB \perp$ 平面 $ABCD$，且 $MD = NB = 1$，E 为 BC 的中点. 则异面直线 NE 与 AM 所成角的余弦值为_____.

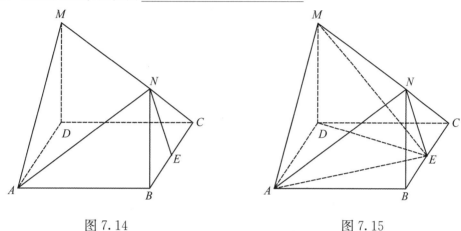

图 7.14   图 7.15

解：如图 7.15 所示，连接 AE, ME, DE. 依题意可知 ，$MN = BD = \sqrt{2}$，$AE = DE = \sqrt{CD^2 + CE^2} = \sqrt{1 + \dfrac{1}{4}} = \dfrac{\sqrt{5}}{2}$.

在 $\mathrm{Rt}\triangle DEM$ 中，$EM = \sqrt{DE^2 + DM^2} = \sqrt{\dfrac{5}{4} + 1} = \dfrac{3}{2}$；

在 $\mathrm{Rt}\triangle ADM$ 中，$AM = \sqrt{AD^2 + MD^2} = \sqrt{2}$；

在 $\mathrm{Rt}\triangle ABN$ 中，$AN = \sqrt{AB^2 + NB^2} = \sqrt{2}$；

在 $\mathrm{Rt}\triangle BEN$ 中，$NE = \sqrt{BN^2 + BE^2} = \sqrt{1 + \dfrac{1}{4}} = \dfrac{\sqrt{5}}{2}$.

在四面体 $AENM$ 中，设异面直线 NE 与 AM 所成的角为 θ，则

$$\cos\theta = \frac{\left| (AN^2 + EM^2) - (AE^2 + MN^2) \right|}{2AM \cdot NE} = \frac{\left| \left(2 + \dfrac{9}{4}\right) - \left(\dfrac{5}{4} + 2\right) \right|}{2 \times \sqrt{2} \times \dfrac{\sqrt{5}}{2}} = \frac{\sqrt{10}}{10}.$$

评注：本题关键是要构造一个使 NE 与 AM 成为四面体的一组对棱，且该四面体所有棱长均可求，显然连接 AE、ME 得到一个四面体 $AENM$ 符合要求，然后借助四面体对棱的夹角公式可求异面直线 NE 与 AM 所成角的余弦值.

例 4 在正四面体的侧面三角形的高线中，其垂足不在同一侧面上的任意两

条所成角的余弦值是(　　).

A. $\dfrac{1}{3}$　　　　B. $\dfrac{1}{2}$　　　　C. $\dfrac{2}{3}$　　　　D. $\dfrac{3}{4}$

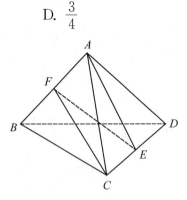

解：(图 7.16) $\because ABCD$ 是正四面体，$\therefore AE \perp CD$，$CF \perp AB$. 设正四面体的棱长为 2，连接 EF，则 $AC = 2$，$AF = CE = 1$，$AE = CF = \sqrt{3}$，$EF = \sqrt{AE^2 - AF^2} = \sqrt{2}$. 在四面体 $AECF$ 中，设高线 AE、CF 所成的角为 θ，则

$$\cos\theta = \frac{\left| (AF^2 + CE^2) - (AC^2 + EF^2) \right|}{2AE \cdot CF} =$$

$$\frac{\left| (1+1) - (4+2) \right|}{2\sqrt{3} \times \sqrt{3}} = \frac{2}{3}.$$

图 7.16

故选 C.

评注：本题关键是要把 AE、CF 放在一个棱长都易求的四面体的一组对棱上，不难发现，连接 EF，得 $AECF$ 正是我们寻找的一个四面体.

例 5　如图 7.17 所示，已知四棱锥 $P\text{-}ABCD$ 的底面 $ABCD$ 为等腰梯形，$AB \parallel DC$，$AC \perp BD$，AC 与 BD 相交于点 O，且顶点 P 在底面上的射影恰为 O 点. 又 $BO = 2$，$PO = \sqrt{2}$，$PB \perp PD$，则异面直线 PD 与 BC 所成角的余弦值是 _____.

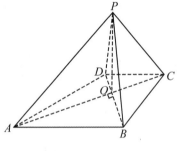

解：由已知得 $PO \perp$ 平面 $ABCD$，在 $\mathrm{Rt}\triangle PBO$ 中，$PB = \sqrt{PO^2 + BO^2} = \sqrt{(\sqrt{2})^2 + 2^2} = \sqrt{6}$. 在 $\mathrm{Rt}\triangle PBD$ 中，由射影定理得 $PB^2 = BO \cdot BD \Rightarrow BD = 3$，$\therefore OC = OD = BD - BO = 3 - 2 = 1$，$PC = PD = \sqrt{PO^2 + OC^2} = \sqrt{3}$，又 $AC \perp BD$，$\therefore CD = \sqrt{OC^2 + OD^2} = \sqrt{2}$，$BC = \sqrt{OB^2 + OC^2} = \sqrt{5}$. 在四面体 $PBCD$ 中，设异面直线 PD 与 BC 所成的角为 θ，则 $\cos\theta = \dfrac{\left| (PC^2 + BD^2) - (CD^2 + PB^2) \right|}{2PD \cdot BC} =$

图 7.17

$$\frac{\left| (3+3^2) - (2+6) \right|}{2\sqrt{3} \cdot \sqrt{5}} = \frac{2\sqrt{15}}{15}.$$

评注：本题关键是要把 PD，BC 放在一个棱长都易求的四面体的一组对棱上，不难发现三棱锥 $P\text{-}BCD$ 正是我们寻找的一个四面体.

例 6　如图 7.18 所示，已知两个正四棱锥 $P\text{-}ABCD$ 与 $Q\text{-}ABCD$ 的高分别为 1 和 2，AB

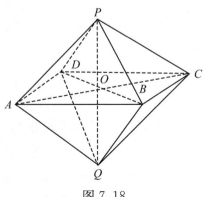

图 7.18

$=4$，则异面直线 AQ 与 PB 所成的角是_____．

解：依题意可求 $AC = 4\sqrt{2}, AO = 2\sqrt{2}, BQ = AQ = \sqrt{AO^2 + OQ^2} = \sqrt{(2\sqrt{2})^2 + 2^2} = 2\sqrt{3}, AP = \sqrt{AO^2 + PO^2} = \sqrt{(2\sqrt{2})^2 + 1} = 3$．

在四面体 $PAQB$ 中，设异面直线 AQ 与 PB 所成的角是 θ，则

$$\cos\theta = \frac{\left|(AP^2 + BQ^2) - (AB^2 + PQ^2)\right|}{2AQ \cdot PB} = \frac{\left|(9 + 12) - (16 + 9)\right|}{2 \times 2\sqrt{3} \times 3} = \frac{\sqrt{3}}{9}，从$$

而异面直线 AQ 与 PB 所成的角是 $\arccos\dfrac{\sqrt{3}}{9}$．

评注：此题图中 AQ 和 PB 虽然是八面体的两条棱，但却又是四面体 $PAQB$ 的一组对棱，且四面体 $PAQB$ 所有棱长均可求，故由四面体对棱的夹角公式可求得异面直线 AQ 与 PB 所成的角.

综上所述，任何一对异面直线，我们以四面体为载体，只要能恰当地把这对异面直线放在一个四面体的一组对棱的位置，且该四面体所有棱长均可求，就能解决这对异面直线所成角的问题.

7.3 例谈球的"切"与"接"问题

和球相关的"切"与"接"问题，是高考数学的热点之一，也是难点之一．其主要考查学生的空间想象能力、化归转化能力和运算能力．这部分知识学生掌握较为薄弱，认识肤浅．本文将例析对球的"切"与"接"问题进行粗浅的探讨，以求学生能更好地把握此类问题的解法．

1. 球的内切与外切问题

例 1 已知正三棱锥 P-ABC 底面边长为 1，高为 $\sqrt{2}$，则其内切球半径为_____．

解： 如图 7.19 所示，设球心 O 在面 ABC 与面 ABP 内的射影分别为 H 和 K，AB 中点为 M，内切球的半径为 r，则 P、K、M 共线，P、O、H 共线，且 $OH = OK = r$，$PO = PH - OH = \sqrt{2} - r$，$MH = \frac{\sqrt{3}}{2} AB \cdot \frac{1}{3} = \frac{\sqrt{3}}{6}$，$PM = $

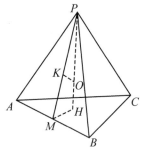

$\sqrt{MH^2 + PH^2} = \sqrt{\frac{1}{12} + 2} = \frac{5\sqrt{3}}{6}$．又 $\triangle PHM \sim \triangle PKO$，

$\therefore \dfrac{OK}{MH} = \dfrac{PO}{PM}$，即 $\dfrac{r}{\frac{\sqrt{3}}{6}} = \dfrac{\sqrt{2} - r}{\frac{5\sqrt{3}}{6}}$，解得 $r = \dfrac{\sqrt{2}}{6}$．

图 7.19

评注： 本题充分利用球心和切点的连线与切面垂直这个隐含性质，再结合平面几何中相似三角形的性质突破瓶颈．

例 2 在圆锥内部放有一个球，它与圆锥的侧面和底面都相切，则球的表面积与圆锥的表面积之比的最大值为_____．

解： 作圆锥的轴截面（图 7.20），设圆锥的底面半径为 r，母线与底面的夹角为 2θ，则其内切球半径 $R = r\tan\theta$，则球的表面积 $S_1 = 4\pi R^2 = 4\pi r^2 \tan^2\theta$，

圆锥的表面积 $S = \pi r^2 + \pi r \cdot \dfrac{r}{\cos 2\theta} = \pi r^2 \left(1 + \dfrac{1}{\cos 2\theta}\right)$，

于是

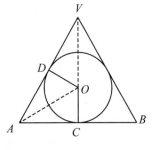

图 7.20

$$\frac{S_1}{S} = \frac{4\tan^2\theta}{1 + \dfrac{1}{\cos 2\theta}} = \frac{2\sin^2\theta\cos 2\theta}{\cos^4\theta}$$

$$= \frac{2(1-\cos^2\theta)(2\cos^2\theta-1)}{\cos^4\theta} = -4 + \frac{6}{\cos^2\theta} - \frac{2}{\cos^4\theta}$$

$$= -2\left(\frac{1}{\cos^2\theta} - \frac{3}{2}\right)^2 + \frac{1}{2} \leqslant \frac{1}{2}.$$

可见，当 $\cos\theta = \sqrt{\dfrac{2}{3}}$，即 $\cos 2\theta = \dfrac{1}{3}$ 时，球的表面积与圆锥的表面积之比的最大值为 $\dfrac{1}{2}$.

评注：球的内切问题的一个关键点是球心到切点的距离等于球的半径. 本题过圆锥的轴作截面，将空间内切球的问题转化为平面几何中三角形内切圆的问题，降低了思维量.

例3 在棱锥 $P-ABCD$ 中，底面 $ABCD$ 是正方形，边长为 a，$PD = a$，$PA = PC = \sqrt{2}a$，这个四棱锥中放入一个球，则球的最大半径为（　　）.

A. $(\sqrt{2}-1)a$　　　　B. $\sqrt{2}a$

C. $\left(1 - \dfrac{\sqrt{2}}{2}\right)a$　　　　D. a

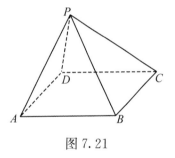

图 7.21

解：如图 7.21 所示，$\because PD = AD = a$，$PA = PC = \sqrt{2}a$，则 $PD^2 + AD^2 = PA^2$，由勾股定理的逆定理得，$PD \perp AD$. 同理 $PD \perp CD$. 故 $PD \perp$ 面 $ABCD$. 又四边形 $ABCD$ 是正方形，不难得出 $AB \perp PA$，$BC \perp PC$. 以球心为顶点，四棱锥 $P-ABCD$ 各面为底面将原几何体分割成 5 个小锥体，小锥体的高均为球的半径 r. 由等体积法得 $V_{P-ABCD} = \dfrac{1}{3}a^2 \times a = \dfrac{1}{3}\left(a^2 + 2 \times \dfrac{1}{2}a^2 + 2 \times \dfrac{1}{2}a \times \sqrt{2}a\right)r$，求得 $r = \left(1 - \dfrac{\sqrt{2}}{2}\right)a$.

故选 C.

评注：由于该棱锥是确定的，因此只需球与棱锥侧面及底面均相切时，球的半径将最大，再利用等体积法问题顺利得到解决.

例4 如图 7.22 所示，将三个半径为 r 的汤圆（球形）装入半径为 6cm 的半球面碗中，三个汤圆的顶端恰与碗口共面，则汤圆半径 $r = $ _____ cm.

图 7.22

解：三个半径为 r 的小球的球心连线构成边长为 $2r$ 的正三角形，小球（汤圆）的球心到该三角形中心的距离

为 $\frac{\sqrt{3}}{2} \cdot 2r \cdot \frac{2}{3} = \frac{2\sqrt{3}r}{3}$. 依题意，根据勾股定理有关系式：$r^2 + \left[\frac{2\sqrt{3}r}{3}\right]^2 = (6-r)^2$，即 $r^2 + 9r - 27 = 0$，求得 $r = \frac{\sqrt{189}-9}{2}$.

评注：类比圆与圆相切可知，球与球相切时，球心连线必过切点，且外切时球心之间的距离等于两球半径之和，内切时球心之间的距离等于两球半径之差的绝对值.

例5 若半径为 R 的球的内部装有 4 个有相同半径 r 的小球，则小球半径 r 可能的最大值是（　）.

A. $\frac{\sqrt{3}}{2+\sqrt{3}}R$ 　　B. $\frac{\sqrt{6}}{3+\sqrt{6}}R$ 　　C. $\frac{1}{1+\sqrt{3}}R$ 　　D. $\frac{\sqrt{5}}{2+\sqrt{5}}R$

解：4 个小球球心构成正四面体的 4 个顶点，其棱长为 $2r$，大球球心是正四面体的"中心". 我们可求得边长为 a 的正四面体高 $h = \frac{\sqrt{6}}{3}a$，其内切球的半径是 $\frac{h}{4}$，外接球的半径是 $\frac{3h}{4}$. 4 个小球球心构成的正四面体外接球半径为 $\frac{3}{4} \cdot \left[\frac{\sqrt{6}}{3} \cdot 2r\right] = \frac{\sqrt{6}}{2}r$，$\therefore R = \frac{\sqrt{6}}{2}r + r$，求得 $r = \frac{\sqrt{6}}{3+\sqrt{6}}R$. 故选 B.

评注：四个小球的球心构成了一个正四面体，这个正四面体的外接球是虚设的，它与题中半径为 R 的大球是同心球.

例6 现有一个能容纳 10 个半径为 1 的小球的封闭正四面体容器，则该容器棱长最小值为＿＿＿＿＿＿.

解：设该容器棱长为 a. 这 10 个小球成棱锥形来放置，由下到上依次为第一层 6 个，第二层 3 个，第三层 1 个，即每一条棱是 3 个小球，于是正四面体的一条棱长就应该是 4 倍小球的半径，加上 2 倍的球心到四面体顶点的距离在棱长上的射影的长度，又球心到顶点的距离，可视为正四面体中半径为 1 的内切球的球心到顶点的距离，即为 $3r = 3$. 设正四面体的棱长为 a，则其高为 $\frac{\sqrt{6}}{3}a$，正四面体的高和棱所成角的余弦值为 $\cos\theta = \frac{\frac{\sqrt{6}}{3}a}{a} = \frac{\sqrt{6}}{3}$，则 $a_{\min} = 4r + 2 \times 3 \times \frac{\sqrt{6}}{3} = 4 + 2\sqrt{6}$.

评注：根据本题几何体的结构特征，只有当 10 个小球放置成三棱锥形时，"外切"的正四面体的棱长才会最小.

例7 在边长为 1 的正方体 C 内，作一个内切大球 O_1，再在 C 内作一个小球 O_2，使它与大球 O_1 外切，同时与正方体的三个面都相切，则球 O_2 的表面积为＿＿＿＿＿＿.

解：如图 7.23 所示，设正方体 C 为 $ABCD - A'B'C'D'$，连结 BD'，交大球 O_1 于 E、F 两点. 设大球 O_1 的半径为 r_1，球 O_2 的半径为 r_2，易知 $r_1 = \dfrac{1}{2}$，过 O_1, O_2 分别作面 $ABCD$ 的垂线，垂足分别为 M, N，则

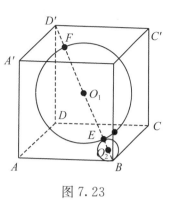

$$\frac{O_1 B}{O_2 B} = \frac{O_1 M}{O_2 N}，即 \frac{\dfrac{\sqrt{3}}{2}}{O_2 B} = \frac{\dfrac{1}{2}}{r_2} 且 O_2 B + r_2 = \frac{\sqrt{3}}{2} - \frac{1}{2}，\therefore r_2$$

$$= \frac{2 - \sqrt{3}}{2}，球 O_2 的表面积为 S = (7 - 4\sqrt{3})\pi.$$

图 7.23

评注：两球的球心连线不仅过切点，而且都在正方体的一条体对角线上.

2. 球的内接与外接问题

例 8　棱长为 1 的正四面体的四个面的中心所组成的小四面体的外接球的体积为＿＿＿＿＿＿.

解：如图 7.24 所示，设 O_1, O_2 为正四面体 $ABCD$ 中 $\triangle ABC$ 和 $\triangle ACD$ 的中心，且 AO_1, AO_2 分别与边 BC, CD 的交点为 E, F，于是 EF 为 $\triangle BCD$ 的中位线，则 $EF = \dfrac{1}{2}$，$\therefore O_1 O_2 = \dfrac{2}{3} EF = \dfrac{1}{3}$，即四个面的中心构成的小正四面体的棱长为 $\dfrac{1}{3}$，它的外接正方体的棱长为 $\dfrac{\sqrt{2}}{2} \cdot \dfrac{1}{3} = \dfrac{\sqrt{2}}{6}$，故其外接球的半径为 $R =$

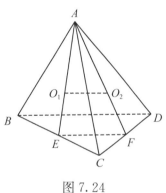

图 7.24

$\dfrac{1}{2} \cdot \left(\sqrt{3} \cdot \dfrac{\sqrt{2}}{6} \right) = \dfrac{\sqrt{6}}{12}$，$\therefore$ 小四面体的外接球的体积为 V

$$= \frac{4}{3} \pi R^3 = \frac{4}{3} \pi \left(\frac{\sqrt{6}}{12} \right)^3 = \frac{\sqrt{6}\pi}{216}.$$

评注：根据本题的几何特征，四个面的中心构成了一个新的小正四面体，将其嵌入正方体中，小正四面体与此正方体共同一个外接球，所以正方体的体对角线即为其外接球的直径，问题则迎刃而解. 另外，对于棱长为 a 的正四面体，其高 $h = \dfrac{\sqrt{6}}{3} a$，内切球的半径 $r = \dfrac{h}{4}$，外接球的半径 $R = \dfrac{3h}{4}$，于是 $R = \dfrac{\sqrt{6}}{3} \times \dfrac{1}{3} \times \dfrac{3}{4} = \dfrac{\sqrt{6}}{12}$.

例9　半径为 6 的球，则该球内接正三棱锥的体积的最大值是(　　　).

A. $32\sqrt{3}$ 　　　　B. $54\sqrt{3}$ 　　　　C. $64\sqrt{3}$ 　　　　D. $72\sqrt{3}$

解：设棱锥的高与一条侧棱的夹角为 θ，侧棱长 $l = 12\cos\theta$，高 $h = 12\cos^2\theta$，底面正三角形的外接圆半径 $R = 12\sin\theta\cos\theta$，设底面边长为 a，由正弦定理得 $\dfrac{a}{\sin 60^0} = 2R$，$\therefore a = 12\sqrt{3}\sin\theta\cos\theta$，于是正三棱锥的体积为

$$V = \frac{1}{3} \cdot \frac{\sqrt{3}}{4}a^2 \cdot h = \frac{\sqrt{3}}{12}\left(12\sqrt{3}\sin\theta\cos\theta\right)^2 \cdot 12\cos^2\theta$$

$$= 432\sqrt{3}\cos^4\theta\sin^2\theta = 216\sqrt{3} \cdot \cos^2\theta \cdot \cos^2\theta \cdot 2\sin^2\theta$$

$$\leqslant 216\sqrt{3} \cdot \left(\frac{\cos^2\theta + \cos^2\theta + 2\sin^2\theta}{3}\right)^3 = 64\sqrt{3},$$

当且仅当 $\tan^2\theta = \dfrac{1}{2}$ 时，等号成立.

故选 C.

评注：本题选择棱锥的高与一条侧棱的夹角作为变量很巧妙. 过球心和一条侧棱作截面，将空间问题平面化，降低了思维难度，也体现了化归转化的思想.

我们研究球时，不要忘记"球"是"圆"在空间概念上的延伸，在解决与球有关的"切"与"接"问题时，一般要过球心及切点或接点作截面，把空间问题转化为平面问题，有时还要类比圆的一些几何性质来解决问题.

第 8 章　平面解析几何

知识点导语

所谓解析几何，通常是指应用代数方程来研究一些简单曲线（如直线、圆锥曲线等）的简单性质的几何.

解析几何是在采用坐标法的基础上，运用代数方法研究几何对象. 它的基本思想和方法已渗透到高考、竞赛中. 解题思路有很强的程序性，有一定的化简方法与技巧，灵活运用圆锥曲线的定义、性质及二级结论（主要用于选填题），是求解解析几何问题的基础，坐标法和参数讨论法是解决问题的常用方法，构造平面解析几何背景，使数式问题图形化，再运用平面解析几何的基础理论和方法来解决问题，是构造法解题的重要部分，也是培养、考查学生创新思维能力的重要手段. 在解析几何问题中，往往由于所给问题有很好的对称性和对等性，使得其代数运算也有很好的对偶与对等，如果能充分利用其内在的这些美学因素，必将使运算更为自然而有规可循. 如果不去注意和发现这些美学因素，随意想当然地乱算，盲目性很大，且会使运算造成繁冗而难以继续.

"解析几何提供了一个系统的工具，把数的关系转换成几何关系，或反过来把几何关系转换成数的关系."

——波利亚

"只要代数同几何分道扬镳，它们的进展就缓慢，它们的应用就狭窄，但是，当这两门科学结合成伴侣时，它们就互相吸取新鲜的活力，从那以后，就以快速的步伐走向完善."

——克莱因

8.1　一类特殊的轴对称问题

求对称点坐标和对称曲线方程的问题运算都比较复杂，当对称轴的斜率是 ± 1 时，我们可以避免一些复杂的运算，采用比较简便的方法求出对称点坐标和对称曲线方程. 本文将给出已知点和已知曲线，关于斜率为 1 或 -1 的直线的对称点坐标和对称曲线方程的一种特殊解法.

1. 求对称点的坐标

先考虑一般情况，已知点 $A(m, n)$ 和直线 $l: y = kx + b (k \neq 0)$，求点 A 关于 l 的对称点 $A'(m', n')$ 的坐标.

如图 8.1 所示，$\because A, A'$ 关于 l 对称，$\therefore$ 线段 AA' 所在直线 l' 与 l 垂直，则直线 l' 的斜率为 $-\dfrac{1}{k}$，其方程为

$y = -\dfrac{1}{k}(x - m) + n$，联立 $\begin{cases} y = -\dfrac{1}{k}(x - m) + n, \\ y = kx + b, \end{cases}$

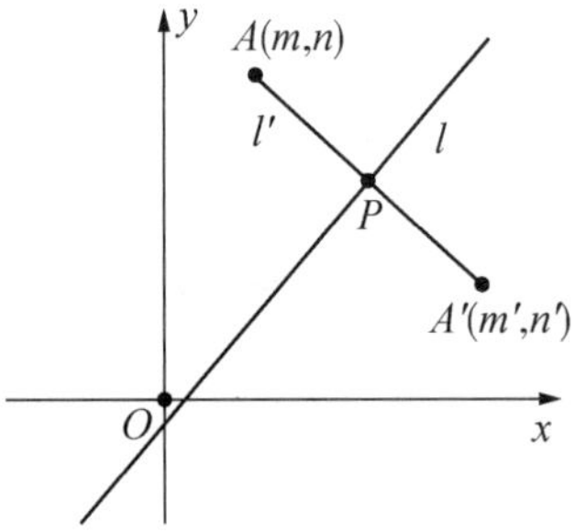

解得 $\begin{cases} x_P = \dfrac{(n-b)k + m}{k^2 + 1} \\ y_P = \dfrac{nk^2 + mk + b}{k^2 + 1} \end{cases}$.

图 8.1

又 P 为线段 AA' 的中点，于是 $\begin{cases} \dfrac{(n-b)k + m}{k^2 + 1} = \dfrac{m + m'}{2}, \\ \dfrac{nk^2 + mk + b}{k^2 + 1} = \dfrac{n + n'}{2}, \end{cases}$ 解得

$\begin{cases} m' = \dfrac{-mk^2 + 2(n-b)k + m}{k^2 + 1}, \\ n' = \dfrac{nk^2 + 2mk + 2b - n}{k^2 + 1}, \end{cases}$ 即 $A'\left(\dfrac{-mk^2 + 2(n-b)k + m}{k^2 + 1}, \dfrac{nk^2 + 2mk + 2b - n}{k^2 + 1}\right)$ ①.

（1）当 $k = 1$ 时，直线 l 的方程为 $y = x + b$. ①中点 A' 坐标中 k 取 1，得 $A'(n - b, m + b)$. 观察发现：已知 $A(m, n)$，将 $x_A = m$ 代入 $y = x + b$，求得 $y = m + b$，这正是点 A' 的纵坐标；将 $y_A = n$ 代入 $y = x + b$，求得 $x = n - b$，这正是点 A' 的横坐标.

（2）当 $k = -1$ 时，直线 l 的方程为 $y = -x + b$. ①中点 A' 坐标中 k 取 -1，得

$A'(b-n,b-m)$. 再观察发现：已知 $A(m,n)$，将 $x_A=m$ 代入 $y=-x+b$，求得 $y=b-m$，这正是点 A' 的纵坐标；将 $y_A=n$ 代入 $y=-x+b$，求得 $x=b-n$，这正是点 A' 的横坐标.

因此，求一点关于直线 $y=\pm x+b$ 的对称点坐标，只需将已知点横坐标代入对称轴方程，可求得该点的对称点的纵坐标，将已知点的纵坐标代人对称轴方程，可求得该点的对称点的横坐标.

例 1 如图 8.2 所示，已知直线 $l_1:y=-x+1$，$l_2:y=x-2$，点 $A(3,4)$，A 关于 l_1 的对称点 A_1，关于 l_2 的对称点 A_2，求 $\triangle AA_1A_2$ 的面积.

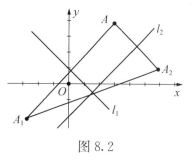

图 8.2

解：设 $A_1(x_1,y_1)$，$A_2(x_2,y_2)$. ∵ 直线 l_1，l_2 的斜率分别为 -1 和 1，又已知 A 和 A_1 关于 l_1 对称，

∴ $\begin{cases} 4=-x_1+1, \\ y_1=-3+1, \end{cases}$ 解得 $\begin{cases} x_1=-3, \\ y_1=-2, \end{cases}$ 即 $A_1(-3,-2)$.

已知 A 和 A_2 关于 l_2 对称，∴ $\begin{cases} 4=x_2-2, \\ y_2=3-2, \end{cases}$ 解得 $\begin{cases} x_2=6, \\ y_2=1, \end{cases}$ 即 $A_2(6,1)$. 又直线 l_1，l_2 的斜率互为负倒数，∴ $l_1 \perp l_2$，由平面几何知识可得 $AA_1 \perp AA_2$，$|AA_1|=\sqrt{(3+3)^2+(4+2)^2}=6\sqrt{2}$，$|AA_2|=\sqrt{(3-6)^2+(4-1)^2}=3\sqrt{2}$，

∴ $S_{\triangle AA_1A_2}=\dfrac{1}{2}|AA_1| \cdot |AA_2|=\dfrac{1}{2} \times 6\sqrt{2} \times 3\sqrt{2}=18$.

例 2 如图 8.3 所示，一条光线经过点 $P(-2,4)$ 射到直线 $l:x+y-1=0$ 上的 A 点，反射后穿过点 $Q(5,1)$，求 $|PA|+|AQ|$.

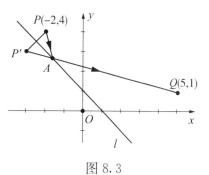

图 8.3

解：设 P 关于 l 的对称点 P' 坐标为 (x',y'). ∵ 直线 l 的斜率为 -1，∴ $\begin{cases} x'+4-1=0, \\ -2+y'-1=0 \end{cases} \Rightarrow \begin{cases} x'=-3, \\ y'=3, \end{cases}$ 即 $P'(-3,3)$.

由光学知识可知，P'，A，Q 在反射光线所在的直线上，由轴对称的性质可知，$|PA|=|P'A|$，∴ $|PA|+|AQ|=|P'A|+|AQ|=|P'Q|=\sqrt{(-3-5)^2+(3-1)^2}=2\sqrt{17}$.

例 3 若点 $A(2,n)$ 关于直线 $l:2x+2y-3=0$ 的对称点 A' 在直线 $l':x-2y+1=0$ 上，求点 A 和 A' 的坐标.

解：设点 A' 坐标为 (x',y'). 直线 l 的斜率为 -1，已知点 $A(2,n)$ 与

$A'(x',y')$ 关于直线 l 对称，则 $\begin{cases} 2x'+2n-3=0, \\ 2\times 2+2y'-3=0, \end{cases}$ 解得 $\begin{cases} x'=\dfrac{3-2n}{2}, \\ y'=-\dfrac{1}{2}, \end{cases}$ 即

$A'\left(\dfrac{3-2n}{2},-\dfrac{1}{2}\right)$. 又点 A' 在直线 l' 上，将点 A' 坐标代入直线 l' 的方程，得

$\dfrac{3-2n}{2}-2\times\left(-\dfrac{1}{2}\right)+1=0$，解得 $n=\dfrac{7}{2}$，那么 $x'=\dfrac{3-2n}{2}=\dfrac{3-2\times\dfrac{7}{2}}{2}=-2$.

故 $A\left(2,\dfrac{7}{2}\right)$，$A'\left(-2,-\dfrac{1}{2}\right)$.

2. 求对称曲线方程

探讨：已知曲线 $C:Ax^2+Bxy+Cy^2+Dx+Ey+F=0$ 和直线 $l:y=x+b$. 求 C 关于 l 的对称曲线 C' 的方程.

在曲线 C 上任取一点 $P(x_0,y_0)$，其关于直线 $y=x+b$ 的对称点为 $Q(x,y)$，则 $\begin{cases}y_0=x+b,\\ y=x_0+b,\end{cases}$ 求得 $\begin{cases}x_0=y-b,\\ y_0=x+b,\end{cases}$ 将此式代入曲线 C 的方程，有 $A(y-b)^2+B(y-b)(x+b)+C(x+b)^2+D(y-b)+E(x+b)+F=0$ ①.

$\because P(x_0,y_0)$ 是任意的，其对称点 $Q(x,y)$ 也具有相应的任意性，即 $Q(x,y)$ 是 C' 上的任意一点，$\therefore$①为曲线 C 关于 $l:y=x+b$ 的对称曲线 C' 的方程.

同理可求曲线 C 关于 $y=-x+b$ 对称的曲线 C'' 的方程为 $A(b-y)^2+B(b-y)(b-x)+C(b-x)^2+D(b-y)+E(b-x)+F=0$.

可见，求已知曲线 C 关于直线 $y=x+b$（或 $y=-x+b$）对称的曲线 C'（或 C''）的方程，只要将 $\begin{cases}x=y-b,\\ y=x+b\end{cases}$ 或 $\begin{cases}x=b-y,\\ y=b-x\end{cases}$ 代入曲线 C 的方程即可求得.

例 4 求曲线 $x^2+2y^2-x+y-2=0$ 关于直线 $x+y+1=0$ 对称的曲线方程.

解：直线 $x+y+1=0$ 的斜率为 -1，将 $\begin{cases}x=-(y+1),\\ y=-(x+1)\end{cases}$ 代入方程 $x^2+2y^2-x+y-2=0$ 得 $(y+1)^2+2(x+1)^2+(y+1)-(x+1)-2=0$，整理得 $2x^2+y^2+3x+3y+1=0$，为所求曲线方程.

注：若对称轴的斜率不是 1 或 -1，不属于本文所指的特殊的轴对称问题，此时，上述求对称点的坐标和对称曲线方程的方法不可使用.

8.2 圆锥曲线中不等关系的构建

圆锥曲线中求最值、范围问题，在高考中屡见不鲜，这类问题涉及的知识范围广，条件隐含，能力要求高. 解决这类问题往往需要构建不等关系，这是解题的关键点，也是难点. 本文将举例介绍圆锥曲线中不等关系构建的几种常用方法.

1. 利用点与圆锥曲线间的位置关系构建不等式

例 1 已知椭圆 $\dfrac{x^2}{2} + y^2 = 1$ 上两个不同的点 A，B 关于直线 $y = mx + \dfrac{1}{2}$ 对称，求实数 m 的取值范围.

解：设 $A(x_1, y_1)$，$B(x_2, y_2)$，AB 中点 $C(x_0, y_0)$，则 $\begin{cases} \dfrac{x_1^2}{2} + y_1^2 = 1, \\ \dfrac{x_2^2}{2} + y_2^2 = 1. \end{cases}$

两式相减得 $\dfrac{(x_1 - x_2)(x_1 + x_2)}{2} + (y_1 - y_2)(y_1 + y_2) = 0$ ①.

结合题意，$m \neq 0$ 且 $x_1 \neq x_2$.

将 $\begin{cases} x_1 + x_2 = 2x_0, \\ y_1 + y_2 = 2y_0, \\ \dfrac{y_1 - y_2}{x_1 - x_2} = -\dfrac{1}{m} \end{cases}$ 代入①并整理，可得 $y_0 = \dfrac{1}{2}mx_0$，又 $y_0 = mx_0 + \dfrac{1}{2}$，联

立此二式求得 $x_0 = -\dfrac{1}{m}$，$y_0 = -\dfrac{1}{2}$. $\because$ 点 (x_0, y_0) 在椭圆 $\dfrac{x^2}{2} + y^2 = 1$ 的内部，

$\therefore \dfrac{x_0^2}{2} + y_0^2 < 1$，即 $\dfrac{1}{2m^2} + \dfrac{1}{4} < 1$，求得 $m \in \left(-\infty, -\dfrac{\sqrt{6}}{3}\right) \cup \left(\dfrac{\sqrt{6}}{3}, +\infty\right)$.

评注：本题中没有给出相关量之间明确的不等关系，通过挖掘题设信息，借用弦的中点总在椭圆内，构建不等关系 $\dfrac{x_0^2}{2} + y_0^2 < 1$，使问题迎刃而解.

2. 利用直线与圆锥曲线间的位置关系构建不等式

例 2 设双曲线 $\dfrac{x^2}{2}-\dfrac{y^2}{2}=1$ 的准线过椭圆 $\dfrac{x^2}{4}+\dfrac{y^2}{b^2}=1$ 的焦点，则直线 $y=kx+2$ 与椭圆至多有一个公共点的充要条件是（　　　）

A. $k\in\left[-\dfrac{1}{2},\dfrac{1}{2}\right]$　　　　　B. $k\in\left(-\infty,-\dfrac{1}{2}\right]\cup\left[\dfrac{1}{2},+\infty\right)$

C. $k\in\left[-\dfrac{\sqrt{2}}{2},\dfrac{\sqrt{2}}{2}\right]$　　　　　D. $k\in\left[-\infty,-\dfrac{\sqrt{2}}{2}\right]\cup\left[\dfrac{\sqrt{2}}{2},+\infty\right)$

解：双曲线 $\dfrac{x^2}{2}-\dfrac{y^2}{2}=1$ 的准线为 $x=\pm1$，则 $\sqrt{4-b^2}=1\Rightarrow b^2=3$，$\therefore$ 椭圆

方程为 $\dfrac{x^2}{4}+\dfrac{y^2}{3}=1$. 由 $\begin{cases}\dfrac{x^2}{4}+\dfrac{y^2}{3}=1,\\ y=kx+2\end{cases}$ 消去 y 得 $\left(\dfrac{1}{4}+\dfrac{k^2}{3}\right)x^2+\dfrac{4k}{3}x+\dfrac{1}{3}=0$.

由 $\Delta=\dfrac{16k^2}{9}-\dfrac{4}{3}\left(\dfrac{1}{4}+\dfrac{k^2}{3}\right)=\dfrac{4k^2}{3}-\dfrac{1}{3}\leqslant0\Leftrightarrow k^2\leqslant\dfrac{1}{4}$，$\therefore k\in\left[-\dfrac{1}{2},\dfrac{1}{2}\right]$.

故选 A.

评注：本题关键是将直线与椭圆的位置关系等价转化为代数不等式. 直线与圆锥曲线相交 $\Leftrightarrow$ 判别式 $\Delta>0$；直线与圆锥曲线相切 $\Leftrightarrow$ 判别式 $\Delta=0$；直线与圆锥曲线相离 $\Leftrightarrow$ 判别式 $\Delta<0$. 在圆锥曲线中这些是构建不等关系的重要依据之一.

3. 利用圆锥曲线自身隐含的约束条件构建不等式

例 3 已知双曲线 $\dfrac{x^2}{a^2}-\dfrac{y^2}{b^2}=1(a>0,b>0)$ 的左右焦点分别为 $F_1(-c,0)$，$F_2(c,0)$，若双曲线上存在一点 P 使 $\dfrac{\sin\angle PF_1F_2}{\sin\angle PF_2F_1}=\dfrac{a}{c}$，则双曲线离心率的取值范围是_____.

解：不妨设 $P(x_1,y_1)$ 为双曲线右支上一点，由双曲线的焦半径公式得 $|PF_1|=ex_1+a$，$|PF_2|=ex_1-a$. 在 $\triangle PF_1F_2$ 中，由正弦定理有 $\dfrac{|PF_1|}{\sin\angle PF_2F_1}=\dfrac{|PF_2|}{\sin\angle PF_1F_2}$，即 $\dfrac{\sin\angle PF_1F_2}{\sin\angle PF_2F_1}=\dfrac{|PF_2|}{|PF_1|}$，又 $\dfrac{\sin\angle PF_1F_2}{\sin\angle PF_2F_1}=\dfrac{a}{c}$，$\therefore\dfrac{|PF_2|}{|PF_1|}=\dfrac{a}{c}$，即

$\dfrac{ex_1-a}{ex_1+a}=\dfrac{a}{c}\Rightarrow x_1=\dfrac{a(c+a)}{e(c-a)}$. $\because P$ 在双曲线右支上，且 $\sin\angle PF_2F_1\neq0$，$\therefore x_1$

$>a$，即 $\dfrac{a(c+a)}{e(c-a)}>a$，$\therefore \dfrac{\frac{c}{a}+1}{e\left(\frac{c}{a}-1\right)}>1$，又离心率 $e=\dfrac{c}{a}$，$\therefore e^2-2e-1<0$，求

得 $1-\sqrt{2}<e<1+\sqrt{2}$.

又 $\because e>1$，故 $1<e<1+\sqrt{2}$.

评注：本题通过正弦定理及双曲线的焦半径公式得到等式 $\dfrac{ex_1-a}{ex_1+a}=\dfrac{a}{c}$，这里的 x_1 是一个与离心率 e 没有直接关系的一个量，于是想到分离变量，即 $x_1=\dfrac{a(c+a)}{e(c-a)}$．根据题目中蕴含的制约关系得 $x_1>a$，这是联通了问题求解的思维走向，促进了解题思路的形成.

4. 利用三角形三边关系构建不等式

例4 已知 F_1、F_2 为双曲线 $\dfrac{x^2}{a^2}-\dfrac{y^2}{b^2}=1(a>0,b>0)$ 的左、右焦点，P 为双曲线右支上的任意一点，若 $\dfrac{|PF_1|^2}{|PF_2|}$ 的最小值为 $8a$，则双曲线离心率 e 的取值范围是（　　）.

A. $(1,+\infty)$　　　　B. $(1,2]$　　　　C. $(1,\sqrt{3}]$　　　　D. $(1,3]$

解：$\dfrac{|PF_1|^2}{|PF_2|}=\dfrac{(2a+|PF_2|)^2}{|PF_2|}=\dfrac{4a^2}{|PF_2|}+|PF_2|+4a$

$\geqslant 2\sqrt{\dfrac{4a^2}{|PF_2|}\cdot|PF_2|}+4a=8a$，

当且仅当 $\dfrac{4a^2}{|PF_2|}=|PF_2|$，即 $|PF_2|=2a$ 时取等号，这时 $|PF_1|=4a$.

$\because |PF_1|+|PF_2|\geqslant|F_1F_2|\Rightarrow 2a+4a\geqslant 2c$，$\therefore e=\dfrac{c}{a}\leqslant 3$，又 $e>1$，$\therefore e\in (1,3]$. 故选 D.

评注：依题设条件可求两焦半径 $|PF_1|$，$|PF_2|$ 的长，此时怎样实现等量关系向不等关系的转化呢？根据平面几何知识容易得出，两焦半径与焦距之间有一个不等关系 $|PF_1|+|PF_2|\geqslant|F_1F_2|$，这给问题的解决带来了转机.

5. 利用基本不等式构建不等式

例5 任作椭圆 $\dfrac{x^2}{25}+\dfrac{y^2}{9}=1$ 的一条切线，与椭圆的两条对称轴分别交于点

A, B，则线段 AB 长度的最小值是_____.

解：设切点为 $P(5\cos\theta, 3\sin\theta)\left(\theta \neq \dfrac{k\pi}{2}, k \in \mathbf{Z}\right)$，则椭圆在点 P 处的切线方程

为 $\dfrac{\cos\theta}{5}x + \dfrac{\sin\theta}{3}y = 1$，它与 x 轴交于 $A\left(\dfrac{5}{\cos\theta}, 0\right)$，与 y 轴交于 $B\left(0, \dfrac{3}{\sin\theta}\right)$，则

$$|AB|^2 = \frac{5^2}{\cos^2\theta} + \frac{3^2}{\sin^2\theta} = \left(\frac{25}{\cos^2\theta} + \frac{9}{\sin^2\theta}\right) \cdot (\cos^2\theta + \sin^2\theta)$$

$$= 25 + 9 + \frac{25\sin^2\theta}{\cos^2\theta} + \frac{9\cos^2\theta}{\sin^2\theta} \geqslant 34 + 2\sqrt{25 \times 9} = 64,$$

当且仅当 $\tan^2\theta = \dfrac{3}{5}$ 时取等号，故 $|AB|_{\min} = 8$。

评注：本题解法中用到：过椭圆 $\dfrac{x^2}{25} + \dfrac{y^2}{9} = 1$ 上一点 (x_0, y_0) 的切线方程为

$\dfrac{x_0 x}{25} + \dfrac{y_0 y}{9} = 1$（读者自己证明）。另外，由于 $|AB|^2 = \dfrac{5^2}{\cos^2\theta} + \dfrac{3^2}{\sin^2\theta}$ 的分母 $\cos^2\theta$

与 $\sin^2\theta$ 的和为 1，于是变形 $|AB|^2 = \left(\dfrac{25}{\cos^2\theta} + \dfrac{9}{\sin^2\theta}\right) \cdot (\cos^2\theta + \sin^2\theta)$，将此等量

关系，通过基本不等式转化为不等关系是求解本题的一个有效途径。

6. 利用方程根的分布构建不等式

例 6　已知点 $A(0,2)$，$B(4,0)$，抛物线方程为 $y = -x^2 + mx + 1$，若抛物线

与线段 AB 相交于两个不同的点，求实数 m 的取值范围。

解：由题意可求线段 AB 的方程为 $y = -\dfrac{1}{2}x + 2(0 \leqslant x \leqslant 4)$，代入 $y = -x^2$

$+ mx + 1$ 并整理得 $2x^2 - (2m+1)x + 2 = 0$。此方程在区间 $[0, 4]$ 上有两个不等

的实根，等价转化为函数 $f(x) = 2x^2 - (2m+1)x + 2$ 在区间 $[0, 4]$ 上有两个零

点。由数形结合可知

$$\begin{cases} \Delta = (2m+1)^2 - 16 > 0, \\ 0 < \dfrac{2m+1}{4} < 4, \\ f(0) \geqslant 0, \\ f(4) \geqslant 0, \end{cases} \qquad \text{解得} \ \frac{3}{2} < m \leqslant \frac{15}{4}.$$

评注：本题巧妙将线段与抛物线相交的问题，转化为方程根的分布问题，

利用二次函数的性质，借用数形结合构建不等式，这是问题转化的重要环节。

7. 利用题设条件已有的不等关系构建不等式

例 7 已知椭圆 $E:\dfrac{x^2}{a^2}+\dfrac{y^2}{b^2}=1(a>b>0)$ 的右焦点为 F. 短轴的一个端点为 M, 直线 $l:3x-4y=0$ 交椭圆 E 于 A,B 两点. 若 $|AF|+|BF|=4$, 点 M 到直线 l 的距离不小于 $\dfrac{4}{5}$, 则椭圆 E 的离心率的取值范围是(　　　)

A. $\left[0,\dfrac{\sqrt{3}}{2}\right]$　　　　B. $\left(0,\dfrac{3}{4}\right)$　　　　C. $\left[\dfrac{\sqrt{3}}{2},1\right)$　　　　D. $\left[\dfrac{3}{4},1\right)$

解: 设椭圆 E 左焦点为 F_1, 连接 AF_1, BF_1, 则四边形 BF_1AF 是平行四边形, 故 $|AF_1|=|BF|$, $\therefore |AF|+|AF_1|=4=2a$, $\therefore a=2$. 又点 $M(0,\pm b)$ 到直线 $l:3x-4y=0$ 的距离 $d=\dfrac{|3\times0\mp4b|}{\sqrt{3^2+4^2}}=\dfrac{4b}{5}\geqslant\dfrac{4}{5}$, 故 $b\geqslant1$, 从而 $\sqrt{a^2-c^2}\geqslant 1$, $\therefore 0<c^2\leqslant3$, 即 $0<c\leqslant\sqrt{3}$, $\therefore$椭圆 E 的离心率 $e=\dfrac{c}{a}\in\left[0,\dfrac{\sqrt{3}}{2}\right]$.

故选 A.

评注: 求离心率取值范围一般是利用代数方法或平面几何知识寻找椭圆中基本量 a,b,c 满足的不等关系, 再确定 $\dfrac{c}{a}$ 的取值范围.

8. 利用实数平方的非负性构建不等式

例 8 若点 O 和点 F 分别为椭圆 $\dfrac{x^2}{4}+\dfrac{y^2}{3}=1$ 的中心和左焦点, P 为椭圆上任意一点, 则 $\overrightarrow{OP}\cdot\overrightarrow{FP}$ 的取值范围是(　　　).

A. $[3,6]$　　　　B. $[2,4]$　　　　C. $[2,6]$　　　　D. $[1,6]$

解: 椭圆 $\dfrac{x^2}{4}+\dfrac{y^2}{3}=1$ 的参数方程为 $\begin{cases}x=2\cos\theta,\\y=\sqrt{3}\sin\theta\end{cases}$($\theta$ 为参数, 且 $0\leqslant\theta<2\pi$), 则点 P 的坐标为 $(2\cos\theta,\sqrt{3}\sin\theta)$. 又 $F(-1,0)$, 于是 $\overrightarrow{OP}\cdot\overrightarrow{FP}=(2\cos\theta,\sqrt{3}\sin\theta)\cdot(2\cos\theta+1,\sqrt{3}\sin\theta)=4\cos^2\theta+2\cos\theta+3\sin^2\theta=\cos^2\theta+2\cos\theta+3=(\cos\theta+1)^2+2$.

当 $\cos\theta=-1$ 时, $\overrightarrow{OP}\cdot\overrightarrow{FP}$ 取最小值 2; 当 $\cos\theta=1$ 时, $\overrightarrow{OP}\cdot\overrightarrow{FP}$ 取最大值 6.

故选 C.

评注: 由于点 O 和 F 的坐标已知, 引用椭圆的参数方程, 可设点 P 的坐标为 $(2\cos\theta,\sqrt{3}\sin\theta)$, 于是自然联想到利用坐标运算求 $\overrightarrow{OP}\cdot\overrightarrow{FP}$, 从而将 $\overrightarrow{OP}\cdot\overrightarrow{FP}$ 表示为关于 $\cos\theta$ 的一个二次函数 $\overrightarrow{OP}\cdot\overrightarrow{FP}=(\cos\theta+1)^2+2$, 再巧妙运用实数平方

的非负性使问题顺利获解.

总之,在圆锥曲线中,涉及求最值或范围问题时,往往考虑要如何寻找不等关系,有的不等关系是题目直接给出,有的需要挖掘题目中的隐含条件. 这就要求同学们一定要认真分析题设条件,恰当构建不等关系.

8.3　圆锥曲线的定义在解题中的运用

定义是揭示事物本质属性的思想形式，面对一个数学对象，回顾它的定义，常常是解决问题的锐利武器．圆锥曲线的定义是分析、研究、解决圆锥曲线问题的重要依据与手段，是圆锥曲线几何性质、定理的"起源"．圆锥曲线的很多问题都与定义紧密相连，圆锥曲线的定义渗透在圆锥曲线的各个方面．因此合理应用定义是寻求解题捷径的一种重要方法．

1. 巧用椭圆的定义求解

例 1　已知实数 x,y 满足条件 $3x^2+4y^2=48$，则 $\sqrt{x^2+y^2-4x+4}+\sqrt{x^2+y^2-2x+4y+5}$ 的最大值为＿＿＿＿．

解：$\sqrt{x^2+y^2-4x+4}+\sqrt{x^2+y^2-2x+4y+5}=\sqrt{(x-2)^2+y^2}+\sqrt{(x-1)^2+(y+2)^2}$．设 $P(x,y)$，$A(2,0)$，$B(1,-2)$，则 $\sqrt{x^2+y^2-4x+4}+\sqrt{x^2+y^2-2x+4y+5}=|PA|+|PB|$．

由实数 x,y 满足条件 $3x^2+4y^2=48$ 知，点 $P(x,y)$ 在椭圆 $\dfrac{x^2}{16}+\dfrac{y^2}{12}=1$ 上，且点 $A(2,0)$ 为椭圆的右焦点，点 $B(1,-2)$ 在椭圆内．

设椭圆的左焦点为 $F_1(-2,0)$，椭圆长轴长为 $2a$，由椭圆的定义有 $|PA|+|PF_1|=2a$，$\therefore |PA|+|PB|=(2a-|PF_1|)+|PB|=2a+(|PB|-|PF_1|)\leqslant 2a+|F_1B|=8+\sqrt{13}$，当且仅当点 P 是射线 BF_1 与椭圆的交点时，等号成立．

故 $\sqrt{x^2+y^2-4x+4}+\sqrt{x^2+y^2-2x+4y+5}$ 的最大值为 $8+\sqrt{13}$．

评注：本题通过运用椭圆的定义，把点到右焦点的距离和到左焦点的距离进行相互转化，再利用数形结合的思想，使问题巧妙获解．

例 2　A 是离心率 $e=\dfrac{1}{2}$ 的椭圆 $\dfrac{x^2}{a^2}+\dfrac{y^2}{b^2}=1(a>b>0)$ 上任意一点，$\odot I$ 是 $\triangle AF_1F_2$ 的内切圆，AI 与 F_1F_2 交于 D，则 $\dfrac{|AI|}{|ID|}=$＿＿＿＿＿＿．

解：$\dfrac{|AI|}{|ID|}=\dfrac{|F_1A|}{|F_1D|}=\dfrac{|F_2A|}{|F_2D|}=\dfrac{|F_1A|+|F_2A|}{|F_1D|+|F_2D|}=\dfrac{2a}{2c}=\dfrac{1}{e}=2$．

评注：本题在求解过程中用到椭圆的定义，即 $|F_1A|+|F_2A|=2a$，充分揭示了椭圆的本质特征，椭圆上无论是已知点，还是未知点都具有椭圆的几何意

义，即到两个焦点距离的和是定值.

2. 巧用双曲线的定义求解

例 3 在平面直角坐标系 xOy 中，F_1、F_2 分别是双曲线 $x^2-\dfrac{y^2}{b^2}=1(b>0)$ 的左、右焦点，过点 F_1 作圆 $x^2+y^2=1$ 的切线，与双曲线左、右两支分别交于点 A、B，若 $|F_2B|=|AB|$，则 b 的值是_____.

解：如图 8.4 所示，由已知及双曲线的定义得 $|AF_1|=|BF_1|-|AB|=|BF_1|-|BF_2|=2$，$|AF_2|-|AF_1|=2$，则 $|AF_2|=2+|AF_1|=4$.

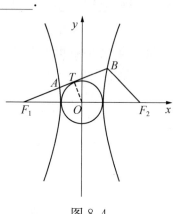

在 $\mathrm{Rt}\triangle OTF_1$ 中，$|OT|=1$，$|OF_1|=c$，$|TF_1|=b$，$\therefore \cos\angle F_2F_1A=\dfrac{|F_1T|}{|OF_1|}=\dfrac{b}{c}$.

在 $\triangle AF_1F_2$ 中，由余弦定理得 $\cos\angle F_2F_1A=\dfrac{|F_1F_2|^2+|AF_1|^2-|AF_2|^2}{2|F_1F_2|\cdot|AF_1|}=\dfrac{c^2-3}{2c}$，$\therefore c^2-3=2b$.

图 8.4

又 $a=1$，$c^2=a^2+b^2$，即 $c^2=1+b^2$，得 $b^2-2b-2=0(b>0)$，解得 $b=1+\sqrt{3}$.

评注：本题在求解过程中，巧妙运用双曲线的定义，并注意挖掘题目隐含的几何意义，避免烦琐的推理与运算，从而快速、准确地解决了问题.

例 4 已知 F_1 和 F_2 分别为双曲线 $C:x^2-y^2=1$ 的左、右焦点，点 P 在 C 上，若 $\triangle PF_1F_2$ 的面积是 $\sqrt{3}$，求 $\angle F_1PF_2$.

解：不妨设点 $P(x_0,y_0)$ 在双曲线的右支上，由题设 $C:x^2-y^2=1$ 知，$|F_1F_2|=2\sqrt{2}$，$e=\sqrt{2}$. 又 $S_{\triangle PF_1F_2}=\dfrac{1}{2}|F_1F_2|\cdot|y_0|=\dfrac{1}{2}\times2\sqrt{2}|y_0|=\sqrt{3}$，$\therefore|y_0|=\dfrac{\sqrt{6}}{2}$，$x_0^2-y_0^2=1$，求得 $x_0^2=\dfrac{5}{2}$.

由双曲线的第二定义得 $|PF_1|=e\left[x_0-\left(-\dfrac{a^2}{c}\right)\right]=a+ex_0=\sqrt{2}x_0+1$，$|PF_2|=e\left(x_0-\dfrac{a^2}{c}\right)=ex_0-a=\sqrt{2}x_0-1$. 在 $\triangle PF_1F_2$ 中，由余弦定理得 $\cos\angle F_1PF_2$

$=\dfrac{|PF_1|^2+|PF_2|^2-|F_1F_2|^2}{2|PF_1|\cdot|PF_2|}=\dfrac{(\sqrt{2}x_0+1)^2+(\sqrt{2}x_0-1)^2-(2\sqrt{2})^2}{2(\sqrt{2}x_0+1)(\sqrt{2}x_0-1)}$

$$= \frac{2(2x_0^2 + 1) - 8}{2(2x_0^2 - 1)} = \frac{2\left(2 \times \frac{5}{2} + 1\right) - 8}{2\left(2 \times \frac{5}{2} - 1\right)} = \frac{1}{2}, \therefore \angle F_1 P F_2 = 60°.$$

评注：为了求 $\angle F_1 P F_2$，联想到在 $\triangle P F_1 F_2$ 中用余弦定理，但 $|PF_1|$ 和 $|PF_2|$ 长度未知．考虑 $|PF_1|$ 和 $|PF_2|$ 又是双曲线的两个焦半径，根据题意，于是想到利用双曲线的第二定义求解．

3. 巧用抛物线的定义求解

例 5　抛物线 $y^2 = 2px (p > 0)$ 的焦点为 F，已知点 A、B 为抛物线上的两个动点，且满足 $\angle AFB = 120°$，过弦 AB 的中点 M 作抛物线准线的垂线 MN，垂足为 N，则 $\dfrac{|MN|}{|AB|}$ 的最大值为 _____.

解：如图 8.5 所示，由抛物线的定义知 $|AF| = |AA_1|$，$|BF| = |BB_1|$，得 $|AF| + |BF| = |AA_1| + |BB_1| = 2|MN|$，故 $\dfrac{|MN|}{|AB|} = \dfrac{|AF| + |BF|}{2|AB|}$．又在 $\triangle ABF$ 中，由余弦定理得 $|AB|^2 = |AF|^2 + |BF|^2 - 2|AF| \cdot |BF| \cos 120°$，即 $|AB|^2 = |AF|^2 + |BF|^2 + |AF| \cdot |BF|$，$\therefore |AB|^2 = (|AF| + |BF|)^2 - |AF| \cdot |BF|$．

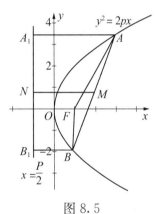

图 8.5

又 $|AF| \cdot |BF| \leqslant \left[\dfrac{|AF| + |BF|}{2} \right]^2$，则 $|AB|^2 \geqslant \dfrac{3}{4}(|AF| + |BF|)^2$，$\therefore |AF| + |BF| \leqslant \dfrac{2\sqrt{3}}{3}|AB|$，$\dfrac{|MN|}{|AB|} = \dfrac{|AF| + |BF|}{2|AB|} \leqslant \dfrac{\sqrt{3}}{3}$，当且仅当 $|AF| = |BF|$ 时取等号．

故 $\dfrac{|MN|}{|AB|}$ 的最大值为 $\dfrac{\sqrt{3}}{3}$.

评注：巧用抛物线的定义，将抛物线上的点到其焦点的距离和到准线距离进行互化，是解决本题的重要策略．在 $\triangle ABF$ 中，利用余弦定理，再结合基本不等式，问题顺利得到解决．

例 6　如图 8.6 所示，已知抛物线 $y^2 = 2px (p > 0)$ 的焦点为 F，准线为 l，过点 F 的直线与抛物线交于 A、B 两

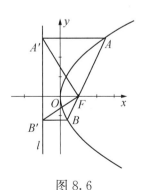

图 8.6

点，且 $|AB| = 3p$. 设点 A、B 在 l 上的射影分别为 A'、B'，今向四边形 $AA'B'B$ 内任投一点 M，则点 M 落在 $\triangle FA'B'$ 内的概率是_____.

解：由抛物线的定义得 $|AA'| + |BB'| = |AF| + |BF| = |AB| = 3p$，

$\therefore S_{梯形AA'B'B} = \dfrac{1}{2}(|AA'| + |BB'|) \cdot |A'B'| = \dfrac{3p}{2} \cdot |A'B'|$.

又 $S_{\triangle FA'B'} = \dfrac{1}{2}p \cdot |A'B'|$，故点 M 落在 $\triangle FA'B'$ 内的概率是 $p = \dfrac{S_{\triangle FA'B'}}{S_{梯形AA'B'B}} =$

$\dfrac{\dfrac{p}{2} \cdot |A'B'|}{\dfrac{3p}{2} \cdot |A'B'|} = \dfrac{1}{3}$.

评注：由于 AB 是过焦点的弦，且弦长已知，此弦长可拆分为两个焦半径 $|AF|$，$|BF|$ 的和，于是联想到抛物线的定义，从而求得 $|AA'| + |BB'| = |AF| + |BF| = |AB| = 3p$，至此，问题的瓶颈得到了突破.

圆锥曲线的第一定义体现了"质"的区别，而第二定义则体现了"形"的统一，有时第一定义和第二定义的灵活转换是打开解析几何思路的钥匙，在题目中挖掘这些隐含信息有助于解题. 另外，运用圆锥曲线的定义解题，通过数形结合，不仅能抓住问题的本质，还能避开复杂的运算，使问题巧妙获解.

8.4　构造直线或圆的方程巧妙解题

构造法是数学解题中经常用到的一种技巧性较高的特殊方法，也是解决数学问题的一种重要方法. 当我们解题的常规思路受阻或通法运用不畅时，可结合题设条件，把题设中的相关命题转化为一个等价的新命题，往往能起到化隐为显、化难为易的解题效果.

1. 构造直线的方程

例 1 设关于 θ 的方程 $\sin2\theta - \sin^2\theta = 2\cos2\theta + m$ 有实数解，试求 m 的取值范围.

解：由原方程得：$\sin2\theta - \dfrac{1-\cos2\theta}{2} = 2\cos2\theta + m$，即 $3\cos2\theta - 2\sin2\theta + 2m + 1 = 0$.

逆向思考，构造直线 $3x - 2y + 2m + 1 = 0$，观察可知点 $(\cos2\theta, \sin2\theta)$ 既在单位圆 $x^2 + y^2 = 1$ 上，又在构造的直线上. 因原方程有实数解，就是直线与圆有公共点，所以圆心到直线的距离小于或等于圆的半径，于是 $\dfrac{|2m+1|}{\sqrt{3^2 + (-2)^2}} \leqslant 1$，整理得 $m^2 + m - 3 \leqslant 0$，解得 $\dfrac{-1-\sqrt{13}}{2} \leqslant m \leqslant \dfrac{-1+\sqrt{13}}{2}$.

评注：本题条件等式中有三项是三角式，其中两项的角都是 2θ，另一项是单角 θ 且是二次，于是联想用降幂公式，使等式中角统一、幂整齐，式子结构更和谐. 逆向思考，将 $\cos2\theta$ 视为 x，$\sin2\theta$ 视为 y，构造直线 $3x - 2y + 2m + 1 = 0$. 数形结合，问题瓶颈得到突破.

例 2 设二次函数 $f(x) = ax^2 + (2b+1)x - a - 2$ 在 $[3,4]$ 上至少有一个零点，求 $a^2 + b^2$ 的最小值.

解：把等式 $f(x) = 0$ 视为关于 a,b 的直线方程 $(x^2-1)a + 2xb + x - 2 = 0$，利用直线上一点 (a,b) 到原点的距离不小于原点到直线的距离，即 $\sqrt{a^2+b^2} \geqslant$ $\dfrac{|x-2|}{\sqrt{(x^2-1)^2 + (2x)^2}}$，$\therefore a^2 + b^2 \geqslant \left(\dfrac{x-2}{1+x^2}\right)^2 = \left[\dfrac{x-2}{(x-2)^2 + 4(x-2) + 5}\right]^2 =$ $\dfrac{1}{\left(x-2 + \dfrac{5}{x-2} + 4\right)^2}$.

设 $g(x) = x - 2 + \dfrac{5}{x-2}$，$x \in [3,4]$，则 $g(x)$ 是减函数，$\therefore [g(x)]_{\max} = g(3) = 6$，$\therefore a^2 + b^2 \geqslant \dfrac{1}{100}$.

上述式子在 $x = 3$，即 $\begin{cases} 8a + 6b + 1 = 0, \\ a^2 + b^2 = \dfrac{1}{100} \end{cases} \Rightarrow a = -\dfrac{2}{25}, b = -\dfrac{3}{50}$ 时取等号，故 $a^2 + b^2$ 的最小值为 $\dfrac{1}{100}$.

评注：所求的 $a^2 + b^2$ 中的变量 a、b 在二次函数式中以一次式的形式出现，于是联想到构造直线的方程. 本题由函数思想与方程思想联袂解题，极富创造力！

2. 构造圆的方程

例 3 函数 $f(x) = \dfrac{\sin x - 1}{\sqrt{3 - 2\cos x - 2\sin x}}$ $(0 \leqslant x \leqslant 2\pi)$ 的值域为 _____.

解：令 $1 - \sin x = a$，$1 - \cos x = b$，则 $y = f(x) = \dfrac{-(1 - \sin x)}{\sqrt{(1 - \sin x)^2 + (1 - \cos x)^2}}$

$= \dfrac{-a}{\sqrt{a^2 + b^2}}$ $(0 \leqslant a \leqslant 2, 0 \leqslant b \leqslant 2)$，且 $(a-1)^2 + (b-1)^2 = 1$，$\therefore$ 点 $P(a, b)$ 在圆 $(x-1)^2 + (y-1)^2 = 1$ 上.

设直线 OP 的倾斜角为 θ，则 $0 \leqslant \theta \leqslant \dfrac{\pi}{2}$，由三角函数的定义知 $y = -\cos\theta \in [-1, 0]$.

故 $f(x)$ 的值域为 $[-1, 0]$.

评注：观察分母中的式子 $3 - 2\cos x - 2\sin x = \sin^2 x + \cos^2 x - 2\cos x - 2\sin x + 2 = (1 - \sin x)^2 + (1 - \cos x)^2$，结合分子有 $\sin x - 1$，于是进行双换元，即设 $1 - \sin x = a$，$1 - \cos x = b$，消去参数 x，于是构造出圆的方程. 借用数形结合，问题的瓶颈得到突破.

例 4 已知实数 x、y 满足 $2^x + 3^y = 4^x + 9^y$，试求 $U = 8^x + 27^y$ 的取值范围.

解：令 $a = 2^x$，$b = 3^y$，则已知条件化为 $a + b = a^2 + b^2$，且 a、$b > 0$，即 $\left(a - \dfrac{1}{2}\right)^2 + \left(b - \dfrac{1}{2}\right)^2 = \dfrac{1}{2}$.

设 $t = a + b$，在 aOb 坐标平面中，知 $t \in (1, 2]$，又 $ab = \dfrac{(a+b)^2 - (a^2 + b^2)}{2} = \dfrac{t^2 - t}{2}$，因此 $U = 8^x + 27^y = a^3 + b^3 = (a+b)^3 - 3ab(a+b) = t^3 - 3 \times \dfrac{t^2 - t}{2}$

$\times t = -\dfrac{1}{2}t^3 + \dfrac{3}{2}t^2.$

记 $f(t) = -\dfrac{1}{2}t^3 + \dfrac{3}{2}t^2$，当 $t \in (1,2]$ 时，$f'(t) = -\dfrac{3}{2}t^2 + 3t = -\dfrac{3}{2}t(t-2) \geqslant 0.$

于是 $f(t)$ 在 $(1,2]$ 上单调递增，易得当 $t \in (1,2]$ 时，$f(t) \in (1,2]$，

故 $U = 8^x + 27^y$ 的取值范围是 $(1,2]$.

评注：观察本题已知和所求式子的结构形式 $2^x + 3^y = (2^x)^2 + (3^x)^2$，$U = (2^x)^3 + (3^x)^3$，联想到双换元. 设 $a = 2^x$，$b = 3^y$，得点 (a,b) 在圆：$\left(x - \dfrac{1}{2}\right)^2 + \left(y - \dfrac{1}{2}\right)^2 = \dfrac{1}{2}$ 上，数形结合，再次换元 $t = a + b$，得 U 关于 t 的函数，借用导数易得结果.

运用构造法解题需要我们仔细观察、善于联想、敢于创新. 有些高中数学试题利用构造直线或圆的方程求解，能够化繁为简、化难为易，拓展解题思路，提升解题效率. 这对培养学生的创新能力，提高思维品质，激发学习兴趣，无疑大有益处！

8.5 斜率显神通 事半而功倍

直线的斜率是用来衡量直线的倾斜程度的一个值，只要深入研究就会发现：直线斜率数值意义的解题功效是多方面的. 有些函数的最值、取值范围等问题，如果用直线斜率来处理，可以大大简化解题过程，起到事半功倍的效果.

例 1 求函数 $f(x) = \dfrac{\sqrt{4-x^2}+2}{x+3}$ 的最大值和最小值.

解：函数 $f(x)$ 可视为点 $M(x, \sqrt{4-x^2})$ 与
$N(-3, -2)$ 连线的斜率，设 $y = \sqrt{4-x^2}$，即 $x^2 +$
$y^2 = 4 (y \geqslant 0)$，∴ 函数 $f(x)$ 的值转化为半圆上点
M 与定点 N 连线的斜率. 过 $N(-3, -2)$ 且斜率为
k 的直线 l 的方程为 $y+2 = k(x+3)$，即 $l: kx - y +$
$3k - 2 = 0$，当直线 l 与圆相切时，圆心 $O(0,0)$ 到 l
的距离 $d = r = \dfrac{|0+0+3k-2|}{\sqrt{k^2+1}}$，即 $\dfrac{|3k-2|}{\sqrt{k^2+1}} = 2$，

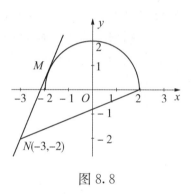

图 8.8

求得 $k = \dfrac{12}{5}$ 或 $k = 0$，结合图形 $k = 0$ 舍去，∴ $k_{\max} = \dfrac{12}{5}$. 由数形结合可知，当点

M 运行到点 $(2,0)$ 时 $k_{\min} = \dfrac{0-(-2)}{2-(-3)} = \dfrac{2}{5}$，故 $[f(x)]_{\max} = \dfrac{12}{5}$，$[f(x)]_{\min} = \dfrac{2}{5}$.

评注：求解本题的关键是要分析函数的解析式的结构特征，将问题转化为半圆 $x^2 + y^2 = 4 (y \geqslant 0)$ 上的点 $M(x, \sqrt{4-x^2})$ 与定点 $N(-3, -2)$ 连线的斜率问题.

例 2 函数 $y = \dfrac{\sin x + \cos x}{1 + \sin x}$ 的最大值是_____.

解：$y = \dfrac{\sin x + \cos x}{1 + \sin x} = 1 + \dfrac{\cos x - 1}{\sin x + 1}$. 令 $u = \dfrac{\cos x - 1}{\sin x + 1}$，它表示动点 $(\sin x,$
$\cos x)$ 与定点 $(-1, 1)$ 连线的斜率，即 u 表示单位圆上的点与点 $(-1, 1)$ 连线的斜率，结合图形易知 $u_{\max} = 0$，∴ $y_{\max} = 1$.

评注：本题是把已知函数式变形为 $y = 1 + \dfrac{\cos x - 1}{\sin x + 1}$ 后，将 $\dfrac{\cos x - 1}{\sin x + 1}$ 看作单位圆上的点 $(\sin x, \cos x)$ 与定点 $(-1, 1)$ 连线的斜率，故将求 y 的最大值问题转化为求此斜率的最大值问题，本题中此斜率的最大值可由图像直观地得到，若不能直观地看出，则可设斜率为 k，写出过点 $(-1, 1)$ 且斜率为 k 的直线方程.

由圆心到直线的距离不大于圆的半径便可求出 k 的最大值.

例3 求函数 $y = \dfrac{2\sin x - 4}{-3\cos x + 9}$ 的最值.

解：$y = \dfrac{2\sin x - 4}{-3\cos x + 9} = -\dfrac{2}{3} \cdot \dfrac{\sin x - 2}{\cos x - 3}$. 令 $u = \dfrac{\sin x - 2}{\cos x - 3}$，则 u 是单位圆 $x^2 + y^2 = 1$ 上的点 $(\cos x, \sin x)$ 与定点 $(3, 2)$ 连线的斜率. 设此斜率为 k，则连线的方程为 $y - 2 = k(x - 3)$，即 $kx - y + 2 - 3k = 0$ ①.

由单位圆圆心 $(0, 0)$ 到①表示的直线的距离应当不大于单位圆的半径 1，即 $\dfrac{|2 - 3k|}{\sqrt{k^2 + 1}} \leqslant 1$，解得 $\dfrac{3 - \sqrt{3}}{4} \leqslant k \leqslant \dfrac{3 + \sqrt{3}}{4}$，即 k 的最小值与最大值分别为 $\dfrac{3 - \sqrt{3}}{4}$，$\dfrac{3 + \sqrt{3}}{4}$，从而 y 的最大值与最小值分别为 $-\dfrac{2}{3} \cdot \dfrac{3 - \sqrt{3}}{4}$、$-\dfrac{2}{3} \cdot \dfrac{3 + \sqrt{3}}{4}$，即 $y_{\max} = \dfrac{\sqrt{3} - 3}{6}$，$y_{\min} = -\dfrac{3 + \sqrt{3}}{6}$.

评注：本题也可视为点 $A(-3\cos x, 2\sin x)$ 与定点 $B(-9, 4)$ 连线的斜率问题，且 A 是椭圆 $\dfrac{x^2}{9} + \dfrac{y^2}{4} = 1$ 上的点，但这样构造、解题没有上述解法简便. 值得注意的是本题的解法，也是求函数 $y = \dfrac{a\cos x + b}{c\sin x + d}(ac \neq 0)$ 或 $y = \dfrac{a\sin x + b}{c\cos x + d}(ac \neq 0)$ 的最值的一个通法.

例4 在等差数列 $\{a_n\}$ 中，记 S_n 是其前 n 项和，已知 $S_3 = S_{10} = 30$. 求 S_n 的最大值.

解：由等差数列前 n 项和公式知，$S_n = na_1 + \dfrac{n(n-1)}{2}d$，变形得 $\dfrac{S_n}{n} = \dfrac{d}{2}n + a_1 - \dfrac{d}{2}$，即 $\dfrac{S_n}{n}$ 是关于 n 的一次函数，于是得点 $\left(3, \dfrac{S_3}{3}\right)$，$\left(10, \dfrac{S_{10}}{10}\right)$，$\left(n, \dfrac{S_n}{n}\right)$ 共线，根据其两点连线的斜率相等得 $\dfrac{\dfrac{S_n}{n} - \dfrac{S_3}{3}}{n - 3} = \dfrac{\dfrac{S_{10}}{10} - \dfrac{S_3}{3}}{10 - 3}$. 将 $S_3 = S_{10} = 30$ 代入上式，得 $S_n = -n^2 + 13n$，$\therefore S_n = -\left(n - \dfrac{13}{2}\right)^2 + \dfrac{169}{4}$.

故当 $n = 6$ 或 $n = 7$ 时，$(S_n)_{\max} = -\dfrac{1}{4} + \dfrac{169}{4} = 42$.

评注：我们知道公差不为 0 的等差数列，其前 n 项和 S_n 是关于 n 的二次函数式且常数项为 0，则 $\dfrac{S_n}{n}$ 是关于 n 的一次函数，于是联想到借用直线的斜率求 S_n，渗透了化归的思想方法，培养了学生的创造性思维能力. 当然本题也可以由等差数列求和公式，用解方程的方法求出 S_n 的表达式，再利用二次函数求其最大值.

例5　求函数 $y = \dfrac{\sin x}{2} + \dfrac{2}{\sin x}(0 < x < \pi)$ 的最小值.

解：$\because y = \dfrac{\sin^2 x + 4}{2\sin x} = \dfrac{\sin^2 x - (-4)}{2\sin x - 0}$，$\therefore y$ 是 点 $P(2\sin x, \sin^2 x)$ 与 点 $A(0, -4)$ 连线的斜率，其中 P 在抛物线 $x^2 = 4y(0 < x \leqslant 2)$ 上运动，由数形结合知，当点 P 运行到点 $(2,1)$ 时，PA 斜率最小. 即 $[k_{PA}]_{\min} = \dfrac{1 - (-4)}{2 - 0} = \dfrac{5}{2}$，

$\therefore y_{\min} = \dfrac{5}{2}$

评注：本题要注意的是点 P 的约束条件，即 P 在抛物线 $x^2 = 4y(0 < x \leqslant 2)$ 位于第一象限一段弧上运动. 可计算过 P 且与抛物线 $x^2 = 4y$ 在第一象限相切的直线的斜率虽然是 2（小于 $\dfrac{5}{2}$），但这时的切点是 $(4,4)$ 并不在抛物线 $x^2 = 4y(0 < x \leqslant 2)$ 上. 另外，本题也可设 $\sin x = t(t \in (0,1])$，则 $y = \dfrac{t}{2} + \dfrac{2}{t}(t \in (0,1])$，由"对勾函数"的图像可知，当 $t = 1$ 时，$y_{\min} = \dfrac{5}{2}$.

例6　函数 $y = \dfrac{\sin x + \sqrt{3}}{\cos x}\left(-\dfrac{\pi}{2} < x < \dfrac{\pi}{2}\right)$ 的单调递减区间是 _____.

解：如图 8.10 所示，y 可以看作单位圆周上的点 $A(\cos x, \sin x)\left(-\dfrac{\pi}{2} < x < \dfrac{\pi}{2}\right)$ 与定点 $B(0, -\sqrt{3})$ 连线 AB 的斜率，即 $y = k_{AB}$，当 A 在点 C 的位置时，y 取最小值，其中，C 是切点，$OC \perp BC$. 易知 $\angle COx = \angle OBC$.

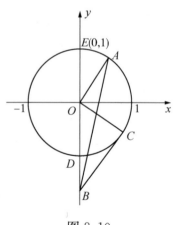

图 8.10

$\sin\angle OBC = \dfrac{1}{\sqrt{3}} = \dfrac{\sqrt{3}}{3}$，即 $\angle COx = -\arcsin\dfrac{\sqrt{3}}{3}$，于是，当 A 在弧 CD 上由 D 到 C 变动时，角 x 从 $-\dfrac{\pi}{2}$ 递增到 $-\arcsin\dfrac{\sqrt{3}}{3}$，斜率 k_{AB} 从趋向 $+\infty$ 单调递减到

$\sqrt{2}$；当 A 在弧 CE 上由 C 到 E 变动时，角 x 从 $-\arcsin\dfrac{\sqrt{3}}{3}$ 递增到 $\dfrac{\pi}{2}$，斜率 k_{AB} 从 $\sqrt{2}$ 单调递增趋向 $+\infty$.

故 y 的单调递减区间是 $\left[-\dfrac{\pi}{2}, -\arcsin\dfrac{\sqrt{3}}{3}\right]$.

评注：要善于分析题目的结构特征，找到数形的结合点，用数的严谨和形

的直观的辩证统一，使复杂问题简单化，抽象问题具体化，从而找到本题的解题途径.

　　用斜率去巧妙解决一类函数的最值、取值范围等问题时，关键要学会观察函数的结构特征，将抽象的函数表达式与直观图形结合起来，将抽象思维和形象思维结合起来，借助图形的形象性可化难为易，化繁为简，化抽象为具体.

8.6 圆的直径式方程及其妙用

圆的标准方程、一般方程及参数方程是圆的方程的三种形式，是高考必考点之一，也是同学们必需掌握的内容．但圆的直径式方程，虽然考纲没有明确要求，一些与圆的直径有关的问题，若巧妙利用圆的直径式方程求解，常能化繁为简，化难为易，收到事半功倍的效果！

1. 圆的直径式方程的推导

设圆的直径端点为 $A(x_1, y_1)$，$B(x_2, y_2)$，则圆的直径式方程为 $(x - x_1)(x - x_2) + (y - y_1)(y - y_2) = 0$．

推导：设 $M(x, y)$ 是以 AB 为直径的圆上任意一动点．

（1）当点 M 不同于 A，B 时，则有 $\overrightarrow{AM} \perp \overrightarrow{BM}$，即 $\overrightarrow{AM} \cdot \overrightarrow{BM} = 0$，则 $(x - x_1, y - y_1) \cdot (x - x_2, y - y_2) = 0$，$\therefore (x - x_1)(x - x_2) + (y - y_1)(y - y_2) = 0$ ①．

（2）当点 M 与直径端点 A 或 B 重合时，A，B 两点的坐标仍满足①．故以 $A(x_1, y_1)$，$B(x_2, y_2)$ 为端点的圆的直径式方程为 $(x - x_1)(x - x_2) + (y - y_1)(y - y_2) = 0$．

2. 圆的直径式方程的妙用

例 1 已知点 A 是曲线 $y^2 = 2x$ 上的动点，定点 $B(2, 0)$，以 AB 为直径作圆（图 8.11）．问：是否存在定直线 $x = t$ 被圆截得的弦长 $|MN|$ 为定值？

解：设 $A(x_0, y_0)$，则以 AB 为直径的圆的方程为 $(x - x_0)(x - 2) + (y - y_0)(y - 0) = 0$．设直线 $x = t$ 与圆交点为 $M(t, y_1)$，$N(t, y_2)$．

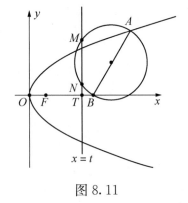

图 8.11

由 $\begin{cases} x = t, \\ (x - x_0)(x - 2) + (y - y_0)(y - 0) = 0 \end{cases}$ 得 $(t - x_0)(t - 2) + (y - y_0)y = 0$，即 $y^2 - y_0 y + (t - x_0)(t - 2) = 0$，其两根是 y_1，y_2．

$\because \Delta = y_0^2 - 4(t - x_0)(t - 2) > 0$，$y_0^2 = 2x_0$，

$$\therefore |MN| = |y_1 - y_2| = \sqrt{(y_1 + y_2)^2 - 4y_1 y_2} = \sqrt{y_0^2 - 4(t - x_0)(t - 2)}$$
$$= \sqrt{2x_0 - 4(t - x_0)(t - 2)} = \sqrt{(4t - 6)x_0 + 4t(2 - t)}.$$

当 $4t - 6 = 0$，即 $t = \dfrac{3}{2}$ 时，弦长 $|MN|$ 与 x_0

无关. 故存在直线 $x = \dfrac{3}{2}$ 被圆截得的弦长 $|MN|$

为定值 $\sqrt{3}$.

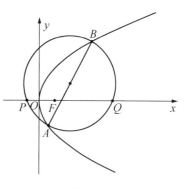

评注：本题中 AB 为直径的圆是一个动态的
圆，圆心及半径都随 A 点变化而变化，若选择圆
的标准方程解题，显然比较烦琐. 巧用圆的直径式
方程求解，解法新颖，角度独特，过程简洁，也彰
显出数学永恒的魅力！

图 8.12

例 2 已知抛物线 $C: y^2 = 2px$ 过点 $N(1, 2)$，直线 l 过点 $(2, 0)$，且与曲线 C
交于 A、B 两点，以 AB 为直径的圆 M 交 x 轴于 P、Q 两点，O 为原点（图 8.12）.
证明：$|OP| \cdot |OQ|$ 为定值.

证明：设 $A(x_1, y_1), B(x_2, y_2)$. $\because$ 抛物线 $y^2 = 2px$ 过点 $N(1, 2)$，由 $2^2 = 2p$ 得，$p = 2$，$\therefore$ 抛物线方程 $C: y^2 = 4x$.

设 $l: x = my + 2$ 代入抛物线方程得 $y^2 = 4(my + 2)$，即 $y^2 - 4my - 8 = 0$ ①.

以 A, B 为直径端点的圆的方程为 $(x - x_1)(x - x_2) + (y - y_1)(y - y_2) = 0$.

又设 $P(x_p, 0), Q(x_q, 0)$，则 x_p, x_q 是方程 $(x - x_1)(x - x_2) + (0 - y_1)(0 - y_2) = 0$，即 $x^2 - (x_1 + x_2)x + x_1 x_2 + y_1 y_2 = 0$ 的两个实根，

$\therefore x_p x_q = x_1 x_2 + y_1 y_2$.

由方程①知 $y_1 y_2 = -8$，

$$\therefore |OP| \cdot |OQ| = |x_p x_q| = |x_1 x_2 + y_1 y_2| = \left| \frac{y_1^2}{4} \cdot \frac{y_2^2}{4} + y_1 y_2 \right|$$
$$= \frac{1}{16} |y_1 y_2 (y_1 y_2 + 16)| = \frac{1}{16} |-8(-8 + 16)| = 4 \text{（定值）}.$$

评注：A、B 两点虽然是由直线与抛物线相交而成，但上述解法并没有选择求
出 A、B 两点的坐标再求圆的方程，而是采用设而不求的方法，借用设
$A(x_1, y_1), B(x_2, y_2)$，直接得出圆的直径式方程，这样可避免复杂运算，提高解
题效率.

例 3 已知 $\triangle ABP$ 的直角顶点 $P(1, 2)$，两直角边交抛物线 $y^2 = 4x$ 于 A, B
两点，求弦 AB 中点 M 的轨迹方程（图 8.13）.

解：设 $A(x_1, y_1), B(x_2, y_2), M(x, y)$. 由已知条件得

$$\begin{cases} 2x = x_1 + x_2 \text{①}, \\ 2y = y_1 + y_2 \text{②}, \\ y_1^2 = 4x_1 \text{③}, \\ y_2^2 = 4x_2 \text{④}. \end{cases}$$

以 A, B 为端点的圆的直径式方程为 $(x-x_1)(x-x_2)+(y-y_1)(y-y_2) = 0$，将 $P(1,2)$ 代入得 $(1-x_1)(1-x_2)+(2-y_1)(2-y_2) = 0$ ⑤.

由⑤得 $\left(1-\dfrac{y_1^2}{4}\right)\left(1-\dfrac{y_2^2}{4}\right)+(2-y_1)(2-y_2) = 0$.

依题意，$y_1 \neq 2$ 且 $y_2 \neq 2$，$\therefore (y_1+2)(y_2+2)+16 = 0$，$\therefore 2(y_1+y_2)+y_1 y_2 + 20 = 0$ ⑥.

又 $2x = x_1 + x_2 = \dfrac{y_1^2}{4}+\dfrac{y_2^2}{4}$，$\therefore y_1^2 + y_2^2 = 8x$ ⑦.

将②平方，得 $y_1^2 + 2y_1 y_2 + y_2^2 = 4y^2$ ⑧.

⑧−⑦得 $y_1 y_2 = 2y^2 - 4x$ ⑨.

将②和⑨代入⑥得 $4y + 2y^2 - 4x + 20 = 0$，即 $y^2 + 2y - 2x + 10 = 0$ 为弦 AB 中点 M 的轨迹方程.

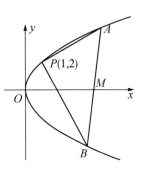

图 8.13

评注： 由于 $\angle APB$ 是直角，则 P 点在以 AB 为直径的圆上，于是联想设出 A, B 坐标，得出圆的直径式方程，这是解决本题的一个瓶颈. 根据已知点 $P(1,2)$ 在圆上，A, B 又在抛物线上，点 M 是 AB 的中点，得出一系列的关系式，经过逐步消参，从而得出点 M 的轨迹方程.

例 4 已知 $\mathrm{Rt}\triangle ABP$ 内接于抛物线 $y^2 = 4x$，顶点 $P(1,2)$，直角顶点 A 是动点，求点 B 纵坐标的取值范围（图 8.14）.

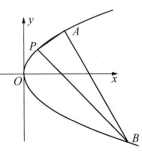

图 8.14

解： 设 $A(x,y), B(x_0, y_0)$，则以 PB 为直径的圆的方程为 $(x-1)(x-x_0)+(y-2)(y-y_0) = 0$.

将 $x = \dfrac{y^2}{4}, x_0 = \dfrac{y_0^2}{4}$ 代入上式，得 $\left(\dfrac{y^2}{4}-1\right)\left(\dfrac{y^2}{4}-\dfrac{y_0^2}{4}\right)+(y-2)(y-y_0) = 0$.

依题意，$y \neq 2$ 且 $y_0 \neq 2$，即 $(y^2-4)(y^2-y_0^2)+16(y-2)(y-y_0) = 0$，$\therefore 16+(y+2)(y+y_0) = 0$.

则 $y_0 = -\dfrac{16}{y+2}-y = -\dfrac{16}{y+2}-(y+2)+2$，令 $t = -(y+2)$，$\therefore y_0 = \dfrac{16}{t}+t+2$.

当 $t > 0$ 时，$y_0 = \dfrac{16}{t}+t+2 \geqslant 2\sqrt{\dfrac{16}{t}\cdot t}+2 = 10$，当且仅当 $t = 4$ 时取等号；

当 $t < 0$ 时，$y_0 = -\left[\dfrac{16}{(-t)} + (-t)\right] \leqslant -2\sqrt{\dfrac{16}{(-t)} \cdot (-t)} + 2 = -6$，当且仅当 $t = -4$ 时取等号.

故点 B 纵坐标 y_0 的取值范围是 $(-\infty, -6] \cup [10, +\infty)$.

评注：由于动点 A 在以 PB 为直径的圆上，于是设出 B 点坐标，得出圆的直径式方程，这是解决本题的一个切入点. 借用 A, B 两点坐标既满足圆的方程又满足抛物线的方程，得出关于 A, B 两点纵坐标的一个关系式，是解决本题的一个突破口.

例 5 已知 $m > 1$，直线 $l: x - my - \dfrac{m^2}{2} = 0$，椭圆 $C: \dfrac{x^2}{m^2} + y^2 = 1$，$F_1, F_2$ 分别为椭圆 C 的左、右焦点（图 8.15）. 设直线 l 与椭圆 C 交于 A, B 两点，$\triangle AF_1F_2$，$\triangle BF_1F_2$ 的重心分别为 G, H. 若原点 O 在以线段 GH 为直径的圆内，求实数 m 的取值范围.

解：设 $A(x_1, y_1), B(x_2, y_2)$.

由 $\begin{cases} x = my + \dfrac{m^2}{2}, \\ \dfrac{x^2}{m^2} + y^2 = 1 \end{cases}$ 消去 x，得

$2y^2 + my + \dfrac{m^2}{4} - 1 = 0$，$\begin{cases} y_1 + y_2 = -\dfrac{m}{2}, \\ y_1 \cdot y_2 = \dfrac{1}{2}\left(\dfrac{m^2}{4} - 1\right), \end{cases}$

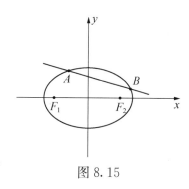

图 8.15

$\Delta = m^2 - 4 \times 2\left(\dfrac{m^2}{4} - 1\right) = -m^2 + 8 > 0 \Rightarrow m^2 < 8$.

$\because F_1(-c, 0), F_2(c, 0)$，$\therefore G\left(\dfrac{-c + c + x_1}{3}, \dfrac{0 + 0 + y_1}{3}\right)$，即 $G\left(\dfrac{x_1}{3}, \dfrac{y_1}{3}\right)$. 同理，$H\left(\dfrac{x_2}{3}, \dfrac{y_2}{3}\right)$.

则 GH 为直径的圆的方程是 $\left(x - \dfrac{x_1}{3}\right)\left(x - \dfrac{x_2}{3}\right) + \left(y - \dfrac{y_1}{3}\right)\left(y - \dfrac{y_2}{3}\right) = 0$，又 $O(0,0)$ 在圆内，$\therefore \left(0 - \dfrac{x_1}{3}\right)\left(0 - \dfrac{x_2}{3}\right) + \left(0 - \dfrac{y_1}{3}\right)\left(0 - \dfrac{y_2}{3}\right) < 0$，即 $x_1x_2 + y_1y_2 < 0$.

由 $x_1x_2 + y_1y_2 = \left(my_1 + \dfrac{m^2}{2}\right)\left(my_2 + \dfrac{m^2}{2}\right) + y_1y_2 = (m^2 + 1)y_1y_2 + \dfrac{1}{2}m^3(y_1 + y_2) + \dfrac{1}{4}m^4 = (m^2 + 1)\left(\dfrac{m^2}{8} - \dfrac{1}{2}\right) < 0$ 得 $m^2 < 4$，又 $m > 1$，故 $1 < m < 2$.

评注：A,B 虽然是直线与圆的交点，但直线与圆的方程中均含有参变量 m，若利用解方程的方法求出 A,B 坐标则较麻烦，所以考虑用设而不求的方法，设出 A,B 坐标，从而得出 G,H 坐标，以 GH 为直径的圆的方程就呈现出来了. 又原点 O 在圆内，于是得出一个关于 m 的不等关系，至此问题迎刃而解.

对于圆的直径式方程，一些同学可能理解不深，应用不力. 事实上它在解题中存在着广泛的应用，尤其是处理与圆的直径有关的问题时，解题思路清晰，过程简洁，方法巧妙. 时常给我们带来神奇的效果! 本文旨在唤起同学们在解析几何的学习中，对圆的直径式方程要予以关注.

8.7 椭圆、双曲线焦点三角形面积公式及其应用

在高考中涉及椭圆、双曲线的焦点三角形问题很多,在这些问题中有一类与面积有关,如果我们能合理而又灵活地运用椭圆、双曲线的焦点三角形的面积公式,在解决这类有关问题时,可避免冗长的推理和运算,大大降低难度,使解题过程简洁而明了.

1. 焦点三角形面积公式

公式一 如图 8.16 所示,设点 P 是椭圆 $\dfrac{x^2}{a^2}+\dfrac{y^2}{b^2}=1$($a>b>0$)上异于长轴端点的任意一点,$F_1,F_2$ 为其焦点,记 $\angle F_1PF_2=\theta$,则 $\triangle PF_1F_2$ 的面积是 $S_{\triangle PF_1F_2}=b^2\tan\dfrac{\theta}{2}$.

证明:由椭圆的定义可知 $|PF_1|+|PF_2|=2a$. 在 $\triangle PF_1F_2$ 中,由余弦定理得

$|F_1F_2|^2=|PF_1|^2+|PF_2|^2-2|PF_1|\cdot|PF_2|\cdot\cos\theta=(|PF_1|+|PF_2|)^2-2|PF_1|\cdot|PF_2|(1+\cos\theta)$,

$\therefore |PF_1|\cdot|PF_2|=\dfrac{(2a)^2-(2c)^2}{2(1+\cos\theta)}=\dfrac{2b^2}{1+\cos\theta}$, $\therefore S_{\triangle PF_1F_2}=\dfrac{1}{2}|PF_1|\cdot$

$|PF_2|\cdot\sin\theta=\dfrac{1}{2}\cdot\dfrac{2b^2}{1+\cos\theta}\cdot\sin\theta=b^2\cdot\dfrac{2\sin\dfrac{\theta}{2}\cos\dfrac{\theta}{2}}{2\cos^2\dfrac{\theta}{2}}=b^2\tan\dfrac{\theta}{2}$.

注:当椭圆焦点在 y 轴上,即椭圆方程为 $\dfrac{y^2}{a^2}+\dfrac{x^2}{b^2}=1$($a>b>0$)时,焦点三角形面积公式 $S_{\triangle PF_1F_2}=b^2\tan\dfrac{\theta}{2}$ 不变.

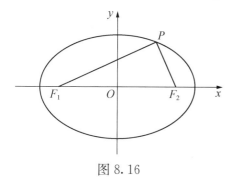

图 8.16

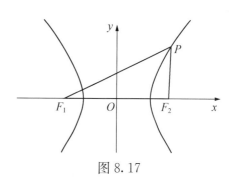

图 8.17

公式二　如图 8.17 所示，设点 P 是双曲线 $\frac{x^2}{a^2}-\frac{y^2}{b^2}=1\,(a>0,b>0)$ 上异于实轴端点的任一点，F_1,F_2 为其焦点，记 $\angle F_1PF_2=\theta$，则 $\triangle PF_1F_2$ 的面积是 $S_{\triangle PF_1F_2}=b^2\cot\dfrac{\theta}{2}$.

证明：由双曲线的定义可知 $||PF_1|-|PF_2||=2a$. 在 $\triangle PF_1F_2$ 中，由余弦定理得

$$|F_1F_2|^2=|PF_1|^2+|PF_2|^2-2|PF_1|\cdot|PF_2|\cdot\cos\theta=(|PF_1|-|PF_2|)^2+2|PF_1|\cdot|PF_2|(1-\cos\theta),$$

$$\therefore|PF_1|\cdot|PF_2|=\frac{(2c)^2-(2a)^2}{2(1-\cos\theta)}=\frac{2b^2}{1-\cos\theta},\quad\therefore S_{\triangle PF_1F_2}=\frac{1}{2}|PF_1|\cdot$$

$$|PF_2|\cdot\sin\theta=\frac{1}{2}\cdot\frac{2b^2}{1-\cos\theta}\cdot\sin\theta=b^2\cdot\frac{2\sin\dfrac{\theta}{2}\cos\dfrac{\theta}{2}}{2\sin^2\dfrac{\theta}{2}}=b^2\cot\frac{\theta}{2}.$$

注：当双曲线焦点在 y 轴上，即 $\frac{y^2}{a^2}-\frac{x^2}{b^2}=1(a>0,b>0)$ 时，焦点三角形面积公式 $S_{\triangle PF_1F_2}=b^2\cot\dfrac{\theta}{2}$ 不变.

2. 公式应用

例 1　已知 F_1、F_2 是椭圆 $C:\dfrac{x^2}{a^2}+\dfrac{y^2}{b^2}=1(a>b>0)$ 的两个焦点，P 为椭圆 C 上一点，且 $\overrightarrow{PF_1}\perp\overrightarrow{PF_2}$. 若 $\triangle PF_1F_2$ 的面积为 9，则 $b=$_____.

分析：$\theta=\dfrac{\pi}{2}$，$S_{\triangle PF_1F_2}=9$，故利用椭圆的焦点三角形面积公式 $S_{\triangle PF_1F_2}=b^2\tan\dfrac{\theta}{2}$ 可直接求出 b 的值.

解：$\because\overrightarrow{PF_1}\perp\overrightarrow{PF_2}$，$\therefore\theta=\angle F_1PF_2=\dfrac{\pi}{2}$，又 $S_{\triangle PF_1F_2}=9$，由椭圆焦点三角形面积公式 $S_{\triangle PF_1F_2}=b^2\tan\dfrac{\theta}{2}$ 得 $9=b^2\tan\dfrac{\pi}{4}\Rightarrow b=3$.

评注：本题也可利用椭圆的定义和勾股定理，即 $\begin{cases}|PF_1|+|PF_2|=2a,\\|PF_1|\cdot|PF_2|=18,\\|PF_1|^2+|PF_2|^2=4c^2\end{cases}$ 求

得 b 的值，但比较麻烦，利用椭圆的焦点三角形面积公式 $S_{\triangle PF_1F_2}=b^2\tan\dfrac{\theta}{2}$ 求解更简洁.

例 2 已知双曲线的两个焦点为 $F_1(-\sqrt{5},0),F_2(\sqrt{5},0)$，$P$ 是双曲线上的一点，且 $PF_1 \perp PF_2$，$|PF_1| \cdot |PF_2| = 2$，则双曲线的方程是（　　）.

A. $\dfrac{x^2}{2} - \dfrac{y^2}{3} = 1$　　　B. $\dfrac{x^2}{3} - \dfrac{y^2}{2} = 1$　　　C. $\dfrac{x^2}{4} - y^2 = 1$　　　D. $x^2 - \dfrac{y^2}{4} = 1$

分析：$\theta = 90°$，$S_{\triangle PF_1F_2} = \dfrac{1}{2}|PF_1| \cdot |PF_2| = 1$，利用双曲线的焦点三角形面积公式 $S_{\triangle PF_1F_2} = b^2 \cot \dfrac{\theta}{2}$，很容易求得 b 的值，又 $c = \sqrt{5}$，从而求得 a 的值.

解：$\because PF_1 \perp PF_2$，$\therefore \theta = \angle F_1PF_2 = 90°$. 又 $|PF_1| \cdot |PF_2| = 2$，$S_{\triangle PF_1F_2} = b^2 \cot \dfrac{\theta}{2} = \dfrac{1}{2}|PF_1| \cdot |PF_2| \Rightarrow b^2 \cot 45° = 1$，$\therefore b = 1$. 又 $c = \sqrt{5}$，$\therefore a = \sqrt{c^2 - b^2} = 2$，$\therefore$ 双曲线的方程为 $\dfrac{x^2}{4} - y^2 = 1$. 故选 C.

评注：本题也可利用双曲线的定义和勾股定理，即 $\begin{cases} ||PF_1| - |PF_2|| = 2a, \\ |PF_1| \cdot |PF_2| = 2, \\ |PF_1|^2 + |PF_2|^2 = 4c^2 \end{cases}$ 求得 b 的值，同样显得很复杂. 上述本题的解法充分体现了利用双曲线的焦点三角形面积公式 $S_{\triangle PF_1F_2} = b^2 \cot \dfrac{\theta}{2}$ 解题的优越性！

例 3　如图 8.18 所示，已知有相同的两焦点 F_1,F_2 的椭圆 $\dfrac{x^2}{m} + y^2 = 1(m > 1)$ 和双曲线 $\dfrac{x^2}{n} - 3y^2 = 1(n > 0)$，$P$ 是它们的一个交点，则 $\angle F_1PF_2 = $ _____，$\triangle PF_1F_2$ 的面积是_____.

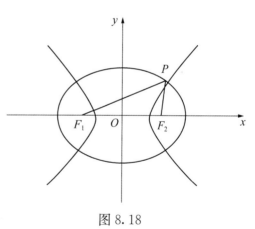

图 8.18

分析：本题椭圆与双曲线有着相同的焦点三角形，利用两个焦点三角形面积相等，可求得 θ，而后利用焦点三角形面积公式可求得 $\triangle PF_1F_2$ 的面积.

解：设椭圆的短半轴长为 b_1，双曲线的虚半轴长为 b_2，$\angle F_1PF_2 = \theta$，由椭圆 $\dfrac{x^2}{m} + y^2 = 1(m > 1)$ 和双曲线 $\dfrac{x^2}{n} - 3y^2 = 1(n > 0)$ 可知 $b_1^2 = 1, b_2^2 = \dfrac{1}{3}$.

由 $S_{\triangle PF_1F_2} = b_1^2 \tan \dfrac{\theta}{2} = b_2^2 \cot \dfrac{\theta}{2}$ 得 $\tan \dfrac{\theta}{2} = \dfrac{1}{3} \cot \dfrac{\theta}{2} \Rightarrow \tan^2 \dfrac{\theta}{2} = \dfrac{1}{3}$. $\because \theta$ 是三角形的内角，$\therefore \tan \dfrac{\theta}{2} = \dfrac{\sqrt{3}}{3} \Rightarrow \theta = 60°$，即 $\angle F_1PF_2 = 60°$，$S_{\triangle PF_1F_2} = b_1^2 \tan \dfrac{\theta}{2} = \dfrac{\sqrt{3}}{3}$.

评注：本题也可利用椭圆、双曲线的定义及余弦定理，又已知椭圆和双曲线有相同的焦距，可求得 θ，但运算量较大. 利用两个焦点三角形面积公式求解，不涉及 m,n 两个量，显然简便得多！

例 4　椭圆 $\dfrac{x^2}{9}+\dfrac{y^2}{4}=1$ 的焦点为 F_1,F_2，点 P 为其上的动点，当 $\angle F_1PF_2$ 为钝角时，点 P 横坐标的取值范围是 _____.

分析：点 P 在椭圆上运动时，点 P 越接近短轴的端点，张角 $\angle F_1PF_2$ 越大，当点 P 运行到短轴的端点时张角 $\angle F_1PF_2$ 达到最大，故只需求出使 $\angle F_1PF_2$ 为直角时点 P 的横坐标，再考虑椭圆的对称性，使张角 $\angle F_1PF_2$ 为钝角时的点 P 横坐标的取值范围自然可得.

解：设 $P_0(x_0,y_0)$ 是椭圆上的点，且 $\angle F_1P_0F_2=90^\circ$，焦距 $|F_1F_2|=2\sqrt{9-4}=2\sqrt{5}$，$S_{\triangle P_0F_1F_2}=\dfrac{1}{2}|F_1F_2|\cdot|y_0|=b^2\tan\dfrac{90^\circ}{2}\Rightarrow\dfrac{1}{2}\cdot2\sqrt{5}|y_0|=4$，$\therefore|y_0|=\dfrac{4\sqrt{5}}{5}$，代入 $\dfrac{x^2}{9}+\dfrac{y^2}{4}=1$ 得 $|x_0|=\dfrac{3\sqrt{5}}{5}$，要使 $\angle F_1PF_2$ 为钝角，结合椭圆的几何性质，点 P 横坐标的取值范围是 $\left(-\dfrac{3\sqrt{5}}{5},\dfrac{3\sqrt{5}}{5}\right)$.

评注：本题也可利用椭圆的焦半径公式 $|PF_1|=a+ex$，$|PF_2|=a-ex$，（F_1,F_2 分别为椭圆的左、右焦点）和余弦定理，再考虑到 $-1<\cos\angle F_1PF_2<0$，求得 x 的取值范围，这种解法有一定的计算量. 通过 $PF_1\perp PF_2$，利用椭圆焦点三角形面积公式 $S_{\triangle PF_1F_2}=b^2\tan\dfrac{\theta}{2}$，找出这时点 P 横坐标的值，此种解法比较简洁. 类似问题在高考命题中反复出现，本题只是改变了叙述方式.

由于椭圆、双曲线有着统一的内在规律，所以它们之间还存在着很多类似的对偶性质. 以上几例我们不难发现，利用椭圆、双曲线的焦点三角形的面积公式去解这类有关问题，能降低思维强度，简化推理和运算过程，具有直观、简洁、明快的特点，解题方法新颖独到！

8.8 椭圆、双曲线另一组离心率公式及其应用

求椭圆、双曲线离心率一般涉及解析几何、平面几何、代数等多个知识点，综合性强方法灵活，解题关键是挖掘题中的隐含条件，可先找出含 a,b,c 的等式关系，再求离心率. 在教学过程中，笔者发现椭圆、双曲线另一组离心率公式给我们解决某一类离心率问题会带来意想不到的效果！

1. 离心率公式

性质 1 如图 8.19 所示，设椭圆 $\dfrac{x^2}{a^2}+\dfrac{y^2}{b^2}=1(a>b>0)$ 的两个焦点为 F_1、F_2，P 是椭圆上异于长轴端点的任意一点，在 $\triangle PF_1F_2$ 中，记 $\angle PF_1F_2=\alpha$，$\angle PF_2F_1=\beta$，$\angle F_1PF_2=\gamma$，e 是椭圆的离心率，则有 $\dfrac{\sin\gamma}{\sin\alpha+\sin\beta}=e$.

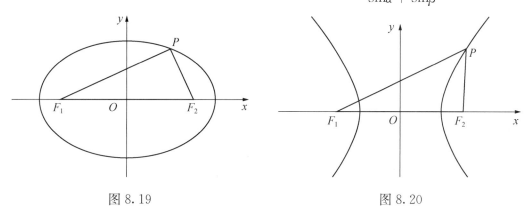

图 8.19   图 8.20

证明： 在 $\triangle PF_1F_2$ 中，$\dfrac{|PF_2|}{\sin\alpha}=\dfrac{|PF_1|}{\sin\beta}=\dfrac{|F_1F_2|}{\sin\gamma}$，则 $\dfrac{|PF_2|+|PF_1|}{\sin\alpha+\sin\beta}=$

$\dfrac{|F_1F_2|}{\sin\gamma}$，$\therefore \dfrac{2a}{\sin\alpha+\sin\beta}=\dfrac{2c}{\sin\gamma}\Rightarrow\dfrac{\sin\gamma}{\sin\alpha+\sin\beta}=\dfrac{2c}{2a}=e.$

性质 2 如图 8.20 所示，设双曲线 $\dfrac{x^2}{a^2}-\dfrac{y^2}{b^2}=1(a>0,b>0)$ 的两个焦点为 F_1、F_2，P 是双曲线上异于实轴端点的任意一点，在 $\triangle PF_1F_2$ 中，记 $\angle PF_1F_2=\alpha$，$\angle PF_2F_1=\beta$，$\angle F_1PF_2=\gamma$，e 是双曲线的离心率，则有 $\dfrac{\sin\gamma}{|\sin\alpha-\sin\beta|}=e$.

证明：在 $\triangle PF_1F_2$ 中，$\dfrac{|PF_2|}{\sin\alpha}=\dfrac{|PF_1|}{\sin\beta}=\dfrac{|F_1F_2|}{\sin\gamma}$，则 $\dfrac{|PF_2|-|PF_1|}{\sin\alpha-\sin\beta}=$

$\dfrac{|F_1F_2|}{\sin\gamma}$，于是有 $\left|\dfrac{|PF_2|-|PF_1|}{\sin\alpha-\sin\beta}\right|=\left|\dfrac{|F_1F_2|}{\sin\gamma}\right|$，$\therefore\dfrac{2a}{|\sin\alpha-\sin\beta|}=\dfrac{2c}{\sin\gamma}\Rightarrow$

$\dfrac{\sin\gamma}{|\sin\alpha-\sin\beta|}=\dfrac{2c}{2a}=e.$

性质 3 如图 8.21 所示，设 A,B 是椭圆 $\dfrac{x^2}{a^2}+\dfrac{y^2}{b^2}=1(a>b>0)$ 的长轴两端点，P 是椭圆上异于 A,B 的任意一点，$\angle PAB=\alpha$，$\angle PBA=\beta$，e 是椭圆的离心率，则 $\tan\alpha\tan\beta=1-e^2$。

证明：设 $P(x_0,y_0)$。$\because A(-a,0),B(a,0)$，$\tan\alpha=k_{PA}=\dfrac{y_0}{x_0+a}$，$\tan(\pi-\beta)$

$=k_{PB}=\dfrac{y_0}{x_0-a}$，$\therefore\tan\beta=-\dfrac{y_0}{x_0-a}$，

$\therefore\tan\alpha\cdot\tan\beta=-\dfrac{y_0}{x_0+a}\cdot\dfrac{y_0}{x_0-a}=-\dfrac{y_0^2}{x_0^2-a^2}$ ①.

又 $\dfrac{x_0^2}{a^2}+\dfrac{y_0^2}{b^2}=1$，$\therefore y_0^2=b^2\left(1-\dfrac{x_0^2}{a^2}\right)=\dfrac{b^2}{a^2}(a^2-x_0^2)$，代入①，得

$\tan\alpha\cdot\tan\beta=-\dfrac{1}{x_0^2-a^2}\cdot\dfrac{b^2}{a^2}(a^2-x_0^2)=\dfrac{b^2}{a^2}=\dfrac{a^2-c^2}{a^2}=1-e^2.$

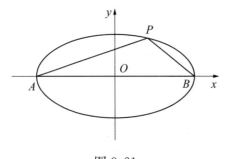

图 8.21

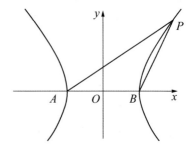

图 8.22

性质 4 如图 8.22 所示，设 A,B 是双曲线 $\dfrac{x^2}{a^2}-\dfrac{y^2}{b^2}=1(a>0,b>0)$ 的实轴两端点，P 是双曲线上异于 A,B 的任意一点，$\angle PAB=\alpha$，$\angle PBA=\beta$，e 是双曲线的离心率，则 $\tan\alpha\tan\beta=1-e^2$。

证明：设 $P(x_0,y_0)$。$\because A(-a,0),B(a,0)$，$\tan\alpha=k_{PA}=\dfrac{y_0}{x_0+a}$，$\tan(\pi-\beta)$

$=k_{PB}=\dfrac{y_0}{x_0-a}$，$\therefore\tan\beta=-\dfrac{y_0}{x_0-a}$，

$\therefore\tan\alpha\cdot\tan\beta=-\dfrac{y_0}{x_0+a}\cdot\dfrac{y_0}{x_0-a}=-\dfrac{y_0^2}{x_0^2-a^2}$ ②.

又 $\dfrac{x_0^2}{a^2} - \dfrac{y_0^2}{b^2} = 1$，$\therefore y_0^2 = b^2\left(\dfrac{x_0^2}{a^2} - 1\right) = \dfrac{b^2}{a^2}(x_0^2 - a^2)$，代入②，得

$$\tan\alpha \cdot \tan\beta = -\frac{1}{x_0^2 - a^2} \cdot \frac{b^2}{a^2}(x_0^2 - a^2) = -\frac{b^2}{a^2} = -\frac{c^2 - a^2}{a^2} = 1 - e^2.$$

注：若椭圆、双曲线的焦点在 y 轴，或中心不在原点，同样能得到相应的结论.

2. 公式应用

例 1　如图 8.23 所示，正六边形 $ABCDEF$ 的顶点 A、D 为一椭圆的两个焦点，其余四个顶点 B、C、E、F 均在椭圆上，求椭圆的离心率.

分析：本题关键是从正六边形 $ABCDEF$ 中找出一个内角都已知的椭圆的焦点三角形，如 $\triangle EAD$，这样可利用性质 1 直接求解.

解：连结 AE，易知 $\angle AED = 90°$，$\angle DAE = 30°$，$\angle ADE = 60°$.

由性质 1 得

$$e = \frac{\sin\angle AED}{\sin\angle DAE + \sin\angle ADE} = \frac{\sin 90°}{\sin 30° + \sin 60°} = \frac{1}{\dfrac{1}{2} + \dfrac{\sqrt{3}}{2}} = \sqrt{3} - 1.$$

评注：本题也可设出正六边形的边长，利用椭圆的定义进行求解.

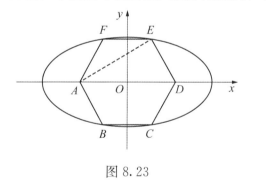

图 8.23

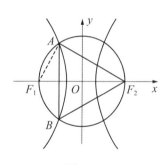

图 8.24

例 2　如图 8.24 所示，F_1 和 F_2 分别是双曲线 $\dfrac{x^2}{a^2} - \dfrac{y^2}{b^2} = 1(a > 0, b > 0)$ 的两个焦点，A 和 B 是以 O 为圆心，以 $|OF_1|$ 为半径的圆与该双曲线左支的两个交点，且 $\triangle F_2 AB$ 是等边三角形，则双曲线的离心率为（　　）.

A. $\sqrt{3}$　　　　B. $\sqrt{5}$　　　　C. $\dfrac{\sqrt{5}}{2}$　　　　D. $1 + \sqrt{3}$

分析：本题关键是寻找一个内角都已知的双曲线的焦点三角形，如 $\triangle AF_1F_2$，这样可利用性质 2 直接求解.

解：连接 AF_1，由于 $\triangle ABF_2$ 是正三角形，利用对称性得 $\angle AF_2F_1 = 30°$，又

$\because F_1F_2$ 是圆 O 的直径，$\therefore \angle F_1AF_2 = 90°$，$\angle AF_1F_2 = 60°$，由性质 2 得

$$e = \frac{\sin\angle F_1AF_2}{|\sin\angle AF_1F_2 - \sin\angle AF_2F_1|} = \frac{\sin 90°}{|\sin 60° - \sin 30°|} = \frac{1}{\left|\dfrac{\sqrt{3}}{2} - \dfrac{1}{2}\right|} = 1 + \sqrt{3}.$$

故选 D.

评注：本题也可求出 A 点坐标 $\left(-\dfrac{1}{2}c, \dfrac{\sqrt{3}}{2}c\right)$，再将此坐标代入双曲线方程，且利用 $b^2 = c^2 - a^2$ 进行求解，比较麻烦.

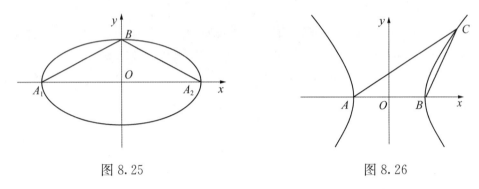

图 8.25   图 8.26

例 3　如图 8.25 所示，椭圆的长轴为 A_1A_2，B 为短轴一端点，若 $\angle A_1BA_2 = 120°$，则椭圆的离心率为（　　）.

A. $\dfrac{\sqrt{3}}{3}$ B. $\dfrac{\sqrt{6}}{3}$ C. $\dfrac{\sqrt{3}}{2}$ D. $\dfrac{1}{2}$

解：由椭圆的对称性可知 $\triangle A_1BA_2$ 是等腰三角形，又 $\angle A_1BA_2 = 120°$，$\therefore \angle BA_1A_2 = \angle BA_2A_1 = 30°$，由性质 3 得 $\tan\angle BA_1A_2 \cdot \tan\angle BA_2A_1 = 1 - e^2$，即 $\tan 30° \cdot \tan 30° = 1 - e^2 \Rightarrow \dfrac{\sqrt{3}}{3} \cdot \dfrac{\sqrt{3}}{3} = 1 - e^2$，$e^2 = \dfrac{2}{3}$，$\therefore e = \dfrac{\sqrt{6}}{3}$. 故选 B.

评注：本题也可由 $\tan 30° = \dfrac{b}{a}$，再利用 $e = \sqrt{1 - \left(\dfrac{b}{a}\right)^2}$ 求解.

例 4　如图 8.26 所示，建立平面直角坐标系，设 $\triangle ABC$ 是等腰三角形，$\angle ABC = 120°$，则以 A, B 为顶点且过点 C 的双曲线的离心率为 ＿＿＿＿＿＿＿＿＿＿＿＿＿＿.

解：$\because \triangle ABC$ 是等腰三角形，且 $\angle ABC = 120°$，$\therefore \angle BAC = 30°$，由性质 4 得 $\tan\angle BAC \cdot \tan\angle ABC = 1 - e^2 \Rightarrow \tan 30° \cdot \tan 120° = 1 - e^2 \Rightarrow \dfrac{\sqrt{3}}{3} \cdot (-\sqrt{3}) = 1 - e^2$，$\Rightarrow e^2 = 2$，$\therefore e = \sqrt{2}$.

评注：本题也可设 $|AB| = |BC| = 2a$，求出点 C 的坐标为 $(2a, \sqrt{3}a)$，而后

代入双曲线方程 $\dfrac{x^2}{a^2} - \dfrac{y^2}{b^2} = 1(a > 0, b > 0)$，再利用 $e = \sqrt{1 + \left(\dfrac{b}{a}\right)^2}$ 求解.

　　由于椭圆、双曲线有着统一的内在规律，所以它们之间还存在着很多类似的对偶性质，只要我们在教学中细心观察和认真总结，有些有用、有趣的性质一定会被揭示. 以上是我教学中的一点体验，仅供参考.

8.9　椭圆、双曲线过焦点的弦长公式及其应用

椭圆、双曲线过焦点的弦长问题是解析几何在高考中的热点之一，解决这类问题，传统的做法一般是将弦所在的直线方程与椭圆或双曲线方程进行联立，利用焦半径公式或弦长公式 $|AB| = |x_1 - x_2| \cdot \sqrt{1 + k^2} = |y_1 - y_2| \cdot \sqrt{1 + \dfrac{1}{k^2}}$ 求解，这样求解运算量往往较大，若我们利用椭圆、双曲线过焦点的弦长公式处理此类问题会省时、省力，同时也能大大提高解题的准确率.

1. 对偶性质

性质 1　直线 l 过椭圆 $\dfrac{x^2}{a^2} + \dfrac{y^2}{b^2} = 1(a > b > 0)$ 的焦点 $F(c, 0)$，且 l 与 x 轴的夹角为 θ，则 l 被椭圆截得的弦长 $|AB| = 2a \cdot \dfrac{a^2 - c^2}{a^2 - c^2 \cdot \cos^2\theta}$.

证明：如图 8.27 所示，当 $\theta \neq 90°$ 时，设直线 l 的方程是 $y = k(x - c)$，$|k| = \tan\theta$，$A(x_1, y_1), B(x_2, y_2)$. 由 $\begin{cases} \dfrac{x^2}{a^2} + \dfrac{y^2}{b^2} = 1, \\ y = k(x - c) \end{cases}$ 得

图 8.27

$(a^2 k^2 + b^2)x^2 - 2a^2 c k^2 x + a^2 c^2 k^2 - a^2 b^2 = 0$，则 $x_1 + x_2 = \dfrac{2a^2 c k^2}{a^2 k^2 + b^2}$.

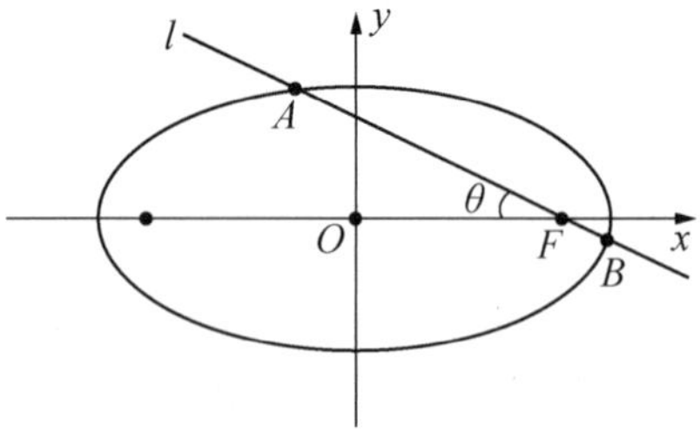

$|AB| = |AF| + |BF| = (a - ex_1) +$

$(a - ex_2) = 2a - e(x_1 + x_2) = 2a - e \cdot \dfrac{2a^2 c k^2}{a^2 k^2 + b^2} = 2a - \dfrac{2ac^2 k^2}{a^2 k^2 + b^2}$

$= 2a\left(1 - \dfrac{c^2 k^2}{a^2 k^2 + b^2}\right) = 2a \cdot \dfrac{a^2 k^2 + b^2 - c^2 k^2}{a^2 k^2 + b^2} = 2a \cdot \dfrac{a^2 k^2 + a^2 - c^2 - c^2 k^2}{a^2 k^2 + a^2 - c^2}$

$= 2a \cdot \dfrac{(a^2 - c^2)(1 + k^2)}{a^2(1 + k^2) - c^2} = 2a \cdot \dfrac{(a^2 - c^2) \cdot \dfrac{1}{\cos^2\theta}}{a^2 \cdot \dfrac{1}{\cos^2\theta} - c^2} = 2a \cdot \dfrac{a^2 - c^2}{a^2 - c^2 \cdot \cos^2\theta}$.

当 $\theta = 90°$ 时，弦 AB 变为椭圆的通径，$|AB| = \dfrac{2b^2}{a}$，满足上述弦长公式.

故 $|AB| = 2a \cdot \dfrac{a^2-c^2}{a^2-c^2 \cdot \cos^2\theta}$.

注:(1)当直线 l 过椭圆 $\dfrac{x^2}{a^2}+\dfrac{y^2}{b^2}=1(a>b>0)$ 的左焦点 $F'(-c,0)$ 时,同样有 $|AB| = 2a \cdot \dfrac{a^2-c^2}{a^2-c^2 \cdot \cos^2\theta}$.

(2)当直线 l 过椭圆 $\dfrac{y^2}{a^2}+\dfrac{x^2}{b^2}=1(a>b>0)$ 的焦点,且 l 与 y 轴的夹角为 θ,则 l 被椭圆截得的弦长公式形式不变,即 $|AB| = 2a \cdot \dfrac{a^2-c^2}{a^2-c^2 \cdot \cos^2\theta}$(读者自己证明).

(3)弦长公式中的 θ 是焦点弦与椭圆长轴的夹角.

性质 2 直线 l 过双曲线 $\dfrac{x^2}{a^2}-\dfrac{y^2}{b^2}=1(a>0,b>0)$ 的焦点 $F(c,0)$,且 l 与 x 轴的夹角为 θ,则 l 被双曲线截得的弦长 $|AB| = 2a \cdot \left| \dfrac{a^2-c^2}{a^2-c^2 \cdot \cos^2\theta} \right|$.

证明:当 $\theta \neq 90°$ 时,设直线 l 的方程是 $y = k(x-c)$,$|k| = \tan\theta$,$A(x_1,y_1)$,$B(x_2,y_2)$. 由 $\begin{cases} \dfrac{x^2}{a^2}-\dfrac{y^2}{b^2}=1, \\ y = k(x-c) \end{cases}$ 得 $(b^2-a^2k^2)x^2 + 2a^2ck^2x - a^2c^2k^2 - a^2b^2 = 0$,则 $x_1+x_2 = -\dfrac{2a^2ck^2}{b^2-a^2k^2}$.

若 A,B 两点均在双曲线右支上(图8.28),则

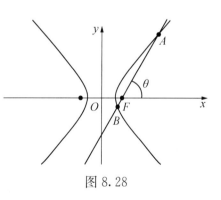

图 8.28

$|AB| = |AF| + |BF| = (ex_1-a) + (ex_2-a)$

$= e(x_1+x_2) - 2a = e \cdot \dfrac{-2a^2ck^2}{b^2-a^2k^2} - 2a$

$= \dfrac{-2ac^2k^2}{b^2-a^2k^2} - 2a = -2a\left(\dfrac{c^2k^2}{b^2-a^2k^2}+1\right)$

$= -2a \cdot \dfrac{c^2k^2+b^2-a^2k^2}{b^2-a^2k^2}$

$= -2a \cdot \dfrac{c^2k^2+c^2-a^2-a^2k^2}{c^2-a^2-a^2k^2}$

$= -2a \cdot \dfrac{(c^2-a^2)(1+k^2)}{c^2-a^2(1+k^2)} = -2a \cdot \dfrac{(c^2-a^2) \cdot \dfrac{1}{\cos^2\theta}}{c^2-a^2 \cdot \dfrac{1}{\cos^2\theta}} = -2a \cdot \dfrac{a^2-c^2}{a^2-c^2 \cdot \cos^2\theta}$.

当 $\theta = 90°$ 时,弦 AB 变为双曲线的通径,$|AB| = \dfrac{2b^2}{a}$,满足上述弦长公式.

若点 A 在双曲线左支上,点 B 在双曲线右支上(图8.29),则

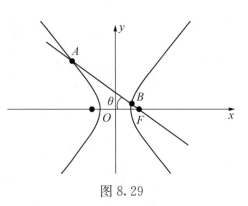

$$|AB| = |AF| - |BF| = -(ex_1 - a) -$$
$$(ex_2 - a) = -e(x_1 + x_2) + 2a =$$
$$-[e(x_1 + x_2) - 2a] = 2a \cdot \frac{a^2 - c^2}{a^2 - c^2 \cdot \cos^2\theta}.$$

$$\therefore |AB| = 2a \cdot \left| \frac{a^2 - c^2}{a^2 - c^2 \cdot \cos^2\theta} \right|.$$

图 8.29

注:(1)当直线 l 过双曲线 $\frac{x^2}{a^2} - \frac{y^2}{b^2} = 1(a > 0, b > 0)$ 的左焦点 $F'(-c, 0)$ 时,同样有 $|AB| = 2a \cdot \left| \frac{a^2 - c^2}{a^2 - c^2 \cdot \cos^2\theta} \right|$.

(2)当直线 l 过双曲线 $\frac{y^2}{a^2} - \frac{x^2}{b^2} = 1(a > 0, b > 0)$ 的焦点,且 l 与 y 轴的夹角为 θ,则 l 被双曲线截得的弦长公式形式不变,即 $|AB| = 2a \cdot \left| \frac{a^2 - c^2}{a^2 - c^2 \cdot \cos^2\theta} \right|$(读者自己证明).

(3)弦长公式中的 θ 是焦点弦与双曲线实轴的夹角.

2. 性质应用

例 1　已知 F 是椭圆 C 的一个焦点,B 是短轴的一个端点,线段 BF 的延长线交 C 于点 D,且 $\overrightarrow{BF} = 2\overrightarrow{FD}$,则椭圆 C 的离心率为_____.

解:如图 8.30 所示,设椭圆 $C: \frac{x^2}{a^2} + \frac{y^2}{b^2} = 1(a > b > 0)$ 的焦点 $F(c, 0)$,$|BF| = \sqrt{b^2 + c^2} = a$. $\because \overrightarrow{BF} = 2\overrightarrow{FD}$,$\therefore |BD| = \frac{3a}{2}$. 设 BD 与 x 轴的夹角为 θ,则 $\cos\theta = \frac{c}{a}$.

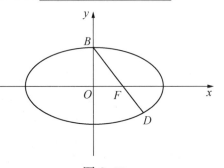

图 8.30

由 $|BD| = 2a \cdot \frac{a^2 - c^2}{a^2 - c^2 \cdot \cos^2\theta}$ 得 $\frac{3a}{2} = 2a \cdot \frac{a^2 - c^2}{a^2 - c^2 \cdot \cos^2\theta}$.

$$\frac{3}{4} = \frac{a^2 - c^2}{a^2 - c^2 \cdot \left(\frac{c}{a}\right)^2} \Rightarrow \frac{3}{4} = \frac{1 - e^2}{1 - e^4}, \therefore \frac{3}{4} = \frac{1}{1 + e^2}, \therefore e = \frac{\sqrt{3}}{3}.$$

评注:本题给出的线段 BD 实质上是一条过此椭圆焦点的弦,由题设条件可

知 BD 的长度是 $\frac{3a}{2}$，且 BD 与 x 轴的夹角余弦值是 $\frac{c}{a}$，故利用椭圆过焦点的弦长

公式 $|BD| = 2a \cdot \dfrac{a^2 - c^2}{a^2 - c^2 \cdot \cos^2\theta}$，可得出关于 a, c 的一个等式关系，从而求出椭

圆的离心率.

例 2　设椭圆 $C : \dfrac{x^2}{a^2} + \dfrac{y^2}{b^2} = 1 (a > b > 0)$ 的离心率 $e = \dfrac{2}{3}$，倾斜角为 $60°$ 的

直线 l 过椭圆 C 的一个焦点 F，与椭圆交于 A, B 两点，且 $|AB| = \dfrac{15}{4}$，则椭圆 C

的方程是 _____.

解：这里直线 l 的倾斜角恰是 l 与 x 轴的夹角 θ，$\therefore \theta = 60°$.

由已知得 $\begin{cases} 2a \cdot \dfrac{a^2 - c^2}{a^2 - c^2 \cdot \cos^2\theta} = |AB|, \\ e = \dfrac{2}{3} \end{cases} \Rightarrow \begin{cases} 2a \cdot \dfrac{a^2 - c^2}{a^2 - c^2 \cdot \cos^2 60°} = \dfrac{15}{4}, \\ \dfrac{c}{a} = \dfrac{2}{3} \end{cases} \Rightarrow$

$\begin{cases} a = 3, \\ c = 2, \end{cases} \therefore b = \sqrt{5}.$ 故椭圆 C 的方程是 $\dfrac{x^2}{9} + \dfrac{y^2}{5} = 1$.

评注：本题是要求椭圆的方程，本质上就是求 a 和 b 的值，利用椭圆过焦点

的弦长公式和离心率公式得到关于 a, c 的一个方程组，从而求得 a 和 c 的值，进

而求出 b 的值得椭圆的方程.

例 3　已知双曲线 $\dfrac{y^2}{16} - \dfrac{x^2}{9} = 1$，直线 $l : y = kx + 5$ 与双曲线交于 A, B 两点，

且 $|AB| = \dfrac{72}{7}$，则直线 l 的方程是 _____.

解：设直线 l 与 y 轴的夹角为 θ，$\because a = 4, b = 3$，$\therefore c = 5$. 直线 $l : y = kx +$

5 过双曲线的上焦点 $F(0, 5)$，由双曲线过焦点的弦长公式 $|AB| = 2a \cdot$

$\left| \dfrac{a^2 - c^2}{a^2 - c^2 \cdot \cos^2\theta} \right|$ 得，$\dfrac{72}{7} = 2 \times 4 \times \left| \dfrac{16 - 25}{16 - 25 \cdot \cos^2\theta} \right| \Rightarrow |16 - 25\cos^2\theta| = 7$，$\therefore \cos\theta$

$= \dfrac{3}{5}$，$\sin\theta = \dfrac{4}{5}$，$\therefore \tan\theta = \dfrac{4}{3}$；或 $\cos\theta = \dfrac{\sqrt{23}}{5}$，$\sin\theta = \dfrac{\sqrt{2}}{5}$，$\therefore \tan\theta = \dfrac{\sqrt{46}}{23}$.

当 $\tan\theta = \dfrac{4}{3}$ 时，l 的斜率 $k = \pm\tan\left(\dfrac{\pi}{2} - \theta\right) = \pm\dfrac{3}{4}$，$\therefore l : y = \pm\dfrac{3}{4}x + 5$，

即 $l : 3x - 4y + 20 = 0$ 或 $3x + 4y - 20 = 0$.

当 $\tan\theta = \dfrac{\sqrt{46}}{23}$ 时，l 的斜率 $k = \pm\tan\left(\dfrac{\pi}{2} - \theta\right) = \pm\dfrac{\sqrt{46}}{2}$，$\therefore l : y = \pm\dfrac{\sqrt{46}}{2}x + 5$

即 $l : \sqrt{46}x - 2y + 10 = 0$ 或 $\sqrt{46}x + 2y - 10 = 0$.

故 $l : 3x - 4y + 20 = 0$ 或 $3x + 4y - 20 = 0$ 或 $\sqrt{46}x - 2y + 10 = 0$ 或 $\sqrt{46}x$

$+ 2y - 10 = 0$.

评注：本题要注意，直线 l 恒过 y 轴上一个定点 $(0,5)$，这恰恰是实轴在 y 轴上的双曲线 $\dfrac{y^2}{16}-\dfrac{x^2}{9}=1$ 的上焦点，利用双曲线过焦点的弦长公式可求出 l 与 y 轴的夹角 θ 的余弦值，由直线 l 的倾斜角或倾斜角的补角与 θ 是互余的关系，从而求出直线 l 的斜率 k 而得 l 的方程.

例 4 如图 8.31 所示，在 Rt$\triangle ABC$ 中，$AB=AC$，以 C 点为一个焦点作一个椭圆，使这个椭圆的另一个焦点在边 AB 上，且椭圆过 A,B 两点. 求这个椭圆的离心率.

解：设椭圆方程 $\dfrac{x^2}{a^2}+\dfrac{y^2}{b^2}=1(a>b>0)$.

椭圆的焦距为 $2c$，AB 与 x 轴的夹角是 θ.

设 $|AB|=|AC|=m$，在 Rt$\triangle ABC$ 中，$|BC|=\sqrt{2}m$.

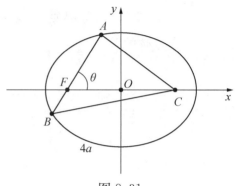

图 8.31

由椭圆的定义得 $m+m+\sqrt{2}m=4a$，$\therefore m=\dfrac{4a}{2+\sqrt{2}}$. 在 Rt$\triangle AFC$ 中，$\sin\theta=$

$\dfrac{m}{2c}=\dfrac{4a}{2c}\cdot\dfrac{1}{2+\sqrt{2}}=\dfrac{2-\sqrt{2}}{e}\Rightarrow e\sin\theta=2-\sqrt{2}$，$\therefore e^2(1-\cos^2\theta)=(2-\sqrt{2})^2$，

$\therefore e^2\cos^2\theta=e^2-6+4\sqrt{2}$ ①.

由 $|AB|=2a\cdot\dfrac{a^2-c^2}{a^2-c^2\cdot\cos^2\theta}$ 得 $\dfrac{4a}{2+\sqrt{2}}=2a\cdot\dfrac{a^2-c^2}{a^2-c^2\cdot\cos^2\theta}\Rightarrow\dfrac{2}{2+\sqrt{2}}=$

$\dfrac{1-e^2}{1-e^2\cos^2\theta}$,

$\therefore(2-\sqrt{2})(1-e^2\cos^2\theta)=1-e^2$ ②.

由①和②得 $e^2=3(3-2\sqrt{2})=3(\sqrt{2}-1)^2$，$\therefore$ 椭圆的离心率 $e=\sqrt{6}-\sqrt{3}$.

评注：本题求的是椭圆的离心率，实质上就是寻找关于 a,c 齐次的一个等式关系，由于 AB 是过椭圆焦点的一条弦，利用椭圆过焦点的弦长公式可帮助我们实现这个"愿望"！至于 AB 与 x 轴的夹角 θ，根据此题求解的需要可采用设而不求的方法处理.

综上所述，由于椭圆、双曲线有着统一的内在规律，所以它们之间还存在着很多类似的对偶性质，本文谈论椭圆、双曲线的一个对偶性质及其应用，仅起抛砖引玉的作用，只要我们在教学中细心观察和认真总结，一些有用、有趣的对偶性质给我们解决问题不但带来了简洁，更重要的是提高了我们解题的准确率！

8.10 抛物线焦点弦的两个性质

在高考中抛物线的焦点弦及焦点三角形面积是解析几何的热点之一，对于抛物线过焦点弦的弦长公式 $|AB| = \dfrac{2p}{\sin^2\alpha}$ 和顶点 O 连接的 $\triangle OAB$ 的面积公式 $S_{\triangle OAB} = \dfrac{p^2}{2\sin\alpha}$，在解决抛物线过焦点弦的问题，可避免冗长的推理和运算，大大降低难度，使解题过程简洁明了，从而获得事半功倍的解题效果！

1. 焦点弦的两个性质

性质 1 如图 8.32 所示，已知 AB 是过抛物线 $y^2 = 2px(p>0)$ 的焦点的弦，且 AB 与 x 轴的夹角为 α，O 为坐标原点，则弦长 $|AB| = \dfrac{2p}{\sin^2\alpha}$。

证明：$\because y^2 = 2px(p>0)$ 的焦点 $F\left(\dfrac{p}{2}, 0\right)$，设 AB 所在直线的倾斜角为 θ（$\theta \neq \dfrac{\pi}{2}$），斜率 $k = \tan\theta$，则直线 AB 的方程为 $y = k\left(x - \dfrac{p}{2}\right)$。

由 $\begin{cases} y^2 = 2px,\ p>0, \\ y = k\left(x - \dfrac{p}{2}\right) \end{cases}$ 得 $k^2 \cdot x^2 - p(k^2+2)x + \dfrac{k^2 p^2}{4} = 0$，则 $x_A + x_B = \dfrac{p(k^2+2)}{k^2}$，

$$|AB| = |AF| + |BF| = \left(x_A + \dfrac{p}{2}\right) + \left(x_B + \dfrac{p}{2}\right) = x_A + x_B + p$$

$$= p \cdot \dfrac{k^2+2}{k^2} + p = 2p\left(1 + \dfrac{1}{k^2}\right) = \dfrac{2p}{\sin^2\theta}.$$

$\because \theta = \alpha$ 或 $\theta = \pi - \alpha$，$\therefore |AB| = \dfrac{2p}{\sin^2\alpha}$。

当 $\theta = \dfrac{\pi}{2}$ 时，$\alpha = \dfrac{\pi}{2}$，$\begin{cases} x = \dfrac{p}{2}, \\ y^2 = 2px(p>0) \end{cases} \Rightarrow y = \pm p$，$\therefore |AB| = 2p$，满足 $|AB| = \dfrac{2p}{\sin^2\alpha}$。

故 $|AB| = \dfrac{2p}{\sin^2\alpha}$。

注：如图 8.33 所示，若 AB 是过抛物线 $x^2 = 2py(p > 0)$ 的焦点的弦，且 AB 与 y 轴的夹角为 α，O 为坐标原点，则弦长公式不变，即 $|AB| = \dfrac{2p}{\sin^2\alpha}$.

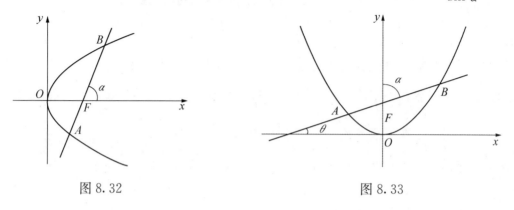

图 8.32   图 8.33

证明：$\because x^2 = 2py(p > 0)$ 的焦点 $F\left(0, \dfrac{p}{2}\right)$，当 $AB \perp x$ 轴时不合题意. 设 AB 所在直线的倾斜角为 $\theta\left(\theta \neq \dfrac{\pi}{2}\right)$，斜率 $k = \tan\theta$，则直线 AB 方程为 $y = kx + \dfrac{p}{2}$.

由 $\begin{cases} x^2 = 2py, \ p > 0, \\ y = kx + \dfrac{p}{2} \end{cases}$ 得 $x^2 - 2pkx - p^2 = 0$，则 $\begin{cases} x_A + x_B = 2pk, \\ x_A \cdot x_B = -p^2, \end{cases}$

$|AB| = |x_A - x_B| \cdot \sqrt{1 + k^2} = \sqrt{(x_A + x_B)^2 - 4x_A x_B} \cdot \sqrt{1 + k^2}$

$= 2p(1 + k^2) = \dfrac{2p}{\cos^2\theta}$.

又 $\theta = \dfrac{\pi}{2} - \alpha$（图 8.33）或 $\theta = \dfrac{\pi}{2} + \alpha$（图 8.34），故 $|AB| = \dfrac{2p}{\cos^2\theta} = \dfrac{2p}{\sin^2\alpha}$.

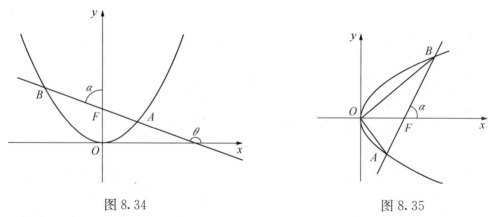

图 8.34   图 8.35

性质 2 如图 8.35 所示，已知 AB 是过抛物线 $y^2 = 2px(p > 0)$ 的焦点的弦，且 AB 与 x 轴的夹角为 α，O 为坐标原点，则 $\triangle OAB$ 的面积 $S_{\triangle OAB} = \dfrac{p^2}{2\sin\alpha}$.

证明：$\because y^2 = 2px\,(p > 0)$ 的焦点 $F\left(\dfrac{p}{2}, 0\right)$，设 AB 所在直线的倾斜角为 θ（$\theta \neq \dfrac{\pi}{2}$），斜率 $k = \tan\theta$，则直线 AB 的方程为 $y = k\left(x - \dfrac{p}{2}\right)$，即 $kx - y - \dfrac{kp}{2} = 0$，原点到 AB 的距离为

$$d = \frac{\left|-\dfrac{pk}{2}\right|}{\sqrt{1 + k^2}} = \frac{p}{2}|\tan\theta||\cos\theta| = \frac{p}{2}|\sin\theta| = \frac{p}{2}|\sin\alpha| = \frac{p\sin\alpha}{2}.$$

又 $|AB| = \dfrac{2p}{\sin^2\alpha}$，$\therefore \triangle OAB$ 的面积 $S_{\triangle OAB} = \dfrac{1}{2}|AB| \cdot d = \dfrac{1}{2} \cdot \dfrac{2p}{\sin^2\alpha} \cdot \dfrac{p\sin\alpha}{2}$ $= \dfrac{p^2}{2\sin\alpha}.$

当 $AB \perp x$ 轴，即 $\alpha = \dfrac{\pi}{2}$ 时，$|OF| = \dfrac{p}{2}$，$|AB| = 2p$，$\triangle OAB$ 的面积 $S_{\triangle OAB}$ $= \dfrac{1}{2} \cdot 2p \cdot \dfrac{p}{2} = \dfrac{p^2}{2}.$

故 $S_{\triangle OAB} = \dfrac{p^2}{2\sin\alpha}.$

注：如图 8.36 所示，若 AB 是过抛物线 $x^2 = 2py\,(p > 0)$ 的焦点的弦，且 AB 与 y 轴的夹角为 α，O 为坐标原点，则 $\triangle OAB$ 的面积的公式不变，即 $S_{\triangle OAB} = \dfrac{p^2}{2\sin\alpha}$（留给读者自己证明）.

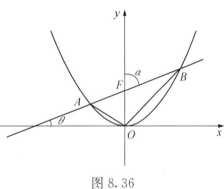

图 8.36

2. 性质应用

例 1　过抛物线 $y^2 = 2px\,(p > 0)$ 的焦点 F 作倾斜角为 $45°$ 的直线交抛物线于 A、B 两点，若线段 AB 的长为 8，则 $p = \underline{\hspace{2cm}}$.

解：$\because$ 过抛物线 $y^2 = 2px\,(p > 0)$ 的焦点的弦长 $|AB| = 8$，AB 的倾斜角为 $45°$，AB 与 x 轴的夹角 α 也为 $45°$，由 $|AB| = \dfrac{2p}{\sin^2\alpha}$ 得 $8 = \dfrac{2p}{\sin^2 45°} \Rightarrow p = 2.$

评注：本题也可以设直线 AB 的点斜式方程，再联立 $y^2 = 2px\,(p > 0)$，利用弦长公式 $|AB| = |x_1 - x_2| \cdot \sqrt{1 + k^2}$ 求得 p 值，这比较麻烦. 本题的解法充分体现利用性质 1 解题的优越性！

例 2　如图 8.37 所示，已知直线 $y = \sqrt{3}x + 2$ 与抛物线 $x^2 = 8y$ 交于 M，N 两

点，O 为坐标原点，求弦 MN 的长及 $\triangle OMN$ 的面积.

解：$\because$ 抛物线 $x^2 = 8y$ 的焦点为 $(0,2)$，直线 $y = \sqrt{3}x$

$+2$ 经过点 $(0,2)$ 即过抛物线的焦点，MN 的斜率为 $\sqrt{3}$，

$\therefore$ 直线 MN 的倾斜角为 $60°$，则 MN 与 y 轴的夹角为 $30°$，

$$\therefore |MN| = \frac{2p}{\sin^2 \alpha} = \frac{8}{\sin^2 30°} = 32,$$

$$S_{\triangle OMN} = \frac{p^2}{2\sin\alpha} = \frac{4^2}{2\sin 30°} = 16.$$

故弦 MN 长为 32，$\triangle OMN$ 的面积为 16.

评注：本题注意观察抛物线 $x^2 = 8y$ 焦点 $(0,2)$ 正好

在已知直线上，从而可直接利用性质 1、性质 2 去解题.

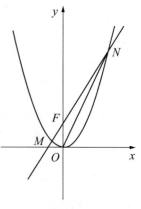

图 8.37

例 3　如图 8.38 所示，若 O 为坐标原点，抛物线 $y^2 = 4x$ 与过其焦点 F 的

直线交于 A、B 两点，$\triangle OAB$ 的面积为 4，则弦 AB 的长为（　　）.

A. 4　　　　　　　B. 8　　　　　　　C. 16　　　　　　　D. 18

解：设直线 AB 与 x 轴的夹角为 α，依题意，有

$$\begin{cases} S_{\triangle OAB} = \dfrac{p^2}{2\sin\alpha} = 4, \\ p = 2 \end{cases} \Rightarrow \sin\alpha = \frac{1}{2}, \quad \therefore |AB| = \frac{2p}{\sin^2\alpha} = \frac{4}{\left(\dfrac{1}{2}\right)^2} = 16. \text{ 故选 C.}$$

评注：性质 1 与性质 2 中的 α 是同一个角，故可利用面积公式 $S_{\triangle OAB} = \dfrac{p^2}{2\sin\alpha}$

和弦长公式 $|AB| = \dfrac{2p}{\sin^2\alpha}$，对于 α 采用设而不求的方法，即可解得弦长 $|AB|$.

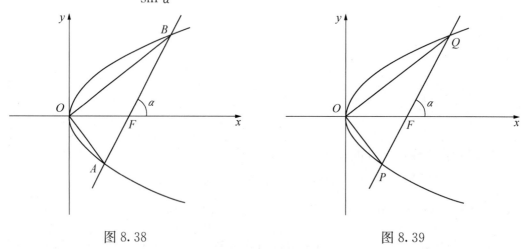

图 8.38　　　　　　　　　　　　　　　　图 8.39

例 4　如图 8.39 所示，设 O 为抛物线的顶点，F 为抛物线的焦点且 PQ 为

过焦点的弦. 若 $|OF| = a$，$|PQ| = b$，则 $\triangle OPQ$ 的面积为 _____.

解：设抛物线方程为 $y^2 = 2px\ (p > 0)$，PQ 与 x 轴的夹角为 α，$\dfrac{p}{2} = a \Rightarrow p = 2a.$

由 $|PQ| = \dfrac{2p}{\sin^2\alpha}$ 得 $b = \dfrac{4a}{\sin^2\alpha} \Rightarrow \sin^2\alpha = \dfrac{4a}{b}$，$S_{\triangle OPQ} = \dfrac{(2a)^2}{2\sin\alpha} = \dfrac{4a^2}{2\sqrt{\dfrac{4a}{b}}} = a\sqrt{ab}$.

评注：本题是给了过焦点的弦长求面积问题，利用性质 1 与性质 2 中 α 是同一个角，对于 α 同样采用设而不求的方法，即可解得 $\triangle OPQ$ 的面积 $S_{\triangle OPQ}$.

注：对于抛物线 $y^2 = -2px$（$p > 0$）和 $x^2 = -2py$（$p > 0$），过焦点弦的弦长公式 $|AB| = \dfrac{2p}{\sin^2\alpha}$ 和顶点 O 连接的 $\triangle OAB$ 的面积公式 $S_{\triangle OAB} = \dfrac{p^2}{2\sin\alpha}$ 仍然成立（其中 α 是弦与抛物线对称轴的夹角）.

从以上几例我们不难发现，利用抛物线过焦点弦的两个性质去解有关问题，能降低思维强度，简化推理和运算过程，具有直观、简洁、明快的特点，解题方法新颖独到.

8.11　圆锥曲线焦点弦的一个特殊性质

若 AB 是圆锥曲线的焦点弦，且有 $\overrightarrow{AF}=\lambda\overrightarrow{FB}(\lambda>0)$，则 F 是弦 AB 的一个内分点. 当 λ 取值一定时，焦点弦 AB 的长度就一定，于是我们有理由推测用 λ 可以表示焦点弦 AB 的长度.

1. 特殊性质

圆锥曲线焦点弦的一个特殊性质：已知 AB 是过圆锥曲线焦点 F 的弦，且 $\overrightarrow{AF}=\lambda\overrightarrow{FB}(\lambda>0)$，则 $|\overrightarrow{AB}|=\dfrac{\text{通径长}}{4}\cdot\left(\lambda+\dfrac{1}{\lambda}+2\right)(\lambda>0)$. 下面分类进行证明：

(1)不妨设 AB 是过椭圆 $\dfrac{x^2}{a^2}+\dfrac{y^2}{b^2}=1(a>b>0)$ 右焦点 $F(c,0)$ 的一条弦，$A(x_1,y_1)$，$B(x_2,y_2)$，则 $\overrightarrow{AF}=(c-x_1,-y_1)$，$\overrightarrow{FB}=(x_2-c,y_2)$.

$\because \overrightarrow{AF}=\lambda\overrightarrow{FB}$，$\therefore\lambda>0$，

$\therefore(c-x_1,-y_1)=\lambda(x_2-c,y_2)$，即有 $c-x_1=\lambda(x_2-c)\Rightarrow x_1+\lambda x_2=c(1+\lambda)$.

又 $\because|\overrightarrow{AF}|=\lambda|\overrightarrow{FB}|$，由椭圆的焦半径公式得 $|\overrightarrow{AF}|=a-ex_1$，$|\overrightarrow{FB}|=a-ex_2$，$\therefore a-ex_1=\lambda(a-ex_2)\Rightarrow x_1-\lambda x_2=\dfrac{a}{e}(1-\lambda)$.

由 $\begin{cases}x_1+\lambda x_2=c(1+\lambda),\\ x_1-\lambda x_2=\dfrac{a}{e}(1-\lambda)\end{cases}$ 得 $\begin{cases}x_1=\dfrac{1}{2}\left(\dfrac{c^2+a^2}{c}+\dfrac{c^2-a^2}{c}\cdot\lambda\right),\\ x_2=\dfrac{1}{2}\left(\dfrac{c^2+a^2}{c}+\dfrac{c^2-a^2}{c}\cdot\dfrac{1}{\lambda}\right).\end{cases}$

$|\overrightarrow{AB}|=|\overrightarrow{AF}|+|\overrightarrow{FB}|=2a-e(x_1+x_2)=2a-\dfrac{e}{2}\left[\dfrac{2(c^2+a^2)}{c}+\dfrac{c^2-a^2}{c}\left(\lambda+\dfrac{1}{\lambda}\right)\right]$

$=\dfrac{a^2-c^2}{a}+\dfrac{a^2-c^2}{2a}\left(\lambda+\dfrac{1}{\lambda}\right)=\dfrac{b^2}{2a}\left(2+\lambda+\dfrac{1}{\lambda}\right)=\dfrac{\frac{2b^2}{a}}{4}\left(\lambda+\dfrac{1}{\lambda}+2\right)$.

故椭圆的焦点弦长 $|\overrightarrow{AB}|=\dfrac{\text{通径长}}{4}\cdot\left(\lambda+\dfrac{1}{\lambda}+2\right)(\lambda>0)$.

(2)不妨设 AB 是过双曲线 $\dfrac{x^2}{a^2}-\dfrac{y^2}{b^2}=1(a>0,b>0)$ 右焦点 $F(c,0)$ 的一条弦（A,B 在右支上），$A(x_1,y_1)$，$B(x_2,y_2)$，则 $\overrightarrow{AF}=(c-x_1,-y_1)$，$\overrightarrow{FB}=$

$(x_2 - c, y_2)$.

$\because \overrightarrow{AF} = \lambda \overrightarrow{FB}$，$\therefore \lambda > 0$，$\therefore (c - x_1, -y_1) = \lambda(x_2 - c, y_2)$，$\therefore c - x_1 = \lambda(x_2 - c) \Rightarrow x_1 + \lambda x_2 = c(1 + \lambda)$.

又 $\because |\overrightarrow{AF}| = \lambda |\overrightarrow{FB}|$，由双曲线的焦半径公式得 $|\overrightarrow{AF}| = ex_1 - a$，$|\overrightarrow{FB}| = ex_2 - a$，$\therefore ex_1 - a = \lambda(ex_2 - a) \Rightarrow x_1 - \lambda x_2 = \dfrac{a}{e}(1 - \lambda)$.

由 $\begin{cases} x_1 + \lambda x_2 = c(1 + \lambda), \\ x_1 - \lambda x_2 = \dfrac{a}{e}(1 - \lambda) \end{cases}$ 得 $\begin{cases} x_1 = \dfrac{1}{2}\left(\dfrac{c^2 + a^2}{c} + \dfrac{c^2 - a^2}{c} \cdot \lambda\right), \\ x_2 = \dfrac{1}{2}\left(\dfrac{c^2 + a^2}{c} + \dfrac{c^2 - a^2}{c} \cdot \dfrac{1}{\lambda}\right). \end{cases}$

$$|\overrightarrow{AB}| = |\overrightarrow{AF}| + |\overrightarrow{FB}| = e(x_1 + x_2) - 2a$$

$$= \dfrac{e}{2}\left[\dfrac{2(c^2 + a^2)}{c} + \dfrac{c^2 - a^2}{c}\left(\lambda + \dfrac{1}{\lambda}\right)\right] - 2a$$

$$= \dfrac{c^2 - a^2}{a} + \dfrac{c^2 - a^2}{2a}\left(\lambda + \dfrac{1}{\lambda}\right) = \dfrac{b^2}{2a}\left(2 + \lambda + \dfrac{1}{\lambda}\right) = \dfrac{\frac{2b^2}{a}}{4}\left(\lambda + \dfrac{1}{\lambda} + 2\right).$$

故双曲线的焦点弦长 $|\overrightarrow{AB}| = \dfrac{通径长}{4} \cdot \left(\lambda + \dfrac{1}{\lambda} + 2\right)(\lambda > 0)$.

推广　当直线 AB 过双曲线的焦点，且弦的端点 A, B 分别在双曲线的两支上时，这时的 AB 虽然不是双曲线的"焦点弦"，但若有 $\overrightarrow{AF} = \lambda \overrightarrow{FB}(\lambda < 0)$，同理可证：$|\overrightarrow{AB}| = \dfrac{\frac{2b^2}{a}}{4}\left(-\lambda - \dfrac{1}{\lambda} - 2\right)(\lambda < 0)$，即 $|\overrightarrow{AB}| = \dfrac{通径长}{4} \cdot \left|\lambda + \dfrac{1}{\lambda} + 2\right|(\lambda < 0)$.

(3)不妨设 AB 是过抛物线 $y^2 = 2px(p > 0)$ 焦点 $F\left(\dfrac{p}{2}, 0\right)$ 的一条弦，设 $A(x_1, y_1)$，$B(x_2, y_2)$，则 $\overrightarrow{AF} = \left(\dfrac{p}{2} - x_1, -y_1\right)$，$\overrightarrow{FB} = \left(x_2 - \dfrac{p}{2}, y_2\right)$. $\because \overrightarrow{AF} = \lambda \overrightarrow{FB}$，$\therefore \lambda > 0$，$\therefore \left(\dfrac{p}{2} - x_1, -y_1\right) = \lambda\left(x_2 - \dfrac{p}{2}, y_2\right)$，即有 $\dfrac{p}{2} - x_1 = \lambda\left(x_2 - \dfrac{p}{2}\right) \Rightarrow x_1 + \lambda x_2 = \dfrac{p}{2}(\lambda + 1)$.

又 $\because |\overrightarrow{AF}| = \lambda |\overrightarrow{FB}|$，由抛物线的焦半径公式得 $|\overrightarrow{AF}| = x_1 + \dfrac{p}{2}$，$|\overrightarrow{FB}| = x_2 + \dfrac{p}{2}$，$\therefore x_1 + \dfrac{p}{2} = \lambda\left(x_2 + \dfrac{p}{2}\right) \Rightarrow x_1 - \lambda x_2 = \dfrac{p}{2}(\lambda - 1)$.

由 $\begin{cases} x_1 + \lambda x_2 = \dfrac{p}{2}(\lambda + 1), \\ x_1 - \lambda x_2 = \dfrac{p}{2}(\lambda - 1) \end{cases}$ 得 $\begin{cases} x_1 = \dfrac{p\lambda}{2}, \\ x_2 = \dfrac{p}{2\lambda}. \end{cases}$

$$|\overrightarrow{AB}| = |\overrightarrow{AF}| + |\overrightarrow{FB}| = x_1 + x_2 + p = \frac{p}{2}\left(\lambda + \frac{1}{\lambda} + 2\right) = \frac{2p}{4}\left(\lambda + \frac{1}{\lambda} + 2\right).$$

故抛物线的焦点弦长 $|\overrightarrow{AB}| = \dfrac{\text{通径长}}{4} \cdot \left(\lambda + \dfrac{1}{\lambda} + 2\right)(\lambda > 0)$.

2. 性质应用

例 1 已知 F 是椭圆 C 的一个焦点，B 是短轴的一个端点，线段 BF 的延长线交椭圆 C 于点 D，且 $\overrightarrow{BF} = 2\overrightarrow{FD}$，则椭圆 C 的离心率为_____.

解：如图 8.40 所示，设椭圆 C：$\dfrac{x^2}{a^2}$ $+ \dfrac{y^2}{b^2} = 1(a > b > 0)$，$|\overrightarrow{BF}| = \sqrt{b^2 + c^2}$ $= a.$ $\because \overrightarrow{BF} = 2\overrightarrow{FD}$，$\therefore |\overrightarrow{BD}| = \dfrac{3a}{2}.$ $\lambda = 2,$ $\quad \because |\overrightarrow{BD}| = \dfrac{\text{通径长}}{4} \cdot$

图 8.40

$\left(\lambda + \dfrac{1}{\lambda} + 2\right)$，$\therefore \dfrac{3a}{2} = \dfrac{\frac{2b^2}{a}}{4}\left(2 + \dfrac{1}{2} + 2\right) \Rightarrow$

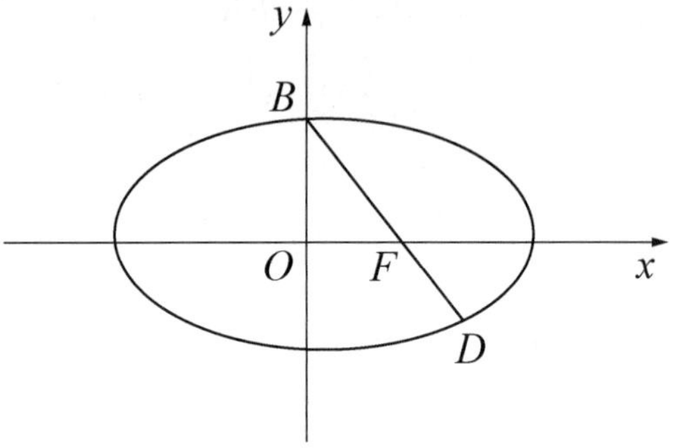

$\dfrac{b^2}{a^2} = \dfrac{2}{3}$，$\therefore$ 椭圆 C 的离心率 $e = \sqrt{1 - \dfrac{b^2}{a^2}} = \sqrt{1 - \dfrac{2}{3}} = \dfrac{\sqrt{3}}{3}$.

评注：由于椭圆的离心率 $e = \sqrt{1 - \left(\dfrac{b}{a}\right)^2}$，本题实质上是寻求椭圆方程中 a 和 b 的一个齐次的等式关系. 考虑本题的题设条件，利用圆锥曲线焦点弦的一个特殊性质：$|\overrightarrow{BD}| = \dfrac{\text{通径长}}{4} \cdot \left(\lambda + \dfrac{1}{\lambda} + 2\right)(\lambda > 0)$，可帮助我们实现这个"愿望"！

例 2 设双曲线 C：$\dfrac{x^2}{a^2} - \dfrac{y^2}{b^2} = 1(a > 0, b > 0)$ 的离心率 $e = \dfrac{3}{2}$，直线 l 过双曲线 C 的右焦点 F，与双曲线右支交于 A, B 两点，$\overrightarrow{AF} = 2\overrightarrow{FB}$ 且 $|\overrightarrow{AB}| = \dfrac{15}{4}$，则双曲线 C 的方程是_____.

解：$\because A, B$ 在双曲线的右支上，且 $\overrightarrow{AF} = 2\overrightarrow{FB}$，$\therefore F$ 内分 $\overrightarrow{AB}$ 所成的比 $\lambda = 2$，由 $|\overrightarrow{AB}| = \dfrac{\text{通径长}}{4} \cdot \left(\lambda + \dfrac{1}{\lambda} + 2\right)$ 得

$$\dfrac{15}{4} = \dfrac{\frac{2b^2}{a}}{4}\left(2 + \dfrac{1}{2} + 2\right) \Rightarrow \dfrac{b^2}{a} = \dfrac{5}{3} ①.$$

又离心率 $e = \sqrt{1 + \left(\dfrac{b}{a}\right)^2} = \dfrac{3}{2}$,

∴ $\dfrac{b^2}{a^2} = \dfrac{5}{4}$ ②.

由①和②求得 $a^2 = \dfrac{16}{9}$, $b^2 = \dfrac{20}{9}$.

故双曲线 C 的方程是 $\dfrac{9x^2}{16} - \dfrac{9y^2}{20} = 1$.

评注：本题是要求双曲线的方程，实质上就是求双曲线方程中的 a 和 b 的值. 利用圆锥曲线焦点弦的一个特殊性质：$|\overrightarrow{AB}| = \dfrac{\text{通径长}}{4} \cdot \left(\lambda + \dfrac{1}{\lambda} + 2\right)(\lambda > 0)$ 和双曲线的离心率公式 $e = \sqrt{1 + \left(\dfrac{b}{a}\right)^2}$，得到关于 a, b 的一个方程组，从而求得 a 和 b 的值.

例3　过抛物线 $x^2 = 2py(p > 0)$ 的焦点 F 作倾角为 $30°$ 的直线，与抛物线分别交于 A、B 两点（A 在 y 轴左侧），则 $\dfrac{|AF|}{|FB|} = $ _____.

解：设 $\lambda = \dfrac{|AF|}{|FB|}$，依题意，再结合图形知 $0 < \lambda < 1$，弦 AB 与抛物线对称轴的夹角是 $60°$，∴ $|\overrightarrow{AB}| = \dfrac{2p}{\sin^2 60°}$.

$|\overrightarrow{AB}| = \dfrac{\text{通径长}}{4} \cdot \left(\lambda + \dfrac{1}{\lambda} + 2\right)$，∴ $\dfrac{2p}{\sin^2 60°} = \dfrac{2p}{4} \cdot \left(\lambda + \dfrac{1}{\lambda} + 2\right) \Rightarrow 3\lambda^2 - 10\lambda + 3 = 0$，∴ $\lambda = \dfrac{1}{3}$ 或 $\lambda = 3$（舍），∴ $\dfrac{|AF|}{|FB|} = \dfrac{1}{3}$.

评注：本题所求 $\dfrac{|AF|}{|FB|}$ 的值，其实就是求抛物线 $x^2 = 2py(p > 0)$ 过焦点的弦长公式 $|\overrightarrow{AB}| = \dfrac{\text{通径长}}{4} \cdot \left(\lambda + \dfrac{1}{\lambda} + 2\right)(\lambda > 0)$ 中 λ 的一个小于1的正值.

利用圆锥曲线焦点弦的一个特殊性质：$|\overrightarrow{AB}| = \dfrac{\text{通径长}}{4} \cdot (\lambda + \dfrac{1}{\lambda} + 2)(\lambda > 0)$，解决圆锥曲线中涉及焦点弦的长度、其焦点分焦点弦所成的比等有关问题时，会省时省力，同时也能大大提高解题的准确率.

8.12 圆锥曲线焦点弦的一个统一性质及运用

大家比较熟悉抛物线中过焦点的弦有这样的一个性质：设 AB 是过抛物线 $y^2 = 2px(p > 0)$ 焦点 $F\left(\dfrac{p}{2}, 0\right)$ 的一条弦，则 $\dfrac{1}{|AF|} + \dfrac{1}{|BF|} = \dfrac{2}{p}$．对此式作简单变形：$\dfrac{1}{|AF|} + \dfrac{1}{|BF|} = \dfrac{4}{2p}$，由于抛物线 $y^2 = 2px(p > 0)$ 的通径长为 $2p$，故有 $\dfrac{1}{|AF|} + \dfrac{1}{|BF|} = \dfrac{4}{\text{通径长}}$，于是我们猜想，椭圆、双曲线是否也有这样的一个统一性质呢？

1. 统一性质

圆锥曲线焦点弦的一个统一性质：已知 AB 是过圆锥曲线焦点 F 的弦，则有 $\dfrac{1}{|AF|} + \dfrac{1}{|BF|} = \dfrac{4}{\text{通径长}}$．下面分类进行证明：

(1)不妨设 AB 是过椭圆 $\dfrac{x^2}{a^2} + \dfrac{y^2}{b^2} = 1(a > b > 0)$ 右焦点 $F(c, 0)$ 的一条弦，$A(x_1, y_1)$，$B(x_2, y_2)$，当弦 AB 所在的直线斜率存在时，设直线 AB 的方程为 $y = k(x - c)$．

$$\begin{cases} \dfrac{x^2}{a^2} + \dfrac{y^2}{b^2} = 1, \\ y = k(x - c) \end{cases} \Rightarrow (a^2k^2 + b^2)x^2 - 2a^2ck^2x + a^2c^2k^2 - a^2b^2 = 0.$$

由韦达定理得 $\begin{cases} x_1 + x_2 = \dfrac{2a^2ck^2}{a^2k^2 + b^2}, \\ x_1x_2 = \dfrac{a^2c^2k^2 - a^2b^2}{a^2k^2 + b^2}, \end{cases}$ 由椭圆的焦半径公式得

$\begin{cases} |AF| = a - ex_1, \\ |BF| = a - ex_2, \end{cases}$ $\dfrac{1}{|AF|} + \dfrac{1}{|BF|} = \dfrac{1}{a - ex_1} + \dfrac{1}{a - ex_2} = \dfrac{2a - e(x_1 + x_2)}{a^2 - ae(x_1 + x_2) + e^2x_1x_2} =$

$$\dfrac{2a - e \cdot \dfrac{2a^2ck^2}{a^2k^2 + b^2}}{a^2 - ae \cdot \dfrac{2a^2ck^2}{a^2k^2 + b^2} + e^2 \cdot \dfrac{a^2c^2k^2 - a^2b^2}{a^2k^2 + b^2}} = \dfrac{2a(a^2k^2 + b^2) - 2ac^2k^2}{a^2(a^2k^2 + b^2) - 2a^2c^2k^2 + c^2(c^2k^2 - b^2)}$$

$$= \dfrac{2ab^2(k^2 + 1)}{b^4(k^2 + 1)} = \dfrac{2a}{b^2} = \dfrac{4}{\dfrac{2b^2}{a}} = \dfrac{4}{\text{通径长}}.$$

当弦 AB 垂直于 x 轴时，$|AF| = |BF| = \dfrac{b^2}{a}$，显然满足 $\dfrac{1}{|AF|} + \dfrac{1}{|BF|} =$ $\dfrac{4}{\text{通径长}}$.

故 $\dfrac{1}{|AF|} + \dfrac{1}{|BF|} = \dfrac{4}{\text{通径长}}$.

(2) 不妨设 AB 是过双曲线 $\dfrac{x^2}{a^2} - \dfrac{y^2}{b^2} = 1 (a > 0, b > 0)$ 右焦点 $F(c, 0)$ 的一条弦（A, B 在右支上），$A(x_1, y_1)$，$B(x_2, y_2)$. 当弦 AB 所在的直线斜率存在时，设直线 AB 的方程为 $y = k(x - c)$. $\begin{cases} \dfrac{x^2}{a^2} - \dfrac{y^2}{b^2} = 1, \\ y = k(x - c) \end{cases} \Rightarrow (b^2 - a^2 k^2) x^2 + 2a^2 c k^2 x - a^2 c^2 k^2 - a^2 b^2 = 0$.

由韦达定理得 $\begin{cases} x_1 + x_2 = \dfrac{2a^2 c k^2}{a^2 k^2 - b^2}, \\ x_1 x_2 = \dfrac{a^2 c^2 k^2 + a^2 b^2}{a^2 k^2 - b^2}, \end{cases}$ 由双曲线的焦半径公式得

$\begin{cases} |AF| = e x_1 - a, \\ |BF| = e x_2 - a, \end{cases}$ $\dfrac{1}{|AF|} + \dfrac{1}{|BF|} = \dfrac{1}{e x_1 - a} + \dfrac{1}{e x_2 - a} = \dfrac{e(x_1 + x_2) - 2a}{e^2 x_1 x_2 - ae(x_1 + x_2) + a^2} =$

$$\dfrac{e \cdot \dfrac{2a^2 c k^2}{a^2 k^2 - b^2} - 2a}{e^2 \cdot \dfrac{a^2 c^2 k^2 + a^2 b^2}{a^2 k^2 - b^2} - ae \cdot \dfrac{2a^2 c k^2}{a^2 k^2 - b^2} + a^2} = \dfrac{2ac^2 k^2 - 2a(a^2 k^2 - b^2)}{c^2 (c^2 k^2 + b^2) - 2a^2 c^2 k^2 + a^2 (a^2 k^2 - b^2)}$$

$$= \dfrac{2ab^2 (k^2 + 1)}{b^4 (k^2 + 1)} = \dfrac{2a}{b^2} = \dfrac{4}{\dfrac{2b^2}{a}} = \dfrac{4}{\text{通径长}}.$$

当弦 AB 垂直于 x 轴时，$|AF| = |BF| = \dfrac{b^2}{a}$，显然满足 $\dfrac{1}{|AF|} + \dfrac{1}{|BF|} =$ $\dfrac{4}{\text{通径长}}$.

故 $\dfrac{1}{|AF|} + \dfrac{1}{|BF|} = \dfrac{4}{\text{通径长}}$.

推广 当直线 AB 过双曲线 $\dfrac{x^2}{a^2} - \dfrac{y^2}{b^2} = 1 (a > 0, b > 0)$ 的焦点，且弦的端点 A, B 分别在双曲线的两支上时，这时的 AB 虽然不是双曲线的"焦点弦"，但有 $\left| \dfrac{1}{|AF|} - \dfrac{1}{|BF|} \right| = \dfrac{4}{\text{通径长}}$.

证明：如图 8.41 所示，设 $A(x_1, y_1)$，$B(x_2, y_2)$. 由双曲线的焦半径公式得 $\begin{cases} |AF| = -(e x_1 - a), \\ |BF| = e x_2 - a, \end{cases}$ $\left| \dfrac{1}{|AF|} - \dfrac{1}{|BF|} \right| = \left| \dfrac{1}{-(e x_1 - a)} - \dfrac{1}{e x_2 - a} \right| = \left| \dfrac{1}{e x_1 - a} + \right.$

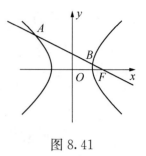

$\dfrac{1}{ex_2-a}\bigg|$（以下证明同上）.

故 $\left|\dfrac{1}{|AF|}-\dfrac{1}{|BF|}\right|=\dfrac{4}{\text{通径长}}$.

（3）不妨设 AB 是过抛物线 $y^2=2px(p>0)$ 焦点 $F\left(\dfrac{p}{2},0\right)$ 的一条弦，设 $A(x_1,y_1)$，$B(x_2,y_2)$. 由抛物线的

图 8.41

焦半径公式得 $\begin{cases}|AF|=x_1+\dfrac{p}{2},\\[2mm]|BF|=x_2+\dfrac{p}{2}\end{cases}\Rightarrow\begin{cases}x_1=|AF|-\dfrac{p}{2},\\[2mm]x_2=|BF|-\dfrac{p}{2}.\end{cases}$

$\because x_1x_2=\dfrac{p^2}{4}$，$\therefore\left(|AF|-\dfrac{p}{2}\right)\left(|BF|-\dfrac{p}{2}\right)=\dfrac{p^2}{4}$，即 $|AF|\cdot|BF|-$

$\dfrac{p}{2}(|AF|+|BF|)=0$，$\therefore\dfrac{2}{p}=\dfrac{|AF|+|BF|}{|AF|\cdot|BF|}\Rightarrow\dfrac{1}{|AF|}+\dfrac{1}{|BF|}=\dfrac{4}{2p}$.

故 $\dfrac{1}{|AF|}+\dfrac{1}{|BF|}=\dfrac{4}{\text{通径长}}$.

2. 性质运用

例 1　已知 F 是椭圆 C 的一个焦点，B 是短轴的一个端点，线段 BF 的延长线交椭圆 C 于点 D，且 $\overrightarrow{BF}=2\overrightarrow{FD}$，则椭圆 C 的离心率为＿＿＿＿＿＿＿＿＿.

解：如图 8.42 所示，设椭圆 $C:\dfrac{x^2}{a^2}+\dfrac{y^2}{b^2}=1(a>b>0)$，$|BF|=\sqrt{b^2+c^2}=a$.

$\because\overrightarrow{BF}=2\overrightarrow{FD}$，$\therefore|FD|=\dfrac{a}{2}$. 由 $\dfrac{1}{|BF|}+\dfrac{1}{|DF|}=\dfrac{4}{\text{通径长}}$ 得 $\dfrac{1}{a}+\dfrac{2}{a}=\dfrac{4}{\dfrac{2b^2}{a}}\Rightarrow\dfrac{b^2}{a^2}=\dfrac{2}{3}$，

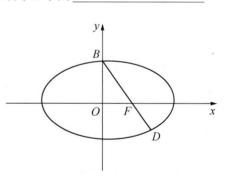

图 8.42

$\therefore$ 离心率 $e=\sqrt{1-\dfrac{b^2}{a^2}}=\dfrac{\sqrt{3}}{3}$.

评注：由于 $|BF|=a$，$|FD|=\dfrac{a}{2}$，借助椭圆过焦点的弦的性质 $\dfrac{1}{|BF|}+\dfrac{1}{|DF|}=\dfrac{4}{\text{通径长}}$，可得到关于 a,b 的一个齐次关系式，从而求得椭圆的离心率.

例 2　设双曲线 $C:\dfrac{x^2}{a^2}-\dfrac{y^2}{b^2}=1(a>0,b>0)$ 的离心率 $e=\dfrac{3}{2}$，直线 l 过双

曲线 C 的右焦点 F，与双曲线右支交于 A,B 两点，$\overrightarrow{AF} = 2\overrightarrow{FB}$ 且 $|AB| = \dfrac{15}{4}$，则双曲线 C 的方程是 _____.

解：$\because \overrightarrow{AF} = 2\overrightarrow{FB}$ 且 $|AB| = \dfrac{15}{4}$，$\therefore |AF| = \dfrac{10}{4} = \dfrac{5}{2}$，$|BF| = \dfrac{5}{4}$.

由 $\dfrac{1}{|AF|} + \dfrac{1}{|BF|} = \dfrac{4}{通径长}$ 得 $\dfrac{2}{5} + \dfrac{4}{5} = \dfrac{4}{\dfrac{2b^2}{a}} \Rightarrow 5a = 3b^2$ ①.

离心率 $e = \sqrt{1 + \left(\dfrac{b}{a}\right)^2} = \dfrac{3}{2} \Rightarrow \dfrac{b^2}{a^2} = \dfrac{5}{4}$ ②.

由①和②求得 $a^2 = \dfrac{16}{9}$，$b^2 = \dfrac{20}{9}$.

故双曲线 C 的方程是 $\dfrac{9x^2}{16} - \dfrac{9y^2}{20} = 1$.

评注：本题求双曲线的方程，实质上是求 a,b 的值，利用双曲线过焦点的弦的性质 $\dfrac{1}{|AF|} + \dfrac{1}{|BF|} = \dfrac{4}{通径长}$，得到关于 a,b 的一个等式，又 $e = \sqrt{1 + \left(\dfrac{b}{a}\right)^2} = \dfrac{3}{2}$，联立这两个关于 a,b 的方程，问题顺利得到解决.

例 3　已知直线 l 过双曲线 $\dfrac{y^2}{4} - \dfrac{x^2}{5} = 1$ 的一个焦点 F，交双曲线于 A、B 两点，一条焦半径 FA 的长度为 $\dfrac{6}{5}$，求另一焦半径 FB 的长度.

解：$\because a = 2$，$b = \sqrt{5}$，$\therefore$ 双曲线的通径长为 $\dfrac{2b^2}{a} = \dfrac{2 \times 5}{2} = 5$.

直线 l 过双曲线的焦点 F.

当直线 l 交双曲线一支时，$\dfrac{1}{|AF|} + \dfrac{1}{|BF|} = \dfrac{4}{通径长}$，即 $\dfrac{5}{6} + \dfrac{1}{|BF|} = \dfrac{4}{5} \Rightarrow$ $\dfrac{1}{|BF|} = -\dfrac{1}{30}$，显然无解；

当直线 l 交双曲线两支时（图 8.43），$\left| \dfrac{1}{|AF|} - \dfrac{1}{|BF|} \right| = \dfrac{4}{通径长}$，即 $\left| \dfrac{5}{6} - \dfrac{1}{|BF|} \right| = \dfrac{4}{5}$，$\therefore \dfrac{5}{6} - \dfrac{1}{|BF|} = \dfrac{4}{5}$ 或 $\dfrac{5}{6} - \dfrac{1}{|BF|} = -\dfrac{4}{5}$.

求得 $|BF| = 30$ 或 $|BF| = \dfrac{30}{49} < c - a = 1$（舍去）.

因此，另一焦半径 FB 的长度为 30.

评注：直线 l 虽然过焦点，但它交双曲线一支还是两支呢？本文中关于 $|AF|$、$|BF|$ 的性质公式形式是不一样的，

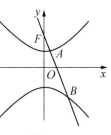

图 8.43

因而要分类讨论.

例 4　设 AB 是过抛物线 $x^2 = 2py(p > 0)$ 的焦点 F 的弦，求 $|AB|$ 的取值范围.

解：$\because AB$ 是过抛物线 $x^2 = 2py(p > 0)$ 的焦点 F 的弦，$\therefore \dfrac{1}{|AF|} + \dfrac{1}{|BF|} = \dfrac{4}{2p}$，$|AF| + |BF| = \dfrac{2}{p}|AF| \cdot |BF| \leqslant \dfrac{2}{p}\left(\dfrac{|AF| + |BF|}{2}\right)^2 \Rightarrow |AF| + |BF| \geqslant 2p$，当且仅当 $|AF| = |BF| = p$ 时取等号.

故 $|AB| \in [2p, +\infty)$.

评注：由于 AB 是过抛物线焦点 F 的弦，巧用性质 $\dfrac{1}{|AF|} + \dfrac{1}{|BF|} = \dfrac{4}{\text{通径长}}$，得出关于 $|AF|$、$|BF|$ 的和与积的一个关系式，再用基本不等式 $|AF| \cdot |BF| \leqslant \left(\dfrac{|AF| + |BF|}{2}\right)^2$ 得到关于 $|AB|$ 的一个不等关系，问题则迎刃而解.

例 5　设椭圆 Γ 的两个焦点是 F_1、F_2，过点 F_1 的直线与 Γ 交于点 P、Q，若 $|PF_2| = |F_1F_2|$，且 $3|PF_1| = 4|QF_1|$，$\therefore$ 椭圆 Γ 的短轴与长轴的比值为 _____.

解：如图 8.44 所示，$\because$ 弦 PQ 过焦点 F_1，$\therefore \dfrac{1}{|PF_1|} + \dfrac{1}{|QF_1|} = \dfrac{4}{\text{通径长}}$，即 $\dfrac{1}{|PF_1|} + \dfrac{1}{\frac{3}{4}|PF_1|} = \dfrac{2a}{b^2}$，$\therefore |PF_1| = \dfrac{7b^2}{6a}$. 由已知 $|PF_2| = |F_1F_2| = 2c$，又 $|PF_1| + |PF_2| = 2a$，于是有 $\dfrac{7b^2}{6a} + 2c = 2a$，$\therefore \dfrac{7}{6} \cdot \dfrac{a^2 - c^2}{a^2} + 2 \cdot \dfrac{c}{a} = 2$，即 $7e^2 - 12e + 5 = 0$，求得离心率 $e = \dfrac{5}{7}$ 或 $e = 1$（舍），$e = \dfrac{5}{7} = \sqrt{1 - \left(\dfrac{b}{a}\right)^2} \Rightarrow \dfrac{b}{a} = \dfrac{2\sqrt{6}}{7}$，故 $\dfrac{2b}{2a} = \dfrac{2\sqrt{6}}{7}$.

评注：由于 PQ 过焦点，且 $3|PF_1| = 4|QF_1|$，联想到焦点弦的性质 $\dfrac{1}{|PF_1|} + \dfrac{1}{|QF_1|} = \dfrac{4}{\text{通径长}}$，可求出 $|PF_1|$（用 a,b 表示），又已知 $|PF_2| = 2c$，此时椭圆的定义架起了条件与结论之间的桥梁，从而使问题的求解变得柳暗花明.

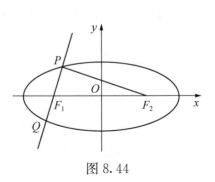

图 8.44

综上，利用圆锥曲线焦点弦的性质 $\dfrac{1}{|AF|} + \dfrac{1}{|BF|} = \dfrac{4}{通径长}$，解一类有关圆锥曲线过焦点的弦及弦中两焦半径等问题时，能降低思维强度，简化推理和运算过程，具有直观、简洁、明快的特点，同时起到事半功倍的效果！

8.13　圆锥曲线离心率的统一性质及其应用

　　圆锥曲线过焦点的弦所在直线的斜率 k，以及焦点内分弦的两个焦半径所成的比值 λ，与圆锥曲线的离心率 e 有一个关联的性质，此性质能给我们快速、高效地解决一类关于圆锥曲线的离心率问题.

1. 统一性质

　　性质 1　设圆锥曲线 C 的焦点 F 在 x 轴上，过点 F 且斜率为 k 的直线 l 交曲线 C 于 A、B 两点，若 $\overrightarrow{AF} = \lambda \overrightarrow{FB}(\lambda > 0$ 且 $\lambda \neq 1)$，则离心率 $e = \sqrt{1+k^2}\left|\dfrac{\lambda-1}{\lambda+1}\right|$.

　　性质 2　设圆锥曲线 C 的焦点 F 在 y 轴上，过点 F 且斜率为 k 的直线 l 交曲线 C 于 A、B 两点，若 $\overrightarrow{AF} = \lambda \overrightarrow{FB}(\lambda > 0$ 且 $\lambda \neq 1)$，则离心率 $e = \sqrt{1+\dfrac{1}{k^2}}\left|\dfrac{\lambda-1}{\lambda+1}\right|$.

　　下面以椭圆为例证明上述性质 1.

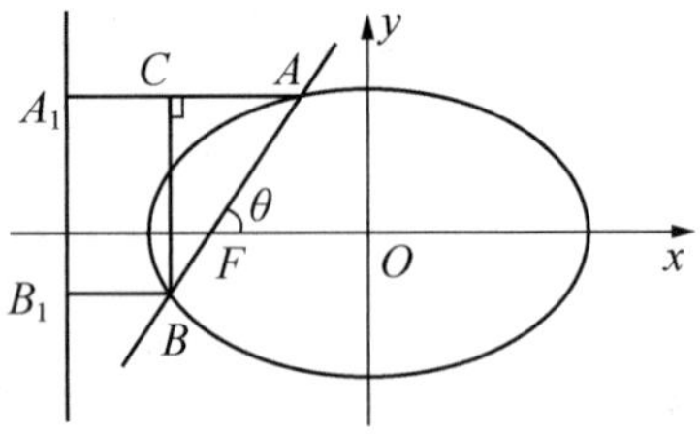

　　证明：如图 8.45 所示，设直线 l 的倾斜角为 $\theta\left(\theta \neq \dfrac{\pi}{2}\right)$，过弦的端点 A、B 分别作准线的垂线，垂足为 A_1、B_1，过 B 作 $BC \perp AA_1$，垂足为 C，由椭圆的第二定义得 $\dfrac{|AF|}{|AA_1|} = e \Rightarrow |AA_1| = \dfrac{|AF|}{e}$. 同理，$|BB_1| = \dfrac{|BF|}{e}$. $\because \overrightarrow{AF} = \lambda \overrightarrow{FB}(\lambda > 0$ 且 $\lambda \neq 1)$，$\therefore |AF| = \lambda|FB|$，即 $|FB| = \dfrac{1}{\lambda}|AF|$.

图 8.45

$|AB| = |AF| + |FB| = |AF| + \dfrac{|AF|}{\lambda} \Rightarrow |AF| = \dfrac{\lambda}{\lambda+1}|AB|$，$|BF| = \dfrac{|AF|}{\lambda} = \dfrac{1}{\lambda+1}|AB|$，$|AC| = \big||AA_1| - |BB_1|\big| = \dfrac{1}{e}\big||AF| - |BF|\big| = \dfrac{1}{e}\left|\dfrac{\lambda-1}{\lambda+1}\right||AB|$，即 $\dfrac{|AC|}{|AB|} = \dfrac{1}{e}\left|\dfrac{\lambda-1}{\lambda+1}\right|$，

　　又 $\dfrac{|AC|}{|AB|} = |\cos\theta|$，$\therefore \dfrac{1}{e}\left|\dfrac{\lambda-1}{\lambda+1}\right| = |\cos\theta| \Rightarrow e = \dfrac{1}{|\cos\theta|}\left|\dfrac{\lambda-1}{\lambda+1}\right| =$

$$\sqrt{1+\tan^2\theta}\left|\frac{\lambda-1}{\lambda+1}\right|=\sqrt{1+k^2}\left|\frac{\lambda-1}{\lambda+1}\right|.$$

故离心率 $e=\sqrt{1+k^2}\left|\dfrac{\lambda-1}{\lambda+1}\right|\ (\lambda>0\ 且\ \lambda\neq1)$.

对于双曲线(直线 l 交双曲线一支)、抛物线及性质 2，留给读者自己证明.

2. 性质应用

例1 过椭圆的左焦点 F 作倾斜角为 $45°$ 的直线 l 与该椭圆交于 A、B 两点，若 $|BF|=2|AF|$，则该椭圆的离心率是(   ).

A. $\dfrac{1}{3}$ B. $\dfrac{\sqrt{2}}{3}$ C. $\dfrac{1}{2}$ D. $\dfrac{\sqrt{2}}{2}$

解：$\because$ 直线 l 过椭圆的左焦点，其斜率 $k=\tan45°=1$，又 $|BF|=2|AF|$，$\therefore\lambda=2$，则离心率 $e=\sqrt{1+k^2}\left|\dfrac{\lambda-1}{\lambda+1}\right|=\sqrt{2}\left|\dfrac{2-1}{2+1}\right|=\dfrac{\sqrt{2}}{3}$. 故选 B.

评注：其实无论 $|BF|=2|AF|$ 所对应的 $\lambda=2$，还是 $|AF|=\dfrac{1}{2}|BF|$ 所对应的 $\lambda=\dfrac{1}{2}$，$\left|\dfrac{\lambda-1}{\lambda+1}\right|$ 的值都是一样的.

例2 已知双曲线 $C:\dfrac{x^2}{a^2}-\dfrac{y^2}{b^2}=1\ (a>0,b>0)$ 的右焦点为 F，过 F 且斜率为 $\sqrt{3}$ 的直线交 C 于 A、B 两点，若 $\overrightarrow{AF}=4\overrightarrow{FB}$，则 C 的离心率为(   ).

A. $\dfrac{6}{5}$ B. $\dfrac{7}{5}$ C. $\dfrac{8}{5}$ D. $\dfrac{9}{5}$

解：$\because$ 弦 AB 过双曲线的右焦点，其斜率 $k=\sqrt{3}$，又 $\overrightarrow{AF}=4\overrightarrow{FB}$，$\therefore\lambda=4$，则离心率 $e=\sqrt{1+k^2}\left|\dfrac{\lambda-1}{\lambda+1}\right|=\sqrt{1+3}\left|\dfrac{4-1}{4+1}\right|=\dfrac{6}{5}$. 故选 A.

评注：本题有多种解法，不少考生用双曲线的第二定义及平面几何知识求解. 也有一些考生联立直线与双曲线的方程，利用韦达定理，再将 $\overrightarrow{AF}=4\overrightarrow{FB}$ 转化为向量的坐标运算，进行求解. 这些做法都比较烦琐，根据本题的特点，采用本文中离心率的统一性质 1 求解更高效、更简洁！

例3 过抛物线 $x^2=2py\ (p>0)$ 的焦点 F 作倾角为 $30°$ 的直线，与抛物线分别交于 A、B 两点(A 在 y 轴左侧)，则 $\dfrac{|AF|}{|FB|}=$ _____.

解：设 $\lambda=\dfrac{|AF|}{|FB|}$，依题意，再结合图 8.46，可知 $0<\lambda<1$. $\because$ 弦 AB 过抛物线 $x^2=2py\ (p>0)$ 的焦点，其斜率 $k=\tan30°=\dfrac{\sqrt{3}}{3}$，而抛物线的离心率 $e=1$，且

焦点在 y 轴上，$\therefore$ 由离心率 $e=\sqrt{1+\dfrac{1}{k^2}}\left|\dfrac{\lambda-1}{\lambda+1}\right|$ 得

$$1=\sqrt{1+\dfrac{1}{\left(\dfrac{\sqrt{3}}{3}\right)^2}\left|\dfrac{\lambda-1}{\lambda+1}\right|}\Rightarrow\dfrac{1}{2}=\dfrac{1-\lambda}{1+\lambda}，解得\lambda=\dfrac{1}{3}.$$

故 $\dfrac{|AF|}{|FB|}=\dfrac{1}{3}.$

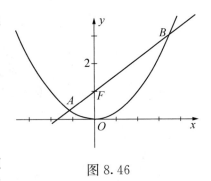

图 8.46

评注： 本题要特别注意的是抛物线的焦点在 y 轴上，故利用本文中的离心率统一性质 2 求解 $e=\sqrt{1+\dfrac{1}{k^2}}\left|\dfrac{\lambda-1}{\lambda+1}\right|$，不能错用性质 1.

例 4 圆锥曲线 C 的右焦点为 F，过 F 且斜率为 $\sqrt{3}$ 的直线交 C 于 A、B 两点，设 $\overrightarrow{AF}=\lambda\overrightarrow{FB}$，若曲线的离心率 $e=\dfrac{6}{5}$，则 λ 的值为 ＿＿＿＿＿＿＿＿＿＿＿.

解： $\because$ 弦 AB 过圆锥曲线 C 的右焦点，其斜率 $k=\sqrt{3}$，曲线 C 的离心率 $e=\dfrac{6}{5}$，$\therefore$ 由离心率的统一性质 $e=\sqrt{1+k^2}\left|\dfrac{\lambda-1}{\lambda+1}\right|$ 得 $\dfrac{6}{5}=\sqrt{1+3}\left|\dfrac{\lambda-1}{\lambda+1}\right|\Rightarrow\dfrac{\lambda-1}{\lambda+1}=\pm\dfrac{3}{5}$，求得 $\lambda=4$ 或 $\lambda=\dfrac{1}{4}.$

评注： 离心率 $e=\dfrac{6}{5}$ 的圆锥曲线本为双曲线，但本题从题设到题解，只字不提双曲线，是因为按圆锥曲线离心率的统一性质就可以解决问题，可不涉及具体的定义. 另外，根据对称性，λ 的取值是互为倒数.

由于圆锥曲线有着统一的内在联系，所以圆锥曲线中有很多优美的统一性质，且这些性质有着广泛的应用，本文中的离心率统一性质 1、统一性质 2 就是很好的例证. 利用圆锥曲线离心率的统一性质求解一类过焦点的弦及离心率相关联的问题，思路清晰，过程简洁，方法巧妙，出奇制胜！

8.14 利用中心对称求二次曲线的中点弦的方程

中心对称广泛地存在于解析几何问题之中，巧妙利用好中心对称原理，可使我们在解决二次曲线中点弦问题时多一条有用、有效的途径，而且常能起到化繁为简，出奇制胜的效果. 本文就中心对称性原理，在求二次曲线中点弦所在的直线方程的问题上作了一些介绍，让同学们感受中心对称应用之巧妙、神奇！

1. 圆的中点弦

设 M 是圆 C_1 内不同于圆心的一个定点，圆 C_1 关于点 M 的对称圆记为 C_2，设圆 C_1 与 C_2 的交点为 A、B. 根据对称性，C_1 上的点 A 关于 M 的对称点，一定落在 C_2 上；C_2 上的点 A 关于 M 的对称点，也一定落在 C_1 上，A 是两圆的一个交点，其关于 M 的对称点必是两圆的另一个交点 B，故 AB 的中点是 M，即 AB 是圆中以 M 为中点的弦. 将圆 C_1 与圆 C_2 的方程相减得一直线方程，因为 A 点坐标满足相减前的两圆方程，所以它也满足相减后的直线方程. 同理 B 点坐标也满足此直线方程，故两圆方程相减得到相交弦 AB 所在的直线方程，即以 M 为中点的弦所在直线的方程.

例1 已知圆 $C:(x-1)^2+(y+2)^2=4$，点 $M(2,-1)$，求圆 C 以 M 为中点的弦所在的直线方程.

解：圆 C 的方程为 $(x-1)^2+(y+2)^2=4$①.

关于 $M(2,-1)$ 对称的圆 C' 的方程为 $(x-3)^2+y^2=4$②.

由 ①－② 得 $x+y-1=0$，为所求直线的方程.

评注：本题也可利用中点弦所在的直线与直线 CM 的垂直关系，先求得弦所在的直线的斜率，再由点斜式求出弦所在的直线方程；或利用"点差法"也能求出此弦所在的直线的斜率. 这两种解法必须注意直线的斜率是否存在的问题.

2. 圆锥曲线的中点弦

利用中心对称巧解圆的中点弦所在直线方程的方法是否可以类比到圆锥曲线中去呢？

设 M 是椭圆 D_1 内一个不同于椭圆中心的一个定点，椭圆 D_1 关于点 M 的对称椭圆记为 D_2，设椭圆 D_1 与 D_2 的交点为 A,B. 根据对称性，D_1 上的点 A 关于 M

的对称点，一定落在 D_2 上；D_2 上的点 A 关于 M 的对称点，也一定落在 D_1 上，A 是两椭圆的一个交点，其关于 M 的对称点必是两椭圆的另一个交点 B，故 AB 的中点是 M，即 AB 是椭圆中以 M 为中点的弦. 将椭圆 C_1 与椭圆 C_2 的方程相减得一直线方程，因为 A 点坐标满足相减前的两椭圆方程，所以也满足相减后的直线方程，同理 B 点坐标也满足此直线方程，故两椭圆方程相减得到相交弦 AB 所在的直线方程，即以 M 为中点的弦所在的直线方程.

例 2 在椭圆 $\dfrac{x^2}{16}+\dfrac{y^2}{4}=1$ 中，求以点 $P(2,1)$ 为中点的弦所在直线的方程.

解：椭圆的方程为 $\dfrac{x^2}{16}+\dfrac{y^2}{4}=1$ ①.

关于点 $P(2,1)$ 对称的椭圆的方程为 $\dfrac{(4-x)^2}{16}+\dfrac{(2-y)^2}{4}=1$ ②.

由 ①－② 得两椭圆公共弦所在直线的方程 $x+2y-4=0$，这就是椭圆 $\dfrac{x^2}{16}+\dfrac{y^2}{4}=1$ 中以点 $P(2,1)$ 为中点的弦所在直线的方程.

另外，利用中心对称同样可求双曲线、抛物线的中点弦所在直线的方程，原理同上，不再赘述.

例 3 在双曲线 $y^2-\dfrac{x^2}{4}=1$ 中，求以 $M(-2,2)$ 为中点的弦所在的直线方程.

解：可验证点 $M(-2,2)$ 在双曲线 $y^2-\dfrac{x^2}{4}=1$ 的弧内.

双曲线的方程为 $y^2-\dfrac{x^2}{4}=1$ ①.

关于 $M(-2,2)$ 对称的双曲线的方程为 $(4-y)^2-\dfrac{(-4-x)^2}{4}=1$ ②.

由 ①－② 得两双曲线公共弦所在直线的方程 $x+4y-6=0$，这就是双曲线 $y^2-\dfrac{x^2}{4}=1$ 中以点 $M(-2,2)$ 为中点的弦所在直线的方程.

例 4 在双曲线 $x^2-y^2=1$ 中，是否存在以 $P(1,1)$ 为中点的弦？若存在，求出此弦所在的直线方程，若不存在请说明理由.

解：可验证点 $P(1,1)$ 在双曲线 $x^2-y^2=1$ 的弧外.

假设存在以 P 为中点的弦.

双曲线的方程为 $x^2-y^2=1$ ①.

关于 $P(1,1)$ 对称的双曲线的方程为 $(2-x)^2-(2-y)^2=1$ ②.

由 ①－② 得两双曲线"公共弦"所在直线的方程 $x-y=0$.

经验证，直线 $x-y=0$ 与双曲线 $x^2-y^2=1$ 不相交，故在双曲线 $x^2-y^2=1$ 中，以 $P(1,1)$ 为中点的弦是不存在的.

注意：当定点在双曲线弧外时，求得"中点弦"所在的直线方程要进行验证．一个问题中是否存在对称关系这需要仔细做出判断，不存在对称关系而滥用对称原理，也会造成错误的．

例 5　在抛物线 $y^2 = -4x$ 中，求以 $M(-1,1)$ 为中点的弦所在的直线方程．

解：抛物线的方程为 $y^2 = -4x$ ①．

关于 $M(-1,1)$ 对称的抛物线方程为 $(2-y)^2 = -4(-2-x)$，即 $(2-y)^2 = 4(2+x)$ ②．

由 ①－② 得两抛物线公共弦所在直线的方程 $2x+y+1=0$，这就是抛物线 $y^2 = -4x$ 中以点 $M(-1,1)$ 为中点的弦所在的直线方程．

评注：求圆锥曲线的中点弦所在直线的方程，一般多用"点差法"．用"点差法"解决问题时，要特别注意讨论中点弦的端点横坐标 x_1、x_2 等与不等两种情况．而上述解法就回避了这一点．

求解二次曲线的中点弦所在的直线方程，常规解法运算量较大，利用对称性构造关于中点的对称曲线方程，并能形成公共弦，将对称曲线方程联立消去二次项，得到公共弦所在的直线方程，即为中点弦所在的直线方程．这种解法既能简化解题过程又能提高解题的准确率，解题方法新颖、独到！

8.15 引入圆的切割线的奇思与妙解

由于圆心到圆的切割线的距离总是等于或小于圆的半径，于是得到一个不等关系. 依此，我们将一类函数、方程中的问题转化为圆心到圆的切割线距离问题，从而使问题顺利得到解决.

例 1 若点 $P(x,y)$ 的坐标满足方程 $x\cos\alpha+y\sin\alpha-4=0$，则当角 α 在实数范围内变化时，P 点的轨迹是(   ).

A. 圆   B. 圆周及圆外部分   C. 整个坐标平面   D. 圆周及圆内部分

分析：观察发现原点到直线 $x\cos\alpha+y\sin\alpha-4=0$ 总是等距离的，即原点到直线的距离与角 α 无关.

解：原点到直线 $x\cos\alpha+y\sin\alpha-4=0$ 的距离 $d=\dfrac{|-4|}{\sqrt{\cos^2\alpha+\sin^2\alpha}}=4$，即为定值，$\therefore$ 直线 $x\cos\alpha+y\sin\alpha-4=0$ 可视为是绕着圆 $x^2+y^2=16$ 转动的一系列的切线. 又 $P(x,y)$ 在直线 $x\cos\alpha+y\sin\alpha-4=0$ 上任意的移动. 故选 B.

例 2 求函数 $y=\dfrac{\sin x+\cos x}{1+\sin x}$ 的最大值.

分析：将函数 $y=\dfrac{\sin x+\cos x}{1+\sin x}$ 变形为 $(1-y)\sin x+\cos x-y=0$，此等式可视为单位圆 $u^2+v^2=1(u\neq-1)$ 上的点 $(\sin x,\cos x)$ 在直线 $(1-y)u+v-y=0$ 上.

解：由 $y=\dfrac{\sin x+\cos x}{1+\sin x}$ 得 $(1-y)\sin x+\cos x-y=0$ ①.

$\sin^2 x+\cos^2 x=1$ ②.

由①和②可知点 $(\sin x,\cos x)$ 是坐标系 uOv 中的直线 $(1-y)u+v-y=0$ 与圆 $u^2+v^2=1(u\neq-1)$ 的公共点. $\because$ 圆心 $(0,0)$ 到直线 $(1-y)u+v-y=0$ 的距离不大于圆的半径 1，即 $d=\dfrac{|(1-y)\cdot 0+0-y|}{\sqrt{(1-y)^2+1}}\leqslant 1$，解得 $y\leqslant 1$，$\therefore y_{\max}=1$.

例 3 求满足 $\sin\alpha\sin\beta+(1-\cos\alpha)\cos\beta+\cos\alpha-\dfrac{3}{2}=0$ 的锐角 α,β 的值.

分析：逆向思维，将静态的等式 $\sin\alpha\sin\beta+(1-\cos\alpha)\cos\beta+\cos\alpha-\dfrac{3}{2}=0$ 视为单位圆上的动点 $(\cos\beta,\sin\beta)$ 在直线 $y\sin\alpha+(1-\cos\alpha)x+\cos\alpha-\dfrac{3}{2}=0$ 上.

解：等式 $\sin\alpha\sin\beta + (1-\cos\alpha)\cos\beta + \cos\alpha - \dfrac{3}{2} = 0$，可视为点 $(\cos\beta,\sin\beta)$ 既在直线 $y\sin\alpha + (1-\cos\alpha)x + \cos\alpha - \dfrac{3}{2} = 0$ 上，又在单位圆 $x^2 + y^2 = 1$ 上．

圆心 $(0,0)$ 到直线 $y\sin\alpha + (1-\cos\alpha)x + \cos\alpha - \dfrac{3}{2} = 0$ 的距离 $d = \dfrac{\left| \cos\alpha - \dfrac{3}{2} \right|}{\sqrt{\sin^2\alpha + (1-\cos\alpha)^2}} \leqslant 1$，化简得 $\left(\cos\alpha - \dfrac{1}{2}\right)^2 \leqslant 0$．

又 $\left(\cos\alpha - \dfrac{1}{2}\right)^2 \geqslant 0$，$\therefore \left(\cos\alpha - \dfrac{1}{2}\right)^2 = 0$，即 $\cos\alpha = \dfrac{1}{2}$．

$\because \alpha$ 是锐角，$\therefore \alpha = \dfrac{\pi}{3}$，代入 $\sin\alpha\sin\beta + (1-\cos\alpha)\cos\beta + \cos\alpha - \dfrac{3}{2} = 0$ 得 $\dfrac{\sqrt{3}}{2}\sin\beta + \dfrac{1}{2}\cos\beta = 1$，即 $\sin\left(\beta + \dfrac{\pi}{6}\right) = 1$．

$\because \beta$ 是锐角，$\therefore \beta + \dfrac{\pi}{6} = \dfrac{\pi}{2}$，$\therefore \beta = \dfrac{\pi}{3}$．

故 $\alpha = \dfrac{\pi}{3}, \beta = \dfrac{\pi}{3}$．

一类静止的函数、方程的问题通过逆向思维，等价转化为动态的圆心到圆的切割线距离问题，独辟蹊径使问题简单化，解题方法新颖独到．引入圆的切割线的这种奇思与妙解，能唤起学生对数学的学习兴趣，激发他们的求知欲！

8.16　曲线系方程的巧妙应用

在高中解析几何中我们常常会涉及两曲线相交的有关问题，对于此类问题，利用曲线系方程巧妙地解题往往被师生所忽视，从而导致一些试题在解题过程中出现繁杂的运算，甚至思维受阻，无功而返．如果学生能熟练掌握曲线系方程，并在相关问题中加以灵活运用，那么解题过程一定会更加流畅，解题效率也必将会大大地提高．

例 1　求经过 $A(2,2),B(5,3),C(3,-1)$ 三点的圆的方程．

解：设过点 $A(2,2)$ 的圆系方程为 $(x-2)^2+(y-2)^2+\lambda(x-2)+\mu(y-2)=0$，又圆过 B、C 两点，将 $B(5,3),C(3,-1)$ 代入圆系方程，得

$$\begin{cases}(5-2)^2+(3-2)^2+\lambda(5-2)+\mu(3-2)=0,\\(3-2)^2+(-1-2)^2+\lambda(3-2)+\mu(-1-2)=0,\end{cases}$$ 求得 $\begin{cases}\lambda=-4,\\\mu=2.\end{cases}$

故所求圆的方程为 $(x-2)^2+(y-2)^2-4(x-2)+2(y-2)=0$，即 $x^2+y^2-8x-2y+12=0$．

评注：本题的圆系方程设法很有创意，解法新颖独特，能唤起学生学习数学的兴趣．

例 2　求过点 $A(-2,4)$ 且与圆 $x^2+y^2-2x+4y-20=0$ 相切于点 $B(-3,1)$ 的圆的方程．

解：将点 $B(-3,1)$ 看作"点圆" $(x+3)^2+(y-1)^2=0$，设过"点圆"与已知圆 $x^2+y^2-2x+4y-20=0$ 公共点的圆系方程为 $x^2+y^2-2x+4y-20+\lambda[(x+3)^2+(y-1)^2]=0$．

此圆过点 A，将 $A(-2,4)$ 代入圆系方程有 $(-2)^2+4^2-2\times(-2)+4\times4-20+\lambda[(-2+3)^2+(4-1)^2]=0\Rightarrow\lambda=-2$．

故所求圆的方程为 $x^2+y^2-2x+4y-20-2[(x+3)^2+(y-1)^2]=0$，即 $x^2+y^2+14x-8y+40=0$．

评注：在本题的解题过程中是直接套用了"圆与圆相交的圆系方程"，其实可理解为点 $B(-3,1)$ 是个"点圆"，求过已知圆与"点圆"公共点的圆系方程．

例 3　有一圆与直线 $l:4x-3y+6=0$ 相切于点 $A(3,6)$，且经过点 $B(5,2)$，求此圆的方程．

解：由题意可设圆系方程为 $(x-3)^2+(y-6)^2+\lambda(4x-3y+6)=0$，又此圆经过点 B，将坐标 $B(5,2)$ 代入圆系方程，得 $(5-3)^2+(2-6)^2+\lambda(4\times5-3\times2+6)=0$，解得 $\lambda=-1$．

故圆的方程为 $(x-3)^2+(y-6)^2-(4x-3y+6)=0$，即 $x^2+y^2-10x-9y+39=0$ 为所求圆的方程.

评注：在本题的解题过程中是直接套用了"直线与圆相交的圆系方程"，其实可理解为 $A(3,6)$ 是个"点圆"，求过直线 $l:4x-3y+6=0$ 与"点圆"公共点的圆系方程.

例 4　已知双曲线的渐近线方程 $2x+3y-1=0$ 和 $2x-3y-7=0$，且过点 $(5,-4)$，求此双曲线方程.

解：联立 $\begin{cases} 2x+3y-1=0, \\ 2x-3y-7=0, \end{cases}$ 求得 $\begin{cases} x=2, \\ y=-1. \end{cases}$ ∴双曲线的中心坐标为 $(2,-1)$，∴双曲线的渐近线方程可改写为 $y+1=\pm\dfrac{2}{3}(x-2)$，∴可设此双曲线的方程为 $\dfrac{(x-2)^2}{9}-\dfrac{(y+1)^2}{4}=\lambda(\lambda\neq 0)$. 将点 $(5,-4)$ 代入双曲线系方程得 $\dfrac{(5-2)^2}{9}-\dfrac{(-4+1)^2}{4}=\lambda$，即 $\lambda=-\dfrac{5}{4}$.

故所求双曲线方程为 $\dfrac{(x-2)^2}{9}-\dfrac{(y+1)^2}{4}=-\dfrac{5}{4}$，即 $\dfrac{(y+1)^2}{5}-\dfrac{4(x-2)^2}{45}=1$.

评注：本题常规解法是用平移的方法先求出中心在原点的双曲线标准方程，然后再将其中心平移到 $(2,-1)$，运算量相对较大，也容易出错，巧妙运用曲线系方程求解使烦琐的运算变得轻而易举.

例 5　已知椭圆 $C_1:x^2+9y^2-2x-36y+27=0$ 与双曲线 $C_2:4x^2-y^2+2y-5=0$ 有四个交点，求证这四个交点共圆，并求此圆的方程.

解：设过曲线 C_1,C_2 交点的曲线系方程为 $x^2+9y^2-2x-36y+27+\lambda(4x^2-y^2+2y-5)=0$，即 $(1+4\lambda)x^2+(9-\lambda)y^2-2x-(36-2\lambda)y+27-5\lambda=0$.

令 $1+4\lambda=9-\lambda$，得 $\lambda=\dfrac{8}{5}$，将 $\lambda=\dfrac{8}{5}$ 代入曲线系方程，得 $x^2+9y^2-2x-36y+27+\dfrac{8}{5}(4x^2-y^2+2y-5)=0$，即 $37x^2+37y^2-10x-164y+95=0$.

又 $D^2+E^2-4A\cdot F=(-10)^2+(-164)^2-4\times 37\times 95=12936>0$，故圆 $37x^2+37y^2-10x-164y+95=0$ 表示过曲线 C_1、C_2 交点的圆.

评注：如果按常规方法求解：本题则是先求交点再求圆的方程，这显然较繁，也较难，巧用曲线系方程来求解，能起到事半功倍的效果！

例 6　已知三角形三边所在直线方程为 $x-6=0$，$x+2y=0$ 和 $x-2y+8=0$，求这个三角形的外接圆方程.

解：设经过三角形三顶点的二次曲线系方程为 $(x-6)(x+2y)+$

$\lambda(x+2y)(x-2y+8)+\mu(x-6)(x-2y+8)=0$，整理得 $(1+\lambda+\mu)x^2+(2-2\mu)xy-4\lambda y^2+(8\lambda+2\mu-6)x+(16\lambda+12\mu-12)y-48\mu=0$.

令 $\begin{cases}1+\lambda+\mu=-4\lambda,\\2-2\mu=0,\end{cases}$ 解得 $\begin{cases}\lambda=-\dfrac{2}{5},\\\mu=1.\end{cases}$

代入上式得 $x^2+y^2-\dfrac{9}{2}x-4y-30=0$，其中 $\left(-\dfrac{9}{2}\right)^2+(-4)^2-4\times(-30)>0$.

故这个三角形的外接圆方程是 $x^2+y^2-\dfrac{9}{2}x-4y-30=0$.

评注：若三条直线 $l_i:A_ix+B_iy+C_i=0(i=1,2,3)$ 相交于不共线三点 $P_i(i=1,2,3)$，则二次曲线系方程为 $(A_1x+B_1y+C_1)(A_2x+B_2y+C_2)+\lambda(A_1x+B_1y+C_1)(A_3x+B_3y+C_3)+\mu(A_2x+B_2y+C_2)(A_3x+B_3y+C_3)=0(\lambda,\mu$ 为参数) 表示过 $P_i(i=1,2,3)$ 三点的所有二次曲线方程.

有关曲线系问题是高中数学教学中重要而又难以掌握的问题，对于这些，如果解决问题的方法不当，运算则繁杂，学生极易产生畏惧心理. 因此掌握并合理、恰当地运用曲线系方程不仅是解析几何学习的必要，而且对培养学生思维的灵活性、创造性也有着独到的作用！

8.17 极限思想在解析几何中的妙用

所谓极限思想，是指用极限概念分析问题和解决问题的一种数学思想，它实质上是特值法的延伸，即极限思想能让我们从有限认识无限，从已知认识未知，从近似认识精确的一种数学思想．运用极限思想求解一些解析几何问题，往往可以避开一些抽象而又复杂的运算，不仅降低解题难度，还可以优化解题思路，起到事半功倍的效果！

例 1 已知曲线 $C_1 : y = \cos 2x (x \in \mathbf{R})$ 和 $C_2 : x^2 + \left(y + r - \dfrac{1}{2}\right)^2 = r^2 (r > 0)$，它们的交点最多有（ ）．

A. 2 个   B. 4 个   C. 6 个   D. 无穷多个

解：$C_1 : y = \cos 2x (x \in \mathbf{R})$ 是周期 $T = \pi$ 的余弦曲线沿 x 轴向左右两侧无限伸展，$C_2 : x^2 + \left(y + r - \dfrac{1}{2}\right)^2 = r^2 (r > 0)$ 为圆心在 $\left(0, \dfrac{1}{2} - r\right)$，半径为 r 的圆，当 r 逐渐增大时，夹在区间 $y \in (0, 1)$ 的一段圆弧也逐渐增长，曲线 C_1 与 C_2 的交点也逐渐增多，当 $r \to +\infty$ 时夹在区间 $y \in (0, 1)$ 的一段圆弧趋向于直线 $y = \dfrac{1}{2}$，故曲线 C_1 与 C_2 的交点趋向无穷多个．故选 D.

评注：本题问的是曲线 C_1 与 C_2 交点最多有多少个，这里的 $r (r > 0)$ 不能认为是一个确定的常数，而应该把问题放在动态背景下研究，借助 r 的极限状态解题．

例 2 求与已知圆 $x^2 + y^2 - 4x - 8y + 15 = 0$ 相切于点 $(3, 6)$，且经过点 $(5, 6)$ 的圆的方程．

解：视切点 $(3, 6)$ 为圆 $(x - 3)^2 + (y - 6)^2 = r^2$ 当 $r \to 0$ 时的"点圆"：$(x - 3)^2 + (y - 6)^2 = 0$．设所求圆的方程为 $(x - 3)^2 + (y - 6)^2 + \lambda(x^2 + y^2 - 4x - 8y + 15) = 0$ ①．

将点 $(5, 6)$ 的坐标代入①，求得 $\lambda = -\dfrac{1}{2}$．又将 $\lambda = -\dfrac{1}{2}$ 代入①并整理，得所求圆的方程为 $x^2 + y^2 - 8x - 16y + 75 = 0$．

评注：本题解法中利用了极限思想，从辩证的角度将点 $(3, 6)$ 看成 $r \to 0$ 时的圆 $(x - 3)^2 + (y - 6)^2 = r^2$，于是①可视为过两圆交点的圆系方程．

例 3 求已知离心率 $e = \dfrac{2\sqrt{5}}{5}$，过点 $(1, 0)$ 且与直线 $l : 2x - y + 3 = 0$ 相切于

$P\left(-\dfrac{2}{3},\dfrac{5}{3}\right)$, 长轴平行于 y 轴的椭圆方程.

解: 设椭圆的长半轴长为 a, 短半轴长为 b, 则离心率 $e=\sqrt{1-\left(\dfrac{b}{a}\right)^2}=$ $\dfrac{2\sqrt{5}}{5}\Rightarrow a^2=5b^2$. 设长轴平行于 y 轴的椭圆系方程为 $\left(x+\dfrac{2}{3}\right)^2+\dfrac{1}{5}\left(y-\dfrac{5}{3}\right)^2=$ $t(t>0)$, 把点 $P\left(-\dfrac{2}{3},\dfrac{5}{3}\right)$ 看作当 $t\to 0$ 时的极限情形的"点椭圆", 则与直线 l: $2x-y+3=0$ 相切于 P 点的椭圆系, 即过直线 l 和"点椭圆"的公共点的椭圆系方程为 $\left(x+\dfrac{2}{3}\right)^2+\dfrac{1}{5}\left(y-\dfrac{5}{3}\right)^2+\lambda(2x-y+3)=0$. 将点 $(1,0)$ 坐标代入上式, 求得 $\lambda=-\dfrac{2}{3}$. 故所求椭圆的方程为 $x^2+\dfrac{y^2}{5}=1$.

评注: 这里的 $t\to 0$ 具有一种退化的思想, 即将点 $P\left(-\dfrac{2}{3},\dfrac{5}{3}\right)$ 看作在极限状态下退化的椭圆 $\left(x+\dfrac{2}{3}\right)^2+\dfrac{1}{5}\left(y-\dfrac{5}{3}\right)^2=t(t>0)$, 利用椭圆系方程 $\left(x+\dfrac{2}{3}\right)^2+\dfrac{1}{5}\left(y-\dfrac{5}{3}\right)^2+\lambda(2x-y+3)=0$, 问题迎刃而解.

例 4 双曲线 $x^2-y^2=1$ 的左焦点为 F, 点 P 为左下半支异于顶点 A 的任意一点, 则直线 PF 斜率的变化范围是(　　).

A. $(-\infty,-1)\bigcup(1,+\infty)$ 　　　　B. $(-\infty,0)$

C. $(-\infty,0)\bigcup(1,+\infty)$ 　　　　D. $(1,+\infty)$

解: 如图 8.47 所示, 当 $P\to A$ 时, PF 的斜率 $k\to$ 0, 且 $k<0$; 当 $PF\perp x$ 轴时, PF 的斜率不存在, 即 $k\to\pm\infty$; 当 P 在无穷远处时, PF 的斜率趋向于渐近线的斜率, 即 $k\to 1$, 且 $k>1$. 结合四个选项知选 C.

评注: 解题灵感的产生, 往往来自对各种极端情形的尝试, 极限思想方法既是一种解题方法, 同时也是一种思维方法. 本题正是利用几种极限位置的探究, 使问题获解.

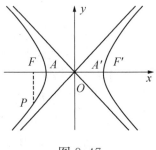

图 8.47

例 5 已知双曲线方程 $\dfrac{x^2}{4}-\dfrac{y^2}{4}=1$, 则 $\dfrac{1}{x^2}-\dfrac{y}{x}$ 的取值范围是(　　).

A. $(-1,1)$ 　　　　　　B. $(-\infty,-1]$

C. $(-\infty,0)\bigcup(0,+\infty)$ 　　　　D. $(-\infty,-2]\bigcup[2,+\infty)$

解: $\because|x|\geqslant 2$, $\therefore 0<\dfrac{1}{x^2}\leqslant\dfrac{1}{4}$, $\dfrac{y}{x}$ 表示双曲线上点 (x,y) 与原点连线的斜

率，由对称性，不妨设 $x > 0$，当 $x \to +\infty$ 时，$\left|\dfrac{y}{x}\right|$ 趋近于双曲线的渐近线斜率的绝对值，即 $\left|\dfrac{y}{x}\right| \to 1$，且 $\left|\dfrac{y}{x}\right| < 1$，$\therefore -1 < \dfrac{y}{x} < 1$，$-1 < \dfrac{1}{x^2} - \dfrac{y}{x} < \dfrac{5}{4}$，四个选项中只有 $(-1, 1) \subseteq \left(-1, \dfrac{5}{4}\right)$. 故选 A.

评注：利用极限法及数形结合可知，当 $x \to +\infty$ 时，$\left|\dfrac{y}{x}\right|$ 趋近于双曲线的渐近线斜率的绝对值，且 $\left|\dfrac{y}{x}\right| < 1$. 给问题的解决带来了转机，也彰显出极限法解题的神奇功效和无穷魅力！

例 6　过抛物线 $y = ax^2 (a > 0)$ 的焦点 F 作一直线交抛物线于 P、Q 两点，若线段 PF、QF 的长分别是 p, q，则 $\dfrac{1}{p} + \dfrac{1}{q}$ 等于（　　）.

A. $2a$　　　　　B. $\dfrac{1}{2a}$　　　　　C. $4a$　　　　　D. $\dfrac{4}{a}$

解：抛物线 $x^2 = \dfrac{1}{a} y (a > 0)$ 的焦点 $F\left(0, \dfrac{1}{4a}\right)$. 设 PQ 绕焦点 F 无限逼近 y 轴，这时 $p \to \dfrac{1}{4a}$，而 $q \to +\infty$，$\dfrac{1}{q} \to 0$，$\therefore \dfrac{1}{p} + \dfrac{1}{q} \to 4a$. 故选 C.

评注：本题若先设出直线方程，再利用直线方程与抛物线方程联立，借用抛物线的焦半径公式求解，则小题大做了. 另外，本题也可巧用当 $PQ /\!/ x$ 轴时的特殊位置求解. 作为选择题妙用极限思想方法求解，方法新颖，解法独特，简洁明了.

例 7　用极限的方法证明抛物线不存在渐近线.

证明：如图 8.48 所示，假设抛物线 $y^2 = 2px (p > 0)$ 存在渐近线 $y = kx + b$，设 $A(x, y)$ 为抛物线上任意一点，A' 为渐近线 $y = kx + b$ 上与 A 有相同横坐标的点，设 $A'(x, y_0)$，则有 $y = \pm\sqrt{2px}$，$y_0 = kx + b$，$\therefore |y_0 - y| = \left|kx + b \mp \sqrt{2px}\right|$

$$= |x| \cdot \left|k + \dfrac{b}{x} \mp \sqrt{\dfrac{2p}{x}}\right| \quad ①.$$

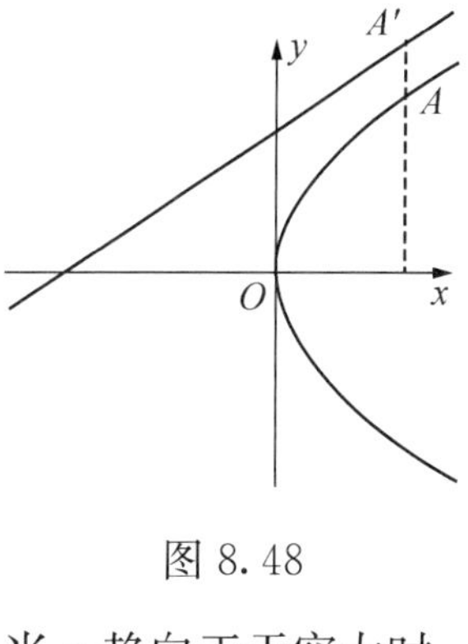

由渐近线定义可知，当 x 趋向于无穷大时，抛物线与渐近线间距离将趋近于零，即 $|y_0 - y| \to 0$. 但在①中，当 x 趋向于无穷大时，若 $k = 0$，则 $|y_0 - y| = \left|b \mp \sqrt{2px}\right| \to +\infty$；若 $k \neq 0$，则 $|y_0 - y| = \left|kx + b \mp \sqrt{2px}\right| = |x| \cdot \left|k + \dfrac{b}{x} \mp \sqrt{\dfrac{2p}{x}}\right| = \dfrac{\left|k + \dfrac{b}{x} \mp \sqrt{\dfrac{2p}{x}}\right|}{\left|\dfrac{1}{x}\right|} \to +\infty$. 故总有

图 8.48

$|y_0 - y| \rightarrow +\infty$，出现矛盾. 假设不成立，因此抛物线不存在渐近线.

评注：本题是将研究的对象及过程引向极端状态进行分析，即研究当 $x \rightarrow +\infty$ 时，$|y_0 - y|$ 的变化趋势，让我们从有限中认识了无限，从量变中认识了质变.

极限思想在解析几何中的应用是十分广泛的，但极限思想并不是万能的，在解析几何中能否考虑用极限思想方法解题，首先要看问题中某一类变量或图形元素运动变化的特征等. 极限思想不仅有利于培养学生的创新能力和实践能力，同时也能提高中学生的数学核心素养，因此在平时的教学中我们要予以重视.

8.18 利用导数解决与中点弦有关的问题

直线与圆锥曲线相交所得弦的中点问题，是解析几何中的重要内容之一，也是高考的一个热点问题．解决圆锥曲线的中点弦问题的一般方法是：联立直线和圆锥曲线的方程，借助于一元二次方程的根的判别式、根与系数的关系、中点坐标公式及参数法求解，这种解法还是比较烦琐的．导数进入中学数学后，丰富了中学数学知识和解法，给许多繁难问题提供了一种通用的解题方法，也给许多常规问题的解法提供了新的视角．利用导数解决与中点弦有关的问题，就是导数的一个创新应用．

1. 基本方法

若以椭圆 $\dfrac{x^2}{a^2}+\dfrac{y^2}{b^2}=1(a>b>0)$ ①图形的中心为中心，按比例缩小图形，则一定存在一个缩小的椭圆与弦 AB 中点 $P(x_0,y_0)$ 相切(图 8.49)，即缩小的椭圆切线段 AB 是原椭圆以 P 为中点的弦．此时缩小的椭圆方程设为 $\dfrac{x^2}{(\lambda a)^2}+\dfrac{y^2}{(\lambda b)^2}=1$ ②．

①和②两方程两边对 x 求导，得到 y 对 x 的导数结果是相同的．

利用导数的几何意义，把二次曲线方程看作：y 是 x 的函数，利用隐函数求导法则，将 $\dfrac{x^2}{(\lambda a)^2}+\dfrac{y^2}{(\lambda b)^2}=1$ 两边对 x 求导，有 $\dfrac{2x}{\lambda^2 a^2}+\dfrac{2y\cdot y'_x}{\lambda^2 b^2}=0\Rightarrow y'_x=-\dfrac{b^2 x}{a^2 y}$，则缩小的椭圆上点 (x_0,y_0) 处的切线方程是 $y-y_0=-\dfrac{b^2 x_0}{a^2 y_0}(x-x_0)\Rightarrow \dfrac{x_0 x}{a^2}+\dfrac{y_0 y}{b^2}=\lambda^2$．此为椭圆 $\dfrac{x^2}{a^2}+\dfrac{y^2}{b^2}=1(a>b>0)$ 以 $P(x_0,y_0)$ 为中点的弦所在直线的方程.

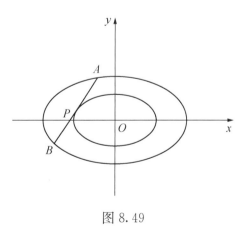

图 8.49

2. 应用举例

1）求弦的中点坐标

例 1 求直线 $y=x-1$ 被抛物线 $y^2=4x$ 截得线段的中点的坐标.

解： 设抛物线 $y^2=4x$ 弦的中点坐标为 (x_0,y_0)，由 $y^2=4x$ 两边同时对 x 求导，$2y \cdot y_x'=4 \Rightarrow y'|_{x=x_0,y=y_0}=\dfrac{2}{y_0}$. $\because$ 弦所在直线 $y=x-1$ 的斜率为 1，$\therefore \dfrac{2}{y_0}=1 \Rightarrow y_0=2$，又 $y_0=x_0-1 \Rightarrow x_0=3$，$\therefore$ 所求弦的中点的坐标是 $(3,2)$.

评注： 利用 $y^2=4x$ 中 y 对 x 的导函数，在弦中点 (x_0,y_0) 处导数值等于弦的斜率，从而求得 y_0，进而求得 x_0.

2）求中点弦所在的直线方程

例 2 已知双曲线 $x^2-\dfrac{y^2}{2}=1$，经过点 $M(1,1)$ 能否作一条直线 l，使 l 与双曲线交于 A、B 两点，且点 M 是线段 AB 的中点. 若存在这样的直线 l，求出它的方程；若不存在，请说明理由.

解： 把 $x^2-\dfrac{y^2}{2}=1$ 看作 y 关于 x 的函数，等式两边同时对 x 求导得 $2x-y \cdot y_x'=0 \Rightarrow y_x'=\dfrac{2x}{y}$. 又 $\begin{cases} x=1, \\ y=1, \end{cases}$ $\therefore l$ 的斜率 $k_l=y_x'=2$，$\therefore$ 直线 l 的方程是 $y-1=2(x-1)$，即 $2x-y-1=0$.

由 $\begin{cases} 2x-y-1=0, \\ x^2-\dfrac{y^2}{2}=1 \end{cases}$ 消去 y，得 $2x^2-4x+3=0$，$\therefore \Delta=(-4)^2-4 \times 2 \times 3=-8<0$. 这说明直线 AB 与双曲线不相交，故被点 M 平分的弦不存在，即不存在这样的直线 l.

评注： 这是一道探索性习题，一般方法是假设存在这样的直线，求出直线方程，然后验证它是否满足题设的条件. 本题如果忽视对判别式的考察，将得出错误的结果，请务必小心. 由此题可看到中点弦问题中判断点 M 的位置非常重要：①若点 M 在双曲线弧内，则被点 M 平分的弦一般是存在的；②若点 M 在双曲线弧外，则被点 M 平分的弦有可能不存在.

3）求弦的中点轨迹方程

例 3 已知椭圆 $\dfrac{y^2}{75}+\dfrac{x^2}{25}=1$，求它的斜率为 3 的弦中点的轨迹方程.

解： 设弦 PQ 的中点 $M(x,y)$，方程 $\dfrac{y^2}{75}+\dfrac{x^2}{25}=1$ 两边同时对 x 求导得 $\dfrac{2y \cdot y_x'}{75}$

$+\dfrac{2x}{25}=0\Rightarrow y'_x=-\dfrac{3x}{y}$，又弦所在的直线斜率为 3，$\therefore-\dfrac{3x}{y}=3\Rightarrow x+y=0$.

由 $\begin{cases}x+y=0,\\\dfrac{y^2}{75}+\dfrac{x^2}{25}=1\end{cases}$ 得 $P\left(-\dfrac{5\sqrt3}{2},\dfrac{5\sqrt3}{2}\right)$，$Q\left(\dfrac{5\sqrt3}{2},-\dfrac{5\sqrt3}{2}\right)$. $\because$ 点 M 在椭圆内，

$\therefore$ 它的斜率为 3 的弦中点的轨迹方程为 $x+y=0\left(-\dfrac{5\sqrt3}{2}<x<\dfrac{5\sqrt3}{2}\right)$.

评注：注意弦的中点总在椭圆内，故弦中点的轨迹是直线 $x+y=0$ 位于椭圆内部的一段.

4）求与中点弦有关的圆锥曲线方程

例4 已知中心在原点，一焦点为 $F(0,5\sqrt2)$ 的椭圆被直线 $l:y=3x-2$ 截得的弦的中点的横坐标为 $\dfrac{1}{2}$，求椭圆的方程.

解：依题意设椭圆的方程为 $\dfrac{y^2}{a^2}+\dfrac{x^2}{b^2}=1(a>b>0)$，则 $a^2-b^2=50$ ①.

弦的中点 $M(x_0,y_0)$，依题意 $x_0=\dfrac{1}{2}$，又 $y_0=3x_0-2=3\times\dfrac{1}{2}-2=-\dfrac{1}{2}$，

$\therefore M\left(\dfrac{1}{2},-\dfrac{1}{2}\right)$.

将方程 $\dfrac{y^2}{a^2}+\dfrac{x^2}{b^2}=1$ 两边同时对 x 求导得 $\dfrac{2y\cdot y'_x}{a^2}+\dfrac{2x}{b^2}=0$，$\therefore y'_x=-\dfrac{a^2x_0}{b^2y_0}=\dfrac{a^2}{b^2}$，又直线 $l:y=3x-2$ 的斜率为 $k_l=3$，$\therefore\dfrac{a^2}{b^2}=3\Rightarrow a^2=3b^2$ ②.

联立①和②，解得 $a^2=75$，$b^2=25$.

故所求椭圆的方程是 $\dfrac{y^2}{75}+\dfrac{x^2}{25}=1$.

评注：利用方程中 $\dfrac{y^2}{a^2}+\dfrac{x^2}{b^2}=1$ 的 y 对 x 的导函数，在弦中点的导数值等于弦所在直线 l 的斜率，找出 a,b 的一个等式关系是解决本题的关键.

5）求与中点弦有关的参数范围

例5 若抛物线 $x^2=y$ 上不存在关于直线 $y=m(x-3)$ 对称的两点，求实数 m 的取值范围.

解：(1)当 $m=0$ 时，曲线上不存在关于直线 $y=0$ 对称的两点.

(2)当 $m\neq0$ 时，假设存在关于直线对称的两点，设这两点的中点为 $M(a,b)$，则 M 必在抛物线 $x^2=y$ 内，$\therefore a^2<b$.

将 $x^2=y$ 两边对 x 求导，得 $2x=y'_x$，$\therefore$ 中点弦的斜率为 $k=2a=-\dfrac{1}{m}$.

将点 M 的坐标 (a,b) 代入 $y=m(x-3)$，得 $b=m(a-3)$.

由 $\begin{cases} a^2 < b, \\ 2a = -\dfrac{1}{m}, \\ b = m(a-3) \end{cases}$ 得 $12m^3 + 2m^2 + 1 < 0$，即 $(2m+1)(6m^2 - 2m + 1) < 0$.

又 $6m^2 - 2m + 1 > 0$ 恒成立，$\therefore 2m + 1 < 0 \Rightarrow m < -\dfrac{1}{2}$，

$\therefore$ 当 $m \geqslant -\dfrac{1}{2}$（$m \neq 0$）时满足题意.

故 m 的取值范围是 $\left[-\dfrac{1}{2}, +\infty\right)$.

评注：本题利用了"正难则反"的思想方法解题，也就是正面求 m 的范围较困难，可先求满足题设反面的 m 的取值范围，然后注意"取补"即可.

注：关于圆中的中点弦问题同样可以考虑利用导数来解决.

利用导数解决与中点弦有关的问题，可避免冗长的推理和运算，大大降低难度，使解题过程简洁明了.

第9章 排列、组合与二项式定理

知识点导语

1. 排列、组合应用问题的解题策略.

(1)特殊元素优先考虑，特殊位置优先安排的策略. ①以元素为主考虑，即先满足特殊元素的要求，再考虑其他元素；②以位置为主考虑，即先满足特殊位置的要求，再考虑其他位置；③先不考虑限制条件，计算出排列或组合数，再减去不合要求的排列或组合数.

(2)合理分类与准确分步的策略.

(3)排列、组合混合问题先选后排的策略.

(4)正难则反，等价转化的策略.

(5)相邻问题捆绑处理的策略.

(6)不相邻问题插空处理的策略.

(7)定序问题除法处理的策略.

(8)分排问题直排处理的策略.

(9)"小集团"排列问题中先整体后局部的策略.

(10)构造模型的策略.

2. 二项式定理

在 $(a+b)^n$ 的二项展开式的通项 $T_{r+1}=C_n^r a^{n-r}b^r(n\in \mathbf{N},0\leqslant r\leqslant n,r\in \mathbf{Z})$ 中，含有 n,r,a,b,T_{r+1} 五个元素，在有关问题中，常遇到已知其中若干个元素，求其余元素或与其有关的量的问题，这类问题通常利用通项公式列出方程(或方程组)，再解之.

(1)求二项展开式中的指定项问题：方法主要是运用二项展开式的通项公式.

(2)求二项展开式中的多个系数和的问题：此类问题多用赋值法.

(3)要注意二项式系数与项的系数的区别与联系.

(4)要注重二项展开式的逆运算.

9.1 浅谈排列组合问题的求解策略

在解决排列组合问题的过程中，常出现的现象：解完题后自我感觉良好，但答案却是错误的，原因有：此类问题比较复杂，不知从何下手；题型较多，不知用何方法；易重复，常遗漏，却不知重复、遗漏在何处，解答方法更是灵活多变，抽象难懂，富于变化. 稍有不慎极易出错. 由于解题方法不通用，很有必要归纳总结，形成技能，供大家参考.

1. 解含有特殊元素、特殊位置的问题——采用特殊优先安排的策略

例1 某市拟从 4 个重点项目和 6 个一般项目中各选 2 个项目作为本年度启动的项目，则重点项目 A 和一般项目 B 至少有一个被选中的不同选法种数是(   ).
  A. 15   B. 45   C. 60   D. 75

解：用直接法：$C_3^1 C_5^1 + C_3^1 C_5^2 + C_3^2 C_5^1 = 15 + 30 + 15 = 60$. 用间接法：$C_4^2 C_6^2 - C_3^2 C_5^2 = 90 - 30 = 60$. 故选 C.

评注：对于带有特殊元素的排列问题，一般应先考虑特殊元素、特殊位置，再考虑其他元素与其他位置，这就是解题过程中的一种主元思想.

2. 解含有约束条件的排列组合问题——采用合理分类与准确分步的策略

例2 如图 9.1 所示，一环形花坛分成 A、B、C、D 四块，现有 4 种不同的花供选种，要求在每块里种 1 种花，且相邻的 2 块种不同的花，则不同的种法总数为(   ).

  A. 96   B. 84   C. 60   D. 48

图 9.1

解法1：分三类：①种两种花，A、C 同色，B、D 同色，有 A_4^2 种种法；②种三种花，A、C 同色或 B、D 同色，有 $2A_4^3$ 种种法；③种四种花，有 A_4^4 种种法. 共有 $A_4^2 + 2A_4^3 + A_4^4 = 84$.

故选 B.

解法2：按 $A-B-C-D$ 顺序种花，可分 A、C 同色与不同色，有 $4 \times 3 \times (1 \times 3 + 2 \times 2) = 84$.

例3 有 8 张卡片分别标有数字 1,2,3,4,5,6,7,8,从中取出 6 张卡片排成 3 行 2 列，要求 3 行中仅有中间行的两张卡片上的数字之和为 5，则不同的排法共

有(   ).

    A. 1344 种   B. 1248 种   C. 1056 种   D. 960 种

解：首先确定中间行的数字只能为 1、4 或 2、3，共有 $C_2^1 A_2^2 = 4$（种）排法．然后确定其余 4 个数字的排法数．用总数 $A_6^4 = 360$ 去掉不合题意的情况数：中间行数字和为 5，还有一行数字和为 5，有 4 种排法，余下两个数字有 $A_4^2 = 12$（种）排法．此时余下的这 4 个数字共有 $360 - 4 \times 12 = 312$（种）方法．由乘法原理可知共有 $4 \times 312 = 1248$（种）不同的排法．故选 B.

评注：解含有约束条件的排列组合问题，应按元素的性质进行分类，按事件发生的连贯过程分步，做到分类标准明确、分步层次清楚，不重复不遗漏．

3. 解排列组合混合问题——采用先选后排的策略

例4   4 个不同小球放入编号为 1,2,3,4 的四个盒子，则恰有一个空盒的放法有_____种.

解：这是一个排列与组合的混合问题．∵ 恰有一个空盒，∴ 必有一个盒子要放 2 个球，故可分两步进行．第一步选，从 4 个球中任选 2 个球，有 C_4^2 种选法．从 4 个盒子中选出 3 个，有 C_4^3 种选法．第二步排列，把选出的 2 个球视为一个元素，与其余的 2 个球共 3 个元素对选出的 3 个盒子作全排列，有 A_3^3 种排法．所以满足条件的放法共有 $C_4^2 C_4^3 A_3^3 = 144$（种）．

例5   5 名乒乓球队员中，有 2 名老队员和 3 名新队员．现从中选出 3 名队员排成 1,2,3 号参加团体比赛，则入选的 3 名队员中至少有一名老队员，且 1,2 号中至少有 1 名新队员的排法有_____种．（以数作答）

解：两老一新时，有 $C_3^1 \times C_2^2 A_2^2 = 12$（种）排法；两新一老时，有 $C_2^1 C_3^2 \times A_3^3 = 36$（种）排法．故共有 48 种排法．

评注：对于排列与组合的混合问题，可采取先选出元素，后进行排列的策略．

4. 正难则反、等价转化策略

例6   四面体的顶点和各棱中点共 10 个点，在其中取 4 个不共面的点，不同取法有(   )种

    A. 210   B. 150   C. 144   D. 141

解：采用正难则反的思想求解． 4 个面中 6 个点取 4 个点有 $4C_6^4$ 种取法，3 组 4 条棱的中点 $3C_4^4$ 种取法，一条棱上三点和对棱中点有 6 组，$6C_4^4$ 种取法．故不同取法有 $C_{10}^4 - 4C_6^4 - 3 - 6 = 141$（种）．

故选 D.

例 7 把正方形的四个顶点、四边中点以及中心都用线段连接起来,则以这 9 个点中的 3 点为顶点的三角形的个数是(   ).

A. 54   B. 76   C. 81   D. 84

解:$C_9^3 - 8 = 76$. 故选 B.

评注:对某些排列组合问题,当从正面入手情况复杂、不易解决时,可考虑从反面入手,将其等价转化为一个较简单的问题来处理. 即采用先求总的排列数(或组合数),再减去不符合要求的排列数(或组合数),从而使问题获得解决. 其实这就是补集的思想.

5. 解相邻问题"捆绑"法;不相邻问题"插入"法

例 8 用 1,2,3,4,5,6 组成没有重复数字的六位数,要求任何相邻两个数字的奇偶性不同,且 1 和 2 相邻,这样的六位数的个数是_____(用数字作答).

解:依题意先排除 1 和 2 的剩余 4 个元素有 $2A_2^2 \cdot A_2^2 = 8$(种)方案,再向这排好的 4 个元素中插入 1 和 2 捆绑的整体,有 A_5^1 种插法,∴不同的安排方案共有 $2A_2^2 \cdot A_2^2 \cdot A_5^1 = 40$(种).

评注:对于某几个元素不相邻的排列问题,可先将其他元素排列好,然后再将不相邻的元素在这些排好的元素之间及两端的空隙中插入.

例 9 记者要为 5 名志愿者和他们帮助的 2 位老人拍照,要求排成一排,2 位老人相邻但不排在两端,不同的排法共有(   ).

A. 1440 种   B. 960 种   C. 720 种   D. 480 种

解:5 名志愿者先排成一排,有 A_5^5 种方法,2 位老人作一组插入其中,且两位老人有左右顺序,共有 $A_2^2 A_4^1 A_5^5 = 960$(种)不同的排法. 故选 B.

评注:对于某几个元素要求相邻的排列问题,可先将相邻的元素"捆绑"起来看作一个元素与其他元素排列,然后再在相邻元素之间排列. 事实上,这种方法就是将相邻的某几个元素优先考虑. 让这些特殊元素合成一个元素,与普通元素排列后,再松绑.

6. 解定序问题——可采用除法策略

例 10 有 9 个人坐成一排,现要调换 3 人的位置,其余 6 人位置不动,调换方法共有(   )种

A. 168   B. 84   C. 504   D. 1208

解:三人调换只有 2 种方式,$2 \cdot \dfrac{A_9^3}{A_3^3} = 168$(或 $2C_9^3 = 168$).

故选 A.

例 11 书架上原排放有 6 本不同的书，现在再插放上 3 本不同的书，但要求原有书的相对顺序不变，不同的插放法有多少种？

解：$\dfrac{A_9^9}{A_6^6} = A_9^3 = 504$.

评注：对于某几个元素顺序一定的排列问题，可先把这几个元素与其他元素一同进行排列，然后用总排列数除以这几个元素的全排列数，这其实就是局部有序问题，利用除法来"消序". 本题也可采用"插入"法，不同的插放法有 $7 \times 8 \times 9 = 504$(种).

7. 解较复杂的排列问题——采用构造型策略

例 12 将 6 本相同的书全部发给甲、乙、丙三个人，每人至少 1 本，有多少种不同的发放方法？

分析：这是一类无约束条件类型的隔板问题，操作的要点有两个：一是判断是否符合隔板法，二是若符合则正确运用隔板法.

解：采用隔板法，6 本书中间形成 5 个空隙，隔 2 次，于是发放方法有 $C_5^2 = 10$(种).

例 13 把 20 个相同的小球放入编号为 1,2,3 的三个盒子中，使得每个盒子中球数不少于它的编号，则不同的方法有_____种.

解：在编号为 1,2,3 的三个盒子中，分别先放 0,1,2 个球，还有 17 个球，16 个空档，然后用隔板法，$\therefore C_{16}^2 = 120$.

评注："隔"的策略是排列与组合中一种较典型的方法，它在解决诸如名额分配、方程解组数这类问题题上有独特的作用，此法也称为"隔板法".

例 14 圆周上有 20 个点，每两点连线构成弦，两弦交点在圆内的点最多有_____个.

解：每四个点构成一个四边形，其对角线交点在圆内，若没有重复点，则最多有 C_{20}^4 个.

评注：对有些较复杂的排列问题，有时可通过构造一个相应的模型来处理.

8. 解允许重复排列问题——采用"住店"转化策略

例 15 七名学生争夺五项冠军，获得冠军的可能的种数有( ).

A. 7^5 B. 5^7 C. A_7^5 D. C_7^5

解：因同一学生可同时夺得几项冠军，故学生可重复排列. 将七名学生看作七家"店"，五项冠军看作 5 名"客". 每个"客"有 7 种住宿法，由乘法原理得 7^5 种. 故选 A.

评注：解决"允许重复排列问题"要注意区分两类元素：一类元素可以重复，另一类不能重复．把不能重复的元素看作"客"，能重复的元素看作"店"，再利用乘法原理直接求解的方法称为"住店法"．

9. 平均分组问题

例16 6本不同的书，按下列要求各有多少种不同的选法：

(1)分给甲、乙、丙三人，每人2本；

(2)分为三份，每份2本；

(3)分为三份，一份1本，一份2本，一份3本；

(4)分给甲、乙、丙三人，一人1本，一人2本，一人3本；

(5)分给甲、乙、丙三人，每人至少1本．

解：(1)根据分步计数原理有 $C_6^2C_4^2C_2^2=90$（种）方法．

(2)这是"平均分组"问题，分给甲、乙、丙三人，每人两本有 $C_6^2C_4^2C_2^2$ 种方法，这个过程可以分两步完成：第一步分为三份，每份两本，设有 x 种方法；第二步再将这三份分给甲、乙、丙三名同学有 A_3^3 种方法．根据分步计数原理可得 $C_6^2C_4^2C_2^2=xA_3^3$，$\therefore x=\dfrac{C_6^2C_4^2C_2^2}{A_3^3}=15$．

因此，分为三份，每份两本一共有15种方法．

(3)这是"不均匀分组"问题，一共有 $C_6^1C_5^2C_3^3=60$（种）方法．

(4)这是"分配"问题，在(3)的基础上再进行全排列，故一共有 $C_6^1C_5^2C_3^3A_3^3=360$（种）方法．

(5)可以分为三类情况：①"2，2，2型"即(1)中的分配情况，有 $C_6^2C_4^2C_2^2=90$（种）方法；②"1，2，3型"即(4)中的分配情况，有 $C_6^1C_5^2C_3^3A_3^3=360$（种）方法；③"1，1，4型"，有 $C_6^4A_3^3=90$（种）方法．

因此，一共有 $90+360+90=540$（种）方法．

评注：本题主要解决"分配"问题［如(1)，(4)，(5)］与"分组"问题［如(2)，(3)］，以及"平均分"与"不平均分"的问题，这是两类极易混淆的问题，关键是理解分配是讲究顺序，而分组则是不计较次序的．

10. 利用比例关系求解排列组合问题

例17 将数字"287865"重新排列后得到不同的偶数个数为（ ）

    A. 72   B. 120   C. 192   D. 240

解：由于这6个数字，偶数占4个，每个数字在个位都是等可能的，且数字8，8重复，利用奇、偶数字所占比例关系，于是得"287865"重新排列后得到不同

的偶数个数为：$\dfrac{4}{6}A_6^6 \cdot \dfrac{1}{A_2^2} = \dfrac{2}{3} \times 720 \times \dfrac{1}{2} = 240$. 故选 D.

例 18 某校迎新晚会上有 6 个节目，考虑整体效果，对节目演出顺序有如下要求，节目甲必须排在前三位，且节目丙、丁必须排在一起，则该校迎新晚会节目演出顺序的编排方案共有( )种

A. 120　　　　B. 156　　　　C. 188　　　　D. 240

解：若节目丙、丁捆绑在一起，其余节目任意排有 $A_2^2 A_5^5$ 种，甲排在前三位和排在后三位是对称的，且是等可能的，所以比例关系各占 $\dfrac{1}{2}$，因此该校迎新晚会节目演出顺序的编排方案共有：$\dfrac{1}{2}A_2^2 A_5^5 = 120$ 种. 故选 A.

评注：一些排列、组合问题中元素在排列过程中，若占据每一个位置具有等可能性或具有对称性，我们往往可以考虑利用所占比例关系求解这类排列、组合问题.

总之，要解排列、组合的应用问题，首先要领会应用问题的基本结构、基本要求、基本思路、基本步骤，分清是排列问题还是组合问题，是分类还是分步，从中挖掘出解题的途径和思维方法，不断归纳总结解题规律，从而达到最佳的解题效果.

9.2 浅谈二项式定理的运用

二项式定理的问题相对独立，题型繁多，解法灵活，本节作较详细的总结和分析，希望对同学们学习有所帮助.

1. 利用二项式定理求展开式的某一项或指定项的系数

例 1 在 $\left(1+x+\dfrac{1}{x^{2015}}\right)^{10}$ 的展开式中，x^2 项的系数为_____（结果用数值表示）.

解：$\because \left(1+x+\dfrac{1}{x^{2015}}\right)^{10}=\left[(1+x)+\dfrac{1}{x^{2015}}\right]^{10}=(1+x)^{10}+\mathrm{C}_{10}^1\,(1+x)^9\,\dfrac{1}{x^{2015}}$ $+\cdots,\therefore x^2$ 项只能在 $(1+x)^{10}$ 展开式中，即为 $\mathrm{C}_{10}^2 x^2$，系数为 $\mathrm{C}_{10}^2=45,\therefore x^2$ 项的系数为 45.

例 2 设二项式 $(x-\sqrt{2})^n$ 的展开式中，第二项与第四项的系数之比为 $1:2$，试求含 x^2 的项.

解：$(x-\sqrt{2})^n$ 展开式的第二项与第四项分别为 $T_2=\mathrm{C}_n^1(-\sqrt{2})x^{n-1}=$ $-\sqrt{2}nx^{n-1}$，$T_4=\mathrm{C}_n^3 x^{n-3}\,(-\sqrt{2})^3=-2\sqrt{2}\mathrm{C}_n^3 x^{n-3}$.

依题意得 $\dfrac{-\sqrt{2}n}{-2\sqrt{2}\mathrm{C}_n^3}=\dfrac{1}{2}\Rightarrow n^2-3n-4=0$. 解此方程，舍去不合题意的负值，得 $n=4$.

设 $(x-\sqrt{2})^4$ 展开式中 x^2 项为第 $r+1$ 项，则 $T_{r+1}=\mathrm{C}_4^r x^{4-r}\,(-\sqrt{2})^r$.

由 $4-r=2$ 得 $r=2$，即在 $(x-\sqrt{2})^4$ 展开式中，x^2 项为 $T_3=\mathrm{C}_4^2 x^2\,(-\sqrt{2})^2$ $=12x^2$.

评注：对于求"基础型"二项展开式某项系数，直接利用通项公式即可.

例 3 设 $x=\sqrt{2}$，试问：$(1+x)^{50}$ 展开式中第几项最大？

解：设第 $r+1$ 项为 T_{r+1} 且最大，则 $\begin{cases}T_{r+1}\geqslant T_r,\\ T_{r+1}\geqslant T_{r+2}\end{cases}\Rightarrow\begin{cases}\mathrm{C}_{50}^r(\sqrt{2})^r\geqslant\mathrm{C}_{50}^{r-1}(\sqrt{2})^{r-1},\\ \mathrm{C}_{50}^r(\sqrt{2})^r\geqslant\mathrm{C}_{50}^{r+1}(\sqrt{2})^{r+1}\end{cases}\Rightarrow$ $r=29$.

故 $(1+x)^{50}$ 展开式中第 30 项最大.

评注：不能认为 $(1+x)^{50}$ 的幂指数是偶数，就说展开式的中间一项最大.

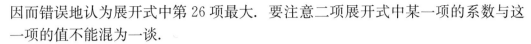

因而错误地认为展开式中第 26 项最大. 要注意二项展开式中某一项的系数与这一项的值不能混为一谈.

例 4　求 $\left(1+x+\dfrac{1}{x}\right)^4$ 的展开式中不含 x 的项.

解：$T_{r+1}=\mathrm{C}_4^r\left(x+\dfrac{1}{x}\right)^r$，$T'_{r+1}=\mathrm{C}_4^r\mathrm{C}_r^k x^{r-k}\left(\dfrac{1}{x}\right)^k=\mathrm{C}_4^r\mathrm{C}_r^k x^{r-2k}$，令 $r=2k(0\leqslant k\leqslant r\leqslant 4)$，则 $\begin{cases}k=0,\\ r=0,\end{cases}\begin{cases}k=1,\\ r=2,\end{cases}\begin{cases}k=2,\\ r=4.\end{cases}$

展开式中不含 x 的项即为常数项：$\mathrm{C}_4^0+\mathrm{C}_4^2\mathrm{C}_2^1+\mathrm{C}_4^4\mathrm{C}_4^2=19$.

例 5　求 $(x^2+3x+2)^5$ 展开式中 x 的系数.

解法 1：∵ $(x^2+3x+2)^5=[(x^2+2)+3x]^5$，

∴ 在展开式中，$\mathrm{C}_5^1\cdot 3x(x^2+2)^4\to\mathrm{C}_5^1\times 3\times 2^4=240$.

解法 2：∵ $(x+1)^5(x+2)^5=(1+\mathrm{C}_5^1x+\cdots)(2^5+\mathrm{C}_5^1\times 2^4\cdot x+\cdots)$，

∴ 展开式中的系数为 $\mathrm{C}_5^1\times 2^4+\mathrm{C}_5^1\times 2^5=240$.

解法 3：$(x^2+3x+2)^5$ 看成 5 个 (x^2+3x+2) 相乘，其中一项选 $3x$，另外 4 项选 2 相乘，于是展开式中 x 的项为 $\mathrm{C}_5^1\cdot 3x\cdot \mathrm{C}_4^4\cdot 2^4=240x$，∴ 展开式中 x 的系数为 240.

评注：对于多项式的展开问题，常通过变形，如配方、因式分解、重组等方法转化为"二项式"进行求解.

例 6　$(x^2+x+y)^5$ 的展开式中，x^5y^2 的系数为（　　）.

A. 10　　　　　　　B. 20　　　　　　　C. 30　　　　　　　D. 60

解：在 $(x^2+x+y)^5$ 的 5 个因式中，2 个取因式中 x^2，剩余的 3 个因式中 1 个取 x，其余因式取 y，故 x^5y^2 的系数为 $\mathrm{C}_5^2\mathrm{C}_3^1\mathrm{C}_2^2=30$. 故选 C.

例 7　在 $\left(\sqrt[3]{x}-\dfrac{1}{2\sqrt[3]{x}}\right)^{10}$ 展开式中，无理项的项数有（　　）.

A. 3 项　　　　　　B. 4 项　　　　　　C. 7 项　　　　　　D. 8 项

解：$T_{r+1}=\mathrm{C}_{10}^r\left(-\dfrac{1}{2}\right)^r x^{\frac{10-2r}{3}}$. 令 $\dfrac{10-2r}{3}\in\mathbf{Z}$，则 $r=2,5,8$. ∵ $\left(\sqrt[3]{x}-\dfrac{1}{2\sqrt[3]{x}}\right)^{10}$ 展开合并同类项后共有 11 项，∴ 无理项有 $11-3=8$（项）. 故选 D.

2. 利用二项式定理求幂指数 n

例 8　若 $\left(2x-\dfrac{1}{x}\right)^n$ 展开式中含 $\dfrac{1}{x^2}$ 项的系数与含 $\dfrac{1}{x^4}$ 项的系数之比为 -5，则 n 等于（　　）.

A. 4　　　　　　　B. 6　　　　　　　C. 8　　　　　　　D. 10

解：$T_{k+1} = C_n^k \left(-\dfrac{1}{x} \right)^k (2x)^{n-k} = C_n^k (-1)^k 2^{n-k} x^{n-2k}$，令 $n-2k = -2$，则 $n = 2k-2$.

$T_{r+1} = C_n^r (-1)^r 2^{n-r} x^{n-2r}$. 令 $n-2r = -4$，则 $n = 2r-4$，$\therefore r-k = 1$.

由题意得 $\dfrac{C_n^k (-1)^k 2^{n-k}}{C_n^r (-1)^r 2^{n-r}} = -5$，$\dfrac{C_n^k}{C_n^r} (-1)^{k-r} 2^{r-k} = -5$.

$\because r-k = 1$，$\therefore$ 化简得 $\dfrac{2(k+1)}{k-2} = 5$，解得 $k = 4$，$\therefore n = 6$.

故选 B.

评注：利用二项式定理求幂指数 n，主要是体现了方程思想在二项展开式中的应用，我们只要根据题目条件建立关于 n 的方程，即可获解.

3. 利用二项式定理求展开式的系数和

例 9 $(a+x)(1+x)^4$ 的展开式中 x 的奇数次幂项的系数之和为 32，则 $a = $ ____.

解：由已知得 $(1+x)^4 = 1 + 4x + 6x^2 + 4x^3 + x^4$，故 $(a+x)(1+x)^4$ 的展开式中 x 的奇数次幂项分别为 $4ax$，$4ax^3$，x，$6x^3$，x^5，其系数之和为 $4a + 4a + 1 + 6 + 1 = 32$，解得 $a = 3$.

评注：求"相乘型"二项式某项的系数的方法是"搭配法"，即先将各式展开，再将各式中的项分别搭配相乘，取满足题意的项.

例 10 $(1+x) + (1+x)^2 + \cdots + (1+x)^n$ 展开式中所有关于 x 奇次方项的系数和为 ____.

解：$\because (1+x)^k$ 展开式中关于 x 奇次方项的系数和为 2^{k-1}，故 $1 + 2 + 2^2 + \cdots + 2^{n-1} = 2^n - 1$.

评注：对于求"相加型"二项展开式某项的系数，只要将各个项式中符合特定要求的项（或其系数）分别利用通项公式求出来，再相加即可.

例 11 若 $(2x+\sqrt{3})^4 = a_0 + a_1 x + a_2 x^2 + a_3 x^3 + a_4 x^4$，则 $(a_0 + a_2 + a_4)^2 - (a_1 + a_3)^2$ 的值为 ____.

解：分别令 $x = -1$ 和 $x = 1$，得 $\begin{cases} (2-\sqrt{3})^4 = a_0 - a_1 + a_2 - a_3 + a_4, \\ (2+\sqrt{3})^4 = a_0 + a_1 + a_2 + a_3 + a_4, \end{cases}$

相乘得 $(a_0 - a_1 + a_2 - a_3 + a_4)(a_0 + a_1 + a_2 + a_3 + a_4) = \left[(2-\sqrt{3})(2+\sqrt{3}) \right]^4$，即 $(a_0 + a_2 + a_4)^2 - (a_1 + a_3)^2 = 1$.

评注：利用二项式定理求展开式的系数和的问题，一般有两种方法：一是赋值法；二是利用对应项的系数相等. 从这两个角度出发可以使很多这类问题迎刃而解.

4. 利用二项式定理求近似值

例 12　求 0.998^6 的近似值，使误差小于 0.001.

策略　$0.998^6 = (1-0.002)^6$，故可以用二项式定理来计算.

解：$\because 0.998^6 = (1-0.002)^6 = 1 + 6 \times (-0.002) + 15 \times (-0.002)^2 + \cdots + (-0.002)^6$，$\therefore T_3 = 15 \times (-0.002)^2 = 0.00006 < 0.001$，即第 3 项以后的项的绝对值都小于 0.001，$\therefore$ 从第 3 项起，以后的项可以忽略不计.

故 $0.998^6 = (1-0.002)^6 \approx 1 + 6 \times (-0.002) = 0.988$.

评注：解此问题的关键是展开式中的保留项，使其满足近似计算的精确度. 在选取展开式中保留项时，以最后一项小数位超过精确度即可，少了不符合要求，多了无用，且增加麻烦.

5. 利用二项式定理进行证明

例 13　求证：$2^{n+2} \cdot 3^n + 5n - 4 (n \in \mathbf{N}^*)$ 能被 25 整除.

证明：$\because 2^{n+2} \cdot 3^n + 5n - 4 = 4 \times 2^n \times 3^n + 5n - 4$

$= 4 \times 6^n + 5n - 4 = 4 \times (5+1)^n + 5n - 4$

$= 4(5^n + C_n^1 \times 5^{n-1} + C_n^2 \times 5^{n-2} + \cdots + C_n^{n-1} \times 5 + C_n^n) + 5n - 4$

$= 4(5^n + C_n^1 \times 5^{n-1} + C_n^2 \times 5^{n-2} + \cdots + C_n^{n-2} \times 5^2) + 25n$，

$\therefore 2^{n+2} \cdot 3^n + 5n - 4 (n \in \mathbf{N}^*)$ 能被 25 整除.

评注：利用二项式定理证明整除（或求余数）问题，通常把底数拆成与除数的倍数有关的和式.

例 14　求证：$(C_n^0)^2 + (C_n^1)^2 + (C_n^2)^2 + \cdots + (C_n^n)^2 = \dfrac{(2n)!}{n!n!}$.

策略　观察等式 $\dfrac{(2n)!}{n!n!} = C_{2n}^n$ 的特点，想到构造等式 $(1+x)^n \cdot (1+x)^n = (1+x)^{2n}$，利用同一项的系数相等进行证明.

证明：已知 $(1+x)^{2n} = (1+x)^n \cdot (1+x)^n = (C_n^0 + C_n^1 x + C_n^2 x^2 + \cdots + C_n^n x^n)(C_n^0 + C_n^1 x + C_n^2 x^2 + \cdots + C_n^n x^n)$，$(C_n^0 C_n^n + C_n^1 C_n^{n-1} + C_n^2 C_n^{n-2} + \cdots + C_n^r C_n^{n-r} + \cdots C_n^n C_n^0) x^n$ 与 $(1+x)^{2n}$ 的展开式中 x^n 的系数 C_{2n}^n 相等，即 $C_n^0 C_n^n + C_n^1 C_n^{n-1} + C_n^2 C_n^{n-2} + \cdots + C_n^r C_n^{n-r} + \cdots + C_n^n C_n^0 = C_{2n}^n$.

又 $C_n^0 C_n^n + C_n^1 C_n^{n-1} + \cdots + C_n^r C_n^{n-r} + \cdots + C_n^n C_n^0 = (C_n^0)^2 + (C_n^1)^2 + \cdots + (C_n^n)^2$，

故 $(C_n^0)^2 + (C_n^1)^2 + (C_n^2)^2 + \cdots + (C_n^n)^2 = \dfrac{(2n)!}{n!n!}$.

评注：对于本题的解决，基于对等式的认真观察分析基础之上，充分利用展开式系数的特点，进行合理构造.

例 15 求证：$2 < \left(1+\dfrac{1}{n}\right)^n < 3(n \in \mathbf{N}^*, n \geqslant 2)$.

策略 $\left(1+\dfrac{1}{n}\right)^n = 1 + C_n^1 \dfrac{1}{n} + C_n^2 \dfrac{1}{n^2} + \cdots + C_n^n \dfrac{1}{n^n}$，联想借助放缩法来证明.

证明：$\left(1+\dfrac{1}{n}\right)^n = 1 + C_n^1 \dfrac{1}{n} + C_n^2 \dfrac{1}{n^2} + \cdots + C_n^n \dfrac{1}{n^n}$.

∵各项均是正数，且 $n \in \mathbf{N}^*$，∴去掉第二项以后的各项得 $\left(1+\dfrac{1}{n}\right)^n > 1+1 = 2$.

又 $C_n^r \cdot \dfrac{1}{n^r} = \dfrac{n!}{r!(n-r)!} \cdot \dfrac{1}{n^r} = \dfrac{(n-1)(n-2)\cdots(n-r)}{r! \cdot n^{r-1}}$，$\dfrac{1}{n!} = \dfrac{1}{1\times 2\times\cdots\times n} < \dfrac{1}{2^{n-1}}$，

∴$\left(1+\dfrac{1}{n}\right)^n = 1 + C_n^1 \dfrac{1}{n} + C_n^2 \dfrac{1}{n^2} + \cdots + C_n^n \dfrac{1}{n^n} = 1+1+\dfrac{1}{2!} \cdot \dfrac{n-1}{n} + \dfrac{1}{3!} \cdot \dfrac{(n-1)(n-2)}{n^2} + \cdots + \dfrac{1}{n!} \cdot \dfrac{(n-1)(n-2)\cdots\times 2\times 1}{n^{n-1}} < 1+1+\dfrac{1}{2!}+\dfrac{1}{3!}+\cdots+\dfrac{1}{n!}$

$< 1+1+\dfrac{1}{2}+\dfrac{1}{2^2}+\cdots+\dfrac{1}{2^{n-1}} = 1 + \dfrac{1-\dfrac{1}{2^n}}{1-\dfrac{1}{2}} = 3-\dfrac{1}{2^{n-1}} < 3$.

综上可得，$2 < \left(1+\dfrac{1}{n}\right)^n < 3(n \in \mathbf{N}^*, n \geqslant 2)$.

例 16 求证：$(C_n^0 - C_n^2 + C_n^4 - C_n^6 + \cdots)^2 + (C_n^1 - C_n^3 + C_n^5 - C_n^7 + \cdots)^2 = 2^n$.

证明：$(1+i)^n = C_n^0 + C_n^1 i + C_n^2 i^2 + C_n^3 i^3 + \cdots + C_n^n i^n = (C_n^0 - C_n^2 + C_n^4 - C_n^6 + \cdots) + i(C_n^1 - C_n^3 + C_n^5 - C_n^7 + \cdots)$.

根据复数相等知，它们的模相等，得

$|(1+i)^n| = \sqrt{(C_n^0 - C_n^2 + C_n^4 - C_n^6 + \cdots)^2 + (C_n^1 - C_n^3 + C_n^5 - C_n^7 + \cdots)^2}$，

即 $(C_n^0 - C_n^2 + C_n^4 - C_n^6 + \cdots)^2 + (C_n^1 - C_n^3 + C_n^5 - C_n^7 + \cdots)^2 = |(1+i)^n|^2 = |1+i|^{2n} = 2^n$.

故原等式成立.

评注：根据等式左边的结构形式，再考虑虚数 i 幂的周期性，让我们联想到二项式 $(1+i)^n(n \in \mathbf{N}^*)$ 的展开式. 依据复数相等，则它们的模相等，于是问题的瓶颈得到突破.

6. 利用二项式定理逆向求值

例 17 等差数列 $\{a_n\}$ 中，$a_3 + a_9 - 4 = 0$，则 $a_1 C_{10}^0 + a_2 C_{10}^1 + a_3 C_{10}^2 + \cdots + a_{11} C_{10}^{10} = \underline{\qquad}$.

解：$\because a_3 + a_9 = 4$，$\therefore a_6 = 2$.

设 $T = a_1 C_{10}^0 + a_2 C_{10}^1 + a_3 C_{10}^2 + \cdots + a_{11} C_{10}^{10}$. $\because T = a_{11} C_{10}^{10} + a_{10} C_{10}^9 + \cdots + a_2 C_{10}^1 + a_1 C_{10}^0$，$2T = 2a_6 (C_{10}^0 + C_{10}^1 + \cdots + C_{10}^{10})$，即 $2T = 2a_6 \times 2^{10}$，$\therefore T = 2^{11}$.

例 18 求值：$C_n^1 + 2C_n^2 + 4C_n^3 + \cdots + 2^{n-1} C_n^n = \underline{\qquad}$.

解：$C_n^1 + 2C_n^2 + 4C_n^3 + \cdots + 2^{n-1} C_n^n = \dfrac{1}{2}(2C_n^1 + 2^2 C_n^2 + 2^3 C_n^3 + \cdots + 2^n C_n^n)$

$= \dfrac{1}{2}[(2^0 C_n^0 + 2C_n^1 + 2^2 C_n^2 + 2^3 C_n^3 + \cdots + 2^n C_n^n) - 1]$

$= \dfrac{1}{2}[(1+2)^n - 1] = \dfrac{3^n - 1}{2}$.

例 19 求值：$3 - \dfrac{3}{2}C_{100}^1 + \dfrac{3}{4}C_{100}^2 - \dfrac{3}{8}C_{100}^3 + \cdots + 3\left(\dfrac{1}{2}\right)^{100} C_{100}^{100} = \underline{\qquad}$.

解：原式 $= 3\left[1 - C_{100}^1\left(\dfrac{1}{2}\right)^1 + C_{100}^2\left(\dfrac{1}{2}\right)^2 - C_{100}^3\left(\dfrac{1}{2}\right)^3 + \cdots + C_{100}^{100}\left(\dfrac{1}{2}\right)^{100}\right]$

$= 3\left(1 - \dfrac{1}{2}\right)^{100} = \dfrac{3}{2^{100}}$.

例 20 求值：$C_n^1 + 2C_n^2 + 3C_n^3 + \cdots + nC_n^n = \underline{\qquad}$.

解：$\because kC_n^k = nC_{n-1}^{k-1}$，$\therefore C_n^1 + 2C_n^2 + 3C_n^3 + \cdots + nC_n^n = nC_{n-1}^0 + nC_{n-1}^1 + nC_{n-1}^2 + \cdots + nC_{n-1}^{n-1} = n(C_{n-1}^0 + C_{n-1}^1 + \cdots + C_{n-1}^{n-1}) = n \cdot 2^{n-1}$.

例 21 求值：$2C_{2n}^0 + C_{2n}^1 + 2C_{2n}^2 + C_{2n}^3 + \cdots + C_{2n}^{2n-1} + 2C_{2n}^{2n} = \underline{\qquad}$.

解法 1：原式 $= (C_{2n}^0 + C_{2n}^1 + C_{2n}^2 + C_{2n}^3 + \cdots + C_{2n}^{2n-1} + C_{2n}^{2n}) + (C_{2n}^0 + C_{2n}^2 + \cdots + C_{2n}^{2n}) = 2^{2n} + 2^{2n-1} = 3 \times 2^{2n-1}$.

解法 2：原式 $= 2(C_{2n}^0 + C_{2n}^2 + C_{2n}^4 + \cdots + C_{2n}^{2n}) + (C_{2n}^1 + C_{2n}^3 + \cdots + C_{2n}^{2n-1}) = 2 \times 2^{2n-1} + 2^{2n-1} = 3 \times 2^{2n-1}$.

评注：二项式定理是恒等式，要注意公式的正用和逆用：从左往右用，可解决如整除性问题、余数问题、近似计算等；从右往左用，是把一个多项式合并，或者是一个求和公式，利用它可解决某些求和的问题.

例 22 求值：$1^2 + 2^2 + 3^2 + \cdots + n^2$.

解：$\because n^2 = n(n-1) + n = 2C_n^2 + C_n^1$，

$\therefore 1^2 + 2^2 + 3^2 + \cdots + n^2 = 1 + (2C_2^2 + C_2^1) + (2C_3^2 + C_3^1) + \cdots + (2C_n^2 + C_n^1)$

$= 2(C_2^2 + C_3^2 + C_4^2 + \cdots + C_n^2) + (1 + C_2^1 + C_3^1 + \cdots + C_n^1)$

$= 2(C_3^3 + C_3^2 + C_4^2 + \cdots + C_n^2) + (C_1^1 + C_2^1 + C_3^1 + \cdots + C_n^1)$

$$= 2(C_4^3 + C_4^2 + \cdots + C_n^2) + C_{n+1}^2$$

$$= 2C_{n+1}^3 + C_{n+1}^2 = \frac{1}{6}n(n+1)(2n+1).$$

评注：由 $n^2 = n(n-1) + n = 2C_n^2 + C_n^1$，逆向思考，寻找通项，是求解本题的关键. 当然本题也可利用 $(1+n)^3 = 1 + 3n + 3n^2 + n^3$ 变形为 $(1+n)^3 - n^3 = 1 + 3n + 3n^2$，采用迭加法求得结果.

二项式定理是高考高频考点，题型多为选择题、填空题，着重考查二项式定理的性质，主要包括求某项的系数、系数的和差及最值，求某些项、中间项及有理项，利用二项展开式求近似值、求有关整除余数问题及不等式的证明，解决与其他数学知识的综合应用等.

第 10 章　概率与统计

知识点导语

1. 古典概型是最简单的概率模型，也是高中概率课程重点研究的概率模型．两个事件是否独立，对于古典概型，也可以进行计算验证．

2. 频率与概率的区别与联系

(1)频率描述事件发生的频繁程度，而概率则是事件发生的可能性大小的度量．

(2)随着试验次数的增多，频率的波动越来越小，逐渐稳定在一个常数附近，这个常数就是概率．

(3)事件的概率是唯一确定的一个数值，而事件发生的频率却具有随机性，试验次数不同其频率可能不一样，即使试验次数相同，不同的试验频率也可能不同．

3. 概率中的一些基本公式．

(1)$P(A \cup B) = P(A) + P(B) - P(A \cdot B)$.

(2)$P(A) + P(\bar{A}) = 1$.

(3)$P(\bar{A} \cup \bar{B}) = P(\bar{A}) + P(\bar{B}) - P(\bar{A} \cdot \bar{B})$.

(4)$P(B) = P(A \cdot B) + P(\bar{A} \cdot B)$.

(5)$P(A \cup B) + P(\bar{A} \cdot \bar{B}) = 1$.

(6)$P(\bar{A} \cup \bar{B}) + P(AB) = 1$.

(7)$P(\bar{A} \cup \bar{B}) = P(\overline{AB})$.

(8)在事件 A 发生的条件下，事件 B 发生的条件概率：$P(B|A) = \dfrac{P(AB)}{P(A)}, P(A) > 0$.

(9)概率的乘法公式：$P(AB) = P(A)P(B|A), P(A) > 0$.

(10)全概率公式：设 $A_1, A_2, \cdots, A_n$ 是一组两两互斥的事件，$A_1 \cup A_2 \cup \cdots \cup A_n = \Omega$，且 $P(A_i) > 0, i = 1, 2, \cdots, n$，则对任意的事件 $B \subseteq \Omega$，有 $P(B) =$

$$\sum_{i=1}^{n} P(A_i)P(B \mid A_i).$$

(11) 贝叶斯公式：设 $A_1, A_2, \cdots, A_n$ 是一组两两互斥的事件，$A_1 \bigcup A_2 \bigcup \cdots \bigcup A_n = \Omega$，且 $P(A_i) > 0, i = 1, 2, \cdots, n$，则对任意的事件 $B \subseteq \Omega, P(B) > 0$，有

$$P(A_i \mid B) = \frac{P(A_i)P(B \mid A_i)}{P(B)} = \frac{P(A_i)P(B \mid A_i)}{\sum_{k=1}^{n} P(A_k)P(B \mid A_k)}, i = 1, 2, \cdots, n.$$

4. 关于统计的学习，要能通过具体实例，理解可以用随机变量更好地刻画随机现象，感悟随机变量与随机事件的关系；理解随机事件独立性与条件概率之间的关系；通过二项分布、超几何分布、正态分布的学习，理解随机变量及其分布。通过具体实例，了解离散型随机变量的概念和伯努利试验，理解数字特征(均值、方差)。结合古典概型，会用全概率公式计算概率，了解贝叶斯公式。

10.1 借用递推数列求解一类概率题

数列与概率都是高中数学的重要内容，在高中各级各类考试中频频出现数列与概率的交汇题．其中一类题借用数列中的递推关系，是用有限的方法解决无限的问题，这也是解决一些概率问题行之有效的好方法．

1. $P_n = aP_{n-1} + b$ 型

例 1 一名篮球队员进行投篮练习，若第 n 次投篮投中，则第 $n+1$ 次投篮投中的概率为 $\dfrac{2}{3}$；若第 n 次投篮不中，则第 $n+1$ 次投篮投中的概率为 $\dfrac{1}{3}$．若该队员第 1 次投篮投中的概率为 $\dfrac{2}{3}$，则第 4 次投篮投中的概率为＿＿＿＿＿＿．

解：设该队员投进第 $n-1$ 个球的概率为 P_{n-1}，投失的概率为 $1-P_{n-1}$，则投进第 n 个球的概率为 $P_n = \dfrac{2}{3}P_{n-1} + \dfrac{1}{3}(1-P_{n-1})(n \geqslant 2)$，$\therefore P_n - \dfrac{1}{2} = \dfrac{1}{3}\left(P_{n-1} - \dfrac{1}{2}\right)$，$\therefore P_n - \dfrac{1}{2} = \left(P_1 - \dfrac{1}{2}\right) \cdot \left(\dfrac{1}{3}\right)^{n-1}$，又 $P_1 = \dfrac{2}{3}$，$\therefore P_n = \dfrac{1}{2} + \dfrac{1}{2} \times \dfrac{1}{3^n}$．故 $P_4 = \dfrac{41}{81}$．

评注：根据已知条件虽然可依次求得概率 P_2, P_3, P_4，但比较烦琐．考虑第 $n+1$ 次结果受第 n 次结果的影响，且前后次之间的概率 P_n 与 P_{n+1} 存在着递推关系，于是联想到借用递推思想方法求解更简洁．

例 2 甲、乙两人轮流掷一枚骰子，甲先掷．规定：若甲掷到 1 点，则甲继续掷，否则由乙掷；若乙掷到 3 点，则乙继续掷，否则由甲掷．两人始终按此规则进行，则第 n 次是甲掷的概率 $P_n =$ ＿＿＿＿＿＿．

解：甲掷到 1 点（乙掷到 3 点）概率为 $\dfrac{1}{6}$，甲未掷到 1 点（乙未掷到 3 点）概率为 $\dfrac{5}{6}$，设第 n 次由甲掷的概率为 P_n，则乙掷的概率为 $1-P_n$，第一次由甲掷的概率 $P_1 = 1$，故第二次由甲掷的概率 $P_2 = \dfrac{1}{6}$，于是第 $n+1$ 次由甲掷的概率为 $P_{n+1} = \dfrac{1}{6}P_n + \dfrac{5}{6}(1-P_n) = \dfrac{5}{6} - \dfrac{2}{3}P_n$，即 $P_{n+1} - \dfrac{1}{2} = -\dfrac{2}{3}\left(P_n - \dfrac{1}{2}\right)$，$\therefore P_n - \dfrac{1}{2} =$

$\left(P_1 - \dfrac{1}{2}\right)\left(-\dfrac{2}{3}\right)^{n-1}$, $\therefore P_n = \dfrac{1}{2} + \dfrac{1}{2}\left(-\dfrac{2}{3}\right)^{n-1}$.

评注：本题的解题切入点是从题设的信息中探索出相邻两次抛掷的概率间的递推关系. 于是得出甲能掷第 $n+1$ 次取决于甲第 n 次掷到 1 点或乙第 n 次未掷到 3 点，由于这两事件是互斥的，于是 $P_{n+1} = \dfrac{1}{6}P_n + \dfrac{5}{6}(1 - P_n)$.

例 3 电脑每秒钟以相同的概率输出一个数字 1 或 2，将输出的前 n 个数字之和被 3 整除的概率记为 P_n. 求证：

(1) $P_{n+1} = \dfrac{1}{2}(1 - P_n)$；

(2) $P_{2012} > \dfrac{1}{3}$.

证明：(1) 这 n 个数字共有 2^n 种可能情形，设其中数字和被 3 整除的有 x_n 种，则不被 3 整除的有 $2^n - x_n$ 种. 对于第 $n+1$ 个数字的情形，若其和被 3 整除，则前 n 个数字之和不被 3 整除；反之，对于前 n 个数字之和不被 3 整除的每种情形，都有唯一的第 $n+1$ 个数字可使前 $n+1$ 个数字之和被 3 整除，于是有 $x_{n+1} = 2^n - x_n$①.

又 $P_n = \dfrac{x_n}{2^n}$，$\therefore x_n = 2^n P_n$，$x_{n+1} = 2^{n+1} P_{n+1}$，代入 ①，得 $2^{n+1} P_{n+1} = 2^n - 2^n P_n$，故 $P_{n+1} = \dfrac{1}{2}(1 - P_n)$.

(2) 由 $P_{n+1} = \dfrac{1}{2}(1 - P_n)$ 得 $P_{n+1} - \dfrac{1}{3} = -\dfrac{1}{2}\left(P_n - \dfrac{1}{3}\right)$. $\because$ 第 1 次输出的数字是 1 或 2，都不能被 3 整除，$\therefore P_1 = 0$，$\therefore$ 数列 $\left\{P_n - \dfrac{1}{3}\right\}$ 是首项为 $P_1 - \dfrac{1}{3} = -\dfrac{1}{3} < 0$，公比为 $-\dfrac{1}{2}$ 的等比数列，$\therefore P_{2012} - \dfrac{1}{3} = \left(P_1 - \dfrac{1}{3}\right)\left(-\dfrac{1}{2}\right)^{2011} = \dfrac{1}{3} \cdot \left(\dfrac{1}{2}\right)^{2011} > 0$，$\therefore P_{2012} > \dfrac{1}{3}$.

评注：本题关于概率 P_n 的递推关系比较隐蔽，但从事件发生的情况种数分析思考，不难理解递推关系 $x_{n+1} = 2^n - x_n$，然后利用 $P_n = \dfrac{x_n}{2^n}$，将其转化为 $2^{n+1} P_{n+1} = 2^n - 2^n P_n$. 特别注意，$x_1 = 0$，故 $P_1 = 0$.

2. $P_{n+1} = aP_n + bP_{n-1}$ 型

例 4 掷一枚硬币，每次出现正面得 1 分，出现反面得 2 分，反复掷这枚硬币，则恰好得 n 分的概率为_____.

解：(1)事件"得分为 $n+2$"是由以下两个互斥事件组成的：①事件"得分为 $n+1$ 分，再出现一次正面向上得 1 分"，此时得分为 $n+2$ 分的概率为 $\frac{1}{2}P_{n+1}$；②事件"得分为 n 分，再出现一次反面向上得 2 分"，此时得分为 $n+2$ 分的概率为 $\frac{1}{2}P_n$.

因此，$P_{n+2}=\frac{1}{2}P_{n+1}+\frac{1}{2}P_n$，即 $P_{n+2}-P_{n+1}=-\frac{1}{2}(P_{n+1}-P_n)$，$\therefore P_n-P_{n-1}$ $=\left(-\frac{1}{2}\right)^{n-2}(P_2-P_1)(n\geqslant 2)$，$P_1=\frac{1}{2}$，$P_2=\frac{1}{2}+\frac{1}{2}\times\frac{1}{2}=\frac{3}{4}$，

$\therefore P_n-P_{n-1}=\frac{1}{4}\left(-\frac{1}{2}\right)^{n-2}$，$\therefore P_n=P_1+(P_2-P_1)+(P_3-P_2)+\cdots+$ $(P_n-P_{n-1})=\frac{1}{2}+\frac{1}{4}\left[1+\left(-\frac{1}{2}\right)+\left(-\frac{1}{2}\right)^2+\cdots+\left(-\frac{1}{2}\right)^{n-2}\right]$

$$=\frac{1}{2}+\frac{1}{4}\cdot\frac{1-\left(-\frac{1}{2}\right)^{n-1}}{1+\frac{1}{2}}=\frac{1}{2}+\frac{1}{6}\left[1-\left(-\frac{1}{2}\right)^{n-1}\right]$$

$$=\frac{2}{3}+\frac{1}{3}\left(-\frac{1}{2}\right)^n.$$

评注：本题也可从问题的反面思考，利用" $P_n=aP_{n-1}+b$ 型"求解. 设得 n 分的概率为 P_n，得不到 n 分的情况只有先得 $n-1$ 分，再掷出反面，概率为 $\frac{1}{2}P_{n-1}$，故 $1-P_n=\frac{1}{2}P_{n-1}$，即 $P_n-\frac{2}{3}=-\frac{1}{2}\left(P_{n-1}-\frac{2}{3}\right)$，又 $P_1=\frac{1}{2}$，$P_n-\frac{2}{3}=$ $\left(P_1-\frac{2}{3}\right)\left(-\frac{1}{2}\right)^{n-1}\Rightarrow P_n-\frac{2}{3}=\frac{1}{3}\left(-\frac{1}{2}\right)^n$，故 $P_n=\frac{2}{3}+\frac{1}{3}\left(-\frac{1}{2}\right)^n$，解法新颖，富有创意.

例 5 从原点出发的某质点 M，按向量 $\boldsymbol{a}=(0,1)$ 移动的概率为 $\frac{2}{3}$，按向量 $\boldsymbol{b}=(0,2)$ 移动的概率为 $\frac{1}{3}$. 设 M 到达点 $(0,n)$ 的概率为 P_n，求 P_n.

解：M 到达点 $(0,n)$ 有以下两种情形：

(1)从点 $(0,n-1)$ 按向量 $\boldsymbol{a}=(0,1)$ 移动到点 $(0,n)$，此时的概率为 $\frac{2}{3}P_{n-1}$；

(2)从点 $(0,n-2)$ 按向量 $\boldsymbol{b}=(0,2)$ 移动到点 $(0,n)$，此时的概率为 $\frac{1}{3}P_{n-2}$.

$\because$ 这两种情形是互斥的，$\therefore P_n=\frac{2}{3}P_{n-1}+\frac{1}{3}P_{n-2}(n\geqslant 3)$，即 $P_n-P_{n-1}=-$ $\frac{1}{3}(P_{n-1}-P_{n-2})(n\geqslant 3)$.

$\because P_1 = \dfrac{2}{3}, P_2 = \dfrac{2}{3} \times \dfrac{2}{3} + \dfrac{1}{3} = \dfrac{7}{9}, \therefore$ 数列 $\{P_n - P_{n-1}\}$ 是以 $P_2 - P_1 = \dfrac{1}{9}$ 为

首项，$-\dfrac{1}{3}$ 为公比的等比数列，即 $P_n - P_{n-1} = \dfrac{1}{9} \left(-\dfrac{1}{3}\right)^{n-2} = \left(-\dfrac{1}{3}\right)^n (n \geqslant 2)$，

$\therefore P_n = P_1 + (P_2 - P_1) + (P_3 - P_2) + \cdots + (P_n - P_{n-1})$

$= \dfrac{2}{3} + \left(-\dfrac{1}{3}\right)^2 + \left(-\dfrac{1}{3}\right)^3 + \cdots + \left(-\dfrac{1}{3}\right)^n = \dfrac{2}{3} + \dfrac{\left(-\dfrac{1}{3}\right)^2 \left[1 - \left(-\dfrac{1}{3}\right)^{n-1}\right]}{1 - \left(-\dfrac{1}{3}\right)}$

$= \dfrac{2}{3} + \dfrac{1}{12}\left[1 - \left(-\dfrac{1}{3}\right)^{n-1}\right] = \dfrac{3}{4} + \dfrac{1}{4}\left(-\dfrac{1}{3}\right)^n.$

评注：本题背景新颖，既是用向量"包装"的概率题，又是与递推法相关的数列题，三者联袂，不但开拓了学生视野，培养创新思维，而且彰显了数学的无穷魅力！

本文列举的几例是与自然数有关的概率题，从中可看出递推法是解决此类问题的简洁方法，甚至有些问题也只能用递推法求解．上述各例也向我们展示了用递推法求解，实现了由局部已知到全局未知的探索，由抽象思维到形象思维的融合，这对激发学生的数学学习兴趣和培养创新能力都大有裨益！

10.2　辨析概率统计中的典型易错点

在概率统计的学习中，不少学生因概念不清，对题意理解不透，忽视条件，因而经常出错，有时还不知道错在何处. 本节将对概率统计学生容易出现的典型错误案例进行辨析，供读者参考.

1. 对基本事件理解有误

例 1　从整数 0 到 9 中任取四个进行排列，能排成一个无重复数字的四位偶数的概率是多少？

错解：∵ 四位数是偶数，∴ 个位数是 0 的有 A_9^3 个，个位数是 2，4，6，8 之一而首位又不是 0 的有 $C_4^1 A_8^1 A_8^2$ 个，∴ 所求四位偶数的概率 $P = \dfrac{A_9^3 + C_4^1 A_8^1 A_8^2}{A_9^1 A_9^3} = \dfrac{41}{81}$.

正解：所求四位偶数的概率 $P = \dfrac{A_9^3 + C_4^1 A_8^1 A_8^2}{A_{10}^4} = \dfrac{41}{90}$.

辨析：上述错解表面上看是"完整无缺"的，也可谓是"天衣无缝"，其错误根源在于我们受到 4 位偶数中 0 不能在首位的思维约束，在实际中回避这种情况是缺乏公平性的，其实取出的四个数码排成"四位数"共有 A_{10}^4 个，这应该是基本事件的总体.

例 2　已知在 6 个电子元件中，有 2 个次品，4 个合格品，每次任取 1 个测试，测试完不再放回，直到 2 个次品都找到为止. 求经过 4 次测试恰好将 2 个次品全部找出的概率.

错解：经过 4 次测试恰好将 2 个次品全部找出，表示第 4 次正好取到次品，前 3 次中有 1 次取到次品，故所求概率为 $\dfrac{C_2^1 C_4^2 C_1^1 A_3^3}{A_6^4} = \dfrac{1}{5}$.

正解：经过 4 次测试恰好将 2 个次品全部找出，不仅包括第 4 次正好取到次品，且前 3 次中有 1 次取到次品；还有前 4 次正好都取到合格品的情况，即此时剩下 2 个都是次品. 经过 4 次测试恰好将 2 个次品全部找出的概率为 $\dfrac{C_2^1 C_4^2 C_1^1 A_3^3 + A_4^4}{A_6^4} = \dfrac{4}{15}$.

辨析：错误解法中对基本事件理解不全面，没有从反面思考问题的意识，实际上我们找出了所有的合格品就意味着找出 2 个次品了.

例 3 任意投掷两枚骰子，求出现点数和为奇数的概率.

错解：点数和为奇数，可取 3，5，7，9，11 共 5 种可能；点数和为偶数，可取 2，4，6，8，10，12 共 6 种可能，于是出现点数和为奇数的概率为 $P = \dfrac{5}{5+6} = \dfrac{5}{11}$.

正解：出现点数和为奇数，由数对(奇，偶)，(偶，奇)组成，共有 $2 \times 3 \times 3 = 18$ 个不同结果，而任意投掷两枚骰子，出现点数组成的数对共有 $6 \times 6 = 36$(个)不同结果，这些结果的出现是等可能的，故所求概率为 $P = \dfrac{18}{36} = \dfrac{1}{2}$.

辨析：错误解法是利用等可能性事件的概率模型，此时必须保证每一个基本事件出现的可能性均等，而上述解法点数和为奇数、偶数出现的机会显然是不均等的. 例如，出现和为 7 的有 6 次，出现和为 3 的有 2 次，故不能用等可能性事件的概率模型来解答.

2. 对独立重复试验理解有误

例 4 在 10 张奖券中有 3 张中奖的奖券，每人购买 1 张，则前 3 个购买者中，恰好有 1 人中奖的概率为(　　).

A. $C_{10}^3 \times 0.7^2 \times 0.3$　　　B. $C_3^1 \times 0.7^2 \times 0.3$　　　C. $\dfrac{3}{10}$　　　D. $\dfrac{3A_7^2 A_3^1}{A_{10}^3}$

错解：每人中奖的概率为 $p = \dfrac{3}{10}$，由已知"恰好有 1 人中奖"，根据 n 次独立重复试验恰好出现 k 次的概率计算公式 $P_n(k) = C_n^k p^k (1-p)^{n-k}$，则前 3 个购买者中，恰好有 1 人中奖的概率为 $P_3(1) = C_3^1 \times 0.3 \times 0.7^2$. 故选 B.

正解：显然这是不放回抽样，3 个人从 10 张奖券中各购买 1 张奖券出现的结果数为 A_{10}^3，且出现的可能性均等，恰好有 1 人中奖出现的结果数为 $3A_7^2 A_3^1$，故恰好有 1 人中奖的概率 $P = \dfrac{3A_7^2 A_3^1}{A_{10}^3}$. 故选 D.

辨析：用独立重复试验的概率计算公式进行计算时，它要有三个前提条件：

(1)每次试验都是在同一条件下重复进行的；

(2)每一次试验都彼此独立；

(3)每一次试验出现的结果只有对立的两个(发生和不发生).

只有这三个条件均满足才可使用，而此题中 3 个购买者去购买奖券时，由于是不放回抽样，故彼此之间是不独立的，则不能用独立重复试验公式解答.

例 5 一台仪器每启动一次都随机地出现一个 5 位的二进制数 $A = \boxed{a_1}\boxed{a_2}\boxed{a_3}$ $\boxed{a_4}\boxed{a_5}$，其中 A 的各位数字中，$a_1 = 1$，$a_k(k = 2,3,4,5)$ 出现 0 的概率为 $\dfrac{1}{3}$，出

现 1 的概率为 $\dfrac{2}{3}$. 若启动一次出现的数字为 $A = 10101$，则称这次试验成功，若成功一次得 2 分，失败一次得 -1 分，则 100 次重复试验的总得分 X 的方差为_____.

错解：$\because$ 一次试验成功的概率为 $\dfrac{1}{3} \times \dfrac{2}{3} \times \dfrac{1}{3} \times \dfrac{2}{3} = \dfrac{4}{81}$，$\therefore 100$ 次重复试验的总得分 X 服从二项分布 $X \sim B\left(100, \dfrac{4}{81}\right)$，$\therefore D(X) = 100 \times \dfrac{4}{81} \times \dfrac{77}{81} = \dfrac{30800}{6561}$.

故 100 次重复试验的总得分 X 的方差为 $\dfrac{30800}{6561}$.

正解：$\because$ 一次试验成功的概率为 $\dfrac{1}{3} \times \dfrac{2}{3} \times \dfrac{1}{3} \times \dfrac{2}{3} = \dfrac{4}{81}$，$\therefore 100$ 次重复试验中成功次数 ξ 服从二项分布 $\xi \sim B\left(100, \dfrac{4}{81}\right)$，$\therefore D(\xi) = 100 \times \dfrac{4}{81} \times \dfrac{77}{81} = \dfrac{30800}{6561}$.

又 $X = 2\xi - (100 - \xi) = 3\xi - 100$，$\therefore D(X) = D(3\xi - 100) = 9D(\xi) = \dfrac{30800}{729}$.

故 100 次重复试验的总得分 X 的方差为 $\dfrac{30800}{729}$.

辨析：本题中只有当 n 次独立重复实验事件发生的次数作为随机变量时，该分布才是二项分布，而本题中随机变量是得分而不是题数，故总得分 X 不服从二项分布.

例 6　某单位为绿化环境，移栽了甲、乙两种大树各 2 株. 设甲、乙两种大树移栽的成活率分别为 $\dfrac{5}{6}$ 和 $\dfrac{4}{5}$，且各株大树是否成活互不影响. 求移栽的 4 株大树中，两种大树各成活 1 株的概率.

错解：甲种树成活 1 株的概率为 $\dfrac{5}{6} \times \dfrac{1}{6} = \dfrac{5}{36}$，乙种树成活 1 株的概率为 $\dfrac{4}{5} \times \dfrac{1}{5} = \dfrac{4}{25}$，故两种大树各成活 1 株的概率为 $P = \dfrac{5}{36} \times \dfrac{4}{25} = \dfrac{1}{45}$.

正解：由独立重复试验中事件发生的概率公式知，两种大树各成活 1 株的概率为 $P = \left(C_2^1 \times \dfrac{5}{6} \times \dfrac{1}{6}\right) \cdot \left(C_2^1 \times \dfrac{4}{5} \times \dfrac{1}{5}\right) = \dfrac{4}{45}$.

辨析：错解中默认第一株活，第二株死，实际也可能是第一株死，而第二株活. 其实这两株中成活 1 株是独立重复试验问题.

3. 对随机变量的理解有误

例 7　已知 7 件产品中有 2 件次品，现逐一不放回地进行检验，直到 2 件次品都能被确认为止. 设检验次数为 ξ,求 ξ 的数学期望.

错解:ξ 的可能取值为 $2,3,4,5,6,7$. 其中 $P(\xi=2)=\dfrac{C_2^2}{C_7^2}=\dfrac{1}{21}$,$P(\xi=3)=$

$\dfrac{C_2^1}{C_7^2}=\dfrac{2}{21}$,$P(\xi=4)=\dfrac{C_3^1}{C_7^2}=\dfrac{3}{21}$,$P(\xi=5)=\dfrac{C_4^1}{C_7^2}=\dfrac{4}{21}$,$P(\xi=6)=\dfrac{C_5^1}{C_7^2}=\dfrac{5}{21}$,

$P(\xi=7)=\dfrac{C_6^1}{C_7^2}=\dfrac{6}{21}$.

故 ξ 的数学期望为 $E(\xi)=2\times\dfrac{1}{21}+3\times\dfrac{2}{21}+4\times\dfrac{3}{21}+5\times\dfrac{4}{21}+6\times\dfrac{5}{21}+7\times\dfrac{6}{21}$

$=\dfrac{112}{21}$.

正解:ξ 的可能取值为 $2,3,4,5,6$,其中,$P(\xi=2)=\dfrac{C_2^2}{C_7^2}=\dfrac{1}{21}$,$P(\xi=3)=\dfrac{C_2^1}{C_7^2}$

$=\dfrac{2}{21}$,$P(\xi=4)=\dfrac{C_3^1}{C_7^2}=\dfrac{3}{21}$,$P(\xi=5)=\dfrac{C_4^1}{C_7^2}+\dfrac{1}{C_7^2}=\dfrac{5}{21}$,$P(\xi=6)=\dfrac{C_5^1C_2^1}{C_7^2}=\dfrac{10}{21}$.

故 ξ 的数学期望为 $E(\xi)=2\times\dfrac{1}{21}+3\times\dfrac{2}{21}+4\times\dfrac{3}{21}+5\times\dfrac{5}{21}+6\times\dfrac{10}{21}=\dfrac{105}{21}=5$.

辨析:$\xi=5$ 包含两类,即一类是前 4 次检查出一个次品,第 5 次检查出剩下一个次品;另一类是前 5 次检查出的都是正品,则余下的两件都是次品了. $\xi=6$ 也包含两类,即一类是前 5 次检查出一个次品,第 6 次检查出次品;另一类是前 5 次检查出 1 个次品,第 6 次检查出正品,那剩下一件自然是次品了.

4. 对分布列的性质理解有误

例 8 某特种兵小组有 12 名队员,其中恰有 5 人是侦察兵,现逐个派出,最多 4 人去执行一项任务,但派到一位侦察兵后就不再派出了,用 ξ 表示派出的人数,则概率 $P(\xi\geqslant 3)=$ _____.

错解:$P(\xi\geqslant 3)=P(\xi=3)+P(\xi=4)=\dfrac{7}{12}\times\dfrac{6}{11}\times\dfrac{5}{10}+\dfrac{7}{12}\times\dfrac{6}{11}\times\dfrac{5}{10}\times\dfrac{5}{9}=$

$\dfrac{49}{198}$.

正解:$P(\xi\geqslant 3)=P(\xi=3)+P(\xi=4)=\dfrac{7}{12}\times\dfrac{6}{11}\times\dfrac{5}{10}+\dfrac{7}{12}\times\dfrac{6}{11}\times\dfrac{5}{10}\times\dfrac{9}{9}=$

$\dfrac{7}{22}$.

辨析:错因在于 $P(\xi=4)$ 的求解,在派人的过程中,前 3 位都是非侦察兵,在错解中误认为第 4 位一定是侦察兵,因此乘了 $\dfrac{5}{9}$,但根据题意逐个派出最多 4 人, 因此第 4 位不管是不是侦察兵, 都算完成这一事件, 故应乘以 $\frac{9}{9}$, 即为 1. 发生这种错误的原因往往在于对分布列性质不理解.

5. 对二项分布与超几何分布理解有误

例 9 某校今年高三毕业生报考空中飞行员共有 16 人, 其中有 6 人身高小于或等于 170 cm. 以这所学校的样本数据来估计全省的总体数据, 若从全省报考飞行员的同学中 (人数很多) 任选 3 人, 设 ξ 表示所选的 3 人中身高超过 170 cm 的学生人数, 求 ξ 的分布列和数学期望.

错解: 由已知该校报考空中飞行员的 16 人中, 身高超过 170 cm 的学生有 $16 - 6 = 10$ (人), 随机变量 ξ 服从超几何分布, 且 $\xi = 0, 1, 2, 3$.

故 $P(\xi = 0) = \dfrac{C_6^3}{C_{16}^3} = \dfrac{2}{56}$; $P(\xi = 1) = \dfrac{C_6^2 C_{10}^1}{C_{16}^3} = \dfrac{15}{56}$;

$P(\xi = 2) = \dfrac{C_6^1 C_{10}^2}{C_{16}^3} = \dfrac{27}{56}$; $P(\xi = 3) = \dfrac{C_{10}^3}{C_{16}^3} = \dfrac{12}{56}$.

ξ 的分布列见下表:

ξ	0	1	2	3
P	$\dfrac{2}{56}$	$\dfrac{15}{56}$	$\dfrac{27}{56}$	$\dfrac{12}{56}$

则 $E(\xi) = 0 \times \dfrac{2}{56} + 1 \times \dfrac{15}{56} + 2 \times \dfrac{27}{56} + 3 \times \dfrac{12}{56} = \dfrac{15}{8}$.

正解: 该校一个报考飞行员的学生身高超过 170 cm 的概率为 $\dfrac{10}{16} = \dfrac{5}{8}$. 以这所学校的样本数据来估计全省的总体数据, 因全省报考飞行员的学生人数很多, 故随机变量 ξ 服从二项分布, 即 $\xi \sim B\left(3, \dfrac{5}{8}\right)$, 则 $P(\xi = k) = C_3^k \left(\dfrac{5}{8}\right)^k$. $\left(1 - \dfrac{5}{8}\right)^{3-k}$ $(k = 0, 1, 2, 3)$. 分布列如下:

ξ	0	1	2	3
P	$\dfrac{27}{512}$	$\dfrac{135}{512}$	$\dfrac{225}{512}$	$\dfrac{125}{512}$

$E(\xi) = 0 \times \dfrac{27}{512} + 1 \times \dfrac{135}{512} + 2 \times \dfrac{225}{512} + 3 \times \dfrac{125}{512} = \dfrac{15}{8}$, 或 $E(\xi) = 3 \times \dfrac{5}{8} = \dfrac{15}{8}$.

辨析：超几何分布：在含有 M 件次品的 N 件产品中，取出 n 件，其中恰有 X 件次品数，则随机变量 X 服从超几何分布，即 $X \sim H(n, M, N)$，$P(X = k) = \dfrac{C_M^k C_{N-M}^{n-k}}{C_N^n}$．则 X 的数学期望为 $E(X) = n \cdot \dfrac{M}{N}$，可直观理解为"抽取一件产品，取到次品概率为 $\dfrac{M}{N}$，抽取 n 件产品，平均取到 $n \cdot \dfrac{M}{N}$ 件次品"．若随机变量 X 服从二项分布，即 $X \sim B(n, p)$，则有期望公式 $E(X) = np$，可以理解为"进行一次试验某事件平均发生 p 次，故 n 次试验应该平均发生 np 次"．错解中 $E(X) = n \cdot \dfrac{M}{N} = 3 \times \dfrac{10}{16} = \dfrac{15}{8}$，原因是此时恰好有 $\dfrac{M}{N} = p$，即若把二项分布当做超几何分布，此时有 $\dfrac{M}{N} = p$，总有 $E(X) = n \cdot \dfrac{M}{N} = np$．

例 10　有 10 件零件，其中有 4 件次品．规定每次从这些零件中随机抽取 3 件进行测试，求抽出次品数 X 的数学期望．

错解：$\because$ 抽出次品的概率为 $p = \dfrac{4}{10} = \dfrac{2}{5}$，随机变量 X 服从二项分布，即 $X \sim B\left(3, \dfrac{2}{5}\right)$，$\therefore$ 抽出次品数 X 的数学期望为 $E(X) = 3 \times \dfrac{2}{5} = \dfrac{6}{5}$．

正解：由题意知，随机变量 X 服从超几何分布，X 可能取值为 $0, 1, 2, 3$，则

$$P(X = 0) = \frac{C_4^0 C_6^3}{C_{10}^3} = \frac{1}{6}, P(X = 1) = \frac{C_4^1 C_6^2}{C_{10}^3} = \frac{1}{2}, P(X = 2) = \frac{C_4^2 C_6^1}{C_{10}^3} = \frac{3}{10},$$

$$P(X = 3) = \frac{C_4^3 C_6^0}{C_{10}^3} = \frac{1}{30},$$

$$\therefore E(X) = 0 \times \frac{1}{6} + 1 \times \frac{1}{2} + 2 \times \frac{3}{10} + 3 \times \frac{1}{30} = \frac{6}{5}.$$

辨析：错解中是将题目错误理解为每次抽一件，且有放回地抽取 3 次，即为独立重复试验．由题意可知，本题属超几何分布问题．

以上是笔者在多年的概率教学过程中遇到的学生容易出错的几个典型问题，只要我们注意对这些错误作详细的辨析，引导学生对易混淆的知识点加以总结、对比，势必对开阔解题思路、完善思维品质起到极其重要的作用．

10.3 一道概率问题的多种错误解法及分析

概率问题一般思维抽象，方法独特，要用到较复杂的排列、组合知识，看似相同，实则不同，容易混淆，稍有疏忽就会致错. 因此在解题时，要善于对比思考，推敲它们之间的区别与联系，并且还要分清有关概念的特定含义. 本节就一道概率问题多种常见错误解法及正确解法进行对比，希望能帮助同学们明辨此类概率问题中的是与非.

题目 在 40 个同样的合格品的零件中，混入 8 个同样的次品，必须一个一个地查出，求正好查完 22 个零件时，找全 8 个次品的概率.

错解 1：∵ 从 48 个零件中要选出 22 个零件有 C_{48}^{22} 种选法，而这 22 个中要有 8 个次品，14 个正品，∴ 从 40 个正品中选 14 个，8 个次品全部选出有 $C_8^8 C_{40}^{14}$ 种，故所求概率为 $\dfrac{C_8^8 C_{40}^{14}}{C_{48}^{22}}$.

错因分析：求正好查完 22 个零件时要找全 8 个次品，故最后第 22 个必需是次品，上述解法没有考虑第 22 个必需是次品. 8 个次品均可能在第 22 个位置出现，且出现概率为 $\dfrac{8}{22}$.

正解 1：分两步考虑. 第一步，从 48 个零件中要选出 22 个零件有 C_{48}^{22} 种选法，这 22 个中要有 8 个次品，14 个正品，故从 40 个正品中选出 14 个，8 个次品全选出（视为无序）有 $C_8^8 C_{40}^{14}$ 种选法，此时概率为 $\dfrac{C_8^8 C_{40}^{14}}{C_{48}^{22}}$.

第二步，求正好查完 22 个零件时要找全 8 个次品，故最后第 22 个必需是次品，则第 22 个位置是次品的概率是 $\dfrac{8}{22}$.

故正好查完 22 个零件时，找全 8 个次品的概率为 $\dfrac{C_8^8 C_{40}^{14}}{C_{48}^{22}} \cdot \dfrac{8}{22}$.

错解 2：考虑除第 22 个是次品以外的 47 个零件，从 47 个零件中要选出 21 个零件，这 21 个零件中有 7 个次品，14 个正品，其概率为 $\dfrac{C_7^7 C_{40}^{14}}{C_{47}^{21}}$.

错因分析：上述解法虽然考虑了第 22 个是次品. 但与其他指定位置是次品是一样的，应指出第 22 个是次品的概率为 $\dfrac{8}{48}$.

正解 2：分两步考虑. 第一步，先考虑除第 22 个位置以外的 47 个位置，从 47 个零件中要选出 21 个零件，这 21 个零件中有 7 个次品，14 个正品，符合超几何分布，其概率为 $\dfrac{C_7^7 C_{40}^{14}}{C_{47}^{21}}$．

第二步，第 22 个位置是次品的概率为 $\dfrac{8}{48}$，故正好查完 22 个零件时，找全 8 个次品的概率为 $\dfrac{C_7^7 C_{40}^{14}}{C_{47}^{21}} \cdot \dfrac{8}{48}$．

错解 3：由于零件相同，看 48 个零件为 48 个位置，其中有 8 个位置放次品（8 个次品视为相同）有 C_{48}^8 种放法，要第 22 个位置放一个次品有 C_8^1 种放法，前 21 个位置要放 7 个次品，其余位置都是正品，共有 C_{21}^7 种放法，故所求概率为 $\dfrac{C_8^1 C_{21}^7}{C_{48}^8}$．

错因分析：这里考虑的是"位置"，而不是从 8 个次品中选一个次品，第 22 个位置放一个次品有 1 种放法，而不是 C_8^1 种放法．

正解 3：由于零件相同，看 48 个零件为 48 个位置，其中有 8 个位置放次品（8 个次品视为相同）有 C_{48}^8 种放法，要第 22 个位置放一个次品，前 21 个位置要放 7 个次品，其余位置都是正品有 C_{21}^7 种放法，所以正好查完 22 个零件时，找全 8 个次品的概率为 $\dfrac{C_{21}^7}{C_{48}^8}$．

错解 4：前 21 次抽查中要刚好有 7 次抽到次品，14 次抽到合格品（均无次序要求），有 $C_8^7 C_{32}^{14}$ 种抽法，而第 22 次一定要抽到最后一个次品，只有一种取法，所以刚好第 22 次查出所有次品的方法就有 $C_8^7 C_{32}^{14}$ 种，基本事件总数为 40 个零件中任意抽 22 个，所以有 C_{40}^{22} 种取法，故正好查完 22 个零件时，找全 8 个次品的概率为 $\dfrac{C_8^7 C_{32}^{14}}{C_{40}^{22}}$．

错因分析：此解法认为基本事件总数为 40，主要错误在于没有理解题意"在 40 个同样的合格品的零件中，混入 8 个同样的次品"，这里是"混入"而不是"混有"，故其本事件总数应为 48．另外，最后一个次品在前 22 个位置出现是等可能的，其在第 22 个位置出现概率为 $\dfrac{1}{22}$．

正解 4：前 21 次抽查中要刚好有 7 次抽到次品，14 次抽到合格品（均无次序要求），有 $C_8^7 C_{40}^{14}$ 种抽法，而第 22 次一定要抽到最后一个次品，故正好查完 22 个零件时，找全 8 个次品的概率为 $\dfrac{C_8^7 C_{40}^{14}}{C_{48}^{22}} \cdot \dfrac{1}{22}$．

正解 5：从 8 个次品选取 7 个，从 40 个正品中选 14 个，放在前 21 个位置，还有一个次品落在前 21 个位置之外，它在第 22 个位置的出现的概率为 $\dfrac{1}{48-21} = \dfrac{1}{27}$，故正好查完 22 个零件时，找全 8 个次品的概率为 $\dfrac{C_8^7 C_{40}^{14}}{C_{48}^{21}} \cdot \dfrac{1}{27}$．

错解 5：从 48 个零件中查出 22 个零件有 C_{48}^{22} 种选法，第 22 次一定要抽到最后一个次品，则在前 21 个中有 7 个次品，余下的 14 个正品从 40 个正品零件中选出，有 $C_8^1 C_{40}^{14}$ 种选法，故所求概率为 $\dfrac{C_7^7 C_8^1 C_{40}^{14}}{C_{48}^{22}}$.

错因分析：上述解法试图想用古典概型，可是次品、正品选出后占去哪些位置没有考虑. 本题也可视为零件不同，借用排列、组合知识转化为古典概型求解.

正解 6：从 48 个零件中一个一个查出 22 个零件有 $48 \times 47 \times 46 \times \cdots \times 27$，即有 A_{48}^{22} 种选法（视零件不同），将查出 22 个零件看成 22 个位置，从 8 个次品中选 1 个次品放在第 22 个位置，再从 40 个零件中选出 14 正品，这 14 个正品与余下 7 个次品在 21 次被取出，共有 $C_8^1 C_7^7 C_{40}^{14} A_{21}^{21}$ 种取法，故正好查完 22 个零件时，找全 8 个次品的概率为 $\dfrac{C_8^1 C_7^7 C_{40}^{14} A_{21}^{21}}{A_{48}^{22}}$.

正解 7：从 48 个零件中一个一个查出 22 个零件有 $48 \times 47 \times 46 \times \cdots \times 27$，即有 A_{48}^{22} 种选法（视零件不同），将查出 22 个零件看成 22 个位置，从 40 个零件中选出 14 个正品，将它们逐一放在前 21 个位置中占去 14 个位置，有 $C_{40}^{14} A_{21}^{14}$ 种放法，同时前 22 个位置中还余下 8 个位置放 8 个次品有 A_8^8 种放法，则正好查完 22 个零件时，找全 8 个次品方法总数为 $C_{40}^{14} A_{21}^{14} A_8^8$，故正好查完 22 个零件时，找全 8 个次品的概率为 $\dfrac{C_{40}^{14} A_{21}^{14} A_8^8}{A_{48}^{22}}$.

正解 8：先从 8 个次品中选一个放在第 22 个位置，余下 7 个放在前 21 个位置任意排列，然后从 40 个正品中选出 14 个放在前 21 个中余下的 14 个位置排列. 所以正好查完 22 个零件时，找全 8 个次品的概率为 $\dfrac{C_8^1 A_{21}^7 A_{40}^{14}}{A_{48}^{22}}$.

一道概率问题，列举了多种错误解法及分析，旨在抛砖引玉，希望同学们在解题实践过程中，养成防错纠错的自觉意识，学会自查自纠，提高自身的数学素养.

10.4 求解条件概率的两种基本策略

由于条件概率相对一般概率概念更为抽象，涉及的事件关系更为复杂，相关概念也极易混淆，所以条件概率是高中数学教学的一个难点，基于此本节举例剖析，以期帮助同学们走出有关条件概率的解题困境.

1. 直接利用条件概率公式求解

例1 在一次对某校高一年级学生上、下两学期数学成绩的统计调查中发现，上、下两学期成绩均优的占被调查学生的 $\frac{1}{20}$，仅上学期得优的占被调查学生的 $\frac{1}{10}$，仅下学期得优的占被调查学生的 $\frac{1}{5}$. 求：

(1)已知某学生下学期得优，估计其上学期不得优的概率是多少？

(2)已知某学生上学期没得优，估计其下学期得优的概率是多少？

(3)上下两学期均未能得优的概率是多少？

解：设 $A=\{$上学期数学成绩为优$\}$，$B=\{$下学期数学成绩为优$\}$，由已知，$P(AB)=\frac{1}{20}$，$P(A\bar{B})=\frac{1}{10}$，$P(\bar{A}B)=\frac{1}{5}$，$A=A\bar{B}+AB$，$\therefore P(A)=\frac{1}{10}+\frac{1}{20}=\frac{3}{20}$，$B=\bar{A}B+AB$，$P(B)=\frac{1}{5}+\frac{1}{20}=\frac{1}{4}$.

(1) $P(\bar{A}|B)=\dfrac{P(\bar{A}B)}{P(B)}=\dfrac{\frac{1}{5}}{\frac{1}{4}}=\dfrac{4}{5}$.

(2) $P(B|\bar{A})=\dfrac{P(\bar{A}B)}{P(\bar{A})}=\dfrac{\frac{1}{5}}{1-\frac{3}{20}}=\dfrac{4}{17}$.

(3) $P(\bar{A}\cdot\bar{B})=P(\bar{A})\cdot P(\bar{B}|\bar{A})=[1-P(A)]\cdot[1-P(B|\bar{A})]=\left(1-\frac{3}{20}\right)\cdot\left(1-\frac{4}{17}\right)=\dfrac{17}{20}\times\dfrac{13}{17}=\dfrac{13}{20}$.

评注：由条件概率和对立事件的定义，可得条件概率的性质：$P(\bar{B}|\bar{A})=1-P(B|\bar{A})$，利用该性质可以解决一些相关的条件概率问题，这也是针对一些

复杂的条件概率求解而采用的逆向思维.

例2 已知 A、B 为 2 个事件，且 $P(A)=\dfrac{1}{4}$，$P(B)=\dfrac{1}{2}$，若 $P(A\bigcup B)=\dfrac{7}{12}$，则 $P(\bar{A}\,|\,\bar{B})=($).

A. $\dfrac{3}{8}$ B. $\dfrac{5}{8}$ C. $\dfrac{1}{6}$ D. $\dfrac{5}{6}$

解：由 $P(A)=\dfrac{1}{4}$，$P(B)=\dfrac{1}{2}$，得 $P(\bar{A})=1-P(A)=1-\dfrac{1}{4}=\dfrac{3}{4}$，$P(\bar{B})=1-P(B)=1-\dfrac{1}{2}=\dfrac{1}{2}$.

类比集合的摩根律 $(\complement_U A)\bigcup(\complement_U B)=\complement_U(A\bigcap B)$，可得 $P(\bar{A}\bigcup\bar{B})=P(\overline{AB})=1-P(AB)$，$P(AB)=P(A)+P(B)-P(A\bigcup B)=\dfrac{1}{4}+\dfrac{1}{2}-\dfrac{7}{12}=\dfrac{1}{6}$，

$\therefore P(\bar{A}\bigcup\bar{B})=1-\dfrac{1}{6}=\dfrac{5}{6}$.

又 $P(\bar{A}\bigcup\bar{B})=P(\bar{A})+P(\bar{B})-P(\bar{A}\cdot\bar{B})$，即 $P(\bar{A}\cdot\bar{B})=P(\bar{A})+P(\bar{B})-P(\bar{A}\bigcup\bar{B})$，

$\therefore P(\bar{A}\,|\,\bar{B})=\dfrac{P(\overline{AB})}{P(\bar{B})}=\dfrac{1}{P(\bar{B})}[P(\bar{A})+P(\bar{B})-P(\bar{A}\bigcup\bar{B})]$
$=2\left(\dfrac{1}{2}+\dfrac{3}{4}-\dfrac{5}{6}\right)=\dfrac{5}{6}$.

故选 D.

评注：本题涉及概率计算公式比较多，类比集合中的运算律可得 $P(\bar{A}\bigcup\bar{B})=P(\bar{A})+P(\bar{B})-P(\bar{A}\cdot\bar{B})$，这对解决一类概率问题十分有效. 另外，不少条件概率问题也可借用集合中的韦恩图来求解，可见概率与集合之间有着千丝万缕的联系.

例3 设某公路上行驶的货车和客车的比例为 2∶1，货车在中途停车修车的概率为 0.02，客车在中途停车修车的概率为 0.01，今有一辆汽车停车修理，求该汽车是货车的概率.

解：记该车是货车为事件 A_1，该车是客车为事件 A_2，汽车停车修理为事件 B.

由 $P(B\,|\,A_1)=\dfrac{P(A_1 B)}{P(A_1)}$ 得 $P(A_1 B)=P(A_1)\cdot P(B\,|\,A_1)=\dfrac{2}{3}\times0.02=\dfrac{1}{75}$.

$P(B)=P(A_1 B+A_2 B)=P(A_1 B)+P(A_2 B)$
$=P(A_1)P(B\,|\,A_1)+P(A_2)P(B\,|\,A_2)$
$=\dfrac{2}{3}\times0.02+\dfrac{1}{3}\times0.01=\dfrac{1}{60}$.

故 $P(A_1|B) = \dfrac{P(A_1B)}{P(B)} = \dfrac{\dfrac{1}{75}}{\dfrac{1}{60}} = \dfrac{4}{5}$.

评注：本题关键要理解"今有一辆汽车停车修理"是前提条件，在此条件下求这辆汽车是货车的概率.

例 4 某医院用一仪器对某种疾病进行初步诊断，已知这种仪器对患病者的正确诊断概率为 0.9；对没患病者的正确诊断率为 0.8. 已知这种疾病在人群中的患病的比例为 0.1，若某人去医院就诊，在医院通过这种仪器初诊给出的诊断结论是已患病的条件下，求此人真正患这种病的概率.

解：记仪器初诊给出的诊断结论是已患病为事件 A. 此人真正患这种病为事件 B，则 $P(B|A) = \dfrac{P(AB)}{P(A)}$，$P(B) = 0.1$，$P(\bar{B}) = 1 - P(B) = 0.9$，$P(A|B) = 0.9$，$\because P(A|\bar{B})$ 是没有患病而初步诊断有病的概率，即诊断失误的概率，

$\therefore P(A|\bar{B}) = 1 - 0.8 = 0.2$.

而事件 A 包含两种情况：就诊者真正患病而被诊断患病和就诊者没有患病而被诊断患病，故 $A = (AB) \bigcup (A\bar{B})$ 且 $P(AB) = P(B)P(A|B) = 0.1 \times 0.9 = 0.09$，$P(A\bar{B}) = P(\bar{B})P(A|\bar{B}) = 0.9 \times 0.2 = 0.18$，$P(A) = P(AB) + P(A\bar{B}) = 0.09 + 0.18 = 0.27$.

因此，$P(B|A) = \dfrac{P(AB)}{P(A)} = \dfrac{0.09}{0.27} = \dfrac{1}{3}$.

评注：本题用到的公式比较多，关键是要理解条件概率的定义，分清谁是条件，谁是结论，灵活运用条件概率计算公式及其变形形式.

2. 缩减样本空间利用古典概型求解

例 5 将三颗骰子各掷一次，记事件 $A =$ "三个点数都不同"，$B =$ "至少出现一个 6 点"，则条件概率 $P(B|A)$，$P(A|B)$ 分别等于（　　）.

A. $\dfrac{1}{2}, \dfrac{60}{91}$　　　　B. $\dfrac{60}{91}, \dfrac{1}{2}$　　　　C. $\dfrac{20}{91}, \dfrac{1}{2}$　　　　D. $\dfrac{1}{2}, \dfrac{20}{91}$

解：事件 $AB =$ "当且仅当三颗骰子中点数都不同且只出现一个 6 点".

$$P(B|A) = \dfrac{P(AB)}{P(A)} = \dfrac{n(AB)}{n(A)} = \dfrac{3 \times A_5^2}{A_6^3} = \dfrac{1}{2},$$

$$P(A|B) = \dfrac{P(AB)}{P(B)} = \dfrac{n(AB)}{n(B)} = \dfrac{3 \times A_5^2}{6^3 - 5^3} = \dfrac{60}{91}.$$

故选 A.

评注：当基本事件具备有限性和等可能性时，可借助古典概型概率公式，先求事件 A 包含的基本事件数 $n(A)$，再在事件 A 发生的条件下求事件 B 包含的基本事件数 $n(AB)$，得 $P(B|A) = \dfrac{n(AB)}{n(A)}$，这也是条件概率的定义在古典概型条件下的特殊模型.

例 6　某校篮球队假期集训，集训前共有 6 个篮球，其中 3 个是新球（即没有用过的球），3 个是旧球（即至少用过一次的球）. 每次训练，都从中任意取出 2 个球，用完后放回. 求第二次训练时恰好取到一个新球的概率.

解：设事件 A_i 为"第一次训练取出了 i 个新球"，则 $P(A_i) = \dfrac{C_3^i C_3^{2-i}}{C_6^2}$.

设事件 B 为"从六个球取出 2 个球，其中恰好有一个新球"，事件 C 为"第二次恰好取出一个新球"，则 $P(C) = P(A_0 B) + P(A_1 B) + P(A_2 B)$.

若第一次取到 2 个旧球，则第二次训练依然为 3 旧 3 新：

$$P(A_0 B) = P(A_0) \cdot P(B|A_0) = \frac{C_3^2}{C_6^2} \cdot \frac{C_3^1 \cdot C_3^1}{C_6^2} = \frac{3}{25}.$$

若第一次取到 1 个新球，则第二次训练时有 4 旧 2 新：

$$P(A_1 B) = P(A_1) \cdot P(B|A_1) = \frac{C_3^1 \cdot C_3^1}{C_6^2} \cdot \frac{C_4^1 \cdot C_2^1}{C_6^2} = \frac{8}{25}.$$

若第一次取 2 个新球，则第二次训练时有 5 旧 1 新：

$$P(A_2 B) = P(A_2) \cdot P(B|A_2) = \frac{C_3^2}{C_6^2} \cdot \frac{C_5^1 C_1^1}{C_6^2} = \frac{1}{15}.$$

故 $P(C) = P(A_0 B) + P(A_1 B) + P(A_2 B) = \dfrac{38}{75}.$

评注：本题要注意一个常识，即新球训练过后就变成了旧球，所以要计算第二次恰好取到一个新球的概率，需要了解经过第一次训练后，所剩的球有几个新球，几个旧球，所以要对第一次取球的情况进行分类讨论，然后分别计算概率再相加即可.

例 7　设盒中有 10 个球，其中红球 4 个，白球 6 个，今从中不放回地接连取出 4 个球，已知至少取出一个红球，求至少取出两个红球的概率.

解：记 $A = $"至少取出一个红球"，$B = $"至少取出两个红球"，则所求的概率为 $P(B|A) = 1 - P(\bar{B}|A) = 1 - \dfrac{P(A\bar{B})}{P(A)}$，$\bar{B} = $"至多取出一个红球"，$\therefore A\bar{B}$ 是"恰好取出一个红球"，于是 $P(A\bar{B}) = \dfrac{C_4^1 \cdot C_6^3}{C_{10}^4} = \dfrac{8}{21}$，$P(A) = 1 - P(\bar{A}) = 1 -$

$\dfrac{C_6^4}{C_{10}^4} = \dfrac{13}{14}$，$\therefore P(B|A) = 1 - P(\bar{B}|A) = 1 - \dfrac{P(A\bar{B})}{P(A)} = 1 - \dfrac{8}{21} \times \dfrac{14}{13} = \dfrac{23}{39}.$

评注：题中已假设"至少取出一个红球"为事件 A，在这一条件下，事件 B

"至少取出两个红球"的情形较为复杂，因此考查其对立事件的概率可找到问题解决的突破口.

解决条件概率问题，除此之外，还有其他的求解策略，本节只是探讨了求解条件概率问题的冰山一角，仅供读者参考. 这里特别强调，求解条件概率问题，首先要充分理解事件 $(B|A)$ 中条件 A 的必然性和事件 B 的随机性. 事件 AB 与 $(B|A)$ 的落脚点不同，前者是指在原概率空间中的两个事件同时发生，关键词是"原概率空间"、"同时"，后者指缩减概率空间后，事件 B 发生的概率，强调的是 B，而非 A、B"同时"，也不是 A 先发生 B 后发生，关键点 A 是已经"发生过了"的必然事件，在此基础上，事件 B 又发生了.

10.5 例说全概率公式与贝叶斯公式的运用

全概率公式在新版高中数学教材中被重点进行介绍，并具备"承上启下"的过渡作用，是条件概率概念的延伸，应用的关键是对样本空间做好划分，在表现形式上拓展了条件概率，同时也作为贝叶斯公式成立的理论基础．贝叶斯公式是概率论中极为重要的公式，它以其灵活的特性与简洁的表达方式，受到广泛重视．贝叶斯公式的意义在于，根据事件的结果可以探寻引起该事件发生的原因，即"执果求因"．本节举例说明全概率公式与贝叶斯公式的实际运用．

1. 全概率公式与贝叶斯公式

（1）全概率公式：设 $A_1, A_2, \cdots, A_n$ 是一组两两互斥的事件，$A_1 \bigcup A_2 \bigcup \cdots \bigcup A_n = \Omega$，且 $P(A_i) > 0, i = 1, 2, \cdots, n$，则对任意的事件 $B \subseteq \Omega$，有 $P(B) = \sum\limits_{i=1}^{n} P(A_i) P(B|A_i)$．

注意：①在对样本空间 Ω 的划分时，一定要把导致事件 B（称为目标事件）发生的所有可能性 $A_1, A_2, \cdots, A_n$ 全找出来，并保证 $A_1, A_2, \cdots, A_n$ 为两两互不相容的事件，做到"不重不漏"．在此基础上，全概率公式的实质就是通过样本空间的一个合适的划分，将一个复杂事件的概率转化为若干个简单事件的概率之和，使复杂问题简单化．这正是数学中常用的"化整为零"的思想．②如果把 $A_1, A_2, \cdots, A_n$ 看作引起事件 B 发生的所有可能"原因"，那么全概率公式表明，目标事件 B 发生的概率实际上就是该事件在这些"原因"下的条件概率的加权平均，其中权重分别为 $P(A_i)$．因此，全概率公式也称为"由因导果"公式．

（2）贝叶斯公式：设 $A_1, A_2, \cdots, A_n$ 是一组两两互斥的事件，$A_1 \bigcup A_2 \bigcup \cdots \bigcup A_n = \Omega$，且 $P(A_i) > 0, i = 1, 2, \cdots, n$，则对任意的事件 $B \subseteq \Omega, P(B) > 0$，有

$$P(A_i|B) = \frac{P(A_i)P(B|A_i)}{P(B)} = \frac{P(A_i)P(B|A_i)}{\sum\limits_{k=1}^{n} P(A_k)P(B|A_k)}, i = 1, 2, \cdots, n.$$

注意：贝叶斯公式不同于全概率公式的是，两个的侧重点不同．贝叶斯公式主要作用是在事故产生后，对于事故责任的划分，体现出的是一种"问责"，即"执果求因"．

2. 全概率公式与贝叶斯公式的运用

概率是反映随机事件出现的可能性大小的度量，而条件概率则是在给定某事件 A 的条件下，另一事件 B 发生的概率，事件 A 与事件 B 的关系会影响条件概率。全概率公式则是利用条件概率，将复杂的事件 B 分割为若干简单事件概率的求和问题，而贝叶斯公式则是利用条件概率和全概率公式计算后验概率。

例 1 有两只箱子，每只中都有 6 个白球、4 个红球，现从第一箱中任取一球放入第二箱，再从第二箱中任取一球，求取到红球的概率。

解：假设事件 $A=$ "从第二箱中取到红球"，在取到红球的同时，我们要分析此时第二箱当中球的颜色状态，可能从第一箱中取出一个白球放入第二箱，也可能从第一箱中取出一个红球放入第二箱，所以我们找到了事件 A 发生的原因，事件 $B=$ "从第一箱中取出一个红球放入第二箱"，事件 $C=$ "从第一箱中取出一个白球放入第二箱"，这样就划分好了样本空间，$\therefore B \bigcup C=\Omega$，且 $B \bigcap C=\varnothing$，$\therefore P(B)=\dfrac{2}{5}$，$P(C)=\dfrac{3}{5}$，$P(A|B)=\dfrac{5}{11}$，$P(A|C)=\dfrac{4}{11}$。

根据全概率公式，有
$$P(A)=P(A|\Omega)=P(A|B \bigcup C)=P(B)P(A|B)+P(C)P(A|C)$$
$$=\frac{2}{5} \times \frac{5}{11}+\frac{3}{5} \times \frac{4}{11}=\frac{2}{5}.$$

故取到红球的概率为 $\dfrac{2}{5}$。

评注：由上述解法可以看出，应用的关键就是"执果索因"，即先找到事件 A 发生的原因，在寻找原因的时候，要把原因拆分成为互斥的事件 B 与 C。掌握了这个原理，对全概率公式的理解就会有更深一步的认识，而不是仅仅停留在记忆公式的层面。

例 2 两箱产品，第一个箱子里面装有 10 个合格品和 40 个次品，第二个箱子里面装有 18 个合格品和 12 个次品，随机挑中两个箱子中的一个并随机拿出两个产品，如果第一次拿出的是合格产品，问抽到的是第一箱的概率为多少？

解：设事件 $B_i=$ "抽到的是第 i 箱"，$i=1,2$；$A_j=$ "第 j 次拿出的东西是合格产品"，$j=1,2$。$P(B_1)=P(B_2)=\dfrac{1}{2}$，$P(A_1|B_1)=\dfrac{10}{10+40}=\dfrac{1}{5}$，$P(A_1|B_2)=\dfrac{18}{12+18}=\dfrac{3}{5}$。

根据全概率公式，$P(A_1)=P(B_1)P(A_1|B_1)+P(B_2)P(A_1|B_2)=\dfrac{1}{2} \times \dfrac{1}{5}+\dfrac{1}{2} \times \dfrac{3}{5}=\dfrac{2}{5}.$

根据贝叶斯公式，$P(B_1|A_1) = \dfrac{P(A_1B_1)}{P(A_1)} = \dfrac{P(B_1)P(A_1|B_1)}{P(A_1)} = \dfrac{\dfrac{1}{2} \times \dfrac{1}{5}}{\dfrac{2}{5}} = \dfrac{1}{4}.$

评注：本题的难点是将实际问题转化为数学模型，需要我们读懂题意，合理设出事件，用数学符号准确表示事件. 要弄清第一次拿到的东西是合格品，可能来自第一箱，也可能来自第二箱，利用全概率公式求出 $P(A_1)$. 再用贝叶斯公式求出第一次拿出合格产品，来自第一箱的概率为 $P(B_1|A_1)$.

例 3　某玩具制造厂所用的遥控飞机零件，是由 5 家不同的玩具零件制造厂提供的，我们根据以往的数据分析得以下数据：一厂的零件次品率为 0.01，二厂的零件次品率为 0.02，三厂的零件次品率为 0.02，四厂的零件次品率为 0.01，五厂的零件次品率为 0.03. 而它们所提供的零件份额：一厂的份额是 0.2，二厂的份额是 0.2，三厂的份额是 0.3，四厂的份额是 0.2，五厂的份额是 0.1. 已知在玩具厂的零件储藏室里，由这五家玩具零件制造厂提供的飞机零件的离合器，是均匀的混在一起放置的，而且在外观上看没有任何区别.

（1）随机在储藏室里取一个离合器，求此离合器为次品的概率；

（2）随机在储藏室里取一个离合器，若取到的离合器是一件次品，请分析此次品出自何厂的概率最大.

解：（1）设事件 $A =$ "取到的是次品"，事件 $B =$ "取到的产品是第 i 家玩具零件制造厂提供的"（$i = 1,2,3,4,5$），则 $P(B_1) = 0.2, P(B_2) = 0.2, P(B_3) = 0.3, P(B_4) = 0.2, P(B_5) = 0.1.$

$P(A|B_1) = 0.01, P(A|B_2) = 0.02, P(A|B_3) = 0.02, P(A|B_4) = 0.01, P(A|B_5) = 0.03.$

由全概率公式得 $P(A) = \sum\limits_{i=1}^{5} P(B_i)P(A|B_i) = 0.2 \times 0.01 + 0.2 \times 0.02 + 0.3 \times 0.02 + 0.2 \times 0.01 + 0.1 \times 0.03 = 0.017.$

故随机在储藏室里取一个离合器，此离合器为次品的概率为 0.017.

（2）由贝叶斯公式得

$$P(B_1|A) = \frac{P(B_1)P(A|B_1)}{P(A)} = \frac{0.2 \times 0.01}{0.017} = \frac{2}{17},$$

$$P(B_2|A) = \frac{P(B_2)P(A|B_2)}{P(A)} = \frac{0.2 \times 0.02}{0.017} = \frac{4}{17},$$

$$P(B_3|A) = \frac{P(B_3)P(A|B_3)}{P(A)} = \frac{0.3 \times 0.02}{0.017} = \frac{6}{17},$$

$$P(B_4|A) = \frac{P(B_4)P(A|B_4)}{P(A)} = \frac{0.2 \times 0.01}{0.017} = \frac{2}{17},$$

$$P(B_5|A) = \frac{P(B_5)P(A|B_5)}{P(A)} = \frac{0.1 \times 0.03}{0.017} = \frac{3}{17}.$$

故这个次品出自三厂的可能性最大.

评注：本题求解思路是：①按照确定的标准，将一个复杂事件分解为若干个两两互斥事件 $B_i(i=1,2,\cdots,5)$；②依题意得出 $P(B_i)$ 和事件 A 在各个互斥事件 B_i 发生条件下的概率 $P(A|B_i)$；③代入全概率公式 $P(A)=\sum_{i=1}^{5}P(B_i)P(A|B_i)$，计算 $P(A)$；④利用贝叶斯公式 $P(B_i|A)=\dfrac{P(B_i)P(A|B_i)}{P(A)}$，依次求出 $P(B_i|A)(i=1,2,\cdots,5)$.

例4 假定小明去参加数学夏令营，选择乘火车、轮船、汽车、飞机的概率分别为 $0.3,0.2,0.1,0.4$，若他乘火车、轮船、汽车迟到的概率分别为 $0.2,0.3$ 和 0.5，而乘飞机则不会迟到. 结果他迟到了，那么他是乘火车去参加数学夏令营的概率是多少？

解：设事件 $B=$"小明迟到了"，$A_1=$"小明乘火车参加夏令营"，$A_2=$"小明乘轮船参加夏令营"，$A_3=$"小明乘汽车参加夏令营"，$A_4=$"小明乘飞机参加夏令营". 显然 A_1,A_2,A_3,A_4 构成了一个完备的事件组合，于是

$P(A_1)=0.3,P(A_2)=0.2,P(A_3)=0.1,P(A_4)=0.4$，$P(B|A_1)=0.2$，
$P(B|A_2)=0.3,P(B|A_3)=0.5,P(B|A_4)=0$.

由贝叶斯公式得

$$P(A_1|B)=\frac{P(A_1B)}{P(B)}=\frac{P(A_1)P(B|A_1)}{\sum_{j=1}^{4}P(A_j)P(B|A_j)}$$

$$=\frac{0.3\times0.2}{0.3\times0.2+0.2\times0.3+0.1\times0.5+0.4\times0}=\frac{6}{17}.$$

故小明乘火车去参加数学夏令营的概率是 $\dfrac{6}{17}$.

评注：本题实质上是利用全概率公式，先求小明迟到的概率 $P(B)$，在迟到的前提下由贝叶斯公式，再求小明因迟到而乘火车参加夏令营的概率 $P(A_1|B)$.

例5 某厂有一、二、三共三个车间，生产同种产品，总产量中三个车间所占的比例分别是 60%、25% 及 15%，三个车间所生产产品的次品率分别为 6%、8% 及 12%，从该厂产品中任意抽取一件产品，取到的恰好是次品，视次品来自一或二或三车间，能被修复成正品的概率分别为 $0.8,0.5,0.3$，此次品能被修复成正品的概率是多少？

解：设事件 $A_i=$"抽取的产品来自第 i 个车间"，$i=1,2,3$，$B=$"所抽产品为次品"，$C=$"能修复成正品"，则 $P(A_1)=0.6,P(A_2)=0.25,P(A_3)=0.15$.

$P(B|A_1)=0.06,P(B|A_2)=0.08,P(B|A_3)=0.12$，$P(C|A_1B)=0.8$，
$P(C|A_2B)=0.5,P(C|A_3B)=0.3$.

由全概率公式，$P(B)=P(A_1)P(B|A_1)+P(A_2)P(B|A_2)+P(A_3)P(B|A_3)=$

$0.6 \times 0.06 + 0.25 \times 0.08 + 0.15 \times 0.12 = 0.074.$

结合贝叶斯公式，$P(A_i \mid B) = \dfrac{P(A_iB)}{P(B)} = \dfrac{P(A_i)P(B \mid A_i)}{P(B)}$（$i = 1,2,3$），于是

有 $P(C \mid B) = \sum\limits_{i=1}^{3} P(A_i \mid B)P(C \mid A_iB) = \dfrac{0.6 \times 0.06}{0.074} \times 0.8 + \dfrac{0.25 \times 0.08}{0.074} \times 0.5 +$

$\dfrac{0.15 \times 0.12}{0.074} \times 0.3 \approx 0.597.$

故此次品能被修复成正品的概率约为 0.597。

评注：首先要理解来自第 i 车间的次品被修复成正品的概率是 $P(C \mid A_iB)$（$i = 1,2,3$），其次要结合贝叶斯公式及概率的加权平均，方可求出结果。

例6　已知某地居民肝癌的发病率为 0.0004，通过对血清甲胎蛋白进行检验可以检测一个人是否患有肝癌，但这种检测方法可能出错，具体是：患有肝癌但检测显示正常的概率为 0.01，未患有肝癌但检测显示有肝癌的概率为 0.05。因为在目前情况下，肝癌的致死率比较高，肝癌发现得越早，治疗越有效，因此有人主张对该地区的居民进行普查，以尽早发现肝癌患者，这个主张是否合适？

解：由题意可知，如果患有肝癌，那么检测出来的概率为 99%，然而普查的主张是否合适，主要取决于检测结果显示患有肝癌时，实际上患有肝癌的概率。设事件 $A = $ "患有肝癌"，$B = $ "检测结果显示患有肝癌"，则 $P(A) = 0.0004, P(\bar{B} \mid A) = 0.01, P(B \mid \bar{A}) = 0.05$，从而有 $P(\bar{A}) = 1 - P(A) = 1 - 0.0004 = 0.9996$，$P(B \mid A) = 1 - P(\bar{B} \mid A) = 1 - 0.01 = 0.99$。

根据贝叶斯公式，检测显示患有肝癌的居民确实患有肝癌的概率为

$$P(A \mid B) = \frac{P(AB)}{P(B)} = \frac{P(A)P(B \mid A)}{P(A)P(B \mid A) + P(\bar{A})P(B \mid \bar{A})}$$

$$= \frac{0.0004 \times 0.99}{0.0004 \times 0.99 + 0.9996 \times 0.05}$$

$$\approx 0.0079.$$

这表明，检测结果显示患有肝癌但实际上患有肝癌的概率还不到 0.8%。也就是说，如果进行普查的话，在现有条件下，100 个检测结果显示患有肝癌的人中，可能只有 1 个人是真正患有肝癌的，从这个意义上来说，进行普查并不是一个好主意。

评注：这个例子也告诉我们后验概率的大小非常受先验概率选取的影响，这也是贝叶斯统计最受人"困惑"的地方。但实际应用上先验概率是通过大量的实际调查得出，具有很强的实用可靠性，所以通过贝叶斯公式计算出的后验概率具有很强的实际应用价值。

全概率公式包含了事件的并与互不相容的概念，还包括加法、乘法公式、条件概率公式，而贝叶斯公式则是根据全概率公式推导演化而来的。全概率公

式与贝叶斯公式是两个相辅相成的互逆的运算公式，它对解决实际生活中的概率问题起着很重要的作用，在我们生活中的应用也相当广泛，灵活掌握全概率公式与贝叶斯公式，可以帮助中学生拓宽视野，提高数学思维能力和探究未知世界的兴趣.

第 11 章　数学常用的思想与方法

1. 分类讨论的思想

分类是人类认识世界、改造世界的科学行为，分类成为一种数学思想，在数学活动中，分类好比指南针，它能给我们指明方向. 分类讨论的优势，体现在可以迅速地找出解决问题的切入点上，以解决开头难的问题，使我们的数学探究活动有一个良好的开局.

要注意，分类讨论某个数学问题，必须在同一个标准下进行，切忌用两个或两个以上的不同标准对数学对象实施分类. 这和我们平时的为人处事是一样的，对待他人和自己无论从哪个角度来评价，都不可采用多重标准，数学是很"通情达理"的.

2. 数形结合的思想

数与形的概念是人类在认识现实世界的过程中逐步形成的，数的特点是抽象、严谨，形的特点是形象、直观. 数与形从两个不同的侧面揭示了数学的本质：数量关系与空间形式. 单独地讨论数或形，它们都有自己独立的一面和各自的优势，同时也都存在着各自的不足；统一地讨论数与形，两者可以相互渗透，相互沟通，相互作用，相互弥补，达到抽象与形象、严谨与直观的协调统一. 人们在长期的认识与使用数与形的实践中，逐步形成了一种思想，这就是数形结合的思想.

3. 函数与方程的思想

(1)函数思想是指用运动和变化的观点、集合与对应的思想去分析问题、转化问题和解决问题. 函数思想主要体现在：①运用函数的有关性质解决函数的某些问题；②用运动和变化、集合与对应的思想去观察、分析具体问题中的数量关系，通过函数形式，把这种关系表示出来并加以研究，从而使问题获得解决；③对于一些从形式上看不是函数的问题，可以经过适当变换或构造，使其转化为函数问题，并运用函数的有关性质来处理，如解决有关不等式、方程及对某些参数范围进行讨论等.

(2)方程思想就是分析出数学问题中变量之间的等量关系，从而建立方程或方程组，运用方程的性质去分析、转化问题，从而使问题得以解决．方程思想主要体现在：①解方程及含参数方程的讨论；②转化为方程的讨论及构造方程求解；③方程与曲线．

（3）函数与方程的转化思想，就是函数关系可看成方程，某些方程又可看成函数关系，在求解某些问题时，函数、方程、不等式常常互相转化．

4．转化与化归的思想

（1）转化与化归思想是数学中最基本的思想方法，数学中的一切问题的解决几乎都离不开转化与化归．转化思想要求我们换一个角度观察，换一种方式思考，换一种语言表达，在另一种观点下对问题的本质有着更为明确、清晰的理解，达到解决或易于解决问题的目的．

（2）化归思想在处理问题时，把待解决或难解决的问题通过转化，归纳为已解决或比较容易解决的问题，从而最终解决原问题．在数学解题中它的应用相当广泛，如未知向已知转化，旧知识向新知识转化，复杂问题向简单问题转化，不同数学问题之间的转化，实际问题向数学问题转化等．

（3）常用的转化与化归思想有：①未知转化为已知；②函数与方程的相互转化；③空间与平面的相互转化；④常量与变量的相互转化；⑤数与形的相互转化；⑥一般与特殊的相互转化；⑦正与反的相互转化；⑧等与不等的相互转化．

（4）等价转化，如果命题 p 与命题 q 互为逆否命题，那么证明命题 p 成立有困难时，可以转至证明命题 q 成立．通过充要条件的学习我们有这样一种感悟，如果 $A \Leftrightarrow B$，那么证明 A 成立与证明 B 成立是等价的．特别地，当 A、B 是两个等价命题时，证明其一成立可以借助证明其二成立来完成，这种处理问题的策略，我们一般称之为对命题或问题的后续走向实施了等价转化．

5．类比与联想的思想

类比推理实际上就是由特殊到特殊的一种或然性的推理，美籍数学家波利亚说过："类比是一个伟大的引路人"，它是发现解题思路的过程，是寻求命题的条件和结论之间逻辑关系的过程．由此及彼的类比、联想，常能启发我们的思维，沟通条件和结论的联系，起搭桥开路的作用，许多好的解题思路都是经过类比、探索而产生的．

6．构造法

构造法就是根据数学问题条件或者结论的特征，以问题中的数学元素为"元件"，数学关系为"框架"构造出新的数学对象或数学模型，将抽象问题具体化．构造法的有效应用能够帮助学生培养创新能力，可以有效增强学生的解题信心，使学生的思维更加敏捷，提升了学生对数学知识的掌握程度．

7. 换元法

换元法是指利用一个或几个新的变量代替原来的某些变量或代数式，从而得到与新变量有关的代数问题，利用新的变量求出结果之后，再返回去求原变量的结果．换元法是一种常用的数学解题方法，其理论根据是等量代换．换元法可以把未知问题化为已知问题，把抽象问题化为具体问题，把复杂问题化为简单问题．通过换元可以清楚地认识到问题的本质，迅速寻找和选择解决问题的途径与方法．

根据数式的特点常见的换元法有：①代数式整体换元法；②平均数换元法；③比值换元法；④三角换元法；⑤不等量换元法；⑥根式换元法；⑦倒数换元法；⑧相反数换元法；⑨坐标换元法等．

8. 待定系数法

待定系数法是一种常用的解题方法，其实质是方程的思想，做法是使用一些字母作为待定的系数，然后根据条件列出方程或方程组，解出这些待定的系数，待定系数法经常用来确定函数解析式．

9. 分离参数法

分离参数法即根据表达式的特点把含有参数的部分分离出来，然后按分离后的特点确定参数．分离参数法是求参数取值范围常用的方法，视参数为变元的函数，然后把问题转化为求函数的值域问题或利用恒成立问题的求解方法求解．

10. 放缩法

放缩法是证明不等式的重要技巧，在证明不等式时，把不等式的一边放大或缩小，利用不等式的传递性证明不等式，常用的放缩技巧有添舍放缩、分式放缩、借助重要不等式放缩等．

11.1　巧用特殊法解数学客观题

解数学客观题的常用方法，主要分直接法和间接法两大类．直接法是解答客观题最基本、最常用的方法．高考的题量较大，如果所有客观题都用直接法解答，不但时间不允许，甚至有些题目根本无法解答．因此，我们还要掌握一些解答客观题的间接法．本节着重探讨巧用特殊法解数学客观题，以唤起同学们学习数学的兴趣，激发同学们的求知欲！

1. 巧用特殊值

例 1　某学校要召开学生代表大会，规定各班每 10 人推选一名代表，当各班人数除以 10 的余数大于 6 时再增选一名代表，那么，各班可推选代表人数 y 与该班人数 x 之间的函数关系用取整函数 $y=[x]$（$[x]$ 表示不大于 x 的最大整数）可以表示为（　　）．

A. $y=\left[\dfrac{x}{10}\right]$　　B. $y=\left[\dfrac{x+3}{10}\right]$　C. $y=\left[\dfrac{x+4}{10}\right]$　D. $y=\left[\dfrac{x+5}{10}\right]$

解：当 $x=17$ 时，$y=\left[\dfrac{x}{10}\right]=\left[\dfrac{17}{10}\right]=1$，不合规定，排除选项 A；当 $x=16$ 时，$y=\left[\dfrac{x+4}{10}\right]=\left[\dfrac{20}{10}\right]=2$，$y=\left[\dfrac{x+5}{10}\right]=\left[\dfrac{21}{10}\right]=2$，都与规定不合，应排除 C，D. 故选 B.

评注：本题求的是一个高斯函数，题目新颖，对于考生来说有一定的抽象性，分别选取恰当的特殊值 $x=17$，$x=16$，选项 A，C，D 很快被排除，正确答案就"脱颖而出"．

2. 巧用特殊函数

例 2　函数 $f(x)=M\sin(\omega x+\varphi)(\omega>0,M>0)$ 在区间 $[a,b]$ 上是增函数，且 $f(a)=-M$，$f(b)=M$，则函数 $g(x)=M\cos(\omega x+\varphi)$ 在 $[a,b]$ 上（　　）．

A. 是增函数　　　　　　　B. 是减函数
C. 可以取得最大值 M　　　D. 可以取得最小值 $-M$

解：令 $\varphi=0$，$\omega=1$，$M=1$，则 $f(x)=\sin x$．$\because f\left(-\dfrac{\pi}{2}\right)=-1,f\left(\dfrac{\pi}{2}\right)=1$，

$\therefore [a,b]=\left[-\dfrac{\pi}{2},\dfrac{\pi}{2}\right]$，这时 $g(x)=\cos x$，显然应选 C.

评注：本题涉及参变量较多，直接求解较困难，利用符合题意的特殊函数 $f(x)=\sin x,x\in\left[-\dfrac{\pi}{2},\dfrac{\pi}{2}\right]$，则 $g(x)=\cos x,x\in\left[-\dfrac{\pi}{2},\dfrac{\pi}{2}\right]$ 去解题，显得十分简洁.

3. 巧用特殊数列

例 3　已知等比数列 $\{a_n\}$ 中 $a_2=1$，则其前 3 项的和 S_3 的取值范围是（　　）.

A. $(-\infty,-1]$　　　　　　　B. $(-\infty,0)\bigcup(3,+\infty)$

C. $[3,+\infty)$　　　　　　　　D. $(-\infty,-1]\bigcup[3,+\infty)$

解：$\because$ 等比数列 $\{a_n\}$ 中 $a_2=1$，$\therefore$ 当公比为 1 时，$a_1=a_2=a_3=1$，$S_3=3$；当公比为 -1 时，$a_1=-1$，$a_2=1$，$a_3=-1$，$S_3=-1$，从而淘汰 A、B、C. 故选 D.

评注：设等比数列 $\{a_n\}$ 的公比为 q，$S_3=a_1+a_2+a_3=\dfrac{1}{q}+1+q$，利用"对勾函数"或"基本不等式"，对 $q>0$ 和 $q<0$ 分类讨论去求解显然较麻烦，本题利用特殊数列解题更为直接、简便. 注意：必要时一题可多次使用特殊法，如例 1 和本题就是范例.

4. 巧用特殊图形

例 4　$\triangle ABC$ 的外接圆的圆心为 O，两条边上的高的交点为 H，$\overrightarrow{OH}=m(\overrightarrow{OA}+\overrightarrow{OB}+\overrightarrow{OC})$，则实数 $m=$ _____.

解：取 $\triangle ABC$ 为等腰直角三角形，O 为斜边 AC 的中点. AB,BC 边上高的交点 H 与直角顶点 B 重合. $\because\overrightarrow{OA}+\overrightarrow{OB}+\overrightarrow{OC}=\overrightarrow{OB}=\overrightarrow{OH}$，$\therefore m=1$.

评注：本题若直接利用向量和几何知识在一般三角形中求解难度很大，选择符合题意的特殊图形帮助解题，很快得出结果. 这充分彰显了"特殊法"的神奇与魅力！

例 5　在 $\triangle ABC$ 中，M 是 BC 的中点，$AM=3$，$BC=10$，则 $\overrightarrow{AB}\cdot\overrightarrow{AC}=$ _____.

解：取 $\triangle ABC$ 为 $AB=AC$ 的等腰三角形，$AM=3$，$BC=10$，$AB=AC=\sqrt{34}$，$\cos\angle BAC=\dfrac{34+34-100}{2\times\sqrt{34}\times\sqrt{34}}=-\dfrac{8}{17}$，$\overrightarrow{AB}\cdot\overrightarrow{AC}=\sqrt{34}\times\sqrt{34}\times\left(-\dfrac{8}{17}\right)=$

— 16.

评注：本题巧妙地将问题置于等腰三角形中研究，解题方法独特、新颖，能激发中学生学习数学的兴趣.

5. 巧用特殊角

例 6　在 $\triangle ABC$ 中，角 A,B,C 所对的边分别为 a,b,c. 若 a,b,c 成等差数列，则 $\dfrac{\cos A+\cos C}{1+\cos A\cos C}=$ _____.

解：$\because a,b,c$ 成等差数列，$\therefore$ 取 $A=B=C=\dfrac{\pi}{3}$，则 $\cos A=\cos B=\cos C=\dfrac{1}{2}$，从而 $\dfrac{\cos A+\cos C}{1+\cos A\cos C}=\dfrac{4}{5}$.

评注：本题也可利用余弦定理直接求解，但运算量较大，取特殊角 $A=B=C=\dfrac{\pi}{3}$，解题显然省时省力.

6. 巧用特殊点

例 7　如果函数 $f(x)=\sin 2x+a\cos 2x$ 的图像关于直线 $x=-\dfrac{\pi}{8}$ 对称，那么 $a=$ _____

解：$\because$ 函数 $f(x)$ 的图像关于直线 $x=-\dfrac{\pi}{8}$ 对称，$\therefore f(0)=f\left(-\dfrac{\pi}{4}\right)\Rightarrow a=-1$.

评注：本题常规解法是利用辅助角公式将原函数化为 $f(x)=\sqrt{a^2+1}\sin(2x+\varphi)$，利用 $f\left(-\dfrac{\pi}{8}\right)=\sqrt{a^2+1}\sin\left(\varphi-\dfrac{\pi}{4}\right)=\pm\sqrt{a^2+1}$，求得 $\varphi=k\pi+\dfrac{3\pi}{4}(k\in\mathbf{Z})$，由 $\tan\varphi=a\Rightarrow a=-1$，显然解法累赘. 利用特殊点的对称性求解独辟蹊径使问题简单化，解题方法新颖独到！

7. 巧用特殊位置

例 8　设三棱柱 ABC-$A_1B_1C_1$ 的体积为 V，P、Q 分别是侧棱 AA_1、CC_1 上的动点（图 11.1），且 $PA=QC_1$，则四棱锥 B-$APQC$ 的体积为（　　）.

A. $\dfrac{1}{6}V$ 　　　　B. $\dfrac{1}{4}V$ 　　　　C. $\dfrac{1}{3}V$ 　　　　D. $\dfrac{1}{2}V$

解：不妨设 P 与 A_1 重合，又 $PA=QC_1$，则 Q 与 C 重合，$\therefore V_{B\text{-}APQC}=$

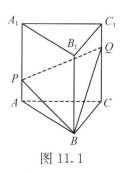

$V_{B-AA_1C} = V_{A_1-ABC} = \dfrac{1}{3}V.$ 故选 C.

评注：本题选取 P 与 A_1 重合，Q 与 C 重合的特殊位置求解，避免了设 AP（或 CQ）长，求四棱锥 $B-APQC$ 的体积的复杂过程，彰显了"特殊法"的奇思与妙用！

图 11.1

8. 巧用特殊方程

例 9　双曲线 $\dfrac{x^2}{a^2} - \dfrac{y^2}{b^2} = 1(a > b > 0)$ 的渐近线夹角为 α，离心率为 e，则 $\cos\dfrac{\alpha}{2}$ 等于（　　）.

A. $\dfrac{1}{e^2}$　　　　　B. $\dfrac{1}{e}$　　　　　C. $\dfrac{e}{2}$　　　　　D. $\dfrac{1}{2e}$

解：取双曲线方程为 $\dfrac{x^2}{4} - y^2 = 1$，则 $a = 2, b = 1$，$\therefore c = \sqrt{5}$，$\therefore$ 离心率 $e = \dfrac{\sqrt{5}}{2}$，$\tan\dfrac{\alpha}{2} = \dfrac{b}{a} = \dfrac{1}{2}$，$\therefore \cos\dfrac{\alpha}{2} = \dfrac{2}{\sqrt{5}} = \dfrac{1}{e}$. 故选 B.

评注：本题是考查双曲线渐近线夹角与离心率的一个关系式，涉及多个参变量，给解题带来一定的障碍，选取合适的特殊方程，问题便迎刃而解.

9. 巧用特殊集合

例 10　设 S 是整数集 $\mathbf{Z}$ 的非空子集，如果 $\forall a, b \in S$，有 $ab \in S$，则称 S 关于数的乘法是封闭的. T, V 是 $\mathbf{Z}$ 的两个不相交的非空子集，$T \bigcup V = \mathbf{Z}$，且 $\forall a, b, c \in T$，有 $abc \in T$；$\forall x, y, z \in V$，有 $xyz \in V$. 下列结论恒成立的是（　　）.

A. T, V 中至少有一个关于乘法是封闭的

B. T, V 中至多有一个关于乘法是封闭的

C. T, V 中有且只有一个关于乘法是封闭的

D. T, V 中每一个关于乘法是封闭的

解：由于 $T \bigcup V = \mathbf{Z}$，故整数 1 一定在 T, V 两个集合中的一个，不妨设 $1 \in T$，则 $\forall a, b \in T$. 由于 $a, b, 1 \in T$，则 $a \cdot b \cdot 1 \in T$，即 $ab \in T$，从而 T 对乘法是封闭的.

另外，当 $T = \{$非负整数$\}$，$V = \{$负整数$\}$ 时，T 关于乘法封闭，V 关于乘法不封闭，D 不对；当 $T = \{$奇数$\}$，$V = \{$偶数$\}$，显然 T, V 关于乘法都是封闭的，B 与 C 不对. 故选 A.

评注：本题概念抽象，思维量较大，利用符合题意的特殊集合能化难为易，

化繁为简，使问题顺利得到解决.

特殊法的依据是：一个命题在特殊条件下不真，在一般条件下也不真；一个命题在一般情形下成立，在特殊情形下必成立. 因此，凡在一般情形下探求结论的客观题，可考虑用特殊法. 由于客观题只要结果，不要过程，所以当客观题的结论唯一或题设条件中提供的信息暗示答案是一个定值时，可将客观题中的一般情形特殊化再求解. 应用特殊法解题要注意：① 所选特例要符合题设的条件；② 能较快地得出准确的结论或能较快地计算出结果；③ 所选特例能尽量多排除一些选项，因为若有两个选项不能排除时，还要另选特例，排除其中之一.

11.2　例说巧用极限思想解题

在高中数学中，极限思想深入渗透到解析几何、立体几何、三角、数列、函数等章节中，并且又衔接高等数学，起着承上启下的作用. 引用极限思想解题能培养学生的创新意识，唤起学生对数学的学习兴趣，激发他们的求知欲. 因此，在解题教学中，我们应适时、适当引导学生巧用极限思想，开阔解题思路，提高数学素养，为将来学习高等数学打下良好的基础.

1. 巧用极限思想求解解析几何问题

例 1　有一圆与直线 $x-y+3=0$ 相切于点 $M(2,5)$，且经过点 $N(2,3)$，求此圆的方程.

解：把直线 $x-y+3=0$ 看作半径为无穷大的圆，切点 $M(2,5)$ 看作半径为 0 的圆，设所求圆的方程为 $(x-2)^2+(y-5)^2+\lambda(x-y+3)=0$ ①.

将点 $N(2,3)$ 的坐标代入上述方程①得 $\lambda=-2$，再将 $\lambda=-2$ 代入①并整理得所求圆的方程为 $x^2+y^2-6x-8y+23=0$.

评注：很多数学问题似乎与极限思想不搭界，正是在这貌似无关的表面背后隐藏着无限的玄机. 本题巧用极限思想，给问题的解决带来了奇妙的效果！

2. 妙用极限思想求解立体几何问题

例 2　一圆柱与圆台等高，且圆柱底面半径是圆台两底半径的等差中项，则圆柱体积 V_1 与圆台体积 V_2 的大小关系是(　　).

　　A. $V_1<V_2$　　　　B. $V_1=V_2$　　　　C. $V_1>V_2$　　　　D. 不能确定

解：当圆台上底半径无限趋近于零时，则圆台就趋近于一个圆锥. 设此时圆柱底面半径为 r，依题意，则圆锥底面半径为 $2r$，又它们的高均为 h，

$\therefore V_1=\pi r^2h$，$V_2=\dfrac{1}{3}\pi(2r)^2h=\dfrac{4}{3}\pi r^2h$，$\therefore V_1<V_2$. 故选 A.

评注：如果几何图形中有不确定的因素，那么我们就可以以这个不确定的因素作为解题的一个切入点，观察这些不确定的因素变化对图形状态的影响. 本题正是考虑圆台底面半径不确定的因素，妙用极限思想解题，可谓独具匠心. 本题若直接应用圆柱与圆台的体积公式，通过计算进行比较大小，则较烦琐.

3. 运用极限思想求解三角问题

例3 在 $\triangle ABC$ 中(图 11.2),角 A、B、C 的对边分别为 a、b、c,若 $c-a$ 等于 AC 边上的高 h,那么 $\sin\dfrac{C-A}{2}+\cos\dfrac{C+A}{2}$ 的值为(   ).

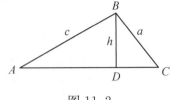

图 11.2

A. -1 B. $\dfrac{1}{3}$ C. $\dfrac{1}{2}$ D. 1

解:$\because h=c-a$,$\therefore$ 当 $c\to a$,则 $h\to 0$,即 $\angle A\to 0^\circ$,$\angle C\to 0^\circ$,$\angle B\to 180^\circ$,

$\therefore \sin\dfrac{C-A}{2}+\cos\dfrac{C+A}{2}\to \sin 0^\circ+\cos 0^\circ=1$. 故选 D.

评注:由于本题是一道选择题,不必小题大做. 灵活运用极限思想,可化难为易,化繁为简,解法新颖、独特,凸显了极限法解题的神奇功效,也彰显了数学的无穷魅力!

4. 引用极限思想求解数列问题

例4 在和式 $M=\displaystyle\sum_{i=1}^{n}\dfrac{1}{i}=1+\dfrac{1}{2}+\dfrac{1}{3}+\cdots+\dfrac{1}{n}$ 中,当 $n\to +\infty$ 时,M 的值趋近于(   ).

A. 3   B. 4   C. 某一个较大的正常数   D. $+\infty$

解:$\because M=1+\dfrac{1}{2}+\dfrac{1}{3}+\dfrac{1}{4}+\dfrac{1}{5}+\dfrac{1}{6}+\dfrac{1}{7}+\dfrac{1}{8}+\dfrac{1}{9}+\dfrac{1}{10}+\cdots+\dfrac{1}{16}+\cdots$

$=1+\dfrac{1}{2}+\left(\dfrac{1}{3}+\dfrac{1}{4}\right)+\left(\dfrac{1}{5}+\dfrac{1}{6}+\dfrac{1}{7}+\dfrac{1}{8}\right)+\left(\dfrac{1}{9}+\dfrac{1}{10}+\cdots+\dfrac{1}{16}\right)+\cdots$

$>1+\dfrac{1}{2}+\left(\dfrac{1}{4}+\dfrac{1}{4}\right)+\left(\dfrac{1}{8}+\dfrac{1}{8}+\dfrac{1}{8}+\dfrac{1}{8}\right)+\left(\dfrac{1}{16}+\dfrac{1}{16}+\cdots+\dfrac{1}{16}\right)+\cdots$

$=1+\dfrac{1}{2}+\dfrac{1}{2}+\dfrac{1}{2}+\dfrac{1}{2}+\cdots+\dfrac{1}{2}+\cdots$,

$\therefore$ 当 $n\to +\infty$ 时,有 $M\to +\infty$.

故选 D.

评注:本题通过恰当组合并放缩,引用极限思想,当 $n\to +\infty$ 时,从而合并出无穷多个 $\dfrac{1}{2}$ 的和. 可见极限思想是以一个发展的思想来看待和处理问题的方式,可以让我们的思想完成从有限上升到无限的升华,是思考方式的一个质的飞跃!

5. 利用极限思想求解函数问题

例 5　若 $f(x)$ 为连续函数，且 $\lim\limits_{x\to 0}f(x)=f(0)=1,f(2x)-f(x)=x^2$，试求函数 $f(x)$ 的解析式.

解：由已知得

$$\begin{cases} f(x)-f\left(\dfrac{x}{2}\right)=\dfrac{x^2}{4}, \\[2mm] f\left(\dfrac{x}{2}\right)-f\left(\dfrac{x}{2^2}\right)=\dfrac{x^2}{4^2}, \\[2mm] \cdots \\[2mm] f\left(\dfrac{x}{2^{n-1}}\right)-f\left(\dfrac{x}{2^n}\right)=\dfrac{x^2}{4^n}. \end{cases}$$

将 n 个等式迭加得 $f(x)-f\left(\dfrac{x}{2^n}\right)=x^2\left(\dfrac{1}{4}+\dfrac{1}{4^2}+\cdots+\dfrac{1}{4^n}\right)$，即 $f(x)-f\left(\dfrac{x}{2^n}\right)=\dfrac{x^2}{3}\left(1-\dfrac{1}{4^n}\right)$，对此式两边取 $n\to+\infty$ 时的极限，有 $f(x)-f(0)=\dfrac{x^2}{3}$. 又 $f(0)=1,\therefore f(x)=\dfrac{1}{3}x^2+1$.

评注：本题解法中的 n 是一个"设而不求"的任意正整数. 先通过有限个式子，寻找一个关于 n 的递推关系式 $f(x)-f\left(\dfrac{x}{2^n}\right)=\dfrac{x^2}{3}\left(1-\dfrac{1}{4^n}\right)$，再利用极限法去掉 n. 由此可见，利用极限思想去思考问题，往往能突破我们思维上的禁锢，拓宽考虑问题的思路，具有独创性.

6. 借用极限思想求解不等式问题

例 6　若不等式 $x^2-\log_a x<0$ 在 $x\in\left(0,\dfrac{1}{2}\right)$ 内恒成立，则 a 的取值范围是（　　）.

A. $\dfrac{1}{16}\leqslant a<1$　　B. $\dfrac{1}{16}<a<1$　　C. $0<a\leqslant\dfrac{1}{16}$　　D. $0<a<\dfrac{1}{16}$

解：$\because$ 不等式 $x^2-\log_a x<0$ 在 $x\in\left(0,\dfrac{1}{2}\right)$ 内恒成立，即有不等式 $\log_a x>x^2>0$ 恒成立，$\therefore 0<a<1$. 由数形结合知（图 11.3），当 $y=x^2$ 与 $y=\log_a x$ 交点为 $A\left(\dfrac{1}{2},\dfrac{1}{4}\right)$ 时，不等式 $x^2-\log_a x<0$ 在 $x\in\left(0,\dfrac{1}{2}\right)$ 内仍恒成立. 令

$$\left(\frac{1}{2}\right)^2 = \log_a \frac{1}{2}, \text{ 得 } a = \frac{1}{16}.$$

当 $x < \frac{1}{2}$ 且 $x \to \frac{1}{2}$ 时，$\frac{1}{4} < \log_a \frac{1}{2} \Rightarrow \log_a a^+ < \log_a$

$\frac{1}{2}$，求得 $a > \frac{1}{16}$.

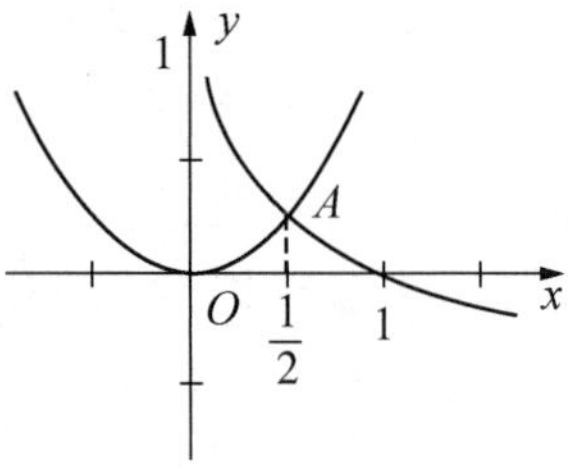

当 $x > 0$ 且 $x \to 0$ 时，可推得 $a < 1$.

故选 A.

图 11.3

评注：本题借用数形结合和极限的思想方法，是问题转化的重要环节. 由于静态的数学问题是动态数学问题的一个瞬时态势，因而本题极限思想的运用看似源于偶然，实则必然.

7. 使用极限思想求解概率问题

例 7 袋中有 12 个球，其中白球 4 个，黑球 8 个，甲、乙、丙三人接连从袋中取球，甲先取，然后乙、丙依次取；甲再取，然后乙、丙依次再取；如此继续下去，规定抽出的球放回，率先取出白球者获胜. 求甲获胜的概率.

解：设"甲、乙、丙三人依次各取一次球"称为一轮，则甲可能在第一轮，第二轮 …… 获胜. 设"甲在第 i 轮获胜"的概率记为 $P(x_i)(i = 1, 2, \cdots)$，"甲获胜"的概率记为 $P(x)$，则 $P(x) = P(x_1) + P(x_2) + \cdots + P(x_i) + \cdots$. 又 $P(x_1) = \frac{1}{3}$，$P(x_2) = \left(\frac{2}{3}\right)^3 \times \frac{1}{3}$，$P(x_3) = \left(\frac{2}{3}\right)^6 \times \frac{1}{3}$，$\cdots$，若甲在第 i 轮获胜，说明前 $i-1$ 轮，甲、乙、丙均抽出了黑球，故有 $P(x_i) = \left(\frac{2}{3}\right)^{3(i-1)} \times \frac{1}{3}$，则甲获胜的概率为

$$P(x) = P(x_1) + P(x_2) + \cdots + P(x_i) + \cdots = \frac{1}{3} + \frac{1}{3} \times \left(\frac{2}{3}\right)^3 + \frac{1}{3} \times \left(\frac{2}{3}\right)^6 + \cdots + \frac{1}{3}$$

$$\times \left(\frac{2}{3}\right)^{3(i-1)} + \cdots$$

先计算 $P(x_1) + P(x_2) + \cdots + P(x_i) = \frac{1}{3}\left[1 + \left(\frac{2}{3}\right)^3 + \left(\frac{2}{3}\right)^6 + \cdots + \left(\frac{2}{3}\right)^{3(i-1)}\right]$

$$= \frac{1}{3}\left[\frac{1 - \left(\frac{2}{3}\right)^{3i}}{1 - \left(\frac{2}{3}\right)^3}\right], \text{ 当 } i \to +\infty \text{ 时，} \frac{1}{3}\left[\frac{1 - \left(\frac{2}{3}\right)^{3i}}{1 - \left(\frac{2}{3}\right)^3}\right] \to \frac{1}{3}\left[\frac{1}{1 - \left(\frac{2}{3}\right)^3}\right] = \frac{9}{19}.$$

故甲获胜的概率为 $P(x) = \frac{9}{19}$.

评注：本题使用极限思想解题，就是从无限逼近的角度去观察、分析、研究数学问题的运动、变化规律，揭示问题的本质. 让我们从有限中认识了无限，

从量变中认识了质变. 极限思想是人类思想文化宝库中的一朵奇葩, 它不仅是对数学本质的反映, 也是把知识转化为能力的一种纽带.

本文结合具体的例题, 讨论了极限思想在高中数学中的一些巧妙应用, 当然, 极限思想作为数学中的重要的思想, 在高中数学中涉及的范围远不止这几个方面, 由于篇幅所限, 在此不作赘述. 不过, 我们可以在教学中更多的挖掘和渗透极限思想, 让学生去体会和感受这种思想方法, 这样学生沉淀下来的就不仅仅是数学知识, 更重要的是一种数学素养, 这也是数学的精髓和灵魂!

11.3 "对称思想"在数学解题中的妙用

对称在自然界中是普遍存在的，而数学来源于生活，不少数学问题中涉及的对象都具有对称性，对称给人们以和谐、平衡的美感．对称不仅是一个数学概念，更是一种思想方法，对称思想是研究数学问题常用的思想方法．充分挖掘问题中的对称性，利用对称思想去分析问题和解决问题，通常能避免繁杂的运算，提高解题速度和准确率．

1. 利用中心对称解题

例 1 已知函数 $f(x)(x\in \mathbf{R})$ 满足 $f(-x)=2-f(x)$，若函数 $y=\dfrac{x+1}{x}$ 与 $y=f(x)$ 的图像的交点为 (x_1,y_1)，(x_2,y_2)，$\cdots$，(x_m,y_m)，则 $\sum\limits_{i=1}^{m}(x_i+y_i)=$（　　）．

A. 0　　　　　　 B. m　　　　　　 C. $2m$　　　　　　 D. $4m$

解：由 $f(-x)=2-f(x)$ 得 $f(-x)+f(x)=2$，故 $f(x)$ 的图像关于点 $(0,1)$ 对称．$y=\dfrac{x+1}{x}=1+\dfrac{1}{x}$ 的图像也关于点 $(0,1)$ 对称，于是 $f(x)$ 与 $y=\dfrac{x+1}{x}$ 的交点关于点 $(0,1)$ 对称，并且是成对出现的，$\therefore \sum\limits_{i=1}^{m}(x_i+y_i)=\sum\limits_{i=1}^{m}x_i+\sum\limits_{i=1}^{m}y_i=0+\dfrac{m}{2}\times 2=m$．故选 B.

评注：巧用对称思想解题，不仅彰显了数学的美的形式，还是一种重要的数学思想，更是一种分析并解答问题的有效方法．在解这类问题时，我们要认真分析已知条件或图形中隐藏的对称关系，然后借助对称思想来巧妙地解答问题．

例 2　若定义在 $\mathbf{R}$ 上的奇函数 $f(x)$ 在 $(-\infty,0)$ 上单调递减，且 $f(2)=0$，则满足 $xf(x-1)\geqslant 0$ 的 x 的取值范围是（　　）．

A. $[-1,1]\cup[3,+\infty)$

B. $[-3,-1]\cup[0,1]$

C. $[-1,0]\cup[1,+\infty)$

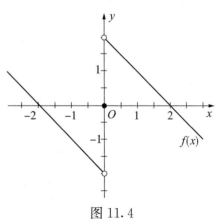

图 11.4

D. $[-1,0] \bigcup [1,3]$

解：$f(x)$ 是定义在 **R** 上的奇函数，根据中心对称，如图 11.4 所示，由 $xf(x-1) \geqslant 0$ 得 $\begin{cases} x \leqslant 0, \\ f(x-1) \leqslant 0 \end{cases}$ 或 $\begin{cases} x \geqslant 0, \\ f(x-1) \geqslant 0, \end{cases}$ 即 $\begin{cases} x \leqslant 0, \\ -2 \leqslant x-1 \leqslant 0 \end{cases}$ 或 $\begin{cases} x \geqslant 0, \\ 0 \leqslant x-1 \leqslant 2, \end{cases}$ 解得 $-1 \leqslant x \leqslant 0$ 或 $1 \leqslant x \leqslant 3$. 故选 D.

评注：由于奇函数图像关于原点对称，于是本题利用对称的思想方法，可帮助学生迅速找到解题思路，从而提高数学解题的准确率.

2. 利用轴对称解题

例 3 已知 $x-y-2=0$，求函数 $f(x)=\sqrt{2x^2-8x+10}+\sqrt{2x^2-4x+10}$ 的最小值.

解：如图 11.5，设 $P(x,y)$ 为直线 $l:x-y-2=0$ 上任意一点，即 $x=y+2$.

$$f(x)=\sqrt{2x^2-8x+10}+\sqrt{2x^2-4x+10}=$$
$$\sqrt{(x-1)^2+(x-3)^2}+\sqrt{(x+1)^2+(x-3)^2}$$
$$=\sqrt{(x-1)^2+(y-1)^2}+\sqrt{(x+1)^2+(y-1)^2}.$$

设 $A(-1,1)$，$B(1,1)$，求得 B 关于 l 的对称点 $B_1(3,-1)$，则 $f(x)=|PA|+|PB|=|PA|+|PB_1| \geqslant |AB_1|=2\sqrt{5}$.

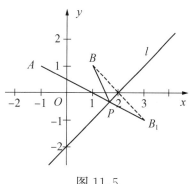

图 11.5

故 $[f(x)]_{\min}=2\sqrt{5}$.

评注：有些问题需要通过变形或挖掘，才能揭开它神秘的面纱，本题通过变形发现两个根式其实就是两个两点间的距离，巧用对称思想，问题则迎刃而解.

例 4 设点 P 在曲线 $y=\dfrac{1}{2}\mathrm{e}^x$ 上，点 Q 在曲线 $y=\ln(2x)$ 上，则 $|PQ|$ 的最小值为（　　）.

A. $1-\ln 2$　　　　B. $\sqrt{2}(1-\ln 2)$

C. $1+\ln 2$　　　　D. $\sqrt{2}(1+\ln 2)$

解：$\because$ 函数 $y=\dfrac{1}{2}\mathrm{e}^x$ 与函数 $y=\ln(2x)$ 是互为反函数，$\therefore$ 其图像关于直线 $y=x$ 对称，如图 11.6，分别在两曲线上的点 P、Q 之间的最小距离就是曲线 $y=\dfrac{1}{2}\mathrm{e}^x$ 上的点 $P\left(x,\dfrac{1}{2}\mathrm{e}^x\right)$ 到直线 $y=x$

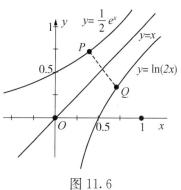

图 11.6

的距离的 2 倍，点 P 到直线 $x-y=0$ 的距离 $d=\dfrac{\left|\frac{1}{2}e^x-x\right|}{\sqrt{2}}$.

设 $f(x)=\dfrac{1}{2}e^x-x$，令导函数 $f'(x)=\dfrac{1}{2}e^x-1=0$，求得 $x=\ln2$. 当 $x\in$ $(-\infty,\ln2)$ 时函数 $f(x)$ 单调递减，当 $x\in(\ln2,+\infty)$ 时函数 $f(x)$ 单调递增，$\therefore$ 函数 $f(x)$ 在 $x=\ln2$ 处取得最小值，即 $[f(x)]_{\min}=f(\ln2)=1-\ln2$，$\therefore d_{\min}$ $=\dfrac{1-\ln2}{\sqrt{2}}$，$\therefore |PQ|_{\min}=2\cdot\dfrac{1-\ln2}{\sqrt{2}}=\sqrt{2}(1-\ln2)$.

故选 B.

评注：本题求解的关键是要观察出这两个函数是互为反函数，其图像关于直线 $y=x$ 对称．本题的解法告诉我们，有效地借用对称性思想，不但能够避免解题的烦琐，而且还能够发散学生的思维，培养学生的创新能力，激发学生学习数学的兴趣.

3. 利用平面对称解题

例 5　三个边长为 12 的正方形都被连接两条相邻边的中点的直线分成 A、B 两片(图 11.7)，把这六片黏在一个正六边形的外面(图 11.8)，然后折成一个多面体，则这个多面体的体积是_____．

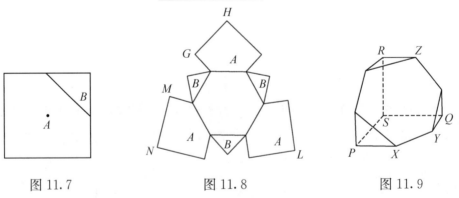

图 11.7　　　　图 11.8　　　　图 11.9

解：如图 11.8 所示，每个 B 片的两侧都是 A 片，要将其黏合在一起就是要将三个直角顶点和边黏合在一起，其中点 S 就是 N、L、H 三个点重合在一起的点．折成一个多面体如图 11.9 所示，如果注意到将图中 QY，PX 延长必交于一点，得一正方形，可将原几何体补形成如图 11.10 所示的正方体，正方体两部分关于平面 XYZ 对称，其体积恰为一个棱长为 12 的正方体体积的一半，即 $V=$ $\dfrac{1}{2}\times 12^3=864$.

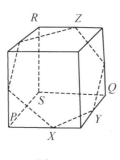

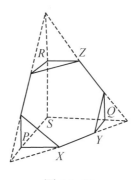

图 11.10　　　　　　　　　　　图 11.11

评注：本题中数学问题只具备对称性问题的一部分，根据问题的特征，将其补全为具有空间对称的问题，从而寻找到巧妙别致的解题思路．当然本题也可通过另外补形求解，由于 $PX \parallel SQ, PX = \dfrac{1}{2}SQ$，则延长 SP、YX 必交于一点，从而可将原几何体补形成如图 11.11 所示的有三条长为 18 且两两互相垂直的棱所组成的正三棱锥，原几何体的体积为一个大的正三棱锥的体积减去三个相等的小正三棱锥的体积，即 $V = \dfrac{1}{3} \cdot \left(\dfrac{1}{2} \times 18^2 \right) \times 18 - \dfrac{1}{3} \cdot \left(\dfrac{1}{2} \times 6^2 \right) \times 6 \times 3 = 864$．显然这种解法没有利用对称思想方法简洁．

例 6　在 $60°$ 的二面角 $\alpha\text{-}l\text{-}\beta$ 内一点 P 到两个半平面的距离分别为 2 和 3，且 M, N 分别是平面 α, β 内任意两点，则 $\triangle MNP$ 周长的最小值是 _____．

解：设点 P 关于平面 α 的对称点为 P_1，关于平面 β 的对称点为 P_2，连接 P_1、P_2 交平面 α 于 M，交平面 β 于 N（图 11.12），是二面角的一个截面图，由对称性 $MP = MP_1, NP = NP_2$，此时 $\triangle MNP$ 周长为 $MP + NP + MN = MP_1 + NP_2 + MN \geqslant P_1P_2$．

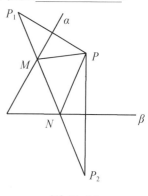

$\triangle MNP$ 周长的最小值等于 P_1、P_2 两点间的距离．此时 $PP_1 = 4, PP_2 = 6, \angle P_1PP_2 = 120°$，$\therefore P_1P_2^2 = PP_1^2 + PP_2^2 - 2PP_1 \cdot PP_2 \cos\angle P_1PP_2 = 4^2 + 6^2 - 2 \times 4 \times 6 \times \cos 120° = 76$，$\therefore P_1P_2 = 2\sqrt{19}$．

图 11.12

故 $\triangle MNP$ 周长的最小值是 $2\sqrt{19}$．

评注：本题的解法向我们展示了运用对称思想解题不仅给我们解决数学问题带来了方便，更使我们充分感受到了数学的独特美，有助于拓展学生的思维空间，同时也彰显了数学的永恒魅力！

4. 利用图形的对称特征解题

例 7 给定两个长度为 1 的平面向量 $\overrightarrow{OA}$ 和 $\overrightarrow{OB}$，它们的夹角为 $120°$，如图 11.13 所示. 点 C 在以 O 为圆心的圆弧 AB 上变动. 若 $\overrightarrow{OC} = x\overrightarrow{OA} + y\overrightarrow{OB}$，其中 $x, y \in \mathbf{R}$，则 $x + y$ 的最大值是_____.

解：如图 11.13 所示，当点 C 移到点 A 时，$x = 1, y = 0, x + y = 1$；当点 C 移到点 B 时，$x = 0$，$y = 1$，$x + y = 1$.

可见点 C 移到圆弧 AB 的端点时，$x + y$ 的值是相等的，由于本题是求 $x + y$ 的最大值，根据图形的对称性，应该是点 C 在圆弧 AB 中点时，

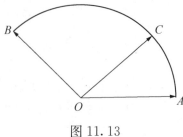

图 11.13

$x + y$ 取得最大值. 当 C 在圆弧 AB 的中点时，四边形 $OACB$ 为菱形，$\overrightarrow{OC} = \overrightarrow{OA} + \overrightarrow{OB}$，$\therefore x = 1, y = 1, x + y = 2.$ 故 $x + y$ 的最大值是 2.

评注：本题图形对称特征明显，不难让我们联想到利用对称思想解题. 对称是客观世界的一个侧面的反映，不仅具有很高的美学价值，更重要的它还是一种思想方法，本题的巧妙解法就是一个很好的例证.

例 8 已知 F 为抛物线 $C : y^2 = 4x$ 的焦点，过 F 作两条互相垂直的直线 l_1、l_2，直线 l_1 与 C 交于 A、B 两点，直线 l_2 与 C 交于 D、E 两点，则 $|AB| + |DE|$ 的最小值为（　　）.

A. 16 B. 14 C. 12 D. 10

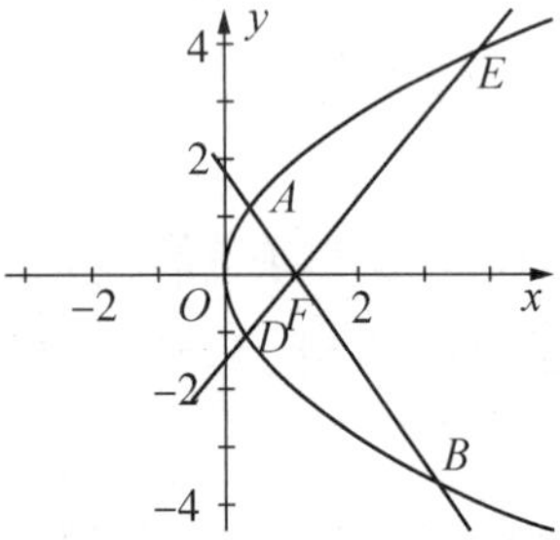

解：如图 11.14 所示，当直线 l_1 或 l_2 的倾斜角趋向于 0 时，$|AB| + |DE| \rightarrow +\infty$，根据图形的对称性，故当两直线倾斜角分别为 $45°$、$135°$ 时，$|AB| + |DE|$ 的值最小，

$$\therefore |AB| = |DE| = \frac{2p}{\sin^2 45^0} = \frac{4}{\left(\frac{\sqrt{2}}{2}\right)^2} = 8,$$

$$\therefore [|AB| + |DE|]_{\min} = 16.$$

故选 A.

图 11.14

评注：本题中的直线 l_1 和 l_2 是动态的，当直线 l_1 的倾斜角变小时，弦 AB 长度变大，而直线 l_1 和 l_2 变化是同等的，根据对称性，只有当直线 l_1 和 l_2 关于 x 轴对称时，$|AB| + |DE|$ 才可取得最小.

5. 利用代数式的对称性解题

例 9 设函数 $f: \mathbf{R} \rightarrow \mathbf{R}$，满足 $f(0) = 1$，且对任意 $x, y \in \mathbf{R}$，都有

$f(xy+1)=f(x)f(y)-f(y)-x+2$，则 $f(x)=$ ＿＿＿＿＿．

解：对任意 x、$y\in\mathbf{R}$，有 $f(xy+1)=f(x)f(y)-f(y)-x+2$ ①．

根据 x、y 的任意性，将 x、y 互换，得 $f(xy+1)=f(y)f(x)-f(x)-y+2$ ②．

由①与②相减得 $f(x)+y=f(y)+x$，令 $y=0$，得 $f(x)=x+1$．

评注：式子 $f(xy+1)=f(x)f(y)-f(y)-x+2$ 中 x、y 只有任意性，但不具备对称性，将 x、y 互换得到 $f(xy+1)=f(y)f(x)-f(x)-y+2$，①和②具有对称性．可见有些数学问题只具备对称性问题的一部分或根本不具备对称性的问题，我们可通过类比、构造或变换为对称问题，再巧用对称思想使问题获解．

例 10　已知 x、$y\in\mathbf{R}$，则 $f(x,y)=x^2+xy+y^2-x-y$ 的最小值是 ＿＿＿＿．

解：若将 y 视为定值，则当 $x\to\infty$ 时，$f(x,y)\to+\infty$；若将 x 视为定值，则当 $y\to\infty$ 时，$f(x,y)\to+\infty$．

根据代数式中 x,y 的对称性，应该在 $x=y$ 时，$f(x,y)$ 取得最小值．

此时，$f(x,y)=x^2+xy+y^2-x-y=3x^2-2x$，当 $x=\dfrac{1}{3}$ 时，$[f(x,y)]_{\min}=-\dfrac{1}{3}$．

评注：观察发现本题中 x、y 互换，解析式是不变的，可见 x、y 具有对称性．我们说对称，不仅是图形的对称，还有式子、子母等对称．如果我们能发现或挖掘问题中的对称特征，会给解题带来意想不到的效果！

6. 利用对称原理解题

例 11　将三个相同的红球和三个相同的黑球排成一排，然后从左至右依次给它们赋以编号 $1,2,\cdots,6$．则红球的编号之和小于黑球编号之和的排法有多少种？

解：由题意，全部的排列办法有 $\dfrac{A_6^6}{A_3^3 A_3^3}=20$ 种，因为红球和黑球编号之和没有相等的，只有红球的编号之和小于黑球的编号之和、红球的编号之和大于黑球的编号之和两种情形，且两种情形是同等的．利用对称思想，红球的编号之和小于黑球编号之和共有 $\dfrac{1}{2}\cdot\dfrac{A_6^6}{A_3^3 A_3^3}=10$（种）排法．

评注：本题中的红球和黑球除颜色外没有什么区分，"地位"相同，因而联想到利用对称思想解题．在排列与组合教学中，启发学生用对称思想思考数学问题是很有必要的，这对增强学生解决数学问题的能力、启迪心智都大有裨益．

例 12　已知 $x_i\geqslant 0(i=1,2,\cdots,n)$ 且 $x_1+x_2+\cdots+x_n=\pi$，则 $\sin x_1+$

$\sin x_2 + \cdots + \sin x_n$ 的最大值是＿＿＿＿＿＿＿＿＿．

解：显然式子中 $x_1, x_2, \cdots, x_n$ 具有同等的"地位"，即有对称性，观察 $\sin x_1 + \sin x_2$ 可知：因为 $\sin x_1 + \sin x_2 = 2\sin \dfrac{x_1 + x_2}{2} \cdot \cos \dfrac{x_1 - x_2}{2}$ 只有在 $x_1 = x_2$ 时才能取得最大值，即当 $x_1 \neq x_2$ 时，$\sin x_1 + \sin x_2$ 不可能取得最大值，于是由对称性可知，在 $x_1, x_2, \cdots, x_n$ 中，只要有两数不等，$\sin x_1 + \sin x_2 + \cdots + \sin x_n$ 就不会取得最大值，故当 $x_1 = x_2 = \cdots = x_n$ 时，$\sin x_1 + \sin x_2 + \cdots + \sin x_n$ 取最大值，为 $n\sin \dfrac{\pi}{n}$．

评注：当出现了等可能性情况时我们考虑对称法，不只是两个元素，当出现多个元素时也适用．

我们强调的"对称"应该是广义的，即既要重视"形"的对称性，更要发挥"思想方法"的对称性，后者有更广泛的应用价值．但对称思想并不是万能的，它只是启发我们在解决问题时多一种角度、多一种思路．

11.4　例谈高中数学解题中的几类"陷阱问题"

学起于思，思源于疑，疑根于错. 在数学解题教学中，教师巧设"陷阱"是数学解题艺术的重要组成部分. 因而在数学解题教学中，适时合理地设置"陷阱"，能充分暴露学生在运用知识过程中易犯的错误，然后针对错误，引导学生开展讨论，深入剖析，揭露假象，从而树立学生正确的数学观念，丰富解题方法，优化思维品质，提高数学素养.

1. 概念上的陷阱

例 1　若函数 $y = 4^x - 3 \cdot 2^x + 3$ 的定义域为集合 A，值域为 $[1,7]$，集合 $B = (-\infty, 0] \bigcup [1,2]$，则集合 A 与集合 B 的关系为(　　).

A. $A \subsetneqq B$　　　B. $B \subsetneqq A$　　　C. $A = B$　　　D. $A \subseteq B$

错解：由 $1 \leqslant 4^x - 3 \cdot 2^x + 3 \leqslant 7$ 得 $\begin{cases} (2^x)^2 - 3 \times 2^x + 2 \geqslant 0, \\ (2^x)^2 - 3 \times 2^x - 4 \leqslant 0, \end{cases}$ 解得 $x \leqslant 0$ 或 $1 \leqslant x \leqslant 2$.

故选 C.

陷阱：由于当 $x = 0, x = 1$ 时，y 的值均为 1，故集合 A 是集合 B 的一个子集.

正确答案：选择 D.

评注：函数的定义域、值域和对应法则是函数的三要素，定义域和对应法则确定了，值域也随之确定. 但值域和对应法则已知，定义域是不确定的. 本题中的定义域 A 是不确定的，且是集合 B 的子集. 本题启发我们在解题教学中，要求学生养成审题缜密思考的良好习惯，善于捕捉题目中的"蛛丝马迹"，不断增强洞察力和显化隐含条件的能力.

例 2　动圆 $x^2 + y^2 - 2(m+1)x - 2my + 4m^2 + 4m + 1 = 0$ 的圆心的轨迹方程是＿＿＿＿＿＿.

错解：设圆心 $C(x, y)$，则 $\begin{cases} x = 2m + 1, \\ y = m, \end{cases}$ 消去参数 m 得圆心的轨迹方程是 $x - 2y - 1 = 0$.

陷阱：若原方程表示圆，则 $D^2 + E^2 - 4F = [-2(2m+1)]^2 + (-2m)^2 - 4(4m^2 + 4m + 1) > 0$，即 $m^2 > 0$，$\therefore m \neq 0$，$\therefore x \neq 1$.

正确答案：圆心的轨迹方程是 $x - 2y - 1 = 0 (x \neq 1)$.

评注：方程 $x^2 + y^2 + Dx + Ey + F = 0$，表示圆的充要条件是 $D^2 + E^2 - 4F > 0$，这一点是学生最容易忽视的．在解题教学中"设陷"有助于学生正确理解概念，数学概念反映着数学对象的本质属性，理解概念是学好数学的前提．正确理解数学概念的一种做法就是让学生在使用概念的过程中犯错，在错中思，在思中醒，可以说在解题教学中"设陷"是实现上述目标的一个很好途径．

2. 条件上的陷阱

例 3　已知向量 $\boldsymbol{a} = \left(2\cos\dfrac{x}{2}, \tan\left(\dfrac{x}{2} + \dfrac{\pi}{4}\right)\right)$, $\boldsymbol{b} = \left(\sqrt{2}\sin\left(\dfrac{x}{2} + \dfrac{\pi}{4}\right),\right.$ $\left.\tan\left(\dfrac{x}{2} - \dfrac{\pi}{4}\right)\right)$，令 $f(x) = \boldsymbol{a} \cdot \boldsymbol{b}$，是否存在实数 $x \in [0, \pi]$，使 $f(x) + f'(x) = 0$？

错解：$f(x) = \boldsymbol{a} \cdot \boldsymbol{b} = 2\cos\dfrac{x}{2} \cdot \sqrt{2}\sin\left(\dfrac{x}{2} + \dfrac{\pi}{4}\right) + \tan\left(\dfrac{x}{2} + \dfrac{\pi}{4}\right) \cdot \tan\left(\dfrac{x}{2} - \dfrac{\pi}{4}\right) = 2\sin\dfrac{x}{2}\cos\dfrac{x}{2} + 2\cos^2\dfrac{x}{2} - 1 = \sin x + \cos x$．对 x 求导得 $f'(x) = \cos x - \sin x$，

$\therefore f(x) + f'(x) = 2\cos x = 0$．

又实数 $x \in [0, \pi]$，$\therefore x = \dfrac{\pi}{2}$．

陷阱：当 $x = \dfrac{\pi}{2}$ 时，条件中 $\tan\left(\dfrac{x}{2} + \dfrac{\pi}{4}\right)$ 是无意义的．

正确答案：实数 x 不存在．

评注：本题条件中含有正切函数，于是角 $\dfrac{x}{2} + \dfrac{\pi}{4}$ 和 $\dfrac{x}{2} - \dfrac{\pi}{4}$ 终边都不能落在 y 轴上，这是隐含条件，学生是很难发现的．设置陷阱也绝非刁难学生，而是帮助学生识别错误，认识问题，从而培养学生的质疑精神和批判性思维，磨炼学习意志，激发兴趣，增强信心，实现自我评价和自我超越．

例 4　若函数 $f(x) = \dfrac{4x}{x^2 + 1}$ 在区间 $(m, 2m + 1)$ 上是单调递增函数，则实数 m 的取值范围是_____．

错解：原函数的定义域为 $x \in \mathbf{R}$，$f'(x) = \dfrac{4(x^2 + 1) - 4x \cdot 2x}{(x^2 + 1)^2} = \dfrac{-4(x^2 - 1)}{x^2 + 1}$，当 $f'(x) \geqslant 0$ 时，$f(x)$ 单调递增，故 $x^2 - 1 \leqslant 0$，即 $-1 \leqslant x \leqslant 1$．

又 $f(x)$ 在 $(m, 2m + 1)$ 上为增函数，$\therefore \begin{cases} m \geqslant -1, \\ 2m + 1 \leqslant 1, \end{cases}$ 求得 $-1 \leqslant m \leqslant 0$．

陷阱：$f(x)$ 在 $(m, 2m + 1)$ 上为增函数，则 $\begin{cases} m \geqslant -1, \\ 2m + 1 \leqslant 1, \\ m < 2m + 1, \end{cases}$ 求得 $-1 < m$

$\leqslant 0$.

正确答案：m 的取值范围是 $(-1,0]$.

评注：题目条件中的区间 $(m,2m+1)$ 隐藏着 $2m+1>m$，这个信息也是学生很容易忽视的. 我们在数学解题教学中"设陷"，诱使学生误入"歧途"，设置意图是让学生深刻吸取教训，养成严格审题的良好习惯.

3. 图形上的陷阱

例5　若点 $P(-2,-1)$ 到直线 $l:(1+3\lambda)x+(1+2\lambda)y=2+5\lambda$ 的距离为 d，则 d 的取值范围是 _____.

错解：$l:(x+y-2)+\lambda(3x+2y-5)=0$，令 $\begin{cases} x+y-2=0, \\ 3x+2y-5=0, \end{cases}$ 得 $\begin{cases} x=1, \\ y=1, \end{cases}$ 即直线 l 恒过定点 $A(1,1)$，求得 $|PA|=\sqrt{13}$，$\therefore d\in(0,\sqrt{13}]$.

陷阱：直线系 l 的方程不能表示直线 $l':3x+2y-5=0$，$P(-2,-1)$ 到 l' 的距离是 $\sqrt{13}$，故 $d\neq\sqrt{13}$. 又动直线 l 可以过点 P，故 d 可取 0.

正确答案：$d\in\left[0,\sqrt{13}\right)$.

评注：在恒过定点 $(1,1)$ 的直线系 $l:(x+y-2)+\lambda(3x+2y-5)=0$ 中，不含直线 $l':3x+2y-5=0$，故 $P(-2,-1)$ 到 l' 的距离 $\sqrt{13}$ 是取不到的. 这里让学生经历挫折和失败，可积累经验，增长知识，无疑对学生数学能力的培养是有益的.

例6　在侧棱长和底面边长都是 4 的正四棱锥 $V\text{-}ABCD$ 的表面上与顶点 V 的距离为 3 的动点所形成的所有曲线段的长度之和为 _____.

错解：在正四棱锥的侧面上，动点形成 4 条半径为 3，圆心角为 $\dfrac{\pi}{3}$ 的圆弧，其长度之和为 $l=4\times\dfrac{\pi}{3}\times3=4\pi$.

陷阱：正四棱锥的高 $h=\sqrt{4^2-(2\sqrt{2})^2}=2\sqrt{2}<3$，故动点在底面上又形成一个半径为 $r=\sqrt{3^2-(2\sqrt{2})^2}=1$ 的圆，圆的周长 $l'=2\pi$.

正确答案：动点所形成的所有曲线段的长度之和为 $l+l'=6\pi$.

评注：学生思维方法的片面性是产生错误的根源，本题是针对学生在解题中思维上的不完备性设置的一个"知识陷阱". 通过这类题的练习可打开学生的思维，拓宽视野，明辨是非，为后续学习积累认识上的储备.

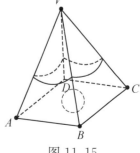

图 11.15

4. 范围上的陷阱

例7 已知 α,β 为锐角，$\sin\alpha = x$，$\cos\beta = y$，$\cos(\alpha+\beta) = -\dfrac{3}{5}$，则 y 与 x 的函数关系式为＿＿＿＿＿＿＿＿＿＿＿＿.

错解：$y = \cos\beta = \cos[(\alpha+\beta)-\alpha] = \cos(\alpha+\beta)\cos\alpha + \sin(\alpha+\beta)\sin\alpha = -\dfrac{3}{5}\sqrt{1-x^2} + \dfrac{4}{5}x$，即 $y = \dfrac{4}{5}x - \dfrac{3}{5}\sqrt{1-x^2}$.

陷阱：$y = -\dfrac{3}{5}\sqrt{1-x^2} + \dfrac{4}{5}x > 0 \Rightarrow x > \dfrac{3}{5}$，又 $0 < x < 1$，$\therefore \dfrac{3}{5} < x < 1$.

正确答案：y 与 x 的函数关系式为 $y = \dfrac{4}{5}x - \dfrac{3}{5}\sqrt{1-x^2}.\left(\dfrac{3}{5} < x < 1\right)$

评注：本题错解中的思维定势是把学生引入歧途的根源. 变量 x、y 的取值范围是受锐角 α、β 的三角函数的限制，参数消去后，不要忘记函数定义域是有约束范围的.

例8 已知 $3x^2 + y^2 - 6x = 0$，若不等式 $2x^2 + y^2 - m \leqslant 0$ 恒成立，求实数 m 的取值范围.

错解：由 $3x^2 + y^2 - 6x = 0$ 得 $y^2 = -3x^2 + 6x$，$2x^2 + y^2 - m \leqslant 0$ 恒成立，即 $m \geqslant 2x^2 + y^2 = 2x^2 - 3x^2 + 6x = -x^2 + 6x = -(x-3)^2 + 9$ 恒成立，即 $m \geqslant [-(x-3)^2 + 9]_{\max} = 9$，故 $m \geqslant 9$.

陷阱：$\because y^2 = -3x^2 + 6x \geqslant 0$，即有 $0 \leqslant x \leqslant 2$，$\therefore$ 当 $x=2$ 时，$-(x-3)^2 + 9$ 取得最大值 8.

正确答案：$m \geqslant 8$.

评注：点 (x,y) 在椭圆 $3x^2 + y^2 - 6x = 0$，即 $(x-1)^2 + \dfrac{y^2}{3} = 1$ 上，故 x、y 都具有有界性，从而影响 m 的取值范围. 设置陷阱的本意是培养学生变"陷阱"为"明沟"的能力，使学生在挫折中经受锻炼并因此获得经验，吃一堑，长一智.

高中数学解题中避免陷入思维陷阱是提高解题水平的关键所在，为了避免在解题过程中发生类似于以上各例中的错解，我们要端正数学学习观念，在课堂学习中强化训练正确的思维方式，并在习题练习中修正思维陷阱，加强陷阱题的研究，突破陷阱题对思维的错误导向，形成严谨的思维习惯，并注重解题后的审视与反思，严格把握解题过程中各环节的准确性，这样才能减少失误，明辨是非，走出误区.

11.5 数学解题中挖掘隐含信息的几种途径

所谓隐含信息，就是指题目没有直说却隐藏在文字、式子或图形等本身的信息，这些信息常常巧妙地隐藏在题设的背后，不易被发现. 隐含条件是解题思路中关键的因素，学生往往因没抓住而使解题一筹莫展，甚至很容易把解题思路引向歧途. 因此我们要善于寻找题目中的"蛛丝马迹"，从多角度、多方向、多层次去挖掘隐含条件，顺藤摸瓜，捕捉隐藏信息，往往可以迅速为解题提供关键线索，收到事半功倍之效.

1. 从题目给出的条件中挖掘隐含信息

例 1 若 $x, y, a \in \mathbf{R}$，且 $\begin{cases} x+y = 2a-1 ① , \\ x^2+y^2 = a^2+2a-3 ② , \end{cases}$ 求当 xy 取到最小值时的 a 的值.

解：$①^2 - ②$ 得 $xy = \dfrac{1}{2}(3a^2-6a+4) = \dfrac{1}{2}[3(a-1)^2+1]$，再由 $xy = \dfrac{1}{2}(3a^2-6a+4)$ 与 $x+y = 2a-1$ 消去 y 得 $x^2-(2a-1)x+\dfrac{1}{2}(3a^2-6a+4)=0$.

由判别式 $\Delta = (2a-1)^2-4\times\dfrac{1}{2}(3a^2-6a+4) = -2a^2+8a-7 \geqslant 0$，求得 $\dfrac{1}{2}(4-\sqrt{2}) \leqslant a \leqslant \dfrac{1}{2}(4+\sqrt{2})$. 由 $x^2+y^2 = a^2+2a-3 \geqslant 0$ 得 $a \leqslant -3$ 或 $a \geqslant 1$，

$\therefore \dfrac{1}{2}(4-\sqrt{2}) \leqslant a \leqslant \dfrac{1}{2}(4+\sqrt{2})$.

故当 $a = \dfrac{1}{2}(4-\sqrt{2})$ 时，xy 有最小值.

评注：本题中 x、$y \in \mathbf{R}$ 是存在的实数，即条件中关于 x, y 的二元二次方程组是有解的，于是消去 y 后得到关于 x 的一元二次方程的根的判别式 $\Delta \geqslant 0$，这是一个隐含条件，其次 $x^2+y^2 \geqslant 0$ 是另外一个隐含条件. 二者都得考虑.

例 2 已知函数 $f(x) = \dfrac{(x+1)^2+3\sin x}{x^2+1}$，则 $[f(x)]_{\max} + [f(x)]_{\min} = $ _____.

解：$f(x) = \dfrac{(x+1)^2+3\sin x}{x^2+1} = \dfrac{(x^2+1)+2x+3\sin x}{x^2+1} = 1+\dfrac{2x+3\sin x}{x^2+1}$.

设 $g(x)=\dfrac{2x+3\sin x}{x^2+1}$，显然 $g(x)$ 是 **R** 上的一个奇函数，且 $[g(x)]_{\max}+[g(x)]_{\min}=0$.

故 $f(x)=g(x)+1$，于是有 $[f(x)]_{\max}+[f(x)]_{\min}=[g(x)+1]_{\max}+[g(x)+1]_{\min}=[g(x)]_{\max}+[g(x)]_{\min}+2=2$.

评注：本题结构特征不难让我们想到先变形、分离常数得出 $f(x)=1+\dfrac{2x+3\sin x}{x^2+1}$，于是揭示出 $f(x)$ 中隐藏着常数 1 和一个奇函数的和，利用奇函数的性质，问题则迎刃而解.

2. 从题目牵涉的概念中挖掘隐含信息

例 3　等差数列 $\{a_n\}$ 中，首项 $a_1=1$，末项 $a_n=31$，若公差 d 为正整数，则项数 n 的不同取值有＿＿＿＿＿＿种.

解：$\because 31=1+(n-1)d \Rightarrow n-1=\dfrac{30}{d}$，$\therefore d=1,2,3,5,6,10,15,30$. 由此可得 $n=2,3,4,6,7,11,16,31$，由于 $n\geqslant 3$，故 $n=2$ 舍去.

故项数 n 的不同取值有 7 种.

评注：由本题条件容易求出项数 n 的不同取值，问题是学生忽视等差数列的定义，此概念隐藏着数列至少有 3 项. 可见这个隐蔽性若没有挖掘，会直接导致本题求解出错. 因此，数学解题时从题目牵涉的概念中挖掘隐含信息是值得我们关注的.

例 4　已知函数 $f(x)=\sin\left(\omega x+\dfrac{\pi}{4}\right)(\omega>0)$，若 $f(x)$ 在区间 $[0,2\pi]$ 上恰有 3 个极值点，则 ω 的取值范围是＿＿＿＿＿＿.

解：由题意，令 $f(x)=\sin\left(\omega x+\dfrac{\pi}{4}\right)=\pm 1$，即 $\omega x+\dfrac{\pi}{4}=k\pi+\dfrac{\pi}{2}(k\in \mathbf{Z})$，整理得 $x=\dfrac{\pi}{\omega}\left(k+\dfrac{1}{4}\right)(k\in \mathbf{Z})$.

又 $f(x)$ 在区间 $[0,2\pi]$ 上恰有 3 个极值点，则这三个极值点只能在 $k=0,1,2$ 时取得，于是 $\dfrac{\pi}{\omega}\left(2+\dfrac{1}{4}\right)<2\pi\leqslant\dfrac{\pi}{\omega}\left(3+\dfrac{1}{4}\right)$，又 $\omega>0$，求得 $\dfrac{9}{8}<\omega\leqslant\dfrac{13}{8}$.

评注：由函数极值的定义可知，函数的极值点不能落在区间的端点处，这个概念是学生很容易忽视的. 因而求解时千万不能写成 $\dfrac{\pi}{\omega}\left(2+\dfrac{1}{4}\right)\leqslant 2\pi<\dfrac{\pi}{\omega}\left(3+\dfrac{1}{4}\right)$ 的形式.

3. 从题目所求的结论中挖掘隐含信息

例 5 下列命题中为真命题的序号是＿＿＿＿＿＿＿＿.

① $\ln3<\sqrt{3}\ln2$　② $\ln\pi<\sqrt{\dfrac{\pi}{e}}$　③ $2^{\sqrt{15}}<15$　④ $3e\ln2<4\sqrt{2}$

解：对于①，$\ln3<\sqrt{3}\ln2\Leftrightarrow\dfrac{\ln3}{\sqrt{3}}<\ln2\Leftrightarrow\dfrac{\ln\sqrt{3}}{\sqrt{3}}<\dfrac{\ln2}{2}$；

对于②，$\ln\pi<\sqrt{\dfrac{\pi}{e}}\Leftrightarrow\dfrac{\ln\pi}{\sqrt{\pi}}<\dfrac{1}{\sqrt{e}}\Leftrightarrow\dfrac{\ln\pi}{\sqrt{\pi}}<\dfrac{\ln e}{\sqrt{e}}\Leftrightarrow\dfrac{\ln\sqrt{\pi}}{\sqrt{\pi}}<\dfrac{\ln\sqrt{e}}{\sqrt{e}}$；

对于③，$2^{\sqrt{15}}<15\Leftrightarrow\sqrt{15}\ln2<\ln15\Leftrightarrow\ln2<\dfrac{\ln15}{\sqrt{15}}\Leftrightarrow\dfrac{\ln2}{2}<\dfrac{\ln\sqrt{15}}{\sqrt{15}}\Leftrightarrow\dfrac{\ln4}{4}<$

$\dfrac{\ln\sqrt{15}}{\sqrt{15}}$；

对于④，$3e\ln2<4\sqrt{2}\Leftrightarrow\dfrac{\ln8}{2\sqrt{2}}<\dfrac{2}{e}\Leftrightarrow\dfrac{\ln2\sqrt{2}}{2\sqrt{2}}<\dfrac{1}{e}\Leftrightarrow\dfrac{\ln2\sqrt{2}}{2\sqrt{2}}<\dfrac{\ln e}{e}$.

构造函数 $f(x)=\dfrac{\ln x}{x}(x>0)$，求导得 $f'(x)=\dfrac{1-\ln x}{x^2}$. 当 $x\in(0,e)$ 时 $f'(x)>0$，当 $x\in(e,+\infty)$ 时 $f'(x)<0$，故 $f(x)$ 在 $(0,e)$ 上递增，在 $(e,+\infty)$ 递减.

∴ $f(\sqrt{3})<f(2)$，①正确；$f(\sqrt{\pi})<f(\sqrt{e})$，②错误；$f(4)<f(\sqrt{15})$，③正确；$f(2\sqrt{2})<f(e)$，④正确.

故真命题的序号是①③④.

评注：根据结论，四个命题中数的特征，不等式都可以凑成 $\dfrac{\ln a}{a}<\dfrac{\ln b}{b}$ 的形式，于是构造函数 $f(x)=\dfrac{\ln x}{x}(x>0)$，利用函数的单调性可求解. 这需要学生要有逆向思维，方可变形并挖掘隐含信息.

例 6 设方程 $x^2+ax+b-2=0(a,b\in\mathbf{R})$，在 $(-\infty,-2]\cup[2,+\infty)$ 上有实根，求 a^2+b^2 的最小值.

解：将 a^2+b^2 视为点 (a,b) 与原点距离的平方，在坐标平面 $O-ab$ 上，则点 (a,b) 落在直线 $xa+b+x^2-2=0$ 上(视 a,b 为变量)，则问题转化为当 $x\in(-\infty,-2]\cup[2,+\infty)$ 时，直线 $xa+b+x^2-2=0$ 上的点到原点之间的距离平方的最小值问题. 设原点到直线 $xa+b+x^2-2=0$ 的距离为 d，则 $a^2+b^2=d^2=\left(\dfrac{|x^2-2|}{\sqrt{x^2+1}}\right)^2=(x^2+1)+\dfrac{9}{x^2+1}-6$，又 $x\in(-\infty,-2]\cup[2,+\infty)$，令

$t = x^2 + 1 (t \geqslant 5)$，则函数 $f(t) = t + \dfrac{9}{t} - 6$ 在区间 $[5, +\infty)$ 上单调递增，即有

$f(t) \geqslant f(5) = 5 + \dfrac{9}{5} - 6 = \dfrac{4}{5}$，故 $a^2 + b^2$ 的最小值是 $\dfrac{4}{5}$.

评注：从本题条件中想通过参变分离，直接用 x 来表示 $a^2 + b^2$ 是很难做到的；构造二次函数求解也是十分困难的. 于是逆向思考，从结论着手挖掘隐藏信息，由 $a^2 + b^2$ 联想到点 (a, b) 与原点 $(0, 0)$ 之间距离的平方，于是所求结论转化为点与线之间的距离问题. 本题的解法独辟蹊径，富有创新性，能激发学生的求知欲，同时也彰显了数学的永恒魅力！

5. 从题目涉及的图形中挖掘隐含信息

例 7　如图 11.16 所示，已知三棱锥 $A\text{-}BCO$、OA、OB、OC 两两垂直，且长度分别为 $3, 4, 5$. 长为 2 的线段 MN 的一个端点 M 在棱 OA 上运动，另一个端点 N 在 $\triangle BCO$ 内及边界运动，则线段 MN 的中点 P 的轨迹与三棱锥的面所围成的几何体中较小的体积为_____.

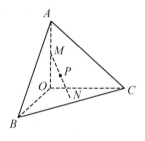

图 11.16

解：由题意知，$OA \perp$ 平面 OBC，连接 ON、OP，则 $\triangle OMN$ 为直角三角形，且 $OP = \dfrac{1}{2} MN = 1$，故点 P 的轨迹为以 O 为球心，1 为半径的 $\dfrac{1}{8}$ 个球面. 点 P 的轨迹与三棱锥的面所围成的几何体中较小的体积为 $V = \dfrac{1}{8} \cdot \dfrac{4}{3} \pi \cdot OP^3 = \dfrac{\pi}{6}$.

评注：本题图形隐含着 P 点是一个直角三角形斜边的中点，且是动态的，OP 长总是线段 MN 长度的一半，于是挖掘出点 P 的轨迹是球面的一部分.

例 8　已知锐角 α, β, γ 满足 $\sin^2\alpha + \sin^2\beta + \sin^2\gamma = 2$，求证 $\tan\alpha + \tan\beta + \tan\gamma \geqslant 3\sqrt{2}$.

证明：由 $\sin^2\alpha + \sin^2\beta + \sin^2\gamma = 2$ 得 $1 - \cos^2\alpha + 1 - \cos^2\beta + 1 - \cos^2\gamma = 2$，即 $\cos^2\alpha + \cos^2\beta + \cos^2\gamma = 1$，构造长、宽、高分别为 a、b、c 的长方体 $ABCD\text{-}A_1B_1C_1D_1$，如图 11.17 所示. 设长方体对角线 AC_1 与棱 AB、AD、AA_1 的夹角分别为 α, β, γ，于是有

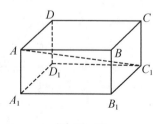

图 11.17

$$\tan\alpha + \tan\beta + \tan\gamma = \dfrac{\sqrt{b^2 + c^2}}{a} + \dfrac{\sqrt{c^2 + a^2}}{b} + \dfrac{\sqrt{a^2 + b^2}}{c} \geqslant$$

$$\frac{\sqrt{2}}{2}\left(\frac{b+c}{a}+\frac{c+a}{b}+\frac{a+b}{c}\right)=\frac{\sqrt{2}}{2}\left[\left(\frac{b}{a}+\frac{a}{b}\right)+\left(\frac{c}{b}+\frac{b}{c}\right)+\left(\frac{a}{c}+\frac{c}{a}\right)\right]\geqslant\frac{\sqrt{2}}{2}(2+2+2)=3\sqrt{2}.$$

故 $\tan\alpha+\tan\beta+\tan\gamma\geqslant3\sqrt{2}$.

评注：本题条件与结论似乎没有什么直接联系．由于条件涉及三个角，且条件经变形得 $\cos^2\alpha+\cos^2\beta+\cos^2\gamma=1$，这是长方体中我们比较熟悉的一个结论，于是联想构造一个棱长分别为 a,b,c 的长方体辅助解题，在这个长方体中隐藏着可用 a,b,c 表示 $\tan\alpha,\tan\beta,\tan\gamma$．数学解题时有些隐含条件需要根据题目的结构特征，要求学生以直觉思维和发散思维为基础，运用迁移、类比、联想、转化、猜想等方法，从独创、新颖、多变的角度来挖掘隐含条件．

5. 从题目的解答过程中挖掘隐含信息

例9 已知方程 $x^2+4ax+3a+1=0$（a 为大于 1 的常数）的两根为 $\tan\alpha$，$\tan\beta$，且 α、$\beta\in\left(-\frac{\pi}{2},\frac{\pi}{2}\right)$，则 $\tan\frac{\alpha+\beta}{2}$ 的值是＿＿＿＿＿＿＿．

解：∵ $\tan\alpha,\tan\beta$ 是方程 $x^2+4ax+3a+1=0(a>1)$ 的两根，由韦达定理得 $\tan\alpha+\tan\beta=-4a<0$，$\tan\alpha\cdot\tan\beta=3a+1>0$，∴ $\tan\alpha,\tan\beta$ 是方程 $x^2+4ax+3a+1=0$ 的两个负根．

又 $\alpha,\beta\in\left(-\frac{\pi}{2},\frac{\pi}{2}\right)$，∴ $\alpha,\beta\in\left(-\frac{\pi}{2},0\right)$，于是 $\frac{\alpha+\beta}{2}\in\left(-\frac{\pi}{2},0\right)$，即有 $\tan\frac{\alpha+\beta}{2}<0$.

由 $\tan(\alpha+\beta)=\frac{\tan\alpha+\tan\beta}{1-\tan\alpha\cdot\tan\beta}=\frac{-4a}{1-(3a+1)}=\frac{4}{3}$，从而有 $\tan(\alpha+\beta)=\frac{2\tan\dfrac{\alpha+\beta}{2}}{1-\tan^2\dfrac{\alpha+\beta}{2}}=\frac{4}{3}$，化简得 $2\tan^2\frac{\alpha+\beta}{2}+3\tan\frac{\alpha+\beta}{2}-2=0$，求得 $\tan\frac{\alpha+\beta}{2}=-2$ 或 $\tan\frac{\alpha+\beta}{2}=\frac{1}{2}$（舍去）．故 $\tan\frac{\alpha+\beta}{2}$ 的值是 -2.

评注：本题条件中是看不到隐含信息的，但在解答过程中隐藏信息就暴露出来了，即由 $\tan\alpha+\tan\beta=-4a<0$，$\tan\alpha\cdot\tan\beta=3a+1>0$，发现 $\tan\alpha,\tan\beta$ 是关于 x 的一元二次方程 $x^2+4ax+3a+1=0$ 的两个负根．可见，在解答过程中也要注意隐含条件的挖掘．

例10 直线 l 与圆 $x^2+y^2=1$ 相切，并且在两坐标轴上的截距之和等于 $\sqrt{3}$，求直线 l 与两坐标轴围成的三角形的面积．

解：由题意可知直线 l 在两坐标轴上的截距是存在的，且不为零，故可设直线 l 的方程为 $\frac{x}{a}+\frac{y}{b}=1$，即 $l:bx+ay-ab=0$. ∵直线 l 与圆 $x^2+y^2=1$ 相切，

∴圆心到 l 的距离等于圆的半径，于是有 $\frac{|ab|}{\sqrt{a^2+b^2}}=1$，即 $a^2b^2=a^2+b^2$. 又 $a+$

$b=\sqrt{3}$，∴$a^2+b^2+2ab=3$，联立 $\begin{cases} a^2b^2=a^2+b^2, \\ a^2+b^2+2ab=3, \end{cases}$ 即 $(ab)^2+2ab-3=0$，求

得 $ab=1$ 或 $ab=-3$. 三角形的面积 $S=\frac{|a||b|}{2}$，∴$S=\frac{1}{2}$ 或 $\frac{3}{2}$.

当 $ab=1,a+b=\sqrt{3}$ 时，a,b 是方程 $x^2-\sqrt{3}x+1=0$ 的两根，$\Delta=(-\sqrt{3})^2-4$ $=-1<0$，故 $ab=1$ 舍去，即 $S=\frac{1}{2}$ 舍去.

当 $ab=-3,a+b=\sqrt{3}$ 时，a,b 是方程 $x^2-\sqrt{3}x-3=0$ 的两根，$\Delta=(-\sqrt{3})^2$ $-4\times(-3)=15>0$.

故直线 l 与两坐标轴围成的三角形的面积 $S=\frac{3}{2}$.

评注：本题求出两组 ab 的值，暗示我们要验证. 其中一组 $ab=1$ 不合题意，这个隐藏信息是在解题过程中挖掘出来的. 多解问题是数学解题很普通的常识，最容易忽视检验，正是它不起眼，会导致解题出错.

由此可见，挖掘隐含信息是数学解题中的一把双刃剑，隐含信息虽然严重干扰和阻碍了数学解题，但只要能够有效地挖掘并合理地利用，就能发挥其积极作用. 挖掘隐含信息是沟通"知"与"求"关系的纽带，是架起"问"与"答"之间的桥梁. 因此，挖掘和利用好隐含信息是顺利求解数学题的关键要素.

11.6　高中数学解题教学中应关注的几类"点"

在数学解题中，学生思维受阻很正常，原因有多方面，有的是思维定势造成的，有的是知识间的联系脱节造成的，还有的是解题策略采用不当造成的。解题过程中碰到思维障碍不要紧，重要的是如何突破思维障碍将解题进行到底。笔者认为要突破思维障碍，在高中数学解题教学中必须关注：求解的切入点、题中的隐藏点、知识的迁移点、疑难的突破点、解后的反思点。我们要帮助学生改进思维方式，提高解题能力，培养数学核心素养。数学解题教学的实践告诉我们，让学生学会思考是关键，要让学生意识到"如何想"才是自然的，"如何做"才是合理的，"怎样解"才是最佳的。本节例析在高中数学解题教学中应关注的几类"点"，权当抛砖引玉。

1. 关注求解的切入点

寻找解题切入点是解决数学问题的开端，犹如开锁需要找到匹配的钥匙一样重要，数学题目千变万化，切入点也不尽相同，同一个题目选择不同的方式切入，就会得到不同的解题途径，选准了切入点，就可以实现"一点突破，全线贯通"的奇效。

例 1　函数 $y = \sqrt{7-x} + \sqrt{9+x}$ 的值域是＿＿＿＿＿＿＿＿＿＿．

1）切入点一：导数法

分析：本题是求函数的值域，我们自然联想到利用导数的手段解决问题，但要特别注意先求函数的定义域，于是采用导数法作为解题的一个切入点。

解：设 $f(x) = \sqrt{7-x} + \sqrt{9+x}$，求得函数的定义域为 $[-9,7]$．

令 $f'(x) = -\dfrac{1}{2\sqrt{7-x}} + \dfrac{1}{2\sqrt{9+x}} = 0$，求得 $x = -1$．

当 $x \in (-9,-1)$ 时，$f'(x) > 0$，函数 $f(x)$ 单调递增；

当 $x \in (-1,7)$ 时，$f'(x) < 0$，函数 $f(x)$ 单调递减．

因此，当 $x = -1$ 时，$[f(x)]_{\max} = f(-1) = 4\sqrt{2}$．

又 $f(-9) = f(7) = 4$，故函数 $y = \sqrt{7-x} + \sqrt{9+x}$ 的值域是 $[4, 4\sqrt{2}]$．

2）切入点二：三角换元法

分析：观察本题的外形特征，我们不难发现 $(\sqrt{7-x})^2 + (\sqrt{9+x})^2 = 16$，于是联想到圆的参数方程，利用三角换元将无理函数的问题转化为三角函数的问题，不失为解决本题的一种良策，拟想用三角换元法作为求解的一个切入点.

解：易求函数的定义域为 $[-9,7]$，显然 $y>0$，由于 $(7-x)+(9+x)=16$，即 $\dfrac{7-x}{16}+\dfrac{9+x}{16}=1$，于是设 $\sqrt{\dfrac{7-x}{16}}=\sin\alpha$，$\sqrt{\dfrac{9+x}{16}}=\cos\alpha$，其中 $\alpha\in\left[0,\dfrac{\pi}{2}\right]$，$\therefore\dfrac{y}{4}=\sqrt{\dfrac{7-x}{16}}+\sqrt{\dfrac{9+x}{16}}=\sin\alpha+\cos\alpha=\sqrt{2}\sin\left(\alpha+\dfrac{\pi}{4}\right)$.

$\because 0\leqslant\alpha\leqslant\dfrac{\pi}{2}$，$\therefore\dfrac{\pi}{4}\leqslant\alpha+\dfrac{\pi}{4}\leqslant\dfrac{3\pi}{4}$，$\therefore\dfrac{\sqrt{2}}{2}\leqslant\sin\left(\alpha+\dfrac{\pi}{4}\right)\leqslant 1$，$\therefore\dfrac{y}{4}=\sqrt{2}\sin\left(\alpha+\dfrac{\pi}{4}\right)\in[1,\sqrt{2}]$.

当 $\alpha=0$，即 $x=7$ 时，$y_{\min}=4$；当 $\alpha=\dfrac{\pi}{4}$，即 $x=-1$ 时，$y_{\max}=4\sqrt{2}$.

故 $y\in[4,4\sqrt{2}]$.

3）切入点三：双换元法

分析：本题函数中含有两个根式，我们不妨考虑双换元，这样可同时去掉两个根式，将此问题转化为直线与圆的位置关系的问题. 于是我们借用双换元法作为求解的一个切入点.

解：易求原函数的定义域为 $[-9,7]$，设 $u=\sqrt{7-x}\in[0,4]$，$v=\sqrt{9+x}\in[0,4]$，则 $y=u+v$，$u^2+v^2=16(0\leqslant u\leqslant 4,0\leqslant v\leqslant 4)$.

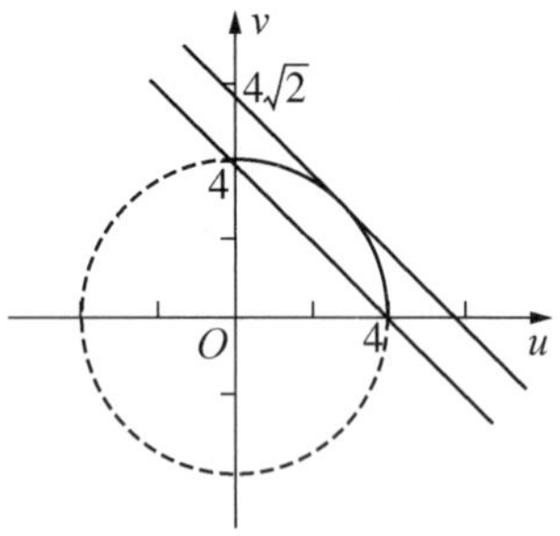

数形结合可知（图 11.18）：当直线 $v=-u+y$ 与圆弧 $u^2+v^2=16(0\leqslant u\leqslant 4,0\leqslant v\leqslant 4)$ 相切时，$y_{\max}=4\sqrt{2}$，此时 $u=v=2\sqrt{2}$，即 $x=-1$；当直线 $v=-u+y$ 过点 $(0,4)$ 和 $(4,0)$，即 $x=7$ 或 -9 时，$y_{\min}=4$.

图 11.18

故 $y\in[4,4\sqrt{2}]$.

评注 上述解法告诉我们，无论从通法通解的常规求导手段，还是巧妙利用换元的方法，数学解题需要选择一个容易攻克的突破口，并以此作为解题的切入点，由点及面，逐步将问题解决. 教师要善于引导学生观察和分析题目的结构特征，学会捕捉有价值的信息，与所学内容进行类比，激活与问题相关联的知识，从中管窥它们的内在联系，通过提取、辨别，从而选准解题的切入点，构建解题思路. 解题实践告诉我们，一些问题往往找到准确的切入点，就能起到"牵一发而动全身"之功效.

2. 关注题中的隐藏点

数学隐含条件主要是指数学问题中那些含而不露，忽明忽暗的已知条件，它可能隐藏在函数式或方程式之中，也可能隐藏在数学概念的定义当中，还可能隐藏在已知条件的相互联系中，等等．这需要我们挖掘隐含条件，摒弃一些非本质干扰条件，提高学生全面、准确捕捉题目中有用信息的能力．

例2 函数 $f(x)$ 的定义域为 D，若 $f(x)$ 满足条件：① $f(x)$ 在 D 内是单调增函数；②存在 $[a,b] \subseteq D$，使得 $f(x)$ 在 $[a,b]$ 上的值域为 $\left[\dfrac{a}{2}, \dfrac{b}{2}\right]$，故称函数 $f(x)$ 为"成功函数"．若函数 $f(x) = \log_m(m^x + 2t)$（其中 $m > 0$，且 $m \neq 1$）是"成功函数"，则实数 t 的取值范围是＿＿＿＿＿＿＿＿．

分析：由于单调递增函数 $f(x)$ 在 $[a,b]$ 上的值域为 $\left[\dfrac{a}{2}, \dfrac{b}{2}\right]$，故 $f(a) = \dfrac{a}{2}$，$f(b) = \dfrac{b}{2}$．将对数式转化为指数式，逆向思考构造出一元二次方程，方程是有两个不等实根的，隐含着判别式 $\Delta > 0$．对数函数的底数与真数都有隐藏的约束条件．

解：依题意有 $\begin{cases} \log_m(m^a + 2t) = \dfrac{a}{2}, \\ \log_m(m^b + 2t) = \dfrac{b}{2} \end{cases} \Leftrightarrow \begin{cases} m^{\frac{a}{2}} = m^a + 2t, \\ m^{\frac{b}{2}} = m^b + 2t. \end{cases}$

设 $k = \sqrt{m^a}$ 或 $\sqrt{m^b}$，则 $k = k^2 + 2t$，即 $k^2 - k + 2t = 0$ 有两个不等的实根 $\sqrt{m^a}$、$\sqrt{m^b}$，$\therefore \Delta = 1 - 4 \times 2t > 0 \Rightarrow t < \dfrac{1}{8}$．

$\because m^a + 2t > 0$ 且 $m > 0 \Rightarrow t \geqslant 0$，$m \neq 1 \Rightarrow k \neq 1$，$2t = k - k^2$ 且 $k > 0$，$\therefore t \neq 0$，$\therefore 0 < t < \dfrac{1}{8}$．

评注：本题求解中要切记对数的底数大于 0 且不等于 1，对数的真数大于 0，这是学生解题中容易忽视的问题．数学概念是构成数学知识的基石，从数学概念中挖掘解题隐含条件，也是数学解题的出发点．本题的求解过程告诉我们，要注意认真审题，联想数学定义、性质，从概念中挖掘隐藏点，进而找到解题的突破口，使问题得以有效获解．

本题仅是个案，其实隐含条件的分布是全方位的，既可以在条件中设置，也可以从结论中寻找，还可以从概念与性质中挖掘，更可以从类比联想中去猜测，从题目的结构特征中去联系，甚至可以从数形结合中去观察、推理．在解题中要养成审题缜密思考的良好习惯，善于捕捉题目中的"蛛丝马迹"，不断增强洞察力和显化隐含条件的能力，只有这样才能挖掘出隐藏点，为顺利求解扫除障碍，创造条件．

3. 关注知识的迁移点

迁移转化思想是数学解题中常用的数学思想方法之一. 在数学解题中，巧用迁移转化思想方法，往往可以达到化繁为简、化生为熟、化隐为显、化难为易的目的，从而降低解题难度，快速找到解题突破口，做到高效解题.

例 3　求函数 $y = \dfrac{x - x^3}{x^4 + 2x^2 + 1}$ 的最大值和最小值.

分析：本题看似只能用求导方法，可是求导又很复杂. 观察函数式的分子有公因式可提，分母是完全平方式. 先分解因式 $y = \dfrac{x}{1 + x^2} \cdot \dfrac{1 - x^2}{1 + x^2}$，因式 $\dfrac{1 - x^2}{1 + x^2}$ 使我们联想到 $\cos 2\theta = \dfrac{1 - \tan^2 \theta}{1 + \tan^2 \theta}$，对于 $\dfrac{x}{1 + x^2}$ 不难想到变形 $\dfrac{1}{2} \cdot \dfrac{2x}{1 + x^2}$，让我们联想到 $\sin 2\theta = \dfrac{2 \tan \theta}{1 + \tan^2 \theta}$. 于是将原式变形为 $y = \dfrac{1}{2} \cdot \dfrac{2x}{1 + x^2} \cdot \dfrac{1 - x^2}{1 + x^2}$，从而类比联想到三角恒等式中的万能公式.

解：显然此函数的定义域为 **R**，由于 $y = \dfrac{x - x^3}{x^4 + 2x^2 + 1} = \dfrac{x(1 - x^2)}{(1 + x^2)^2} = \dfrac{1}{2} \cdot \dfrac{2x}{1 + x^2} \cdot \dfrac{1 - x^2}{1 + x^2}$，根据上述式子的结构特征，令 $x = \tan \theta$，则 $y = \dfrac{1}{2} \cdot \dfrac{2 \tan \theta}{1 + \tan^2 \theta} \cdot \dfrac{1 - \tan^2 \theta}{1 + \tan^2 \theta} = \dfrac{1}{2} \sin 2\theta \cdot \cos 2\theta = \dfrac{1}{4} \sin 4\theta$.

当 $4\theta = 2k\pi + \dfrac{\pi}{2}$，即 $\theta = \dfrac{k\pi}{2} + \dfrac{\pi}{8} (k \in \mathbf{Z})$ 时，$y_{\max} = \dfrac{1}{4}$；

当 $4\theta = 2k\pi - \dfrac{\pi}{2}$，即 $\theta = \dfrac{k\pi}{2} - \dfrac{\pi}{8} (k \in \mathbf{Z})$ 时，$y_{\min} = -\dfrac{1}{4}$.

评注：本题将函数式合理变形，通过知识迁移，将原本函数问题转化为三角问题，解法新颖别致，彰显了数学的无穷魅力，也激发了学生学习数学的兴趣！在解题教学中，我们应充分挖掘出可比因素，就各知识点的某一侧面做比较，这样既有利于知识的掌握，又能体现知识迁移和转化，培养和发展学生思维的广阔性，提高他们的数学迁移、转化能力. 其实很多数学知识之间是有内在联系的，新旧知识可以进行迁移与转化，因此在数学学习中我们可以借助联想思维，做好新旧知识的融会贯通. 要想学好数学，就必须具备联想思维. 在数学学习中，联想可以将数学对象和有关知识进行联系，由此及彼，找到两个事物之间共有的规律，联想是数学思路转化的桥梁，是新旧数学知识联系的纽带，也是数学核心素养之一. 我们在学习中遇到陌生的习题、生疏的知识，有时需要借助联想进行新旧知识的迁移. 通过找联系，可找到共有的规律，找到解题的瓶颈.

4. 关注疑难的突破点

在高中数学解题中，如何突破疑难点呢？认真审题，挖掘隐含信息，是突破疑难点的前提和关键. 试想一下连条件都搞不清楚就去求解问题能够解决得了吗？学生解题错误或解题瓶颈突破不了，往往是由于不认真审题、不善于提炼有价值的信息、不重视挖掘隐含条件造成的.

例 4　若实数 x、y、z 满足 $x+y+z=12$，$x^2+y^2+z^2=54$，分别求 xy，yz，zx 的最大值和最小值.

分析：将 $x^2+y^2+z^2=54$ 变形为 $x^2+y^2=54-z^2$，视 $54-z^2$ 为常数. 于是挖掘出隐藏的三角函数的平方关系，借用三角换元，设 $x=\sqrt{54-z^2}\sin\alpha$，$y=\sqrt{54-z^2}\cos\alpha$，有望给本题的解决带来转机.

解：$x^2+y^2=54-z^2$，设 $x=\sqrt{54-z^2}\sin\alpha$，$y=\sqrt{54-z^2}\cos\alpha$，代入 $x+y+z=12$，得 $\sqrt{54-z^2}\sin\alpha+\sqrt{54-z^2}\cos\alpha=12-z.$

由柯西不等式得

$$(12-z)^2\leqslant\left[\left(\sqrt{54-z^2}\right)^2+\left(\sqrt{54-z^2}\right)^2\right](\sin^2\alpha+\cos^2\alpha),$$

即 $z^2-8z+12\leqslant0$，解得 $2\leqslant z\leqslant6$. 又 $xy=\dfrac{1}{2}[(x+y)^2-(x^2+y^2)]=\dfrac{1}{2}[(12-z)^2-(54-z^2)]=z^2-12z+45=(z-6)^2+9$，从而有 $9\leqslant xy\leqslant25$. 同理，$9\leqslant yz\leqslant25$，$9\leqslant zx\leqslant25$.

故 xy，yz，zx 的最大值均为 25，最小值均为 9.

评注：本题将 $x^2+y^2+z^2=54$ 变形为 $x^2+y^2=54-z^2$，联想圆的参数方程，采用三角换元是解决本题的一个突破点. 多年的教学实践告诉我们，在高中数学解题教学中，教师切不可"告知"学生如何突破、如何变式，要积极监控学生的思维过程，先按照学生的思路解决问题，不要一开始就将比较完美的、简洁的解法呈现给学生，要充分了解学生的问题所在，采用启发性、引导性的语言，启发引导学生进行突破、变式，同时要注意暴露解题思维的全过程，特别是遇到困难和障碍后，如何克服困难和障碍的思维过程，让学生体会解题再创造的历程. 同时在教学中，我们要教学生学会思考，培养学生在审题中认真观察、分析、归纳、联想的能力，养成顽强攻坚、积极进取、求异创新的人格. 这对突破解题思维障碍，提高解题能力，无疑是大有裨益的.

5. 关注解后的反思点

反思，即反过来的思考. 它是一个重复学习和思考的过程，通过反思，能带来许多突破性的进展. 学生在日常的学习中进行反思,能够不断挖掘出以往学习中存在的不足和错误,并及时纠正,反思可以帮助学生找到更多、更好的学习方法. 波利亚说过:"数学问题的解决仅仅是一半,更重要的是解题之后的回顾."不少同学热衷于大量做题,对知识不求甚解,不善于解后反思,以至学习低效. 很多简单的表象背后隐藏着深刻的道理,看似割裂的问题,本质是同根共源. 解题教学须重视让学生学会解后反思,通过反思、掠去浮华、呈现规律、促进迁移.

例 5 已知点 O 是 $\triangle ABC$ 所在平面上的一个定点,动点 P 满足 $\overrightarrow{OP} = \overrightarrow{OA} + \lambda(\overrightarrow{AB} + \overrightarrow{AC})$,$\lambda \in (0, +\infty)$,则直线 AP 一定通过 $\triangle ABC$ 的(　　　).

A. 内心　　　　　　B. 外心　　　　　　C. 重心　　　　　　D. 垂心

分析:本题问的是直线 AP 是通过 $\triangle ABC$ "四心"中某个,暗示着与点 O 无关,于是将 $\overrightarrow{OP} - \overrightarrow{OA}$ 转化为 $\overrightarrow{AP}$. 可见 $\overrightarrow{AP}$ 与 $\overrightarrow{AB} + \overrightarrow{AC}$ 共线,利用三角形中线的向量性质将 $\overrightarrow{AB} + \overrightarrow{AC}$ 合成一个向量.

解:由 $\overrightarrow{OP} = \overrightarrow{OA} + \lambda(\overrightarrow{AB} + \overrightarrow{AC})$,$\lambda \in (0, +\infty)$,得 $\overrightarrow{AP} = \lambda(\overrightarrow{AB} + \overrightarrow{AC})$.

设 BC 的中点为 D,则 $\overrightarrow{AB} + \overrightarrow{AC} = 2\overrightarrow{AD}$,$\therefore \overrightarrow{AP} = 2\lambda\overrightarrow{AD}$,$\lambda \in (0, +\infty)$,即 A、P、D 三点共线,于是得 P 点的运动轨迹为射线 AD,即直线 AP 一定通过 $\triangle ABC$ 的重心. 故选 C.

评注:教师引导学生解后反思,通过回忆本题的解题过程,鼓励解法求异、求新,适当变换或改变题目,改变条件或结论,让学生探究、猜想,使学生在原题基础上产生联想,从而获得解决新问题的方法.

变式 1 已知点 O 是 $\triangle ABC$ 所在平面上的一个定点,动点 P 满足 $\overrightarrow{OP} = \overrightarrow{OA} + \lambda\left(\dfrac{\overrightarrow{AB}}{\sin C} + \dfrac{\overrightarrow{AC}}{\sin B}\right)$,$\lambda \in (0, +\infty)$,则直线 AP 一定通过 $\triangle ABC$ 的(　　　).

A. 内心　　　　　　B. 外心　　　　　　C. 重心　　　　　　D. 垂心

分析:条件式中涉及 $\triangle ABC$ 中两个角的正弦,不难让我们联想到利用正弦定理解题.

解:在 $\triangle ABC$ 中,设角 A、B、C 的对边分别是 a、b、c,$\triangle ABC$ 外接圆的半径为 R,由正弦定理得 $\dfrac{c}{\sin C} = \dfrac{b}{\sin B} = 2R$,$\therefore \sin C = \dfrac{c}{2R} = \dfrac{|\overrightarrow{AB}|}{2R}$,$\sin B = \dfrac{b}{2R} = \dfrac{|\overrightarrow{AC}|}{2R}$.

由条件 $\overrightarrow{OP} = \overrightarrow{OA} + \lambda\left(\dfrac{\overrightarrow{AB}}{\sin C} + \dfrac{\overrightarrow{AC}}{\sin B}\right)$,得 $\overrightarrow{AP} = 2R\lambda\left(\dfrac{\overrightarrow{AB}}{|\overrightarrow{AB}|} + \dfrac{\overrightarrow{AC}}{|\overrightarrow{AC}|}\right)$,$\lambda \in (0, +\infty)$,由向量加法的几何意义得 $\dfrac{\overrightarrow{AB}}{|\overrightarrow{AB}|} + \dfrac{\overrightarrow{AC}}{|\overrightarrow{AC}|}$ 对应向量是以 $\dfrac{\overrightarrow{AB}}{|\overrightarrow{AB}|}$ 和 $\dfrac{\overrightarrow{AC}}{|\overrightarrow{AC}|}$ 为邻边的菱形对角线的方向向量,所以 $\overrightarrow{AP}$ 与菱形对角线的方向向量是共

线的，而菱形对角线平分一组对角，所以直线 AP 一定通过 $\triangle ABC$ 的内心，故选 A.

评注：通过解后反思、拓展和延伸，学生不仅在解题思路上产生联想与迁移，而且在解题的方法与技巧上也能得到许多启发，这对培养学生思维的广阔性、深刻性和创造性都极为重要.

变式 2 已知点 O 是 $\triangle ABC$ 所在平面上的一个定点，动点 P 满足 $\overrightarrow{OP}=\overrightarrow{OA}+\lambda\left(\dfrac{\overrightarrow{AB}}{|\overrightarrow{AB}|\cos B}+\dfrac{\overrightarrow{AC}}{|\overrightarrow{AC}|\cos C}\right),\lambda\in(0,+\infty)$，则直线 AP 一定通过 $\triangle ABC$ 的（　　）.

A. 内心　　　　B. 外心　　　　C. 重心　　　　D. 垂心

分析：观察条件式中 $\dfrac{\overrightarrow{AB}}{|\overrightarrow{AB}|\cos B}$ 是向量，只要再乘个向量方可转化为数，

考虑分母是 $|\overrightarrow{AB}|\cos B$，于是想到 $\overrightarrow{BA}\cdot\overrightarrow{BC}=|\overrightarrow{BA}|\cdot|\overrightarrow{BC}|\cos B$，故在 $\dfrac{\overrightarrow{AB}}{|\overrightarrow{AB}|\cos B}$ 中

需乘 $\overrightarrow{BC}$，可约去分母 $|\overrightarrow{AB}|\cos B$，从而简化条件. 同理，在 $\dfrac{\overrightarrow{AC}}{|\overrightarrow{AC}|\cos C}$ 中也需乘

$\overrightarrow{BC}$ 作数量积运算.

解：由已知条件得 $\overrightarrow{AP}=\lambda\left(\dfrac{\overrightarrow{AB}}{|\overrightarrow{AB}|\cos B}+\dfrac{\overrightarrow{AC}}{|\overrightarrow{AC}|\cos C}\right),\lambda\in(0,+\infty)$，两边

同乘 $\overrightarrow{BC}$ 得

$$\overrightarrow{AP}\cdot\overrightarrow{BC}=\lambda\left(\dfrac{\overrightarrow{AB}\cdot\overrightarrow{BC}}{|\overrightarrow{AB}|\cos B}+\dfrac{\overrightarrow{AC}\cdot\overrightarrow{BC}}{|\overrightarrow{AC}|\cos C}\right)=\lambda\left(-\dfrac{|\overrightarrow{BA}|\cdot|\overrightarrow{BC}|\cos B}{|\overrightarrow{AB}|\cos B}+\dfrac{|\overrightarrow{CA}|\cdot|\overrightarrow{CB}|\cos C}{|\overrightarrow{AC}|\cos C}\right)$$

$=\lambda(-|\overrightarrow{BC}|+|\overrightarrow{BC}|)=0,\therefore\overrightarrow{AP}\perp\overrightarrow{BC}$，即 $AP\perp BC$，$\therefore$ 直线 AP 一定通过 $\triangle ABC$ 的垂心.

故选 D.

评注：在高中数学解题教学中，有些题解后教师可引导学生对问题进行变式，让学生经历提出问题、分析问题、解决问题的再创造过程，这不仅仅是知识的再创造，也是问题的再创造过程，更是解题方法的再创造，这样能使学生真正达到触类旁通的效果. 如果学生在运用数学知识解决问题时，缺乏解题后的反思、回顾和拓展，将会导致获得的知识系统性减弱、结构性趋差. 反思解题能从更高的观点、更宽的视野、更理性的眼光，去思考数学问题，领悟数学哲理.

我们在高中数学解题教学中应关注的几类"点"：寻找解题的切入点是解题的一个重要前提，通过审题、收集信息、加工信息，抓住问题的本质进行联想思考，就会找到解题的入口；挖掘题中的隐藏点是数学解题的关键所在，教学中要培养学生善于从题设中不断挖掘和利用隐含条件，这样可帮助我们顺利解题；通过拓展、延伸、迁移、转化可使学生在解题的方法与技巧上也能得到许多启

示，这对培养学生思维的广阔性、深刻性和创造性都大有益处；注重审题，提炼信息，展开联想，可使我们找到问题的关键节点，让学生走出困境，实现巧渡难关，顺利突破难点，这对解题教学来说尤为重要；反思使人进步，题海无边，反思是岸，反思是摆脱题海战术的有效措施，通过解后反思，掠去浮华、呈现规律，给我们能带来很多突破性的进展. 总之，在高中数学解题教学中，培养学生的数学解题能力是解题教学的重点，教师在课堂上要做的不是一味的灌输，更多的应该是唤醒和激发，有意识地渗透数学核心素养，让学生重视数学核心素养的养成，从而使他们满怀激情地喜爱数学、学习数学、运用数学、享乐数学.

11.7 寻找高中数学解题切入点

高中数学解题，学生困惑最多的就是为什么会想到这样的解法. 因此，我们在分析题目的已知和所求的基础上，首先需要选择一个切入点，此点的选择将成为能否突破该题解题瓶颈的关键.

1. 分析结构寻找解题切入点

例 1 设 $a_k = \dfrac{(-1)^k}{k!(n-k)!}(k=0,1,2,\cdots,n)$，则 $a_0 + a_1 + a_2 + \cdots + a_n = $ _____.

解：$\because a_k \cdot n! = \dfrac{(-1)^k n!}{k!(n-k)!} = (-1)^k C_n^k, (k=0,1,2,\cdots,n)$，

$\therefore n!(a_0 + a_1 + a_2 + \cdots + a_n) = C_n^0 + (-1)C_n^1 + (-1)^2 C_n^2 + \cdots + (-1)^n C_n^n = C_n^0 - C_n^1 + C_n^2 - C_n^3 + \cdots + (-1)^n C_n^n = 0$.

故 $a_0 + a_1 + a_2 + \cdots + a_n = 0$.

评注：由组合数公式 $C_n^k = \dfrac{n!}{k!(n-k)!}$，并分析题目的结构可知，不和谐因素是 a_k 的分子缺少 $n!$，用 $n!$ 乘以 a_k 使之成为 $(-1)^k C_n^k$，即可入手解题.

2. 类比联想寻找解题切入点

例 2 已知实数 x, y, z，且 $xy \neq -1, yz \neq -1, zx \neq -1$，求证：$\dfrac{x-y}{1+xy} + \dfrac{y-z}{1+yz} + \dfrac{z-x}{1+zx} = \dfrac{x-y}{1+xy} \cdot \dfrac{y-z}{1+yz} \cdot \dfrac{z-x}{1+zx}$.

证明：令 $x = \tan\alpha, y = \tan\beta, z = \tan\gamma$. $\because xy \neq -1, yz \neq -1, zx \neq -1$，

$\therefore \dfrac{x-y}{1+xy} = \dfrac{\tan\alpha - \tan\beta}{1+\tan\alpha\tan\beta} = \tan(\alpha-\beta)$. 同理，$\dfrac{y-z}{1+yz} = \tan(\beta-\gamma)$，$\dfrac{z-x}{1+zx} = \tan(\gamma-\alpha)$.

$\because (\alpha-\beta) + (\beta-\gamma) + (\gamma-\alpha) = 0$，即 $(\alpha-\beta) + (\beta-\gamma) = -(\gamma-\alpha)$，

$\therefore \tan[(\alpha-\beta) + (\beta-\gamma)] = \tan[-(\gamma-\alpha)]$.

于是有 $\dfrac{\tan(\alpha-\beta) + \tan(\beta-\gamma)}{1 - \tan(\alpha-\beta)\tan(\beta-\gamma)} = -\tan(\gamma-\alpha)$，去分母整理得

$$\tan(\alpha-\beta)+\tan(\beta-\gamma)+\tan(\gamma-\alpha)=\tan(\alpha-\beta)\cdot\tan(\beta-\gamma)\cdot\tan(\gamma-\alpha).$$

故 $\dfrac{x-y}{1+xy}+\dfrac{y-z}{1+yz}+\dfrac{z-x}{1+zx}=\dfrac{x-y}{1+xy}\cdot\dfrac{y-z}{1+yz}\cdot\dfrac{z-x}{1+zx}.$

评注：观察所要证明的等式 $\dfrac{x-y}{1+xy}+\dfrac{y-z}{1+yz}+\dfrac{z-x}{1+zx}=\dfrac{x-y}{1+xy}\cdot\dfrac{y-z}{1+yz}\cdot$

$\dfrac{z-x}{1+zx}$，让我们联想到非直角三角形 ABC 中一个恒等式 $\tan A+\tan B+\tan C=$

$\tan A\cdot\tan B\cdot\tan C.$ 其中式子 $\dfrac{x-y}{1+xy}$ 不难让我们类比两角差的正切公式，即

$\tan(\alpha-\beta)=\dfrac{\tan\alpha-\tan\beta}{1+\tan\alpha\tan\beta}.$ 可见类比联想是数学解题的一个很好的切入点.

3. 识别模型寻找解题切入点

例 3 设函数 $f(x)$ 满足 $f(x_1)+f(x_2)=2f\left(\dfrac{x_1+x_2}{2}\right)f\left(\dfrac{x_1-x_2}{2}\right)$，且

$f\left(\dfrac{\pi}{2}\right)=0,x_1$、$x_2\in\mathbf{R}$，证明 $f(x)$ 是周期函数，并求出它的一个周期.

证明： 令 $x_1=x+\pi,x_2=x$，则 $f(x+\pi)+f(x)=2f\left(\dfrac{2x+\pi}{2}\right)f\left(\dfrac{\pi}{2}\right)=0,$

$\therefore f(x+\pi)=-f(x)$，于是 $f(x+2\pi)=f[(x+\pi)+\pi]=-f(x+\pi)=f(x).$
故 $f(x)$ 是周期函数，且 2π 是它的一个周期.

评注：模型 $f(x_1)+f(x_2)=2f\left(\dfrac{x_1+x_2}{2}\right)f\left(\dfrac{x_1-x_2}{2}\right)$，不难让我们联想到三

角恒等式中的一个和差化积公式 $\cos x_1+\cos x_2=2\cos\dfrac{x_1+x_2}{2}\cos\dfrac{x_1-x_2}{2}$，于是猜

想 $f(x)=\cos x$，且符合已知条件 $f\left(\dfrac{\pi}{2}\right)=0$，故猜测 $f(x)$ 的周期为 $2\pi.$ 可见模

型的识别能帮助我们寻找解题的切入点.

4. 正难则反寻找解题切入点

例 4 已知数列 $\{a_n\}$ 满足 $a_1=m(m$ 为正整数$)$，$a_{n+1}=\begin{cases}\dfrac{a_n}{2},\text{当 }a_n\text{ 为偶数}\\3a_n+1,\text{当 }a_n\text{ 为奇数}\end{cases}$，

若 $a_6=1$，则 m 所有可能的取值为 _____ .

解：由 a_{n+1} 逆求 a_n 并注意到 a_n 的奇偶性，可得：

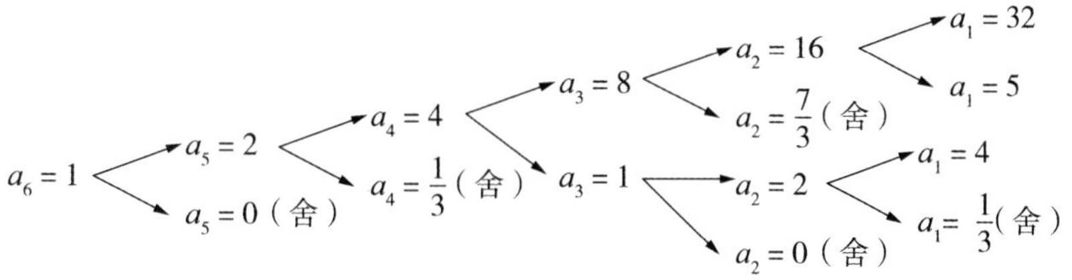

当 a_n 为奇数时，$a_6 = 3a_5 + 1 \Rightarrow a_5 = 0$（舍）.

所以，m 所有可能的取值为 32、5、4.

评注：由于决定递推公式的条件是数列项的奇偶性，本题若正面求解，首先需对正整数 m 进行奇、偶讨论，若求得 a_n 是偶数按 $a_{n+1} = \dfrac{a_n}{2}$ 进行递推，当递推求得 a_n 为奇数再交叉使用另一个递推公式 $a_{n+1} = 3a_n + 1$ 进行递推……，最后利用 $a_6 = 1$ 求出 m 的值，这显然比较复杂. 正难则反，本题比较简便直观的方法是从 $a_6 = 1$ 开始借助树形图逆求 a_1.

5. 数形结合寻找解题切入点

例 5　已知 $\dfrac{\sin\theta}{\sqrt{3}\cos\theta + 1} > 1$，则 $\tan\theta$ 的取值范围是 _____.

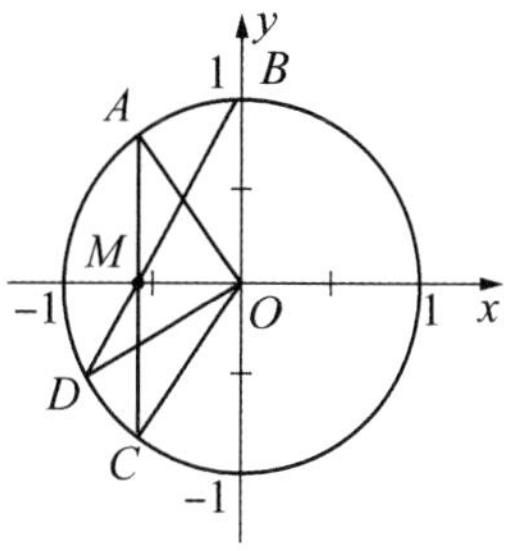

解：由已知得 $\dfrac{\sin\theta}{\cos\theta + \dfrac{\sqrt{3}}{3}} > \sqrt{3}$，其不等式几何意义是

点 $P(\cos\theta, \sin\theta)$ 与点 $M\left(-\dfrac{\sqrt{3}}{3}, 0\right)$ 连线的斜率大于 $\sqrt{3}$. 如

图 11.19

图 11.19 所示，点 P 只能在弧 AB 和弧 CD 上运动，且不含端点，$A\left(-\dfrac{\sqrt{3}}{3}, \dfrac{\sqrt{6}}{3}\right)$，

$B(0,1)$，$C\left(-\dfrac{\sqrt{3}}{3}, -\dfrac{\sqrt{6}}{3}\right)$. 将直线 MB 的方程 $y = \sqrt{3}x + 1$ 与圆的方程 $x^2 + y^2 = 1$ 联

立，求得 D 点坐标为 $\left(-\dfrac{\sqrt{3}}{2}, -\dfrac{1}{2}\right)$. 又 $k_{OA} = -\sqrt{2}$，$k_{OD} = \dfrac{\sqrt{3}}{3}$，$k_{OC} = \sqrt{2}$，$\tan\theta = \dfrac{\sin\theta}{\cos\theta}$

表示圆弧上的点 $(\cos\theta, \sin\theta)$ 与原点 $(0,0)$ 连线的斜率. 由数形结合（图 11.19）可知，$\tan\theta < k_{OA}$ 或 $k_{OD} < \tan\theta < k_{OC}$.

故 $\tan\theta \in (-\infty, -\sqrt{2}) \cup \left(\dfrac{\sqrt{3}}{3}, \sqrt{2}\right)$.

评注：观察条件中不等式左边的结构形式，我们不由自主地想到点 $(\sqrt{3}\cos\theta, \sin\theta)$ 与 $(-1, 0)$ 连线的斜率，可惜点 $(\sqrt{3}\cos\theta, \sin\theta)$ 的轨迹不明确. 究

其根源，原来是余弦前面多乘了一个 $\sqrt{3}$，于是将条件变形 $\dfrac{\sin\theta}{\cos\theta+\dfrac{\sqrt{3}}{3}}>\sqrt{3}$，考虑

斜率的几何意义，利用数形结合是解决本题的一个切入点.

6. 挖掘隐藏寻找解题切入点

例 6　设复数 z 满足 $2\leqslant z+\dfrac{12}{z}\leqslant 8$，求 z 所表示的点的轨迹.

解：由复数 z 满足 $2\leqslant z+\dfrac{12}{z}\leqslant 8$，可知 $z+\dfrac{12}{z}$ 是实数，$\therefore z+\dfrac{12}{z}=\overline{\left(z+\dfrac{12}{z}\right)}$

$=\bar{z}+\dfrac{12}{\bar{z}}$，整理得 $(z-\bar{z})(z\bar{z}-12)=0$，即 $z=\bar{z}$ 或 $|z|=2\sqrt{3}$.

设 $z=x+yi\,(x,y\in\mathbf{R})$.

当 $z=\bar{z}$ 时，$y=0$，即 $z=x$，由 $2\leqslant x+\dfrac{12}{x}\leqslant 8$，解得 $2\leqslant x\leqslant 6$.

当 $|z|=2\sqrt{3}$ 时，$x^2+y^2=12$. $\because 2\leqslant z+\dfrac{12}{z}\leqslant 8$，即 $2\leqslant (x+yi)+\dfrac{12}{x+yi}$

$\leqslant 8$，$\therefore 2\leqslant (x+yi)+\dfrac{12(x-yi)}{x^2+y^2}\leqslant 8$，求得 $1\leqslant x\leqslant 4$. 又 $\because x^2\leqslant 12$，即 $|x|\leqslant$

$2\sqrt{3}$，$\therefore 1\leqslant x\leqslant 2\sqrt{3}$.

故 z 所表示的点的轨迹是线段 $y=0(2\leqslant x\leqslant 6)$ 及圆弧 $x^2+y^2=12(1\leqslant x\leqslant 2\sqrt{3})$.

评注：由于虚数没有大小，条件中复数 z 满足 $2\leqslant z+\dfrac{12}{z}\leqslant 8$，隐藏着 $z+\dfrac{12}{z}$ 是实数. 该条件含而不露，隐藏得较深，能给学生造成条件不足的假象. 由此可见，捕捉题目中的"蛛丝马迹"，从多角度、多方向、多层次上去挖掘隐含条件，是数学解题的一个切入点.

7. 观察特征寻找解题切入点

例 7　已知 $a_i\in\mathbf{R}^+(i=1,2,\cdots,n)$，且 $a_1+a_2+\cdots+a_n=1$. 求证：$\dfrac{a_1^2}{a_1+a_2}$

$+\dfrac{a_2^2}{a_2+a_3}+\cdots+\dfrac{a_n^2}{a_n+a_1}\geqslant\dfrac{1}{2}$.

证明：$\because a_i\in\mathbf{R}^+(i=1,2,\cdots,n)$，$\dfrac{a_1^2}{a_1+a_2}+\dfrac{a_1+a_2}{4}\geqslant a_1$，$\dfrac{a_2^2}{a_2+a_3}+\dfrac{a_2+a_3}{4}\geqslant$

$a_2, \cdots, \dfrac{a_n^2}{a_n + a_1} + \dfrac{a_n + a_1}{4} \geqslant a_n$，以上 n 个不等式分别相加得

$$\dfrac{a_1^2}{a_1 + a_2} + \dfrac{a_2^2}{a_2 + a_3} + \cdots + \dfrac{a_n^2}{a_n + a_1} + \dfrac{a_1 + a_2}{4} + \dfrac{a_2 + a_3}{4} + \cdots + \dfrac{a_n + a_1}{4}$$

$$\geqslant a_1 + a_2 + \cdots + a_n.$$

又 $a_1 + a_2 + \cdots + a_n = 1, \therefore \dfrac{a_1 + a_2}{4} + \dfrac{a_2 + a_3}{4} + \cdots + \dfrac{a_n + a_1}{4} = \dfrac{1}{2}.$

故 $\dfrac{a_1^2}{a_1 + a_2} + \dfrac{a_2^2}{a_2 + a_3} + \cdots + \dfrac{a_n^2}{a_n + a_1} \geqslant \dfrac{1}{2}.$

评注：观察题目条件与所证不等式的结构特征，尤其是不等式左边分母的特征，暗示了解题思路的突破口，为了实现条件向结论的转化，需要巧妙添项，再借用基本不等式进行求证. 观察特征是求证本题的一个切入点.

8. 巧用定义寻找解题切入点

例8　已知双曲线 $\dfrac{x^2}{9} - \dfrac{y^2}{16} = 1$ 的右焦点为 F，点 $A(9,2)$，请在双曲线上求一点 M，使 $5|MA| + 3|MF|$ 的值最小.

解：由双曲线方程 $\dfrac{x^2}{9} - \dfrac{y^2}{16} = 1$ 可知，$a =$
$3, b = 4, c = 5$，离心率 $e = \dfrac{c}{a} = \dfrac{5}{3}$，将 $A(9,2)$
代入双曲线方程的左边得 $\dfrac{9^2}{9} - \dfrac{2^2}{16} = \dfrac{35}{4} > 1$，
所以点 A 在双曲线的内部，如图 11.20 所示，
其右准线 $l: x = \dfrac{a^2}{c} = \dfrac{9}{5}$，过 M 作 $MN \perp l$ 于
N，则由双曲线第二定义得 $\dfrac{|MF|}{|MN|} = e = \dfrac{5}{3}$，
于是有 $|MN| = \dfrac{3}{5}|MF|$，$\therefore 5|MA| +$

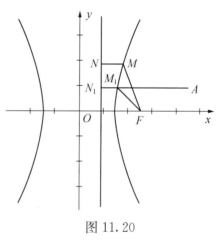

图 11.20

$3|MF| = 5\left(|MA| + \dfrac{3}{5}|MF|\right) = 5(|MA| + |MN|).$

当且仅当 A、M、N 三点共线时 $|MA| + |MN|$ 最小，从而 $5|MA| + 3|MF|$ 最小. 将 $y = 2$ 代入双曲线方程得 $x = \dfrac{3\sqrt{5}}{2}$，点 M 坐标为 $\left(\dfrac{3\sqrt{5}}{2}, 2\right)$ 时，

$5|MA| + 3|MF|$ 取最小值 $5|AN_1| = 5\left(9 - \dfrac{9}{5}\right) = 36.$

评注：按常规思路，设动点坐标 $M(x,y)$，运用函数法求最值，遗憾的是很难奏效. 若根据双曲线第二定义，将式子 $5|MA|+3|MF|$ 转化为线段 $|MA|$ 与 $|MN|$ 的和，问题则迎刃而解. 可见巧用定义是求解本题一个很好的切入点.

9. 执果索因寻找解题切入点

例 9　设实数 x、y 满足 $y+x^2=0$，且 $0<a<1$. 求证：$\log_a(a^x+a^y)\leqslant\log_a 2+\dfrac{1}{8}$.

证明：欲证 $\log_a(a^x+a^y)\leqslant\log_a 2+\dfrac{1}{8}$，即证 $\log_a(a^x+a^y)\leqslant\log_a(2a^{\frac{1}{8}})$.

$\because 0<a<1$，$\therefore$ 只需证 $a^x+a^y\geqslant 2a^{\frac{1}{8}}$，又 $a^x+a^y\geqslant 2\sqrt{a^x a^y}=2\sqrt{a^{x+y}}$，$\therefore$ 只需证 $2\sqrt{a^{x+y}}\geqslant 2a^{\frac{1}{8}}$，即证 $a^{x+y}\geqslant a^{\frac{1}{4}}$，只需证 $x+y\leqslant\dfrac{1}{4}$. 又 $y=-x^2$，故只需证 $x-x^2\leqslant\dfrac{1}{4}$，即证 $x^2-x+\dfrac{1}{4}\geqslant 0$，也就是 $\left(x-\dfrac{1}{2}\right)^2\geqslant 0$.

$\because x\in\mathbf{R}$，$\left(x-\dfrac{1}{2}\right)^2\geqslant 0$ 恒成立，$\therefore \log_a(a^x+a^y)\leqslant\log_a 2+\dfrac{1}{8}$ 成立.

评注：本题若从条件出发利用做差法，直接证明待求证的不等式，难度较大. 于是联想到执果索因，从待证不等式出发，分析并寻找使这个不等式成立的充分条件. 其实分析过程就是将待证不等式的条件与结论进行差异分析，实施等价转换的过程. 采用分析法证明本题，可降低思维量，能化坎坷为阶梯.

11.8 多元最值问题的常规求解方法

多元最值问题是指含有多个变量，以求解最大值或最小值为目的的一类数学问题. 这类问题内涵丰富，知识面广，综合性强，形式不拘一格，解法灵活多变. 多元函数最值问题的难点就在于变量多，导致学生处理问题相对麻烦，所以在解决此类问题时常需将变量数减少，从而降低解题的难度.

1. 基本不等式法

例 1　若正数 x、y 满足 $x+3y=5xy$，则 $3x+4y$ 的最小值是_____.

解：由 $x+3y=5xy(x>0,y>0)$，可化为 $\dfrac{4}{5}\times(3x)+\dfrac{9}{5}\times(4y)=(3x)\cdot(4y)$，即 $\left(3x-\dfrac{9}{5}\right)\left(4y-\dfrac{4}{5}\right)=\dfrac{36}{25}$.

易知，$x>\dfrac{3}{5}$ 且 $y>\dfrac{1}{5}$，则 $\left(3x-\dfrac{9}{5}\right)$ 和 $\left(4y-\dfrac{4}{5}\right)$ 均为正数，于是由基本不等式得 $3x+4y=\left(3x-\dfrac{9}{5}\right)+\left(4y-\dfrac{4}{5}\right)+\dfrac{13}{5}\geqslant 2\sqrt{\left(3x-\dfrac{9}{5}\right)\cdot\left(4y-\dfrac{4}{5}\right)}+\dfrac{13}{5}=2\sqrt{\dfrac{36}{25}}+\dfrac{13}{5}=5$，当且仅当 $3x-\dfrac{9}{5}=4y-\dfrac{4}{5}$，且 $x+3y=5xy$，即 $x=1,y=\dfrac{1}{2}$ 时，不等式取等号.

故 $3x+4y$ 的最小值是 5.

评注：上述解法本质上是用到基本不等式中"积定和小"的原则，在条件 $x+3y=5xy$ 中，将 x 变为"$3x$"，将 y 变为"$4y$"的形式，于是得 $\left(3x-\dfrac{9}{5}\right)\left(4y-\dfrac{4}{5}\right)=\dfrac{36}{25}$. 即 $3x-\dfrac{9}{5}$ 与 $4y-\dfrac{4}{5}$ 积一定时，$3x-\dfrac{9}{5}$ 与 $4y-\dfrac{4}{5}$ 和取最小.

2. 消元法

例 2　对于 $c>0$，当非零实数 a,b 满足 $4a^2-2ab+4b^2-c=0$，且使 $|2a+b|$ 最大时，$\dfrac{3}{a}-\dfrac{4}{b}+\dfrac{5}{c}$ 的最小值为_____.

解：$\because c = 4a^2 - 2ab + 4b^2 = (2a+b)^2 - 3b(2a-b) = (2a+b)^2 - \dfrac{3}{2} \cdot$

$2b(2a-b) \geqslant (2a+b)^2 - \dfrac{3}{2} \left[\dfrac{2b+(2a-b)}{2} \right]^2 = \dfrac{5}{8}(2a+b)^2$，$\therefore$ 当 $|2a+b|$ 最大

时，取等条件为 $2b = 2a - b$，即 $2a = 3b$. 代入 $4a^2 - 2ab + 4b^2 - c = 0$，此时 $c =$

$10b^2$，$\therefore \dfrac{3}{a} - \dfrac{4}{b} + \dfrac{5}{c} = \dfrac{2}{b} - \dfrac{4}{b} + \dfrac{1}{2b^2} = \dfrac{1}{2}\left(\dfrac{1}{b} - 2\right)^2 - 2 \geqslant -2$.

故 $\dfrac{3}{a} - \dfrac{4}{b} + \dfrac{5}{c}$ 的最小值为 -2.

评注：消元是处理多元函数最值问题最基本的方法，遇到此类问题，首选方法就是消元法. 如果能够消元，就可以化多为少，化难为易，从而使问题得到解决.

3. 分离变量法

例 3　若 $x + 2\sqrt{xy} \leqslant a(x+y)$ 对任意的正实数 x、y 恒成立，求 a 的最小值.

解：$x + 2\sqrt{xy} \leqslant a(x+y)$ 对任意的正实数 x、y 恒成立，即 $\dfrac{x+2\sqrt{xy}}{x+y} \leqslant a$ 对

任意的正实数 x、y 恒成立. 设 $x + y = (1-k)x + kx + y \geqslant (1-k)x +$

$2\sqrt{kxy}\,(0 < k < 1)$，$a \geqslant \left[\dfrac{x+2\sqrt{xy}}{x+y}\right]_{\max} = \dfrac{x+2\sqrt{xy}}{(1-k)x+2\sqrt{kxy}}$.

取等条件为 $\dfrac{1}{1-k} = \dfrac{2}{2\sqrt{k}} \Leftrightarrow (\sqrt{k})^2 + \sqrt{k} - 1 = 0$，求得 $\sqrt{k} = \dfrac{-1+\sqrt{5}}{2}$，$\therefore a \geqslant$

$\dfrac{x+2\sqrt{xy}}{(1-k)x+2\sqrt{kxy}} = \dfrac{x}{(1-k)x} = \dfrac{2\sqrt{xy}}{2\sqrt{kxy}} = \dfrac{1}{\sqrt{k}} = \dfrac{\sqrt{5}+1}{2}$.

故 a 的最小值为 $\dfrac{\sqrt{5}+1}{2}$.

评注：从 $x + 2\sqrt{xy} \leqslant a(x+y)$ 中，反解出 $a \geqslant \dfrac{x+2\sqrt{xy}}{x+y}$，观察分子、分母的结构形式，需将分母中的 x 分成两部分，即 $x + y = (1-k)x + (kx+y)$，再利用基本不等式，同时注意取等条件，就可以使问题顺利得到解决.

4. 判别式法

例 4　已知 $x, y, z \in \mathbf{Z}$，且 $x + y + z = 3, x^3 + y^3 + z^3 = 3$，则 $x^2 + y^2 + z^2 =$

————．

解：由 $x+y=3-z,x^3+y^3=3-z^3$ 解得 $xy=\dfrac{8-9z+3z^2}{3-z}$，从而 x、y 为

关于 t 的一元二次方程 $t^2-(3-z)t+\dfrac{8-9z+3z^2}{3-z}=0$ 的整数根．于是 $\Delta=$

$(3-z)^2-4\cdot\dfrac{8-9z+3z^2}{3-z}=(z-1)^2\left(1+\dfrac{8}{z-3}\right)$ 必为完全平方数，从而 $z=1$，

$4,-5$．

当 $z=1$ 时，$(x,y,z)=(1,1,1)$；

当 $z=4$ 时，$(x,y,z)=(-5,4,4),(4,-5,4)$；

当 $z=-5$ 时，$(x,y,z)=(4,4,-5)$．

综上所述，$x^2+y^2+z^2=3$ 或 $x^2+y^2+z^2=57$．

评注：题中条件是两个等式三个变量，方程的解一般是不确定的．不妨用 z 表示 $x+y,xy$ 构造一元二次方程，由于方程有整数根 x、y，故判别式 Δ 为完全平方数，从而先求出整数 z 的值，于是找到了问题解决的突破口．

5. 代换法

例 5　实数 x、y、z、w 满足 $x+y+z+w=1$，则 $M=xw+2yw+3xy+3zw+4xz+5yz$ 的最大值是＿＿＿＿＿．

解：$M=xw+2yw+3xy+3zw+4xz+5yz$

$\quad=x(y+z+w)+2y(x+z+w)+3z(x+y+w)$

$\quad=x(1-x)+2y(1-y)+3z(1-z)$

$\quad\leqslant\left[\dfrac{x+(1-x)}{2}\right]^2+2\left[\dfrac{y+(1-y)}{2}\right]^2+3\left[\dfrac{z+(1-z)}{2}\right]^2$

$\quad=\dfrac{1}{4}+2\times\dfrac{1}{4}+3\times\dfrac{1}{4}=\dfrac{3}{2}$．

评注：本题的条件很有隐蔽性，难点在于将 $M=xw+2yw+3xy+3zw+4xz+5yz$ 合理分组、分解，上述整理具有一定的创造性，将条件 $x+y+z+w=1$ 代换，把四元变为三元，给问题的解决带来了转机．

6. 引入参数法

例 6　若已知 $a,b,c>0$，则 $\dfrac{a^2+b^2+c^2}{ab+2bc}$ 的最小值为＿＿＿＿＿．

解：$\dfrac{a^2+b^2+c^2}{ab+2bc}=\dfrac{a^2+\lambda b^2+(1-\lambda)b^2+c^2}{ab+2bc}\geqslant\dfrac{2\sqrt{\lambda}ab+2\sqrt{1-\lambda}bc}{ab+2bc}$．

当且仅当 $2\sqrt{\lambda}=\sqrt{1-\lambda}$，即 $\lambda=\dfrac{1}{5}$ 时，$\dfrac{a^2+b^2+c^2}{ab+2bc}$ 取最小值，为 $\dfrac{2\sqrt{5}}{5}$．

评注：观察分子、分母结构特征，需将分子中的 b^2 分成两部分，即 $\lambda b^2 + (1-\lambda)b^2$，再利用基本不等式，注意取等条件，问题则迎刃而解. 本题与例 3 在解法上是如出一辙的.

7. 换元法

例 7 已知 $x+y=1$，当实数 x、y 为何值时，$(x^3+1)(y^3+1)$ 取得最大值？

解：设 $u=(x^3+1)(y^3+1)=(xy)^3+(x+y)[(x+y)^2-3xy]+1$，由已知 $x+y=1$ 可得 $u=(xy)^3-3xy+2$，令 $t=xy$，则 $t=xy=x(1-x)\leqslant \left[\dfrac{x+(1-x)}{2}\right]^2=\dfrac{1}{4}$，故 $u=t^3-3t+2\left(t\leqslant \dfrac{1}{4}\right)$. $u'=3t^2-3=3(t-1)(t+1)$，当 $t<-1$ 时 $u'>0$，当 $-1<t\leqslant \dfrac{1}{4}$ 时 $u'<0$. 因此，u 在 $t=-1$ 时取得最大值，

即 $xy=-1,x+y=1$，求解得当 $\begin{cases} x=\dfrac{1+\sqrt{5}}{2}, \\ y=\dfrac{1-\sqrt{5}}{2} \end{cases}$ 或 $\begin{cases} x=\dfrac{1-\sqrt{5}}{2}, \\ y=\dfrac{1+\sqrt{5}}{2} \end{cases}$ 时，

$(x^3+1)(y^3+1)$ 取得最大值.

评注：本题的难点在于如何将已知条件进行转化，再构造新函数. 这要求我们在解题中需要有一双"慧眼"，观察发现问题的本质，从而找到解题的切入点.

例 8 若实数 x、y 满足 $\dfrac{x+y}{1-xy}=\sqrt{5}$，则 $\dfrac{|1-xy|}{\sqrt{1+x^2}\cdot\sqrt{1+y^2}}=$ _____.

解：设 $x=\tan\alpha,y=\tan\beta$，则 $\tan(\alpha+\beta)=\sqrt{5}$，于是 $\dfrac{|1-xy|}{\sqrt{1+x^2}\cdot\sqrt{1+y^2}}=$

$\dfrac{|1-\tan\alpha\tan\beta|}{|\cos^{-1}\alpha|\cdot|\cos^{-1}\beta|}=\left|\dfrac{1-\tan\alpha\tan\beta}{\cos^{-1}\alpha\cdot\cos^{-1}\beta}\right|=|\cos(\alpha+\beta)|=\dfrac{\sqrt{6}}{6}$.

评注：由本题条件 $\dfrac{x+y}{1-xy}=\sqrt{5}$ 的结构形式，让我们不难类比、联想两角和的正切公式，进而想到采用三角换元，即 $x=\tan\alpha,y=\tan\beta$，从而使问题很快得到解决.

8. 变更主元法

例 9 设函数 $h(x)=\dfrac{a}{x}+x+b$，对任意 $a\in\left[\dfrac{1}{2},2\right]$，都有 $h(x)\leqslant 10$ 在 $x\in$

$\left[\dfrac{1}{4},1\right]$ 恒成立，求实数 b 的取值范围.

解：选 a 为主元，设 $\varphi(a)=\dfrac{1}{x}\cdot a+x+b-10\leqslant 0$，在 $a\in\left[\dfrac{1}{2},2\right]$ 时恒成

立. $\varphi(a)$ 是关于 a 的一次函数，则只需 $\begin{cases}\varphi\left(\dfrac{1}{2}\right)\leqslant 0,\\[2mm]\varphi(2)\leqslant 0\end{cases}\Rightarrow\begin{cases}\dfrac{1}{2x}+x+b-10\leqslant 0,\\[2mm]\dfrac{2}{x}+x+b-10\leqslant 0\end{cases}$

在 $x\in\left[\dfrac{1}{4},1\right]$ 时恒成立，即有 $\begin{cases}-b\geqslant\left(\dfrac{1}{2x}+x-10\right)_{\max}\geqslant-\dfrac{31}{4},\\[3mm]-b\geqslant\left(\dfrac{2}{x}+x-10\right)_{\max}\geqslant-\dfrac{7}{4},\end{cases}\therefore b\leqslant\dfrac{7}{4}.$

评注：所谓变更主元法，就是将多个变量中的某一个看作主要变量，将其他的变量看作参数，然后用函数、方程、不等式等相关知识来解决问题. 本题首先选 a 为主元，得 $\varphi(a)=\dfrac{1}{x}\cdot a+x+b-10$ 是关于 a 的一次函数，于是 $\begin{cases}\varphi\left(\dfrac{1}{2}\right)\leqslant 0,\\[2mm]\varphi(2)\leqslant 0.\end{cases}$ 从而将三元变为二元，促使问题的解决向前迈进一大步！

9. 数形结合法

例 10 已知实数 a、b、c、d 满足 $ab=c^2+d^2=1$，则 $(a-c)^2+(b-d)^2$ 的最小值为_____.

解：$(a-c)^2+(b-d)^2$ 的最小值就是双曲线 $xy=1$ 上的点 (a,b) 与圆 $x^2+y^2=1$ 上的点 (c,d) 之间的最小距离的平方，即 $(1,1)$ 与 $\left(\dfrac{\sqrt{2}}{2},\dfrac{\sqrt{2}}{2}\right)$ 两点间的距离平方，即 $\left(1-\dfrac{\sqrt{2}}{2}\right)^2+\left(1-\dfrac{\sqrt{2}}{2}\right)^2=3-2\sqrt{2}$，故 $(a-c)^2+(b-d)^2$ 的最小值为 $3-2\sqrt{2}$.

评注：本题条件与所求结果均具有几何意义，借助解析几何的思想方法，数形结合，将抽象变成了直观，可化难为易，化繁为简.

多变量最值问题的解决方法较为灵活多变，没有固定的模式，但总的指导思想就是减元，尽量化为一元问题来处理，转化的过程主要是根据题中条件与结论的特征来寻找突破口. 所以我们在解题过程中要注重知识间的内在联系，抓住问题的本质. 有时也可转换视角来观察条件和结论. 多元变量求最值问题不仅可以提升学生的思维能力，更能提高学生的数学核心素养.

11.9 变换角度 巧妙解题

在解数学问题的过程中，多数人受思维定势的影响，习惯用一种模式化的思维方法去观察问题、解决问题，有时会使一些问题难以解决，这时如果我们能变换一下思路，则能另辟蹊径，往往能解决运用正向思考所不能解决的问题.

1. 反客为主

通常我们解题时，总是把注意力集中在那些主要变元上，这当然是正确的，当思维受阻时，若能注意在某种特定的条件下，从结论与条件的内在联系出发，变换思维角度，"反客为主"常能取得解题突破.

例 1 已知方程 $ax^2 - 2(a-3)x + (a-2) = 0$ 中的 a 为负整数，试求出那些能使此方程的解 x 至少有一个为整数的 a 的值.

解: 将原方程变形为 $(x^2 - 2x + 1)a = -6x + 2$，要使 a 为负整数，只要 $\dfrac{-6x+2}{x^2-2x+1} \leqslant -1$，而 $x \neq 1$ 时，$x^2 - 2x + 1 > 0$ 恒成立，此时得 $x^2 - 8x + 3 \leqslant 0$，解得 $4 - \sqrt{13} \leqslant x \leqslant 4 + \sqrt{13}$，故 x 的允许值是 $2,3,4,5,6,7$.

$\because a = \dfrac{-6x+2}{x^2-2x+1} = -\dfrac{2(3x-1)}{(x-1)^2}$，$\therefore$ 当 $x = 2$ 时，$a = -10$；当 $x = 3$ 时，$a = -4$；当 $x = 4,5,6,7$ 时，a 都不是整数.

故 $a = -10$ 或 $a = -4$.

评注: 原方程中 x 是"主元"，若直接由方程解得 $x = \dfrac{(a-3) \pm \sqrt{-4a+9}}{a}$ 来确定参数 a 的值则较繁，也较难，这里先考虑把方程整理成以 a 为"主元"的形式 $(x^2 - 2x + 1)a = -6x + 2$，从而将问题转化为当 x 为整数时，求关于 a 的方程的整数根，解法新颖独到.

2. 反向思维

反向思维在数学解题中有着广泛的应用，灵活地应用它，不但可以化简解题过程，降低解题难度，巧获解题结果，而且对于锻炼学生的思维能力，提高学生的解题能力，是大有裨益的.

例 2 项数系数不相等的两个二次方程 $(a-1)x^2 - (a^2+2)x + (a^2+2a) =$

0 ①，$(b-1)x^2-(b^2+2)x+(b^2+2b)=0$ ②（其中 a,b 为正整数）有一个公共根，求 $\dfrac{a^b+b^a}{a^{-b}+b^{-a}}$ 的值.

解：由已知条件知 $a>1,b>1,a\neq b$.

设方程①②的公共根为 x_0，显然 $x_0\neq 1$（否则 $a=b$），将 x_0 代入①和②，整理得 $(1-x_0)a^2+(x_0{}^2+2)a-(x_0{}^2+2x_0)=0$ ③，$(1-x_0)b^2+(x_0{}^2+2)b-(x_0{}^2+2x_0)=0$ ④，则 a,b 是方程 $(1-x_0)t^2+(x_0{}^2+2)t-(x_0{}^2+2x_0)=0$ ⑤ 的两个相异的正整数根，

$$\therefore\begin{cases}a+b=\dfrac{x_0{}^2+2}{x_0-1},\\[2mm] ab=\dfrac{x_0{}^2+2x_0}{x_0-1}=2+\dfrac{x_0{}^2+2}{x_0-1},\end{cases}$$ 从而 $ab=2+a+b$，即 $(a-1)(b-1)=3$.

$\because a-1,b-1$ 均为正整数，$\therefore\begin{cases}a-1=1,\\b-1=3\end{cases}$ 或 $\begin{cases}a-1=3,\\b-1=1,\end{cases}$ 解得 $\begin{cases}a=2,\\b=4\end{cases}$ 或 $\begin{cases}a=4,\\b=2.\end{cases}$

故 $\dfrac{a^b+b^a}{a^{-b}+b^{-a}}=\dfrac{2^4+4^2}{2^{-4}+4^{-2}}=32\times 8=256.$

评注：在本题方程③和④中 a,b 是已知数，这里逆用根的定义，构造出方程⑤，这是反向思维方法之一. 另外，本例中将方程①和②中关于 x 的一元二次形式整理成为关于 a,b 的二次形式也是一种反向思维的体现.

例 3　今有一角币 1 张，二角币 1 张，五角币 1 张，一元币 4 张，五元币 2 张，用这些纸币任意付款，则可以付出不同数额的款共有（　　）.

A. 30 种　　　　　B. 29 种　　　　　C. 120 种　　　　　D. 119 种

解：显然正面求解因涉及重复排列组合问题十分繁杂，如考虑反面，从最低币值一角到最高币值十四元八角共 148 个币值中除去那些不能构成的币值，即去掉四角、九角、一元四角、一元九角、…、十四元四角，共 29 个币值，还剩下 $148-29=119$（个）币值. 故选 D.

评注：事实上，辩证的思维形式应是双向的，正、反思维是两种不同却又互相联系的思维形式，反向思维是建立在正向思维的基础上的，解题中反向思维离不开正向思维，若正向思维受阻就应考虑反向思维. 本题正面求解因涉及重复排列组合问题十分繁杂，思维受阻，于是考虑反向思维.

3. 反面思考

反面思考是一种从反面观察事物，变换角度处理问题，由果索因的思维方

式. 这种思考问题的方法, 不仅有助于学生发现新知识, 打破顺向思维的定式, 更有利于学生全面考虑问题, 在思考的过程中达到求同存异.

例 4 已知函数 $y = f(x)$ 与 $y = g(x)$ 都是定义域为 R 的函数, 且方程 $x - f[g(x)] = 0$ 有实数解, 则 $g(x)$ 不可能为 (   )

A. $x^2 + x - \dfrac{1}{5}$ 　　　B. $x^2 + x + \dfrac{1}{5}$ 　　　C. $x^2 - \dfrac{1}{5}$ 　　　D. $x^2 + \dfrac{1}{5}$

解: 假设存在实数 x_0 是方程 $x - f[g(x)] = 0$ 的根, 则 $f[g(x_0)] = x_0$, 即 x_0 是函数 $y = f[g(x)]$ 与 $y = x$ 图像交点的横坐标, 又交点的纵、横坐标相等, 所以 $y = g(x_0) = x_0$, 若 $g(x) = x^2 + x + \dfrac{1}{5}$, 则 $x_0 = x_0{}^2 + x_0 + \dfrac{1}{5}$, 即 $x_0{}^2 = -\dfrac{1}{5}$, 所以实数 x_0 不存在。故选 B.

评注: 由于本题中可用条件较少, 同时又出现否定词, 直接求解比较困难, 于是克服了正向思维的固定模式, 另辟蹊径, 变换角度, 反面思考。

4. 反例否定

反例在否定一个命题时具有独特的作用, 因此在中学数学教学中, 若能充分利用反例, 在讲述概念及定理应用以及解答一些数学问题时, 就可以起到事半功倍的效果. 恰当的引入反例不仅有利于加深学生对数学中的概念和定理的理解, 而且也有利于优化学生的思维结构, 培养学生的创新能力.

例 5 对于非空实数集 A , 记 $A^* = \{y \mid \forall x \in A, y \geq x\}$. 设非空实数集合 M, P , 满足 $M \subseteq P$. 给出以下结论:

① $P^* \subseteq M^*$ 　　　② $M^* \bigcap P \neq \varnothing$ 　　　③ $M \bigcap P^* = \varnothing$

其中正确的结论是_____(写出所有正确结论的序号).

解: 对于①, 由 $M \subseteq P$ 得知, 集合 M 中的最大元素 m 必不超过集合 P 中的最大元素 p , 依题意有 $P^* = \{y \mid y \geq p\}, M^* = \{y \mid y \geq m\}$, 又 $m \leq p$, 因此有 $P^* \subseteq M^*$, ①正确; 对于②, 取 $M = P = \{y \mid y < 1\}$, 依题意得 $M^* = \{y \mid y \geq 1\}$, 此时 $M^* \bigcap P = \varnothing$, 因此②不正确; 对于③, 取 $M = \{-1, 0, 1\}$, $P = \{y \mid y \leq 1\}$, 此时 $P^* = \{y \mid y \geq 1\}$, $M \bigcap P^* = \{1\} \neq \varnothing$, 因此③不正确.

答案　①

评注: 本例中②③两小题通过举反例巧妙求解, 这样精选的反例, 往往能引起学生内心的共鸣, 也改善学生学习数学的思维方式, 有助于形成良好的思维习惯, 激发学生的创新开拓精神.

对于有些数学问题, 如果从正面去直接探求, 常常一筹莫展, 但是, 若变换一下思维的角度, 避开正面强攻, 从问题的反面进行逆向思维, 又常能找到解题的通道, 甚至获得巧妙的解法.

11.10 常量代换 魅力无穷

在化简、求值、证明时，我们常用到"等量代换"，即多用"常量"替代"变量"，将复杂问题简单化，可是有些题根据结构特征，我们要用到相反的思维，用"变量"来替代"常量"，即常量代换法. 这种解题方法富有灵活性，蕴含了较高的思维价值，对学生创新能力的培养大有裨益！

例1 已知 z、α、x 均为复数，$x = \dfrac{\alpha - z}{1 - z\bar{\alpha}}$，且 $|z| = 1$，求证：$|x| = 1$.

证明：$\because 1 = |z|^2 = z\bar{z}$，

$\therefore |x| = \left| \dfrac{\alpha - z}{1 - z\bar{\alpha}} \right| = \left| \dfrac{\alpha - z}{z\bar{z} - z\bar{\alpha}} \right| = \left| \dfrac{\alpha - z}{z(\bar{z} - \bar{\alpha})} \right| = \dfrac{1}{|z|} \cdot \left| \dfrac{\alpha - z}{\bar{z} - \bar{\alpha}} \right| = \dfrac{|\alpha - z|}{|\bar{z} - \bar{\alpha}|} = \dfrac{|\alpha - z|}{|\alpha - z|} = 1$.

故 $|x| = 1$.

评注：本题巧妙利用 $|z| = 1 \Leftrightarrow |z|^2 = 1 \Leftrightarrow z\bar{z} = 1$，将常数 1 替代为变量 $z\bar{z}$，使本题顺利得到解决.

例2 已知 a、b、$c \in \mathbf{R}^+$，且 $a + b + 2c - \sqrt{2} = 0$，则 $\dfrac{a+b+c}{ac+bc}$ 的最小值是_____.

解：$\because \sqrt{2} = a + b + 2c$，

$\therefore \dfrac{a+b+c}{ac+bc} = \dfrac{(a+b)+c}{(a+b)c} = \dfrac{1}{c} + \dfrac{1}{a+b} = \dfrac{1}{\sqrt{2}} \left(\dfrac{1}{a+b} + \dfrac{1}{c} \right) \cdot \sqrt{2} =$

$\dfrac{\sqrt{2}}{2} \left(\dfrac{1}{a+b} + \dfrac{1}{c} \right)(a+b+2c) = \dfrac{\sqrt{2}}{2} \left(1 + \dfrac{2c}{a+b} + \dfrac{a+b}{c} + 2 \right) \geqslant \dfrac{\sqrt{2}}{2} \left(3 + 2\sqrt{\dfrac{2c}{a+b} \cdot \dfrac{a+b}{c}} \right) =$

$\dfrac{\sqrt{2}}{2}(3 + 2\sqrt{2}) = \dfrac{3\sqrt{2}}{2} + 2$，当且仅当 $\dfrac{2c}{a+b} = \dfrac{a+b}{c}$ 时取最小值.

故 $\dfrac{a+b+c}{ac+bc}$ 的最小值是 $\dfrac{3\sqrt{2}}{2} + 2$.

评注：经观察，$\sqrt{2} = a + b + 2c$，$\dfrac{a+b+c}{ac+bc} = \dfrac{1}{a+b} + \dfrac{1}{c}$，本题根据 $\dfrac{a+b+c}{ac+bc}$ 变形后的式子 $\dfrac{1}{a+b} + \dfrac{1}{c}$ 特点，创造性地进行巧凑妙配，再将常数 $\sqrt{2}$ 用 $a + b + 2c$

替代. 方法新颖，构思独特，能唤起学生学习数学的兴趣，提高求知欲.

例 3 求函数 $f(x) = \dfrac{\sin x - 1}{\sqrt{3 - 2\cos x - 2\sin x}}(0 \leqslant x \leqslant 2\pi)$ 的值域.

解：$f(x) = \dfrac{\sin x - 1}{\sqrt{3 - 2\cos x - 2\sin x}} = \dfrac{\sin x - 1}{\sqrt{1 - 2\cos x - 2\sin x + 2}}$

$\qquad = \dfrac{\sin x - 1}{\sqrt{\sin^2 x + \cos^2 x - 2\cos x - 2\sin x + 2}}$

$\qquad = \dfrac{\sin x - 1}{\sqrt{(\sin x - 1)^2 + (\cos x - 1)^2}}.$

当 $x = \dfrac{\pi}{2}$ 时，$\sin x - 1 = 0, f(x) = 0.$

当 $x \in \left[0, \dfrac{\pi}{2}\right) \cup \left(\dfrac{\pi}{2}, 2\pi\right]$ 时，$\sin x - 1 < 0$，于是有

$$f(x) = \dfrac{\sin x - 1}{\sqrt{(\sin x - 1)^2 + (\cos x - 1)^2}} = -\dfrac{1}{\sqrt{1 + \left(\dfrac{\cos x - 1}{\sin x - 1}\right)^2}}.$$

设 $k = \dfrac{\cos x - 1}{\sin x - 1}$，则 k 表示点 $(\sin x, \cos x)$ 与点 $(1,1)$ 连线的斜率，即单位圆 $u^2 + v^2 = 1(u \neq 1)$ 上的动点 (u, v) 与定点 $(1,1)$ 连线的斜率，由数形结合可知 $k \in [0, +\infty)$，则 $\dfrac{1}{\sqrt{1 + \left(\dfrac{\cos x - 1}{\sin x - 1}\right)^2}} \in (0, 1]$，$\therefore f(x) = -\dfrac{1}{\sqrt{1 + \left(\dfrac{\cos x - 1}{\sin x - 1}\right)^2}} \in [-1, 0).$

故求得函数 $f(x)$ 的值域为 $[-1, 0]$.

评注：结合本题的结构特点，将常量 3 替换成变量 $\sin^2 x + \cos^2 x + 2$，能使得分母根号内恰好可以配成两个完全平方项，其他替换很难奏效，其解法独辟蹊径.

例 4 若 $x^2 + y^2 = 169$，求 $f(x, y) = \sqrt{24y - 10x + 338} + \sqrt{24y + 10x + 338}$ 的最大值.

解：$\because 338 = 169 + 169 = x^2 + y^2 + 169,$

$\therefore f(x, y) = \sqrt{24y - 10x + 338} + \sqrt{24y + 10x + 338}$

$\qquad = \sqrt{x^2 + y^2 + 24y - 10x + 169} + \sqrt{x^2 + y^2 + 24y + 10x + 169}$

$\qquad = \sqrt{(x-5)^2 + (y+12)^2} + \sqrt{(x+5)^2 + (y+12)^2}.$

可见 $f(x, y)$ 表示圆 $x^2 + y^2 = 169$ 上的动点 (x, y) 到圆上两定点 $(5, -12)$ 与 $(-5, -12)$ 距离的和，由数形结合及圆的对称性可知，当动点 (x, y) 运行到点 $(0, 13)$ 时，$[f(x, y)]_{\max} = 10\sqrt{26}.$

　　评注：本题巧妙将常量 338 拆成两部分 $x^2 + y^2$ 与 169 的和，这样做能使两个根号内均配成两个完全平方项，利用几何意义一招制胜，方法别致.

　　上述几例仅起抛砖引玉的作用，有些题型需要我们细致深入地观察与分析，根据题目结构特征，将"常量"用"变量"替代，其解法富有创新思维，彰显了数学永恒的魅力！

11.11 均值代换 凸显神奇

在形如 $x+y+z=a(a \neq 0)$ 中，我们设用 $x=\dfrac{a}{3}+t_1, y=\dfrac{a}{3}+t_2, z=\dfrac{a}{3}+t_3$，其中 $t_1+t_2+t_3=0$ 进行代换，这种代换通常称为均值代换. 当几个变量的和已知，证明一个关于这几个变量的对称不等式或求解代数式的最值等有关问题时，用均值代换法可以把分散的条件集中起来，把已知和结论联系起来，巧用"均值代换"解题可起到事半功倍的效果.

1. 证明不等式问题

例1 （第 25 届国际数学奥林匹克试题）已知 $x, y, z \geqslant 0$，且 $x+y+z=1$，求证：$0 \leqslant xy+yz+zx-2xyz \leqslant \dfrac{7}{27}$.

证明： 不妨设 $x \geqslant y \geqslant z$，则 $x+y \geqslant \dfrac{2}{3}, z \leqslant \dfrac{1}{3}$，可令 $x+y=\dfrac{2}{3}+t, z=\dfrac{1}{3}-t\left(0 \leqslant t \leqslant \dfrac{1}{3}\right)$，则 $xy+yz+zx-2xyz=z(x+y)+xy(1-2z) \leqslant z(x+y)+\left(\dfrac{x+y}{2}\right)^2(1-2z)=\left(\dfrac{1}{3}-t\right)\left(\dfrac{2}{3}+t\right)+\dfrac{1}{4}\left(\dfrac{2}{3}+t\right)^2\left(\dfrac{1}{3}+2t\right)=\dfrac{7}{27}-\dfrac{t^2}{4}+\dfrac{t^3}{2}=\dfrac{7}{27}-\dfrac{t^2}{2}\left(\dfrac{1}{2}-t\right) \leqslant \dfrac{7}{27}$.

又 $\because xy+yz+zx-2xyz=yz+zx+xy(1-2z) \geqslant 0$，

$\therefore 0 \leqslant xy+yz+zx-2xyz \leqslant \dfrac{7}{27}$.

评注： 由于题中 x, y, z 具有轮换对称性，不妨假设 $x \geqslant y \geqslant z$，避免了讨论，给本题的证明带来了一定的方便. 这里之所以令 $x+y=\dfrac{2}{3}+t, z=\dfrac{1}{3}-t\left(0 \leqslant t \leqslant \dfrac{1}{3}\right)$，是因为代数式 $xy+yz+zx-2xyz$ 通过基本不等式放缩变形，可将式中的 xy 转化为 $x+y$ 的和的形式.

例2 已知正数 a, b, c 满足 $a+b+c=1$，求证：$\sqrt{a+5}+\sqrt{b+5}+\sqrt{c+5} \leqslant 4\sqrt{3}$.

证明：设 $\sqrt{a+5}+\sqrt{b+5}+\sqrt{c+5}=m$，$\sqrt{a+5}=\dfrac{1}{3}m+t_1$，$\sqrt{b+5}=\dfrac{1}{3}m+t_2$，$\sqrt{c+5}=\dfrac{1}{3}m+t_3$，其中 $t_1+t_2+t_3=0$，则 $(a+5)+(b+5)+(c+5)=\left(\dfrac{1}{3}m+t_1\right)^2+\left(\dfrac{1}{3}m+t_2\right)^2+\left(\dfrac{1}{3}m+t_3\right)^2$．

整理得 $16=3\times\dfrac{1}{9}m^2+2\times\dfrac{1}{3}m(t_1+t_2+t_3)+t_1^2+t_2^2+t_3^2=\dfrac{1}{3}m^2+t_1^2+t_2^2+t_3^2\geqslant\dfrac{1}{3}m^2$，$\therefore m^2\leqslant 48$，即 $m\leqslant 4\sqrt{3}$．

故 $\sqrt{a+5}+\sqrt{b+5}+\sqrt{c+5}\leqslant 4\sqrt{3}$．

评注：本题也可模仿例 1，设 $a=\dfrac{1}{3}+t_1$，$b=\dfrac{1}{3}+t_2$，$c=\dfrac{1}{3}+t_3$，其中 $t_1+t_2+t_3=0$ 进行求证．这里着眼于结论，先通过设值 $m=\sqrt{a+5}+\sqrt{b+5}+\sqrt{c+5}$，再用 $\sqrt{a+5}=\dfrac{1}{3}m+t_1$，$\sqrt{b+5}=\dfrac{1}{3}m+t_2$，$\sqrt{c+5}=\dfrac{1}{3}m+t_3$，进行均值代换，得出关于 m 的一个不等式，问题则迎刃而解．

2．证明等式问题

例 3　若 $a+b+c=0,a^3+b^3+c^3=0$．求证：$a^{2021}+b^{2021}+c^{2021}=0$．

证明：$a+b=-c$．设 $a=-\dfrac{c}{2}+t,b=-\dfrac{c}{2}-t$，代入 $a^3+b^3+c^3=0$，得 $\left(-\dfrac{c}{2}+t\right)^3+\left(-\dfrac{c}{2}-t\right)^3+c^3=0$，即 $3c\left(\dfrac{c^2}{4}-t^2\right)=0$，$\therefore c=0$ 或 $t=\pm\dfrac{c}{2}$．

若 $c=0$，则 $a=-b$，有 $a^{2021}+b^{2021}+c^{2021}=0$．

若 $t=\pm\dfrac{c}{2}$，即 $a=0,b=-c$ 或 $a=-c,b=0$，都有 $a^{2021}+b^{2021}+c^{2021}=0$．

故 $a^{2021}+b^{2021}+c^{2021}=0$．

评注：本题条件中两个等式 $a+b+c=0,a^3+b^3+c^3=0$，含有三个变量，是无法求出 a,b,c 的值的，于是视 c 为常数，设 $a=-\dfrac{c}{2}+t,b=-\dfrac{c}{2}-t$，用均值代换．

3．求最值问题

例 4　（第 7 届美国数学奥林匹克试题）已知 a,b,c,d,e 是满足 $a+b+c+d+e=8$，$a^2+b^2+c^2+d^2+e^2=16$ 的实数，试求 e 的最大值和最小值．

解：$\because a+b+c+d+e=8$，$\therefore a+b+c+d=8-e$，设 $a=\dfrac{8-e}{4}+t_1$，$b=\dfrac{8-e}{4}+t_2$，$c=\dfrac{8-e}{4}+t_3$，$d=\dfrac{8-e}{4}+t_4$，且 $t_1+t_2+t_3+t_4=0$.

于是 $a^2+b^2+c^2+d^2=\left(\dfrac{8-e}{4}+t_1\right)^2+\left(\dfrac{8-e}{4}+t_2\right)^2+\left(\dfrac{8-e}{4}+t_3\right)^2+\left(\dfrac{8-e}{4}+t_4\right)^2=4\left(\dfrac{8-e}{4}\right)^2+\dfrac{8-e}{2}(t_1+t_2+t_3+t_4)+(t_1^2+t_2^2+t_3^2+t_4^2)=4\left(\dfrac{8-e}{4}\right)^2+(t_1^2+t_2^2+t_3^2+t_4^2)\geqslant\dfrac{(8-e)^2}{4}$，当且仅当 $t_1=t_2=t_3=t_4=0$ 时，取等号.

又由 $a^2+b^2+c^2+d^2+e^2=16$ 得 $a^2+b^2+c^2+d^2=16-e^2$，

$\therefore 16-e^2\geqslant\dfrac{(8-e)^2}{4}$，即 $e(5e-16)\leqslant 0$，$\therefore 0\leqslant e\leqslant\dfrac{16}{5}$.

当 $a=b=c=d=\dfrac{6}{5}$ 时，e 取最大值 $\dfrac{16}{5}$；

当 $a=b=c=d=2$ 时，e 取最小值 0.

评注：由于本题求的是 e 的最大值和最小值，因而 e 与 a,b,c,d 的"地位"是不同的，于是将两个条件等式中的 e 移项至等号的右侧，余下 a,b,c,d 具有轮换对称性，从而联想用均值代换法求解. 其解法独辟蹊径，充分彰显了"均值代换"的神奇魅力！

例 5　（第 31 届 IMO 国家集训队测试题）设实数 x、y、z 满足 $\begin{cases} x+y-z+1=0,\\ xy-z^2+7z-14=0, \end{cases}$ 试问：当 z 为何值时 x^2+y^2 取最大值，最大值是多少？

解：由于 $x+y=z-1$，从而设 $x=\dfrac{z-1}{2}+t$，$y=\dfrac{z-1}{2}-t$，代入 $xy=z^2-7z+14$，即 $\left(\dfrac{z-1}{2}+t\right)\left(\dfrac{z-1}{2}-t\right)=z^2-7z+14$，化简整理得 $3z^2-26z+55=-4t^2\leqslant 0$，即 $(3z-11)(z-5)\leqslant 0$，求得 $\dfrac{11}{3}\leqslant z\leqslant 5$.

又 $x^2+y^2=(x+y)^2-2xy=(z-1)^2-2(z^2-7z+14)=-(z-6)^2+9$，故当 $z=5$ 时，x^2+y^2 的最大值为 8.

评注：由于 $x+y=z-1$，$xy=z^2-7z+14$，视 x,y 为方程的根，利用韦达定理可构造一元二次方程 $k^2-(z-1)k+z^2-7z+14=0$，由 $\Delta\geqslant 0$，也可得到 $3z^2-26z+55\leqslant 0$.

例 6　（第 8 届希望杯高二试题）如果 $a+b+c=1$，那么 $\sqrt{3a+1}+\sqrt{3b+1}+\sqrt{3c+1}$ 的最大值是_____.

解：由于 $a+b+c=1$，令 $a=\dfrac{1}{3}+t_1$，$b=\dfrac{1}{3}+t_2$，$c=\dfrac{1}{3}+t_3$，其中 $t_1+t_2+t_3=0$，则 $(\sqrt{3a+1}+\sqrt{3b+1}+\sqrt{3c+1})^2=(\sqrt{2+3t_1}+\sqrt{2+3t_2}+\sqrt{2+3t_3})^2=(2+3t_1)+(2+3t_2)+(2+3t_3)+2\sqrt{2+3t_1}\cdot\sqrt{2+3t_2}+2\sqrt{2+3t_2}\cdot\sqrt{2+3t_3}+2\sqrt{2+3t_1}\cdot\sqrt{2+3t_3}\leqslant(2+3t_1)+(2+3t_2)+(2+3t_3)+(2+3t_1+2+3t_2)+(2+3t_2+2+3t_3)+(2+3t_1+2+3t_3)=18+9(t_1+t_2+t_3)=18$，当且仅当 $t_1=t_2=t_3=0$，即 $a=b=c=\dfrac{1}{3}$ 时取等号.

故 $(\sqrt{3a+1}+\sqrt{3b+1}+\sqrt{3c+1})_{\max}=3\sqrt{2}$.

评注：由于题中 a,b,c 具有轮换对称性，其和为定值，于是联想到均值代换. 再结合二元均值不等式，问题轻松获解. 此解法新颖，别具一格，充分体现了均值代换的应用价值.

构造恰当的"均值代换"是需要技巧的，根据题目的结构特征，经过合理的推理，探索出问题中隐藏的均值关系，是解题的关键.

11.12 引进参数 牵线搭桥

参数法解题的关键是恰到好处地引进参数，把题设分散的条件联系起来，把隐含的条件显露出来，把繁乱问题简洁起来，把陌生问题熟悉起来……，沟通已知和求知之间的内在联系，把复杂的计算和推证进行简化.

1. 巧妙引进参数，证不等式

例 1 设 a、b、c 均为非负实数，求证：$a^3 + b^3 + c^3 \geqslant 3abc$.

证明：任取参数 $t \geqslant 0$，由 $a^3 + b^3 + c^3 + t \geqslant 2\sqrt{a^3b^3} + 2\sqrt{c^3t} \geqslant 4\sqrt[4]{a^3b^3c^3t}$，取 $t = abc$，得 $a^3 + b^3 + c^3 + abc \geqslant 4abc$，$\therefore a^3 + b^3 + c^3 \geqslant 3abc$（当且仅当 $a = b = c$ 时，等号成立）.

评注：本题也可直接作差证得结果. 但通过引进参数，利用基本不等式证明，方法新颖、独特，体现"引参解题"的无穷魅力，同时激发学生的数学学习兴趣.

例 2 若 $a > c, b > c, c > 0$，求证：$\sqrt{(a+c)(b+c)} + \sqrt{(a-c)(b-c)} \leqslant 2\sqrt{ab}$.

证明：$\because a > c, b > c, c > 0$，$\therefore$ 欲证 $\sqrt{(a+c)(b+c)} + \sqrt{(a-c)(b-c)} \leqslant 2\sqrt{ab}$，只需证 $\sqrt{\left(1 + \dfrac{c}{a}\right)\left(1 + \dfrac{c}{b}\right)} + \sqrt{\left(1 - \dfrac{c}{a}\right)\left(1 - \dfrac{c}{b}\right)} \leqslant 2$.

设 $\dfrac{c}{a} = \cos\alpha$，$\dfrac{c}{b} = \cos\beta$（其中 α、β 为锐角），则 $\sqrt{\left(1 + \dfrac{c}{a}\right)\left(1 + \dfrac{c}{b}\right)} + \sqrt{\left(1 - \dfrac{c}{a}\right)\left(1 - \dfrac{c}{b}\right)} = \sqrt{(1 + \cos\alpha)(1 + \cos\beta)} + \sqrt{(1 - \cos\alpha)(1 - \cos\beta)} = 2\cos\dfrac{\alpha}{2}\cos\dfrac{\beta}{2} + 2\sin\dfrac{\alpha}{2}\sin\dfrac{\beta}{2} = 2\cos\dfrac{\alpha - \beta}{2} \leqslant 2$. 当且仅当 $\alpha = \beta$，即 $a = b$ 时取等号.

故 $\sqrt{(a+c)(b+c)} + \sqrt{(a-c)(b-c)} \leqslant 2\sqrt{ab}$（当且仅当 $a = b$ 时，等号成立）.

评注：解决本题需要有敏锐的观察力，借助分析法将证明的结论等价转化为 $\sqrt{\left(1 + \dfrac{c}{a}\right)\left(1 + \dfrac{c}{b}\right)} + \sqrt{\left(1 - \dfrac{c}{a}\right)\left(1 - \dfrac{c}{b}\right)} \leqslant 2$. 若想把左边两个根号去掉，进行三角代换，引入两个参数 α、β，即 $\dfrac{c}{a} = \cos\alpha, \dfrac{c}{b} = \cos\beta$，是解决困惑的好方法.

2. 巧妙引进参数，求解最值

例 3　已知实数 a、b、c 满足 $a+b+c=1$，求 $a^2+b^2+c^2$ 的最小值.

解：依题意，设 $a=\dfrac{1}{3}+x, b=\dfrac{1}{3}+y, c=\dfrac{1}{3}+z$，且 $x+y+z=0(x、y、z\in\mathbf{R})$，$a^2+b^2+c^2=\left(\dfrac{1}{3}+x\right)^2+\left(\dfrac{1}{3}+y\right)^2+\left(\dfrac{1}{3}+z\right)^2=\dfrac{1}{3}+\dfrac{2}{3}(x+y+z)+(x^2+y^2+z^2)=\dfrac{1}{3}+(x^2+y^2+z^2)\geqslant\dfrac{1}{3}$，当且仅当 $x=y=z=0$，即 $a=b=c=\dfrac{1}{3}$ 时取等号.

故 $(a^2+b^2+c^2)_{\min}=\dfrac{1}{3}$.

评注：由"均值换元法"引入了三个参数 x、y、z，使得本题的解答从"山穷水尽疑无路"，变得"柳暗花明又一村".

3. 巧妙引进参数，求直线方程

例 4　过点 $M(2,1)$ 作椭圆 $\dfrac{x^2}{16}+\dfrac{y^2}{4}=1$ 的弦 AB，若 $|AM|=2|BM|$，求弦 AB 所在的直线方程.

解：设直线 AB 的参数方程为 $\begin{cases}x=2+t\cos\alpha\\ y=1+t\sin\alpha\end{cases}$（$t$ 为参数）. 代入椭圆方程 $\dfrac{x^2}{16}+\dfrac{y^2}{4}=1$ 得 $(1+3\sin^2\alpha)t^2+4t(\cos\alpha+2\sin\alpha)-8=0$. $\because|AM|=2|BM|$，$|t_1|=2|t_2|$，$\therefore t_1=-2t_2\Rightarrow\begin{cases}t_1+t_2=-t_2,\\ t_1t_2=-2t_2^2,\end{cases}\therefore t_1\cdot t_2=-2(t_1+t_2)^2$，即 $-\dfrac{8}{1+3\sin^2\alpha}=-2\left[-\dfrac{4(\cos\alpha+2\sin\alpha)}{1+3\sin^2\alpha}\right]^2\Rightarrow12\tan^2\alpha+16\tan\alpha+3=0$，解得 $\tan\alpha=\dfrac{-4\pm\sqrt{7}}{6}$.

故直线 AB 的方程为 $(4-\sqrt{7})x+6y-14+2\sqrt{7}=0$ 或 $(4+\sqrt{7})x+6y-14-2\sqrt{7}=0$.

评注：本题先是引进参数，后是消除参数. 一般情况"引参"带来方便，"消参"比较困难，要注意有时"消参"容易出现是否等价的问题.

4. 巧妙引进参数，求轨迹方程

例 5 设 A_1、A_2 是椭圆 $\dfrac{x^2}{a^2} + \dfrac{y^2}{b^2} = 1(a > b > 0)$ 长轴的两个端点，$P_1 P_2$ 是垂直于 $A_1 A_2$ 的弦，求直线 $A_1 P_1$ 与直线 $A_2 P_2$ 的交点 P 的轨迹方程.

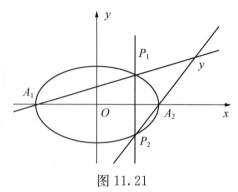

图 11.21

解：如图 11.21 所示，设椭圆上动点 $P_1(a\cos\theta, b\sin\theta)$，$P_2(a\cos\theta, -b\sin\theta)$，$P(x, y)$，

则直线 $A_1 P_1$ 的方程为 $y = \dfrac{b\sin\theta}{a\cos\theta + a}(x + a)$ ①，

直线 $A_2 P_2$ 的方程为 $y = \dfrac{-b\sin\theta}{a\cos\theta - a}(x - a)$ ②.

由 ①×② 得 $y^2 = \dfrac{-b^2\sin^2\theta}{a^2(\cos^2\theta - 1)}(x^2 - a^2)$，化简得 $\dfrac{x^2}{a^2} - \dfrac{y^2}{b^2} = 1(x \neq \pm a)$，此即为点 P 的轨迹方程.

评注：本题引入的参数 θ 是沟通变量 x、y 之间的桥梁，使原本不易直接发生联系的变量之间间接地联系起来，使不相同的内容相互化归，利用参数法来研究问题的关键是大胆引进参数与合理用参数. 参数选择合理，会有四两拨千斤之妙.

5. 巧妙引进参数，比较大小

例 6 已知 x, y, z 是小于 1 的正数，并且 $x + y + z = 2$，试比较 $xy + yz + zx$ 与 1 的大小.

解：由于 x, y, z 是小于 1 的正数，不妨设 $x = 1 - \alpha$，$y = 1 - \beta$，$z = 1 - \gamma$（α, β, γ 均是小于 1 的正数）. $\because x + y + z = 2$，$\therefore \alpha + \beta + \gamma = 1$. 于是 $xy + yz + zx = (1 - \alpha)(1 - \beta) + (1 - \beta)(1 - \gamma) + (1 - \gamma)(1 - \alpha) = 3 - 2(\alpha + \beta + \gamma) + \alpha\beta + \beta\gamma + \gamma\alpha = 1 + \alpha\beta + \beta\gamma + \gamma\alpha > 1.$

故 $xy + yz + zx > 1$.

评注：本题若直接将 $xy + yz + zx$ 与 1 作差进行比较大小，难度很大. 上述解法其实是换元引参中的增量换元法，即在不等式中，若 $a \geqslant b$，则令 $a = b + \delta$ 或 $b = a - \delta$（其中 $\delta \geqslant 0$ 称之为增量），将不等关系转化为相等关系，巧作变换. 这里 x, y, z 是小于 1 的正数，通过巧妙引参，增量换元法，找出 $x = 1 - \alpha$，$y = 1 - \beta$，$z = 1 - \gamma$ 的等量关系，于是就可以进行代换运算，比较大小了.

6. 巧妙引进参数，求解数值

例 7　已知 $\dfrac{\sin\theta}{x} = \dfrac{\cos\theta}{y}$，且 $\dfrac{\cos^2\theta}{x^2} + \dfrac{\sin^2\theta}{y^2} = \dfrac{10}{3(x^2+y^2)}$，求 $\dfrac{x}{y}$ 的值.

解：设 $\dfrac{\sin\theta}{x} = \dfrac{\cos\theta}{y} = k$，则 $\begin{cases} \sin\theta = kx, \\ \cos\theta = ky, \end{cases}$ 于是 $\sin^2\theta + \cos^2\theta = k^2(x^2+y^2) = 1$，$\therefore k^2 = \dfrac{1}{x^2+y^2}$.

又 $\because \dfrac{\cos^2\theta}{x^2} + \dfrac{\sin^2\theta}{y^2} = \dfrac{10}{3(x^2+y^2)}$，$\therefore \dfrac{k^2 y^2}{x^2} + \dfrac{k^2 x^2}{y^2} = \dfrac{10}{3(x^2+y^2)} = \dfrac{10 k^2}{3} \Rightarrow \dfrac{y^2}{x^2} + \dfrac{x^2}{y^2} = \dfrac{10}{3}$，设 $\dfrac{x^2}{y^2} = t$，则 $\dfrac{1}{t} + t = \dfrac{10}{3}$，解得 $t = 3$ 或 $\dfrac{1}{3}$.

故 $\dfrac{x}{y} = \pm\sqrt{3}$ 或 $\pm\dfrac{\sqrt{3}}{3}$.

评注：通过设 $\dfrac{\sin\theta}{x} = \dfrac{\cos\theta}{y} = k$，引入参数 k，减少了变量的个数，又设 $\dfrac{x^2}{y^2} = t$ 第二次引进参数，将高次方程降次，使问题获解.

例 8　过双曲线 $x^2 - y^2 = 4$ 的右焦点 F 作倾斜角为 $105°$ 的直线，交双曲线于 P、Q 两点，则 $|FP| \cdot |FQ|$ 的值为 _____.

解：双曲线的标准方程为 $\dfrac{x^2}{4} - \dfrac{y^2}{4} = 1$，右焦点 F 的坐标为 $(2\sqrt{2}, 0)$，过点 F 的直线的参数方程为 $\begin{cases} x = 2\sqrt{2} + t\cos105°, \\ y = t\sin105° \end{cases}$（$t$ 为参数），代入双曲线方程 $\dfrac{x^2}{4} - \dfrac{y^2}{4} = 1$，整理得 $(\cos^2 105° - \sin^2 105°)t^2 + 4\sqrt{2}\cos105° \cdot t + 4 = 0$，即 $\cos210° \cdot t^2 + 4\sqrt{2}\cos105° \cdot t + 4 = 0$.

故 $|FP| \cdot |FQ| = |t_1 \cdot t_2| = \left| \dfrac{4}{\cos210°} \right| = \left| \dfrac{4}{-\cos30°} \right| = \dfrac{8\sqrt{3}}{3}$.

评注：这里是引入直线的参数方程，利用参数 t 的几何意义将 $|FP| \cdot |FQ|$ 转化为 $|t_1 \cdot t_2|$，再利用韦达定理使问题顺利得到解决.

换元引进参数是指引入一个或几个新变量代替原式中的某些量，其实是架设已知与求知之间的有效桥梁，是添加思维的催化剂，也是揭示变量之间内在联系的媒介. 在解题时，我们要观察命题的外形，把握问题的特征展开联想，巧妙引进参数，牵线搭桥能使解题思路出现峰回路转、豁然开朗的情景，从而达到事半功倍的效果.

11.13 构造显神奇 事半却功倍

构造法是数学解题中一种重要的思维方法,它是运用数学的基本思想经过认真观察、深入思考,构造数学模型,从而使问题得以解决. 数学解题中的构造法是一门创造性的艺术,蕴含着丰富的数学美,灵活、巧妙的构造能令人拍手叫绝,也能为数学问题的解决增添色彩,更具研究和欣赏价值.

1. 构造函数

例1 设 $a,b,c,l,m,n>0$,且满足 $a+l=b+m=c+n=k$,求证: $am+bn+cl<k^2$.

证明: 由 $a+l=b+m=c+n=k$,得 $l=k-a,m=k-b,n=k-c$.

设 $f(a)=am+bn+cl=a(k-b)+b(k-c)+c(k-a)=(k-b-c)a+b(k-c)+ck$.

当 $k-b-c\neq0$ 时,$f(a)=(k-b-c)a+b(k-c)+ck(0<a<k)$ 是关于 a 的一次函数,由题设 $k-c>0,k-b>0$,$\therefore f(0)=b(k-c)+ck=-(k-c)(k-b)+k^2<k^2$,$f(k)=k^2-bc<k^2$.

$\because f(a)$ 在 $(0,k)$ 上单调,$\therefore f(a)<\max\{f(0),f(k)\}<k^2$.

当 $k-b-c=0$ 时,$f(a)=b(k-c)+ck$ 视为常数函数,$f(a)=b(k-c)+ck=-(k-c)(k-b)+k^2<k^2$.

综上,$am+bn+cl<k^2$.

评注: 先用 $k-b,k-c,k-a$ 代 m,n,l 可将要证的不等式中变元减少,然后变更主元,将要证的不等式左边视为 a 的函数 $f(a)=am+bn+cl=(k-b-c)a+b(k-c)+ck$,又 a 的变化范围是 $(0,k)$,故只要证得 $f(0)<k^2$,$f(k)<k^2$,则 $f(a)<k^2$,从而命题获证.

2. 构造方程

例2 证明:若实数 a_1,a_2,a_3,a_4 都不等于零,且 $a_1^2a_4^2+a_2^2a_4^2-2a_1a_2a_4-2a_2a_3a_4+a_2^2+a_3^2=0$,则 a_1,a_2,a_3 是公比为 a_4 的等比数列.

证明: 由题设等式可知,$a_1^2a_4^2+a_2^2a_4^2-2a_1a_2a_4-2a_2a_3a_4+a_2^2+a_3^2=(a_1^2+a_2^2)a_4^2-2a_2(a_1+a_3)a_4+a_2^2+a_3^2=0$,$\therefore a_4$ 是一元二次方程 $(a_1^2+a_2^2)x^2-$

$2a_2(a_1+a_3)x+a_2^2+a_3^2=0$ 的实根，$\therefore \Delta=4a_2^2(a_1+a_3)^2-4(a_1^2+a_2^2)(a_2^2+a_3^2)=$ $4(2a_1a_2^2a_3-a_1^2a_3^2-a_2^4)=-4(a_2^2-a_1a_3)^2\geqslant 0$，即 $(a_2^2-a_1a_3)^2\leqslant 0$.

故只有 $a_2^2-a_1a_3=0$，即 $a_2^2=a_1a_3$.

又 a_1,a_2,a_3 都不等于零，$\therefore a_1,a_2,a_3$ 成等比数列，由求根公式知 $a_4=\dfrac{2a_2(a_1+a_3)}{2(a_1^2+a_2^2)}=\dfrac{a_2(a_1+a_3)}{a_1^2+a_1a_3}=\dfrac{a_2}{a_1}$，$\therefore a_4$ 是等比数列 a_1,a_2,a_3 的公比.

评注：方程是解数学题的一个重要工具，许多数学问题，根据其数量关系，在已知和未知之间搭上桥梁，恰当的构造方程，以沟通问题中条件与结论的联系，使问题中的隐含关系明朗化，从而使问题简洁而迅速地获解.

3. 构造图形

例 3　证明：$\sqrt{3}\leqslant\sqrt{x+1}+\sqrt{4-2x}\leqslant 3$.

证明：因为 $2\left(\sqrt{x+1}\right)^2+\left(\sqrt{4-2x}\right)^2=6$，从而可以考虑构造几何图形来证明.

令 $u=\sqrt{x+1},v=\sqrt{4-2x}$，则有 $\dfrac{u^2}{3}+\dfrac{v^2}{6}=1(u\geqslant 0,v\geqslant 0)$.

其图形是椭圆 $\dfrac{u^2}{3}+\dfrac{v^2}{6}=1$ 在第一象限的部分以及点 $(\sqrt{3},0)$ 和 $(0,\sqrt{6})$，记 $t=u+v$，则 $v=-u+t$ 表示直线，t 为其在 v 轴上的截距，由直线与椭圆部分有公共点可知，当且仅当直线与椭圆在第一象限部分相切时 t 最大. 由 $\begin{cases}v=-u+t,\\ \dfrac{u^2}{3}+\dfrac{v^2}{6}=1\end{cases}\Rightarrow 2u^2+(-u+t)^2=6$，即 $3u^2-2tu+t^2-6=0$.

$\Delta=(-2t)^2-4\times 3\times(t^2-6)=-8(t^2-9)\geqslant 0\Rightarrow t_{max}=3$.

当且仅当 $v=-u+t$ 过点 $(\sqrt{3},0)$ 时有 $t_{min}=\sqrt{3}$.

故 $\sqrt{3}\leqslant\sqrt{x+1}+\sqrt{4-2x}\leqslant 3$.

评注：观察本题的特点发现 $2\left(\sqrt{x+1}\right)^2+\left(\sqrt{4-2x}\right)^2=6$，于是联想构造圆锥曲线模型，使证题的思路豁然开朗.

4. 构造斜率

例 4　试求函数 $y=\dfrac{\sin^2\alpha+\sin\alpha+1}{\cos^2\alpha-\sin\alpha-3}$ 的取值范围.

解：设点 $A(\cos^2\alpha-\sin\alpha,\sin^2\alpha+\sin\alpha)$，点 $B(3,-1)$，则 y 表示 A、B 两点连

线的斜率，点 A 的轨迹方程式是 $\begin{cases} x = \cos^2\alpha - \sin\alpha, \\ y = \sin^2\alpha + \sin\alpha, \end{cases}$ 即 $x + y = 1$.

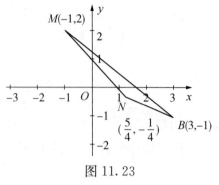

图 11.23

$\because x = \cos^2\alpha - \sin\alpha = -\left(\sin\alpha + \dfrac{1}{2}\right)^2 + \dfrac{5}{4}$,

$\therefore -1 \leqslant x \leqslant \dfrac{5}{4}$, 则点 A 的轨迹为线段 MN: $x + y = 1\left(-1 \leqslant x \leqslant \dfrac{5}{4}\right)$.

$M(-1, 2)$, $N\left(\dfrac{5}{4}, -\dfrac{1}{4}\right)$, 如图 11.23 所示.

$\because k_{BN} = -\dfrac{3}{7}, k_{BM} = -\dfrac{3}{4}, \therefore -\dfrac{3}{4} \leqslant y \leqslant -\dfrac{3}{7}$.

评注：数形结合是中学数学的一种重要思想方法，构造斜率求解分式三角函数的最大值、最小值以及值域问题，解法直观、简便，对学生创新思考问题，开阔解题思路，提高解题能力都十分有益. 本题的解法也说明了恰当而巧妙的构造，能起到事半功倍的效果！

5. 构造数列

例 5 　解方程组：$\begin{cases} \sqrt{x} + \sqrt{y-1} = 5 ①, \\ xy - x = 36 ②. \end{cases}$

解：由 $\sqrt{x} + \sqrt{y-1} = 5$, 可知 $\sqrt{x}, \dfrac{5}{2}, \sqrt{y-1}$ 成等差数列，$\sqrt{x} = \dfrac{5}{2} - d$,

$\sqrt{y-1} = \dfrac{5}{2} + d$, 代入②得 $xy - x = x(y-1) = \left(\dfrac{5}{2} - d\right)^2 \left(\dfrac{5}{2} + d\right)^2 = 36 \Rightarrow$

$\left[\left(\dfrac{5}{2}\right)^2 - d^2\right]^2 = 36$, $\therefore d = \pm\dfrac{1}{2}$.

当 $d = \dfrac{1}{2}$ 时，$x = 4, y = 10$；当 $d = -\dfrac{1}{2}$ 时，$x = 9, y = 5$.

经检验，原方程组的解为 $\begin{cases} x = 4, \\ y = 10 \end{cases}$ 或 $\begin{cases} x = 9, \\ y = 5. \end{cases}$

评注：由 $\sqrt{x} + \sqrt{y-1} = 5$ 联想到 $\dfrac{5}{2}$ 是 $\sqrt{x}$ 和 $\sqrt{y-1}$ 的等差中项，这也是用构造数列解决本题的一个关键点. 利用构造法解题需要有扎实的数学基础，丰富的联想和正确的迁移才能实现.

6. 构造向量

例6　已知 $\sin^2\alpha + \sin^2\beta = \dfrac{1}{2}$. 证明：$|\sin2\alpha + \sin2\beta| \leqslant \sqrt{3}$.

证明：欲证 $|\sin2\alpha + \sin2\beta| \leqslant \sqrt{3}$，即证 $|\sin\alpha\cos\alpha + \sin\beta\cos\beta| \leqslant \dfrac{\sqrt{3}}{2}$.

构造向量 $\boldsymbol{a} = (\sin\alpha, \sin\beta), \boldsymbol{b} = (\cos\alpha, \cos\beta)$. 由已知得

$\cos^2\alpha + \cos^2\beta = (1 - \sin^2\alpha) + (1 - \sin^2\beta) = 2 - (\sin^2\alpha + \sin^2\beta) = 2 - \dfrac{1}{2} = \dfrac{3}{2}$.

根据向量不等式 $|\boldsymbol{a} \cdot \boldsymbol{b}| \leqslant |\boldsymbol{a}| \cdot |\boldsymbol{b}|$，可得

$|\sin\alpha\cos\alpha + \sin\beta\cos\beta| \leqslant \sqrt{\sin^2\alpha + \sin^2\beta} \cdot \sqrt{\cos^2\alpha + \cos^2\beta} = \sqrt{\dfrac{1}{2}} \cdot \sqrt{\dfrac{3}{2}} = \dfrac{\sqrt{3}}{2}$.

故 $|\sin2\alpha + \sin2\beta| \leqslant \sqrt{3}$.

评注：由于条件 $\sin^2\alpha + \sin^2\beta = \dfrac{1}{2}$ 是单角形式，于是想到将所证不等式中二倍角也化为单角，即证 $|\sin\alpha\cos\alpha + \sin\beta\cos\beta| \leqslant \dfrac{\sqrt{3}}{2}$. 此不等式左边让我们联想到两个向量积的模的形式，于是构造向量 $\boldsymbol{a} = (\sin\alpha, \sin\beta), \boldsymbol{b} = (\cos\alpha, \cos\beta)$. 借用 $|\boldsymbol{a} \cdot \boldsymbol{b}| \leqslant |\boldsymbol{a}| \cdot |\boldsymbol{b}|$ 问题则迎刃而解.

7. 构造复数

例7　设 $a、b、x、y \in \mathbf{R}^{+}$，且 $x^2 + y^2 = 1$. 试证明：$\sqrt{a^2x^2 + b^2y^2} + \sqrt{a^2y^2 + b^2x^2} \geqslant a + b$.

证明：根据题目的结构特征，构造复数，设 $z_1 = ax + byi, z_2 = bx + ayi$，则

$\sqrt{a^2x^2 + b^2y^2} + \sqrt{a^2y^2 + b^2x^2} = |z_1| + |z_2| \geqslant |z_1 + z_2| = |(a+b)x + (a+b)yi| = |a+b| \cdot |x + yi| = |a+b|\sqrt{x^2 + y^2} = a + b$.

故 $\sqrt{a^2x^2 + b^2y^2} + \sqrt{a^2y^2 + b^2x^2} \geqslant a + b$.

评注：本题所证不等式的左边结构形式，让我们联想到两个复数模的和，于是想到构造复数 $z_1 = ax + byi, z_2 = bx + ayi$，利用 $|z_1| + |z_2| \geqslant |z_1 + z_2|$ 问题的瓶颈得到突破.

8. 构造概率

例8　由 0、1、2、3、4、5 这六个数字可以组成多少个没有重复数字的五

位数？

解：此问题可看作从 0、1、2、3、4、5 这六个数字中任意抽取五个作排列的随机试验，所含的基本事件总数 $n = A_6^5$，设事件 A 为"抽取五个数字排成五位数"，而在 A_6^5 个排列中，各数排在首位的机会均等，故 $P(A) = \dfrac{5}{6}$，则 $m = n \cdot$

$$P(A) = A_6^5 \cdot \frac{5}{6} = 600 \text{（个）}.$$

评注：本题也可用排列组合的知识直接求解：此种五位数可分为含零的和不含零的两类，则有 $A_5^1 \cdot C_4^3 \cdot A_4^4 + A_5^5 = 480 + 120 = 600$（个）. 构造概率解题能拓宽学生的思维，展开学生丰富的联想，培养创新意识.

9. 构造二项式

例 9　求证：$C_n^k + C_n^{k-1} C_m^1 + \cdots + C_n^1 C_m^{k-1} + C_m^k = C_{n+m}^k$.

证明：构造二项式 $(1+x)^n (1+x)^m = (1+x)^{n+m}$，比较 x^k 项的系数. 右边展开式中含 x^k 的系数是 C_{n+m}^k；左边展开式中含 x^k 的系数是由 $(1+x)^n (1+x)^m = (C_n^0 + C_n^1 x + \cdots + C_n^n x^n)(C_m^0 + C_m^1 x + \cdots + C_m^m x^m)$ 展开得到，即 x^k 的系数是 $C_n^k + C_n^{k-1} C_m^1 + \cdots + C_n^1 C_m^{k-1} + C_m^k$.

比较两边 x^k 的系数，得 $C_n^k + C_n^{k-1} C_m^1 + \cdots + C_n^1 C_m^{k-1} + C_m^k = C_{n+m}^k$.

评注：本题等式右边 C_{n+m}^k 是二项式 $(1+x)^{n+m}$ 中 x^k 项的系数，等式左边 $C_n^k + C_n^{k-1} C_m^1 + \cdots + C_n^1 C_m^{k-1} + C_m^k$，暗示着是二项式 $(1+x)^n$ 和 $(1+x)^m$ 乘积中 x^k 的系数. 于是构造二项式 $(1+x)^n (1+x)^m = (1+x)^{n+m}$ 证明本题是一种行之有效的巧妙方法！

10. 构造不等式

例 10　对于任意的 $x \in \mathbf{R}$，求证：
$$\sqrt{x^4 - 3x^2 - 6x + 13} - \sqrt{x^4 - x^2 + 1} \leqslant \sqrt{10}.$$

证明：$\sqrt{x^4 - 3x^2 - 6x + 13} - \sqrt{x^4 - x^2 + 1}$

$= \sqrt{(x^2 - 6x + 9) + (x^4 - 4x^2 + 4)}$
$\qquad - \sqrt{x^2 + (x^4 - 2x^2 + 1)}$

$= \sqrt{(x-3)^2 + (x^2 - 2)^2}$
$\qquad - \sqrt{(x-0)^2 + (x^2 - 1)^2}.$

上式的几何意义为点 $P(x, x^2)$ 到点 $A(3, 2)$ 与 $B(0, 1)$ 的距离之差的值. 而点 P

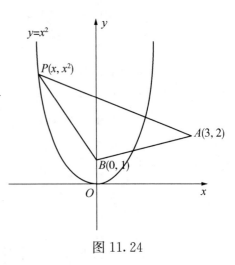

图 11.24

为抛物线 $y = x^2$ 上的任一点(图 11.24). 利用三角形两边之差小于第三边构造不等式，即 $||PA| - |PB|| \leqslant |AB|$（$P$、$A$、$B$ 三点共线时取等号），又 $|AB| = \sqrt{10}$，即可得 $\sqrt{x^4 - 3x^2 - 6x + 13} - \sqrt{x^4 - x^2 + 1} \leqslant \sqrt{10}$.

评注：本题直接证明比较困难，考虑不等式左边变形后的特点，利用三角形两边之差小于第三边构造不等式证题不失为明智的选择，构造不等式解题在数学领域中有着广泛的应用，尤其在数学竞赛中往往是最受青睐的选择.

11. 构造对偶式

例 11　求 $\cos^2 10° + \cos^2 50° - \sin 40° \sin 80°$ 的值.

解：设 $A = \cos^2 10° + \cos^2 50° - \sin 40° \sin 80°$，构造对偶式 $B = \sin^2 10° + \sin^2 50° - \cos 40° \cos 80°$，则 $A + B = 2 - \cos 40°$ ①，$A - B = \cos 20° + \cos 100° + \cos 120° = \cos(60° - 40°) + \cos(60° + 40°) + \cos 120° = 2\cos 60° \cos 40° + \cos 120°$，即 $A - B = \cos 40° - \dfrac{1}{2}$ ②.

由①＋②得 $A = \dfrac{3}{4}$，即 $\cos^2 10° + \cos^2 50° - \sin 40° \sin 80° = \dfrac{3}{4}$.

评注：若数学问题是某个整体问题的一翼，则可设法构造另一翼使之还原成整体，这是构造法解题的一条重要思路，构造对偶式正是基于还原整体的思考. 本题通过合理的运算和转化，在纷繁的困惑中，配以对偶，功效独特，事半功倍！

从以上例子看出，构造法解题是一种创造性的思维活动，其关键是丰富的联想和正确的转化. 利用构造法解决数学问题不仅可以培养学生分析问题、解决问题的能力，同时还可以培养学生的想象力和灵感，使学生体会到数学的美妙. 构造法本质上属于转化思想的范畴，但它常常表现出简洁、明快、精巧、新颖等特点，同时使数学解题打破常规，因而具有独特的教学价值. 当然在解题教学中，我们也不必过于刻意追求技巧，人为地拔高，为"构造法"而构造，要根据学生实际，合理运用，才能使学生逐步掌握构造的方法.

11.14　巧用换元法　事半而功倍

换元是一种变量代换,实质是转化,也就是说它是用一种变数形式去取代另一种变数形式,从而使问题得到简化,换元的关键是构造元和设元,理论依据是等量代换,目的是变换研究对象,将问题移至新对象的知识背景中去研究,从而使非标准型问题标准化、复杂问题简单化,还可以使一些看似"繁难杂乱"问题找到"数学模式",起到事半功倍之效!

1. 巧用换元法解方程

例 1　解方程:$\sqrt{x+1}+\sqrt{x-1}-\sqrt{x^2-1}=x$.

解:由原方程得 $\sqrt{x+1}+\sqrt{x-1}=x+\sqrt{x^2-1}$ ①.

$\left(\sqrt{x+1}+\sqrt{x-1}\right)^2=2\left(x+\sqrt{x^2-1}\right)$ ②.

设 $\sqrt{x+1}+\sqrt{x-1}=t\,(t>0)$,则②化为 $t^2=2\left(x+\sqrt{x^2-1}\right)$,即 $x+\sqrt{x^2-1}=\dfrac{t^2}{2}$,$\therefore$ ①变为 $t=\dfrac{t^2}{2}$,整理得 $t(t-2)=0$,解得 $t_1=2,t_2=0$(舍).

由 $\sqrt{x+1}+\sqrt{x-1}=2$ 解得 $x=\dfrac{5}{4}$. 经检验,$x=\dfrac{5}{4}$ 是原方程的解.

评注:本例的换元方法虽然比较特殊,但可以说明一个问题:何时换元及怎样换元不完全是一开始就能想好了的,而是在解题过程中发现的,这就是各种技巧来源的真谛.

2. 巧用换元法解不等式

例 2　解不等式:$\sqrt{(x^2-3x+1)(-x^2+3x)}>-3x^2+9x-2$.

解:原不等式可化为 $\sqrt{\left[(x^2-3x+2)-1\right]\left[2-(x^2-3x+2)\right]}>4-3(x^2-3x+2)$.

令 $t=x^2-3x+2$,则上述不等式化为 $\sqrt{(t-1)(2-t)}>4-3t\Leftrightarrow$
$\begin{cases}4-3t\geqslant0,\\(t-1)(2-t)>(4-3t)^2\end{cases}$ 或 $\begin{cases}4-3t<0,\\(t-1)(2-t)\geqslant0,\end{cases}$ 解得 $\dfrac{6}{5}<t\leqslant2$,即 $\dfrac{6}{5}<x^2-3x+2\leqslant2\Leftrightarrow\begin{cases}x^2-3x+2>\dfrac{6}{5},\\x^2-3x+2\leqslant2.\end{cases}$

解此不等式组得 $\dfrac{15+\sqrt{145}}{10} < x \leqslant 3$ 或 $0 \leqslant x < \dfrac{15-\sqrt{145}}{10}$.

故原不等式的解集为 $\left\{ x \mid \dfrac{15+\sqrt{145}}{10} < x \leqslant 3 \ 或 \ 0 \leqslant x < \dfrac{15-\sqrt{145}}{10} \right\}$.

评注：一个看似很复杂的问题，通过整体换元后转化为基本无理不等式，再转化为有理不等式组，从而使问题获解.

3. 巧用换元法求函数解析式

例3　已知 $f\left(\dfrac{1-\cos\theta}{1+\cos\theta}\right) = \dfrac{\sin^2\theta}{1+\cos^2\theta}(\theta \neq 2k\pi+\pi, k \in \mathbf{Z})$，求函数 $f(x)$ 的解析式.

解：令 $t = \dfrac{1-\cos\theta}{1+\cos\theta}$，则 $\cos\theta = \dfrac{1-t}{1+t} \in (-1,1]$，求得 $t \geqslant 0$.

$\because f\left(\dfrac{1-\cos\theta}{1+\cos\theta}\right) = \dfrac{\sin^2\theta}{1+\cos^2\theta} = \dfrac{1-\cos^2\theta}{1+\cos^2\theta}$，

$\therefore f(t) = \dfrac{1-\left(\dfrac{1-t}{1+t}\right)^2}{1+\left(\dfrac{1-t}{1+t}\right)^2} = \dfrac{(1+t)^2-(1-t)^2}{(1+t)^2+(1-t)^2} = \dfrac{2t}{1+t^2} (t \geqslant 0)$.

故 $f(x) = \dfrac{2x}{1+x^2} (x \geqslant 0)$.

评注：通过恰当换元，可将抽象问题具体化、明确化、实质化，也给解题带来了生机和活力. 特别提醒的是换元一定要注意新元的范围.

4. 巧用换元法求最值

例4　已知正实数 x,y 满足：$\dfrac{1}{x+3y} + \dfrac{1}{2x+y} = 1$，则 $x+y$ 的最小值是 _____ _____.

解：设 $u = x+3y, v = 2x+y$，则 $u、v > 0, \dfrac{1}{u} + \dfrac{1}{v} = 1$，且 $x = \dfrac{-u+3v}{5}$，

$y = \dfrac{2u-v}{5}$，$\therefore x+y = \dfrac{-u+3v}{5} + \dfrac{2u-v}{5} = \dfrac{1}{5}(u+2v) = \dfrac{1}{5}(u+2v)\left(\dfrac{1}{u}+\dfrac{1}{v}\right)$

$= \dfrac{1}{5}\left(3+\dfrac{2v}{u}+\dfrac{u}{v}\right) \geqslant \dfrac{1}{5}(3+2\sqrt{2})$，当且仅当 $u = 1+\sqrt{2}, v = 1+\dfrac{\sqrt{2}}{2}$，即 $x = \dfrac{4+\sqrt{2}}{10}, y = \dfrac{2+3\sqrt{2}}{10}$ 时等号成立.

故 $x+y$ 的最小值是 $\dfrac{3+2\sqrt{2}}{5}$.

评注：观察本题条件中分式结构特征，为了使分母更简单，采用"双换元"给本题解决带来了转机.

例 5　已知函数 $y=\dfrac{2+x}{\sqrt{1-x^2}+1}+\dfrac{1-\sqrt{1-x^2}}{x}$，$x\in[-1,0)\cup(0,1]$，求此函数的最大值和最小值.

解：将原函数化简 $y=\dfrac{2+x}{\sqrt{1-x^2}+1}+\dfrac{1-\sqrt{1-x^2}}{x}=\dfrac{2+x}{\sqrt{1-x^2}+1}+$

$\dfrac{x}{1+\sqrt{1-x^2}}=\dfrac{2(1+x)}{1+\sqrt{1-x^2}}$.

$\because x\in[-1,0)\cup(0,1]$，$\therefore$ 令 $x=\sin\theta$，$\theta\in\left[-\dfrac{\pi}{2},0\right)\cup\left(0,\dfrac{\pi}{2}\right]$，$y=$

$\dfrac{2(1+x)}{1+\sqrt{1-x^2}}=\dfrac{2(1+\sin\theta)}{1+\sqrt{1-\sin^2\theta}}=\dfrac{2(1+\sin\theta)}{1+\cos\theta}=\dfrac{2\left(\sin\dfrac{\theta}{2}+\cos\dfrac{\theta}{2}\right)^2}{2\cos^2\dfrac{\theta}{2}}=$

$\left(\tan\dfrac{\theta}{2}+1\right)^2$.

又 $\dfrac{\theta}{2}\in\left[-\dfrac{\pi}{4},0\right)\cup\left(0,\dfrac{\pi}{4}\right]$，当 $\tan\dfrac{\theta}{2}=-1$，即 $\theta=-\dfrac{\pi}{2}$，亦即 $x=-1$ 时，

$y_{\min}=0$；当 $\tan\dfrac{\theta}{2}=1$，即 $\theta=\dfrac{\pi}{2}$，亦即 $x=1$ 时，$y_{\max}=4$.

评注：本题利用函数式的结构，转化为三角函数来求解，思路简洁，避免了一些"数学特技"思想，起到事半功倍的神奇效果！

5. 巧用换元法证明不等式

例 6　设 x 是实数，证明：$(x^2+4x+5)(x^2+4x+2)+2x^2+8x\geqslant-10$.

证明：令 $y=x^2+4x+2$，由于 $y=x^2+4x+2=(x+2)^2-2\geqslant-2$，则 $(x^2+4x+5)(x^2+4x+2)+2x^2+8x=(y+3)y+2y-4=y^2+5y-4$.

设 $f(y)=y^2+5y-4=\left(y+\dfrac{5}{2}\right)^2-\dfrac{41}{4}(y\geqslant-2)$，显然函数 $f(y)$ 在 $[-2,+\infty)$ 上是单调递增的，$\therefore[f(y)]_{\min}=f(-2)=(-2)^2+5\cdot(-2)-4=-10$.

故原不等式成立.

评注：本题采用的是降维换元，换元后将 x 的四次函数式转化为关于 y 的二

次函数式来处理，彰显了换元法解题的无穷魅力！

例 7　已知 $a > b > 0, x \in \mathbf{R}$，求证：$\dfrac{a-b}{a+b} \leqslant \dfrac{a+b\sin x}{a-b\sin x} \leqslant \dfrac{a+b}{a-b}$.

证明：设 $y = \dfrac{a+b\sin x}{a-b\sin x}$，从中解出 $\sin x = \dfrac{a(y-1)}{b(y+1)}$. $\because -1 \leqslant \sin x \leqslant 1$，

$\therefore -1 \leqslant \dfrac{a(y-1)}{b(y+1)} \leqslant 1$，即 $\begin{cases} \dfrac{a(y-1)}{b(y+1)} \geqslant -1, \\ \dfrac{a(y-1)}{b(y+1)} \leqslant 1, \end{cases}$ 解得 $\dfrac{a-b}{a+b} \leqslant y \leqslant \dfrac{a+b}{a-b}$.

故 $\dfrac{a-b}{a+b} \leqslant \dfrac{a+b\sin x}{a-b\sin x} \leqslant \dfrac{a+b}{a-b}$.

评注：本题通过巧妙换元，使看似"一筹莫展"的问题变得"柳暗花明"，此种解法构思巧妙，新颖独特，简洁有效，值得我们深思悟透.

6. 巧用换元法求解涉及复合函数问题

例 8　已知 $f(x) = x^2 + 2x + 1 + a$，若对任意的 $x \in \mathbf{R}$，$f[f(x)] \geqslant 0$ 恒成立，则实数 a 的取值范围是(　　).

A. $\left[\dfrac{\sqrt{5}-1}{2}, +\infty\right)$　　　　　B. $\left[\dfrac{\sqrt{5}-3}{2}, +\infty\right)$

C. $[-1, +\infty)$　　　　　D. $[0, +\infty)$

解：令 $t = f(x) = (x+1)^2 + a \geqslant a$，$\therefore \forall x \in \mathbf{R}, f[f(x)] \geqslant 0$，即 $f(t) \geqslant 0$，$t \in [a, +\infty)$. 也就是 $f(t) = (t+1)^2 + a \geqslant 0 (t \geqslant a)$ 恒成立.

当 $a \leqslant -1, t = -1$ 时，$[f(t)]_{\min} = f(-1) = a$，这时 $f(t)$ 不能恒大于等于 0；当 $a > -1$ 时，因为 $f(t)$ 的对称轴是 $t = -1$，在 $t \in [a, +\infty)$ 时，$f(t)$ 单调递增，$\therefore [f(t)]_{\min} = f(a) = a^2 + 3a + 1 \geqslant 0$，求得 $a \geqslant \dfrac{\sqrt{5}-3}{2}$. 故选 B.

评注：本题其实是涉及复合函数的问题，通过换元 $t = f(x)$，将关系复杂的复合函数分解为两个基本初等函数 $y = f(t)$ 和 $t = f(x)$，综合分析基本初等函数间的复合关系，尤其要注意中间变量 $t \geqslant a$ 起到的承上启下的连结作用。

我们使用换元法时，要遵循有利于运算、有利于标准化的原则，换元后要注重新变量范围的选取，一定要使新变量范围对应于原变量的取值范围，不能缩小也不能扩大，最后换元后勿忘还原.

11.15 借用换元引进参数巧解几类数学题

借用换元引进参数的思想解题，其实是引入辅助元，实行变量代换，把分散的条件联系起来，把隐含的条件显露出来，把已知与未知牵连起来，从而达到化难为易、化繁为简的目的. 换元引参的数学思想方法，能很好地培养学生的观察能力、直觉能力和整体意识，它是数学解题中一种重要的思想方法，尤其是在数学新高考中有着广泛的应用.

1. 巧解与函数有关的问题

例1 若正实数 x、y 满足 $x^3 + y^3 = (4x - 5y)y$，则 y 的最大值为_____.

解：设 $x = ky$，则 $y = \dfrac{4k-5}{k^3+1}$，令 $f(k) = \dfrac{4k-5}{k^3+1}$，求导得 $f'(x) = \dfrac{(2-k)(8k^2+k+2)}{(k^3+1)^2}$. 当 $k \in (-\infty, 2)$ 时，$f'(k) > 0$，$f(k)$ 递增；当 $k \in (2, +\infty)$ 时，$f'(k) < 0$，$f(k)$ 递减.

因此，$[f(k)]_{\max} = f(2)$，$f(k) \leqslant f(2) = \dfrac{1}{3}$，故 y 的最大值为 $\dfrac{1}{3}$.

评注：观察已知条件，本题难以找出直接用 x 表示 y 的关系式，这时我们自然会想到引入参数，设 $x = ky$ 代入条件等式，可用参数 k 表示 y，问题则迎刃而解.

例2 已知函数 $y = 3x + \sqrt{x^2 - 2x}$，求该函数的值域.

解：$\because x^2 - 2x \geqslant 0$，$\therefore x \geqslant 2$ 或 $x \leqslant 0$.

令 $u = x - 1$，则 $y = 3u + 3 + \sqrt{u^2 - 1}$，故 $|u| \geqslant 1$. 设 $\sqrt{u^2 - 1} = |u| - t \geqslant 0$，则 $0 < t \leqslant |u|_{\min} = 1$，且 $|u| = \dfrac{1}{2}\left(t + \dfrac{1}{t}\right)$，此时 $y = 3u + 3 + |u| - t$.

当 $u > 0$ 时，$y = \dfrac{3}{2}\left(t + \dfrac{1}{t}\right) + 3 + \dfrac{1}{2}\left(t + \dfrac{1}{t}\right) - t = t + \dfrac{2}{t} + 3$.

$\because 0 < t \leqslant 1$，故函数单调递减，$\therefore y \geqslant 1 + 2 + 3 = 6$.

当 $u < 0$ 时，$y = -\dfrac{3}{2}\left(t + \dfrac{1}{t}\right) + 3 + \dfrac{1}{2}\left(t + \dfrac{1}{t}\right) - t = -2t - \dfrac{1}{t} + 3 \leqslant 3 - 2\sqrt{2}$.

当且仅当 $t = \dfrac{\sqrt{2}}{2}$，$u = -\dfrac{3\sqrt{2}}{4}$，即 $x = \dfrac{4 - 3\sqrt{2}}{4}$ 时取等号.

故该函数的值域为 $(-\infty, 3-2\sqrt{2}] \bigcup [6, +\infty)$.

评注：解决本题的关键是如何通过换元去掉根号，若设 $\sqrt{x^2-2x}=u$，则达不到去根号的目的. 由于 $\sqrt{x^2-2x}=\sqrt{(x-1)^2-1}$，于是考虑令 $u=x-1$，对于 $\sqrt{u^2-1}$ 需要再引入参数 t，即 $\sqrt{u^2-1}=|u|-t$，这是富有创造性的引入参数. 本题要特别注意引入的参数 u 与 t 的取值范围.

例 3 函数 $y=\dfrac{\sqrt{1-x^2}}{2+x}$ 的值域是_____.

解法 1：函数定义域是 $x\in[-1,1]$，$y\geqslant 0$，又 $y^2=\dfrac{1-x^2}{(x+2)^2}$，令 $t=x+2$，则 $y^2=\dfrac{1-(t-2)^2}{t^2}$，即 $(y^2+1)t^2-4t+3=0$，视关于 t 的一元二次方程，则判别式 $\Delta=16-12(y^2+1)\geqslant 0$，得 $y^2\leqslant\dfrac{1}{3}$，$|y|\leqslant\dfrac{\sqrt{3}}{3}$. 又 $y\geqslant 0$，故 $y\in\left[0,\dfrac{\sqrt{3}}{3}\right]$.

解法 2：函数定义域是 $x\in[-1,1]$，令 $x=\cos\alpha$，$\alpha\in[0,\pi]$，则 $y=\dfrac{\sin\alpha}{2+\cos\alpha}\geqslant 0$，$2y=\sin\alpha-y\cos\alpha=\sqrt{1+y^2}\cdot\sin(\alpha+\theta)\leqslant\sqrt{1+y^2}$，$\therefore 4y^2\leqslant 1+y^2$，即 $y^2\leqslant\dfrac{1}{3}$，$\therefore|y|\leqslant\dfrac{\sqrt{3}}{3}$，故 $y\in\left[0,\dfrac{\sqrt{3}}{3}\right]$.

评注：本题两种解法不仅展示出利用"换元引参"解题的独特魅力！而且还能培养学生的创新能力，激发学生学习数学的兴趣，提高学生的数学素养.

2. 巧解与方程有关的问题

例 4 方程 $2\sqrt{x-4}+3\sqrt{y-9}+4\sqrt{z-16}=\dfrac{1}{2}(x+y+z)$ 的实数解 $(x,y,z)=$_____ .

解：令 $\sqrt{x-4}=t_1$，$\sqrt{y-9}=t_2$，$\sqrt{z-16}=t_3$，则 $x=t_1^2+4$，$y=t_2^2+9$，$z=t_3^2+16$，$\therefore 2t_1+3t_2+4t_3=\dfrac{1}{2}(t_1^2+4+t_2^2+9+t_3^2+16)$，整理得

$(t_1-2)^2+(t_2-3)^2+(t_3-4)^2=0$，$\therefore t_1=2$，$t_2=3$，$t_3=4$，即 $x=8$，$y=18$，$z=32$.

故 $(x,y,z)=(8,18,32)$.

评注：经观察本题难以引入一个参数同时将三个根式化为整式，于是我们大胆采用引入三个参数，即 $\sqrt{x-4}=t_1$，$\sqrt{y-9}=t_2$，$\sqrt{z-16}=t_3$，问题巧妙得到解决.

例 5 设 $-\dfrac{\pi}{2} \leqslant x \leqslant \dfrac{\pi}{2}$，且方程 $\cos 2x - 4a\cos x - a + 2 = 0$ 有两个不同的解，求实数 a 的取值范围.

解：由题意得 $2\cos^2 x - 4a\cos x - a + 1 = 0$，令 $t = \cos x$，由 $-\dfrac{\pi}{2} \leqslant x \leqslant \dfrac{\pi}{2}$ 知 $0 \leqslant t \leqslant 1$，则问题转化为方程 $2t^2 - 4at - a + 1 = 0$，在 $0 \leqslant t < 1$ 范围内 t 有一解，此时 $\cos x = t$ 中的 x 有两解；若 $t = 1$，此时 $\cos x = 1$ 只有一解 $x = 0$，不合题意.

令 $f(t) = 2t^2 - 4at - a + 1$.

$$\begin{cases} \Delta = (-4a)^2 - 8(-a+1) > 0, \\ f(0) \cdot f(1) \leqslant 0 \text{ 且 } f(1) \neq 0 \end{cases} \Leftrightarrow \dfrac{3}{5} < a \leqslant 1;$$

$$\begin{cases} \Delta = 0, \\ 0 \leqslant a < 1 \end{cases} \Leftrightarrow a = \dfrac{1}{2}.$$

故实数 a 的取值范围是 $\dfrac{3}{5} < a \leqslant 1$ 或 $a = \dfrac{1}{2}$.

评注：通过设 $t = \cos x$ 引入参数，将原本复杂的三角方程问题转化为熟悉的二次函数问题，换元引入参数降低了思维难度，明确了解题思路，起到事半功倍的神奇效果！

3. 巧解与不等式有关的问题

例 6 设正数 x、y 满足 $x^3 + y^3 = x - y$，求使 $x^2 + \lambda y^2 \leqslant 1$ 恒成立的实数 λ 的最大值.

解：由正数 x、y 满足 $x^3 + y^3 = x - y$ 知，$x > y > 0$，$\dfrac{x^3 + y^3}{x - y} = 1$. 令 $t = \dfrac{x}{y} > 1$，不等式 $x^2 + \lambda y^2 \leqslant 1$ 等价于 $x^2 + \lambda y^2 \leqslant \dfrac{x^3 + y^3}{x - y}$，即 $\lambda y^2 \leqslant \dfrac{x^3 + y^3}{x - y} - x^2 = \dfrac{x^2 y + y^3}{x - y}$，$\therefore \lambda \leqslant \dfrac{x^2 y + y^3}{(x - y) y^2} = \dfrac{x^2 + y^2}{xy - y^2} = \dfrac{t^2 + 1}{t - 1}$ 恒成立，即 $\lambda \leqslant \left(\dfrac{t^2 + 1}{t - 1} \right)_{\min}$.

设 $f(t) = \dfrac{t^2 + 1}{t - 1} = \dfrac{(t-1)^2 + 2(t-1) + 2}{t - 1} = 2 + (t-1) + \dfrac{2}{t-1} \geqslant 2 + 2\sqrt{(t-1) \cdot \dfrac{2}{t-1}} = 2 + 2\sqrt{2}$，当且仅当 $t - 1 = \dfrac{2}{t-1}$，即 $t = 1 + \sqrt{2}$ 时，等号成立，$\therefore [f(t)]_{\min} = 2 + 2\sqrt{2}$.

故实数 λ 的最大值为 $2 + 2\sqrt{2}$.

评注：乍看，本题的条件 $x^3 + y^3 = x - y$ 似乎很难用得上. 经观察分析常量

"1"的代换,即 $1 = \dfrac{x^3 + y^3}{x - y}$,架起了已知与未知的"桥梁",再经换元 $t = \dfrac{x}{y}$,将陌生、抽象的问题转化为熟悉、具体的问题.

4. 巧解与复数有关的问题

例7 设 a、b、c 均为非零复数,令 $\omega = -\dfrac{1}{2} + \dfrac{\sqrt{3}}{2}i$,若 $\dfrac{a}{b} = \dfrac{b}{c} = \dfrac{c}{a}$,则 $\dfrac{a + b - c}{a - b + c}$ 的值为( ).

A. 1   B. $\pm\omega$ C. $1, \omega, \omega^2$ D. $1, -\omega, \omega^2$

解:设 $\dfrac{a}{b} = \dfrac{b}{c} = \dfrac{c}{a} = k$,则 $k^3 = 1$,$\therefore k = 1, \omega, \omega^2$,又 $a = bk$,$\dfrac{a}{b} \cdot \dfrac{c}{a} = k \cdot k \Rightarrow c = bk^2$.

于是 $\dfrac{a + b - c}{a - b + c} = \dfrac{bk + b - bk^2}{bk - b + bk^2} = \dfrac{k + 1 - k^2}{k - k^3 + k^2} = \dfrac{k + 1 - k^2}{k(1 - k^2 + k)} = \dfrac{1}{k} = \begin{cases} 1, k = 1, \\ \omega^2, k = \omega, \\ \omega, k = \omega^2. \end{cases}$

故选 C.

评注:设 $\dfrac{a}{b} = \dfrac{b}{c} = \dfrac{c}{a} = k$,是一种较为常见的引进参数方法,但通过观察式子的结构特征,是不容易发现 $k^3 = 1$ 的. 由于 k 是复数,于是 $k = 1, \omega, \omega^2$. 至此解决问题的瓶颈得到了实质性的突破.

5. 巧解与三角有关的问题

例8 函数 $f(x) = \sin^{2k} x + \cos^{2k} x (k \in \mathbf{N}^*)$ 的最小值为 _____ .

解:设 $\sin^2 x = t$,则 $0 \leqslant t \leqslant 1$,且 $f(x) = g(t) = t^k + (1 - t)^k$. 对 t 求导得 $g'(t) = kt^{k-1} - k(1 - t)^{k-1} (k \in \mathbf{N}^*)$.

当 $0 < t < \dfrac{1}{2}$ 时,$g'(t) = kt^{k-1} - k(1 - t)^{k-1} \leqslant 0$($k = 1$ 时,取等号);

当 $\dfrac{1}{2} < t < 1$ 时,$g'(t) = kt^{k-1} - k(1 - t)^{k-1} \geqslant 0$($k = 1$ 时,取等号).

因此,$g(t) = t^k + (1 - t)^k$ 在区间 $\left[0, \dfrac{1}{2}\right]$ 上递减,在 $\left[\dfrac{1}{2}, 1\right]$ 上递增.

$\left[g(t)\right]_{\min} = g\left(\dfrac{1}{2}\right) = \left(\dfrac{1}{2}\right)^{k-1}$,$\therefore f(x)$ 的最小值为 $\left(\dfrac{1}{2}\right)^{k-1}$.

评注：通过设 $\sin^2 x = t$ 引入参数 t，将正弦、余弦都用与 t 有关的式子替换，从而减少了变量的个数，降低了变量的次数，使问题很快获解.

6. 巧解与代数式有关的问题

例 9　已知 $\log_a b + 3\log_b a = \dfrac{13}{2}$，当 $a > b > 1$ 时，$\dfrac{a + b^4}{a^2 + b^2}$ 的值为（　　）.

A. 13　　　　　　B. 4　　　　　　C. 2　　　　　　D. 1

解：设 $\log_a b = t$，则 $t + \dfrac{3}{t} = \dfrac{13}{2}$，解得 $t = \dfrac{1}{2}$ 或 $t = 6$，即 $b = \sqrt{a}$ 或 $b = a^6$.

$\because a > b > 1$，$\therefore b = a^6$ 舍去，$\therefore b = \sqrt{a}$.

于是 $\dfrac{a + b^4}{a^2 + b^2} = \dfrac{a + a^2}{a^2 + a} = 1$.

故选 D.

评注：观察条件结构可知，$\log_a b$ 与 $\log_b a$ 互为倒数，令 $\log_a b = t$，易求出 t 值，再由指数、对数互化得出 $b = \sqrt{a}$，使得问题顺利得到解决.

在很多情况下，此类数学题中已知与未知之间的联系并不明显，有时甚至好像隔着一条难以逾越的鸿沟，此时可考虑引进参数，牵线搭桥，以沟通已知与未知的联系. 同时，在解题过程中要特别注意引入参数的取值范围，否则会劳而无功. 另外，在借用引入参数换元解题时，究竟引入一个怎样的参变量才能化繁为简、化难为易呢？这主要是依赖于对有关数学式子的结构特征的观察、分析而确定.

11.16　数学解题中几种"减元"的策略

高中数学中求多变量最值、范围等问题，一直以来都是高考的热点问题，这类问题由于变量多且变量之间存在纷繁复杂的约束关系，学生处理起来往往是顾此失彼，因找不到解题的切入点而束手无策. 如果能恰当地运用一些"减元"的思想和策略，这不仅给解题带来了柳暗花明的效果，而且对培养学生的数学素养也大有裨益!

1. 巧用换元减元

例 1　设 x、$y > 0$，不等式 $\sqrt{x} + \sqrt{y} \leqslant a\sqrt{x+y}$ 恒成立，求实数 a 的取值范围.

解：原不等式等价于 $a \geqslant \dfrac{\sqrt{x}+\sqrt{y}}{\sqrt{x+y}}$ 恒成立，即 $a \geqslant \left[\dfrac{\sqrt{x}+\sqrt{y}}{\sqrt{x+y}}\right]_{\max}$.

$\because (\sqrt{x})^2 + (\sqrt{y})^2 = (\sqrt{x+y})^2$，$\therefore \left(\dfrac{\sqrt{x}}{\sqrt{x+y}}\right)^2 + \left(\dfrac{\sqrt{y}}{\sqrt{x+y}}\right)^2 = 1$，于是设

$\dfrac{\sqrt{x}}{\sqrt{x+y}} = \cos\theta$，$\dfrac{\sqrt{y}}{\sqrt{x+y}} = \sin\theta$，$\theta \in \left(0, \dfrac{\pi}{2}\right)$，

$\dfrac{\sqrt{x}+\sqrt{y}}{\sqrt{x+y}} = \dfrac{\sqrt{x}}{\sqrt{x+y}} + \dfrac{\sqrt{y}}{\sqrt{x+y}} = \cos\theta + \sin\theta = \sqrt{2}\sin\left(\theta + \dfrac{\pi}{4}\right) \leqslant \sqrt{2}$.

$\therefore \left[\dfrac{\sqrt{x}+\sqrt{y}}{\sqrt{x+y}}\right]_{\max} = \sqrt{2}$，故 $a \geqslant \sqrt{2}$.

评注：通过等价变形，借用 $\left(\dfrac{\sqrt{x}}{\sqrt{x+y}}\right)^2 + \left(\dfrac{\sqrt{y}}{\sqrt{x+y}}\right)^2 = 1$ 的特殊结构，联想到 $\sin^2\theta + \cos^2\theta = 1$，巧用三角换元，给问题的解决带来转机.

2. 引用判别式减元

例 2　实数 x, y, z 满足 $x + 3y + 2z = 1$，求 $3x^2 - y^2 + 2z^2$ 的最小值.

解：令 $3x^2 - y^2 + 2z^2 = u$，将 $x = 1 - 3y - 2z$ 代入上式并整理得 $26y^2 + 2(18z - 9)y + (14z^2 - 12z - u + 3) = 0$.

由 $\Delta = 4(18z - 9)^2 - 4 \times 26(14z^2 - 12z - u + 3) \geqslant 0$ 得 $40z^2 + 12z - (3 + 26u) \leqslant 0$. 设 $f(z) = 40z^2 + 12z - (3 + 26u)$，函数 $f(z)$ 是关于 z 的二次函数，

其图像开口向上，且 $\exists z \in \mathbf{R}$，使 $f(z) \leqslant 0$，得 $\Delta' = 12^2 + 4 \times 40(3 + 26u) \geqslant 0 \Rightarrow u \geqslant -\dfrac{3}{20}$.

故 $(3x^2 - y^2 + 2z^2)_{\min} = -\dfrac{3}{20}$.

评注：本题关键是先将 $3x^2 - y^2 + 2z^2$ 视为一个整体，设为 u，然后构造方程、函数，两次引用判别式达到减元的目的，使问题迎刃而解.

3. 借用基本不等式减元

例3　若 a、b、c 分别是长方体的长、宽、高，且 $a + b - c = 1$，已知长方体的对角线长为 1，试求高 c 的取值范围.

解：$\because a^2 + b^2 + c^2 = 1$，又 $a + b - c = 1$，$\therefore \begin{cases} a^2 + b^2 = 1 - c^2, \\ a + b = 1 + c, \end{cases}$ 又 $\left(\dfrac{a+b}{2}\right)^2 \leqslant \dfrac{a^2 + b^2}{2}$，$\therefore \left(\dfrac{1+c}{2}\right)^2 \leqslant \dfrac{1 - c^2}{2}$，即 $3c^2 + 2c - 1 \leqslant 0$，求得 $-1 \leqslant c \leqslant \dfrac{1}{3}$.

$\because c$ 是长方体的高，$\therefore c > 0$.

故 $0 < c \leqslant \dfrac{1}{3}$.

评注：由条件得 $a^2 + b^2 + c^2 = 1$，又 $a + b - c = 1$，要从中求 c 的范围，必须找出一个关于 c 的不等关系. 于是借用我们熟悉的基本不等式 $\left(\dfrac{a+b}{2}\right)^2 \leqslant \dfrac{a^2 + b^2}{2}$ 作为桥梁和纽带，将 a, b 同时消去，从而求出 c 的取值范围.

4. 活用构造减元

例4　已知 $0 < a \leqslant 1$，对 $\forall x_1 \in [1, e]$，$\exists x_2 \in [1, e]$（e 是自然对数的底数），使得等式 $x_1 + \dfrac{a^2}{x_1} = x_2 + \ln x_2$ 成立，求实数 a 的取值范围.

解：先构造函数. 设 $f(x) = x + \dfrac{a^2}{x}$，$g(x) = x + \ln x$，则原题"对 $\forall x_1 \in [1, e]$，$\exists x_2 \in [1, e]$，使得等式 $x_1 + \dfrac{a^2}{x_1} = x_2 + \ln x_2$ 成立"，等价转化为" $f(x)$ 在区间 $[1, e]$ 上的值域是 $g(x)$ 在区间 $[1, e]$ 上的值域的子集". 由数形结合知"对勾函数" $f(x) = x + \dfrac{a^2}{x}$ 在 $[1, e]$ 上单调递增，$\therefore f(x)$ 值域是 $\left[1 + a^2, e + \dfrac{a^2}{e}\right]$.

∵$g(x)$ 在 $[1,e]$ 上也单调递增，∴$g(x)$ 值域为 $[1,e+1]$，于是有 $\left[1+a^2,e+\dfrac{a^2}{e}\right]\subseteq[1,e+1]$，∴$\begin{cases}1+a^2\geqslant 1,\\ e+\dfrac{a^2}{e}\leqslant e+1,\end{cases}$ 求得 $-\sqrt{e}\leqslant a\leqslant\sqrt{e}$. 又 ∵$0<a\leqslant 1$，∴实数 a 的取值范围是 $(0,1]$.

评注：根据本题已知条件的结构特点，对题中信息提炼、加工、抽象，活用构造函数，减少了变量 x_1,x_2 的"干扰"，再进行等价转化. 其解法别具一格，发人深思，令人回味无穷.

5. 采用放缩减元

例5　已知 $f(x)=ax^2+bx+c(0<2a<b)$，$\forall x\in \mathbf{R}$，$f(x)\geqslant 0$ 恒成立，则 $\dfrac{f(1)}{f(0)-f(-1)}$ 的最小值为 _____.

解：∵$a>0$，$\forall x\in \mathbf{R}$，$f(x)\geqslant 0$ 恒成立，∴$\Delta=b^2-4ac\leqslant 0\Rightarrow c\geqslant\dfrac{b^2}{4a}$.

$$\frac{f(1)}{f(0)-f(-1)}=\frac{a+b+c}{c-(a-b+c)}=\frac{a+b+c}{b-a}\geqslant\frac{a+b+\dfrac{b^2}{4a}}{b-a}=\frac{1+\dfrac{b}{a}+\dfrac{b^2}{4a^2}}{\dfrac{b}{a}-1}.$$

令 $t=\dfrac{b}{a}$，∵$0<2a<b$，∴$t>2$，则 $\dfrac{f(1)}{f(0)-f(-1)}=\dfrac{1+t+\dfrac{1}{4}t^2}{t-1}$.

再令 $s=t-1(s>1)$，则 $\dfrac{f(1)}{f(0)-f(-1)}=\dfrac{\dfrac{1}{4}s^2+\dfrac{3}{2}s+\dfrac{9}{4}}{s}=\dfrac{s}{4}+\dfrac{9}{4s}+\dfrac{3}{2}\geqslant$ $2\sqrt{\dfrac{s}{4}\cdot\dfrac{9}{4s}}+\dfrac{3}{2}=3$，当且仅当 $\dfrac{s}{4}=\dfrac{9}{4s}(s>1)$，即 $s=3$ 时取等号.

故 $\dfrac{f(1)}{f(0)-f(-1)}$ 的最小值为 3.

评注：对于一些多变量问题，若按常规思想方法来处理，学生往往找不到解题切入的方向，有时半途而废，无果而终. 而本题关键是采用了 $c\geqslant\dfrac{b^2}{4a}$ 进行放缩减元，再变形、换元，使问题顺利得到解决.

6. 使用选主元减元

例6　函数 $f(x)$ 是奇函数，且在 $[-1,1]$ 上递增，$f(-1)=-1$，若 $f(x)\leqslant$

$t^2-2at+1$ 对所有的 $x\in[-1,1],a\in[-1,1]$ 恒成立，求实数 t 的范围.

解：$\because f(x)$ 是奇函数，且在 $[-1,1]$ 上递增，$f(-1)=-1$，$\therefore [f(x)]_{max}$ $=f(1)=1$.

先选取 x 为主元：$f(x)\leqslant t^2-2at+1$ 对所有的 $x\in[-1,1]$，$a\in[-1,1]$ 恒成立，等价转化为 $[f(x)]_{max}\leqslant t^2-2at+1$，即 $1\leqslant t^2-2at+1\Leftrightarrow t^2-2at\geqslant0$ 对所有的 $a\in[-1,1]$ 恒成立.

再选取 a 为主元：令 $g(a)=-2ta+t^2$，则 $\begin{cases} g(1)\geqslant0, \\ g(-1)\geqslant0, \end{cases}$ 即 $\begin{cases} t^2-2t\geqslant0, \\ t^2+2t\geqslant0, \end{cases}$ 求得 $t\geqslant2$ 或 $t\leqslant-2$ 或 $t=0$.

评注：本题求解的突破口是两次使用选主元的思想，先后分步将变量 x,a 拿掉，达到减少变量、化简问题的目的，从而使问题的解决变得豁然开朗.

7. 利用数形结合减元

例 7　如果实数 x、y 满足 $3x+2y-1\geqslant0$，那么 $u=x^2+y^2+6x-2y$ 的最小值是 _____.

解：$u=x^2+y^2+6x-2y=(x+3)^2+(y-1)^2-10$，由数形结合可知，$u$ 是可行域 $3x+2y-1\geqslant0$ 内任意一点 (x,y) 到点 $(-3,1)$ 距离 d 的平方再减去 10，即 $u_{min}=(d_{min})^2-10$，其中距离 d 的最小值就是点 $(-3,1)$ 到直线 $3x+2y-1=0$ 的距离.

$\because d_{min}=\dfrac{|-9+2-1|}{\sqrt{3^2+2^2}}=\dfrac{8}{\sqrt{13}}$，$\therefore u_{min}=(d_{min})^2-10=\dfrac{64}{13}-10=-\dfrac{66}{13}$.

故 $u=x^2+y^2+6x-2y$ 的最小值为 $-\dfrac{66}{13}$.

评注：本题正面直接求解困难，观察其结构特点，利用数形结合，赋予原来代数问题新的几何意义，使隐含的数量关系转化为直观外显的图形结构，从而使抽象思维和形象思维有机结合.

8. 妙用引入参数减元

例 8　实数 x、y 满足 $4x^2-5xy+4y^2=5$，设 $S=x^2+y^2$，求 $\dfrac{1}{S_{max}}+\dfrac{1}{S_{min}}$ 的值.

解：由 $S=x^2+y^2$，设 $\begin{cases} x^2=\dfrac{S}{2}+t, \\ y^2=\dfrac{S}{2}-t, \end{cases}$（$t$ 为参数），其中 $t\in\left[-\dfrac{S}{2},\dfrac{S}{2}\right]$，则 xy

$=\pm\sqrt{\dfrac{S^2}{4}-t^2}$，代入 $4x^2-5xy+4y^2=5$ 得 $4S\pm5\sqrt{\dfrac{S^2}{4}-t^2}=5$，将 $\pm5\sqrt{\dfrac{S^2}{4}-t^2}=$ $5-4S$ 两边平方得 $39S^2-160S+100=-100t^2\leqslant0$，$\therefore(13S-10)(3S-10)\leqslant0$，求得 $\dfrac{10}{13}\leqslant S\leqslant\dfrac{10}{3}$，$\therefore\dfrac{1}{S_{\max}}+\dfrac{1}{S_{\min}}=\dfrac{3}{10}+\dfrac{13}{10}=\dfrac{16}{10}=\dfrac{8}{5}$.

评注：本题两种解法，是从不同的角度妙用引进参数解题，都是将二元问题转化为一元问题，体现了数学中的类比、化归的思想，这不仅使问题变得更加直观明了，同时也是一种富有创造性解决问题的方法.

如果我们掌握了减元的一些解题策略，就为数学中的某些相关问题的解决找到了突破口，这将有利于激发学生学习数学的兴趣，培养他们的数学思维能力，提升中学生的数学核心素养！

11.17 巧用双换元 妙解数学题

求多元变量的最值或范围问题是新高考数学中常见的题型，由于求解的技巧性强，相比一元最值或范围来说，变量的增加，使得最值或范围求解难度大幅度上升. 解决这类问题一般方法是采用双换元法.

1. 与整式有关的多元问题

例 1 已知 x、y 为实数，则 $f(x,y)=x^2+xy+y^2-x-y$ 的最小值是_____.

解：令 $u=x+y,v=x-y$，则 $x=\dfrac{u+v}{2},y=\dfrac{u-v}{2}$.

$$x^2+xy+y^2-x-y=\left(\frac{u+v}{2}\right)^2+\frac{u+v}{2}\cdot\frac{u-v}{2}+\left(\frac{u-v}{2}\right)^2-u$$

$$=\frac{3u^2-4u+v^2}{4}=\frac{3}{4}\left(u-\frac{2}{3}\right)^2+\frac{v^2}{4}-\frac{1}{3}\geqslant-\frac{1}{3}.$$

当 $u=\dfrac{2}{3},v=0$，即 $x=\dfrac{1}{3},y=\dfrac{1}{3}$ 时，$[f(x,y)]_{\min}=-\dfrac{1}{3}$.

评注：本题中令 $u=x+y,v=x-y$，可将题中两个变量 x,y 的乘积形式分离开，转化为两个新变量 u,v 的和、差形式，从而有效地突破了解题困境.

例 2 若实数 x、y 满足 $x^2-2xy+5y^2=4$，则 x^2+y^2 的取值范围是_____.

解：由 $x^2-2xy+5y^2=4$ 得 $(x-y)^2+(2y)^2=4$，令 $x-y=2\cos\theta,y=\sin\theta$，则 $x=\sin\theta+2\cos\theta,y=\sin\theta$，于是 $x^2+y^2=(\sin\theta+2\cos\theta)^2+\sin^2\theta=2\sin2\theta+\cos2\theta+3=3+\sqrt{5}\sin(2\theta+\varphi)$.

$\therefore x^2+y^2$ 的取值范围是 $\left[3-\sqrt{5},3+\sqrt{5}\right]$.

评注：观察条件中 $x^2-2xy+5y^2=4$ 的结构特征，于是想到配方，从而得出 $(x-y)^2+(2y)^2=4$，由此联想到圆的方程，借用圆的方程的参数式，问题迎刃而解.

2. 与分式有关的多元问题

例 3 已知 x、y 均为正实数，则 $\dfrac{x}{2x+y}+\dfrac{y}{x+2y}$ 的最大值为（　　　）.

A. 2   B. $\dfrac{2}{3}$ C. 4   D. $\dfrac{4}{3}$

解：令 $s = 2x + y, t = x + 2y (s, t \in \mathbf{R}^+)$，则 $x = \dfrac{1}{3}(2s - t), y = \dfrac{1}{3}(2t - s)$.

$\dfrac{x}{2x + y} + \dfrac{y}{x + 2y} = \dfrac{1}{3s}(2s - t) + \dfrac{1}{3t}(2t - s) = \dfrac{4}{3} - \dfrac{1}{3}\left(\dfrac{t}{s} + \dfrac{s}{t}\right) \leqslant \dfrac{4}{3} - \dfrac{1}{3} \times$

$2\sqrt{\dfrac{t}{s} \cdot \dfrac{s}{t}} = \dfrac{2}{3}$，当且仅当 $\dfrac{t}{s} = \dfrac{s}{t}$ 时取等号.

故选 B.

评注：本题两项分母分别用两个新变量 s、t 替换，使分式变得更简单，在变形过程中产生了可用基本不等式放缩的形式 $\dfrac{t}{s} + \dfrac{s}{t} (s, t \in \mathbf{R}^+)$，从而使问题获解.

例 4   已知 x、y 是正实数，且 $x + y = 1$，则 $\dfrac{x^2}{x + 2} + \dfrac{y^2}{y + 1}$ 的最小值是_____.

解：设 $x + 2 = s, y + 1 = t$，则 $s + t = x + y + 3 = 4$，则

$\dfrac{x^2}{x + 2} + \dfrac{y^2}{y + 1} = \dfrac{(s - 2)^2}{s} + \dfrac{(t - 1)^2}{t} = \left(s - 4 + \dfrac{4}{s}\right) + \left(t - 2 + \dfrac{1}{t}\right) =$

$(s + t) + \left(\dfrac{4}{s} + \dfrac{1}{t}\right) - 6 = \left(\dfrac{4}{s} + \dfrac{1}{t}\right) - 2 = \dfrac{1}{4}\left(\dfrac{4}{s} + \dfrac{1}{t}\right)(s + t) - 2 =$

$\dfrac{1}{4}\left(\dfrac{4t}{s} + \dfrac{s}{t} + 5\right) - 2 \geqslant \dfrac{9}{4} - 2 = \dfrac{1}{4}$，

当且仅当 $\dfrac{4t}{s} = \dfrac{s}{t}$，即 $x = \dfrac{2}{3}, y = \dfrac{1}{3}$ 时，等号成立.

故 $\dfrac{x^2}{x + 2} + \dfrac{y^2}{y + 1}$ 的最小值是 $\dfrac{1}{4}$.

评注：本题处理方法和例 3 类似，两项分母分别用新变量 s、t 替换，值得注意的是题中变量 x、y 有一附加条件 $x + y = 1$. 于是考虑变量 s 与 t 之间一定有一种内在的关系，经推理 $s + t = 4$，问题转化为求与 $\dfrac{4}{s} + \dfrac{1}{t}$ 有关的最小值问题.

3. 与根式有关的多元问题

例 5   函数 $f(x) = \sqrt{3x - 6} + \sqrt{3 - x}$ 的值域是_____.

解：函数 $f(x)$ 的定义域是 $x \in [2, 3]$，令 $\sqrt{3x - 6} = s, \sqrt{3 - x} = t$，则 $\dfrac{s^2}{3} + t^2 = 1 (s \in [0, \sqrt{3}], t \in [0, 1])$，问题转化为直线 $z = s + t$ 与椭圆弧的位置关系，

利用线性规划思想易得：当直线经过椭圆弧与 t 轴的交点 $(0,1)$ 时，z 取最小值 1，当直线与椭圆弧相切时（切点在第一象限），z 取得最大值且为正值.

联立 $\begin{cases} \dfrac{s^2}{3}+t^2=1, \\ z=s+t, \end{cases}$ 得 $4s^2-6zs+3z^2-3=0$，由 $\Delta=(-6z)^2-4\times 4\times$

$(3z^2-3)=0$，求得 $z=2$.

故函数 $f(x)=\sqrt{3x-6}+\sqrt{3-x}$ 的值域是 $[1,2]$.

评注：本题通过双换元，不但将根式转化为整式，而且挖掘了题中代数式所隐藏的几何特征，将问题转化为直线与椭圆弧的位置关系问题.

例 6 若实数 x、y 满足 $x-4\sqrt{y}=2\sqrt{x-y}$，则 x 的取值范围是_____.

解：令 $\sqrt{x-y}=a,\sqrt{y}=b(a,b\geqslant 0)$，此时 $x=$ $(x-y)+y=a^2+b^2$，条件 $x-4\sqrt{y}=2\sqrt{x-y}$ 可化为 $a^2+b^2-4b=2a$，即 $(a-1)^2+(b-2)^2=5(a,b\geqslant 0)$. 如图 11.25 所示，在 aOb 平面内，点 (a,b) 的轨迹是以 $(1,2)$ 为圆心，$\sqrt{5}$ 为半径的圆在 a、$b\geqslant 0$ 的部分，即原点 O 与圆弧 $\overset{\frown}{ACB}$ 的并集，$\therefore \sqrt{a^2+b^2}\in\{0\}\cup[2,2\sqrt{5}]$，故 $x\in\{0\}\cup[4,20]$.

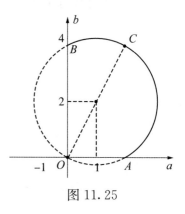

图 11.25

评注：本题条件中含有两个根式，根据其结构特征，设 $\sqrt{x-y}=a,\sqrt{y}=b(a,b\geqslant 0)$，通过双换元，从而将根式转化为整式，将代数问题转化为几何问题，借用数形结合，问题很快得到解决.

4. 与对数式有关的多元问题

例 7 已知实数 x、y 满足 $2x=\ln(x+y-1)+\ln(x-y-1)+4$，则 $2015x^2+2016y^3$ 的值是_____.

解：令 $u=x+y-1,v=x-y-1$，则 $u+v=2x-2$，由 $2x=\ln(x+y-1)+\ln(x-y-1)+4$ 得 $u+v-2=\ln u+\ln v$，$\therefore(\ln u-u+1)+(\ln v-v+1)=0$. 设 $f(t)=\ln t-t+1(t>0)$，对 t 求导，则 $f'(t)=\dfrac{1}{t}-1=\dfrac{1-t}{t}$，$\therefore$ 函数 $f(t)$ 在区间 $(0,1)$ 上单调递增，$(1,+\infty)$ 上单调递减，$\therefore f(t)$ 在 $t=1$ 处取得最大值. 从而有 $f(t)\leqslant[f(t)]_{\max}=f(1)=\ln 1-1+1=0$，即 $f(t)\leqslant 0$，当且仅当 $t=1$ 时等号成立.

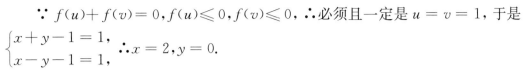

∵ $f(u) + f(v) = 0$, $f(u) \leqslant 0$, $f(v) \leqslant 0$, ∴必须且一定是 $u = v = 1$, 于是
$\begin{cases} x+y-1 = 1, \\ x-y-1 = 1, \end{cases}$ ∴ $x = 2, y = 0$.

故 $2015x^2 + 2016y^3 = 8060$.

评注：本题通过双换元，将对数真数中两个代数式分别用新变量 u、v 替换，巧妙构造出新函数 $f(t) = \ln t - t + 1 (t > 0)$，是解决本题的关键. 本题解法独辟蹊径，很有创意，充分展示了双换元法的神奇魅力!

例 8 正实数 u、v、w 均不等于 1, 若 $\log_u(vw) + \log_v w = 5$, $\log_v u + \log_w v = 3$, 则 $\log_w u$ 的值为_____.

解：令 $\log_u v = a$, $\log_v w = b$, 则 $\log_v u = \dfrac{1}{a}$, $\log_w v = \dfrac{1}{b}$, $\log_u(vw) = \log_u v + \log_u w = \log_u v + \log_u v \cdot \log_v w = a + ab$, 条件化为 $\begin{cases} (a+ab) + b = 5, \\ \dfrac{1}{a} + \dfrac{1}{b} = 3, \end{cases}$ 即

$\begin{cases} a + b = 5 - ab, \\ \dfrac{a+b}{ab} = 3. \end{cases}$

$\dfrac{5-ab}{ab} = 3$, 由此可得 $ab = \dfrac{5}{4}$, ∴ $\log_w u = \log_w v \cdot \log_v u = \dfrac{1}{ab} = \dfrac{4}{5}$.

评注：题中涉及 3 个变量，利用对数换底公式得 $\log_u w = \log_u v \cdot \log_v w$ 和 $\log_u v = \dfrac{1}{\log_v u}$，再用双换元 $\log_u v = a$, $\log_v w = b$，于是将条件中所有的式子统一用 a, b 来表示，从而使问题顺利得到解决!

其实，双换元也是一种变量代换，它是用一种变数形式取代另一种变数形式，从中使问题得到简化，双换元的实质是一种转化. 上述各例由于变量多且形式复杂，单换元往往难以奏效，而双换元法是解决多变量最值(求值或范围)问题的有效方法之一. 双换元法思维独特，具有创新性，可激发中学生的数学学习兴趣!

11.18 借用两边夹 巧解数学题

若 $a_n \leqslant b_n \leqslant c_n$，且 $\lim\limits_{n \to \infty} a_n = \lim\limits_{n \to \infty} c_n = A$，则 $\lim\limits_{n \to \infty} b_n = A$. 这是高等数学中两边夹定理. 与之相仿，在中学数学中也有一个结构相似的"两边夹"结论："若 $m \leqslant f(x) \leqslant m$，则 $f(x) = m$". 这个结论看似简单，可是运用此结论解题能实现由不等向相等、由变量向常量、由运动向静止的转化.

例 1 函数 $f: R \to R$ 对于一切 x、y、$z \in \mathbf{R}$ 满足不等式 $f(x+y) + f(y+z) + f(z+x) \geqslant 3f(x+2y+z)$，则 $f(1) - f(0) = $ \underline{\hspace{3cm}}.

解：令 $x = -y = z$，则 $f(0) + f(0) + f(2x) \geqslant 3f(0)$，即 $f(2x) \geqslant f(0)$.

令 $x = y = -z$，则 $f(2x) + f(0) + f(0) \geqslant 3f(2x)$，即 $f(0) \geqslant f(2x)$，于是 $f(0) \leqslant f(2x) \leqslant f(0)$，$\therefore f(2x) = f(0)$. 令 $x = \dfrac{1}{2}$，故 $f(1) - f(0) = 0$.

评注：由于 x、y、z 是任意实数时条件中的不等式都成立，另外本题结果需求 $f(1) - f(0)$ 的值，于是令 $x = -y = z$，$x = y = -z$，目的是产生 $f(0)$ 与 $f(2x)$ 的不等关系. 其实 $x \in \mathbf{R}$，由 $f(2x) = f(0)$ 得，$f(x) = f(0) \equiv c$（c 是常数）.

例 2 函数 $f(x)$ 的定义域为 D，若对于任意 $x_1, x_2 \in D$，当 $x_1 < x_2$ 时，都有 $f(x_1) \leqslant f(x_2)$，则称函数 $f(x)$ 在 D 上为非减函数. 设函数 $f(x)$ 在 $[0,1]$ 上为非减函数，且满足以下三个条件：① $f(0) = 0$；② $f\left(\dfrac{x}{3}\right) = \dfrac{1}{2} f(x)$；③ $f(1-x) = 1 - f(x)$. 则 $f\left(\dfrac{5}{12}\right) + f\left(\dfrac{1}{8}\right) = $ \underline{\hspace{3cm}}.

解：由条件①和③得 $f(1) = 1$，在③中取 $x = \dfrac{1}{2}$ 得 $f\left(\dfrac{1}{2}\right) = 1 - f\left(\dfrac{1}{2}\right)$，$\therefore f\left(\dfrac{1}{2}\right) = \dfrac{1}{2}$.

在②中令 $x = 1$ 得 $f\left(\dfrac{1}{3}\right) = \dfrac{1}{2} f(1) = \dfrac{1}{2}$，$\because f(x)$ 是非减函数，又 $\dfrac{1}{3} < \dfrac{5}{12} < \dfrac{1}{2}$，$\therefore f\left(\dfrac{1}{3}\right) \leqslant f\left(\dfrac{5}{12}\right) \leqslant f\left(\dfrac{1}{2}\right)$，即 $\dfrac{1}{2} \leqslant f\left(\dfrac{5}{12}\right) \leqslant \dfrac{1}{2}$，故 $f\left(\dfrac{5}{12}\right) = \dfrac{1}{2}$.

在②中令 $x = \dfrac{1}{2}$ 得 $f\left(\dfrac{1}{6}\right) = \dfrac{1}{2} f\left(\dfrac{1}{2}\right) = \dfrac{1}{4}$，再令 $x = \dfrac{1}{3}$，得 $f\left(\dfrac{1}{9}\right) = \dfrac{1}{2} f\left(\dfrac{1}{3}\right) = \dfrac{1}{4}$，$\because \dfrac{1}{9} < \dfrac{1}{8} < \dfrac{1}{6}$，$\therefore f\left(\dfrac{1}{9}\right) \leqslant f\left(\dfrac{1}{8}\right) \leqslant f\left(\dfrac{1}{6}\right)$，即 $\dfrac{1}{4} \leqslant f\left(\dfrac{1}{8}\right) \leqslant \dfrac{1}{4}$，故

$f\left(\dfrac{1}{8}\right)=\dfrac{1}{4}$.

故 $f\left(\dfrac{5}{12}\right)+f\left(\dfrac{1}{8}\right)=\dfrac{1}{2}+\dfrac{1}{4}=\dfrac{3}{4}$.

评注：由于 $f(0)=0$ 想到在③中令 $x=1$，从而有 $f(0)=1-f(1)$，求得 $f(1)=1$；尔后在②中想到再令 $x=1$，则 $f\left(\dfrac{1}{3}\right)=\dfrac{1}{2}f(1)$，于是求得 $f\left(\dfrac{1}{3}\right)=\dfrac{1}{2}$；又 $\dfrac{1}{3}<\dfrac{5}{12}<\dfrac{6}{12}=\dfrac{1}{2}$，因而设法求 $f\left(\dfrac{1}{2}\right)$，观察发现在③中令 $x=\dfrac{1}{2}$，可求得 $f\left(\dfrac{1}{2}\right)=\dfrac{1}{2}$. 至此借用两边夹，问题的瓶颈得到突破.

例 3　$f(x)$ 是定义在 **R** 上的函数，若 $f(0)=1008$，且对任意 $x\in\mathbf{R}$，满足 $f(x+4)-f(x)\leqslant 2(x+1)$，$f(x+12)-f(x)\geqslant 6(x+5)$，则 $\dfrac{f(2016)}{2016}=$ _____.

解：∵ 对任意 $x\in\mathbf{R}$，$f(x+4)-f(x)\leqslant 2(x+1)$，∴ $f(x+12)-f(x)=[f(x+12)-f(x+8)]+[f(x+8)-f(x+4)]+[f(x+4)-f(x)]\leqslant 2[(x+8)+1]+2[(x+4)+1]+2(x+1)=6x+30=6(x+5)$，又 ∵ $f(x+12)-f(x)\geqslant 6(x+5)$，∴ $f(x+12)-f(x)=6(x+5)$，

∴ $f(2016)=[f(2016)-f(2004)]+[f(2004)-f(1992)]+\cdots$
$\qquad\qquad+[f(12)-f(0)]+f(0)=6\times 2009+6\times 1997+\cdots+6\times 5+1008$
$\qquad\qquad=6\times\dfrac{(2009+5)\times 168}{2}+1008=1007\times 1008+1008=1008^{2}$，

∴ $\dfrac{f(2016)}{2016}=\dfrac{1008}{2}=504$.

评注：根据本题递推不等式的结构特征，将 $f(x+12)-f(x)$ 凑配，巧妙利用 $f(x+4)-f(x)\leqslant 2(x+1)$ 逐步缩小，再借用两边夹得到 $f(x+12)-f(x)=6(x+5)$，从而使问题的解决得到了实质性进展.

例 4　定义在 **R** 上的函数 $f(x)$，均有 $\begin{cases}f(x+2016)\leqslant f(x)+2016,\\ f(x+2017)\geqslant f(x)+2017,\end{cases}$ 且 $f(1)=2$，记 $a_n=f(n)(n\in\mathbf{N}^*)$，则 $a_{2018}=$ _____.

解：∵ $f(x)+2017\leqslant f(x+2017)=f(x+1+2016)\leqslant f(x+1)+2016$，

∴ $f(x+1)\geqslant f(x)+1$ ①.

由①知，$f(x)+2016\geqslant f(x+2016)=f(x+2015+1)\geqslant f(x+2015)+1=f(x+2014+1)+1\geqslant f(x+2014)+2\geqslant\cdots\geqslant f(x+1)+2015$，

∴ $f(x+1)\leqslant f(x)+1$ ②.

由 ① 和 ② 得 $f(x+1)=f(x)+1$. 又 $a_n=f(n)(n\in\mathbf{N}^*)$，∴ $a_{n+1}-a_n=1$，

∴ 数列 $\{a_n\}$ 是首项为 $a_1 = f(1) = 2$，公差为 1 的等差数列．

故 $a_{2018} = a_1 + (2018 - 1) \times 1 = 2019$．

评注：本题由递推关系，结合迭代思想，得到 $f(x+1) \geqslant f(x) + 1$ 且 $f(x+1) \leqslant f(x) + 1$，再利用两边夹实现了由不等到相等的转化．

例 5 设 $f(x)$ 是定义在 **R** 上的函数，满足 $|f(x) + \cos^2 x| \leqslant \dfrac{3}{4}$，$|f(x) - \sin^2 x| \leqslant \dfrac{1}{4}$，则函数 $f(x) = $ _____．

解：由 $|f(x) + \cos^2 x| \leqslant \dfrac{3}{4}$，$|f(x) - \sin^2 x| \leqslant \dfrac{1}{4}$ 得

$$\begin{cases} -\cos^2 x - \dfrac{3}{4} \leqslant f(x) \leqslant -\cos^2 x + \dfrac{3}{4}, \\ \sin^2 x - \dfrac{1}{4} \leqslant f(x) \leqslant \sin^2 x + \dfrac{1}{4}, \end{cases} \text{即} \begin{cases} \sin^2 x - \dfrac{7}{4} \leqslant f(x) \leqslant \sin^2 x - \dfrac{1}{4}, \\ \sin^2 x - \dfrac{1}{4} \leqslant f(x) \leqslant \sin^2 x + \dfrac{1}{4}, \end{cases}$$

∴ $\sin^2 x - \dfrac{1}{4} \leqslant f(x) \leqslant \sin^2 x - \dfrac{1}{4}$．

故 $f(x) = \sin^2 x - \dfrac{1}{4}$．

评注：本题实质上是先通过解绝对值不等式组取交集，再借用两边夹，于是问题迎刃而解．

例 6 设 a、b 为正实数，$\dfrac{1}{a} + \dfrac{1}{b} \leqslant 2\sqrt{2}$，$(a-b)^2 = 4(ab)^3$，则 $\log_a b = $ _____．

解：$a > 0, b > 0$，由 $\dfrac{1}{a} + \dfrac{1}{b} \leqslant 2\sqrt{2}$ 得 $a + b \leqslant 2\sqrt{2}ab$ ①．

又 $(a+b)^2 = 4ab + (a-b)^2 = 4ab + 4(ab)^3 \geqslant 4 \times 2\sqrt{ab \cdot (ab)^3} = 8a^2b^2$，

∴ $a + b \geqslant 2\sqrt{2}ab$ ②．

由①和②可得 $a + b = 2\sqrt{2}ab$，其中对于②，等号成立的条件是 $ab = 1$．

由 $\begin{cases} a + b = 2\sqrt{2}ab \\ ab = 1 \end{cases}$，求得 $\begin{cases} a = \sqrt{2} - 1, \\ b = \sqrt{2} + 1 \end{cases}$ 或 $\begin{cases} a = \sqrt{2} + 1, \\ b = \sqrt{2} - 1. \end{cases}$

故 $\log_a b = -1$．

评注：本题利用二元均值不等式及两边夹得出 $a + b = 2\sqrt{2}ab$，特别注意的是在均值不等式中等号成立的条件是 $ab = (ab)^3 (a > 0, b > 0)$，即 $ab = 1$．这个隐含条件给本题的解决带来了转机．

例 7（第二届美国数学奥林匹克试题）确定方程组 $\begin{cases} x + y + z = 3 ①, \\ x^2 + y^2 + z^2 = 3 ②, \\ x^5 + y^5 + z^5 = 3 ③ \end{cases}$ 的

所有实数解.

解：由①得 $x+y=3-z$，由②得 $x^2+y^2=3-z^2$. 由均值不等式得 $x^2+y^2 \geqslant \dfrac{(x+y)^2}{2}$，$\therefore 3-z^2 \geqslant \dfrac{(3-z)^2}{2}$，整理得 $(z-1)^2 \leqslant 0$，$\therefore z=1$.

同理，$x=1$，$y=1$，此解满足③.

故原方程组有且只有一组实数解 $\begin{cases} x=1, \\ y=1, \\ z=1. \end{cases}$

评注：本题涉及三个变量，若视 z 为常数，即为二元问题，根据题设条件的特征，于是联想到二元均值不等式，经变形得到 $(z-1)^2 \leqslant 0$，而 $(z-1)^2 \geqslant 0$. 利用两边夹得 $z=1$. 此解法呈现了由等式到不等式再到等式的曲折变化过程.

利用两边夹求解数学问题，方法巧妙，思维独特. 不等与相等是既对立又统一的两个概念，通过两边夹有力地将它们统一起来，从而有效地实现了由不等到相等的质变过程，创造性地突破了思维瓶颈！

11.19 浅谈分类讨论的思想

分类是人类认识世界、改造世界的科学行为. 分类形成一种数学思想，在数学活动中，分类讨论的思想好比指南针，它给我们指明了方向.

分类讨论的基本原则：①对所讨论的全域分类要"既不重复，也不遗漏"；②在同层次讨论中只能按所确定的一个标准进行；③对多级讨论，应逐级进行，不能越级.

1. 由概念内涵引起的分类讨论

所有数学概念都有其明确的内涵，在解决问题过程中，凡是涉及相关的概念问题，当不能直接解答时，一般都应以所定义的概念来进行分类讨论，讨论时要注意概念所受的限制条件.

例 1 设 k 为实常数，问方程 $(8-k)x^2+(k-4)y^2=(8-k)\cdot(k-4)$ 表示的曲线是何种曲线？

解：方程表示何种曲线主要取决于 k 的取值，可对 k 分以下三种情形讨论：

(1)当 $k=4$ 时，方程变为 $4x^2=0$，即 $x=0$，表示 y 轴.

(2)当 $k=8$ 时，方程变为 $4y^2=0$，即 $y=0$，表示 x 轴.

(3)当 $k\neq4$ 且 $k\neq8$ 时，方程变为 $\dfrac{x^2}{k-4}+\dfrac{y^2}{8-k}=1$，又有以下五种情形讨论：

①当 $k<4$ 时，方程表示中心在原点，焦点在 y 轴上的双曲线；

②当 $4<k<6$ 时，方程表示中心在原点，焦点在 y 轴上的椭圆；

③当 $k=6$ 时，方程表示圆心在原点，半径为 $\sqrt{2}$ 的圆；

④当 $6<k<8$ 时，方程表示中心在原点，焦点在 x 轴上的椭圆；

⑤当 $k>8$ 时，方程表示中心在原点，焦点在 x 轴上的双曲线.

评注：解此类问题的关键是要明确每一种曲线的标准方程的概念，并依据概念的内涵对参数 k 进行分类讨论.

2. 由公式限制引起的分类讨论

有些定理、公式、运算法则在不同的条件下有不同的形式，如数列通项及其前 n 项和公式、方根性质等，因此在解题时一般要分类讨论.

例 2 数列 $\{a_n\}$ 的前 n 项和为 S_n，数列 $\{S_n\}$ 是各项均为正数的等比数列，

试比较 $\dfrac{a_n + a_{n+2}}{2}$ 与 a_{n+1} 的大小，并证明你的结论.

解：设 $S_n = S_1 q^{n-1}$（其中 $S_1 > 0, q > 0$），则 $a_n = \begin{cases} S_1 & (n=1) \\ S_n - S_{n-1} & (n \geq 2) \end{cases}$，即

$$a_n = \begin{cases} S_1 & (n=1), \\ S_1(q-1)q^{n-2} & (n \geq 2). \end{cases}$$

(1) 当 $q = 1$ 时，$a_2 = a_3 = \cdots = a_n = 0, (n \geq 2)$.

① 当 $n = 1$ 时，$\dfrac{a_n + a_{n+2}}{2} > a_{n+1}$；

② 当 $n \geq 2$ 时，$\dfrac{a_n + a_{n+2}}{2} = a_{n+1}$.

(2) 当 $q > 0$ 且 $q \neq 1$ 时.

① 当 $n = 1$ 时，$\dfrac{a_1 + a_3}{2} - a_2 = \dfrac{S_1 + S_1 q(q-1)}{2} - S_1(q-1) = \dfrac{1}{2} S_1 \left[\left(q - \dfrac{3}{2} \right)^2 + \dfrac{3}{4} \right] > 0$，$\therefore \dfrac{a_1 + a_3}{2} > a_2$.

② 当 $n \geq 2$ 时，$\dfrac{a_n + a_{n+2}}{2} - a_{n+1} = \dfrac{1}{2} \left[S_1(q-1)q^{n-2} + S_1(q-1)q^n \right] - S_1(q-1)q^{n-1} = \dfrac{1}{2} S_1 q^{n-2} (q-1)^3$.

若 $q > 1$，则 $\dfrac{a_n + a_{n+2}}{2} > a_{n+1}$；若 $0 < q < 1$，则 $\dfrac{a_n + a_{n+2}}{2} < a_{n+1}$.

评注：由于等比数列 $\{S_n\}$ 通项形式受到公比 q 的影响，于是第一层对主要变量 q 分类讨论，即分 $q = 1$ 和 $q > 0$ 且 $q \neq 1$ 讨论；由于数列 $\{a_n\}$ 的通项公式是分段的，于是第二层对 n 分类讨论，即分 $n = 1$ 和 $n \geq 2$ 讨论；在 $q > 0$ 且 $q \neq 1$，同时 $n \geq 2$ 的情况下，$\dfrac{a_n + a_{n+2}}{2}$ 与 a_{n+1} 差值正负与 q 有关，于是第三层对 q 进一步分类讨论，即分 $q > 1$ 和 $0 < q < 1$ 讨论. 对分类复杂的参数讨论题必须选准突破口，使分类有条不紊，解题自然流畅.

3. 由参数变化引起的分类讨论

数学问题中含有变量或参数，这些变量或参数取不同值时会导致不同的结果，因而需要对参数进行分类讨论.

例 3 设 $a < 1$，集合 $A = \{x \in \mathbf{R} \mid x > 0\}$，$B = \{x \in \mathbf{R} \mid 2x^2 - 3(1+a)x + 6a > 0\}$，$D = A \bigcap B$.

(1) 求集合 D（用区间表示）；

(2)求函数 $f(x)=2x^3-3(1+a)x^2+6ax$ 在 D 内的极值点.

解：(1)考虑不等式 $2x^2-3(1+a)x+6a>0$ 的解.

∵ $\Delta=[-3(1+a)]^2-4\times2\times6a=3(a-3)(3a-1)$，且 $a<1$，∴可分以下三种情况：

①当 $\frac{1}{3}<a<1$ 时，$\Delta<0$，此时 $B=\mathbf{R},D=A=(0,+\infty)$；

②当 $a=\frac{1}{3}$ 时，$\Delta=0$，此时 $B=\{x\mid x\neq1\},D=(0,1)\bigcup(1,+\infty)$；

③当 $a<\frac{1}{3}$ 时，$\Delta>0$，此时 $2x^2-3(1+a)x+6a=0$ 有两根，设为 x_1,x_2，且 $x_1<x_2$，则 $x_1=\dfrac{3(1+a)-\sqrt{3(a-3)(3a-1)}}{4},x_2=\dfrac{3(1+a)+\sqrt{3(a-3)(3a-1)}}{4}$，

于是 $B=\{x\mid x<x_1\ 或\ x>x_2\}$.

当 $0<a<\frac{1}{3}$ 时，$x_1+x_2=\frac{3}{2}(1+a)>0$，$x_1x_2=3a>0$，∴$x_2>x_1>0$，此时 $D=(0,x_1)\bigcup(x_2,+\infty)$；

当 $a\leqslant0$ 时，$x_1x_2=3a\leqslant0$，∴$x_1\leqslant0,x_2>0$，此时 $D=(x_2,+\infty)$.

综上，当 $\frac{1}{3}<a<1$ 时，$D=(0,+\infty)$；当 $a=\frac{1}{3}$ 时，$D=(0,1)\bigcup(1,+\infty)$；当 $0<a<\frac{1}{3}$ 时，$D=(0,x_1)\bigcup(x_2,+\infty)$；当 $a\leqslant0$ 时，$D=(x_2,+\infty)$. 其中，$x_1=\dfrac{3(1+a)-\sqrt{3(a-3)(3a-1)}}{4},x_2=\dfrac{3(1+a)+\sqrt{3(a-3)(3a-1)}}{4}$.

(2) $f'(x)=6x^2-6(1+a)x+6a$，令 $f'(x)=0$ 可得 $(x-a)(x-1)=0$.

∵ $a<1$，∴ $f'(x)=0$ 有两根 $m_1=a$ 和 $m_2=1$，且 $m_1<m_2$.

①当 $\frac{1}{3}<a<1$ 时，$D=(0,+\infty)$，此时 $f'(x)=0$ 在 D 内有两根 $m_1=a$ 和 $m_2=1$，列表如下：

x	$(0,a)$	a	$(a,1)$	1	$(1,+\infty)$
$f'(x)$	$+$	0	$-$	0	$+$
$f(x)$	递增	极大值	递减	极小值	递增

故 $f(x)$ 在 D 内有极小值点 1，极大值点 a.

②当 $a=\frac{1}{3}$ 时，$D=(0,1)\bigcup(1,+\infty)$，此时 $f'(x)=0$ 在 D 内只有一根 $m_1=a=\frac{1}{3}$，列表如下：

x	$\left(0,\dfrac{1}{3}\right)$	$\dfrac{1}{3}$	$\left(\dfrac{1}{3},1\right)$	$(1,+\infty)$
$f'(x)$	$+$	0	$-$	$+$
$f(x)$	递增	极大值	递减	递增

故 $f(x)$ 在 D 内只有极大值点 a，没有极小值点.

③当 $0<a<\dfrac{1}{3}$ 时，$D=(0,x_1)\bigcup(x_2,+\infty)$，此时 $0<a<x_1<1<x_2$（可用分析法证明），于是 $f'(x)=0$ 在 D 内只有一根 $m_1=a$，列表如下：

x	$(0,a)$	a	(a,x_1)	$(x_2,+\infty)$
$f'(x)$	$+$	0	$-$	$+$
$f(x)$	递增	极大值	递减	递增

故 $f(x)$ 在 D 内只有极大值点 a，没有极小值点.

④当 $a\leqslant 0$ 时，$D=(x_2,+\infty)$，此时 $x_2>1$，于是 $f'(x)$ 在 D 内恒大于 0，$f(x)$ 在 D 内没有极值点.

综上所述，当 $\dfrac{1}{3}<a<1$ 时，$f(x)$ 在 D 内有极小值点 1，极大值点 a；当 $0<a\leqslant\dfrac{1}{3}$ 时，$f(x)$ 在 D 内只有极大值点 a，没有极小值点；当 $a\leqslant 0$ 时，$f(x)$ 在 D 内没有极值点.

评注：本题主要考查函数的单调性、导数的应用和不等式等有关知识，考查分类讨论的数学思想以及灵活运用数学知识分析和解决问题的能力，同时还要求考生具备一定的良好个性品质，具备顽强的毅力！

4. 由图形不定引起的分类讨论

有关几何问题由几何元素的形状、位置变化的不确定性，需要根据图形的特征进行分类讨论.

例 4　如图 11.26 所示，四边形 $ABCD$ 为矩形，且 $AB=1$，$BC=a(a>0)$，$PA\perp$ 平面 $ABCD$，BC 边上是否存在一点 Q，使 $PQ\perp QD$，并说明理由.

解：连结 AQ，由于 $PA\perp$ 平面 $ABCD$，若 $PQ\perp QD$，则 $AQ\perp QD$. 设 $BQ=x$，则 $QC=a-x$，$AQ=\sqrt{x^2+1}$，$DQ=\sqrt{1+(a-x)^2}$. 在 Rt$\triangle AQD$ 中，$x^2+1+1+(a-x)^2=a^2$，整理得 $x^2-ax+1=0$，$a>0$，$\Delta=$

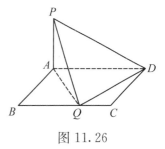

图 11.26

$a^2 - 4$.

(1)当 $a^2 - 4 = 0$，即 $a = 2$ 时，BC 边上有且只有一点满足 $PQ \perp QD$，此时 $BQ = 1$，即 Q 为 BC 的中点.

(2)当 $a^2 - 4 > 0$，即 $a > 2$ 时，BC 边上存在两点使 $PQ \perp QD$，此时 $BQ = \dfrac{a \pm \sqrt{a^2 - 4}}{2}$.

(3)当 $a^2 - 4 < 0$，即 $0 < a < 2$ 时，BC 边上不存在点 Q 满足 $PQ \perp QD$.

评注：BC 边的长短影响几何图形的形状，从而影响 PQ 与 QD 的位置关系，对 BC 边长 a 取值的分类讨论，体现了转化与化归思想，把点的个数问题化归为一元二次方程根的讨论问题.

5. 由题设条件引起的分类讨论

问题中的条件是分类给出的，在求解过程中由于受题设条件的限制，统一表达不方便，而变换需要突破这些限制条件时，常引起分类讨论.

例 5　某企业在第 1 年初购买一台价值为 120 万元的设备 M，M 的价值在使用过程中逐年减少，从第 2 年到第 6 年，每年初 M 的价值比上年初减少 10 万元；从第 7 年开始，每年初 M 的价值为上年初的 75%.

(1)求第 n 年初 M 的价值 a_n 的表达式.

(2)设 $A_n = \dfrac{a_1 + a_2 + \cdots + a_n}{n}$，若 A_n 大于 80 万元，则 M 继续使用，否则须在第 n 年初对 M 更新. 证明：须在第 9 年初对 M 更新.

解：(1)当 $n \leqslant 6$ 时，数列 $\{a_n\}$ 是首项为 120，公差为 -10 的等差数列，$a_n = 120 - 10(n-1) = 130 - 10n$.

当 $n \geqslant 6$ 时，数列 $\{a_n\}$ 是以 a_6 为首项，公比为 $\dfrac{3}{4}$ 为等比数列，又 $a_6 = 70$，

$\therefore a_n = 70 \times \left(\dfrac{3}{4}\right)^{n-6}$.

因此，第 n 年初，M 的价值 a_n 的表达式为 $a_n = \begin{cases} 130 - 10n, & n \leqslant 6, \\ 70 \times \left(\dfrac{3}{4}\right)^{n-6}, & n \geqslant 7. \end{cases}$

(2)设 S_n 表示数列 $\{a_n\}$ 的前 n 项和，由等差及等比数列的求和公式得：

当 $1 \leqslant n \leqslant 6$ 时，$S_n = 120n - 5n(n-1)$，$A_n = 120 - 5(n-1) = 125 - 5n$；

当 $n \geqslant 7$ 时，$S_n = S_6 + (a_7 + a_8 + \cdots + a_n) = 570 + \dfrac{70 \times \dfrac{3}{4} \times \left[1 - \left(\dfrac{3}{4}\right)^{n-6}\right]}{1 - \dfrac{3}{4}} =$

$780 - 210 \times \left(\dfrac{3}{4}\right)^{n-6}$，$A_n = \dfrac{780 - 210 \times \left(\dfrac{3}{4}\right)^{n-6}}{n}$.

显然 $\{A_n\}$ 是递减数列.

$$A_8 = \frac{780 - 210 \times \left(\dfrac{3}{4}\right)^{8-6}}{8} = 82\frac{47}{64} > 80，而 A_9 = \frac{780 - 210 \times \left(\dfrac{3}{4}\right)^{9-6}}{9} = 76\frac{79}{96}$$

< 80.

故须在第 9 年初对 M 更新.

评注：本题限制条件明显，而且条件是分类给出的，因此对变量 n 的分类讨论是自然合理的，也是必要的.

进行分类讨论的关键是明确讨论的动因，即认识为什么要分类讨论，只有明确了讨论的原因，才能准确地、恰当地、合理地进行分类讨论.

11.20 例谈避免分类讨论的解题策略

分类讨论的思想对于培养学生思维的条理性和深刻性有着重要的作用，其思想对于启迪学生的思维是其他数学思想方法无法替代的，一直倍受命题者的青睐. 可是有些分类讨论问题，若能认真地挖掘一下题目内在的特殊性，灵活地运用解题策略和方法，有时可简化或避免分类讨论，使解题过程简洁且降低问题难度，提高解题的效率和质量. 下面例谈避免分类讨论的解题策略.

1. 变更主元，避免讨论

例 1 已知函数 $f(x) = x^3 + ax^2 - 2ax - 3a(a \in \mathbf{R})$. 证明：对于 $\forall a \in \mathbf{R}$ 都 $\exists x \in [-1, 4]$，使 $f(x) \leqslant f'(x)$ 成立.

证明： $\because f'(x) = 3x^2 + 2ax - 2a$，$\therefore f(x) - f'(x) = a(x^2 - 4x - 1) + x^3 - 3x^2$，若 $f(x) \leqslant f'(x)$，即 $a(x^2 - 4x - 1) + x^3 - 3x^2 \leqslant 0$.

令 $g(x) = a(x^2 - 4x - 1) + x^3 - 3x^2$，若对于 $\forall a \in \mathbf{R}$，$f(x) \leqslant f'(x)$ 成立，即 $a(x^2 - 4x - 1) + x^3 - 3x^2 \leqslant 0$ 恒成立，则需要 $\begin{cases} x^2 - 4x - 1 = 0, \\ x^3 - 3x^2 \leqslant 0, \end{cases}$ 解得 $x = 2 - \sqrt{5} \in [-1, 4]$.

故命题成立.

评注： 本题如果不变更主元，令 $g(x) = f(x) - f'(x)$，由 $g'(x) = 0$ 得 $x_1 = 2, x_2 = -\dfrac{2a}{3}$. 依 $a \leqslant -3$ 和 $a > -3$ 讨论，比较 x_1、x_2 的大小，再利用导数知识证明，$\exists x \in [-1, 4]$，$[g(x)]_{\min} \leqslant 0$. 此种证明显得很烦琐.

2. 消除参数，避免讨论

例 2 设 $0 < x < 1, a > 0$ 且 $a \neq 1$，比较 $|\log_a(1-x)|$ 与 $|\log_a(1+x)|$ 的大小.

解： $\dfrac{|\log_a(1-x)|}{|\log_a(1+x)|} = |\log_{(1+x)}(1-x)|$

$$= \left| \log_{(1+x)} \dfrac{1-x^2}{1+x} \right|$$

$$= |\log_{(1+x)}(1-x^2) - 1|.$$

$\because 0 < x < 1$，$\therefore 1 < 1 + x < 2, 0 < 1 - x^2 < 1$，$\therefore \log_{(1+x)}(1-x^2) <$

424

$0 \Rightarrow |\log_{(1+x)}(1-x^2)-1| > 1.$

故 $\dfrac{|\log_a(1-x)|}{|\log_a(1+x)|} > 1 \Rightarrow |\log_a(1-x)| > |\log_a(1+x)|.$

评注：本题通常的解法是对底数 a 分 $a>1$ 和 $0<a<1$ 两种情况进行讨论，然后利用作差的方法比较大小．这里先消除参数，可避免分类讨论．

3. 参变分离，避免讨论

例 3 　已知定义在 $(0,1)$ 上的函数 $f(x)=\dfrac{2^x}{4^x+1}$，求当 λ 为何值时，函数 $g(x)=f(x)-\lambda$ 在 $x \in (0,1)$ 上有零点．

解：若函数 $g(x)=f(x)-\lambda$ 在 $x \in (0,1)$ 上有零点，即方程 $f(x)=\lambda$ 在 $x \in (0,1)$ 上有解，$f(x)=\dfrac{2^x}{4^x+1}=\dfrac{1}{2^x+\dfrac{1}{2^x}}, x \in (0,1)$. 设 $t=2^x$，$y=t+\dfrac{1}{t}, t \in (1,2)$，$\therefore y \in \left(2, \dfrac{5}{2}\right)$，则 $f(x) \in \left(\dfrac{2}{5}, \dfrac{1}{2}\right)$.

故当 $\lambda \in \left(\dfrac{2}{5}, \dfrac{1}{2}\right)$ 时，函数 $g(x)=f(x)-\lambda$ 在 $x \in (0,1)$ 上有零点．

评注：若参变不分离，函数 $g(x)=f(x)-\lambda$ 在 $x \in (0,1)$ 上有零点，即方程 $f(x)=\lambda$ 在 $x \in (0,1)$ 上有解，可得 $\lambda(2^x)^2-2^x+\lambda=0$ 在 $x \in (0,1)$ 有解．令 $2^x=t, t \in (1,2)$，即方程 $\lambda t^2-t+\lambda=0$ 在 $t \in (1,2)$ 上有解，以下再用一元二次方程根的分布知识分类讨论来解决，情况较复杂．显然，采用参变分离的方法解决本题比较简洁．

4. 正难则反，避免讨论

例 4 　若二次函数 $f(x)=4x^2-2(p-2)x-2p^2-p+1$ 在区间 $[-1,1]$ 上至少存在一点 x_0，使 $f(x_0)>0$，求实数 p 的取值范围．

解：若 $f(x)$ 在区间 $[-1,1]$ 上均为非正数，数形结合，则 $\begin{cases} f(-1) \leqslant 0, \\ f(1) \leqslant 0, \end{cases}$ 即 $\begin{cases} 2p^2-p-1 \geqslant 0, \\ 2p^2+3p-9 \geqslant 0, \end{cases}$ 解得 $\begin{cases} p \leqslant -\dfrac{1}{2} \text{ 或 } p \geqslant 1, \\ p \leqslant -3 \text{ 或 } p \geqslant \dfrac{3}{2}, \end{cases}$ $\therefore p \leqslant -3$ 或 $p \geqslant \dfrac{3}{2}.$

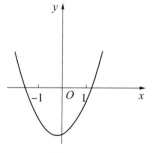

图 11.27

故求得满足题意的实数 p 的取值范围是 $\left(-3, \dfrac{3}{2}\right)$.

评注：有些问题按照顺向思维方式寻求解题过程比较困难，此时采取顺繁则逆、正难则反的思维策略，会使解题思路豁然开朗．本题考虑其反面情况，然后把它从整体情况中排除掉，从而获解，避免了分类讨论．

5. 数形结合，避免讨论

例5　已知 $a>0,a\neq1$，试求使方程 $\log_a(x-ak)=\log_{a^2}(x^2-a^2)$ 有解的实数 k 的取值范围．

解：原方程等价于 $0<x-ak=\sqrt{x^2-a^2}$．

设 $l:y=x-ak$，$C:y=\sqrt{x^2-a^2}$，则原题转化为直线 $l:y=x-ak$ 与双曲线 $C:y=\sqrt{x^2-a^2}(y>0)$ 在 x 轴上方有交点，求实数 k 的取值范围．

根据数形结合(图 11.28)，得 $-ak>a$ 或 $-a<-ak<0$，又 $a>0$，$\therefore k<-1$ 或 $0<k<1$．

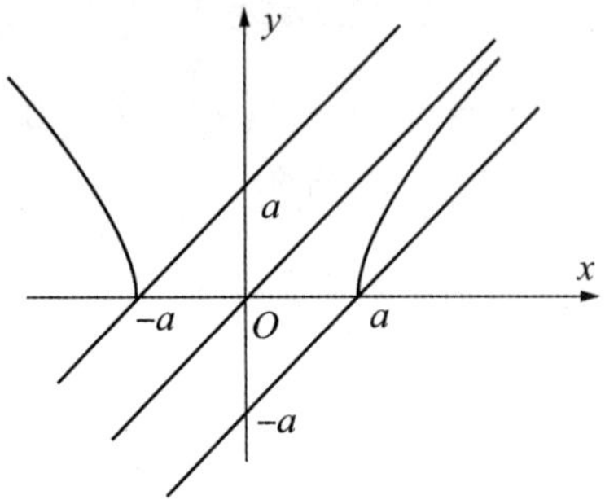

图 11.28

评注：原方程等价于 $0<x-ak=\sqrt{x^2-a^2}$，若就此展开分类讨论则情形繁多而且很复杂，利用数形结合的思想解决本题可避免繁杂的分类讨论．

6. 巧用性质，避免讨论

例6　定义在 $[-2,2]$ 上的偶函数 $f(x)$ 在区间 $[0,2]$ 上单调递减，若 $f(1-a)<f(a)$，求实数 a 的取值范围．

解：$\because f(x)$ 是偶函数，$\therefore f(-x)=f(x)=f(|x|)$，从而不等式 $f(1-a)<f(a)$ 等价于 $f(|1-a|)<f(|a|)$，又 $\because$ 函数 $f(x)$ 在区间 $[0,2]$ 上单调递减，

故有 $\begin{cases}|1-a|>|a|,\\-2\leqslant1-a\leqslant2,\\-2\leqslant a\leqslant2,\end{cases}$ 解得 $-1\leqslant a<\dfrac{1}{2}$．

评注：若本题根据函数定义域和单调区间分类讨论，则 $1-a,a$ 分布在区间 $[-2,0)$ 和 $[0,2]$ 内有 4 种情况，运算量较大．巧用偶函数的性质，可避免分类讨论．

7. 利用共性，避免讨论

例7　函数 $f(x)=a^2+\log_a(x+1)$ 在 $[0,1]$ 上最大值和最小值之和为 $-a$，

则 a 的值为(   ).

A. $\dfrac{1}{4}$ B. $\dfrac{1}{2}$ C. 2   D. 4

解: 无论 $a>1$ 还是 $0<a<1$, 函数 $f(x)$ 总是单调的, 因此 $f(x)$ 在 $[0,1]$ 上最大值和最小值总是在区间的端点取得, 故函数 $f(x)=a^2+\log_a(x+1)$ 在 $[0,1]$ 上最大值和最小值之和均是 $f(0)+f(1)=2a^2+\log_a 2$. 依题意, 有 $2a^2+\log_a 2=-a$, 考虑选项, 只有 $a=\dfrac{1}{2}$ 满足. 故选 B.

评注: 本题常规解法是按照 $a>1$ 和 $0<a<1$ 两种情况讨论, 根据函数的增减性分别求解. 但通过观察利用本题隐藏的共性, 可避免分类讨论.

8. 挖掘隐含，避免讨论

例 8   已知二次函数 $f(x)=-\dfrac{1}{2}x^2+x$, 是否存在实数 $m,n(m<n)$, 使 $f(x)$ 的定义域和值域分别是 $[m,n]$ 和 $[3m,3n]$? 如果存在, 求出 m,n 的值; 若不存在, 请说明理由.

解: $\because f(x)=-\dfrac{1}{2}x^2+x=-\dfrac{1}{2}(x-1)^2+\dfrac{1}{2}\leqslant\dfrac{1}{2}$, 又 $f(x)\in[3m,3n]$,

$\therefore 3n\leqslant\dfrac{1}{2}\Rightarrow n\leqslant\dfrac{1}{6}<1.$

$\because f(x)$ 的图像的对称轴是直线 $x=1$, $\therefore$ 区间 $[m,n]$ 在对称轴左侧, $f(x)$ 在 $[m,n]$ 上递增, $\therefore\begin{cases}f(m)=3m\\f(n)=3n\end{cases}(m<n)$, 即 $\begin{cases}-\dfrac{1}{2}m^2+m=3m,\\-\dfrac{1}{2}n^2+n=3n\end{cases}\Rightarrow\begin{cases}m=0\ 或\ m=-4,\\n=0\ 或\ n=-4\end{cases}$

$(m<n)$, $\therefore\begin{cases}m=-4,\\n=0.\end{cases}$

评注: 本题通常的解法是根据抛物线 $f(x)=-\dfrac{1}{2}x^2+x$ 的对称轴 $x=1$ 与区间 $[m,n]$ 的三种相对位置关系进行分类讨论. 但若注意全面观察, 挖掘问题中的隐含条件 $f(x)=-\dfrac{1}{2}x^2+x=-\dfrac{1}{2}(x-1)^2+\dfrac{1}{2}\leqslant\dfrac{1}{2}$, 又 $f(x)\in[3m,3n]\Rightarrow 3n\leqslant\dfrac{1}{2}\Rightarrow n\leqslant\dfrac{1}{6}<1$, 得出对称轴 $x=1$ 与区间 $[m,n]$ 是一种确定的位置关系. 可避免烦琐的分类讨论, 优化解题过程.

  避免分类讨论的目的也是为了实现解题过程的优化, 本节不是去逃避分类讨论, 而是对分类讨论思想的一种再认识、一种升华; 同时也是培养学生的一种处理问题的意识, 即求简的意识, 避免解决问题的随意性和盲目性.

11.21　借用待定系数法　巧解几类数学题

待定系数法是数学中常见的数学方法，也是重要的数学方法，借用待定系数法解题，首先要明确代数式的基本模式，然后经过变形与比较，建立起含有待定系数的方程或方程组，求出这些待定的系数.

1. 巧解涉及多项式问题

例1　若整数 n，使得多项式 $f(x) = 3x^3 - nx - n - 2$ 可以表示为两个非常数整系数多项式的乘积，则所有 n 的可能值的和为 _____.

解：设 $f(x) = (ax^2 + bx + c)(dx + e)$，其中 a、b、c、d、e 均为整数，不妨设 $a = 1, d = 3$ 或 $a = 3, d = 1$.

若 $a = 1, d = 3$，$f(x) = (x^2 + bx + c)(3x + e)$，则 $-5 = f(-1) = (1 - b + c)(-3 + e)$，$\therefore (-3 + e) \mid (-5)$，得 $e = -2, 2, 4, 8$；又 $f\left(-\dfrac{e}{3}\right) = 0$ 得，$e^3 = 3(ne - 3n - 6)$，有 $3 \mid e$，矛盾.

若 $a = 3, d = 1$，$f(x) = (3x^2 + bx + c)(x + e)$，一方面由 $-5 = f(-1) = (3 - b + c)(e - 1)$ 得 $(e - 1) \mid (-5)$，$\therefore e = -4, 0, 2, 6$；另一方面 $f(-e) = 0$ 得，$3e^3 - ne + n + 2 = 0$，即 $n = \dfrac{3e^3 + 2}{e - 1}$.

故可以求得 n 的值为 $38, -2, 26, 130$.

因此，所求之和为 192.

评注：依题意题中多项式可以表示为两个非常数整系数多项式的乘积，于是该多项式可巧妙设为 $(ax^2 + bx + c)(dx + e)$ 的形式，根据多项式中 x^3 系数为 3 的特点，对整数 a, d 分类讨论，是求解本题的关键.

2. 巧解涉及函数式问题

例2　已知函数 $f(x) = x^3 + ax^2 + bx + 2$ 的图像关于点 $(2, 0)$ 对称，则 $f(1) = $ _____.

解法1：由 $f(x)$ 的图像关于点 $(2, 0)$ 对称，对任意 $x \in \mathbf{R}$ 有 $f(2 + x) + f(2 - x) = 0$，即 $(2 + x)^3 + a(2 + x)^2 + b(2 + x) + 2 + (2 - x)^3 + a(2 - x)^2 + b(2 - x) + 2 = 0$，即 $(2a + 12)x^2 + (8a + 2b + 20) = 0$ 恒成立，

$$\therefore \begin{cases} 2a+12=0, \\ 8a+4b+20=0, \end{cases} 解得 \begin{cases} a=-6, \\ b=7. \end{cases}$$

故 $f(1)=1+a+b+2=1-6+7+2=4$.

解法2：依题意，设 $f(x)=(x-2)^3+m(x-2)$，由 $f(x)=x^3+ax^2+bx+2$ 得 $f(0)=2$，$\therefore f(0)=-8-2m=2$，解得 $m=-5$，于是 $f(x)=(x-2)^3-5(x-2)$.

故 $f(1)=-1+5=4$.

评注：利用待定系数法，就是把具有某种确定形式的数学问题，通过引入一些待定的系数，转化为方程或方程组来解决. 解法1，因 $f(x)$ 图像关于点 $(2,0)$ 对称，于是联想到 $f(2+x)+f(2-x)=0$，通过对应系数相等列出方程组求得待定的系数. 解法2，既考虑到函数 $f(x)$ 的图像关于点 $(2,0)$ 对称，又兼顾到 x^3 系数为1的特点，于是设出 $f(x)=(x-2)^3+m(x-2)$，用数值代入法求出待定参数. 方法新颖、独特，彰显了待定系数法解题的神奇魅力！

3. 巧解涉及方程式问题

例3　已知椭圆 $E：\dfrac{x^2}{a^2}+\dfrac{y^2}{b^2}=1(a>b>0)$，过椭圆左焦点 $F(-c,0)(c>0)$ 的直线 l 交椭圆于 A、B 两点，线段 AB 的垂直平分线交椭圆于 C、D 两点（图11.29），若 $AC \perp AD$，试求直线 l 的方程.

解：①若直线 $l \perp x$ 轴，不妨设 $A\left(-c,\dfrac{b^2}{a}\right)$，

$B\left(-c,-\dfrac{b^2}{a}\right)$，$C(-a,0)$，$D(a,0)$. 又 $a>b>0$，

$\therefore \overrightarrow{AC} \cdot \overrightarrow{AD}=\left(-a+c,-\dfrac{b^2}{a}\right) \cdot \left(a+c,-\dfrac{b^2}{a}\right)=$

$b^2\left(\dfrac{b^2}{a^2}-1\right)\neq 0$，得 AC 与 AD 不垂直，不合题意.

②设直线 l 的方程为 $y=k(x+c)$，则直线 CD 的方程可设为 $x=-ky+d$，$\because AC \perp AD$，且 CD 是线段 AB 的垂直平分线，则 $BC \perp BD$，因此

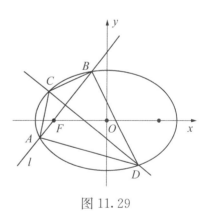

图11.29

A、B、C、D 四点共圆. 设过四点 A、B、C、D 的曲线方程为 $\dfrac{x^2}{a^2}+\dfrac{y^2}{b^2}-1+\lambda(kx-y+kc)(x+ky-d)=0$，而四点共圆，故方程中没有 xy 项，因此 $\lambda(k^2-1)=0$，即 $k=\pm 1$，故直线 l 的方程为 $y=\pm(x+c)$.

评注：根据本题求解问题的固有特征，通过引入一些待定的系数，将所要解决的数学问题转化为一个含有待定系数的恒等式. 结合几何图形的特点，从

而决定了代数方程 xy 项的特殊性, 问题则迎刃而解.

4. 巧解涉及分式问题

例 4 已知 $x > 0, y > 0$, 且 $\dfrac{1}{2x+y} + \dfrac{1}{y+1} = 1$, 则 $\dfrac{1}{x+2y}$ 的最大值为 _____.

解: 设 $x + 2y = \lambda_1(2x+y) + \lambda_2(y+1) + t$, 即 $x + 2y = 2\lambda_1 x + (\lambda_1 + \lambda_2)y + \lambda_2 + t$, $\therefore \begin{cases} 2\lambda_1 = 1, \\ \lambda_1 + \lambda_2 = 2, \\ \lambda_2 + t = 0, \end{cases}$ 解得 $\lambda_1 = \dfrac{1}{2}, \lambda_2 = \dfrac{3}{2}, t = -\dfrac{3}{2}$.

又 $\dfrac{1}{2x+y} + \dfrac{1}{y+1} = 1$, 于是有 $x + 2y = \dfrac{1}{2}(2x+y) + \dfrac{3}{2}(y+1) - \dfrac{3}{2} = \left[\dfrac{1}{2}(2x+y) + \dfrac{3}{2}(y+1)\right]\left(\dfrac{1}{2x+y} + \dfrac{1}{y+1}\right) - \dfrac{3}{2} = \dfrac{2x+y}{2(y+1)} + \dfrac{3(y+1)}{2(2x+y)} + \dfrac{1}{2} \geqslant \sqrt{3} + \dfrac{1}{2}$, 当且仅当 $x = \dfrac{1}{2} + \dfrac{\sqrt{3}}{3}, y = \dfrac{\sqrt{3}}{3}$ 时取等号.

又 $x > 0, y > 0$, $\therefore \dfrac{1}{x+2y} \leqslant \dfrac{2}{2\sqrt{3}+1} = \dfrac{4\sqrt{3}-2}{11}$.

故 $\dfrac{1}{x+2y}$ 的最大值为 $\dfrac{4\sqrt{3}-2}{11}$.

评注: 本题是求 $\dfrac{1}{x+2y}(x > 0, y > 0)$ 的最大值, 其实就是求 $x + 2y$ 的最小值. 根据条件式的结构特征, 我们如何将 $x + 2y$ 用 $2x+y$ 和 $y+1$ 来表示呢? 于是联想到待定系数法.

5. 巧解涉及不等式问题

例 5 已知函数 $f(x)$ 是 **R** 上的减函数, 且是奇函数, 若 m、n 满足不等式组 $\begin{cases} f(m) + f(n-2) \leqslant 0, \\ f(m-n-1) \leqslant 0, \end{cases}$ 则 $5m - n$ 的取值范围是 _____.

解: $\because f(x)$ 是 **R** 上的奇函数, $\therefore f(0) = 0$.

依题意有 $\begin{cases} f(m) + f(n-2) \leqslant 0, \\ f(m-n-1) \leqslant 0 \end{cases} \Leftrightarrow \begin{cases} f(m) \leqslant f(2-n), \\ f(m-n-1) \leqslant f(0). \end{cases}$

又 $f(x)$ 是 **R** 上的减函数, 从而有 $\begin{cases} m \geqslant 2-n, \\ m-n-1 \geqslant 0, \end{cases}$ 即 $\begin{cases} m+n \geqslant 2, \\ m-n \geqslant 1. \end{cases}$

设 $5m-n=a(m+n)+b(m-n)=(a+b)m+(a-b)n$，于是有 $\begin{cases} a+b=5, \\ a-b=-1, \end{cases}$ 求得 $\begin{cases} a=2, \\ b=3. \end{cases}$

$5m-n=2(m+n)+3(m-n)\geqslant 2\times 2+3\times 1=7$，故 $5m-n$ 的取值范围是 $[7,+\infty)$.

评注：依据 $f(x)$ 的奇偶性和单调性，不难得到 $\begin{cases} m+n\geqslant 2, \\ m-n\geqslant 1, \end{cases}$ 在求 $5m-n$ 的取值范围时，采用待定系数法用 $m+n$ 和 $m-n$ 表示 $5m-n$，进而使问题获解.

解题时要判断一个问题能否用待定系数法求解，主要是看所求解的数学问题是否具有某种确定的数学表达式，若具有一般可以用待定系数法求解. 借用待定系数法要注意所设形式是否正确，引入的待定系数是否尽量少. 综上所述，待定系数法不仅是解决数学问题的有力工具，也是打开智慧大门的一把钥匙！

11.22　逆向思维在数学解题中的妙用

逆向思维是与正向思维相对的一种思维方式. 当我们反复考虑某个问题陷入困境时，可考虑从问题的反面着手，执果索因，从不同于常规的角度思考，这种思维往往能使我们茅塞顿开，帮助我们找到解决问题的新思路.

1. 妙用分析法解题

分析法是从结论出发"执果索因"，步步寻求结论成立的充分条件，它只要求每相邻的两个论断中，后一个是前一个的充分条件即可(不一定等价). 寻求从"未知"看"需知"，逐步靠拢"已知".

例 1　已知 $\triangle ABC$ 的三内角 A、B、C 所对的边分别为 a、b、c. 求证：$\dfrac{\pi}{3} \leqslant \dfrac{aA + bB + cC}{a + b + c} < \dfrac{\pi}{2}.$

证明：$\because A + B + C = \pi$, a、b、$c > 0$, 要证 $\dfrac{\pi}{3} \leqslant \dfrac{aA + bB + cC}{a + b + c} < \dfrac{\pi}{2}$, 只需证

$$\frac{(A + B + C)(a + b + c)}{3} \leqslant aA + bB + cC < \frac{(A + B + C)(a + b + c)}{2}.$$

先证左边的不等式 $\dfrac{(A + B + C)(a + b + c)}{3} \leqslant aA + bB + cC.$

只需证 $A(b + c - 2a) + B(a + c - 2b) + C(a + b - 2c) \leqslant 0,$

只需证 $A(b - a) + A(c - a) + B(a - b) + B(c - b) + C(a - c) + C(b - c) \leqslant 0,$

只需证 $(a - b)(B - A) + (c - a)(A - C) + (b - c)(C - B) \leqslant 0.$

不妨设 $a \geqslant b \geqslant c$, 则 $A \geqslant B \geqslant C$, $\therefore (a - b)(B - A) \leqslant 0, (c - a)(A - C) \leqslant 0$, $(b - c)(C - B) \leqslant 0$, $\therefore (a - b)(B - A) + (c - a)(A - C) + (b - c)(C - B) \leqslant 0$ 成立.

同理可证不等式 $aA + bB + cC < \dfrac{(A + B + C)(a + b + c)}{2}$ 成立.

故 $\dfrac{\pi}{3} \leqslant \dfrac{aA + bB + cC}{a + b + c} < \dfrac{\pi}{2}$ 成立.

评注：本题用直接法证明是很困难的，不妨改变思维方向进行逆向思维，采用分析法. 由于三角形内角和为 π，结合本题的结构特点，利用常量代换，即将 π 用 $A + B + C$ 替换，从而开拓了新的解题途径.

例2　已知 $2\tan A = 3\tan B$，求证：$\tan(A-B) = \dfrac{\sin 2B}{5-\cos 2B}$.

证明：$\because 2\tan A = 3\tan B$，$\therefore \tan A = \dfrac{3}{2}\tan B$.

要证 $\tan(A-B) = \dfrac{\sin 2B}{5-\cos 2B}$，

只需证 $\dfrac{\tan A - \tan B}{1+\tan A\tan B} = \dfrac{2\sin B\cos B}{5-(1-2\sin^2 B)}$，

只需证 $\dfrac{\dfrac{1}{2}\tan B}{1+\dfrac{3}{2}\tan^2 B} = \dfrac{2\sin B\cos B}{4+2\sin^2 B}$，

只需证 $\tan B(2+\sin^2 B) = (2+3\tan^2 B)\sin B \cdot \cos B$，

只需证 $\tan B(2\cos^2 B+3\sin^2 B) = (2+3\tan^2 B)\sin B \cdot \cos B$，

只需证 $\tan B\left(2+3\dfrac{\sin^2 B}{\cos^2 B}\right) = (2+3\tan^2 B)\dfrac{\sin B \cdot \cos B}{\cos^2 B}$，

只需证 $\tan B(2+3\tan^2 B) = (2+3\tan^2 B)\tan B$.

这显然成立，故原命题成立.

评注：本题所给条件十分有限，根据条件想推出结论比较困难，应转变传统的正向思维，采用逆向思维，从结论出发，寻找每步成立的充分条件.

2. 巧用反证法解题

反证法是一种间接证法，即先提出一个与命题的结论相反的假设，然后从这个假设出发，经过正确的推理，导致矛盾，从而否定相反的假设，达到肯定原命题正确的一种方法.

例3　已知 α、$\beta \in \left(0,\dfrac{\pi}{2}\right)$，$\sin(\alpha+\beta) = 2\sin\alpha$，求证：$\alpha < \beta$.

证明：假设 $0 < \beta \leqslant \alpha < \dfrac{\pi}{2}$，则有两种可能：

(1)当 $\alpha = \beta$ 时，由 $\sin(\alpha+\beta) = 2\sin\alpha$ 得 $2\sin\alpha\cos\alpha = 2\sin\alpha$，即 $\sin\alpha(\cos\alpha-1) = 0$. 又 $\alpha \in \left(0,\dfrac{\pi}{2}\right)$，$\therefore \sin\alpha(\cos\alpha-1) \neq 0$，矛盾.

(2)当 $\alpha > \beta$ 时，则有 $0 < \sin\beta < \sin\alpha < 1$，$0 < \cos\alpha < \cos\beta < 1$，$\therefore \cos\alpha\sin\beta < \sin\alpha\cos\beta$.

于是 $\sin(\alpha+\beta) = \sin\alpha\cos\beta + \cos\alpha\sin\beta < 2\sin\alpha\cos\beta < 2\sin\alpha$，与条件矛盾.

综上所述，$\alpha \geqslant \beta$ 不成立，$\therefore \alpha < \beta$.

故命题得证.

评注：本题从条件直接推导结论是很困难的，而采用分析法思维受阻，无法逆推．这时不妨从常规思路中跳出来，逆向思维方式，从结论出发，在否定结论的前提下反向推出矛盾，问题则迎刃而解．

例 4 已知 $a_1, a_2, \cdots, a_{2023}$ 是一列互不相等的正整数，如果任意改变这 2023 个数的顺序，把它们记为 $b_1, b_2, \cdots, b_{2023}$，则数 $M = (a_1 - b_1)(a_2 - b_2)(a_3 - b_3)\cdots(a_{2023} - b_{2023})$ 的值（　　）．

A. 必为 0　　　　B. 必为 1　　　　C. 是奇数　　　　D. 是偶数

解：假设 M 是奇数，则 $a_i - b_i (i = 1, 2, \cdots, 2023)$ 必定都是奇数，从而这 2023 个奇数的和 $\sum\limits_{i=1}^{2023}(a_i - b_i)$ 也是奇数．实际上，$\sum\limits_{i=1}^{2023}(a_i - b_i) = (a_1 - b_1) + (a_2 - b_2) + \cdots + (a_{2023} - b_{2023}) = (a_1 + a_2 + \cdots + a_{2023}) - (b_1 + b_2 + \cdots + b_{2023}) = 0$ 为偶数，出现矛盾．

因此，假设不成立，即 M 是偶数，排除 B, C．显然 M 存在不为零的值，则选项 A 不正确，故选 D.

评注：本题借用"正难则反"的思想进行求解，体现了一种逆向思维的数学途径，有助于提高学生发散思维能力，拓宽数学视野，同时能激发学生学习数学的兴趣．

3. 借用逆否命题解题

当我们直接证明原命题有困难时，可以变换角度，考虑证明它的逆否命题．从某种程度而言这也是一种转换的思想，这种转换往往能寻求到顺利解决问题的切入点，达到事半功倍的效果．

例 5 已知函数 $y = f(x)$ 在 $(-\infty, +\infty)$ 上是增函数，$m, n \in \mathbf{R}$，证明：若 $f(m) + f(n) \leqslant f(-m) + f(-n)$，则 $m + n \leqslant 0$.

分析：本题直接证明较困难，于是可考虑证明此命题的逆否命题．将"若 $f(m) + f(n) \leqslant f(-m) + f(-n)$，则 $m + n \leqslant 0$"视为原命题，其逆否命题是"若 $m + n > 0$，则 $f(m) + f(n) > f(-m) + f(-n)$"．

证明：$\because m + n > 0, \therefore m > -n, n > -m$，又函数 $y = f(x)$ 在 $(-\infty, +\infty)$ 上是增函数，$\therefore f(m) > f(-n), f(n) > f(-m), \Rightarrow f(m) + f(n) > f(-m) + f(-n)$，

$\therefore$ 命题"若 $m + n > 0$，则 $f(m) + f(n) > f(-m) + f(-n)$"为真，

$\therefore$ 原命题"若 $f(m) + f(n) \leqslant f(-m) + f(-n)$，则 $m + n \leqslant 0$"也为真．

故原命题得证．

评注：本题采用逆向思维，破除顺推定势，巧妙转化为其逆否命题．此解法说明，逆向思维的灵活性为数学学习注入了生机与活力，也增加数学学习的

趣味性.

4. 逆用运算法则及定理解题

数学中一些运算法则及定理具有双向性、可逆性. 但学生由于受思维定势的影响, 往往只注意正向思考. 教学中如果我们重视运算法则、定理、公式等逆向使用, 学生不但对所学知识理解得更透彻, 而且还能养成双向考虑问题的习惯, 在运用中能左右逢源, 融会贯通.

例 6　在 $\triangle ABC$ 中, 求证: $\sin^2 A + \sin^2 B - \sin^2 C = 2\sin A\sin B\cos C$.

证明: 由正弦定理得 $\dfrac{a}{\sin A} = \dfrac{b}{\sin B} = \dfrac{c}{\sin C} = 2R$ (R 是 $\triangle ABC$ 外接圆的半径)

则 $\sin^2 A + \sin^2 B - \sin^2 C = \left(\dfrac{a}{2R}\right)^2 + \left(\dfrac{b}{2R}\right)^2 - \left(\dfrac{c}{2R}\right)^2 = \dfrac{a^2 + b^2 - c^2}{4R^2} = 2 \cdot \dfrac{a}{2R} \cdot \dfrac{b}{2R} \cdot$

$\dfrac{a^2 + b^2 - c^2}{2ab} = 2\sin A\sin B\cos C$.

故 $\sin^2 A + \sin^2 B - \sin^2 C = 2\sin A\sin B\cos C$.

评注: 本题将左边的式子巧妙变形, 逆用正弦、余弦定理, 解法新颖, 充分展示了逆向思维是一种创造性思维方式, 有利于帮助学生树立创新意识, 从而激发学生的求知欲和好奇心, 提高学习数学的兴趣, 也充分展示出数学的无限魅力!

例 7　已知函数 $f(x)$ 的导数为 $f'(x)$, $f(x)$ 不是常数函数, 且 $(x+1)f(x) + xf'(x) \geqslant 0$, 对 $x \in [0, +\infty)$ 恒成立, 则下列不等式一定成立的是(　　).

A. $f(1) < 2ef(2)$　　　　　　　B. $ef(1) < f(2)$

C. $f(1) < 0$　　　　　　　　　D. $ef(e) < 2f(2)$

解: 由 $(x+1)f(x) + xf'(x) \geqslant 0$ 得 $xf(x) + [f(x) + xf'(x)] = xf(x) + [xf(x)]' \geqslant 0$.

设 $F(x) = e^x[xf(x)]$, 那么 $f'(x) = e^x[xf(x)] + e^x[xf(x)]' = e^x\{xf(x) + [xf(x)]'\} \geqslant 0$, $\therefore$ 函数 $F(x) = e^x[xf(x)]$ 在 $x \in [0, +\infty)$ 上是单调递增函数, 则 $F(1) < F(2) \Leftrightarrow ef(1) < e^2 \cdot 2f(2)$, 即 $f(1) < 2ef(2)$.

故选 A.

评注: 当题设条件中存在或通过变形出现特征式 "$f'(x)g(x) + f(x)g'(x)$" 时, 可联想、逆用积的求导法则, 构造可导函数 $y = f(x)g(x)$. 特别地, 若 $f'(x) + f(x) \geqslant 0$, 构造 $F(x) = e^x f(x)$, 则 $f'(x) = e^x[f'(x) + f(x)] \geqslant 0$.

例 8　定义在 $(0, +\infty)$ 上的函数 $f(x)$ 满足 $f(x) > 2(x+\sqrt{x})f'(x)$, 其中 $f'(x)$ 是 $f(x)$ 的导函数, 则下列不等式中, 一定成立的是(　　).

A. $f(1) > \dfrac{f(2)}{2} > \dfrac{f(3)}{3}$　　　　　　B. $\dfrac{f(1)}{2} > \dfrac{f(4)}{3} > \dfrac{f(9)}{4}$

C. $f(1) < \dfrac{f(2)}{2} < \dfrac{f(3)}{3}$ D. $\dfrac{f(1)}{2} < \dfrac{f(4)}{3} < \dfrac{f(9)}{4}$

解：$\because f(x) > 2(x+\sqrt{x})f'(x), x \in (0, +\infty)$，即 $f(x) > 2\sqrt{x}(\sqrt{x}+1)f'(x)$，

$\therefore \dfrac{f(x)}{2\sqrt{x}} > (\sqrt{x}+1)f'(x)$，即 $(\sqrt{x}+1)f'(x) - \dfrac{f(x)}{2\sqrt{x}} < 0$，$\therefore \left[\dfrac{f(x)}{\sqrt{x}+1}\right]' < 0$.

设 $g(x) = \dfrac{f(x)}{\sqrt{x}+1}$，则函数 $g(x)$ 在 $(0, +\infty)$ 上递减，$\therefore g(1) > g(4) > $

$g(9)$，即 $\dfrac{f(1)}{2} > \dfrac{f(4)}{3} > \dfrac{f(9)}{4}$.

故选 B.

评注：当题设条件中存在或通过变形出现特征式"$f'(x)g(x) - f(x)g'(x)$"

时，可联想、逆用商的求导法则，构造可导函数 $y = \dfrac{f(x)}{g(x)}(g(x) \neq 0)$. 然后再利

用所构造的函数增减性巧妙解决问题.

事物都有辩证的两面。数学逆向思维有利于丰富学生的思维方式，打开学生的数学解题思路，使得学生能够学会从不同的角度、以不同的方法尝试解决问题。这不仅可以唤起学生的求知欲和好奇心，还能激发起学生的创造性思维，有利于帮助学生树立创新意识。值得注意的是：正向思维也有它很大的积极性的一面，但决不能一味地追求逆向思维的训练，否则适得其反。

11.23 在数学解题中不可忽视逆向思维

逆向思维是从反面观察问题，从不同常规的角度考虑问题，冲破习惯思维的束缚，突破思维定势，其中蕴藏着非常丰富的创造性思维的萌芽，在许多情况下能帮助我们克服正向思维中出现的困难，拓展思路，开拓认知的新领域．尤其是在高考数学试题中，有些试题正面入手困难重重，若逆向思考常常出奇制胜．

1. 借用逆向思维，巧解函数问题

例 1 设函数 $f(x)$ 是定义在 $(-\infty, 0)$ 上的可导函数，其导函数为 $f'(x)$，且 $2f(x) + xf'(x) > x^2$，则不等式 $(x+2017)^2 f(x+2017) - f(-1) > 0$ 的解集为 _____ ．

解：由不等式 $(x+2017)^2 f(x+2017) - f(-1) > 0$ 变形得

$$(x+2017)^2 f(x+2017) > (-1)^2 f(-1).$$

设 $F(x) = x^2 f(x)$，则 $F(x+2017) > F(-1)$ ①．

$\because F'(x) = 2xf(x) + x^2 f'(x)$，由已知条件 $2f(x) + xf'(x) > x^2 (x < 0)$，两边同时乘以 x，可得 $F'(x) = 2xf(x) + x^2 f'(x) < x^3 < 0$，$\therefore F(x)$ 在 $(-\infty, 0)$ 上是减函数，根据①有 $x + 2017 < -1$，即 $x \in (-\infty, -2018)$．

评注：根据变形不等式 $(x+2017)^2 f(x+2017) > f(-1)$ 的结构特点，需在 $f(-1)$ 前面添加 $(-1)^2$，逆向联想，构造函数 $F(x) = x^2 f(x)$．值得注意的是，数学中非常讲究式子的变形，往往一个小小的变形，会给我们带来意想不到的神奇效果！

例 2 若函数 $f(x) = (x^2 - 1)(x^2 + ax + b)$ 对于任意 $x \in \mathbf{R}$ 都满足 $f(x) = f(4-x)$，则 $f(x)$ 的最小值是 _____ ．

解：$\because f(1) = f(-1) = 0$，又 $f(x) = f(4-x)$，$\therefore f(3) = f(5) = 0$，即 3、5 是函数 $f(x)$ 的另外两个零点，$\therefore f(x) = (x^2 - 1)(x-3)(x-5) = (x^2 - 4x + 3)(x^2 - 4x - 5)$．令 $t = x^2 - 4x + 4 \geq 0$，则 $f(x) = (t-1)(t-9) = (t-5)^2 - 16$，得 $f(x)$ 的最小值是 -16．

评注：其实条件 $f(x) = f(4-x)$，告知我们函数 $f(x)$ 的图像的对称轴是 $x = 2$，不难想到 $f(x) = (x^2 - 1)(x^2 + ax + b)$ 有 4 个零点 $-1, 1, 3, 5$．于是逆向思考得出函数解析式 $f(x) = (x-1)(x+1)(x-3)(x-5)$，问题即可轻松解决．

2. 借用逆向思维，巧解方程问题

例 3 设 a 为实数，且关于 x 的方程 $(a+\cos x)(a-\sin x)=1$ 有实根，则 a 的取值范围是_____.

解：设 $u=a+\cos x,v=a-\sin x$，方程 $(a+\cos x)(a-\sin x)=1$ 有实根，等价于双曲线 $uv=1$ 与圆 $(u-a)^2+(v-a)^2=1$ 有公共点，注意到圆的圆心位于直线 $y=x$ 之上，只须找到圆与双曲线相切时圆心的位置即可，当圆与双曲线切于 $A(1,1)$ 时，$a=1\pm\dfrac{\sqrt{2}}{2}$，当圆与双曲线切于 $B(-1,-1)$ 时，$a=-1\pm\dfrac{\sqrt{2}}{2}$，故 a 的取值范围是 $\left[-1-\dfrac{\sqrt{2}}{2},-1+\dfrac{\sqrt{2}}{2}\right]\cup\left[1-\dfrac{\sqrt{2}}{2},1+\dfrac{\sqrt{2}}{2}\right]$.

评注：本题采用双换元，将问题转化为曲线 $uv=1$ 与圆 $(u-a)^2+(v-a)^2=1$ 有公共点的问题，利用特殊位置，即圆与双曲线内切、外切时，求出 a 的边界值. 其解法独辟蹊径，实属巧妙，体现了数学的奇异美.

例 4 设 α、β 分别满足方程 $\alpha^3-3\alpha^2+5\alpha-4=0,\beta^3-3\beta^2+5\beta-2=0$，则 $\alpha+\beta=$_____.

解：由 $\alpha^3-3\alpha^2+5\alpha-4=0,\beta^3-3\beta^2+5\beta-2=0$，得 $(\alpha-1)^3+2(\alpha-1)-1=0,(1-\beta)^3+2(1-\beta)-1=0$，即 $\alpha-1,1-\beta$ 是方程 $x^3+2x-1=0$ 的解.

函数 $g(x)=x^3+2x-1$ 在 $(-\infty,+\infty)$ 上是单调的，又 $g(0)=-1<0$，$g(1)=2>0$，$\therefore$ 方程 $x^3+2x-1=0$ 只有一个解，则 $\alpha-1=1-\beta$，故 $\alpha+\beta=2$.

评注：本题难点在于将条件结构重新整理为 $(\alpha-1)^3+2(\alpha-1)-1=0$，$(1-\beta)^3+2(1-\beta)-1=0$，于是逆向联想到 $\alpha-1,1-\beta$ 是方程 $x^3+2x-1=0$ 的根，问题顺利得到解决. 可见若能打破固有的僵化思维，则能实现方法的创新.

3. 借用逆向思维，巧解不等式问题

例 5 求证：对于任意正整数 n，总有不等式 $2^{\frac{n(n-1)}{2}}\geqslant n!$ 成立.

证明：$\because 2^{\frac{n(n-1)}{2}}=2^{1+2+\cdots+(n-1)}=2^1\times 2^2\times\cdots\times 2^{n-1}$，

当 $n=1$ 时，$2^{n-1}=1$，

当 $n\geqslant 2$ 时，$2^{n-1}=(1+1)^{n-1}=C_{n-1}^0+C_{n-1}^1+C_{n-1}^2+\cdots+C_{n-1}^{n-1}=1+(n-1)+C_{n-1}^2+C_{n-1}^3+\cdots+C_{n-1}^{n-1}\geqslant n$，即 $2^{n-1}\geqslant n$.

$\therefore 2^{\frac{n(n-1)}{2}}=2^1\times 2^2\times\cdots\times 2^{n-1}\geqslant 1\times 2\times 3\times\cdots\times n=n!$.

不等式得证.

评注：本题挖掘了公式的隐含特征，逆用 $\dfrac{n(n+1)}{2}=1+2+\cdots+n$，$a^{m+n+k}=a^m \cdot a^n \cdot a^k$，及 $2^n=C_n^0+C_n^1+C_n^2+\cdots+C_n^n$ 将问题转化，并进行"放缩"，使原本烦琐的证明过程得到简化.

例6 不等式 $\dfrac{8}{(x+1)^3}+\dfrac{10}{x+1}-x^3-5x>0$ 的解集为_____.

解：将不等式 $\dfrac{8}{(x+1)^3}+\dfrac{10}{x+1}-x^3-5x>0$ 变形得 $\left(\dfrac{2}{x+1}\right)^3+5\cdot\dfrac{2}{x+1}>x^3+5x$. 构造函数，设 $f(t)=t^3+5t$，显然 $f(t)$ 在 $\mathbf{R}$ 上是单调递增函数，且 $x\neq-1$ 时，原不等式可化为 $f\left(\dfrac{2}{x+1}\right)>f(x)$，于是 $\dfrac{2}{x+1}>x$，等价于 $\begin{cases}x+1>0,\\2>x^2+x\end{cases}$ 或 $\begin{cases}x+1<0,\\2<x^2+x,\end{cases}$ 求得 $-1<x<1$ 或 $x<-2$.

故原不等式的解集为 $(-\infty,-2)\bigcup(-1,1)$.

评注：观察本题不等式的特点，容易想到变形为 $\left(\dfrac{2}{x+1}\right)^3+5\cdot\dfrac{2}{x+1}>x^3+5x$，借用逆向思维，于是联想构造函数 $f(t)=t^3+5t$. 可见整体观、大局观在构造函数时是很重要的.

4. 借用逆向思维，巧解数列问题

例7 等差数列 $\{a_n\}$ 的前 n 项和为 S_n，已知 $(a_6-1)^3+2013(a_6-1)=1$，$(a_{2008}-1)^3+2013(a_{2008}-1)=-1$，则下列结论正确的是（ ）.

A. $S_{2013}=2013,a_{2008}<a_6$ B. $S_{2013}=2013,a_{2008}>a_6$

C. $S_{2013}=-2013,a_{2008}\leqslant a_6$ D. $S_{2013}=-2013,a_{2008}\geqslant a_6$

解：构造函数 $f(x)=x^3+2013x$，显然 $f(x)$ 是奇函数且为增函数.

$\because f(a_6-1)=1,f(a_{2008}-1)=-1,f(a_6-1)=f(1-a_{2008})$，且 $f(a_6-1)>f(a_{2008}-1)$，$\therefore a_6-1=1-a_{2008}$，$a_6-1>a_{2008}-1$，即 $a_6+a_{2008}=2$ 且 $a_6>a_{2008}$.

于是 $S_{2013}=\dfrac{a_1+a_{2013}}{2}\times 2013=\dfrac{a_6+a_{2008}}{2}\times 2013=2013$.

故选 A.

评注：本题条件中的结构式，让我们联想到构造函数 $f(x)=x^3+2013x$，值得注意的是由 $f(a_6-1)=1>-1=f(a_{2008}-1)$，再借用 $f(x)$ 的单调递增性得出 $a_6>a_{2008}$，这是需要我们挖掘的一个隐含信息.

5. 借用逆向思维，巧解三角问题

例 8　如果 $\cos^5\theta - \sin^5\theta < 7(\sin^3\theta - \cos^3\theta)$，$\theta \in [0, 2\pi)$，那么 θ 的取值范围是 _____．

解：将不等式 $\cos^5\theta - \sin^5\theta < 7(\sin^3\theta - \cos^3\theta)$，变形得 $\sin^3\theta + \dfrac{1}{7}\sin^5\theta > \cos^3\theta + \dfrac{1}{7}\cos^5\theta$ ①．

构造函数，设 $f(x) = x^3 + \dfrac{1}{7}x^5$，显然 $f(x)$ 在 $(-\infty, +\infty)$ 上是单调递增的，由①得 $f(\sin\theta) > f(\cos\theta)$，$\therefore \sin\theta > \cos\theta$，又 $\theta \in [0, 2\pi)$，$\therefore$ 所求 θ 的取值范围是 $\left(\dfrac{\pi}{4}, \dfrac{5\pi}{4}\right)$．

评注：将原不等式中正弦、余弦分离得出 $\sin^3\theta + \dfrac{1}{7}\sin^5\theta > \cos^3\theta + \dfrac{1}{7}\cos^5\theta$，由此式的结构特征自然想到构造函数 $f(x) = x^3 + \dfrac{1}{7}x^5$，从而得出 $f(\sin\theta) > f(\cos\theta)$，于是问题变得柳暗花明．

6. 借用逆向思维，巧解立几问题

例 9　体积为 1 的正四面体被放置于一个正方体中，则此正方体体积的最小值是 _____．

解：反向思考，边长为 a 的正方体，其最大内接正四面体的顶点由互不共棱的正方体顶点组成，其体积为 $V = \dfrac{1}{3} \cdot \dfrac{\sqrt{3}}{4}(\sqrt{2}a)^2 \cdot \dfrac{2}{3}\sqrt{3}a = \dfrac{1}{3}a^3$，令 $\dfrac{1}{3}a^3 = 1$，则 $a^3 = 3$，故此正方体体积的最小值是 3．

评注：本题正面求解较困难，于是联想到用逆向思维，即"正难则反"的思想，在正方体内嵌入一个最大的内接正四面体，且体积为 1．由正方体的几何性质可知，这个正四面体的顶点由互不共棱的正方体顶点组成，这时的正方体的体积最小．此解法向我们显明，逆向思维的灵活性为数学学习注入了生机与活力，也增加了数学学习的趣味性．

在数学解题中，当我们用正向思维求解烦琐或难度较大时，不妨考虑用逆向思维，即"正难则反"的思想，往往能绝处逢生，开拓解题思路，简化运算过程．另外，数学逆向思维有利于丰富学生的思维方式，帮助学生掌握多种解题技巧，激发学生的学习兴趣，树立创新意识，培养创新能力，从而提高学生的数学素养！

11.24 数学解题中的联想方法

联想是人们在认识事物的过程中，根据事物之间的某种联系，由一事物想到另一相关事物的心理过程，是以已掌握的知识、方法为基础，有依据、有目的、有意识的思维活动，是创造性思维的基础，它是一种由此及彼的思维方式，是产生奇思妙想的源泉．联想在认识活动中起着桥梁纽带的作用，它是解答数学题的一种重要的思考方法．

1. 直接联想

直接联想是一项较为简单的联想方式，此种联想方法是建立在数学题目本身所包含的解题条件与公式信息的基础上的．主要是通过数学题中给出的条件，联想学生以往学习的知识，进而找到正确的解题思路．

例 1 （第 15 届全俄中学生数学奥林匹克十年级试题）数列 $\{a_n\}$ 的递推公式 $a_0 = \dfrac{1}{3}, a_n = \sqrt{\dfrac{1+a_{n-1}}{2}} (n \in \mathbf{N}^*)$．试证明：数列 $\{a_n\}$ 是单调的．

证明：$\because a_n = \sqrt{\dfrac{1+a_{n-1}}{2}}$，且 $a_0 = \dfrac{1}{3} \in (0,1)$，于是联想到余弦函数的半角公式 $\cos\dfrac{\theta}{2} = \sqrt{\dfrac{1+\cos\theta}{2}}, \theta \in \left(0, \dfrac{\pi}{2}\right)$．

设 $a_0 = \dfrac{1}{3} = \cos\theta, \theta \in \left(0, \dfrac{\pi}{2}\right)$，则 $a_1 = \sqrt{\dfrac{1+a_0}{2}} = \cos\dfrac{\theta}{2}, a_2 = \cos\dfrac{\theta}{4}, \cdots$，$a_n = \cos\dfrac{\theta}{2^n}$．

$\because 0 < \dfrac{\theta}{2^n} < \dfrac{\theta}{2^{n-1}} < \cdots < \dfrac{\theta}{4} < \dfrac{\theta}{2} < \theta < \dfrac{\pi}{2}$，$\therefore \cos\dfrac{\theta}{2^n} > \cos\dfrac{\theta}{2^{n-1}} > \cdots > \cos\dfrac{\theta}{4} > \cos\dfrac{\theta}{2} > \cos\theta$，$\therefore a_n > a_{n-1} > \cdots > a_2 > a_1 > a_0$．

故数列 $\{a_n\}$ 是单调递增数列．

评注：根据数列 $\{a_n\}$ 的递推关系 $a_n = \sqrt{\dfrac{1+a_{n-1}}{2}} (n \in \mathbf{N}^*)$，我们不难联想到关于余弦的半角公式，于是将数列问题转化为三角问题，利用余弦函数的单调性，问题顺利得到解决．

例 2 已知 $\dfrac{a_1}{b_1} < \dfrac{a_2}{b_2} < \cdots < \dfrac{a_n}{b_n}$，且所有的字母均表示正数，证明：$\dfrac{a_1}{b_1} <$

$\dfrac{a_1+a_2+\cdots+a_n}{b_1+b_2+\cdots+b_n} < \dfrac{a_n}{b_n}$.

证明：设 $k = \dfrac{a_1}{b_1}$，$\lambda = \dfrac{a_n}{b_n}$，则 $k = \dfrac{a_1}{b_1} < \dfrac{a_2}{b_2} < \cdots < \dfrac{a_n}{b_n} = \lambda$，有 $b_1 k = a_1 < b_1 \lambda$，

$b_2 k < a_2 < b_2 \lambda, \cdots, b_n k < a_n = b_n \lambda$.

将上述诸式相加，得

$(b_1+b_2+\cdots+b_n)k < a_1+a_2+\cdots+a_n < (b_1+b_2+\cdots+b_n)\lambda$.

故 $k < \dfrac{a_1+a_2+\cdots+a_n}{b_1+b_2+\cdots+b_n} < \lambda$，即 $\dfrac{a_1}{b_1} < \dfrac{a_1+a_2+\cdots+a_n}{b_1+b_2+\cdots+b_n} < \dfrac{a_n}{b_n}$.

评注：从整体形式来看，问题的条件与结论的结构都与等比定理相似，因此可联想尝试用证等比定理的方法证之. 当我们面临难题、百思不得其解时，广泛地进行联想，倒是值得一试的法宝！

2. 类比联想

类比联想所指的即为将两种不同类型的学习对象放到一起来进行比对分析，从中寻找出两者之间的相同之处. 主要是根据问题的具体情况，从类似和相似特点的数、式、图形及相近的内容和性质等进行联想. 类比联想能让学生体验数学发现与学习的乐趣，感受数学思想与方法的魅力.

例 3 已知实数 x,y 满足 $x^2+(y-2)^2=1$，则 $\omega = \dfrac{x+\sqrt{3}y}{\sqrt{x^2+y^2}}$ 的取值范围是

（ ）

A. $\left[\dfrac{\sqrt{3}}{2}, 1\right]$ B. $(0, 2]$ C. $[1, 2]$ D. $(\sqrt{3}, 2)$

解：设 $P(x,y)$ 为圆 $x^2+(y-2)^2=1$ 上任意一点，记 $\angle xOP = \theta(0 \leqslant \theta < 2\pi)$，其中 O 为坐标原点，则 $\omega = \dfrac{x}{\sqrt{x^2+y^2}} + \sqrt{3} \cdot \dfrac{y}{\sqrt{x^2+y^2}} = \cos\theta +$

$\sqrt{3}\sin\theta = 2\sin\left(\theta+\dfrac{\pi}{6}\right)$.

当 OP 为圆 $x^2+(y-2)^2=1$ 的切线时，θ 取得最小值与最大值. 数形结合得 $\theta \in \left[\dfrac{\pi}{3}, \dfrac{2\pi}{3}\right]$，$\therefore \theta+\dfrac{\pi}{6} \in \left[\dfrac{\pi}{2}, \dfrac{5\pi}{6}\right]$，则 $\dfrac{1}{2} \leqslant \sin\left(\theta+\dfrac{\pi}{6}\right) \leqslant 1$，$\therefore \omega \in [1, 2]$.

故选 C.

评注：本题看似无从下手，思路不明，观察、变形条件 $\omega = \dfrac{x}{\sqrt{x^2+y^2}} + \sqrt{3} \cdot$

$\dfrac{y}{\sqrt{x^2+y^2}}$，可以类比联想到三角函数的定义：$\cos\theta=\dfrac{x}{\sqrt{x^2+y^2}}$，$\sin\theta=\dfrac{y}{\sqrt{x^2+y^2}}$.

从而揭示了代数问题的三角本质. 类比联想是一种再现性想象，它是进行类比、模拟、归纳、猜想等似真推理的基础.

例 4 已知实数 a,b,c 满足 $a+b+c=abc$，试证：$\dfrac{(1-b^2)(1-c^2)}{bc}+$

$\dfrac{(1-a^2)(1-c^2)}{ac}+\dfrac{(1-a^2)(1-b^2)}{ab}=4$ $(A,\ B,\ C\neq\dfrac{k\pi}{2},\ k\in\mathbf{Z})$.

证明：令 $\tan A=a,\tan B=b,\tan C=c$，由 $a+b+c=abc$ 可知 $A+B+C=k\pi(k\in\mathbf{Z})$，于是

$$\dfrac{(1-\tan^2B)(1-\tan^2C)}{\tan B\cdot\tan C}+\dfrac{(1-\tan^2A)(1-\tan^2C)}{\tan A\cdot\tan C}+\dfrac{(1-\tan^2A)(1-\tan^2B)}{\tan A\cdot\tan B}$$

$$=4\left(\dfrac{1-\tan^2B}{2\tan B}\cdot\dfrac{1-\tan^2C}{2\tan C}+\dfrac{1-\tan^2A}{2\tan A}\cdot\dfrac{1-\tan^2C}{2\tan C}+\dfrac{1-\tan^2A}{2\tan A}\cdot\dfrac{1-\tan^2B}{2\tan B}\right)$$

$$=4\left(\dfrac{1}{\tan 2B\cdot\tan 2C}+\dfrac{1}{\tan 2A\cdot\tan 2C}+\dfrac{1}{\tan 2A\cdot\tan 2B}\right)$$

$$=4\cdot\dfrac{\tan 2A+\tan 2B+\tan 2C}{\tan 2A\cdot\tan 2B\cdot\tan 2C}=4.$$

评注：由条件 $a+b+c=abc$，类比联想到三角公式 $\tan A+\tan B+\tan C=\tan A\cdot\tan B\cdot\tan C$，$A+B+C=k\pi(k\in\mathbf{Z})$，故此代数问题可转化为三角问题来解.

3. 数形联想

"数形结合"就是把数学问题中的运算、数量关系与图像结合起来进行思考，从而使得"数"与"形"各展其长，优势互补，相辅相成. 数形结合思想反映了客观事物深层次的内在联系，数形结合能启迪联想，进而产生灵感，使问题转化或者找到数学模型.

例 5 已知 $x^2+y^2=6x+8y$，求 $d=\sqrt{12x+8y+9}+\sqrt{8y+9}$ 的最小值.

解：$\because x^2+y^2=6x+8y$，即 $(x-3)^2+(y-4)^2=5^2$，

$\therefore d=\sqrt{12x+8y+9}+\sqrt{8y+9}=\sqrt{6x+(x^2+y^2)+9}+\sqrt{x^2+y^2-6x+9}$

$=\sqrt{(x+3)^2+y^2}+\sqrt{(x-3)^2+y^2}$，

从而问题转化为圆 $(x-3)^2+(y-4)^2=5^2$ 上的点到 $A(-3,0),B(3,0)$ 两点距离之和的最小值，数形结合求得 $d_{\min}=|AB|=6$，当 $x=0,y=0$ 时取得最小值.

评注：观察已知条件：$x^2+y^2=6x+8y$ 经变形得 $(x-3)^2+(y-4)^2=5^2$. 于是把解决问题的思绪引入到解析几何的途径，由 d 的式子结构特征，联想到两点间的距离公式，但被平方式的形式却与距离公式大相径庭，由于 x^2+y^2 与

$6x+8y$ 可以互相转化，问题迎刃而解.

例 6 已知 x、y、z 是正数，且满足 $\begin{cases} x^2+y^2+xy=3 \\ y^2+z^2+yz=4 \\ z^2+x^2+zx=7 \end{cases}$，求 $x+y+z$ 的值.

解：原方程组可化为 $\begin{cases} x^2+y^2-2xy\cos 120° = (\sqrt{3})^2, \\ y^2+z^2-2yz\cos 120° = 2^2, \\ z^2+x^2-2zx\cos 120° = (\sqrt{7})^2, \end{cases}$ 由此联想到余弦定

理. 构造 $\text{Rt}\triangle ABC, AB=\sqrt{3}, BC=2, AC=\sqrt{7}$. 在 $\triangle ABC$ 内存在一点 O（点 O 为以 AB 为弦的 $120°$ 弧与以 BC 为弦的 $120°$ 弧的交点），使 $\angle AOB = \angle BOC = \angle COB = 120°$.

设 $OA=x, OB=y, OC=z$，则 $\begin{cases} S_{\triangle AOB} = \dfrac{1}{2}OA \cdot OB\sin\angle AOB = \dfrac{\sqrt{3}}{4}xy, \\[2mm] S_{\triangle BOC} = \dfrac{1}{2}OB \cdot OC\sin\angle BOC = \dfrac{\sqrt{3}}{4}yz, \\[2mm] S_{\triangle COA} = \dfrac{1}{2}OC \cdot OA\sin\angle COA = \dfrac{\sqrt{3}}{4}zx. \end{cases}$

又 $S_{\triangle AOB} + S_{\triangle BOC} + S_{\triangle COA} = S_{\triangle ABC} = \sqrt{3}$，故有 $xy+yz+zx=4$ ①.

将题设条件中三式相加，得 $2(x^2+y^2+z^2)+xy+yz+zx=14$ ②.

将 ① 代入 ②，可得 $x^2+y^2+z^2=5$，于是 $x+y+z = \sqrt{(x+y+z)^2} = \sqrt{x^2+y^2+z^2+2(xy+yz+zx)} = \sqrt{13}$.

评注：本题条件中结构式，让我们联想到余弦定理的结构形式，于是构造出几何图形. 数形结合是中学数学里的一种重要的思想方法，善于进行数与形之间的联想，往往使我们在解题时得到新颖、简洁的方法.

4. 抽象联想

有些数学题目中并没有明确的给出联想信息，因此这就需要我们对数学题目的内容进行二次加工与挖掘，找到正确的解题思路，确立数量关系，进而实现解题. 于是我们要利用抽象联想的方法来更深层次的理解题目条件与结论，从而达到解题目的.

例 7 已知 $\sin A + \sin 3A + \sin 5A = a$，$\cos A + \cos 3A + \cos 5A = b$，求证：当 $b \neq 0$ 时，$\tan 3A = \dfrac{a}{b}$.

证明：由已知得 $\dfrac{\sin A + \sin 3A + \sin 5A}{3} = \dfrac{a}{3}$，$\dfrac{\cos A + \cos 3A + \cos 5A}{3} = \dfrac{b}{3}$.

于是联想到三角形重心的坐标公式，不妨设 $P(\cos A, \sin A)$, $Q(\cos 3A, \sin 3A)$, $R(\cos 5A, \sin 5A)$. 由图 11.30 易知 $\angle POQ = 2A$, $\angle ROQ = 2A$, $\therefore \triangle PQR$ 是等腰三角形，$\angle P = \angle R$，且重心 G 必在直线 QO 上. 又点 G 的坐标为 $\left(\dfrac{b}{3}, \dfrac{a}{3}\right)$, 故 $\tan 3A = \dfrac{a}{3} \div \dfrac{b}{3} = \dfrac{a}{b}$.

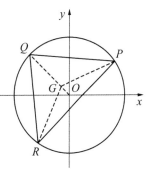

图 11.30

评注：本题条件让我们感到"山穷水复疑无路". 观察等式左边分别可视为三角形三个顶点的纵、横坐标的和，于是变形为 $\dfrac{\sin A + \sin 3A + \sin 5A}{3} = \dfrac{a}{3}$, $\dfrac{\cos A + \cos 3A + \cos 5A}{3} = \dfrac{b}{3}$, 不难联想到三角形重心的坐标公式，从而构造 $\triangle PQR$, 于是给问题的解决带来了"柳暗花明又一村"的局面.

例 8 设 $\triangle ABC$ 为任意三角形，证明：$\tan^2 \dfrac{A}{2} + \tan^2 \dfrac{B}{2} + \tan^2 \dfrac{C}{2} \geqslant 1$.

分析：结论左边是三角形三内角的半角正切的平方和，右边是 1，联想到三角形内有关半角正切的恒等式 $\tan \dfrac{A}{2} \cdot \tan \dfrac{B}{2} + \tan \dfrac{B}{2} \cdot \tan \dfrac{C}{2} + \tan \dfrac{C}{2} \cdot \tan \dfrac{A}{2} = 1$.

证明：在 $\triangle ABC$ 中，欲证 $\tan^2 \dfrac{A}{2} + \tan^2 \dfrac{B}{2} + \tan^2 \dfrac{C}{2} \geqslant 1$, 只需证 $\tan^2 \dfrac{A}{2} + \tan^2 \dfrac{B}{2} + \tan^2 \dfrac{C}{2} \geqslant \tan \dfrac{A}{2} \cdot \tan \dfrac{B}{2} + \tan \dfrac{B}{2} \cdot \tan \dfrac{C}{2} + \tan \dfrac{C}{2} \cdot \tan \dfrac{A}{2}$.

对于任意实数 a, b, 有 $a^2 + b^2 \geqslant 2ab$, 故

$$\begin{cases} \tan^2 \dfrac{A}{2} + \tan^2 \dfrac{B}{2} \geqslant 2\tan \dfrac{A}{2} \cdot \tan \dfrac{B}{2}, \\ \tan^2 \dfrac{B}{2} + \tan^2 \dfrac{C}{2} \geqslant 2\tan \dfrac{B}{2} \cdot \tan \dfrac{C}{2}, \\ \tan^2 \dfrac{A}{2} + \tan^2 \dfrac{C}{2} \geqslant 2\tan \dfrac{A}{2} \cdot \tan \dfrac{C}{2}. \end{cases}$$

三式相加得 $\tan^2 \dfrac{A}{2} + \tan^2 \dfrac{B}{2} + \tan^2 \dfrac{C}{2} \geqslant \tan \dfrac{A}{2} \cdot \tan \dfrac{B}{2} + \tan \dfrac{B}{2} \cdot \tan \dfrac{C}{2} + \tan \dfrac{C}{2} \cdot \tan \dfrac{A}{2} = 1$.

故 $\tan^2 \dfrac{A}{2} + \tan^2 \dfrac{B}{2} + \tan^2 \dfrac{C}{2} \geqslant 1$.

评注：从本题的条件与结论中很难看到联想的信息，结合不等式左边三项平方和，我们想到不等式：$a^2 + b^2 + c^2 \geqslant ab + bc + ca$. 于是联想到求证不等式右边的 1 用三角式 $\tan \dfrac{A}{2} \cdot \tan \dfrac{B}{2} + \tan \dfrac{B}{2} \cdot \tan \dfrac{C}{2} + \tan \dfrac{C}{2} \cdot \tan \dfrac{A}{2}$ 来替代.

综上所述，在高中数学解题过程中，运用联想方法，能够让学生在面对问题时，充分调动已有的知识解决问题，并在解题过程中，进行大胆猜想，提出新见解，总结规律．当我们面对复杂的难题，我们要巧妙地利用联想突破思维的局限性，拓宽思维的深广度，增强思维的灵活性，以此提高学生的创新能力．由此可见，联想不愧为是数学创造的催化剂！

11.25 数学解题中的直观想象

直观想象是指借助几何直观和空间想象感知事物形态与变化，利用图形理解和解决问题的过程. 直观想象是发现和提出数学问题、分析和解决数学问题的重要手段，是探索和形成论证思路、进行逻辑推理、构建抽象结构的思维基础. 具体来说，就是由具体到抽象的能力. 数学解题中直观想象尤为重要，运用直观想象能使学生发现问题、思考问题、解决问题，促进个人未来发展.

1. 直观"数"想象"形"

例 1 设 $x \geqslant y > 0$，若存在实数 a,b 满足 $0 \leqslant a \leqslant x, 0 \leqslant b \leqslant y$，且 $(x-a)^2 + (y-b)^2 = x^2 + b^2 = y^2 + a^2$，则 $\dfrac{x}{y}$ 的最大值为（ ）.

A. $\dfrac{2\sqrt{3}}{3}$　　　　B. $\sqrt{2}$　　　　C. $\dfrac{\sqrt{6}}{2}$　　　　D. 1

解： 如图 11.31 所示，在直角坐标系 xOy 中，作矩形 $OABC$，使 $A(x,0)$、$B(x,y)$、$C(0,y)$. 在边 OA、AB 上分别取点 $P(a,0)$、$Q(x,y-b)$，则由 $(x-a)^2 + (y-b)^2 = x^2 + b^2 = y^2 + a^2$，得 $|PQ| = |QC| = |CP|$，即 $\triangle CPQ$ 为正三角形. 设 $\angle OCP = \theta \left(0 \leqslant \theta \leqslant \dfrac{\pi}{6}\right)$，则 $\angle BCQ = \dfrac{\pi}{6} - \theta$，$\therefore \dfrac{x}{y} = \dfrac{|BC|}{|OC|} = \dfrac{|BC|}{|CQ|} \cdot \dfrac{|CP|}{|OC|}$

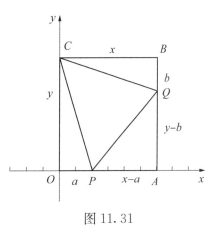

图 11.31

$$= \frac{\cos\left(\theta - \dfrac{\pi}{6}\right)}{\cos\theta} = \frac{\dfrac{\sqrt{3}}{2}\cos\theta + \dfrac{1}{2}\sin\theta}{\cos\theta} = \frac{\sqrt{3}}{2} + \frac{1}{2}\tan\theta$$

$\leqslant \dfrac{\sqrt{3}}{2} + \dfrac{1}{2}\tan\dfrac{\pi}{6} = \dfrac{2\sqrt{3}}{3}$，当且仅当 $\theta = \dfrac{\pi}{6}$ 时，等号成立. 故 $\dfrac{x}{y}$ 的最大值为 $\dfrac{2\sqrt{3}}{3}$.

评注： 本题条件给我们直观想象：三条线段的平方和相等，即三条线段相等，于是联想构造图形，利用建系寻找解题突破口. 事实上，在解题中，学生经常很难找到解题方法的突破口，究其原因是对一些数学结论的几何意义理解不够透彻，或对数学结论之间的几何关系理解不够深入. 数学中的很多概念、公式及定理等都有着数与形的双重特征，通过建立数形之间的联系来加强学生对数学本质的认识，从而在解题中起到化繁为简的作用.

2. 直观"形"想象"数"

例 2 已知正四面体 $ABCD$ 的棱长为 $a(a > 3)$，如图 11.32 所示，点 E，F，G 分别在棱 AB、AC、AD 上，则满足 $EF = EG = 3$，$FG = 2$ 的 $\triangle EFG$ 共有（　　）个.

A. 1 　　　　B. 2 　　　　C. 3 　　　　D. 4

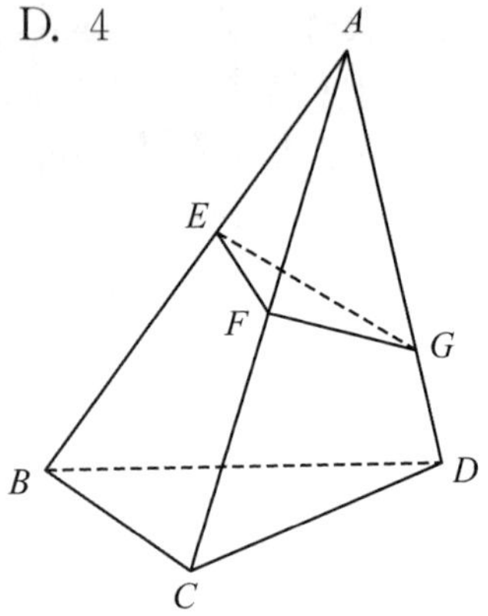

解：设 $AE = x$，$AF = y$，$AG = z$，则

$$\begin{cases} x^2 + y^2 - 2xy\cos 60° = 9, \\ y^2 + z^2 - 2yz\cos 60° = 4, \\ z^2 + x^2 - 2zx\cos 60° = 9, \end{cases} \text{得} \quad \begin{cases} x = 1 + \sqrt{6}, \\ y = 2, \\ z = 2 \end{cases} \quad \text{或}$$

$$\begin{cases} yz = \dfrac{5}{2}, \\ y^2 + z^2 = \dfrac{13}{2}. \end{cases}$$

由于圆 $y^2 + z^2 = \dfrac{13}{2}$ 与函数 $z = \dfrac{5}{2y}$ 的图像在第一

图 11.32

象限内有两个交点，故原方程组共有三组解，因此满足条件的 $\triangle EFG$ 共有 3 个. 故选 C.

评注：由本题的几何图形可知，AE、AF、AG 的长是动态的，于是设 $AE = x$，$AF = y$，$AG = z$，借用余弦定理将几何问题转化为方程问题. 可见数与形并不是对立的，而是在一定条件下可以实现相互转化. 数量关系获得几何解释，可以使问题变得直观易懂；几何问题的代数化，可以使几何直觉，转化为代数运算，从而为复杂数学问题提供简洁的解决思路.

3. 直观题设抽象模型

例 3 过半径为 5 的球面上一点 P 作三条两两互相垂直的弦 PA、PB 和 PC 使得 $PA = 2PB$，则 $PA + PB + PC$ 的最大值为_____.

解：由题意以 PA、PB、PC 为相邻三条棱的长方体内接于球，长方体的体对角线为球的直径，$PA^2 + PB^2 + PC^2 = 100$，即 $5PB^2 + PC^2 = 100$. 于是有

$$(PA + PB + PC)^2 = (3PB + PC)^2 = \left[\frac{3}{\sqrt{5}} \cdot \sqrt{5}PB + PC\right]^2$$

$$\leqslant \left(\frac{9}{5} + 1\right)(5PB^2 + PC^2) = 280.$$

故 $PA + PB + PC$ 的最大值为 $2\sqrt{70}$.

评注：问题模型化是数学核心素养的重要内涵，模型化的前提是通过直观想象，通过模型的构建将问题转化，有效简化问题求解的途径. 根据本题的题意，我们直观想象，不难抽象出几何模型：球的内接长方体，可见发挥直观想象是获得解题思路的关键.

4. 直观条件类比联想

例 4　已知 $(c-a)^2 - 4(a-b)(b-c) = 0$，求证：$a, b, c$ 成等差数列.

分析：观察发现，已知条件的结构特征类似于一元二次方程根的判别式 $\Delta = b^2 - 4ac$. 从这个形式出发，我们可以联想构造出一元二次方程辅助证明.

证明：$\because (c-a)^2 - 4(a-b)(b-c) = 0$，$\therefore$ 构造一元二次方程 $x^2 + (c-a)x + (a-b)(b-c) = 0$，则 $\Delta = (c-a)^2 - 4(a-b)(b-c) = 0$，因而方程的两根相等.

由方程 $x^2 + (c-a)x + (a-b)(b-c) = 0$，即 $[x-(a-b)][x-(b-c)] = 0$，得 $x_1 = a-b, x_2 = b-c$.

$\because x_1 = x_2$，$\therefore a-b = b-c$. 从而 a, b, c 成等差数列.

评注：直观想象本题条件中结构式 $(c-a)^2 - 4(a-b)(b-c) = 0$，让我们类比联想到一元二次方程根的判别式 $\Delta = b^2 - 4ac$，于是构造出一元二次方程：$x^2 + (c-a)x + (a-b)(b-c) = 0$，从而很快找到证题思路.

在直观想象素养中，有两个关键词——直观和想象，直观是感性的，是信息输入的前提，而想象是理性的，是信息加工的结果. 数学知识的形成依赖于直观，数学知识的确定依赖于推理. 也就是说，数学中一些解题切入点是"看"出来的，看是一种直观的判断，它是依赖于经验的，这种判断又是建立在思考与想象基础之上. 直观想象是数学思维能力在解决数学问题中的主要体现，借助直观想象，可以降低数学解题的门槛，使复杂的数学问题得以简化，有助于学生探索新思路、新方法，能够帮助学生从本质上理解和认识数学，从而促进学生理性认识的生成.

11.26　通过构造直线与圆的位置关系解题

所谓数学解题中的"构造法"，简单地说，就是指结合题设，通过数学想象构建出一个合适的数学模型，从而辅助数学解题的方法．我们在数学解题的过程中，经常会出现解题思路"受阻"的现象，这时考虑巧用构造法解题不失为一种良策．本节通过构造直线与圆的位置关系来辅助解决一些问题，构造"直线与圆"能把代数问题转化为直观的几何问题，通过数形转化来开拓解题思路，从而提升解题能力．

1. 巧解三角问题

例 1　已知 $\cos(\alpha+\beta)=\cos\alpha+\cos\beta$，试求 $\cos\alpha$ 的最大值．

解：由题意得 $\cos\alpha\cos\beta-\sin\alpha\sin\beta=\cos\alpha+\cos\beta$，则 $(\cos\alpha-1)\cos\beta-\sin\alpha\sin\beta-\cos\alpha=0$．

记点 $P(\cos\beta,\sin\beta)$，构造直线 l：$(\cos\alpha-1)x-\sin\alpha\cdot y-\cos\alpha=0$，则点 P 的轨迹方程为单位圆：$x^2+y^2=1$，且 $P\in l$，从而圆心 $O(0,0)$ 到直线 l 的距离为 $d=\dfrac{|-\cos\alpha|}{\sqrt{(\cos\alpha-1)^2+(-\sin\alpha)^2}}\leqslant 1$．

整理得 $\cos^2\alpha+2\cos\alpha-2\leqslant 0$，解得 $-1\leqslant\cos\alpha\leqslant\sqrt{3}-1$．

故 $\cos\alpha$ 的最大值为 $\sqrt{3}-1$．

评注：由于条件 $\cos(\alpha+\beta)=\cos\alpha+\cos\beta$ 的左边是两角和，而右边是单角，不妨将等式左边的余弦式展开变为单角，整理得 $(\cos\alpha-1)\cos\beta-\sin\alpha\sin\beta-\cos\alpha=0$，视 $\cos\beta=x$，$\sin\beta=y$，逆向思考和构造直线 l 的方程 $(\cos\alpha-1)x-\sin\alpha\cdot y-\cos\alpha=0$ 及点 $P(\cos\beta,\sin\beta)$，而点 P 既在直线 l 上又在单位圆上，于是有直线与单位圆相切或相交．

2. 巧解方程问题

例 2　若方程 $a=\left|\sqrt{1-x^2}-x-1\right|$ 有实数解，则实数 a 的取值范围是_____．

解：由 $a=\left|\sqrt{1-x^2}-x-1\right|$ 得 $\dfrac{a}{\sqrt{2}}=\dfrac{\left|\sqrt{1-x^2}-x-1\right|}{\sqrt{2}}$，即 $\dfrac{a}{\sqrt{2}}=$

$$\frac{\left|x-\sqrt{1-x^2}+1\right|}{\sqrt{2}}.$$

上述等式右边看作点 $(x,\sqrt{1-x^2})$ 到直线 $x-y+1=0$ 的距离，又点 $(x,\sqrt{1-x^2})$ 在单位圆 $x^2+y^2=1$ 的上半部分，由数形结合，此点到直线 $x-y+1=0$ 的距离的取值范围是 $[0,\sqrt{2}]$，即 $\frac{a}{\sqrt{2}}\in[0,\sqrt{2}]$，故实数 a 的取值范围是 $[0,2]$.

评注：本题中的绝对值结构形式不难让我们联想起点到直线的距离公式，经变形 $\dfrac{a}{\sqrt{2}}=\dfrac{\left|x-\sqrt{1-x^2}+1\right|}{\sqrt{2}}$，逆向思维观察出点 $(x,\sqrt{1-x^2})$ 恰好在单位圆上，构造直线与圆，利用其位置关系，问题则迎刃而解.

3. 巧解函数问题

例 3 已知实数 x,y,a,b,p,q 满足 $ax+by=0$，$p^2+q^2=a^2+b^2=1$，$ap+bq\neq0$. 求证：函数 $z=x^2+y^2-2px-2qy+1$ 的最小值为 $(ap+bq)^2$.

证明：如图 11.33 所示，作直线 $l:ax+by=0$，设 $M(x,y)$ 为直线 l 上一动点，由 $ap+bq\neq0$ 知 $N(p,q)$ 为直线 l 外一点. 又 $\because p^2+q^2=1$，$\therefore$ 点 N 在单位圆 $x^2+y^2=1$ 上，过 N 作 $NP\perp l$，垂足为 P，又已知 $a^2+b^2=1$，则点 N 到直线 l 的距离为 $d=|NP|=\dfrac{|ap+bq|}{\sqrt{a^2+b^2}}=|ap+bq|$，于是 $|MN|=$

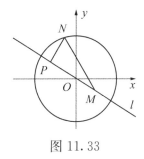

图 11.33

$\sqrt{(x-p)^2+(y-q)^2}=\sqrt{x^2+y^2-2px-2py+p^2+q^2}=\sqrt{x^2+y^2-2px-2qy+1}$.

$\because|MN|\geqslant d$，$\therefore \sqrt{x^2+y^2-2px-2qy+1}\geqslant|ap+bq|$，即 $z=x^2+y^2-2px-2qy+1\geqslant(ap+bq)^2$.

故函数 $z=x^2+y^2-2px-2qy+1$ 的最小值为 $(ap+bq)^2$.

评注：本题条件 $ax+by=0$，$p^2+q^2=a^2+b^2=1$ 结构形式，让我们自然而然地联想构造直线与单位圆，借助它们的位置关系，使问题的瓶颈得到突破.

4. 巧解向量问题

例 4 在矩形 $ABCD$ 中，$AB=1,AD=2$，动点 P 在以点 C 为圆心且与 BD 相切的圆上，$\overrightarrow{AP}=\lambda\overrightarrow{AB}+\mu\overrightarrow{AD}$，则 $\lambda+\mu$ 的取值范围是_____.

解：以 B 为坐标原点，BC 为 x 轴，BA 为 y 轴，建立平面直角坐标系（图 11.34），则 $A(0,1),B(0,0),C(2,0),D(2,1)$.

设 $P(x,y)$，圆的半径为 r，则 $S_{\triangle BCD}=\dfrac{1}{2}|\overrightarrow{BC}|\cdot|\overrightarrow{CD}|=\dfrac{1}{2}|\overrightarrow{BD}|\cdot r$，求得 r

$=\dfrac{2\sqrt{5}}{5}$. $\therefore$ 圆 C 的方程为 $(x-2)^2+y^2=$

$\dfrac{4}{5}$，$\therefore\overrightarrow{AP}=(x,y-1)$.

又 $\overrightarrow{AB}=(0,-1),\overrightarrow{AD}=(2,0)$，由 $\overrightarrow{AP}=\lambda\overrightarrow{AB}+\mu\overrightarrow{AD}$，即 $(x,y-1)=$ $\lambda(0,-1)+\mu(2,0)$，得 $\begin{cases}x=2\mu,\\ y-1=-\lambda,\end{cases}$ $\therefore\lambda$ $+\mu=\dfrac{x}{2}-y+1$.

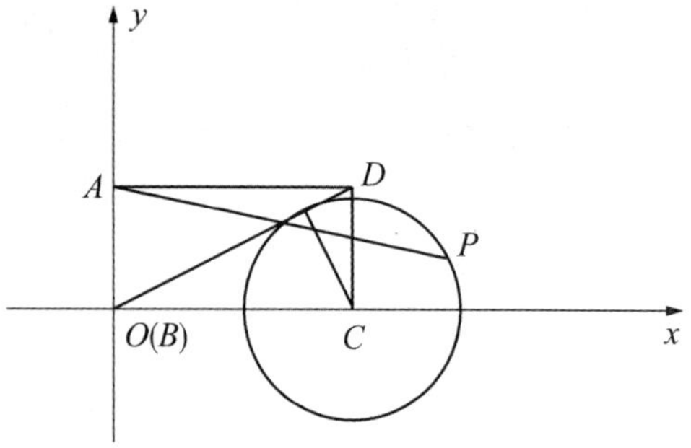

图 11.34

设 $z=\dfrac{x}{2}-y+1$，即 $x-2y+2-2z=0$，点 $P(x,y)$ 在圆上，圆心 $C(2,0)$ 到直线 $x-2y+2-2z=0$，的距离小于或等于圆的半径 r，于是 $\dfrac{|4-2z|}{\sqrt{1+4}}\leqslant\dfrac{2\sqrt{5}}{5}$，整理得 $|z-2|\leqslant1$，即 $1\leqslant z\leqslant3$.

所以 $\lambda+\mu$ 的取值范围是 $[1,3]$.

评注：本题中的几何图形特征，不难让我们想到建系求解，由于点 P 是圆上的动点，于是设 $P(x,y)$，将向量等式 $\overrightarrow{AP}=\lambda\overrightarrow{AB}+\mu\overrightarrow{AD}$ 用坐标运算，得到 λ $+\mu=\dfrac{x}{2}-y+1$，此时的直线已"浮出水面"，借用直线与圆的位置关系，使问题顺利获解.

构造法是数学解题中的一种特殊方法. 文中巧妙构造直线与圆的位置关系，可以将抽象的数学语言与直观的图形有机地结合，数形转化，进而使问题简单化、具体化. 另外，构造法解题的特有魅力和功效能唤起学生学习数学的兴趣，提高他们的求知欲，在数学学习中值得我们重视.

附　　录

Ⅰ　含有量词的不等式(方程)转化为最值问题

注：假设下面涉及的函数 $f(x), g(x), f(x) - g(x)$ 在给定区间上都有最大值和最小值.

类型 1　$\forall x_1, x_2 \in D, f(x_1) - f(x_2) \geqslant m$, 转化为 $f(x)_{\min} - f(x)_{\max} \geqslant m$.

类型 2　$\exists x_1, x_2 \in D, f(x_1) - f(x_2) \geqslant m$, 转化为 $f(x)_{\max} - f(x)_{\min} \geqslant m$.

类型 3　$\forall x \in D, f(x) \geqslant g(x)$, 转化为 $[f(x) - g(x)]_{\min} \geqslant 0$.

类型 4　$\exists x_0 \in D, f(x_0) \geqslant g(x_0)$, 转化为 $[f(x) - g(x)]_{\max} \geqslant 0$.

类型 5　$\forall x_1 \in D, \forall x_2 \in E, f(x_1) \geqslant g(x_2)$, 转化为 $f(x)_{\min} \geqslant g(x)_{\max}$.

变式　$\forall x_1 \in D, \forall x_2 \in E, f(x_1) - g(x_2) \geqslant m$, 转化为 $f(x)_{\min} - g(x)_{\max} \geqslant m$.

类型 6　$\forall x_1 \in D, \exists x_2 \in E, f(x_1) \geqslant g(x_2)$, 转化为 $f(x)_{\min} \geqslant g(x)_{\min}$.

类型 7　$\exists x_1 \in D, \exists x_2 \in E, f(x_1) \geqslant g(x_2)$, 转化为 $f(x)_{\max} \geqslant g(x)_{\min}$.

变式　$\exists x_1 \in D, \exists x_2 \in E, f(x_1) - g(x_2) \geqslant m$, 转化为 $f(x)_{\max} - g(x)_{\min} \geqslant m$.

类型 8　$\forall x_1 \in D, \exists x_2 \in E, f(x_1) = g(x_2)$, 转化为函数 $f(x)$ 的值域是函数 $g(x)$ 的值域的子集, 即 $\{y \mid y = f(x), x \in D\} \subseteq \{y \mid y = g(x), x \in E\}$.

类型 9　$\exists x_1 \in D, \exists x_2 \in E, f(x_1) = g(x_2)$, 转化为函数 $f(x)$ 的值域与函数 $g(x)$ 的值域的交集非空, 即 $\{y \mid y = f(x), x \in D\} \bigcap \{y \mid y = g(x), x \in E\} \neq \varnothing$.

类型 10　$\forall x_1 \in D, \forall x_2 \in E, f(x_1) \neq g(x_2)$, 转化为函数 $f(x)$ 的值域与函数 $g(x)$ 的值域的交集为空集, 即 $\{y \mid y = f(x), x \in D\} \bigcap \{y \mid y = g(x), x \in E\} = \varnothing$.

Ⅱ 重要函数不等式

1. $\ln x \leqslant x - 1 (x > 0)$.

2. $\ln x \geqslant 1 - \dfrac{1}{x} (x > 0)$.

3. $\ln x \leqslant \dfrac{1}{2}\left(x - \dfrac{1}{x}\right)(x \geqslant 1)$.

4. $\ln x \geqslant \dfrac{1}{2}\left(x - \dfrac{1}{x}\right)(0 < x \leqslant 1)$.

5. $\ln x \leqslant \dfrac{x}{e} (x > 0)$.

6. $\ln x \geqslant \dfrac{2(x-1)}{x+1} (x \geqslant 1)$.

7. $\ln x \leqslant \dfrac{2(x-1)}{x+1} (0 < x \leqslant 1)$.

8. $\dfrac{x}{1+x} \leqslant \ln(1+x) \leqslant x (x > -1)$.

9. $\ln(1+x) \leqslant \dfrac{x}{\sqrt{x+1}} (x \geqslant 0)$.

10. $\ln(1+x) \geqslant x - \dfrac{1}{2}x^2 (x \geqslant 0)$.

11. $\ln\left(1 + \dfrac{1}{x}\right) < \dfrac{1}{2}\left(\dfrac{1}{x} + \dfrac{1}{x+1}\right)(x > 0)$.

12. $\dfrac{1}{\ln 2} - 1 \leqslant \dfrac{1}{\ln(x+1)} - \dfrac{1}{x} < \dfrac{1}{2} (0 < x \leqslant 1)$.

13. $(1+x)^\alpha \leqslant 1 + \alpha x (x > -1; 0 \leqslant \alpha \leqslant 1)$.

14. $(1+x)^\alpha \geqslant 1 + \alpha x (x > -1; \alpha \geqslant 1 \text{ 或 } \alpha \leqslant 0)$.

15. $e^x \geqslant ex$.

16. $e^x \geqslant x + 1 \geqslant \ln(x+2) (x > -2)$.

Ⅲ　构造常见的可导抽象函数

1. 对于不等式 $f'(x) > k(k \neq 0)$，构造函数 $g(x) = f(x) - kx + b$.

2. 对于不等式 $f'(x)g(x) + f(x)g'(x) \geqslant 0$，构造函数 $F(x) = f(x)g(x)$.

3. 对于不等式 $f'(x)g(x) - f(x)g'(x) \geqslant 0$，且 $g(x) \neq 0$，构造函数 $F(x) = \dfrac{f(x)}{g(x)}$.

4. 对于不等式 $xf'(x) + f(x) \geqslant 0$，构造函数 $F(x) = xf(x)$.

5. 对于不等式 $xf'(x) - f(x) \geqslant 0$，且 $x \neq 0$，构造函数 $F(x) = \dfrac{f(x)}{x}$.

6. 不等式 $xf'(x) + nf(x) \geqslant 0$，构造函数 $F(x) = x^n f(x)$.

7. 对于不等式 $xf'(x) - nf(x) \geqslant 0$，且 $x \neq 0$，构造函数 $F(x) = \dfrac{f(x)}{x^n}$.

8. 对于不等式 $f'(x) + f(x) \geqslant 0$，构造函数 $F(x) = \mathrm{e}^x f(x)$.

9. 对于不等式 $f'(x) - f(x) \geqslant 0$，构造函数 $F(x) = \dfrac{f(x)}{\mathrm{e}^x}$.

10. 对于不等式 $f'(x) + kf(x) \geqslant 0$，构造函数 $F(x) = \mathrm{e}^{kx} f(x)$.

11. 对于不等式 $f'(x) + 2xf(x) \geqslant 0$，构造函数 $F(x) = \mathrm{e}^{x^2} f(x)$.

12. 对于不等式 $f'(x) + \ln a \cdot f(x) \geqslant 0$，构造函数 $F(x) = a^x f(x)$.

13. 对于不等式 $f(x) + \tan x \cdot f'(x) \geqslant 0$，构造函数 $F(x) = f(x)\sin x$.

14. 对于不等式 $f'(x) - \tan x \cdot f(x) \geqslant 0$，构造函数 $F(x) = f(x)\cos x$.

15. 对于不等式 $\dfrac{f'(x)}{f(x)} \geqslant 0$，构造函数 $F(x) = \ln f(x)$.

16. 对于不等式 $f'(x)\ln x + \dfrac{f(x)}{x} \geqslant 0$，构造函数 $F(x) = f(x) \cdot \ln x$.

Ⅳ 常用的裂项、放缩结论及方法

1. $\dfrac{1}{n(n+1+k)} = \dfrac{1}{k+1}\left(\dfrac{1}{n} - \dfrac{1}{n+1+k}\right)$.

2. $\dfrac{1}{k} - \dfrac{1}{k+1} = \dfrac{1}{k(k+1)} < \dfrac{1}{k^2} < \dfrac{1}{k(k-1)} = \dfrac{1}{k-1} - \dfrac{1}{k} \ (k \geqslant 2)$.

3. $\dfrac{1}{n^2} = \dfrac{4}{4n^2} < \dfrac{4}{4n^2-1} = 2\left(\dfrac{1}{2n-1} - \dfrac{1}{2n+1}\right)$.

4. $\dfrac{1}{n^2} < \dfrac{1}{n^2-1} = \dfrac{1}{(n-1)(n+1)} = \dfrac{1}{2}\left(\dfrac{1}{n-1} - \dfrac{1}{n+1}\right) (n \geqslant 2)$.

5. $\dfrac{1}{n^2} < \dfrac{1}{n(n-1)} = \dfrac{1}{n-1} - \dfrac{1}{n} \ (n \geqslant 2)$.

6. $\dfrac{1}{n^3} < \dfrac{1}{n(n^2-1)} = \dfrac{1}{2}\left[\dfrac{1}{n(n-1)} - \dfrac{1}{n(n+1)}\right] (n \geqslant 2)$.

7. $\dfrac{1}{n^4} < \dfrac{1}{(n-3)(n-2)(n-1)n} < \dfrac{1}{3}\left[\dfrac{1}{(n-3)(n-2)(n-1)} - \right.$

$\left. \dfrac{1}{(n-2)(n-1)n}\right] (n \geqslant 4)$.

8. $\dfrac{1}{n^4} < \dfrac{1}{n^2 (n-1)^2} = \dfrac{1}{2n-1}\left[\dfrac{1}{(n-1)^2} - \dfrac{1}{n^2}\right] (n \geqslant 2)$.

9. $\dfrac{2}{4n^2-1} = \dfrac{2}{(2n-1)(2n+1)} = \dfrac{1}{2n-1} - \dfrac{1}{2n+1}$.

10. $\dfrac{1}{(2n-1)^2} < \dfrac{1}{(2n-3)(2n-1)} = \dfrac{1}{2}\left(\dfrac{1}{2n-3} - \dfrac{1}{2n-1}\right) (n \geqslant 2)$.

11. $\dfrac{1}{(2n-1)^2} < \dfrac{1}{4n^2-4n} = \dfrac{1}{4n(n-1)} = \dfrac{1}{4}\left(\dfrac{1}{n-1} - \dfrac{1}{n}\right) (n \geqslant 2)$.

12. $\dfrac{2^n}{(2^n-1)^2} = \dfrac{2^n}{(2^n-1)(2^n-1)} < \dfrac{2^n}{(2^n-1)(2^n-2)} = \dfrac{2^{n-1}}{(2^n-1)(2^{n-1}-1)} = $

$\dfrac{1}{2^{n-1}-1} - \dfrac{1}{2^n-1} (n \geqslant 2)$.

13. $\dfrac{1}{C_{n+1}^1 C_n^2} = \dfrac{2}{(n+1)n(n-1)} = \dfrac{1}{n(n-1)} - \dfrac{1}{n(n+1)} (n \geqslant 2)$.

14. $T_{r+1} = C_n^r \cdot \dfrac{1}{n^r} = \dfrac{n!}{r!(n-r)!} \cdot \dfrac{1}{n^r} < \dfrac{1}{r!} < \dfrac{1}{r(r-1)} = \dfrac{1}{r-1} - \dfrac{1}{r} \ (r \geqslant 2)$.

15. $\left(1 + \dfrac{1}{n}\right)^n < 1 + 1 + \dfrac{1}{2 \times 1} + \dfrac{1}{3 \times 2} + \cdots + \dfrac{1}{n(n-1)} < 3$.

16. $\dfrac{n}{(n+1)!} = \dfrac{1}{n!} - \dfrac{1}{(n+1)!}$.

17. $\dfrac{k+2}{k! + (k+1)! + (k+2)!} = \dfrac{1}{(k+1)!} - \dfrac{1}{(k+2)!}$.

18. $\dfrac{1}{n!} \leqslant \dfrac{1}{n \cdot (n-1)} = \dfrac{1}{n-1} - \dfrac{1}{n} \ (n \geqslant 2)$.

19. $\dfrac{1}{n!} \leqslant \dfrac{1}{2^{n-1}}$.

20. $n \cdot n! = (n+1)! - n!$.

21. $n(n+1) = \dfrac{1}{3}[n(n+1)(n+2) - (n-1)n(n+1)]$.

22. $\dfrac{n}{1+n} < \ln(1+n) < n \ (n \in \mathbf{N}^*)$.

23. $\dfrac{1}{1+n} < \ln(1+n) - \ln n < \dfrac{1}{n} \ (n \in \mathbf{N}^*)$.

24. $\ln n \geqslant 1 - \dfrac{1}{n} \ (n \in \mathbf{N}^*)$.

25. $\ln(1+n) - \ln n < \dfrac{1}{2}\left(\dfrac{1}{n} + \dfrac{1}{n+1}\right) \ (n \in \mathbf{N}^*)$.

26. $2(\sqrt{n+1} - \sqrt{n}) < \dfrac{1}{\sqrt{n}} < 2(\sqrt{n} - \sqrt{n-1})$.

27. $\dfrac{1}{\sqrt{n+k} + \sqrt{n}} = \dfrac{1}{k}(\sqrt{n+k} - \sqrt{n})$.

28. $\dfrac{1}{\sqrt{n(n+1)}} < \sqrt{n} - \sqrt{n-1}$.

29. $\dfrac{1}{\sqrt{n+2}} < \sqrt{n+2} - \sqrt{n}$.

30. $\dfrac{1}{k\sqrt{k}} = \dfrac{2}{k\sqrt{k} + k\sqrt{k}} < \dfrac{2}{(k-1)\sqrt{k} + k\sqrt{k-1}} = 2\left(\dfrac{1}{\sqrt{k-1}} - \dfrac{1}{\sqrt{k}}\right) \ (k \geqslant 2)$.

31. $\dfrac{1}{n(n+1)+(n+1)^2} = \dfrac{1}{2\left[\left(n+\dfrac{3}{4}\right)^2-\dfrac{1}{16}\right]} < \dfrac{1}{2\left[\left(n+\dfrac{3}{4}\right)^2-\dfrac{1}{4}\right]} =$

$\dfrac{1}{2}\left(\dfrac{1}{n+\dfrac{1}{4}} - \dfrac{1}{n+\dfrac{5}{4}}\right).$

32. $\dfrac{1}{n(n+1)+(n+1)^2} < \dfrac{1}{n(n+1)+n(n+1)} = \dfrac{1}{2}\left(\dfrac{1}{n} - \dfrac{1}{n+1}\right).$

33. $\dfrac{(2n)^2}{(2n-1)(2n+1)} = 1 + \dfrac{1}{2}\left(\dfrac{1}{2n-1} - \dfrac{1}{2n+1}\right).$

V 圆锥曲线中一些重要结论

1. 设 A,B 是椭圆 $\dfrac{x^2}{a^2}+\dfrac{y^2}{b^2}=1(a>b>0)$ 的长轴两端点，P 是椭圆上任意一点(异于长轴端点)，$\angle PAB=\alpha$，$\angle PBA=\beta$，$\angle BPA=\gamma$，c,e 分别是椭圆的半焦距和离心率，则 $\tan\alpha\tan\beta=1-e^2$。

2. 设 A,B 是双曲线 $\dfrac{x^2}{a^2}-\dfrac{y^2}{b^2}=1(a>0,b>0)$ 的实轴两端点，P 是双曲线上任意一点(异于实轴端点)，$\angle PAB=\alpha$，$\angle PBA=\beta$，$\angle BPA=\gamma$，c,e 分别是双曲线的半焦距和离心率，则 $\tan\alpha\tan\beta=1-e^2$。

3. 设椭圆 $\dfrac{x^2}{a^2}+\dfrac{y^2}{b^2}=1(a>b>0)$ 的两个焦点为 F_1,F_2，P 是椭圆上任意一点(异于长轴端点)，在 $\triangle PF_1F_2$ 中，记 $\angle F_1PF_2=\alpha$，$\angle PF_1F_2=\beta$，$\angle F_1F_2P=\gamma$，则有 $\dfrac{\sin\alpha}{\sin\beta+\sin\gamma}=\dfrac{c}{a}=e$。

4. 设双曲线 $\dfrac{x^2}{a^2}-\dfrac{y^2}{b^2}=1(a>0,b>0)$ 的两个焦点为 F_1,F_2，P 是双曲线上任意一点(异于实轴端点)，在 $\triangle PF_1F_2$ 中，记 $\angle F_1PF_2=\alpha$，$\angle PF_1F_2=\beta$，$\angle F_1F_2P=\gamma$，则有 $\dfrac{\sin\alpha}{|\sin\gamma-\sin\beta|}=\dfrac{c}{a}=e$。

5. 若 $P_0(x_0,y_0)$ 在椭圆 $\dfrac{x^2}{a^2}+\dfrac{y^2}{b^2}=1$ 上，则过 P_0 的椭圆的切线方程是 $\dfrac{x_0x}{a^2}+\dfrac{y_0y}{b^2}=1$。

6. 若 $P_0(x_0,y_0)$ 在椭圆 $\dfrac{x^2}{a^2}+\dfrac{y^2}{b^2}=1$ 外，则过 P_0 作椭圆的两条切线的切点为 P_1,P_2，则切点弦 P_1P_2 的直线方程是 $\dfrac{x_0x}{a^2}+\dfrac{y_0y}{b^2}=1$。

7. 若 $P_0(x_0,y_0)$ 在双曲线 $\dfrac{x^2}{a^2}-\dfrac{y^2}{b^2}=1$ 上，则过 P_0 的双曲线的切线方程是 $\dfrac{x_0x}{a^2}-\dfrac{y_0y}{b^2}=1$。

8. 若 $P_0(x_0, y_0)$ 在双曲线 $\dfrac{x^2}{a^2} - \dfrac{y^2}{b^2} = 1$ 外，则过 P_0 作双曲线的两条切线的切点 P_1, P_2，则切点弦 P_1P_2 的直线方程是 $\dfrac{x_0 x}{a^2} - \dfrac{y_0 y}{b^2} = 1$.

9. 抛物线 $y^2 = 2px(p > 0)$ 上一点 $P(x_0, y_0)$ 处的切线方程是 $y_0 y = p(x + x_0)$.

10. 过抛物线 $y^2 = 2px(p > 0)$ 外一点 $P(x_0, y_0)$，引两条切线的切点弦所在的直线方程是 $y_0 y = p(x + x_0)$.

11. 椭圆 $\dfrac{x^2}{a^2} + \dfrac{y^2}{b^2} = 1(a > b > 0)$ 的左右焦点分别为 F_1, F_2，点 P 为椭圆上任意一点，记 $\angle F_1 P F_2 = \gamma$，则椭圆的焦点三角形的面积为 $S_{\triangle F_1 P F_2} = b^2 \tan \dfrac{\gamma}{2}$.

12. 双曲线 $\dfrac{x^2}{a^2} - \dfrac{y^2}{b^2} = 1(a > 0, b > 0)$ 的左右焦点分别为 F_1, F_2，点 P 为双曲线上任意一点，记 $\angle F_1 P F_2 = \gamma$，则双曲线的焦点三角形的面积为 $S_{\triangle F_1 P F_2} = b^2 \cot \dfrac{\gamma}{2}$.

13. AB 是椭圆 $\dfrac{x^2}{a^2} + \dfrac{y^2}{b^2} = 1(a > b > 0)$ 的不平行于对称轴的弦，$M(x_0, y_0)$ 为 AB 的中点，则 $k_{OM} \cdot k_{AB} = -\dfrac{b^2}{a^2}$.

14. AB 是椭圆 $\dfrac{y^2}{a^2} + \dfrac{x^2}{b^2} = 1(a > b > 0)$ 的不平行于对称轴的弦，$M(x_0, y_0)$ 为 AB 的中点，则 $k_{OM} \cdot k_{AB} = -\dfrac{a^2}{b^2}$.

15. AB 是双曲线 $\dfrac{x^2}{a^2} - \dfrac{y^2}{b^2} = 1(a > 0, b > 0)$ 的不平行于对称轴的弦，$M(x_0, y_0)$ 为 AB 的中点，则 $k_{OM} \cdot k_{AB} = \dfrac{b^2}{a^2}$.

16. AB 是双曲线 $\dfrac{y^2}{a^2} - \dfrac{x^2}{b^2} = 1(a > 0, b > 0)$ 的不平行于对称轴的弦，$M(x_0, y_0)$ 为 AB 的中点，则 $k_{OM} \cdot k_{AB} = \dfrac{a^2}{b^2}$.

17. 已知 AB 是过抛物线 $y^2 = 2px(p > 0)$ 的焦点的弦，O 为坐标原点，则 $|AB| = \dfrac{2p}{\sin^2 \alpha}$. 角 α 是直线 AB 与抛物线对称轴的夹角，对于抛物线 $x^2 = 2py(p > 0)$，

公式不变.

18. 已知 AB 是过抛物线 $y^2 = 2px\,(p > 0)$ 的焦点的弦，O 为坐标原点，则 $S_{\triangle OAB} = \dfrac{p^2}{2\sin\alpha}$. 角 α 是直线 AB 与抛物线对称轴的夹角，对于抛物线 $x^2 = 2py\,(p > 0)$，公式不变.

19. 直线 l 过椭圆 $\dfrac{x^2}{a^2} + \dfrac{y^2}{b^2} = 1\,(a > b > 0)$ 的焦点 $F(c, 0)$，且 l 与长轴的夹角为 θ，则 l 被椭圆截得的弦长 $|AB| = 2a \cdot \dfrac{a^2 - c^2}{a^2 - c^2 \cdot \cos^2\theta}$.

20. 直线 l 过双曲线 $\dfrac{x^2}{a^2} - \dfrac{y^2}{b^2} = 1\,(a > 0, b > 0)$ 的焦点 $F(c, 0)$，且 l 与实轴的夹角为 θ，则 l 被双曲线截得的弦长 $|AB| = 2a \cdot \left| \dfrac{a^2 - c^2}{a^2 - c^2 \cdot \cos^2\theta} \right|$.

21. 已知 AB 是过椭圆、双曲线（一支）、抛物线的焦点 F 的弦，且 $\overrightarrow{AF} = \lambda \overrightarrow{FB}\,(\lambda > 0)$，则 $|\overrightarrow{AB}| = \dfrac{\text{通径长}}{4}\left(\lambda + \dfrac{1}{\lambda} + 2\right)$.

22. 设圆锥曲线 C 的焦点 F 在 x 轴上，过点 F 且斜率为 k 的直线 l 交曲线 C 于 A, B 两点，若 $\overrightarrow{AF} = \lambda \overrightarrow{FB}\,(\lambda > 0$ 且 $\lambda \neq 1)$，则离心率 $e = \sqrt{1 + k^2}\left|\dfrac{\lambda - 1}{\lambda + 1}\right|$.

23. 设圆锥曲线 C 的焦点 F 在 y 轴上，过点 F 且斜率为 k 的直线 l 交曲线 C 于 A, B 两点，若 $\overrightarrow{AF} = \lambda \overrightarrow{FB}\,(\lambda > 0$ 且 $\lambda \neq 1)$，则离心率 $e = \sqrt{1 + \dfrac{1}{k^2}}\left|\dfrac{\lambda - 1}{\lambda + 1}\right|$.

24. 已知 AB 是过圆锥曲线焦点 F 的弦，则有 $\dfrac{1}{|AF|} + \dfrac{1}{|BF|} = \dfrac{4}{\text{通径长}}$.

25. 如图所示，当直线 AB 过双曲线 $\dfrac{x^2}{a^2} - \dfrac{y^2}{b^2} = 1\,(a > 0, b > 0)$ 的焦点，且弦的端点 A, B 分别在双曲线的两支上时，这时的线段 AB 虽然不是双曲线过焦点的弦，但有 $\left|\dfrac{1}{|AF|} - \dfrac{1}{|BF|}\right|$

$= \dfrac{4}{\text{通径长}}$.

VI 常见的函数图像

1. 函数 $y = x + \dfrac{1}{x}$ 与 $y = -x - \dfrac{1}{x}$ 的图像.

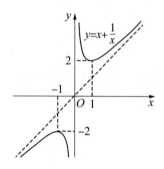
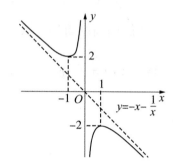

2. 函数 $y = x - \dfrac{1}{x}$ 与 $y = -x + \dfrac{1}{x}$ 的图像.

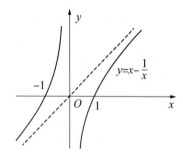
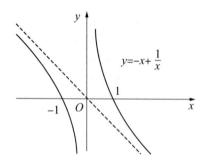

3. 函数 $y = \mathrm{e}^x$, $y = \ln x$ 及其切线的图像.

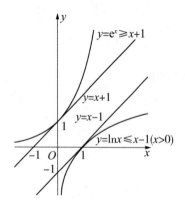
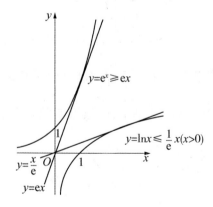

4. 函数 $y = e^x + x$ 与 $y = e^x - x$ 的图像.

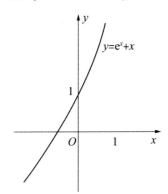 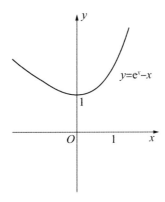

5. 函数 $f(x) = e^x, g(x) = x + 1$ 及 $h(x) = \ln(x + 2)$ 图像的位置关系.

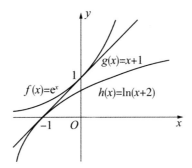

6. 六大经典超越函数的图像.

函数	$f(x) = xe^x$	$f(x) = \dfrac{x}{e^x}$	$f(x) = \dfrac{e^x}{x}$
图像	{}	{}	{}
函数	$f(x) = x\ln x$	$f(x) = \dfrac{\ln x}{x}$	$f(x) = \dfrac{x}{\ln x}$
图像	{}	{}	{}

7. 双曲正弦函数 $\sinh x = \dfrac{e^x - e^{-x}}{2}$ 与双曲余弦函数 $\cosh x = \dfrac{e^x + e^{-x}}{2}$ 的图像.

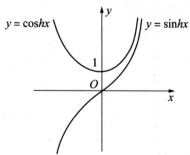

VII 三角公式一览表

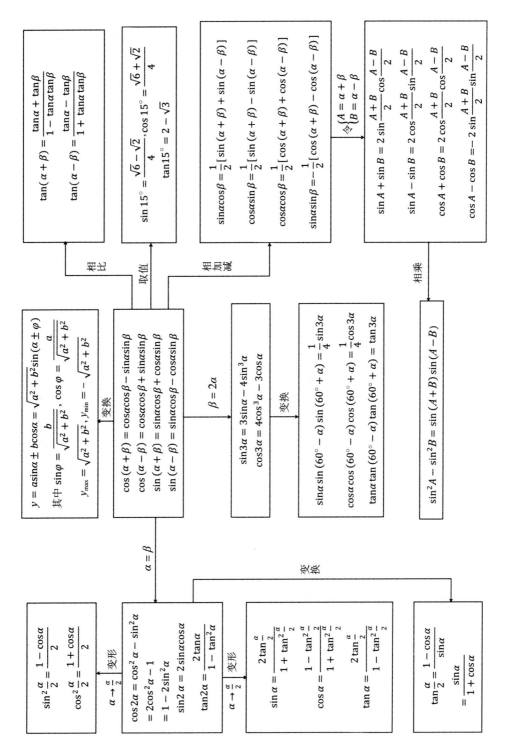

$$\tan(\alpha+\beta)=\frac{\tan\alpha+\tan\beta}{1-\tan\alpha\tan\beta}$$

$$\tan(\alpha-\beta)=\frac{\tan\alpha-\tan\beta}{1+\tan\alpha\tan\beta}$$

相比

取值

$$\sin 15°=\frac{\sqrt{6}-\sqrt{2}}{4},\cos 15°=\frac{\sqrt{6}+\sqrt{2}}{4}$$
$$\tan 15°=2-\sqrt{3}$$

相加减

$$\sin\alpha\cos\beta=\frac{1}{2}[\sin(\alpha+\beta)+\sin(\alpha-\beta)]$$
$$\cos\alpha\sin\beta=\frac{1}{2}[\sin(\alpha+\beta)-\sin(\alpha-\beta)]$$
$$\cos\alpha\cos\beta=\frac{1}{2}[\cos(\alpha+\beta)+\cos(\alpha-\beta)]$$
$$\sin\alpha\sin\beta=-\frac{1}{2}[\cos(\alpha+\beta)-\cos(\alpha-\beta)]$$

令 $\begin{cases}A=\alpha+\beta\\B=\alpha-\beta\end{cases}$

$$\sin A+\sin B=2\sin\frac{A+B}{2}\cos\frac{A-B}{2}$$
$$\sin A-\sin B=2\cos\frac{A+B}{2}\sin\frac{A-B}{2}$$
$$\cos A+\cos B=2\cos\frac{A+B}{2}\cos\frac{A-B}{2}$$
$$\cos A-\cos B=-2\sin\frac{A+B}{2}\sin\frac{A-B}{2}$$

相乘

$$y=a\sin\alpha\pm b\cos\alpha=\sqrt{a^2+b^2}\sin(\alpha\pm\varphi)$$
$$\text{其中}\sin\varphi=\frac{b}{\sqrt{a^2+b^2}},\cos\varphi=\frac{a}{\sqrt{a^2+b^2}}$$
$$y_{max}=\sqrt{a^2+b^2},y_{min}=-\sqrt{a^2+b^2}$$

变形

$$\cos(\alpha+\beta)=\cos\alpha\cos\beta-\sin\alpha\sin\beta$$
$$\cos(\alpha-\beta)=\cos\alpha\cos\beta+\sin\alpha\sin\beta$$
$$\sin(\alpha+\beta)=\sin\alpha\cos\beta+\cos\alpha\sin\beta$$
$$\sin(\alpha-\beta)=\sin\alpha\cos\beta-\cos\alpha\sin\beta$$

$\beta=2\alpha$

$$\sin 3\alpha=3\sin\alpha-4\sin^3\alpha$$
$$\cos 3\alpha=4\cos^3\alpha-3\cos\alpha$$

变换

$$\sin\alpha\sin(60°-\alpha)\sin(60°+\alpha)=\frac{1}{4}\sin 3\alpha$$
$$\cos\alpha\cos(60°-\alpha)\cos(60°+\alpha)=\frac{1}{4}\cos 3\alpha$$
$$\tan\alpha\tan(60°-\alpha)\tan(60°+\alpha)=\tan 3\alpha$$

$$\sin^2 A-\sin^2 B=\sin(A+B)\sin(A-B)$$

$\alpha=\beta$

变换

$$\sin^2\frac{\alpha}{2}=\frac{1-\cos\alpha}{2}$$
$$\cos^2\frac{\alpha}{2}=\frac{1+\cos\alpha}{2}$$

$\alpha\to\frac{\alpha}{2}$ 变形

$$\cos 2\alpha=\cos^2\alpha-\sin^2\alpha$$
$$=2\cos^2\alpha-1$$
$$=1-2\sin^2\alpha$$
$$\sin 2\alpha=2\sin\alpha\cos\alpha$$
$$\tan 2\alpha=\frac{2\tan\alpha}{1-\tan^2\alpha}$$

$\alpha\to\frac{\alpha}{2}$ 变形

$$\sin\alpha=\frac{2\tan\frac{\alpha}{2}}{1+\tan^2\frac{\alpha}{2}}$$
$$\cos\alpha=\frac{1-\tan^2\frac{\alpha}{2}}{1+\tan^2\frac{\alpha}{2}}$$
$$\tan\alpha=\frac{2\tan\frac{\alpha}{2}}{1-\tan^2\frac{\alpha}{2}}$$

$$\tan\frac{\alpha}{2}=\frac{1-\cos\alpha}{\sin\alpha}$$
$$=\frac{\sin\alpha}{1+\cos\alpha}$$